Grundlagen der Mathematik und Statistik mit betriebswirtschaftlichen Anwendungen

4. Auflage, 2021

Dr. Carsten Pohl

Hochschule für Wirtschaft und Gesellschaft Ludwigshafen
Ernst-Boehe-Str. 4
D-67059 Ludwigshafen am Rhein

ISBN: 9798551494645

Independently published

Meiner geliebten Frau

und

meiner wunderbaren Tochter

Inhaltsverzeichnis

1	**Vorwort**	**1**
2	**Grundlagen der Mathematik**	**3**
	2.1 Einführung	3
3	**Finanzmathematik**	**19**
	3.1 Einführung	19
	3.2 Abschreibungen	19
	3.3 Zinsrechnung	27
	3.4 Rentenrechnung	48
	3.5 Tilgungsrechnung	55
	3.6 Investitionsrechnung	59
4	**Lineare Algebra**	**67**
	4.1 Einführung	67
	4.2 Lineare Gleichungssysteme	67
	4.3 Matrizen	70
	4.4 Gauß-Algorithmus	79
	4.5 Cramersche Regel	97
	4.6 Rang einer Matrix	99
	4.7 Lösbarkeit linearer Gleichungssysteme	100
	4.8 Anwendung: Leontief-Modell	101
	4.9 Vektoren	105
	4.10 Lineare Unabhängigkeit	113
	4.11 Eigenwerte/ Eigenvektoren	119
	4.12 Innerbetriebliche Leistungsverrechnung	124
	4.13 Rotationsmatrix in zwei Dimensionen	129
5	**Analysis**	**133**
	5.1 Einführung	133
	5.2 Ganzrationale Funktionen	133

INHALTSVERZEICHNIS

5.3	Nullstellen	134
5.4	Polynomdivision	136
5.5	Gebrochenrationale Funktionen	138
5.6	Wurzelfunktionen	138
5.7	Umkehrfunktionen	140
5.8	Exponentialfunktion und Logarithmus	142
5.9	Trigonometrische Funktionen	143
5.10	Grenzwerte von Funktionen	145
5.11	Stetigkeit einer Funktion	147
5.12	Monotonie einer Funktion	149
5.13	Differenzierbarkeit	151
5.14	Ableitungsregeln	153
5.15	Krümmung und Wendepunkte	155
5.16	Extremwertbestimmung und Wendepunkte	156
5.17	Taylorreihe für Funktionen	166
5.18	Newton-Verfahren	169
5.19	Elastizität	179
5.20	Anwendung: Gewinnmaximierung: Beispiel	183
5.21	Anwendung: Jäger-Beute-Modell	191
5.22	Anwendung: Epidemie Modell	193

6 Optimierung — 207

6.1	Einführung	207
6.2	Substitutionsmethode	207
6.3	Partielle Ableitungen, Gradient	211
6.4	Lagrange-Funktion: Beispiel 1	215
6.5	Anwendung: Transportproblem, Beispiel	220
6.6	Simplex-Verfahren	229

7 Integralrechnung — 237

7.1	Einführung	237
7.2	Riemann Integral	238
7.3	Stammfunktion und unbestimmtes Integral	241
7.4	Hauptsatz der Differential- und Integralrechnung	242
7.5	Integrationsverfahren	243
7.6	Uneigentliches Integral	250
7.7	Spezielle Integrale	252
7.8	Anwendung: Konsumentenrente	252

8 Spieltheorie — 257

8.1	Einführung	257
8.2	Spieltheorie: Beispiel 1	257

8.3	Spieltheorie: Beispiel 2	259
8.4	Nash Gleichgewicht	260

9 Beschreibende Statistik
9.1	Einführung	**261**
9.2	Darstellung von Daten	261
9.3	Mittelwerte	264
9.4	Streuung von Daten und Momente	274
9.5	Indexzahlen	295
9.6	Analyse von Zeitreihen	313
9.7	Korrelation und Regression	324
9.8	Hauptkomponentenanaylyse	336
		392

10 Wahrscheinlichkeitsrechnung
10.1	Einführung	**411**
10.2	Mengenlehre	411
10.3	Wahrscheinlichkeitsdefinition nach Laplace	412
10.4	Binomialkoeffizient	416
10.5	Axiome von Kolmogorov	419
10.6	Additionssatz	422
10.7	Bedingte Wahrscheinlichkeit	423
10.8	Allgemeiner Multiplikationssatz	427
10.9	Unabhängigkeit zweier Ereignisse	428
10.10	Totale Wahrscheinlichkeit	428
10.11	Formel von Bayes	430
10.12	Darstellung	432
10.13	Kelly-Kriterium	435
		439

11 Schließende Statistik
11.1	Einführung	**445**
11.2	Diskrete Zufallsvariablen	445
11.3	Stetige Zufallsvariablen	445
11.4	Erwartungswert	447
11.5	Streuung/ Varianz/ Standardabweichung	448
11.6	Ausgewählte Verteilungen	453
11.7	Anwendung, Warteschlangentheorie	458
11.8	Konfidenzintervalle	489
11.9	Testen von Hypothesen	501
		528

12 Risikomaße und Performancemaße
12.1	Einleitung und Capital Asset Pricing Modell	**543**
12.2	Jarque Bera Test	543
		544

III

INHALTSVERZEICHNIS

12.3	Q-Q-Diagramm	546
12.4	Performance	552
12.5	Beispieldaten für Risikokennzahlen	553
12.6	Semivarianz	555
12.7	Systematisches Risiko vs. Unsystematisches Risiko	557
12.8	Value at Risk	561
12.9	Modified Value at Risk	564
12.10	Tracking Error	567
12.11	Treynor Ratio (TR), Reward-to-Volatility-Ratio	568
12.12	Sharpe Ratio (Reward-to-Variability)	570
12.13	Information Ratio	571
12.14	Risk Adjusted Performance	572
12.15	Modified Sharpe Ratio	574
12.16	Omega	575
12.17	Sortino Ratio	576
12.18	Style Analyse	577

13 Anhang — **583**

13.1	Standardnormalverteilung	584
13.2	t-Verteilung	590
13.3	χ^2-Verteilung	594

Stichwortverzeichnis . . . 596

Literatur . . . 601

Griechische Buchstaben:

Griechischer Buchstabe	Name, Bedeutung, Aussprache
α	Alpha, Jensen's Alpha
β	Beta, Betafaktor, Marktsensitivität
γ	Gamma (Kleinbuchstabe), Exzess
Γ	Gamma (Großbuchstabe), Gamma einer Option
Δ	Delta (Großbuchstabe), häufig für Abstände zwischen zwei Zahlen
ϵ	Epsilon, meistens eine kleine Zahl, Elastizität
λ	Lambda
μ	My, gesprochen: mü
ν	Ny, gesprochen: nü
Ω	Omega (Großbuchstabe), z.B. Ereignisraum
Π	Pi (Großbuchstabe), z.B. Produktzeichen
σ	Sigma (Kleinbuchstabe), z.B. Standardabweichung
Σ	Sigma (Großbuchstabe), z.B. Summenzeichen
τ	Tau
χ	Chi

INHALTSVERZEICHNIS

Abkürzungsverzeichnis:

Abkürzung	Bedeutung
bspw.	beispielsweise
BWL	Betriebswirtschaftslehre
CAPM	Capital Asset Pricing Modell
d.h.	Das heißt
EONIA	Euro OverNight Index Average
etc.	et cetera
p.a.	per annum, jährlich, pro Jahr
PCA	Principal Component Analysis
Q-Q-Diagramm	Quantil-Quantil-Diagramm
RBW	Restbuchwert
vs.	versus
VWL	Volkswirtschaftslehre
z.B.	zum Beispiel

Kapitel 1

Vorwort

Dieses Buch gibt einen Einblick in die Mathematik und Statistik für Studierende und Anwender der Betriebswirtschaftslehre. Aus diesem Grund wird auf Beweise mehr oder weniger komplett verzichtet und die Anwendung des Inhalts auf betriebswirtschaftliche Fragestellungen steht im Vordergrund. An einigen Stellen wird die Herleitung der jeweiligen Formel skizziert, dies geschieht immer dann, wenn die Herleitung dem Verständnis dient.

Da Microsoft Excel in vielen Bereichen eine Standardanwendung zur Tabellenkalkulation ist, wird an einigen Stellen des Buches Excel genutzt bzw. Screenshots gezeigt. Es handelt sich um ein geschütztes Produkt der Microsoft Corporation.

In manchen Beispielen wird aus Gründen der Lesbarkeit jeweils auf ein Geschlecht (männlich oder weiblich) eingeschränkt. In einigen Formeln taucht das Zeichen "$\Leftrightarrow$" auf. Dies bedeutet eine Äquivalenzumformung der Gleichung, d.h. beide Seiten der Gleichung werden z.B. durch Zwei geteilt oder von beiden Seiten wird ein Wert abgezogen.

In nummerierten Formeln wird der Satzpunkt '.' am Ende weggelassen, da dieser stellenweise für Unklarheiten sorgt (z.B. hinter der Fakultät '!' oder Missinterpretation als Malzeichen). Im Fliesstext wird der Satzpunkt auch in Formeln und Gleichungen genutzt.

Sämtliche Abbildungen sind vom Autor erstellt.

INHALTSVERZEICHNIS

Zusätzlich zum Buch existiert eine Formelsammlung, die auf Beispiele und Erklärungen verzichtet.

Neu in Auflage 3:

- Länge eines Vektors, Skalarprodukt, Winkel zwischen zwei Vektoren: ab Kapitel 4.9.3, Seite 108
- Lineare Unabhängigkeit: Kapitel 4.10, Seite 113
- Hauptkomponentenanalyse/ PCA: Kapitel 9.8, Seite 392
- Kelly-Kriterium: Kapitel 10.13, Seite 439
- Exponentialverteilung: Kapitel 11.6.7, Seite 478
- Q-Q-Diagramm: Kapitel 12.3, Seite 546

Neu in Auflage 4:

- Epidemie Modell: Kapitel 5.22, Seite 193 behandelt ein einfaches Modell zur Simulation von Infektionskrankheiten wie beispielsweise Corona
- Simpson-Paradoxon: Kapitel 9.7.8, Seite 388
- Logistische Gleichung/ Folge: die logistische Gleichung zur Simulation von Populationen wird in Kapitel 2.1.3.9, Seite 10 behandelt.
- In Kapitel 10.12 ab Seite 435 werden verschiedene Darstellungsformen für Wahrscheinlichkeiten demonstriert, insbesondere das Baumdiagramm und die Vierfeldertafel. In Kapitel 11.7.2 ab Seite 490 wird zusätzlich das Zustandsdiagramm gezeigt
- Warteschlangentheorie: wird in Kapitel 11.7 ab Seite 489 behandelt
- Das Optimierungsverfahren "Simplex-Verfahren" wird in Kapitel 6.6 ab Seite 229 vorgestellt

Kapitel 2

Grundlagen der Mathematik

2.1 Einführung

Das Grundlagenkapitel erläutert einige wichtige Konzepte, Schreibweisen und Definitionen, die in den folgenden Kapiteln immer wieder benötigt werden.

2.1.1 Das Summenzeichen Σ

Das Summenzeichen bietet die Möglichkeit eine Summe vereinfacht darzustellen. Es handelt sich um eine reine Schreibweise, d.h. es wird kein Wert berechnet. Die Summe von n Zahlen, die mit $a_1, a_2, \ldots, a_n$ bezeichnet werden, wird geschrieben als:

$$a_1 + a_2 + \ldots + a_n = \sum_{i=1}^{n} a_i.$$

Der Index i wird Laufindex genannt und läuft in obiger Formel von 1 bis n. Das Summenzeichen wird durch den griechischen Großbuchstaben Σ (Sigma) geschrieben.

2.1. EINFÜHRUNG

2.1.1.1 Summenzeichen: Beispiel 1

Die Summe der ersten elf Zahlen kann geschrieben werden als

$$1 + 2 + 3 + \ldots + 11 = \sum_{i=1}^{11} i.$$

Hier ist deutlich zu sehen, daß der Wert nicht durch das Summenzeichen ausgerechnet wird, sondern es sich nur um eine verkürzte Darstellung der Summe handelt.

2.1.1.2 Summenzeichen: Beispiel 2

Analog lässt sich die Summe der ersten n Quadratzahlen mit dem Summenzeichen einfach schreiben, wobei n eine beliebige, natürliche Zahl größer Null ist:

$$1 + 4 + 9 + \ldots + n^2 = \sum_{i=1}^{n} i^2.$$

2.1.2 Das Produktzeichen ∏

Analog zum Summenzeichen existiert auch ein Produktzeichen, mit dem sich die Multiplikation mehrerer Zahlen vereinfacht schreiben lässt:

$$a_1 \cdot a_2 \cdot \ldots \cdot a_n = \prod_{i=1}^{n} a_i.$$

Das Produktzeichen wird durch den griechischen Großbuchstaben ∏ (Pi) bezeichnet.

2.1.2.1 Produktzeichen/ Fakultät: Beispiel 1

Das Produkt der ersten zehn Zahlen lässt sich schreiben durch:

$$1 \cdot 2 \cdot \ldots \cdot 10 = \prod_{i=1}^{10} i.$$

Bemerkung:

Das Produkt der ersten n Zahlen wird **Fakultät** genannt und durch $n!$ abgekürzt. Diese Schreibweise wird in der Statistik regelmäßig benötigt (siehe Kapitel 9 und folgende):

$$n! = 1 \cdot 2 \cdot \ldots \cdot n = \prod_{i=1}^{n} i \qquad (2.1)$$

Die Fakultät von Null ist als Eins definiert: $0! = 1$.

2.1.2.2 Produktzeichen: Beispiel 2

Das Produkt der ersten n ungeraden Zahlen kann durch

$$1 \cdot 3 \cdot 5 \cdot 7 \cdot \ldots \cdot (2n-1) = \prod_{i=1}^{n} (2i-1)$$

geschrieben werden.

2.1.3 Folgen und Reihen

2.1.3.1 Folgen

Eine Anordnung von Zahlen in einer Reihenfolge wird **Folge** oder Zahlenfolge genannt. Die einzelnen Zahlen einer Folge heißen Glieder oder Folgeglieder. Ein Beispiel für eine Folge lautet: $1, 2, 4, 8, 16, 32, \ldots$

Im Allgemeinen werden die Folgeglieder nummeriert und mit einem Index versehen: $a_1 = 1; a_2 = 2; a_3 = 4; a_4 = 8; a_5 = 16; \ldots$

In diesem Beispiel ist das Bildungsgesetz auf zwei Arten schreibbar:

- da es sich um Zweierpotenzen handelt, kann das n-te Folgeglied geschrieben werden als $a_n = 2^{n-1}$ für $n \geq 1$. Dies ist durch Einsetzen sofort überprüfbar.

- Die zweite Art der Darstellung beruht auf der Beobachtung, daß jedes Folgeglied das Doppelte seines Vorgängers ist. Diese Art der Darstellung wird **rekursiv** genannt: $a_1 = 1; a_n = 2 \cdot a_{n-1}$ für $n > 1$.

2.1. EINFÜHRUNG

Beide Darstellungen sind richtig und führen zum gleichen Ergebnis. Bei der rekursiven Schreibweise kann offensichtlich nicht sofort die Frage beantwortet werden "welchen Wert hat das 100. Folgeglied?", da dafür der Wert des 99. Folgeglieds benötigt werden würde.

Eine Folge, die aus endlich vielen Folgegliedern besteht, wird auch **endliche Folge** genannt. Falls die Folge aus unendlich vielen Folgegliedern besteht, so heißt sie **unendliche Folge**.

2.1.3.2 Reihen

Eine Folge besteht aus einzelnen Gliedern. Werden die ersten n Glieder einer Folge addiert, so wird von einer **Reihe** gesprochen. Reihen werden im Allgemeinen mit s_n (von Summe) abgekürzt. Es gilt also:

$$s_n = \sum_{i=1}^{n} a_i = a_1 + a_2 + a_3 + \ldots + a_n.$$

Mit der Folge aus Kapitel 2.1.3 ergibt sich für die Reihe s_n:

n	1	2	3	4	5	6	7	...
a_n	1	2	4	8	16	32	64	...
s_n	1	3	7	15	31	63	127	...

Z.B. ergibt sich s_3 als Summe der ersten drei Folgeglieder:

$$s_3 = \sum_{i=1}^{3} a_i = 1 + 2 + 4 = 7.$$

2.1.3.3 Beschränktheit von Folgen

Eine Folge heißt nach **oben (unten) beschränkt**, wenn alle Folgeglieder kleiner (größer) als ein bestimmter Wert sind.

Z.B. ist die Folge $a_n = 2^{n-1}$ für $n \geq 1$ nach unten durch Eins beschränkt (kein Folgeglied ist kleiner als Eins). Nach oben ist die Folge **unbeschränkt**, da keine Zahl angegeben werden kann, so daß alle Folgeglieder unterhalb dieser Grenze bleiben. Die Folgeglieder werden mit wachsendem n beliebig groß.

Im Gegensatz dazu ist die Folge $a_n = \frac{1}{n}$ für $n \geq 1$ sowohl nach oben als auch nach unten beschränkt, da für alle Folgeglieder gilt: $0 < a_n \leq 1$.

2.1.3.4 Monotonie von Folgen

Die Monotonie von Folgen sagt etwas über das Wachstumsverhalten (positiv/ negativ) aus.

- Eine Folge wird **streng monoton steigend/ wachsend** genannt, wenn $a_{n+1} > a_n$ für alle n.

- Eine Folge wird **streng monoton fallend** genannt, wenn $a_{n+1} < a_n$ für alle n.

- Eine Folge wird **monoton steigend/ wachsend** genannt, wenn $a_{n+1} \geq a_n$ für alle n.

- Eine Folge wird **monoton fallend** genannt, wenn $a_{n+1} \leq a_n$ für alle n.

Um den Unterschied zwischen "streng wachsend" und "wachsend" zu illustrieren, wird ein simples Beispiel gewählt: $a_n = 1$ für alle $n \geq 1$, d.h. die Folge ist konstant gleich Eins. Diese Folge ist offensichtlich nicht "streng monoton wachsend", aber "monoton wachsend", da das Gleichheitszeichen zwischen aufeinanderfolgenden Gliedern immer gilt. Als Anmerkung sei hier erwähnt, daß die Folge natürlich gleichzeitig "monoton fallend" ist, aber nicht "streng monoton fallend".

2.1.3.5 Arithmetische Folge

Arithmetische Folgen sind Folgen, deren Bildungsgesetz durch folgende Form charakterisiert wird:

$$a_n = a_1 + (n-1) \cdot d \qquad (2.2)$$

Das heißt, zum vorherigen Folgeglied wird d addiert (dabei kann d positiv oder negativ sein).

2.1. EINFÜHRUNG

Arithmetische Folge: Beispiel 1

Eine einfache arithmetische Folge ist die Folge $1, 2, 3, 4, 5, \ldots$. Dabei ist $d = 1$ und $a_1 = 1$. Jedes Folgeglied entsteht dadurch, daß zum Vorgänger Eins addiert wird.

Arithmetische Folge: Beispiel 2

Ein anderes Beispiel für eine arithmetische Folge ist $100, 200, 300, \ldots$. Dabei ist $d = 100$ und $a_1 = 100$.

Arithmetische Folge: Beispiel 3

Als letztes Beispiel wird die arithmetische Folge $10, 5, 0, -5, -10, \ldots$ präsentiert. Dabei ist $d = -5$ und $a_1 = 10$.

2.1.3.6 Arithmetische Reihe

Die Summe der ersten n Folgeglieder einer arithmetischen Folge ergibt sich als:

$$s_n = \frac{n}{2}(a_1 + a_n) \qquad (2.3)$$

Dies wird als **_arithmetische Reihe_** bezeichnet.

Arithmetische Reihe: Beispiel 1

Mit der obigen Formel kann z.B. die Summe der ersten 50 Zahlen berechnet werden. Dabei ist $a_1 = 1$ und $n = 50$. Mit der Formel (2.3) ergibt sich:

$$s_{50} = \frac{50}{2}(a_1 + a_{50}) = \frac{50}{2}(1 + 50) = 25 \cdot 51 = 1.275.$$

Dies kann einfach überprüft werden, indem jeweils zwei Zahlen addiert werden, so daß sich 51 ergibt:

$$s_{50} = 1 + 2 + 3 + 4 + \ldots + 48 + 49 + 50 =$$
$$= (1 + 50) + (2 + 49) + (3 + 48) + \ldots + (25 + 26) =$$
$$= 25 \cdot 51 = 1.275$$

Die Klammern dienen dabei nur der Anschaulichkeit, um die jeweiligen Summanden, die 51 ergeben, kenntlich zu machen.

2.1.3.7 Geometrische Folge

Eine **geometrische Folge** ist durch ein Bildungsgesetz der folgenden Form charakterisiert:

$$a_n = a_1 \cdot q^{n-1} \tag{2.4}$$

In rekursiver Darstellung bedeutet das nichts anderes als: $a_n = a_{n-1} \cdot q$. Das heißt, das vorherige Folgeglied wird mit q multipliziert.

Beispiele für geometrische Folgen:

$$1, \frac{1}{2}, \frac{1}{4}, \frac{1}{8}, \ldots \left(q = \frac{1}{2} \right) \text{ und } 7, -14, 28, -56, \ldots (q = -2).$$

2.1.3.8 Geometrische Reihe

Für die Summe der ersten n Folgeglieder einer geometrischen Folge ergibt sich (falls $|q| < 1$):

$$s_n = \sum_{i=1}^{n} a_1 \cdot q^{i-1} = a_1 \cdot \frac{q^n - 1}{q - 1} \tag{2.5}$$

Die Folge der s_n wird **geometrische Reihe** genannt. Sie ist insbesondere im Bereich der Zinsrechnung von großer Bedeutung (siehe Kapitel 3.3 und folgende).

2.1. EINFÜHRUNG

2.1.3.9 Logistische Gleichung/ Folge

Eine Folge, die zur Simulation von Populationen genutzt wird, ist die **logistische Gleichung/ Folge**. Dabei stellt z_n die Anzahl der Individuen (Tiere, Menschen, ...) im n-ten Zeitschritt dar, z.B. nach n Jahren. Die Gleichung wurde zuerst von Verhulst[1] vorgestellt.

Die Anzahl der Individuen wird durch zwei Einflussfaktoren gesteuert:

- Geburten: je mehr Individuen vorhanden sind, umso mehr Geburten gibt es. Dadurch ergibt sich ein Term der Form $z_{n+1} = \alpha_1 \cdot z_n$.

- Todesfälle: im Allgemeinen gibt es eine natürliche Obergrenze M für die Anzahl der Individuen, die beispielsweise durch die vorkommenden Ressourcen bestimmt wird (Futter, Lebensraum, Wasser, Beutetiere, ...). Dies wird durch $z_{n+1} = \alpha_2 \cdot (M - z_n)$ modelliert. Je mehr sich z_n dem M nähert, umso kleiner wird der Faktor in der Klammer und damit schrumpft die Population.

Werden die beiden Terme zusammengefasst, so ergibt sich:

$$z_{n+1} = \alpha_1 \cdot z_n \cdot \alpha_2 \cdot (M - z_n).$$

Häufig wird nun $x_n = \frac{z_n}{M}$ (bzw. $z_n = M \cdot x_n$) als Anteilswert von der Maximalbevölkerung definiert. Dann ergibt sich

$$M \cdot x_{n+1} = \alpha_1 \cdot \alpha_2 \cdot M \cdot x_n \cdot (M - M \cdot x_n) = \alpha_1 \cdot \alpha_2 \cdot M \cdot x_n \cdot M \cdot (1 - x_n).$$

Nach Division mit M und Einführung eines neuen Parameters $r = \alpha_1 \cdot \alpha_2 \cdot M$, ergibt sich:

$$x_{n+1} = r \cdot x_n \cdot (1 - x_n) \tag{2.6}$$

wobei die Werte von x_n zwischen Null und Eins liegen und x_0 die Population zu Beginn der Betrachtung als Anteilswert von der Maximalpopulation M darstellt.

Die Werte der Folge hängen vom Anfangswert x_0 und dem Wert von r ab. Wird beispielsweise $r = 1,5$ und $x_0 = 0,5$ gesetzt, so ergeben sich als Werte

---
[1] Pierre-Francois Verhulst, 1804 - 1849, siehe [17]

für die Folge (gerundet auf vier Stellen)

$$x_0 = 0,5$$
$$x_1 = 1,5 \cdot 0,5 \cdot (1 - 0,5) = 0,375$$
$$x_2 = 1,5 \cdot 0,375 \cdot (1 - 0,375) = 0,3516$$
$$x_3 = 1,5 \cdot 0,3516 \cdot (1 - 0,3516) = 0,3419$$
$$x_4 = 1,5 \cdot 0,3419 \cdot (1 - 0,3419) = 0,3375$$
$$x_5 = 1,5 \cdot 0,3375 \cdot (1 - 0,3375) = 0,3354$$
$$\vdots$$

Der Grenzwert dieser Folge wird in Kapitel 2.1.4.5 betrachtet.

2.1.4 Grenzwert einer Folge

Der Grenzwertbegriff wird in vielen verschiedenen Anwendungsbereichen der Mathematik benötigt. Dabei wird von einer Folge von Zahlen ausgegangen. Die einzelnen Folgeglieder werden mit a_n bezeichnet. Eine Zahl a wird **Grenzwert** genannt, wenn die Folge sich dem a beliebig nähert, falls n wächst.

In diesem Fall lautet die Schreibweise:

$$\lim_{n \to \infty} a_n = a \tag{2.7}$$

"lim" wird **Limes** ausgesprochen. "Beliebig nähert" bedeutet, daß ab einem bestimmten Index alle Folgeglieder in einer beliebig kleinen Umgebung um den Grenzwert a liegen. Mit anderen Worten: wenn ein beliebiger (kleiner) Abstand zum Grenzwert vorgegeben wird, so kann ein Index N angegeben, ab dem alle Folgeglieder a_n näher als dieser Abstand am Grenzwert a liegen.

Falls die jeweiligen Grenzwerte existieren, so gelten folgende formale Grenz-

2.1. EINFÜHRUNG

wertsätze:

$$\lim_{n\to\infty} (a_n + b_n) = \lim_{n\to\infty} a_n + \lim_{n\to\infty} b_n$$

$$\lim_{n\to\infty} (a_n - b_n) = \lim_{n\to\infty} a_n - \lim_{n\to\infty} b_n$$

$$\lim_{n\to\infty} (a_n \cdot b_n) = \lim_{n\to\infty} a_n \cdot \lim_{n\to\infty} b_n \quad (2.8)$$

$$\lim_{n\to\infty} \left(\frac{a_n}{b_n}\right) = \frac{\lim_{n\to\infty} a_n}{\lim_{n\to\infty} b_n} \text{ für } b_n \neq 0 \text{ und } \lim_{n\to\infty} b_n \neq 0$$

Eine Folge, deren Grenzwert existiert, wird **konvergent** genannt. Folgen, die nicht konvergieren, werden als **divergent** bezeichnet.

2.1.4.1 Grenzwert einer Folge: Beispiel 1

Es wird die Folge $a_n = \frac{1}{n}$ betrachtet. Die Folge besteht also aus den Folgegliedern $1, \frac{1}{2}, \frac{1}{3}, \frac{1}{4}, \frac{1}{5}, \ldots$

Der Grenzwert in diesem Fall ist offensichtlich Null, Schreibweise: $\lim_{n\to\infty} a_n = \lim_{n\to\infty} \frac{1}{n} = 0$, da sich die Folgeglieder der Null beliebig nähern. Falls beispielsweise ein Abstand zum Grenzwert von $0,01$ (ein Hundertstel) vorgegeben wird, so liegen ab dem 101. Folgeglied alle Folgeglieder näher an der Null als $0,01$.

2.1.4.2 Grenzwert einer Folge: Beispiel 2

Die Folge, die sich aus den Folgegliedern $-1, 1, -1, 1, -1, \ldots$ zusammensetzt, hat dagegen keinen Grenzwert, da für eine kleine Umgebung um Eins (oder minus Eins) herum jedes zweite Folgeglied diese Umgebung verlässt. Die beiden Werte -1 und $+1$ werden in diesem Fall als **Häufungspunkte** bezeichnet: es sind zwar unendlich viele Folgeglieder $+1$ bzw. -1, aber die Bedingung für den Grenzwert ist nicht erfüllt, da eine kleine Umgebung um die Häufungspunkte herum bei jedem zweiten Folgeglied verlassen wird.

2.1.4.3 Grenzwert einer Folge: Beispiel 3

Es gibt auch Folgen, die nur einen Häufungspunkt haben, dieser muss jedoch kein Grenzwert sein: $a_n = n \cdot ((-1)^n + 1)$. Diese Folge besteht aus den Gliedern: $0, 4, 0, 8, 0, 12, \ldots$.

Offensichtlich ist Null ein Häufungspunkt, aber die Folge ist nicht konvergent, also divergent.

2.1.4.4 Grenzwert einer Folge: Beispiel 4, Eulersche Zahl

Die Folge

$$a_n = \left(1 + \frac{r}{n}\right)^n$$

hat als Grenzwert e^r, wobei e die irrationale Zahl $2,7182818284\ldots$ (die **Eulersche Zahl**[2]) ist. Diese wird an vielen Stellen in der Mathematik und Statistik benötigt (siehe z.B. Kapitel 11.6.3 ab Seite 465).

2.1.4.5 Grenzwert einer Folge: Beispiel 5, Logistische Gleichung

Der Grenzwert der logistischen Gleichung/ Folge (2.6) von Seite 10 aus Kapitel 2.1.3.9 ist besonders interessant. Er hängt stark vom gewählten Wert r ab.

Für kleine r (kleiner als Eins) stirbt die Population aus, es bildet sich der Grenzwert 0 heraus (siehe Abbildung 2.1).

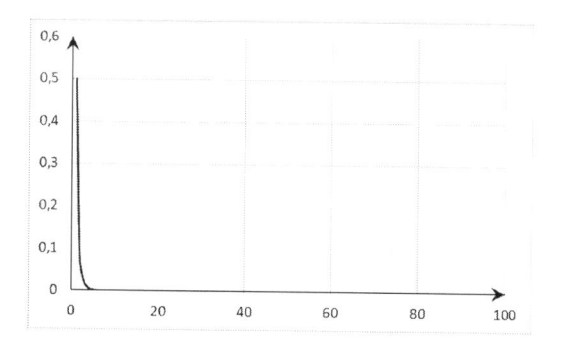

Abbildung 2.1: Logistische Gleichung, die 100 ersten Folgenglieder mit $r = 0,3$ und $x_0 = 0,5$

---
[2] Leonhard Euler, 1707 - 1783

2.1. EINFÜHRUNG

Falls r zwischen Eins und Drei liegt, so ergibt sich der Grenzwert $\frac{r-1}{r}$. Dieser wird für Werte kleiner als Zwei monoton angestrebt (siehe Abbildung 2.2), für Werte zwischen Zwei und Drei alterniert die Folge gegen den Grenzwert.

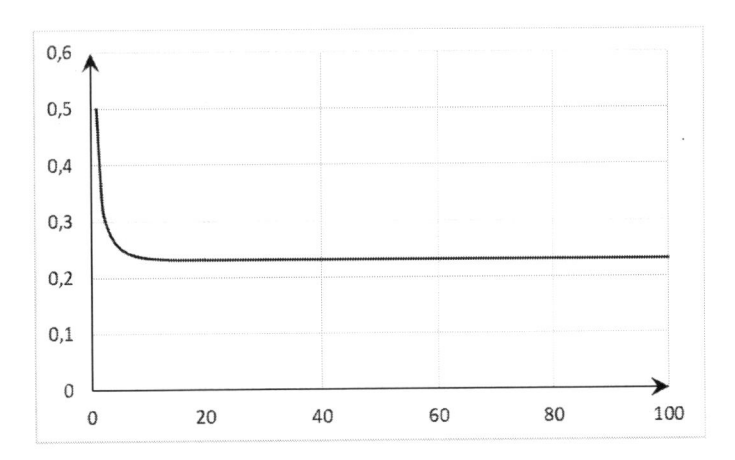

Abbildung 2.2: Logistische Gleichung, die 100 ersten Folgenglieder mit $r = 1,3$

Für Werte von r, die über Drei liegen, wird das Verhalten kompliziert. Falls r unter ca. 3,45 liegt, so ergeben sich im Allgemeinen zwei Häufungspunkte zwischen denen die Folge schwingt (siehe Abbildung 2.3).

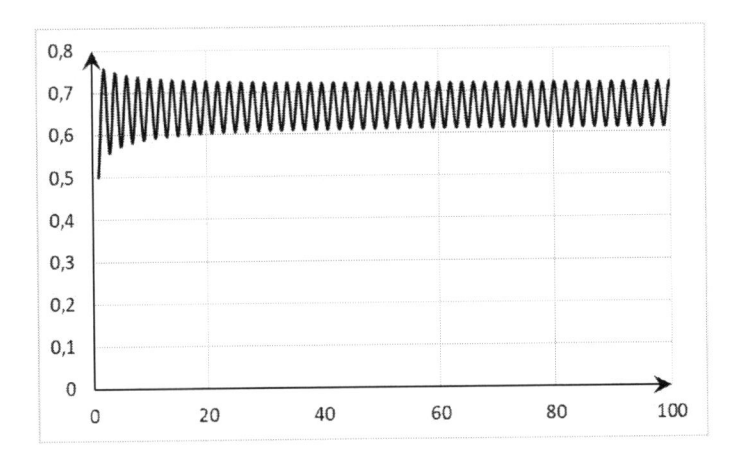

Abbildung 2.3: Logistische Gleichung, die 100 ersten Folgenglieder mit $r = 3,026$

2.1.4 GRENZWERT EINER FOLGE

Liegt r zwischen ca. 3,45 und 3,54, so springt die Folge zwischen vier Häufungspunkten hin und her (siehe Abbildung 2.4)

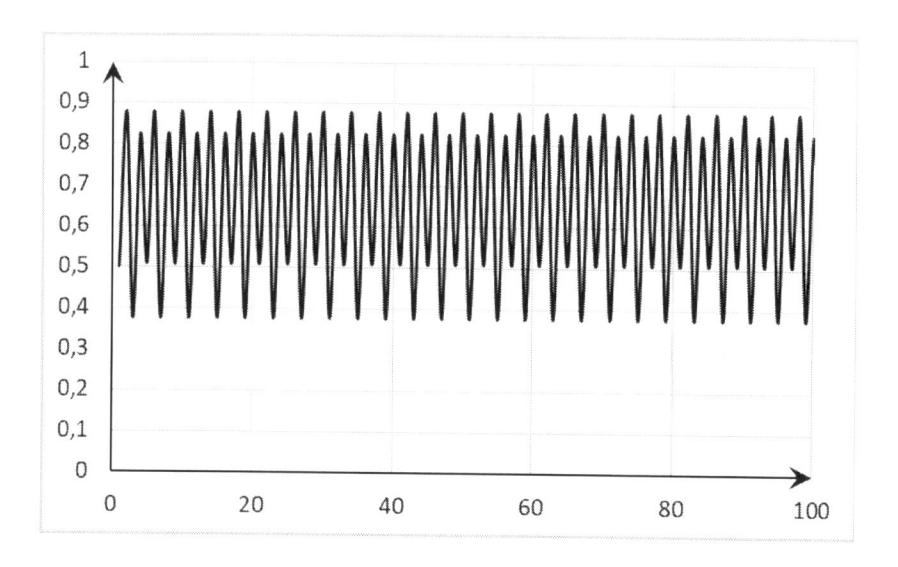

Abbildung 2.4: Logistische Gleichung, die 100 ersten Folgenglieder mit $r = 3,512$

Die Zahl der Häufungspunkte erhöht sich immer weiter, ab einem Wert von ca. 3,57 bildet sich ein chaotisches Verhalten aus. Es ist im Allgemeinen keine Periode mehr erkennbar, siehe Abbildung 2.5.

2.1. EINFÜHRUNG

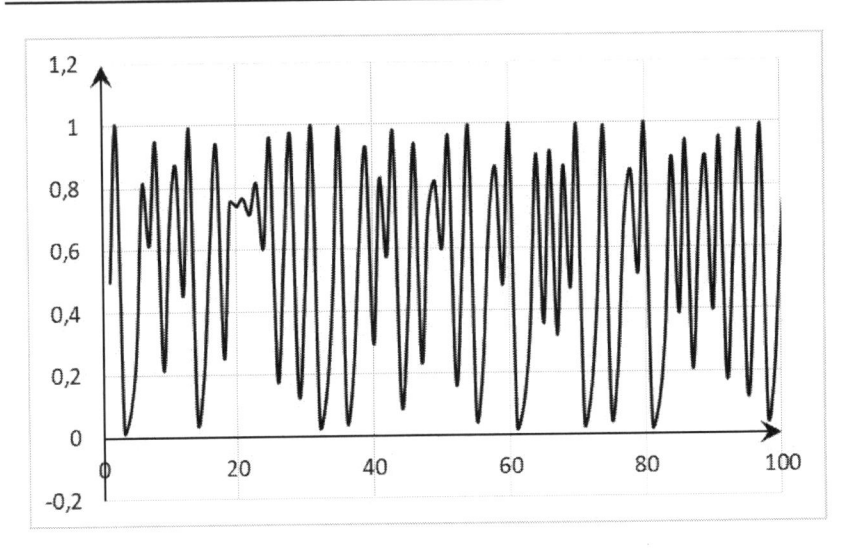

Abbildung 2.5: Logistische Gleichung, die 100 ersten Folgenglieder mit $r = 3,98$

Werden die jeweiligen Grenzwerte bzw. Häufungspunkte der Folge in Abhängigkeit vom Parameter r graphisch dargestellt, so ergeben sich die Abbildungen 2.6, 2.7 und 2.8.

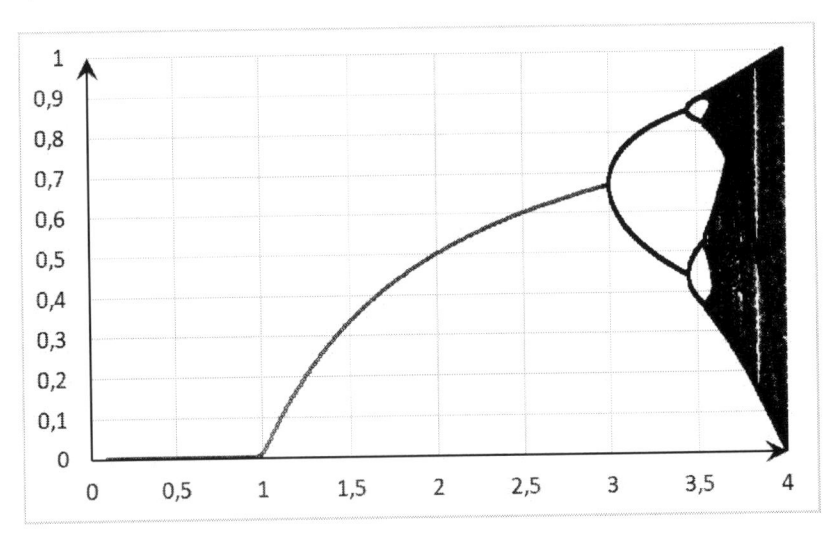

Abbildung 2.6: Logistische Gleichung, Grenzwerte/ Häufungspunkte in Abhängigkeit von r, eingeschränkt auf das Intervall [0, 4]

2.1.4 GRENZWERT EINER FOLGE

In Abbildung 2.6 sind die jeweiligen Grenzwerte bzw. Häufungspunkte zu den r-Werten zwischen Null und Vier zu sehen.

Abbildung 2.7 zeigt den Ausschnitt [2,99, 3,57], in dem sich zuerst ab einem Wert von $r = 3$ zwei Grenzwerte herausbilden und dann bei ca. $r = 3,45$ sogar vier Grenzwerte/ Häufungspunkte. Am rechten Rand der Abbildung ist auch noch die Aufteilung der Kurve in acht Grenzwerte/ Häufungspunkte zu sehen.

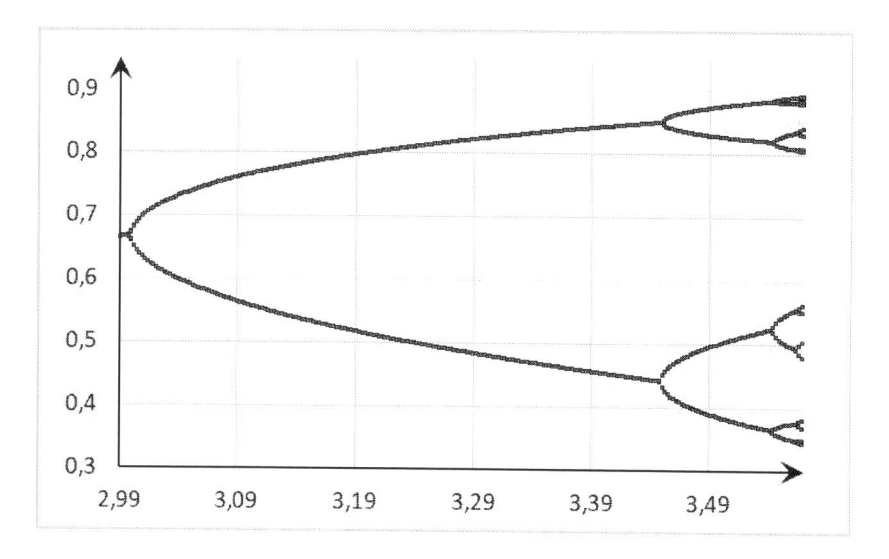

Abbildung 2.7: Logistische Gleichung, Grenzwerte/ Häufungspunkte in Abhängigkeit von r, eingeschränkt auf das Intervall [2,99, 3,57]

Das Verhalten danach (siehe Abbildung 2.8) wird chaotisch und graphisch schwer darstellbar (siehe auch Abbildung 2.5).

2.1. EINFÜHRUNG

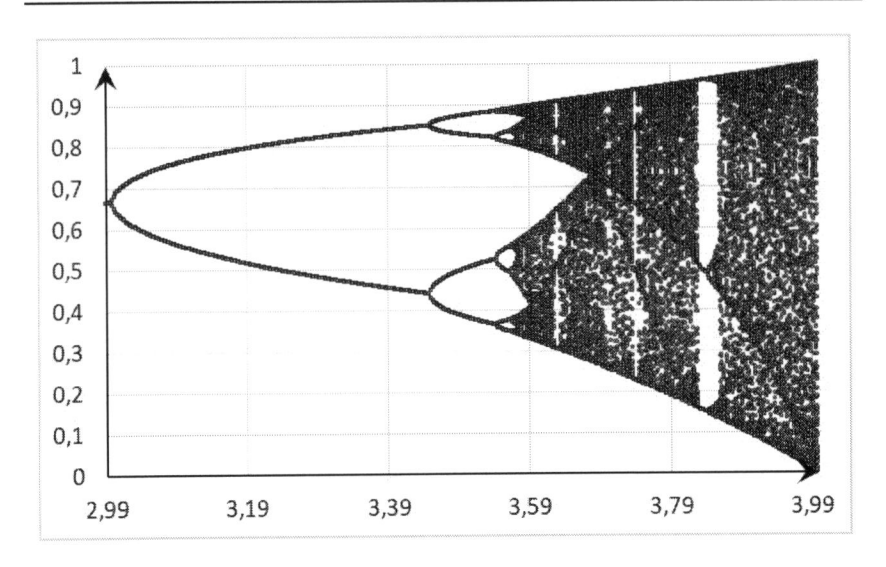

Abbildung 2.8: Logistische Gleichung, Grenzwerte/ Häufungspunkte in Abhängigkeit von r, eingeschränkt auf das Intervall [2,99, 3,99]

Interessant ist auch, wie sich die Folgenglieder bei unterschiedlichen Startwerten x_0 unterscheiden. In Abbildung 2.9 sind bei konstantem $r = 3,9764$ (chaotischer Bereich) die ersten 100 Folgenglieder für $x_0 = 0,5$, $x_0 = 0,501$ und $x_0 = 0,500001$ abgebildet. Bis ca. x_{12} sind die Werte nicht unterscheidbar, im Anschluss entwickeln sich die drei Folgen komplett unterschiedlich. Der minimale Unterschied in der Anfangsbedingung führt zu extrem abweichendem Verhalten im weiteren Verlauf der Entwicklung.

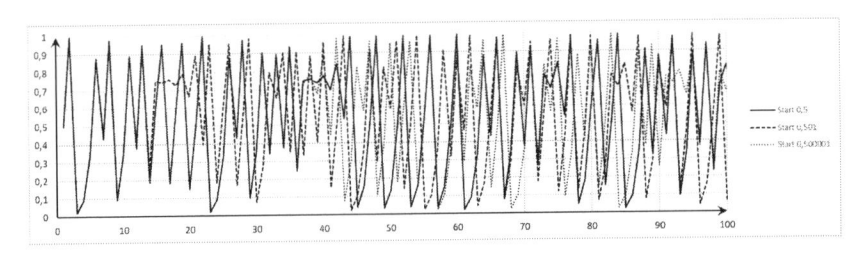

Abbildung 2.9: Logistische Gleichung, die 100 ersten Folgenglieder für $r = 3,9764$, verschiedene Startwerte x_0

Kapitel 3

Finanzmathematik

3.1 Einführung

In diesem Kapitel wird das Thema Finanzmathematik mit den verschiedenen Teilgebieten vorgestellt.

3.2 Abschreibungen

Abschreibungen stellen den Werteverzehr von Sachinvestitionen (Maschinen, Autos, Computer etc.) durch deren Nutzung dar. Abschreibungen werden ebenfalls im Controlling genutzt, um Anschaffungswerte von Sachinvestitionen über die Nutzungsdauer zu verteilen.

Welche Arten von Abschreibungen erlaubt sind, wird im Allgemeinen durch die diesbezügliche Gesetzgebung vorgegeben. In diesem Kapitel werden die wichtigsten Konzepte zur Abschreibung erläutert.

Buchhalterisch werden die Abschreibungsbeträge in den meisten Fällen in die Wertberichtigung zu den Anschaffungs- und Herstellkosten der jeweiligen Anlagegüter gebucht.

3.2. ABSCHREIBUNGEN

3.2.1 Notationen

Im Folgenden stellt A die Anschaffungs- und Herstellkosten der Sachinvestition dar. Dies ist der Betrag, mit dem das Anlagegut zum Zeitpunkt der Aktivierung in der Bilanz steht. A_i stellt den Abschreibungsbetrag der i-ten Periode dar. Eine Periode kann z.B. ein Monat, ein halbes oder ein komplettes Jahr sein. R ist der Restbuchwert, der am Ende der Nutzungsdauer erreicht werden soll. Dieser kann z.B. den Materialwert einer Maschine darstellen: selbst wenn eine Maschine verschrottet wird, kann noch dieser Wert durch Verkauf der Materialien erzielt werden. Häufig ist der Restbuchwert gleich Null.

Die letzte benötigte Notation ist n. Dies stellt die Nutzungsdauer der Anlage dar. Diese wird in der gleichen Art von Perioden gemessen wie die Abschreibungsbeträge (z.B. Monate oder Jahre).

3.2.2 Lineare Abschreibung

Bei der linearen Abschreibung wird ein konstanter Abschreibungsbetrag zu Beginn der Nutzungsdauer festgelegt, der dazu führt, daß der Restbuchwert linear abnimmt (daher der Name).

Die Berechnung der Höhe der Abschreibungsbeträge ist konstant und lautet:

$$A_i = \frac{A - R}{n} \qquad (3.1)$$

3.2.2.1 Lineare Abschreibung: Beispiel

Angenommen, es wird eine Maschine für 17.000€ angeschafft. Es ist geplant die Maschine fünf Jahre zu nutzen und der Restwert nach fünf Jahren soll 2.000€ betragen (z.B. der Metallwert der Maschinenteile).

Der Wertverlust während der Nutzungsdauer von fünf Jahren beträgt also 15.000€. Dieser Betrag wird gleichmäßig über die fünf Jahre abgeschrieben. Es ergeben sich die folgenden Daten: $A = 17.000$€, $R = 2.000$€ und $n = 5$. Daraus ergibt sich nach Formel (3.1) (Lineare Abschreibung) ein jährlicher

3.2.2 LINEARE ABSCHREIBUNG

Abschreibungsbetrag in Höhe von

$$A_i = \frac{A - R}{n} = \frac{17.000€ - 15.000€}{5} = 3.000€.$$

D.h. pro Jahr wird der Restbuchwert des Anlagegutes um 3.000€ fallen. Am Ende der Nutzungsdauer (nach dem fünften Jahr) beträgt der Restbuchwert 2.000€. Dies entspricht dem Restwert.

Wird der Verlauf der Restbuchwerte betrachtet, so ergibt sich folgendes Bild. Es ist deutlich zu sehen, daß die Abschreibungsbeträge konstant bleiben und der Restbuchwert linear fällt.

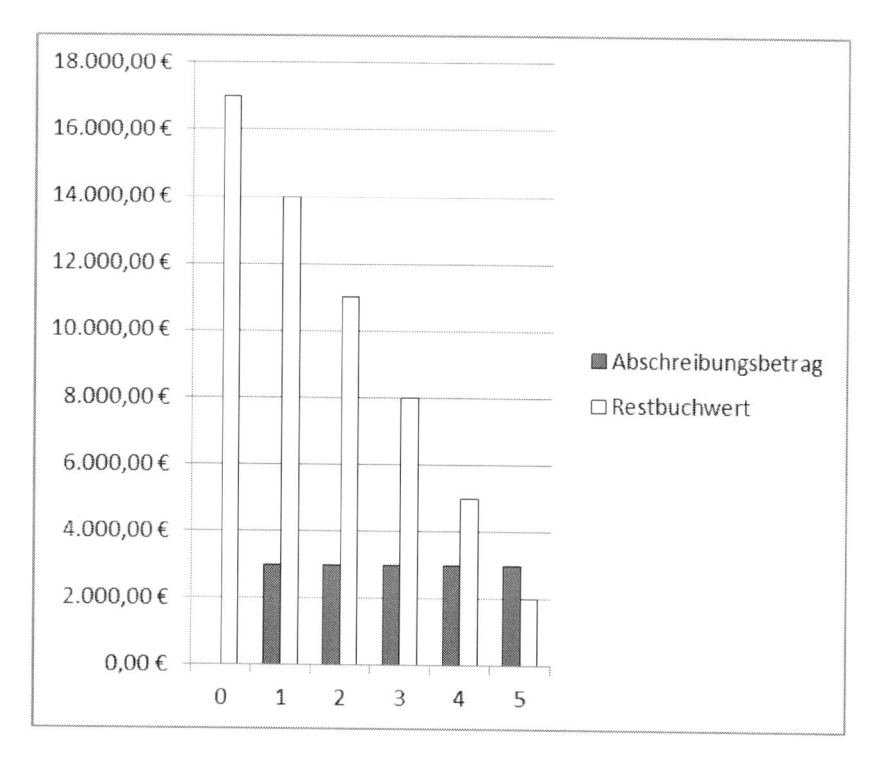

Abbildung 3.1: Restbuchwert, lineare Abschreibung

Die Werte für die einzelnen Jahre ergeben sich als:

3.2. ABSCHREIBUNGEN

Jahr	Abschreibungsbetrag	Restbuchwert am Ende des Jahres
0		17.000,00€
1	3.000,00€	14.000,00€
2	3.000,00€	11.000,00€
3	3.000,00€	8.000,00€
4	3.000,00€	5.000,00€
5	3.000,00€	2.000,00€

3.2.3 Arithmetisch-Degressive Abschreibung

Bei der degressiven Abschreibung wird in der Anfangszeit von hohen Abschreibungsbeträgen ausgegangen, die im Verlauf kleiner werden. Dieses Verhalten kennen die meisten Leser vermutlich von Autos: in den ersten Jahren verliert das Auto einen Großteil seines Wertes, während der Wertverlust pro Jahr nach zehn Jahren nur noch gering ist.

Bei der arithmetisch-degressiven Abschreibung muss für den Abschreibungsbetrag der ersten Periode folgende Bedingung gelten:

$$\frac{A-R}{n} \leq A_1 \leq 2\frac{A-R}{n} \qquad (3.2)$$

Das bedeutet, daß der Abschreibungsbetrag der ersten Periode zwischen dem einfachen und dem doppelten der linearen Abschreibung liegen muss. Falls diese Bedingung erfüllt ist, wird ein Wert d berechnet, der die Verminderung des Abschreibungsbetrages pro Periode darstellt:

$$d = 2\frac{A_1 n - (A-R)}{n(n-1)} \qquad (3.3)$$

3.2.3.1 Arithmetisch-Degressive Abschreibung: Beispiel

Wie im Beispiel aus Kapitel 3.2.2.1 wird von aktivierten Anschaffungs- und Herstellkosten in Höhe von 17.000€ ausgegangen. Es ist geplant die Maschine fünf Jahre zu nutzen und der Restwert nach fünf Jahren soll 2.000€ betragen

3.2.3 ARITHMETISCH-DEGRESSIVE ABSCHREIBUNG

(z.B. der Metallwert der Maschinenteile).

Lösung:

Folgende Daten sind gegeben: $A = 17.000€$, $R = 2.000€$ und $n = 5$. Bei der arithmetisch-degressiven Abschreibung muss wie oben erwähnt ein Abschreibungsbetrag für die erste Periode gewählt werden. Dabei wird häufig ein Vielfaches des linearen Satzes genutzt (dies wird im Allgemeinen durch gesetzliche Regeln vorgegeben). Hier wird $A_1 = 5.000€$ gewählt. Dieser erste Abschreibungsbetrag darf nur gewählt werden, falls die Bedingung aus Formel (3.2) erfüllt ist:

$$\frac{A-R}{n} = \frac{17.000 - 2.000}{5} = 3.000 \leq A_1 =$$
$$= 5.000 \leq 2 \cdot 3.000 = 6.000.$$

Da der gewählte Abschreibungsbetrag zwischen 3.000€ und 6.000€ liegt, ist die Bedingung erfüllt und es kann mit der eigentlichen Abschreibung begonnen werden. Zuerst wird gemäß Formel (3.3) ein Verminderungsbetrag d ermittelt. Um diesen werden (ausgehend von $A_1 = 5.000€$) die Abschreibungsbeträge erniedrigt:

$$d = 2\frac{A_1 n - (A-R)}{n(n-1)} = 2\frac{5.000 \cdot 5 - (17.000 - 2.000)}{5(5-1)} =$$
$$= 2\frac{25.000 - 15.000}{20} = 1.000.$$

Damit ergibt sich folgender Abschreibungsverlauf. Es ist deutlich zu sehen, wie sich der jährliche Abschreibungsbetrag um jeweils $d = 1.000$ € reduziert.

Jahr	Abschreibungsbetrag	Restbuchwert am Ende des Jahres
0		17.000, 00€
1	5.000, 00€	12.000, 00€
2	4.000, 00€	8.000, 00€
3	3.000, 00€	5.000, 00€
4	2.000, 00€	3.000, 00€
5	1.000, 00€	2.000, 00€

3.2. ABSCHREIBUNGEN

Der Verlauf von Abschreibungsbetrag und Restbuchwert der Maschine wird in der folgenden Abbildung gezeigt. Dabei ist deutlich zu erkennen, daß die Abschreibungsbeträge von Jahr zu Jahr kleiner werden (ausgehend vom Startwert 5.000€).

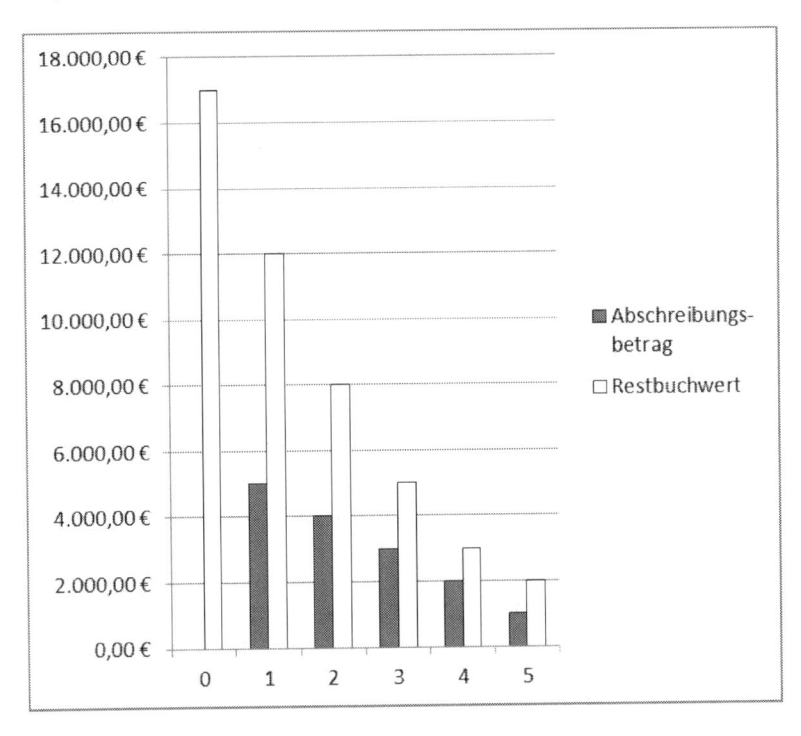

Abbildung 3.2: Restbuchwert, arithmetisch-degressive Abschreibung

3.2.4 Degressive Abschreibung

3.2.4.1 Einführung

Im Unterschied zur arithmetisch-degressiven Abschreibung, bei der der Abschreibungsbetrag um einen konstanten Wert erniedrigt wird, wird bei der degressiven Abschreibung ein konstanter Prozentsatz auf den Restbuchwert angewandt. Es darf im Allgemeinen ein bis zu 2,5-facher Wert der linearen Abschreibung genutzt werden.

3.2.4.2 Degressive Abschreibung: Beispiel

Wieder wird von einer Maschine ausgegangen, die Anschaffungs- und Herstellkosten in Höhe von 17.000€ und in diesem Beispiel eine Nutzungsdauer von zehn Jahren hat. Bei linearer Abschreibung ergäbe sich ein Abschreibungsbetrag von $\frac{17.000\ €}{10\ \text{Jahre}} = 1.700$ €, pro Jahr (10% der Anschaffungs- und Herstellkosten)

In diesem Beispiel wird von einem zweifachen Satz ausgegangen. D.h. der Abschreibungsbetrag beträgt 20% des jeweiligen Restbuchwerts. In der graphi-

Jahr	Abschreibungsbetrag (20% des RBW)	Restbuchwert
0		17.000, 00€
1	3.400, 00€	13.600, 00€
2	2.720, 00€	10.880, 00€
3	2.176, 00€	8.704, 00 €
4	1.740, 80€	6.963, 20€
5	1.392, 64€	5.570, 56€
6	1.114, 11€	4.456, 45€
7	891, 29€	3.565, 16€
8	713, 03 €	2.852, 13€
9	570, 43€	2.281, 70€
10	456, 34€	1.825, 36€

schen Darstellung von Abschreibungsbetrag und Restbuchwert ist der degressive Charakter der Abschreibung gut zu erkennen: die Abschreibungsbeträge werden von Jahr zu Jahr niedriger, siehe Abbildung 3.3.

Zusätzlich ist zu sehen, daß der Restbuchwert des Folgejahrs immer 80% des aktuellen Jahrs beträgt (da 20% als Abschreibung abgezogen werden). Dadurch ist unmittelbar klar, daß bei dieser Art der Abschreibung niemals der Wert Null erreicht wird. Dies kann höchstens durch ein Unterschreiten der 0, 01€-Grenze mittels Rundung geschehen.

Aus diesem Grund wird im Allgemeinen zu einem festgelegten Zeitpunkt von der degressiven Abschreibung zur linearen Abschreibung übergegangen.

Üblicherweise ist dies der Moment, in dem die lineare Abschreibung (hier: 1.700€) größer ist als die degressive Abschreibung. In diesem Beispiel ist dies

3.2. ABSCHREIBUNGEN

im fünften Jahr der Fall.

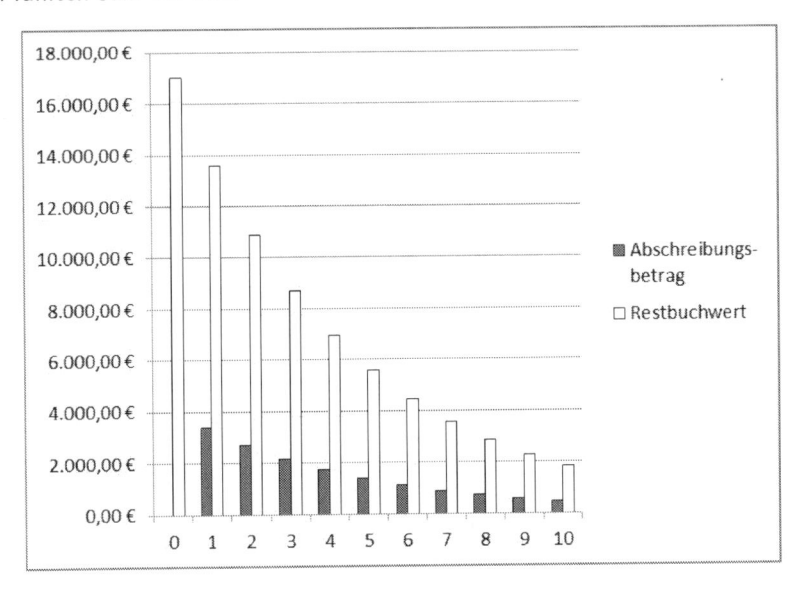

Abbildung 3.3: Restbuchwert, degressive Abschreibung

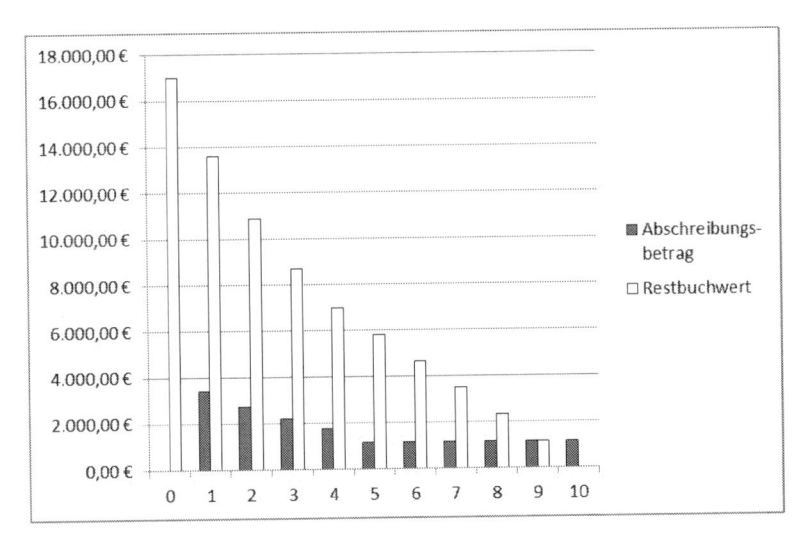

Abbildung 3.4: Degressive Abschreibung mit Änderung auf lineare Abschreibung

Es wird also der Restbuchwert am Ende des vierten Jahres ($6.963,20$€)

durch die verbleibenden Jahre (sechs) geteilt. Dadurch ergibt sich ein linearer Abschreibungsbetrag in Höhe von $\frac{6.963,20\ €}{6\ \text{Jahre Restlaufzeit}} = 1.160,53\ €$ pro Jahr. Das Ergebnis der Restbuchwerte ist nunmehr in Tabelle 3.1 aufgelistet.

Jahr	Abschreibungsbetrag	Restbuchwert
0		17.000,00 €
1	3.400,00 €	13.600,00 €
2	2.720,00 €	10.880,00 €
3	2.176,00 €	8.704,00 €
4	1.740,80 €	6.963,20 €
5	1.160,53 €	5.802,67 €
6	1.160,53 €	4.642,13 €
7	1.160,53 €	3.481,60 €
8	1.160,53 €	2.321,07 €
9	1.160,53 €	1.160,53 €
10	1.160,53 €	0,00 €

Tabelle 3.1: Degressive Abschreibung mit Änderung auf lineare Abschreibung

Der zugehörige Verlauf ist in der folgenden Abbildung 3.4 auf Seite 26 zu sehen.

3.2.5 Progressive Abschreibung

Die progressive Abschreibung ist in vielen Ländern steuerrechtlich nicht gestattet. Bei dieser Art der Abschreibung steigen die Abschreibungsbeträge mit der Zeit an. Dies kann z.B. bei der Abbildung von landwirtschaftlichen Betrieben, Minen etc. genutzt werden, bei denen die Kosten der Produktion zum Ende der Nutzungsdauer hin steigen.

3.3 Zinsrechnung

3.3.1 Einführung

Zins stellt die Kosten für die "Vermietung" von Geld dar. Der Zins spielt immer dann eine Rolle, wenn Zahlungen zu verschiedenen Zeitpunkten anfallen und

3.3. ZINSRECHNUNG

miteinander verglichen werden sollen. Geld, das zu verschiedenen Zeitpunkt gezahlt wird, hat einen unterschiedlichen Wert, da das Geld für den Zeitraum angelegt werden kann bzw. geliehen werden muss.

Zinsen können grundsätzlich **vorschüssig** (zu Beginn der Verzinsungsperiode) oder **nachschüssig** (am Ende der Verzinsungsperiode) anfallen.

3.3.2 Notation

Im Folgenden bedeutet n die Laufzeit in Jahren und m die Anzahl der Verzinsungen pro Jahr, d.h. $m = 4$ bedeutet quartärliche Verzinsung (vier Mal pro Jahr wird verzinst, also alle drei Monate).

Der Zinssatz wird mit p bezeichnet und entweder als Dezimalzahl oder Prozentzahl ausgedrückt (z.B. $p = 0,01 = \frac{1}{100} = 1\%$).

3.3.3 Einfache Verzinsung

Bei der einfachen Verzinsung wird das Anfangskapital verzinst, die aufgelaufenen Zinsen jedoch nicht. Dies kann z.B. erreicht werden, indem am Ende jedes Jahres der Zinsbetrag abgehoben wird.

Das Kapital nach n Jahren ergibt sich dann durch die folgende Formel

$$K_n = K_0 \cdot (1 + n \cdot p) \tag{3.4}$$

3.3.3.1 Einfache Verzinsung: Beispiel 1

Das zu verzinsende Kapital soll 10.000€ betragen. Dieses wird über zehn Jahre zu einem Zinssatz von $p = 5\% = 0,05$ angelegt. Aus obiger Formel ergibt sich als Kapital nach zehn Jahren bei einfacher Verzinsung:

$$K_n = K_0 \cdot (1 + n \cdot p) = 10.000 \text{ €} \cdot (1 + 10 \cdot 0,05) = 15.000 \text{ €}.$$

3.3.3.2 Einfache Verzinsung: Beispiel 2

Die einfache Verzinsung wird z.B. genutzt, um den Zinsertrag eines Sparbuchs zu berechnen, bei dem keine komplette Zinsperiode anfällt. Als Beispiel dienen folgende Daten:

- Ein Sparer eröffnet am 18.10. ein Sparbuch und zahlt 1.000€ ein.
- Die Verzinsung beträgt 1% pro Jahr (p.a.).
- Wie hoch ist die Zinsgutschrift am 31.12. des Jahres, falls keine Ein- oder Auszahlungen anfallen?

Bei jeglicher Berechnung von Zinsen muss festgelegt werden, gemäß welcher Regel die Anzahl der Tage berechnet wird. Dies kann beispielsweise auf Basis der deutschen Zinsmethode geschehen. Diese unterteilt das Jahr in zwölf Monate mit jeweils 30 Tagen. Wird diese Regel genutzt, so kann die obige Aufgabe gelöst werden, indem die Tage vom 18.10. bis 31.12. als $12 + 2 \cdot 30 = 72$ berechnet werden. Die Zinsen ergeben sich dann als:

$$\text{Zinsen} = 1.000 \text{ €} \cdot 1\% \frac{72}{360} = 2 \text{ €}.$$

Die Formel sagt nichts anderes, als daß die Zinsen von 1% (pro Jahr) auf ein Kapital von 1.000€ gleichmäßig auf die 360 Tage des Jahres verteilt werden. Da das Kapital 72 Tage angelegt ist, ergeben sich 72 Teile vom 360. Teil der Jahreszinsen.

3.3.3.3 Einfache Verzinsung: Beispiel 3

Die einfache Verzinsung kann auch genutzt werden, um den Zinsertrag eines Sparbuchs zu berechnen, falls während der Verzinsungsperiode Ein- oder Auszahlungen vorgenommen werden. Im folgenden Beispiel soll der Zinsertrag für das erste Quartal eines Jahres berechnet werden.

Vorgang	Valuta	Soll	Haben	Saldo	Anzahl Tage
Vortrag Vorjahr	31.12.		1.000€	1.000€	15
Gutschrift	15.1.		4.000€	5.000€	15
Abbuchung	31.1.	2.000€		3.000€	45
Gutschrift	15.3.		1.000€	4.000€	15
Abschluss	31.3.			4.000€	

3.3. ZINSRECHNUNG

Diese Aufgabe ist auf verschiedene Arten lösbar. Eine einfache Methode sind die sogenannten Zinszahlen. Sie werden aus dem zu verzinsenden Saldo mal der Anzahl der Tage gebildet: siehe Tabelle 3.2.

Vorgang	Valuta	Soll	Haben	Saldo	Anzahl Tage	Zinszahl
Vortrag Vorjahr	31.12.		1.000€	1.000€	15	15.000€
Gutschrift	15.1.		4.000€	5.000€	15	75.000€
Abbuchung	31.1.	2.000€		3.000€	45	135.000€
Gutschrift	15.3.		1.000€	4.000€	15	60.000€
Abschluss	31.3.			4.000€		
Summe					90	285.000€

Tabelle 3.2: Einfache Verzinsung, Zinszahl

Da die Zinszahl die Salden mit der jeweiligen Verzinsungsdauer in Tagen enthält, ist zur Berechnung der Gesamtzinsen nur noch eine Multiplikation mit dem Zinssatz (hier wieder: $p = 1\%$) pro Tag notwendig:

Zinsen $= 285.000€ \cdot \frac{1\%}{360} = 7,92€$.

Das gleiche Ergebnis ergibt sich, wenn die jeweils angelegten Beträge für jede einzelne Periode verzinst werden und diese Zinsen dann addiert werden:

$$\text{Zinsen} =$$
$$= 1.000 \text{ €} \cdot 1\% \cdot \frac{15}{360} + 5.000 \text{ €} \cdot 1\% \cdot \frac{15}{360} +$$
$$+ 3.000 \text{ €} \cdot 1\% \cdot \frac{45}{360} + 4.000 \text{ €} \cdot 1\% \cdot \frac{15}{360} = 7,92 \text{ €}.$$

3.3.3.4 Einfache Verzinsung: Beispiel 4

Die einfache Verzinsung kann ebenfalls genutzt werden, um über die Inanspruchnahme eines Lieferantenkontos zu entscheiden. Angenommen, ein Lieferant bietet dem Kunden folgende Zahlungsbedingungen für die Zahlung einer Rechnung über 1.000€:

- 2% Skonto bei Zahlung innerhalb von sieben Tagen.

- Nettozahlung bei Zahlung innerhalb von 21 Tagen.

Wofür sollte sich der Kunde entscheiden?

Lösung:

Der Kunde hat zwei Möglichkeiten:

- Zahlung von 980€ in sieben Tagen.

- Zahlung von 1.000€ in 21 Tagen.

Die beiden möglichen Zahlungstermine liegen 14 Tage auseinander. Der Lieferant räumt dem Kunden somit einen Kredit über 980€ mit einer Laufzeit von 14 Tagen und einem Zins von 20€ ein. Bei Berechnung des Kreditzinssatzes p ergibt sich somit: Zinsen$= 20$€$= 980$€$\cdot p\frac{14}{360}$. Oder nach p umgeformt: $p = \frac{20€}{980\ €}\frac{360}{14} = 52,48\%$.

Falls der Kunde die Möglichkeit hat, sein Kapital mit einem höheren Zinssatz als 52,48% anzulegen, so sollte er den Lieferantenkredit nicht in Anspruch nehmen. Ist dies nicht der Fall, so lohnt sich sogar eine Kontoüberziehung, falls der dafür fällige Zins niedriger als 52,48% ist.

3.3.4 Zinseszinsrechnung

Bei der Zinseszinsrechnung wird auch der bisher aufgelaufene Zins in der nächsten Periode mitverzinst. Falls ein Kapital von K_0 für eine Zinsperiode (z.B. ein Jahr) mit einem Zins von p pro Zinsperiode anlegt wird, so ergibt sich nach dieser Zinsperiode: $K_1 = K_0 + pK_0 = K_0(1 + p)$.

Nach einer weiteren Zinsperiode ergibt sich für das Kapital K_2 nach zwei Zinsperioden (inklusive der Zinsen der ersten Periode pK_0):

$$K_2 = K_1 + pK_1 = K_1(1 + p).$$

Wird nun die obige Formel für K_1 eingesetzt, so ergibt sich:

$$K_2 = K_1(1 + p) = K_0(1 + p)(1 + p) = K_0(1 + p)^2.$$

3.3. ZINSRECHNUNG

Im allgemeinen Fall ergibt sich die Zinseszinsformel für das Kapital nach n Jahren

$$K_n = K_0 \cdot (1 + p)^n = K_0 \cdot q^n \qquad (3.5)$$

Dabei wird $q = 1 + p$ als **Aufzinsfaktor** bezeichnet.

3.3.4.1 Zinseszinsrechnung: Beispiel 1

Eine Bank offeriert die Möglichkeit 10.000€ für zehn Jahre zu einem Zinssatz von 5% pro Jahr anzulegen. Welcher Betrag ergibt sich inklusive Zins und Zinseszins nach Ablauf der Spardauer?

Lösung:

Nach Formel (3.5) ergibt sich eingesetzt:

$$K_{10} = K_0 \cdot (1 + p)^n = 10.000 \text{ €} \cdot (1 + 5\%)^{10} = 16.288,95 \text{ €}.$$

Durch die Verzinsung der aufgelaufenen Zinsen wächst das Kapital also insgesamt um mehr als 62% (siehe zum Vergleich auch Kapitel 3.3.3.1).

3.3.4.2 Zinseszinsrechnung: Beispiel 2, Angels Share

Bei der Reifung von Whisky im Fass verdunsten ca. 2% des Volumens jedes Jahr. Dieser Verlust wird als *Angels Share* bezeichnet. Wieviel Whisky ist nach zehn Jahren noch im Fass enthalten?

- Zuerst wird davon ausgegangen, daß die Gesamtflüssigkeit verdunstet.

- Anschließend wird der Fall berechnet, daß der Anfangsalkoholgehalt 70% beträgt und ausschließlich der Alkohol verdunstet.

In der Realität handelt es sich natürlich um einen Mischung der beiden Ansätze.

Lösung:

Im ersten Falle verliert der Inhalt des Fasses also jedes Jahr 2% des Volumens. Dies entspricht einer negativen Verzinsung mit $p = -2\%$. Damit ergibt sich nach Formel (3.5):

$$K_n = K_0 \cdot (1+p)^n = K_0 \cdot \left(1 + \frac{-2}{100}\right)^{10} =$$
$$= K_0 \cdot \left(1 - \frac{2}{100}\right)^{10} = K_0 \cdot 0{,}8171.$$

Das bedeutet, daß nur noch $81{,}71\%$ der Ausgangsflüssigkeitsmenge nach zehn Jahren vorhanden sind.

Im zweiten Falle verdunstet nur der Alkohol. Ungefähr 70% der Anfangsflüssigkeit bestehen aus Alkohol. D.h. von der Alkoholmenge sind nach zehn Jahren nur noch $81{,}71\%$ vorhanden. Nach Annahme sind die 30% Wasser immer noch komplett vorhanden (es ist nur der Alkohol verdunstet). Damit ist der Alkoholgehalt nach zehn Jahren $\frac{70\% \cdot 0{,}8171}{70\% \cdot 0{,}8171 + 30\%} = 65{,}6\%$. Dies wird als Fassstärke (Cask Strength) bezeichnet.

3.3.5 Faustregel

Es gibt die Möglichkeit Zinssätze näherungsweise zu berechnen. Letztendlich steckt dahinter eine Taylorreihen-Entwicklung (siehe Details in Kapitel 5.17). Für die Berechnungen werden Ableitungen benötigt, die erst in Kapitel 5.13 und folgende definiert werden, jedoch meistens aus der Schule bekannt sind.

Die Taylorreihe einer Funktion (siehe auch Kapitel 5.17) ist definiert als:

$$f(x+h) = f(x) + f'(x) \cdot h + f''(x)\frac{h^2}{2!} + f'''(x)\frac{h^3}{3!} + \ldots$$

Dabei stellen die Striche die Anzahl der Ableitungen der Funktion nach der Variablen x dar. Es wird vorausgesetzt, daß die Funktion $f(x)$ beliebig oft stetig differenzierbar ist (d.h. die n-te Ableitung von $f(x)$ ist wieder eine stetige Funktion, siehe Kapitel 5.11).

Wird die Funktion $f(x) = x^n$ (Verzinsung) betrachtet mit Wert $x = 1$ und als h der Zinssatz p, so ist (falls $n > 3$) die Taylorreihe der Funktion gegeben

3.3. ZINSRECHNUNG

durch:

$$f(1+p) = (1+p)^n = f(1) + f'(1) \cdot p + f''(1)\frac{p^2}{2!} + f'''(1)\frac{p^3}{3!} + \ldots =$$
$$= 1 + n \cdot p + n(n-1)\frac{p^2}{2!} + n(n-1)(n-2)\frac{p^3}{3!} + \ldots$$

Damit existiert die Möglichkeit verschiedene Faustregeln zu definieren. Dabei wird genutzt, daß die hinteren Summanden im Allgemeinen sehr klein sind, da der Zinssatz p immer höher potenziert wird.

Wie groß muss der Zinssatz sein, damit sich Kapital in zehn Jahren verdoppelt?

- Es werden nur die Glieder in der Taylorreihe bis zur ersten Ableitung genutzt: $f(1+p) = (1+p)^n \approx f(1) + f'(1) \cdot p = 1 + n \cdot p$.
  Also hier:

$$f(1+p) = (1+p)^{10} \approx f(1) + f'(1) \cdot p = 1 + 10 \cdot p.$$

Es ergibt sich als grobe Näherung ein Zinssatz von 10%, um das Kapital in zehn Jahren zu verdoppeln.

- Werden die Glieder in der Taylorreihe bis zur zweiten Ableitung genutzt, so ergibt sich eine genauere Lösung:

$$f(1+p) = (1+p)^n \approx f(1) + f'(1) \cdot p + f''(1)\frac{p^2}{2!} = 1 + n \cdot p + n(n-1)\frac{p^2}{2!}.$$

Also hier:

$$f(1+p) = (1+p)^{10} \approx f(1) + f'(1) \cdot p + f''(1)\frac{p^2}{2!} =$$
$$= 1 + 10 \cdot p + 10 \cdot (10-1)\frac{p^2}{2!}.$$

Dies ist eine quadratische Gleichung, die mit Formel (5.2) (siehe Seite

138) gelöst werden kann:

$$1 + 10 \cdot p + 10 \cdot (10-1)\frac{p^2}{2!} = 2 \Leftrightarrow$$
$$\Leftrightarrow 10 \cdot p + 90\frac{p^2}{2!} = 1 \Leftrightarrow p^2 + \frac{10}{45}p - \frac{1}{45} = 0$$

Daraus ergeben sich die Lösungen

$$p_{1,2} = -\frac{10}{90} \pm \sqrt{\left(\frac{10}{90}\right)^2 + \frac{1}{45}} = -\frac{1}{9} \pm 0,1859.$$

Hier ergibt sich als Näherung ein Zinssatz von $7,4813\%$ (nur der positive Wert macht ökonomisch Sinn), um das Kapital in zehn Jahren zu verdoppeln.

Die exakte Lösung zur Verdoppelung des Anfangskapitals innerhalb von zehn Jahren beträgt: $p = \sqrt[10]{2} - 1 = 7,1773\%$.

3.3.6 Barwert

3.3.6.1 Einführung

Bisher wurde die Frage "Was wird aus einem bereits angelegten Betrag in der Zukunft unter dem Einfluss von Zinsen?" behandelt. Ebenso interessant sind die Fragestellungen "Was ist ein Betrag, der in der Zukunft gezahlt wird, heute wert?" bzw. "Welches Kapital muss ich heute anlegen, um einen vorgegebenen Wert in der Zukunft zur Verfügung zu haben?".

Um diese Fragestellungen zu lösen, muss der Vorgang des Aufzinsens rückgängig gemacht werden.

3.3.6.2 Barwert: Beispiel

Welcher Betrag muss heute angelegt werden, um in zehn Jahren 16.288,95€ zur Verfügung zu haben, falls der Zins der Bank 5% pro Jahr beträgt? Dies ist die Umkehrung der Fragestellung aus Kapitel 3.3.4.1.

3.3. ZINSRECHNUNG

Um die Verzinsung "rückgängig" zu machen, muss durch den entsprechenden Aufzinsfaktor geteilt werden:

$$\frac{K_n}{(1+p)^n} = K_0, \text{ also: } \frac{16.288,95 \,€}{(1+5\%)^{10}} = 10.000 \,€ = K_0.$$

Also müssen (wie erwartet) 10.000€ angelegt werden, um in zehn Jahren den gewünschten Betrag zur Verfügung zu haben.

Es werden folgende Bezeichnungen eingeführt:

- Der Wert des Geldes zu Beginn einer betrachteten Periode wird **Barwert** genannt.

- Der Wert des Geldes am Ende einer betrachteten Periode wird **Endwert** genannt.

Es gelten die folgenden Zusammenhänge:

$$\text{Endwert} = \text{Barwert} \cdot (1+p)^n = \text{Barwert} \cdot q^n \quad (3.6)$$

bzw.

$$\text{Barwert} = \frac{\text{Endwert}}{(1+p)^n} = \frac{\text{Endwert}}{q^n} \quad (3.7)$$

Der Faktor $\frac{1}{(1+p)^n} = \frac{1}{q^n}$ heißt **Abzinsfaktor**.

3.3.6.3 Abzinsung: Beispiel

Die Eltern eines Neugeborenen möchten bei der Geburt des Kindes einen Betrag zu 3% p.a. anlegen, so daß dem Kind am 18. Geburtstag 30.000€ zur Verfügung stehen. Welcher Betrag muss angelegt werden?

Lösung:

Um dieses Problem zu lösen, muss nur Formel (3.5) genutzt werden. Dabei soll das Kapital nach 18 Jahren (K_{18}) 30.000€ betragen und der Zinssatz $p = 3\%$. Damit ergibt sich: $K_{18} = K_0 \cdot (1+3\%)^{18}$.

Gesucht ist das Anfangskapital K_0. Dies ergibt sich nach Umformung als

$$K_0 = \frac{K_{18}}{q^{18}} = \frac{K_{18}}{(1+p)^{18}} = \frac{30.000\ \text{€}}{(1+3\%)^{18}} = 17.621,84\ \text{€}.$$

Also müssen die Eltern bei der Geburt 17.621,84€ anlegen, um das gewünschte Sparziel zu erreichen.

3.3.6.4 Barwert mehrerer Zahlungen: Beispiel

Wie schon oben erwähnt, ist ein Abzinsen immer dann zu verwenden, wenn Zahlungen zu verschiedenen Zeitpunkten anfallen und miteinander verglichen bzw. addiert oder subtrahiert werden sollen.

Angenommen in der Zukunft sind die folgenden Zahlungen jeweils zum Ende des Jahres zu leisten.

Jahr	1	2	3	4	Summe
Zahlung	2.000 €	2.000 €	1.000 €	5.000 €	10.000 €

Welcher Betrag muss heute angelegt werden, um bei einer Verzinsung von $p = 2\%$ die jeweiligen Zahlungsströme befriedigen zu können?

Lösung:

Da die Zahlungen zu verschiedenen Zeitpunkten in der Zukunft anfallen, muss auf den heutigen Tag ($t = 0$) abgezinst werden ("was sind 5.000€, die in vier Jahren gezahlt werden müssen, heute wert?"). Wenn die vier Zahlungsströme auf heute abgezinst werden, stellen sie jeweils den Barwert dar und können addiert werden.

$$\text{Barwert B} = \frac{2.000\ \text{€}}{(1+2\%)} + \frac{2.000\ \text{€}}{(1+2\%)^2} + \frac{1.000\ \text{€}}{(1+2\%)^3} + \frac{5.000\ \text{€}}{(1+2\%)^4} =$$
$$= 1.960,78\ \text{€} + 1.922,34\ \text{€} + 942,32\ \text{€} + 4.619,23\ \text{€} = 9.444,67\ \text{€}.$$

Falls also heute 9.444,67€ zu 2% angelegt werden, so können die zukünftigen Zahlungsströme aus dem Betrag und den anfallenden Zinsen befriedigt werden.

Damit ergeben sich folgende Zinsen und Zahlungen im Verlauf der vier Jahre:

3.3. ZINSRECHNUNG

Jahr	Betrag zu Beginn des Jahres	Zinsen (2%) für das Jahr	Betrag Jahresende (Betrag zu Beginn plus Zinsen)	Vorgegebener Zahlungsstrom am Jahresende
1	9.444,67€	188,89€	9.633,56€	2.000,00€
2	7.633,56€	152,67€	7.786,23€	2.000,00€
3	5.786,23€	115,72€	5.901,96€	1.000,00€
4	4.901,96€	98,04€	5.000,00€	5.000,00€
5	0,00€			

Am Ende des vierten Jahres (zu Beginn des fünften) ergibt sich nach der letzten Zahlung von 5.000€ ein Restkapital von 0,00€.

3.3.6.5 Anmerkung: Investitionsrechnung

Im Rahmen der Investitionsrechnung werden sowohl positive als auch negative Zahlungsströme betrachtet. Der Barwert, der sich in diesem Falle ergibt, wird häufig **Kapitalwert** genannt. Der genutzte Zinssatz wird als **Kalkulationszinssatz** bezeichnet. Dies wird in Kapitel 3.6 (Seite 59) näher beleuchtet.

3.3.7 Unterjährige Verzinsung

Nicht immer fallen Zinsen nur jährlich an. Bei Termingeldern sind z.B. monatliche Zinszahlungen sehr verbreitet. Es wird von einem Anfangskapital von 10.000€ ausgegangen, die mit einem jährlichen Zinssatz von 6% pro Jahr (p.a.) verzinst werden Bei jährlicher Verzinsung ergäbe sich nach einem Jahr ein Betrag von $10.000 € \cdot (1 + 0,06)^1 = 10.600 €$.

Wird jedoch von einer monatlichen Verzinsung (zwölf Zinsperioden) mit einem Zins von $\frac{1}{12}0,06$ ausgegangen, so ergibt sich

$$10.000 \text{ €} \cdot \left(1 + \frac{0,06}{12}\right)^{12} = 10.616,78 \text{ €}.$$

Was passiert mit dem angelegten Betrag, falls die Verzinsungszeiträume immer kürzer werden bzw. gleichbedeutend: die Anzahl der Verzinsungen steigt?

Tägliche Verzinsung ergibt:

$$10.000 \text{ €} \cdot \left(1 + \frac{0,06}{365}\right)^{365} = 10.618,31 \text{ €}.$$

Stündliche Verzinsung ergibt:

$$10.000 \text{ €} \cdot \left(1 + \frac{0,06}{365 \cdot 24}\right)^{365 \cdot 24} = 10.618,36 \text{ €}.$$

Falls der Verzinsungszeitraum gegen Null geht, ergibt sich

$$10.000 \text{ €} \cdot e^{0,06} = 10.618,37 \text{ €}.$$

In diesem Falle wird von kontinuierlicher oder stetiger Verzinsung gesprochen. Die allgemeine Formel für jährliche, stetige Verzinsung ergibt sich bei n Zinsperioden, einem Anfangskapital von K_0 und einem Zinssatz von p (pro Zinsperiode) als:

$$K_n = K_0 \cdot (e^p)^n = K_0 \cdot e^{p \cdot n} \qquad (3.8)$$

Dies wurde schon kurz im Kapitel 2.1.4.4 angedeutet. Diese Art der Verzinsung wird **stetige Verzinsung** genannt.

Wie oben gesehen, ergibt sich als Formel bei unterjähriger, diskreter Verzinsung unter Nutzung der Notation, die oben definiert wurde:

$$K_n = K_0 \cdot \left(1 + \frac{p}{m}\right)^{m \cdot n} \qquad (3.9)$$

3.3.8 Effektiver Jahreszins

3.3.8.1 Einführung

Um verschiedene Verzinsungen mit unterschiedlichen Verzinsungsperioden und Zinssätzen vergleichbar machen zu können, wird der **effektive Jahreszins** genutzt. Dies wird im folgenden Beispiel näher erläutert.

3.3. ZINSRECHNUNG

3.3.8.2 Effektiver Jahreszins: Beispiel 1

Welches der folgenden Angebote sollte bei der Geldanlage genutzt werden?

- Angebot A: Monatliche Verzinsung mit 5%.
- Angebot B: Quartärliche Verzinsung mit 5,1%.
- Angebot C: Jährliche Verzinsung mit 5,05%.

Lösung:

Um diese Frage beantworten zu können, müssen die verschiedenen Zinssätze und -perioden vergleichbar gemacht werden. Dies kann durch Nutzung von Formel (3.9) geschehen. Die Idee ist, die unterschiedlichen Zinssätze (pro Zinsperiode) auf einen Jahreszinssatz p^* (jährliche Verzinsung) umzurechnen:

$$K_0 \cdot \left(1 + \frac{p}{m}\right)^{m \cdot n} = K_n = K_0 \cdot (1 + p^*)^n.$$

Es ist sofort zu sehen, daß die Höhe des Anfangskapitals keine Rolle spielt, es kann herausgekürzt werden. Danach kann die n-te Wurzel gezogen werden. Diese Gleichung wird nun nach dem effektiven Jahreszins p^* aufgelöst:

$$p^* = \left(1 + \frac{p}{m}\right)^m - 1 \qquad (3.10)$$

Damit lässt sich die obige Fragestellung einfach beantworten, indem die jeweiligen gegebenen Zinssätze und -perioden in die Formel für den effektiven Jahreszins eingesetzt werden:

	p	m	Effektiver Jahreszins p^*
Angebot A	5,00%	12	5,12%
Angebot B	5,10%	4	5,20%
Angebot C	5,05%	1	5,05%

Das bedeutet, daß z.B. eine quartärliche Verzinsung mit 5,1% einer jährlichen Verzinsung von 5,2% entspricht (durch den Zinseszinseffekt). Es sollte also Angebot B angenommen werden, da in diesem Falle der effektive Jahreszins am höchsten ist.

3.3.9 DISKRETE VERZINSUNG/ DISKRETE RENDITEN

3.3.8.3 Effektiver Jahreszins: Beispiel 2

Ein Anleger legt 1.000€ für 60 Monate zu 5% p.a. bei monatlicher Verzinsung an. Wie hoch ist der Betrag nach Ablauf der 60 Monate und welchem effektiven Jahreszins entspricht dies?

Lösung:

Zuerst werden die gegebenen Daten in die mathematischen Bezeichnungen "übersetzt": Das Anfangskapital $K_0 = 1.000$ € wird mit $m = 12$ (monatliche Verzinsung) über $n = 5$ Jahre mit einem Zins von $p = 5\%$ verzinst. Um den Betrag am Laufzeitende zu berechnen, wird die Formel (3.9) genutzt:

$$K_n = K_0 \cdot \left(1 + \frac{p}{m}\right)^{m \cdot n} = 1.000 \text{ €} \cdot \left(1 + \frac{5\%}{12}\right)^{12 \cdot 5} = 1.283,36 \text{ €}.$$

Am Ende der Laufzeit sind also 283,36€ Zinsen aufgelaufen. Der effektive Jahreszins ergibt sich mit Formel (3.10) als

$$p^* = \left(1 + \frac{p}{m}\right)^m - 1 = \left(1 + \frac{5\%}{12}\right)^{12} - 1 = 5,1162\%$$

Als Probe werden die Zinsen bei jährlicher Verzinsung mithilfe des effektiven Jahreszinses für die Laufzeit von fünf Jahren berechnet:

$$K_5 = K_0 \cdot (1 + p^*)^5 = 1.000 \text{ €} \cdot (1 + 5,1162\%)^5 = 1.283,36 \text{ €}.$$

Es ergibt sich also der gleiche Betrag wie bei der monatlichen Verzinsung.

3.3.9 Diskrete Verzinsung/ Diskrete Renditen

3.3.9.1 Einführung

Renditen können auf unterschiedliche Arten berechnet werden. Insbesondere im Bereich der Portfolioanalyse ist dies wichtig. Zu den unterschiedlichen Arten gehören z.B. verschiedene Arten der Durchschnittsbildung (siehe Kapitel 9.3). Die diskrete Verzinsung geht von Zeitpunkten aus, an denen verzinst wird (siehe

3.3. ZINSRECHNUNG

auch Formel (3.5)).

Die diskrete Rendite berechnet sich als

$$R_t = \frac{K_t - K_{t-1}}{K_{t-1}} \qquad (3.11)$$

Dabei ist R_t die Rendite für das t-te Zeitintervall, K_t der Kurs/ Wert des untersuchten Objekts zum Zeitpunkt t und K_{t-1} analog zum Zeitpunkt $t-1$. Eventuell gezahlte Dividenden können im Zähler addiert werden.

Ist bei diskreter Verzinsung eine diskrete Rendite und ein Kurs K_{t-1} gegeben und es wird K_t gesucht, so muss Formel (3.11) umgeformt werden:

$$R_t = \frac{K_t - K_{t-1}}{K_{t-1}} \Leftrightarrow R_t \cdot K_{t-1} = K_t - K_{t-1} \Leftrightarrow R_t \cdot K_{t-1} + K_{t-1} = K_t$$

Nach dem Tauschen der beiden Seiten ergibt sich $K_t = R_t \cdot K_{t-1} + K_{t-1} = K_{t-1} \cdot (1 + R_t)$. Dies entspricht genau der schon betrachteten Verzinsung aus Formel (3.5) für eine Periode.

3.3.9.2 Diskrete Verzinsung/ Diskrete Rendite: Beispiel

Ausgehend von Aktienkursen können beispielsweise Schlusskurse betrachtet werden. Diese werden nur zu diskreten Zeitpunkten gestellt (am Ende des Handelstages).

Die Aktie der CaPo AG hat am 1. Februar einen Schlusskurs von 100€ und am 2. Februar ist der Kurs auf 105€ gestiegen. Dann berechnet sich die diskrete Rendite für diesen einen Tag als

$$R_t = \frac{K_t - K_{t-1}}{K_{t-1}} = \frac{105 - 100}{100} = \frac{5}{100} = 5\%.$$

3.3.10 Stetige Verzinsung/ Stetige Renditen

Wie schon oben gesehen, ergibt sich bei einer fortwährenden Verkleinerung des Verzinsungsintervalls (siehe Formel (3.8)), hier nur für ein Intervall vom Zeitpunkt $t-1$ zu t):

$$K_t = K_{t-1} \cdot e^{rt}.$$

3.3.11 FORWARD RATES - TERMINZINS (DISKRET)

Wird diese Gleichung nach der stetigen Rendite r_t umgestellt ergibt sich:

$$\frac{K_t}{K_{t-1}} = e^{r_t} \Leftrightarrow \ln\left(\frac{K_t}{K_{t-1}}\right) = r_t.$$

Dabei wird genutzt, daß der Logarithmus naturalis (ln) die Umkehrfunktion der e-Funktion ist (siehe Kapitel 5.8). Diese Art der Renditeberechnung wird **stetige Rendite** genannt.

$$r_t = \ln\left(\frac{K_t}{K_{t-1}}\right) \qquad (3.12)$$

3.3.10.1 Stetige Verzinsung/ Stetige Rendite: Beispiel

Die Aktie der CaPo AG hat am 1. Februar einen Schlusskurs von 100€ und am 2. Februar ist der Kurs auf 105€ gestiegen (siehe Kapitel 3.3.9.2). Dann berechnet sich die stetige Rendite für diesen einen Tag als

$$r_t = \ln\left(\frac{K_t}{K_{t-1}}\right) = \ln\left(\frac{105}{100}\right) = 0,04879 = 4,879\%.$$

Es ist deutlich zu erkennen, daß sich die beiden Renditen in den Beispielen unterscheiden. Es handelt sich dabei um zwei unterschiedliche Arten Renditen zu berechnen. Zu jeder Renditeberechnung gehört eine andere Mittelwertbildung (siehe Kapitel 9.3), um eine Durchschnittsrendite angeben zu können.

3.3.11 Forward Rates - Terminzins (diskret)

Forward Rates (Terminzinsen) sind Zinssätze für Laufzeiten, die in der Zukunft beginnen, also z.B. der Zinssatz, der in einem Jahr für ein halbes Jahr gültig ist. Diese Zinssätze werden benötigt, um beispielsweise den Wert einer variabel verzinsten Anleihe oder eines Zins-Swaps zu berechnen.

Zunächst wird die Herleitung für diskrete Renditen/ Verzinsung angegeben (siehe Kapitel 3.3.9), stetige Renditen werden im nächsten Kapitel behandelt.

Als Beispiel wird eine Anleihe mit variablen Zinszahlungen nach einem bzw. zwei Jahren betrachtet. Die heute gültige Zinsstrukturkurve ist bekannt. Die-

3.3. ZINSRECHNUNG

se ordnet den verschiedenen Laufzeiten Zinssätze zu. Bei einem "normalen" Marktumfeld kann von einer monoton steigenden Zinsstrukturkurve ausgegangen werden: der Zinssatz für eine halbjährige Kapitalanlage ist niedriger als der Zins bei einer einjährigen Laufzeit. Es sind jedoch auch inverse Kurven möglich, bei denen der Zins für ein Jahr höher ist als der Zins für eine zweijährige Zinsbindung.

Die Höhe des Zinssatzes p_1 (einjährige Laufzeit) ist heute bekannt. Ebenso ist die Höhe des Zinssatzes p_2 (Zins (p.a.) bei zweijähriger Laufzeit) in der Zinsstrukturkurve ablesbar. Die Höhe der Zinszahlung in zwei Jahren wird jedoch bei einer variabel verzinsten Anleihe erst nach Ablauf des ersten Jahres festgelegt.

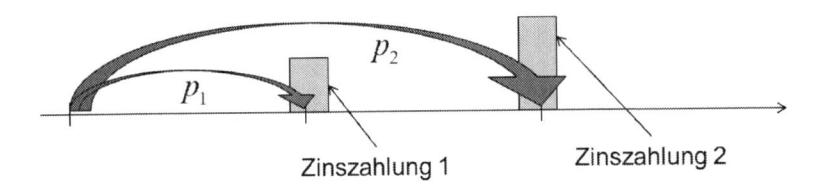

Abbildung 3.5: Terminzins

Ein Unternehmen, das die Anleihe im Bestand hat, muss sie trotzdem zu einem Wert bilanzieren, obwohl die Höhe der Zahlung, die in zwei Jahren stattfindet, heute noch nicht feststeht. Es wird auf der Basis der heute vorhandenen Daten ein Forward Rate $r_{1,2}$ berechnet, der den Zins in einem Jahr für die Laufzeit eines Jahres darstellt.

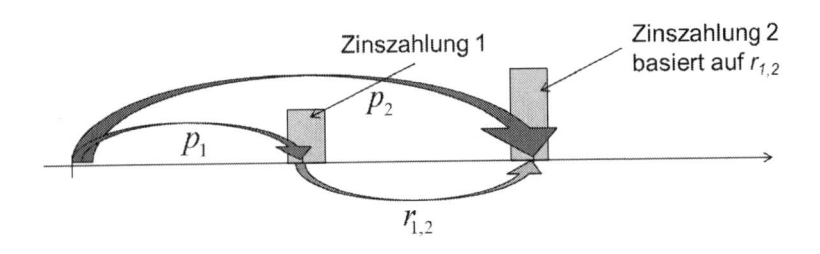

Abbildung 3.6: Terminzins

3.3.11 FORWARD RATES - TERMINZINS (DISKRET)

Die allgemeine Notation für Forward Rates lautet $r_{s,t}$, wobei s der Startzeitpunkt und t der Endzeitpunkt ist.

Die Berechnung der Forward Rates kann mit einem Beispiel verdeutlicht werden: der heute gültige Zinssatz für ein Jahr betrage 2% (p.a.) und der Zinssatz für zwei Jahre 4% (p.a.).

Die Berechnung der Forward Rates erfolgt über eine "No Arbitrage" Argumentation:

- Ein Anleger, der heute 100€ für ein Jahr anlegt, erhält nach einem Jahr $100\ € \cdot (1 + 2\%) = 102\ €$.

- Ein Anleger, der heute 100€ für zwei Jahre anlegt, erhält nach zwei Jahren $100\ € \cdot (1 + 4\%)^2 = 108,16\ €$.

Angenommen, die Bank macht dem Anleger heute das Angebot nach Ablauf des ersten Jahres im zweiten Jahr ebenfalls einen Zinssatz von 2% zu zahlen. Dann würde der Anleger nach dem zweiten Jahr $102\ € \cdot (1+2\%)^1 = 104,04\ €$ erhalten. Der Anleger hat also die Wahl, 100€ zwei Mal für ein Jahr mit jeweils 2% anzulegen und nach zwei Jahren 104,04€ zu erhalten oder 100€ für zwei Jahre mit 4% anzulegen und nach Ablauf der zwei Jahre 108,16€ zu erhalten. Der Anleger würde das Angebot für zwei Jahre annehmen, d.h. basierend auf der heutigen Zinsstrukturkurve sind 2% als Forward Rate des zweiten Jahres zu wenig.

Umgekehrt: falls die Bank dem Anleger für das zweite Jahr 10% (p.a.) anbietet, so erhielte der Anleger nach dem zweiten Jahr $102\ € \cdot (1 + 10\%)^1 = 112,20\ €$, also würde er sich für das Angebot mit 2% im ersten und 10% im zweiten Jahr entscheiden (und gegen die 4% für zwei Jahre). Der Anleger könnte einen risikolosen Gewinn machen, indem er sich z.B. 100€ für 5% p.a. leiht und anlegt. Am Ende des zweiten Jahres muss er $100\ € \cdot (1 + 5\%)^2 = 110,25\ €$ zurückzahlen, erhält jedoch 112,20€.

Der Terminzins liegt also zwischen 2% und 10%, so daß keiner der beiden Teilnehmer schlechter gestellt wird. Es muss also für die Forward Rate gelten: $100\ € \cdot (1 + 4\%)^2 = 108,16\ € = 100\ € \cdot (1 + 2\%)^1 \cdot (1 + r_{1,2})^1$, wobei $r_{1,2}$ die

3.3. ZINSRECHNUNG

gesuchte Forward Rate ist. Durch Umformung ergibt sich

$$r_{1,2} = \frac{(1+4\%)^2}{(1+2\%)} - 1 = 6,0392\%.$$

D.h. bei diesem Zinssatz zum heutigen Tag macht es keinen Unterschied, ob Kapital für zwei Jahre mit 4% angelegt wird oder im ersten Jahr mit 2% und im zweiten mit 6,04%, in beiden Fällen ergibt sich eine Gesamtsumme von 108,16€.

Allgemein besagt das "No Arbitrage" Prinzip in diesem Falle, daß es für einen Anleger keinen Unterschied macht, Kapital für zwei Jahre mit dem Zins p_2 anzulegen oder ein Jahr mit p_1 und ein Jahr mit $r_{1,2}$.

Basierend auf der heutigen Zinsstrukturkurve können für die variabel verzinste Anleihe bei einem Nominal in Höhe von N zwei Zinszahlungen erwartet werden:

- nach einem Jahr eine Zinszahlung in Höhe von Np_1,

- und nach zwei Jahren eine Zinszahlung in Höhe von

$$Nr_{1,2} = N\left(\frac{(1+p_2)^2}{1+p_1} - 1\right).$$

Die tatsächliche Zinszahlung am Ende des zweiten Jahres wird im Allgemeinen anders ausfallen, da der variable Zins für das zweite Jahr erst am Ende des ersten Jahres fixiert wird. Für eine heutige Bewertung der Anleihe würden jedoch die beiden obigen Zahlungsströme auf das Bewertungsdatum abgezinst werden.

Allgemein stellen sich Forward Rates folgendermaßen dar: der Einfachheit halber werden wieder nur zwei Zinszahlungen angenommen. Die erste erfolgt nach s Zinsperioden (Monate, Quartale, Jahre,...), die zweite nach t Perioden.

3.3.12 FORWARD RATES - TERMINZINS (STETIG)

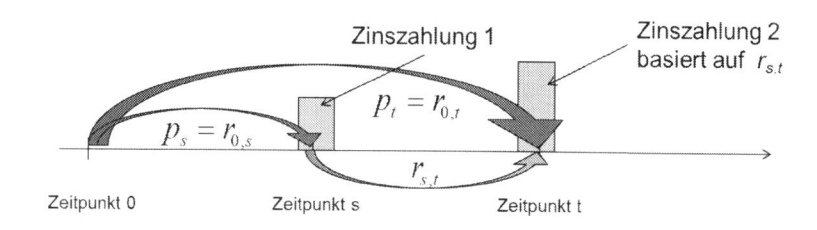

Abbildung 3.7: Terminzins

Dann muss für die Forward Rate $r_{s,t}$ vom Zeitpunkt s zum Zeitpunkt t wieder gelten:

$$K_0 \cdot (1+p_s)^s \cdot (1+r_{s,t})^{t-s} = K_0 \cdot (1+p_t)^t.$$

Offensichtlich ist die Höhe des eingesetzten Kapitals nicht relevant, K_0 kann gekürzt werden. Dann wird umgeformt zu:

$$(1+p_s)^s \cdot (1+r_{s,t})^{t-s} = (1+p_t)^t \Leftrightarrow (1+r_{s,t})^{t-s} = \frac{(1+p_t)^t}{(1+p_s)^s} \Leftrightarrow$$

$$\Leftrightarrow 1 + r_{s,t} = \left(\frac{(1+p_t)^t}{(1+p_s)^s}\right)^{\frac{1}{t-s}} = \sqrt[t-s]{\frac{(1+p_t)^t}{(1+p_s)^s}}.$$

Dies ergibt die allgemeine Formel für die Terminzinsen/ Forward Rates:

$$r_{s,t} = \sqrt[t-s]{\frac{(1+p_t)^t}{(1+p_s)^s}} - 1 \tag{3.13}$$

3.3.12 Forward Rates - Terminzins (stetig)

Analog zu den obigen Überlegungen muss bei stetiger Verzinsung gelten:

$$K_0 \cdot e^{p_s \cdot s} \cdot e^{r_{s,t} \cdot (t-s)} = K_0 \cdot e^{p_t \cdot t}.$$

Wieder kann durch K_0 gekürzt werden und umgeformt ergibt sich:

$$e^{r_{s,t} \cdot (t-s)} = \frac{e^{p_t \cdot t}}{e^{p_s \cdot s}} = e^{p_t \cdot t - p_s \cdot s}.$$

3.4. RENTENRECHNUNG

Die Umkehrfunktion zur Exponentialfunktion ist der Logarithmus naturalis (ln), der nunmehr auf beide Seiten der Gleichung angewandt wird:

$$r_{s,t} \cdot (t - s) = p_t \cdot t - p_s \cdot s.$$

Also ergibt sich die Forward Rate bei stetiger Verzinsung als

$$r_{s,t} = \frac{p_t \cdot t - p_s \cdot s}{t - s} \qquad (3.14)$$

3.4 Rentenrechnung

3.4.1 Renten

Zahlungen, deren Wert in jeder Periode gleich hoch sind (z.B. monatlich oder jährlich), werden **Renten** genannt. Dadurch vereinfacht sich die Berechnung des Barwertes bzw. Endwertes, wie im Folgenden deutlich wird. Es wird angenommen, daß R die Höhe der Rente und n die Anzahl der Perioden ist. Vorerst wird von einer nachschüssig gezahlten Rente ausgegangen (am Ende der Periode).

3.4.2 Rentenendwert

Die Berechnung des Endwerts E einer solchen Zahlungsreihe ergibt:

$$E = R \cdot q^0 + R \cdot q^1 + R \cdot q^2 + \ldots + R \cdot q^{n-1} =$$
$$= R \cdot \left(1 + q + q^2 + \ldots + q^{n-1}\right)$$

Dabei ist q wieder der Aufzinsfaktor. Die Formel ist verständlich, wenn die Zahlungsreihe graphisch darstellt wird: siehe Abbildung 3.8.

Bei der obigen Klammer handelt es sich um die geometrische Reihe (siehe Kapitel 2.1.3.8). Mit Formel 2.5 (siehe Seite 9) für die geometrische Reihe

3.4.2 RENTENENDWERT

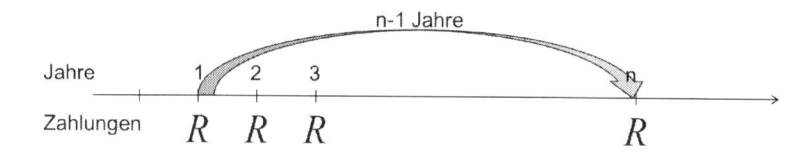

Abbildung 3.8: Nachschüssige Rentenrechnung

ergibt sich für den Endwert einer Rentenreihe

$$\begin{aligned} E &= R \cdot q^0 + R \cdot q^1 + R \cdot q^2 + \ldots + R \cdot q^{n-1} = \\ &= R \cdot \left(1 + q + q^2 + \ldots + q^{n-1}\right) = \\ &= R \cdot \left(\frac{q^n - 1}{q - 1}\right) \end{aligned} \quad (3.15)$$

3.4.2.1 Rentenendwert: Beispiel

Ein Anleger möchte durch 25 jährliche, nachschüssige Renten in 25 Jahren 100.000€ ansparen. Die Verzinsung beträgt 5% p.a.

Wie hoch ist der Rentenbetrag?

Lösung:

In Formel (3.15) sind der Zinssatz ($p = 5\%$), die Anzahl der Jahre ($n = 25$) und der Endwert $E = 100.000$€ gegeben. Es ergibt sich also:

$$100.000 \text{ €} = R \left(\frac{(1+5\%)^{25} - 1}{(1+5\%) - 1}\right) \Leftrightarrow$$
$$\Leftrightarrow R = \frac{100.000 \text{ €}}{\frac{(1+5\%)^{25}-1}{5\%}} = 2.095,25 \text{ €}.$$

Die gesuchte Rentenhöhe beträgt $2.095,25$€.

3.4. RENTENRECHNUNG

3.4.3 Rentenbarwert

Soll der Rentenbarwert berechnet werden, so muss der Endwert aus Formel (3.15) abgezinst werden (siehe auch Formel (3.7)).

$$\text{Barwert } B = \frac{1}{q^n} E = \frac{1}{q^n} R \cdot \left(\frac{q^n - 1}{q - 1} \right) = R \frac{1}{q^n} \left(\frac{q^n - 1}{q - 1} \right) \quad (3.16)$$

Die in der Formel auftauchenden Faktoren hinter R werden auch **Abzinsungssummenfaktoren** genannt und sind in der Literatur in unterschiedlichen Schreibweisen zu finden:

$$\frac{1}{q^n} \left(\frac{q^n - 1}{q - 1} \right) = q^{-n} \left(\frac{q^n - 1}{q - 1} \right) = \frac{1 - q^{-n}}{q - 1}.$$

3.4.3.1 Rentenbarwert bei der Anleihenbewertung

Festverzinste Anleihen sind Anleihen bei denen zu bestimmten Terminen (z.B. monatlich, jährlich, ...) ein Zins in fester Höhe ausgezahlt wird.

Beispielhaft werden folgende Daten angenommen: die Anleihe zahlt jeweils zum Jahresende 2% Zinsen. Das betrachtete Nominal soll 100.000€ betragen. Damit werden am 31.12. (beginnend mit dem laufenden Jahr (LF)) jeweils 2.000€ ausgezahlt. Die Anleihe läuft vier Jahre, d.h. am 31.12.LF+3 wird das Nominal zurückgezahlt.

	31.12.LF	31.12.LF+1	31.12.LF+2	31.12.LF+3
Nominal				100.000,00€
Zins	2.000,00€	2.000,00€	2.000,00€	2.000,00€
Cashflow	2.000,00€	2.000,00€	2.000,00€	102.000,00€

Welchen Wert hat die Anleihe zu einem Stichtag, beispielsweise am 1.1. des laufenden Jahres?

Lösung:

Es handelt sich um Rentenzahlungen, die abgezinst werden müssen, um die Zahlungen zu verschiedenen Zeitpunkten addieren zu können. Zusätzlich müssen die 100.000€ Nominalrückzahlung am Laufzeitende abgezinst werden.

Der Barwert (Wert am 1.1.LF) ergibt sich also als:

$$\text{Barwert } B = \frac{2.000 \,€}{(1+p)^1} + \frac{2.000 \,€}{(1+p)^2} + \frac{2.000 \,€}{(1+p)^3} + \frac{102.000 \,€}{(1+p)^4}.$$

Die vier Zahlungsströme werden mit einem Zinssatz p gemäß der jeweiligen Zinsperioden abgezinst. Als Zinssatz p wird z.B. ein Marktzins genutzt.

In Abhängigkeit von der Höhe des Zinssatzes p ergeben sich verschiedene Barwerte, die nach Division durch das Nominal dem Kurswert entsprechen.

Abzinssatz p	Barwert	Kurs
0%	108.000, 00€	108, 00%
1%	103.901, 97€	103, 90%
2%	100.000, 00€	100, 00%
3%	96.282, 90€	96, 28%
4%	92.740, 21€	92, 74%

Es ist deutlich zu sehen, daß konstante Marktzinsen, die niedriger als der Anleihezins (im Beispiel 2%) sind, zu höheren Kursen führen und umgekehrt. In der Praxis wird der Zinssatz für ein Jahr ein anderer sein als der Zinssatz für zwei Jahr (Zinsstrukturkurve), dadurch wird die obige Rechnung komplizierter.

3.4.3.2 Rentenbarwert bei der Immobilienbewertung

Im Rahmen der Immobilienbewertung nach dem Ertragswertverfahren wird der Abzinsungssummenfaktor aus Formel (3.16) auch als **Vervielfältiger** bezeichnet. Er wird dann häufig ($q = 1 + p$) als

$$\frac{1}{q^n}\left(\frac{q^n - 1}{q - 1}\right) = \frac{q^n - 1}{q^n \cdot p}$$

geschrieben. Dabei ist n die Restnutzungsdauer der Immobilie und p der Liegenschaftszins. Es ergibt sich beispielsweise bei einer Restnutzungsdauer von 25 Jahren und einem Zins von 5% ein Vervielfältiger von $\frac{q^n-1}{q^n \cdot p} = \frac{1,05^{25}-1}{1,05^{25} \cdot 0,05} = 14,09$.

3.4. RENTENRECHNUNG

3.4.4 Vorschüssige Rentenrechnung

Werden vorschüssige (zu Beginn der Zinsperiode, im Voraus) Rentenzahlungen betrachtet, so ändert sich nur wenig.

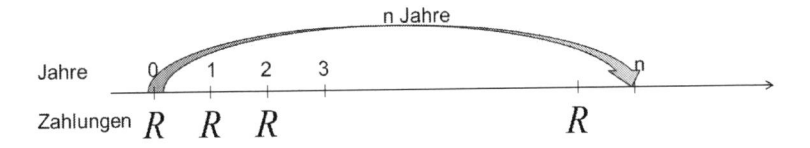

Abbildung 3.9: Vorschüssige Rentenrechnung

Der Reihenendwert beträgt dann mit der geometrischen Reihe:

$$E = R \cdot q^1 + R \cdot q^2 + R \cdot q^3 + \ldots + R \cdot q^n =$$
$$= R \cdot (q + q^2 + \ldots + q^n) =$$
$$= R \cdot q \cdot (1 + q^1 + \ldots + q^{n-1}) =$$
$$= R \cdot q \cdot \left(\frac{q^n - 1}{q - 1}\right).$$

3.4.5 Rentenrechnung: Zusammenfassung

Zusammenfassend ergeben sich folgende Formeln:

	Nachschüssig	Vorschüssig
Rentenendwert	$R \cdot \left(\frac{q^n-1}{q-1}\right)$	$R \cdot q \cdot \left(\frac{q^n-1}{q-1}\right)$
Rentenbarwert	$R \cdot \left(\frac{1-q^{-n}}{q-1}\right)$	$R \cdot q \cdot \left(\frac{1-q^{-n}}{q-1}\right)$

(3.17)

3.4.6 Ewige Rente

Falls die Rentenzahlungen zeitlich unbegrenzt anfallen, wird dies **ewige Rente** genannt. Dies ist z.B. bei der Unternehmensbewertung interessant, dort wird die gezahlte Dividende als Rente aufgefasst. Wird von nachschüssigen Renten ausgegangen, so ergibt sich für den Barwert der ewigen Rente (für n gegen Unendlich):

$$\text{Barwert Ewige Rente} = \lim_{n \to \infty} \left(R \left(\frac{1 - q^{-n}}{q - 1} \right) \right) =$$
$$= \frac{R}{q - 1} \lim_{n \to \infty} \left((1 - q^{-n}) \right) = \frac{R}{1 + p - 1} \left(1 - \lim_{n \to \infty} q^{-n} \right) = \quad (3.18)$$
$$= \frac{R}{p}$$

3.4.6.1 Ewige Rente: Beispiel

Angenommen, es wird eine jährliche, nachschüssige Rente von 1.000€ gezahlt. Als Zins werden 2% p.a. angenommen. Wie hoch ist der Barwert der ewigen Rente?

Lösung:

Die Frage lässt sich einfach mit Formel (3.18) lösen:

$$\text{Barwert Ewige Rente} = \frac{R}{p} = \frac{1.000 \text{ €}}{2\%} = \frac{1.000 \text{ €}}{0,02} = 50.000 \text{ €}.$$

Berechnung der Barwerte der ersten Zahlungen und deren Summe, ergibt folgende Werte (siehe Tabelle 3.3) bzw. für die Barwertsumme der ersten Zahlungen ergibt sich folgendes Bild (siehe Abbildung 3.10), in dem sich die Barwertsumme dem Grenzwert (der ewigen Rente von 50.000€) annähert.

3.4. RENTENRECHNUNG

Barwertsumme

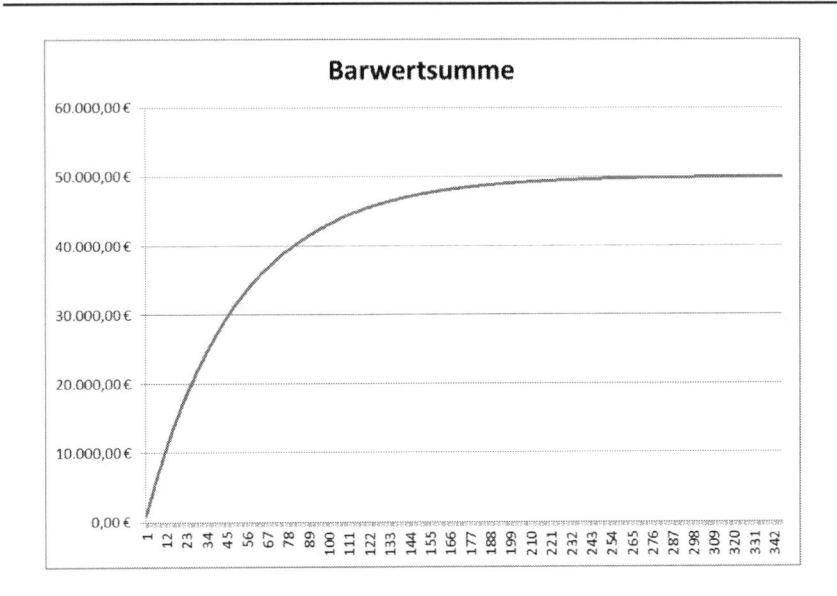

Abbildung 3.10: Barwertsumme/ ewige Rente

Zahlung i	Betrag	Abzinsfaktor	Barwert	Barwertsumme bis zur i-ten Zahlung
1	1.000,00€	0,9804	980,39€	980,39€
2	1.000,00€	0,9612	961,17€	1.941,56€
3	1.000,00€	0,9423	942,32€	2.883,88€
4	1.000,00€	0,9238	923,85€	3.807,73€
5	1.000,00€	0,9057	905,73€	4.713,46€
6	1.000,00€	0,8880	887,97€	5.601,43€
7	1.000,00€	0,8706	870,56€	6.471,99€
8	1.000,00€	0,8535	853,49€	7.325,48€
9	1.000,00€	0,8368	836,76€	8.162,24€
10	1.000,00€	0,8203	820,35€	8.982,59€
11	1.000,00€	0,8043	804,26€	9.786,85€
12	1.000,00€	0,7885	788,49€	10.575,34€
13	1.000,00€	0,7730	773,03€	11.348,37€
14	1.000,00€	0,7579	757,88€	12.106,25€
⋮	⋮	⋮	⋮	⋮

Tabelle 3.3: Barwerte und Barwertsumme, ewige Rente

3.5 Tilgungsrechnung

3.5.1 Einführung

Die Tilgungsrechnung kann in verschiedene Arten unterteilt werden. Es wird unterschieden in

- Ratentilgung
    - Der Kreditbetrag wird in konstanten Raten zurückgezahlt.
    - Die Zinsen werden zusätzlich gezahlt.
    - Das führt dazu, daß die Belastung am Beginn der Laufzeit hoch ist und im Verlauf abnimmt.

- Annuitätentilgung
    - Die Belastung (genannt **Annuität**) bleibt über die Laufzeit konstant und beinhaltet sowohl Tilgung als auch Zins.
    - Dadurch ist zu Beginn der Zinsanteil hoch und der Tilgungsanteil niedrig, am Ende kehrt sich das Verhältnis um.

- Gesamtfällige Tilgung
    - Während der Laufzeit werden nur Zinsen fällig.
    - Die Tilgung wird am Ende der Laufzeit als Einmalzahlung fällig.

3.5.2 Annuitätentilgung: Beispiel

Es soll ein Kredit von 100.000€ in zehn gleichgroßen, jährlichen, nachschüssigen Raten abgelöst werden, die sowohl Zins als auch Tilgung beinhalten (diese Raten werden **Annuitäten** genannt). Der Zinssatz betrage 5% p.a.

Lösung:
Um die Fragestellung nach der Höhe der Annuitäten zu lösen, wird nur die Formel für den Rentenbarwert aus Kapitel 3.4.5 benötigt. Diese muss nach der

3.5. TILGUNGSRECHNUNG

Rente (=Annuität) umgeformt werden. Dabei ist $n = 10$, $p = 5\%$ und der Barwert ist die Kreditsumme.

$$R = \text{Barwert} \cdot \frac{q^n(q-1)}{q^n - 1} =$$
$$= 100.000\ \text{\euro} \cdot \frac{1,05^{10}(1,05 - 1)}{1,05^{10} - 1} = 12.950,46\ \text{\euro}.$$

Werden die jeweiligen Annuitäten auf den Kreditbeginn abgezinst (mit $p = 5\%$), so ergeben sich die Barwerte in der Spalte "Barwert" der Tabelle 3.4. Summation dieser Barwerte ergibt wieder 100.000€ (die Kreditsumme). Werden die Annuitäten in Zinsen und Tilgung unterteilt, so sind die Werte in den entsprechenden Spalten wiederzufinden. Die Summe aller Tilgungen ergibt natürlich auch 100.000€.

	Annuität in [€]	Barwert in [€]	Restschuld in [€]	Zinsen in [€]	Tilgung in [€]
0			100.000,00		
1	12.950,466	12.333,776	92.049,546	5.000,006	7.950,46
2	12.950,466	11.746,456	83.701,566	4.602,486	8.347,98
3	12.950,466	11.187,096	74.936,186	4.185,086	8.765,38
4	12.950,466	10.654,376	65.732,536	3.746,816	9.203,65
5	12.950,466	10.147,026	56.068,706	3.286,636	9.663,83
6	12.950,466	9.663,836	45.921,686	2.803,446	10.147,02
7	12.950,466	9.203,656	35.267,316	2.296,086	10.654,37
8	12.950,466	8.765,386	24.080,226	1.763,376	11.187,09
9	12.950,466	8.347,986	12.333,776	1.204,016	11.746,45
10	12.950,466	7.950,466	0,006	616,696	12.333,77

Tabelle 3.4: Jährliche Annuität

3.5.3 Unterjährige Annuitätische Tilgung

Auch Annuitäten können unterjährig geleistet werden. Im Folgenden wird angenommen, daß m die Anzahl der unterjährigen Annuitäten ist, der Betrag der Annuitäten A lautet und die Laufzeit n Jahre beträgt. Der Schuldbetrag bzw.

3.5.4 UNTERJÄHRIGE ANNUITÄT: BEISPIEL

die Kreditsumme wird S_0 genannt und mit dem Kreditzinssatz p verzinst. Dann gilt

$$S_0 = A \cdot \left(\left(1 + \frac{p}{m}\right)^{-1} + \left(1 + \frac{p}{m}\right)^{-2} + \ldots \right.$$
$$\left. \ldots + \left(1 + \frac{p}{m}\right)^{-(m \cdot n - 1)} + \left(1 + \frac{p}{m}\right)^{-(m \cdot n)} \right) =$$
$$= A \cdot \left(1 + \frac{p}{m}\right)^{-(m \cdot n)} \cdot \left[\left(1 + \frac{p}{m}\right)^{m \cdot n - 1} + \left(1 + \frac{p}{m}\right)^{m \cdot n - 2} + \ldots \right.$$
$$\left. \ldots + \left(1 + \frac{p}{m}\right)^{1} + 1 \right].$$

Die große Klammer ist wieder die geometrische Reihe. Dann gilt

$$S_0 = A \cdot \left(1 + \frac{p}{m}\right)^{-(m \cdot n)} \cdot \left[\left(1 + \frac{p}{m}\right)^{m \cdot n - 1} + \left(1 + \frac{p}{m}\right)^{m \cdot n - 2} + \ldots \right.$$
$$\left. \ldots + \left(1 + \frac{p}{m}\right)^{1} + 1 \right] =$$
$$= A \cdot \left(1 + \frac{p}{m}\right)^{-(m \cdot n)} \left(\frac{\left(1 + \frac{p}{m}\right)^{m \cdot n} - 1}{\left(1 + \frac{p}{m}\right) - 1} \right).$$

Durch ausmultiplizieren und vereinfachen ergibt sich

$$S_0 = A \cdot \left(1 + \frac{p}{m}\right)^{-(m \cdot n)} \left(\frac{\left(1 + \frac{p}{m}\right)^{m \cdot n} - 1}{\left(1 + \frac{p}{m}\right) - 1} \right) = A \cdot \frac{1 - \left(1 + \frac{p}{m}\right)^{-m \cdot n}}{\frac{p}{m}}$$

bzw. für A:

$$A = S_0 \frac{\frac{p}{m}}{1 - \left(1 + \frac{p}{m}\right)^{-m \cdot n}} \tag{3.19}$$

3.5.4 Unterjährige Annuität: Beispiel

Eine Kreditsumme von 100.000€ soll durch monatliche Annuitäten ($m = 12$) bei einem Zinssatz von $p = 5\%$ über $n = 10$ Jahre zurückgezahlt werden. Wie hoch ist die monatliche Annuität?

3.5. TILGUNGSRECHNUNG

Lösung:

Die Lösung ergibt sich durch Einsetzen in Formel (3.19):

$$A = S_0 \frac{\frac{p}{m}}{1 - \left(1 + \frac{p}{m}\right)^{-m \cdot n}} =$$

$$= 100.000\ \text{€} \frac{\frac{5\%}{12}}{1 - \left(1 + \frac{5\%}{12}\right)^{-12 \cdot 10}} = 1.060,66\ \text{€}.$$

Wird die Reihe der Zinsen, Tilgungen, Barwerte etc. analog zu Tabelle 3.4 von Seite 56 aufgelistet, so ergibt sich im Ausschnitt (Anfang (Tabelle 3.5) bzw. Ende (Tabelle 3.6) der Zahlungsreihe):

Jahr	Monat	Restbetrag in €	Zinsen in €	Tilgung in €	Annuität in €
0		100.000,00			1.060,66
0	1	99.356,01	416,67	643,99	1.060,66
0	2	98.709,33	413,98	646,68	1.060,66
0	3	98.059,96	411,29	649,37	1.060,66
0	4	97.407,88	408,58	652,08	1.060,66
0	5	96.753,09	405,87	654,79	1.060,66
0	6	96.095,57	403,14	657,52	1.060,66
0	7	95.435,30	400,40	660,26	1.060,66
0	8	94.772,29	397,65	663,01	1.060,66
0	9	94.106,52	394,88	665,78	1.060,66
0	10	93.437,97	392,11	668,55	1.060,66
0	11	92.766,63	389,32	671,34	1.060,66
0	12	92.092,50	386,53	674,13	1.060,66
1	1	91.415,56	383,72	676,94	1.060,66
1	2	90.735,80	380,90	679,76	1.060,66
⋮	⋮	⋮	⋮	⋮	⋮

Tabelle 3.5: Beginn Zahlungsreihe, unterjährige Annuität

Jahr	Monat	Restbetrag in €	Zinsen in €	Tilgung in €	Annuität in €
⋮	⋮	⋮	⋮	⋮	⋮
8	11	13.393,94	59,98	1.000,68	1.060,66
8	12	12.389,09	55,81	1.004,85	1.060,66
9	1	11.380,05	51,62	1.009,04	1.060,66
9	2	10.366,81	47,42	1.013,24	1.060,66
9	3	9.349,34	43,20	1.017,46	1.060,66
9	4	8.327,64	38,96	1.021,70	1.060,66
9	5	7.301,68	34,70	1.025,96	1.060,66
9	6	6.271,44	30,42	1.030,24	1.060,66
9	7	5.236,91	26,13	1.034,53	1.060,66
9	8	4.198,07	21,82	1.038,84	1.060,66
9	9	3.154,90	17,49	1.043,17	1.060,66
9	10	2.107,39	13,15	1.047,51	1.060,66
9	11	1.055,51	8,78	1.051,88	1.060,66
9	12	−0,75	4,40	1.056,26	1.060,66

Tabelle 3.6: Ende Zahlungsreihe, unterjährige Annuität

Die Differenz von 0,75€ beim Restbetrag am Ende der Zahlungsreihe ergibt sich durch die Rundung auf Cent-Ebene der Annuität.

Der korrekte Annuitätenbetrag von 1.060,65515238591€ addiert sich auf einen Restwert von Null und die Tilgungen auf 100.000€.

3.6 Investitionsrechnung

3.6.1 Einführung

Die Investitionsrechnung ist ein Spezialfall der bisher betrachteten Verzinsungsrechnung, bei dem die Zahlungsströme unterschiedliche Vorzeichen (Einzahlungen: positiv/ Auszahlungen: negativ) haben. Im Allgemeinen ist bei Investitionen zu Beginn eine (oder mehrere) Auszahlung zu leisten und danach ergeben sich Einzahlungsüberschüsse aus der Investition. Häufig liegen am Ende der Zahlungsreihe wieder Auszahlungen für Verschrottung, Entsorgung, Sanierung, etc. vor.

3.6. INVESTITIONSRECHNUNG

In der Investitionsrechnung werden die Zahlungsströme zu den verschiedenen Zeitpunkten im Allgemeinen mit $e_0, e_1, \ldots, e_t, \ldots, e_{n-1}, e_n$ bezeichnet. Der bisher genutzte Zinssatz p wird im Rahmen der Investitionsrechnung häufig mit i abgekürzt.

3.6.2 Amortisationsdauer

Die **Amortisationsdauer** ist der Zeitpunkt bzw. die Periode t^* in der die Summe der Barwerte aller bis dahin angefallenen Einzahlungsüberschüsse erstmals größer ist als die Summe der Barwerte aller bis dahin angefallenen Auszahlungen:

$$\sum_{t=0}^{t^*-1} e_t \cdot q^{-t} \leq 0 \leq \sum_{t=0}^{t^*} e_t \cdot q^{-t} \tag{3.20}$$

3.6.2.1 Amortisationsdauer: Beispiel

Zum Zeitpunkt $t = 0$ sind Investitionskosten in Höhe von 50.000€ zu leisten (z.B. Kauf einer Maschine, Bau einer Produktionshalle, ...). In den folgenden zehn Jahren wird mit jährlichen Einzahlungsüberschüssen aus der Investition in Höhe von 10.000€ gerechnet. Der angenommene Zinssatz betrage 5%.

Da die Zahlungsströme zu unterschiedlichen Zeitpunkten anfallen, müssen diese auf einen Zeitpunkt abgezinst werden, z.B. $t = 0$. Dann ergeben sich für die abgezinsten Zahlungsströme folgende Barwerte (Spalte "Barwert"). In der Spalte "Summe Barwerte" ist die Summe der Barwerte bis zum jeweiligen Jahr aufgelistet. Dort ist zu sehen, daß die Summe erstmalig im sechsten Jahr positiv wird. D.h. die Amortisationsdauer beträgt in diesem Beispiel sechs Jahre.

Alle Beträge in den folgenden Tabellen (außer den Abzinsfaktoren) sind in Euro [€] angegeben.

3.6.2 AMORTISATIONSDAUER

Jahr	Auszahlungen	Einzahlungen	Abzinsfaktor	Barwert	Summe Barwerte
0	−50.000,00		1,0000	−50.000,00	−50.000,00
1		10.000,00	0,9524	9.523,81	−40.476,19
2		10.000,00	0,9070	9.070,29	−31.405,90
3		10.000,00	0,8638	8.638,38	−22.767,52
4		10.000,00	0,8227	8.227,02	−14.540,49
5		10.000,00	0,7835	7.835,26	−6.705,23
6		10.000,00	0,7462	7.462,15	756,92
7		10.000,00	0,7107	7.106,81	7.863,73
8		10.000,00	0,6768	6.768,39	14.632,13
9		10.000,00	0,6446	6.446,09	21.078,22
10		10.000,00	0,6139	6.139,13	27.217,35

Werden die voraussichtlichen Einzahlungsüberschüsse erhöht (z.B. auf 20.000€), so ergibt sich eine kleinere Amortisationsdauer (von drei Jahren):

Jahr	Auszahlungen	Einzahlungen	Abzinsfaktor	Barwert	Summe Barwerte
0	−50.000,00		1,0000	−50.000,00	−50.000,00
1		20.000,00	0,9524	19.047,62	−30.952,38
2		20.000,00	0,9070	18.140,59	−12.811,79
3		20.000,00	0,8638	17.276,75	4.464,96
4		20.000,00	0,8227	16.454,05	20.919,01
5		20.000,00	0,7835	15.670,52	36.589,53
6		20.000,00	0,7462	14.924,31	51.513,84
7		20.000,00	0,7107	14.213,63	65.727,47
8		20.000,00	0,6768	13.536,79	79.264,26
9		20.000,00	0,6446	12.892,18	92.156,43
10		20.000,00	0,6139	12.278,27	104.434,70

Falls die Einzahlungsüberschüsse sinken (z.B. auf 6.000€), kann es dazu kommen, daß keine Amortisationsdauer mehr existiert, da die Summe der Barwerte bis zum Ende des betrachteten Zeitraums negativ bleibt:

3.6. INVESTITIONSRECHNUNG

Jahr	Auszahlungen	Einzahlungen	Abzinsfaktor	Barwert	Summe Barwerte
0	−50.000,00		1,0000	−50.000,00	−50.000,00
1		6.000,00	0,9524	5.714,29	−44.285,71
2		6.000,00	0,9070	5.442,18	−38.843,54
3		6.000,00	0,8638	5.183,03	−33.660,51
4		6.000,00	0,8227	4.936,21	−28.724,30
5		6.000,00	0,7835	4.701,16	−24.023,14
6		6.000,00	0,7462	4.477,29	−19.545,85
7		6.000,00	0,7107	4.264,09	−15.281,76
8		6.000,00	0,6768	4.061,04	−11.220,72
9		6.000,00	0,6446	3.867,65	−7.353,07
10		6.000,00	0,6139	3.683,48	−3.669,59

3.6.2.2 Anmerkungen zur Amortisationsdauer

Die Amortisationsdauer zeigt an, ab welchem Zeitpunkt sich eine Investition "rechnet".

Allerdings ist es nicht empfehlenswert eine Investitionsentscheidung ausschließlich auf der Amortisationsdauer zu begründen, da damit Investitionen, die sich erst spät amortisieren, aber große Geldrückflüsse zu späterer Zeit bedeuten, benachteiligt werden. Außerdem werden nur Zahlströme berücksichtigt, die bis zur Amortisationsdauer erfolgen. Unter Umständen können später noch Zahlungen notwendig sein, die dafür sorgen, daß das Gesamtprojekt unrentabel wird (z.B. teure Verschrottung, Altlastensanierung, ...).

In Zeiten negativer Zinsen (z.B. bei als risikolos erachteten 30-jährigen Bundesanleihen) ist ein weiteres Thema zu beachten. Es werden zwei Investitonen betrachtet, die zu den folgenden Cashflows führen:

Datum	Cashflows 1	Cashflows 2
1.1.LF+1	−20.000,00€	−20.000,00€
1.1.LF+2	1.000,00€	18.700,00€
1.1.LF+3	18.700,00€	1.000,00€

Als Zinssatz wird jetzt -1% angenommen. Dann ergeben sich die folgenden Barwerte (jeweils auf zwei Nachkommastellen gerundet) und deren Summe:

Datum	Cashflows 1	Barwert 1	Cashflows 2	Barwert 2
1.1.LF+1	$-20.000,00$€	$-20.000,00$€	$-20.000,00$€	$-20.000,00$€
1.1.LF+2	$1.000,00$€	$1.010,10$€	$18.700,00$€	$18.888.89$€
1.1.LF+3	$18.700,00$€	$19.079,69$€	$1.000,00$€	$1.020,30$€
Summe		$89,79$€		$-90,81$€

Durch den negativen Zins ergibt sich die (überraschende) Situation, dass eine Investiton, die erst später zu Rückflüssen (Cashflows 1) führt, favorisiert wird. Die zweite Investition weist in diesem Falle keine Amortisationsdauer auf. Bei negativen Zinsen wird der Anleger für positive Cashflows "bestraft", deshalb macht dieses Verhalten Sinn.

3.6.3 Interner Zinsfuß

3.6.3.1 Einführung

Bisher wurde bei allen Abzinsungen ein vorgegebener Zins genutzt. Der *interne Zinsfuß* stellt den Zins dar, bei dem die Summe der Barwerte aller Zahlungsströme Null wird. Dazu wird eine Reihe von Zahlungsströmen zu unterschiedlichen Zeitpunkten $e_0, e_1, \ldots, e_n$ betrachtet.

Der *interne Zinsfuß* i^* der Zahlungsreihe bezeichnet den Zinssatz, für den folgendes gilt:

$$\sum_{t=0}^{n} \frac{e_t}{(1+i^*)^t} = 0 \qquad (3.21)$$

3.6.3.2 Interner Zinsfuß: Beispiel

Um die Problematik der Berechnung des internen Zinsfußes zu illustrieren, wird folgendes Beispiel gewählt. LF bedeutet dabei laufendes Jahr, also das aktuelle Kalenderjahr. Es fallen die folgenden geplanten Zahlungen im Rahmen einer Investition an:

3.6. INVESTITIONSRECHNUNG

Datum	Cashflow
1.1.LF+1	$-10.000,00$€
1.1.LF+2	$4.000,00$€
1.1.LF+3	$6.000,00$€
1.1.LF+4	$1.000,00$€

Wie hoch ist der interne Zinsfuß?

Lösung:

Nach Formel (3.21) wird zur Berechnung des internen Zinsfußes folgendes berechnet (Summe aller abgezinsten Zahlungen muss Null sein):

$$\sum_{t=0}^{n} \frac{e_t}{(1+i^*)^t} = 0 = -10.000\ \text{€} + 4.000\ \text{€} \frac{1}{(1+i^*)^1} + $$
$$+ 6.000\ \text{€} \frac{1}{(1+i^*)^2} + 1.000\ \text{€} \frac{1}{(1+i^*)^3}.$$

D.h. gesucht ist der Zinssatz i^*, für den die Gleichung erfüllt ist. Um die Gleichung zu vereinfachen, kann mit $(1+i^*)^3$ multipliziert werden:

$$0 = -10.000\ \text{€} \cdot (1+i^*)^3 + 4.000\ \text{€} \cdot (1+i^*)^2 + $$
$$+ 6.000\ \text{€} \cdot (1+i^*)^1 + 1.000\ \text{€}.$$

Es ist deutlich zu sehen, daß diese Gleichung (je nach Anzahl der Cashflows) nicht direkt lösbar ist, da die Unbekannte (der Zinssatz i^*) in der dritten Potenz auftaucht. In der Realität wird die Anzahl der Cashflows höher sein und damit auch die Potenz der Unbekannten i^*.

Am besten sind Aufgaben dieser Art mit Näherungsverfahren zu lösen. Excel bietet z.B. eine Formel zur Lösung an. Der Befehl zur Berechnung des internes Zinsfußes lautet "=IKV()". Es kann auch ein Newton-Verfahren genutzt werden (siehe Kapitel 5.18).

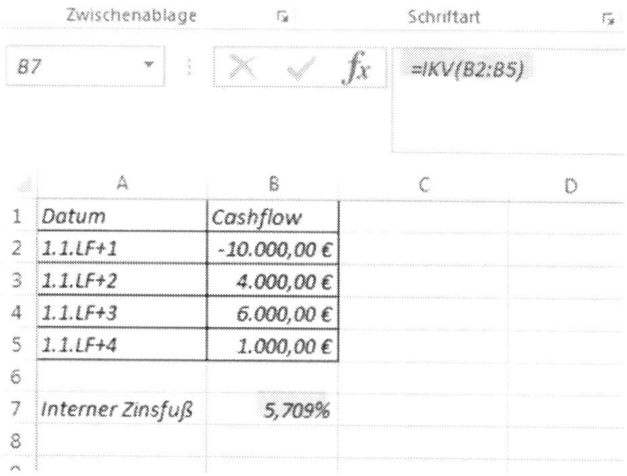

3.6.3 INTERNER ZINSFUSS

	A	B	C	D
1	Datum	Cashflow		
2	1.1.LF+1	-10.000,00 €		
3	1.1.LF+2	4.000,00 €		
4	1.1.LF+3	6.000,00 €		
5	1.1.LF+4	1.000,00 €		
6				
7	Interner Zinsfuß	5,709%		
8				

Zelle B7: =IKV(B2:B5)

Abbildung 3.11: Interner Zinsfuß mit Excel

Um die Lösung zu überprüfen, wird nun der berechnete interne Zinsfuß zum Abzinsen der Cashflows auf den 1.1.LF+1 genutzt. Es ergibt sich:

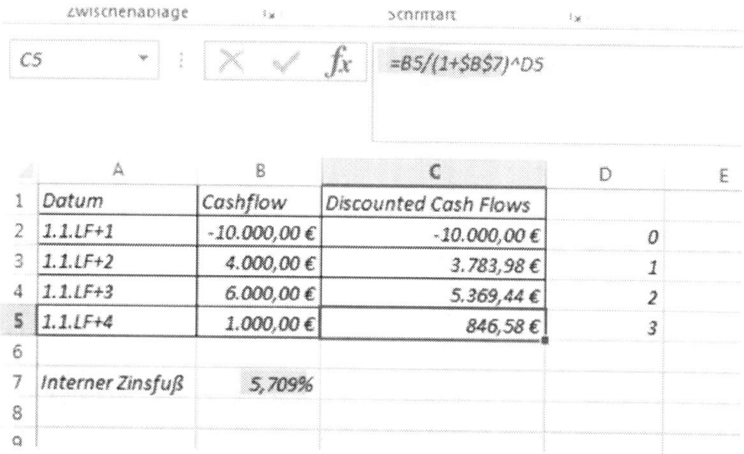

	A	B	C	D	E
1	Datum	Cashflow	Discounted Cash Flows		
2	1.1.LF+1	-10.000,00 €	-10.000,00 €	0	
3	1.1.LF+2	4.000,00 €	3.783,98 €	1	
4	1.1.LF+3	6.000,00 €	5.369,44 €	2	
5	1.1.LF+4	1.000,00 €	846,58 €	3	
6					
7	Interner Zinsfuß	5,709%			
8					

Zelle C5: =B5/(1+B7)^D5

Werden diese diskontierten Cashflows (Barwerte) addiert, so ergibt sich gemäß Formel (3.21) natürlich Null.

65

3.6. INVESTITIONSRECHNUNG

| | C7 | ▼ | : | × | ✓ | fx | =SUMME(C2:C5) |

	A	B	C	D
1	Datum	Cashflow	Discounted Cash Flows	
2	1.1.LF+1	-10.000,00 €	-10.000,00 €	0
3	1.1.LF+2	4.000,00 €	3.783,98 €	1
4	1.1.LF+3	6.000,00 €	5.369,44 €	2
5	1.1.LF+4	1.000,00 €	846,58 €	3
6				
7	Interner Zinsfuß	5,709%	0,00 €	
8				

Kapitel 4

Lineare Algebra

4.1 Einführung

Die lineare Algebra beschäftigt sich mit linearen Abbildungen zwischen Vektorräumen. Im Rahmen dieses Buches wird insbesondere die Lösung von linearen Gleichungssystemen behandelt, da diese in den Wirtschaftswissenschaften häufig auftauchen.

4.2 Lineare Gleichungssysteme

In der Bezeichnung "Lineare Gleichungssysteme" sind die Teile "linear" und "Gleichungssystem" enthalten. Linear bedeutet, das in den untersuchten Gleichungen nur lineare Terme auftauchen, d.h. die Unbekannten erscheinen ohne eine Potenz: $x^2, \sqrt{x}, x^{\frac{7}{12}}$ etc. tauchen nicht auf.

Gleichungs"systeme" beinhaltet die Eigenschaft, daß es sich um mehr als eine Gleichung handelt, sondern um ein "System" aus Gleichungen, wobei die verschiedenen Unbekannten unter Umständen in allen Gleichungen auftauchen.

4.2. LINEARE GLEICHUNGSSYSTEME

4.2.1 Lineare Gleichungssysteme: Beispiel 1

In einem Betrieb stellen zwei Maschinen das gleiche Produkt her. Maschine 1 hat fixe Kosten in Höhe von 1.000€ und variable Kosten von 10€ pro Stück. Maschine 2 hat fixe Kosten in Höhe von 2.000€ und variable Kosten von 8€ pro Stück. Bei welcher Stückzahl lohnt sich welche Maschine?

Lösung:

Sei x die Anzahl der produzierten Güter. K_1 sind die Kosten auf Maschine 1 und K_2 die Kosten auf Maschine 2.

Dann gilt offenbar: $K_1(x) = 1.000 + 10x$ und $K_2(x) = 2.000 + 8x$. Wenn nur ein Stück produziert wird, verursacht Maschine 1 geringere Kosten: $K_1(1) = 1.000 + 10 \cdot 1 = 1.010$ € gegenüber $K_2(1) = 2.000 + 8 \cdot 1 = 2.008$ €. Bei welcher Anzahl sind die Kosten identisch? Dazu müssen die beiden Gleichungen gleichgesetzt werden: $K_1(x) = K_2(x)$, bzw. $1.000 + 10x = 2.000 + 8x$. Dies resultiert in $2x = 1.000$ oder $x = 500$. Bei 500 produzierten Einheiten, sind die Kosten auf beiden Maschinen identisch ($K_1(x = 500) = 1.000 + 10 \cdot 500 = 6.000€ = 2.000 + 8 \cdot 500 = K_2(x = 500)$), bei niedrigeren Stückzahlen ist Maschine 1 preiswerter, bei höheren Stückzahlen ist Maschine 2 preiswerter.

4.2.2 Lineare Gleichungssysteme: Beispiel 2

Interessanter wird die Situation, wenn zwei verschiedene Produkte auf einer Maschine hergestellt werden und als zweite Bedingung ein Kostenrahmen festliegt.

Die Anzahl von Produkt 1 wird x genannt, die Anzahl von Produkt 2 dementsprechend y. Die Maschine kann insgesamt nur 100 Stück (x und y) fertigen. Die Kosten für Produkt 1 betragen fix 3€ und variabel 1€, bei Produkt 2 liegen die Kosten bei 2€ (fix) und 2€ (variabel). Die Gesamtkosten sollen 135€ betragen.

Die Mengenrestriktion übersetzt sich in folgende Gleichung: $x + y = 100$ und die Kostenrestriktion: $(3 + x) + (2 + 2y) = 135$. Die erste Klammer stellt die Kosten von Produkt 1 und die zweite Klammer die Kosten von Produkt

4.2.2 LINEARE GLEICHUNGSSYSTEME: BEISPIEL 2

2 in Abhängigkeit von der jeweils produzierten Menge dar. Nun liegen zwei Gleichungen für zwei Unbekannte vor, wobei die Unbekannten (x und y) jeweils linear (d.h. mit Potenz Eins) auftauchen.

Dies ist ein lineares Gleichungssystem, das folgendermaßen aufgebaut ist:

$$x + y = 100$$
$$3 + x + 2 + 2y = 135.$$

Umformung bzw. Sammeln der Unbekannten auf der linken Seite liefert:

$$x + y = 100$$
$$x + 2y = 130.$$

Beide Gleichungen sollen gleichzeitig erfüllt sein, also kann z.B. die erste nach x umgeformt werden: $x = 100 - y$. Dieses x kann in die zweite Gleichung eingesetzt werden:

$$x + 2y = 130 \Leftrightarrow 100 - y + 2y = 130 \Leftrightarrow 100 + y = 130 \Leftrightarrow y = 30.$$

Dieses Ergebnis für y kann wieder in die erste Gleichung eingesetzt werden:

$$x = 100 - y = 100 - 30 = 70.$$

Also können unter gleichzeitiger Beachtung der Mengen- und Kostenrestriktion 70 Stück von Produkt 1 und 30 Stück von Produkt 2 produziert werden. Das Problem kann auch graphisch gelöst werden. Dazu werden beide Gleichungen nach y aufgelöst: $y = 100 - x$ bzw. $y = \frac{130-x}{2}$.

Beide Gleichungen stellen jeweils eine fallende Gerade dar. Um zwei Funktionen (siehe Kapitel 5) zu bezeichnen, wird definiert:

$$f(x) = 100 - x \qquad \text{bzw.} \qquad g(x) = \frac{130 - x}{2}.$$

Die beiden Funktionen sind in der folgenden Abbildung zu sehen. Betriebswirtschaftlich machen nur x- und y-Werte Sinn, die größer als Null sind und für

4.3. MATRIZEN

die die Funktionswerte nicht negativ sind. Die Funktionen sind aber für jeden x-Wert zeichenbar. Es ist zu unterscheiden zwischen dem mathematisch und dem ökonomisch sinnvollen Definitionsbereich. Die Lösung des linearen Gleichungssystems sind die Werte, an denen beide Gleichungen gleichzeitig erfüllt sind, also der Schnittpunkt bei $x = 70$ und $y = 30$.

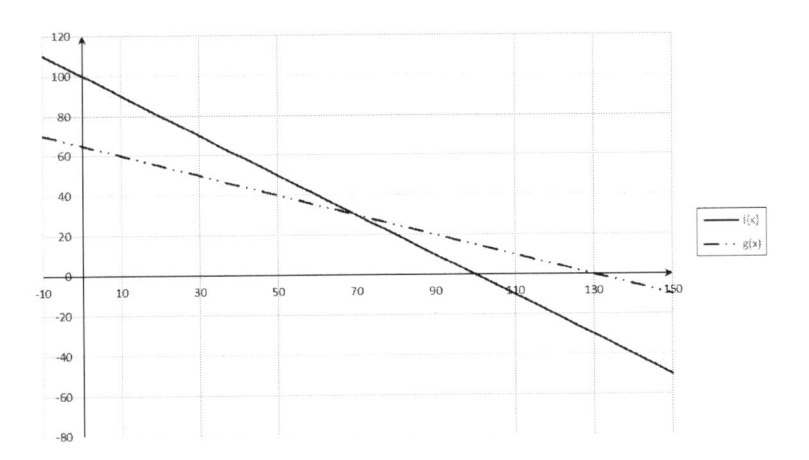

4.3 Matrizen

4.3.1 Einführung

Eine $m \times n$-**Matrix** (gesprochen: "m Kreuz n Matrix") ist eine Anordnung von $m \cdot n$ reellen Zahlen a_{ij} in einem Rechteck der folgenden Form. Eine $m \times n$-Matrix besteht aus m Zeilen und n Spalten. Die Nummerierung der Zahlen erfolgt durch zwei Indices, wobei der erste die Zeile und der zweite die Spalte kennzeichnet:

$$A = \begin{pmatrix} a_{11} & a_{12} & \cdots & a_{1n} \\ a_{21} & a_{22} & \cdots & a_{2n} \\ \vdots & \vdots & \ddots & \vdots \\ a_{m1} & a_{m2} & \cdots & a_{mn} \end{pmatrix} \quad (4.1)$$

Es gibt Spezialfälle von Matrizen, die nur aus einer Spalte bzw. Zeile bestehen und dann als Vektoren (siehe auch Kapitel 4.9) bezeichnet werden. Dabei wird im Allgemeinen auf den zweiten Index verzichtet:

Zeilenvektor:

$$a = \begin{pmatrix} a_{11} & a_{12} & \ldots & a_{1n} \end{pmatrix} = \begin{pmatrix} a_1 & a_2 & \ldots & a_n \end{pmatrix} \quad (4.2)$$

bzw. **Spaltenvektor**:

$$b = \begin{pmatrix} b_{11} \\ b_{21} \\ \vdots \\ b_{m1} \end{pmatrix} = \begin{pmatrix} b_1 \\ b_2 \\ \vdots \\ b_m \end{pmatrix} \quad (4.3)$$

4.3.2 Matrizenoperationen

Die **Addition** und **Subtraktion** von Matrizen ist komponentenweise definiert. Also können nur Matrizen mit den gleichen Dimensionen (gleiche Anzahl Spalten und Zeilen) addiert oder subtrahiert werden.

A und B sei jeweils eine $m \times n$-Matrix. Dann ist definiert:

$$\begin{pmatrix} a_{11} & a_{12} & \ldots & a_{1n} \\ a_{21} & a_{22} & \ldots & a_{2n} \\ \vdots & \vdots & \ddots & \vdots \\ a_{m1} & a_{m2} & \ldots & a_{mn} \end{pmatrix} \pm \begin{pmatrix} b_{11} & b_{12} & \ldots & b_{1n} \\ b_{21} & b_{22} & \ldots & b_{2n} \\ \vdots & \vdots & \ddots & \vdots \\ b_{m1} & b_{m2} & \ldots & b_{mn} \end{pmatrix} =$$
$$= \begin{pmatrix} a_{11} \pm b_{11} & a_{12} \pm b_{12} & \ldots & a_{1n} \pm b_{1n} \\ a_{21} \pm b_{21} & a_{22} \pm b_{22} & \ldots & a_{2n} \pm b_{2n} \\ \vdots & \vdots & \ddots & \vdots \\ a_{m1} \pm b_{m1} & a_{m2} \pm b_{m2} & \ldots & a_{mn} \pm b_{mn} \end{pmatrix} \quad (4.4)$$

Zusätzlich zu diesen Operationen ist in manchen Fällen eine **Transposition** (oder Transponierung) der Matrix benötigt bzw. wünschenswert. Dadurch werden Zeilen und Spalten vertauscht. Die zu A transponierte Matrix wird mit A^T

4.3. MATRIZEN

bezeichnet.

Sei A eine $m \times n$-Matrix, dann ist A^T eine $n \times m$-Matrix:

$$A = \begin{pmatrix} a_{11} & a_{12} & \cdots & a_{1n} \\ a_{21} & a_{22} & \cdots & a_{2n} \\ \vdots & \vdots & \ddots & \vdots \\ a_{m1} & a_{m2} & \cdots & a_{mn} \end{pmatrix}.$$

Dann ist

$$A^T = \begin{pmatrix} a_{11} & a_{21} & \cdots & a_{m1} \\ a_{12} & a_{22} & \cdots & a_{m2} \\ \vdots & \vdots & \ddots & \vdots \\ a_{1n} & a_{2n} & \cdots & a_{mn} \end{pmatrix} \qquad (4.5)$$

Wird die Matrix A zwei Mal transponiert, so ergibt sich wieder A:

$$\left(A^T\right)^T = A.$$

4.3.2.1 Transposition einer Matrix: Beispiel

Es soll die Matrix $A = \begin{pmatrix} 1 & 2 & 3 \\ 4 & 5 & 6 \end{pmatrix}$ transponiert werden.

Lösung:

Es ergibt sich $A^T = \begin{pmatrix} 1 & 4 \\ 2 & 5 \\ 3 & 6 \end{pmatrix}$. Aus der ersten Zeile wird die erste Spalte bzw. aus der ersten Spalte der Matrix A wird die erste Zeile der Matrix A^T.

4.3.3 Matrizenoperation: Multiplikation

Um zwei Matrizen miteinander multiplizieren zu können, muss die Anzahl der Spalten der linken Matrix identisch zur Anzahl der Zeilen der rechten Matrix sein. Sei A eine $m \times r$-Matrix und B eine $r \times n$-Matrix. Dann ist die **Multipli-**

4.3.3 MATRIZENOPERATION: MULTIPLIKATION

kation von A mit B (von rechts) definiert als

$$A \cdot B = \begin{pmatrix} a_{11} & a_{12} & \dots & a_{1r} \\ a_{21} & a_{22} & \dots & a_{2r} \\ \vdots & \vdots & \ddots & \vdots \\ a_{m1} & a_{m2} & \dots & a_{mr} \end{pmatrix} \cdot \begin{pmatrix} b_{11} & b_{12} & \dots & b_{1n} \\ b_{21} & b_{22} & \dots & b_{2n} \\ \vdots & \vdots & \ddots & \vdots \\ b_{r1} & b_{r2} & \dots & b_{rn} \end{pmatrix} =$$

$$= \begin{pmatrix} \sum_{k=1}^{r} a_{1k} b_{k1} & \sum_{k=1}^{r} a_{1k} b_{k2} & \dots & \sum_{k=1}^{r} a_{1k} b_{kn} \\ \sum_{k=1}^{r} a_{2k} b_{k1} & \sum_{k=1}^{r} a_{2k} b_{k2} & \dots & \sum_{k=1}^{r} a_{2k} b_{kn} \\ \vdots & \vdots & \ddots & \vdots \\ \sum_{k=1}^{r} a_{mk} b_{k1} & \sum_{k=1}^{r} a_{mk} b_{k2} & \dots & \sum_{k=1}^{r} a_{mk} b_{kn} \end{pmatrix} \quad (4.6)$$

Das Produkt berechnet sich also in der *i*-ten Zeile und *j*-ten Spalte als

$$\sum_{k=1}^{r} a_{ik} \cdot b_{kj} \quad (4.7)$$

4.3.3.1 Matrixmultiplikation: Beispiel 1

Es sollen die folgenden Matrizen miteinander multipliziert werden:

$$A = \begin{pmatrix} 0 & 1 \\ -1 & 2 \end{pmatrix} \text{ und } B = \begin{pmatrix} 2 & -2 \\ -1 & 3 \end{pmatrix}.$$

Lösung:

Es gilt:

$$A \cdot B = \begin{pmatrix} 0 & 1 \\ -1 & 2 \end{pmatrix} \cdot \begin{pmatrix} 2 & -2 \\ -1 & 3 \end{pmatrix} =$$

$$= \begin{pmatrix} 0 \cdot 2 + 1 \cdot (-1) & 0 \cdot (-2) + 1 \cdot 3 \\ (-1) \cdot 2 + 2 \cdot (-1) & (-1) \cdot (-2) + 2 \cdot 3 \end{pmatrix} = \begin{pmatrix} -1 & 3 \\ -4 & 8 \end{pmatrix}.$$

Es kann (in diesem Beispiel aufgrund der identischen Abmessungen der Matri-

4.3. MATRIZEN

zen) auch A und B getauscht werden:

$$B \cdot A = \begin{pmatrix} 2 & -2 \\ -1 & 3 \end{pmatrix} \cdot \begin{pmatrix} 0 & 1 \\ -1 & 2 \end{pmatrix} =$$

$$= \begin{pmatrix} 2 \cdot 0 + (-2) \cdot (-1) & 2 \cdot 1 + (-2) \cdot 2 \\ (-1) \cdot 0 + 3 \cdot (-1) & (-1) \cdot 1 + 3 \cdot 2 \end{pmatrix} = \begin{pmatrix} 2 & -2 \\ -3 & 5 \end{pmatrix}.$$

Anmerkung:

In diesem Beispiel und im Allgemeinen, gilt $A \cdot B \neq B \cdot A$ im Unterschied zur Multiplikation reeller Zahlen.

4.3.3.2 Matrixmultiplikation: Beispiel 2

Es sollen die folgenden Matrizen miteinander multipliziert werden:

$$A = \begin{pmatrix} 1 & -1 \\ 0 & 1 \\ 2 & 3 \end{pmatrix} \text{ und } B = \begin{pmatrix} 2 & -2 \\ -1 & 3 \end{pmatrix}.$$

Lösung:

$$A \cdot B = \begin{pmatrix} 1 & -1 \\ 0 & 1 \\ 2 & 3 \end{pmatrix} \cdot \begin{pmatrix} 2 & -2 \\ -1 & 3 \end{pmatrix} =$$

$$= \begin{pmatrix} 1 \cdot 2 + (-1) \cdot (-1) & 1 \cdot (-2) + (-1) \cdot 3 \\ 0 \cdot 2 + 1 \cdot (-1) & 0 \cdot (-2) + 1 \cdot 3 \\ 2 \cdot 2 + 3 \cdot (-1) & 2 \cdot (-2) + 3 \cdot 3 \end{pmatrix} = \begin{pmatrix} 3 & -5 \\ -1 & 3 \\ 1 & 5 \end{pmatrix}.$$

Anmerkung:

eine Multiplikation der Form $B \cdot A$ ist nicht möglich, da die Anzahl der Spalten von B (2) ungleich der Anzahl der Zeilen von A (3) ist.

4.3.4 Darstellung eines Linearen Gleichungssystems

Mithilfe von Matrizen und Vektoren ist es möglich, lineare Gleichungssysteme in einfacher Form zu schreiben. Das lineare Gleichungssystem, das aus m Gleichungen und n Unbekannten x_i besteht:

$$a_{11}x_1 + a_{12}x_2 + \ldots + a_{1n}x_n = b_1$$
$$a_{21}x_1 + a_{22}x_2 + \ldots + a_{2n}x_n = b_2$$
$$\vdots \qquad\qquad\qquad \vdots$$
$$a_{m1}x_1 + a_{m2}x_2 + \ldots + a_{mn}x_n = b_m$$

kann geschrieben werden als eine Matrixmultiplikation der Matrix A mit dem Vektor x und der rechten Seite b, wobei $A = \begin{pmatrix} a_{11} & a_{12} & \ldots & a_{1n} \\ a_{21} & a_{22} & \ldots & a_{2n} \\ \vdots & \vdots & \ddots & \vdots \\ a_{m1} & a_{m2} & \ldots & a_{mn} \end{pmatrix}$,

$x = \begin{pmatrix} x_1 \\ x_2 \\ \ldots \\ x_n \end{pmatrix}$ und $b = \begin{pmatrix} b_1 \\ b_2 \\ \vdots \\ b_m \end{pmatrix}$.

Das lineare Gleichungssystem ist dann schreibbar als

$$Ax = b, \text{ bzw. } \begin{pmatrix} a_{11} & a_{12} & \ldots & a_{1n} \\ a_{21} & a_{22} & \ldots & a_{2n} \\ \vdots & \vdots & \ddots & \vdots \\ a_{m1} & a_{m2} & \ldots & a_{mn} \end{pmatrix} \cdot \begin{pmatrix} x_1 \\ x_2 \\ \vdots \\ x_n \end{pmatrix} = \begin{pmatrix} b_1 \\ b_2 \\ \vdots \\ b_m \end{pmatrix} \qquad (4.8)$$

4.3.5 Matrizenoperation: Invertierung

Es wird die sogenannte **Einheitsmatrix** für die folgenden Überlegungen benötigt. Die Einheitsmatrix ist eine quadratische $n \times n$-Matrix, die auf der Diago-

4.3. MATRIZEN

nalen nur Einsen hat und die ansonsten mit Nullen gefüllt ist:

$$E_n = \begin{pmatrix} 1 & 0 & 0 & 0 & \ldots & 0 \\ 0 & 1 & 0 & 0 & \ldots & 0 \\ 0 & 0 & 1 & 0 & \ldots & 0 \\ \vdots & \vdots & \ddots & \ddots & \ddots & \vdots \\ 0 & 0 & 0 & \ldots & 1 & 0 \\ 0 & 0 & 0 & \ldots & 0 & 1 \end{pmatrix} \qquad (4.9)$$

Bezüglich der Matrizenmultiplikation entspricht die Einheitsmatrix der Zahl Eins in den reellen Zahlen: $A \cdot E_n = E_n \cdot A = A$ für quadratische $n \times n$-Matrizen A.

Eine quadratische $n \times n$-Matrix A heißt **invertierbar**, wenn es eine $n \times n$-Matrix A^{-1} (genannt: **inverse Matrix** oder **Inverse**) gibt, für die gilt:

$$A \cdot A^{-1} = A^{-1} \cdot A = E_n \qquad (4.10)$$

Anmerkung:

Nicht jede Matrix ist invertierbar.

4.3.5.1 Invertierung: Beispiel

Als Übung soll die Inverse der $A = \begin{pmatrix} 1 & 2 & 0 \\ -1 & 2 & 1 \\ 0 & 0 & -1 \end{pmatrix}$ berechnet werden. Wird die unbekannte inverse Matrix als drei Spaltenvektoren (jeweils der Dimension 3×1) geschrieben, so besteht die Suche nach der inversen Matrix aus dem Lösen von drei Gleichungssystemen: $\begin{pmatrix} 1 & 2 & 0 \\ -1 & 2 & 1 \\ 0 & 0 & -1 \end{pmatrix} \cdot \begin{pmatrix} x_{11} \\ x_{21} \\ x_{31} \end{pmatrix} = \begin{pmatrix} 1 \\ 0 \\ 0 \end{pmatrix}$ und

$\begin{pmatrix} 1 & 2 & 0 \\ -1 & 2 & 1 \\ 0 & 0 & -1 \end{pmatrix} \cdot \begin{pmatrix} x_{12} \\ x_{22} \\ x_{32} \end{pmatrix} = \begin{pmatrix} 0 \\ 1 \\ 0 \end{pmatrix}$ und $\begin{pmatrix} 1 & 2 & 0 \\ -1 & 2 & 1 \\ 0 & 0 & -1 \end{pmatrix} \cdot \begin{pmatrix} x_{13} \\ x_{23} \\ x_{33} \end{pmatrix} = \begin{pmatrix} 0 \\ 0 \\ 1 \end{pmatrix}$, da die Inverse die Matrixmultiplikation

4.3.5 MATRIZENOPERATION: INVERTIERUNG

$$\begin{pmatrix} 1 & 2 & 0 \\ -1 & 2 & 1 \\ 0 & 0 & -1 \end{pmatrix} \cdot \begin{pmatrix} x_{11} & x_{12} & x_{13} \\ x_{21} & x_{22} & x_{23} \\ x_{31} & x_{32} & x_{33} \end{pmatrix} = \begin{pmatrix} 1 & 0 & 0 \\ 0 & 1 & 0 \\ 0 & 0 & 1 \end{pmatrix}$$ erfüllen soll.

Die Operationen im sogenannten **Gauß-Algorithmus** (siehe auch nächstes Kapitel) hängen nur von der Matrix A ab. D.h. um die obigen drei linearen Gleichungssysteme lösen zu können, müssen in allen drei Gleichungssystemen dieselben Operationen vorgenommen werden. Aus diesen Überlegungen resultiert eine Schreibweise, die anstelle der rechten Seite in Form eines Spaltenvektors die gesamte Einheitsmatrix nutzt: $\left(\begin{array}{ccc|ccc} 1 & 2 & 0 & 1 & 0 & 0 \\ -1 & 2 & 1 & 0 & 1 & 0 \\ 0 & 0 & -1 & 0 & 0 & 1 \end{array}\right)$. Nun muss die linke Seite (die Matrix A) durch Umformungen in eine Einheitsmatrix umgewandelt werden. Diese Umformungen werden genauso auf die rechte Seite angewandt.

Die ersten beiden Zeilen werden addiert und ergeben die neue zweite Zeile, die dritte Zeile wird durch -1 dividiert: $\left(\begin{array}{ccc|ccc} 1 & 2 & 0 & 1 & 0 & 0 \\ 0 & 4 & 1 & 1 & 1 & 0 \\ 0 & 0 & 1 & 0 & 0 & -1 \end{array}\right)$. Die letzte Zeile hat schon die korrekte Form (eine Eins auf der Diagonalen und ansonsten Nullen). Jetzt wird die linke Seite von unten nach oben auf Diagonalform gebracht. Dazu wird die dritte Zeile von der zweiten abgezogen und ergibt die neue zweite Zeile: $\left(\begin{array}{ccc|ccc} 1 & 2 & 0 & 1 & 0 & 0 \\ 0 & 4 & 0 & 1 & 1 & 1 \\ 0 & 0 & 1 & 0 & 0 & -1 \end{array}\right)$. Anschließend wird die zweite Zeile vom doppelten der ersten abgezogen und ergibt die neue erste Zeile: $\left(\begin{array}{ccc|ccc} 2 & 0 & 0 & 1 & -1 & -1 \\ 0 & 4 & 0 & 1 & 1 & 1 \\ 0 & 0 & 1 & 0 & 0 & -1 \end{array}\right)$. Die linke Seite liegt nunmehr in Diagonalform vor. Um die 3×3-Einheitsmatrix zu erreichen, wird die erste Zeile durch Zwei dividiert und die zweite Zeile durch Vier: $\left(\begin{array}{ccc|ccc} 1 & 0 & 0 & \frac{1}{2} & -\frac{1}{2} & -\frac{1}{2} \\ 0 & 1 & 0 & \frac{1}{4} & \frac{1}{4} & \frac{1}{4} \\ 0 & 0 & 1 & 0 & 0 & -1 \end{array}\right)$. Die rechte Seite ergibt spaltenweise die Lösung der drei Gleichungssysteme und ist

4.3. MATRIZEN

damit die inverse Matrix A^{-1}.

Probe:

Die Matrix A wird mit der inversen Matrix A^{-1} von links und rechts multipliziert:

$$A \cdot A^{-1} = \begin{pmatrix} 1 & 2 & 0 \\ -1 & 2 & 1 \\ 0 & 0 & -1 \end{pmatrix} \cdot \begin{pmatrix} \frac{1}{2} & -\frac{1}{2} & -\frac{1}{2} \\ \frac{1}{4} & \frac{1}{4} & \frac{1}{4} \\ 0 & 0 & -1 \end{pmatrix} =$$

$$= \begin{pmatrix} 1 \cdot \frac{1}{2} + 2 \cdot \frac{1}{4} & 1 \cdot \left(-\frac{1}{2}\right) + 2 \cdot \frac{1}{4} + 0 & 1 \cdot \left(-\frac{1}{2}\right) + 2 \cdot \left(\frac{1}{4}\right) \\ -\frac{1}{2} + 2 \cdot \frac{1}{4} & -\left(-\frac{1}{2}\right) + 2 \cdot \frac{1}{4} & -\left(-\frac{1}{2}\right) + 2 \cdot \left(\frac{1}{4}\right) - 1 \\ 0 & 0 & (-1) \cdot (-1) \end{pmatrix} =$$

$$= \begin{pmatrix} 1 & 0 & 0 \\ 0 & 1 & 0 \\ 0 & 0 & 1 \end{pmatrix}$$

Dabei wurden Multiplikationen mit Null aus Platzgründen nicht ausgeschrieben. Außerdem gilt:

$$A^{-1} \cdot A = \begin{pmatrix} \frac{1}{2} & -\frac{1}{2} & -\frac{1}{2} \\ \frac{1}{4} & \frac{1}{4} & \frac{1}{4} \\ 0 & 0 & -1 \end{pmatrix} \cdot \begin{pmatrix} 1 & 2 & 0 \\ -1 & 2 & 1 \\ 0 & 0 & -1 \end{pmatrix} =$$

$$= \begin{pmatrix} \frac{1}{2} \cdot 1 + \left(-\frac{1}{2}\right) \cdot (-1) & \frac{1}{2} \cdot 2 + \left(-\frac{1}{2}\right) \cdot 2 & \left(-\frac{1}{2}\right) \cdot 1 + \left(-\frac{1}{2}\right) \cdot (-1) \\ \frac{1}{4} \cdot 1 + \left(\frac{1}{4}\right) \cdot (-1) & \frac{1}{4} \cdot 2 + \left(\frac{1}{4}\right) \cdot 2 & \left(\frac{1}{4}\right) \cdot 1 + \left(\frac{1}{4}\right) \cdot (-1) \\ 0 & 0 & (-1) \cdot) - 1) \end{pmatrix} =$$

$$= \begin{pmatrix} 1 & 0 & 0 \\ 0 & 1 & 0 \\ 0 & 0 & 1 \end{pmatrix}$$

Also gilt sowohl $A \cdot A^{-1} = E_3$ als auch $A^{-1} \cdot A = E_3$. Damit ist A^{-1} die Inverse der Matrix A.

Eine Matrix, die invertierbar ist, wird auch **regulär** genannt. Falls keine

Inverse existiert, so heißt die Matrix **singulär**.

Für die transponierte Matrix (siehe Formel (4.5)) gilt:

$$\left(A^T\right)^{-1} = \left(A^{-1}\right)^T \tag{4.11}$$

4.4 Gauß-Algorithmus

4.4.1 Einführung

Der **Gauß-Algorithmus** (siehe vorheriges Kapitel) dient dazu lineare Gleichungssysteme zu lösen. Er beruht darauf, die Koeffizientenmatrix A in eine Diagonalform zu bringen. Aus einem linearen Gleichungssystem in Matrixschreibweise

$$Ax = \begin{pmatrix} a_{11} & a_{12} & \cdots & a_{1n} \\ a_{21} & a_{22} & \cdots & a_{2n} \\ \vdots & \vdots & \ddots & \vdots \\ a_{m1} & a_{m2} & \cdots & a_{mn} \end{pmatrix} \cdot \begin{pmatrix} x_1 \\ x_2 \\ \vdots \\ x_n \end{pmatrix} = \begin{pmatrix} b_1 \\ b_2 \\ \vdots \\ b_m \end{pmatrix} = b$$

wird versucht durch "geschickte" Umformungen eine Gleichung der Form

$$Dx = \begin{pmatrix} d_{11} & 0 & \cdots & 0 \\ 0 & d_{22} & \cdots & 0 \\ \vdots & \vdots & \ddots & \vdots \\ 0 & 0 & \cdots & d_{mn} \end{pmatrix} \cdot \begin{pmatrix} x_1 \\ x_2 \\ \vdots \\ x_n \end{pmatrix} = \begin{pmatrix} \tilde{b}_1 \\ \tilde{b}_2 \\ \vdots \\ \tilde{b}_m \end{pmatrix} = \tilde{b}$$

zu erreichen.

Dabei müssen sämtliche Operationen/ Umformungen gleichzeitig auf die rechte Seite b und auf die Matrix A angewandt werden. Es kann gezeigt werden, daß die Lösung eines linearen Gleichungssystems nicht verändert wird, wenn Gleichungen mit reellen Zahlen (ungleich Null) multipliziert werden bzw. wenn verschiedene Zeilen (oder Spalten) voneinander abgezogen werden. Das Verfahren des Gauß-Algorithmus wird anhand einiger Beispiele erläutert.

4.4. GAUSS-ALGORITHMUS

4.4.2 Gauß-Algorithmus: eindeutige Lösung

Es soll die Lösung des linearen Gleichungssystems

$$Ax = \begin{pmatrix} 3 & 2 & 1 \\ -1 & 2 & 2 \\ 1 & 3 & 2 \end{pmatrix} \cdot x = \begin{pmatrix} 3 \\ 0 \\ 0 \end{pmatrix} = b$$

berechnet werden.

Lösung:

die Lösung eines linearen Gleichungssystems beruht nicht auf der Benennung der Unbekannten (x), sondern ausschließlich auf der Koeffizientenmatrix A und der rechten Seite b. Deshalb werden auch nur diese in den Gauß-Algorithmus aufgenommen.

Um den Unterschied zwischen der Matrix A und der rechten Seite zu erkennen, wird im Allgemeinen ein senkrechter Strich eingefügt:
$\begin{pmatrix} 3 & 2 & 1 & | & 3 \\ -1 & 2 & 2 & | & 0 \\ 1 & 3 & 2 & | & 0 \end{pmatrix}$. Nun wird versucht die linke Seite durch Umformungen in Diagonalgestalt zu bringen. Es wird die erste Zeile durch Drei geteilt:
$\begin{pmatrix} 1 & \frac{2}{3} & \frac{1}{3} & | & 1 \\ -1 & 2 & 2 & | & 0 \\ 1 & 3 & 2 & | & 0 \end{pmatrix}$. Jetzt werden Zeilen voneinander abgezogen, um im linken, unteren Dreieck Nullen zu erzeugen. Die erste Zeile bleibt unverändert, die neue zweite Zeile ergibt sich durch Addition mit der ersten. Die neue dritte Zeile ergibt sich, indem die erste Zeile abgezogen wird: $\begin{pmatrix} 1 & \frac{2}{3} & \frac{1}{3} & | & 1 \\ 0 & \frac{8}{3} & \frac{7}{3} & | & 1 \\ 0 & \frac{7}{3} & \frac{5}{3} & | & -1 \end{pmatrix}$.

Nun wird die zweite Zeile mit $\frac{3}{8}$ multipliziert, um eine Eins auf der Diagonalen zu erreichen:
$\begin{pmatrix} 1 & \frac{2}{3} & \frac{1}{3} & | & 1 \\ 0 & 1 & \frac{7}{8} & | & \frac{3}{8} \\ 0 & \frac{7}{3} & \frac{5}{3} & | & -1 \end{pmatrix}$. Um eine obere Dreiecksmatrix zu erhalten, muss nun die

4.4.2 GAUSS-ALGORITHMUS: EINDEUTIGE LÖSUNG

dritte Zeile minus $\frac{7}{3}$ mal der zweiten Zeile gerechnet werden:

$$\begin{pmatrix} 1 & \frac{2}{3} & \frac{1}{3} & | & 1 \\ 0 & 1 & \frac{7}{8} & | & \frac{3}{8} \\ 0 & 0 & \frac{5}{3}-\frac{49}{24} & | & -1-\frac{21}{24} \end{pmatrix} = \begin{pmatrix} 1 & \frac{2}{3} & \frac{1}{3} & | & 1 \\ 0 & 1 & \frac{7}{8} & | & \frac{3}{8} \\ 0 & 0 & -\frac{9}{24} & | & -\frac{45}{24} \end{pmatrix}$$. Um auf der Diagonalen die letzte Eins zu erhalten, wird die dritte Zeile mit $-\frac{24}{9}$ multipliziert:

$$\begin{pmatrix} 1 & \frac{2}{3} & \frac{1}{3} & | & 1 \\ 0 & 1 & \frac{7}{8} & | & \frac{3}{8} \\ 0 & 0 & 1 & | & 5 \end{pmatrix}$$. Damit ist sofort ablesbar, daß die dritte Komponente des

Lösungsvektors 5 beträgt. Um die anderen Komponenten zu erhalten, wird nun der gleiche Prozess für den rechten, oberen Teil der Matrix durchgeführt. Die neue erste Zeile ergibt sich, indem die erste Zeile minus $\frac{1}{3}$ mal der dritten Zeile gerechnet wird. Für die neue zweite Zeile, wird das $\frac{7}{8}$-fache der dritten Zeile von der zweiten Zeile subtrahiert:

$$\begin{pmatrix} 1 & \frac{2}{3} & 0 & | & 1-\frac{5}{3} \\ 0 & 1 & 0 & | & \frac{3}{8}-\frac{35}{8} \\ 0 & 0 & 1 & | & 5 \end{pmatrix} = \begin{pmatrix} 1 & \frac{2}{3} & 0 & | & -\frac{2}{3} \\ 0 & 1 & 0 & | & -4 \\ 0 & 0 & 1 & | & 5 \end{pmatrix}$$. Der letzte Schritt besteht

nun darin, daß die erste Zeile minus $\frac{2}{3}$ mal der zweiten Zeile gerechnet wird:

$$\begin{pmatrix} 1 & 0 & 0 & | & -\frac{2}{3}-\frac{-8}{3} \\ 0 & 1 & 0 & | & -4 \\ 0 & 0 & 1 & | & 5 \end{pmatrix} = \begin{pmatrix} 1 & 0 & 0 & | & 2 \\ 0 & 1 & 0 & | & -4 \\ 0 & 0 & 1 & | & 5 \end{pmatrix}$$. Damit ergibt sich auf der

rechten Seite die Lösung des linearen Gleichungssystems: $x = \begin{pmatrix} 2 \\ -4 \\ 5 \end{pmatrix}$. In diesem Fall hat das lineare Gleichungssystem genau eine Lösung.

Probe:

Es wird die gefundene Lösung $x = \begin{pmatrix} 2 \\ -4 \\ 5 \end{pmatrix}$ mit

4.4. GAUSS-ALGORITHMUS

der Matrix $A = \begin{pmatrix} 3 & 2 & 1 \\ -1 & 2 & 2 \\ 1 & 3 & 2 \end{pmatrix}$ multipliziert:

$$Ax = \begin{pmatrix} 3 & 2 & 1 \\ -1 & 2 & 2 \\ 1 & 3 & 2 \end{pmatrix} \cdot \begin{pmatrix} 2 \\ -4 \\ 5 \end{pmatrix} = \begin{pmatrix} 6-8+5 \\ -2-8+10 \\ 2-12+10 \end{pmatrix} = \begin{pmatrix} 3 \\ 0 \\ 0 \end{pmatrix} = b.$$

Dies ist die vorgegebene rechte Seite b und damit löst x das Gleichungssystem.

4.4.3 Gauß-Algorithmus: keine Lösung

Es soll die Lösung des linearen Gleichungssystems

$$Ax = \begin{pmatrix} 1 & 1 & 2 \\ 2 & -1 & 1 \\ 3 & 0 & 3 \end{pmatrix} \cdot x = \begin{pmatrix} 1 \\ 2 \\ 1 \end{pmatrix} = b$$

berechnet werden.

Lösung:
Analog zum letzten Beispiel, werden folgende Operationen vorgenommen: zweite Zeile minus Zwei mal erste Zeile und dritte Zeile minus Drei mal erste Zeile: $\begin{pmatrix} 1 & 1 & 2 & | & 1 \\ 0 & -3 & -3 & | & 0 \\ 0 & -3 & -3 & | & -2 \end{pmatrix}$. Nun wird die zweite Zeile durch minus Drei geteilt: $\begin{pmatrix} 1 & 1 & 2 & | & 1 \\ 0 & 1 & 1 & | & 0 \\ 0 & -3 & -3 & | & -2 \end{pmatrix}$ und anschließend wird die dritte Zeile plus Drei mal die zweite Zeile gerechnet: $\begin{pmatrix} 1 & 1 & 2 & | & 1 \\ 0 & 1 & 1 & | & 0 \\ 0 & 0 & 0 & | & -2 \end{pmatrix}$. Es ergibt sich in der Koeffizientenmatrix eine Zeile, die komplett aus Nullen besteht. Wird die letzte Zeile mit den Unbekannten x_1, x_2 und x_3 ausgeschrieben, so ergibt sich:

$0 \cdot x_1 + 0 \cdot x_2 + 0 \cdot x_3 = -2$. Offensichtlich ist diese Gleichung nicht lösbar, da auf der linken Seite immer Null steht, unabhängig von der Wahl der Unbekannten.

In diesem Falle hat das lineare Gleichungssystem keine Lösung!

4.4.4 Gauß-Algorithmus: unendlich viele Lösungen

Es soll die Lösung des linearen Gleichungssystems

$$Ax = \begin{pmatrix} 2 & 1 & 0 \\ -1 & 0 & 3 \\ 1 & 1 & 3 \end{pmatrix} \cdot x = \begin{pmatrix} -1 \\ 2 \\ 1 \end{pmatrix} = b$$

berechnet werden.

Lösung:

Die Koeffizientenmatrix und die rechte Seite werden zuerst wieder in eine Klammer geschrieben: $\begin{pmatrix} 2 & 1 & 0 & | & -1 \\ -1 & 0 & 3 & | & 2 \\ 1 & 1 & 3 & | & 1 \end{pmatrix}$. Dann wird die erste Zeile durch Zwei dividiert: $\begin{pmatrix} 1 & \frac{1}{2} & 0 & | & -\frac{1}{2} \\ -1 & 0 & 3 & | & 2 \\ 1 & 1 & 3 & | & 1 \end{pmatrix}$ und anschließend die zweite Zeile mit der ersten addiert und die erste Zeile von der dritten abgezogen: $\begin{pmatrix} 1 & \frac{1}{2} & 0 & | & -\frac{1}{2} \\ 0 & \frac{1}{2} & 3 & | & \frac{3}{2} \\ 0 & \frac{1}{2} & 3 & | & \frac{3}{2} \end{pmatrix}$. Es ist schon sichtbar, daß die zweite und dritte Zeile identisch sind, es wird aber noch mit dem Gauß-Algorithmus fortgefahren: es wird die zweite Zeile mit Zwei multipliziert: $\begin{pmatrix} 1 & \frac{1}{2} & 0 & | & -\frac{1}{2} \\ 0 & 1 & 6 & | & 3 \\ 0 & \frac{1}{2} & 3 & | & \frac{3}{2} \end{pmatrix}$. Dann wird die dritte Zeile minus $\frac{1}{2}$mal der zweiten Zeile gerechnet: $\begin{pmatrix} 1 & \frac{1}{2} & 0 & | & -\frac{1}{2} \\ 0 & 1 & 6 & | & 3 \\ 0 & 0 & 0 & | & 0 \end{pmatrix}$. Analog zum letzten Beispiel sind alle Koeffizienten in

4.4. GAUSS-ALGORITHMUS

der dritten Zeile Null. Im Unterschied zum letzten Kapitel ist jedoch auch die rechte Seite gleich Null. Das bedeutet, daß die letzte Gleichung ausgeschrieben $0 \cdot x_1 + 0 \cdot x_2 + 0 \cdot x_3 = 0$ lautet. Diese Gleichung ist für jede beliebige Wahl von x_1, x_2 und x_3 korrekt, da sich immer $0 = 0$ ergibt. Damit ist eine Unbekannte frei wählbar. Hier wird $x_3 = \mu$ gesetzt, wobei μ eine beliebige reelle Zahl ist.

Dies wird in die zweite Gleichung eingesetzt: $1 \cdot x_2 + 6 \cdot x_3 = 3$ und dann nach x_2 umgeformt: $x_2 = 3 - 6\mu$, dabei wurde $x_3 = \mu$ genutzt. Die erste Zeile ergibt: $x_1 + \frac{1}{2}x_2 + 0 \cdot x_3 = -\frac{1}{2}$. Dies wird nach x_1 umgeformt: $x_1 = -\frac{1}{2} - \frac{1}{2}x_2$ und dann wird $x_2 = 3 - 6\mu$ eingesetzt:

$$x_1 = -\frac{1}{2} - \frac{1}{2}(3 - 6\mu) = -\frac{1}{2} - \frac{3}{2} + \frac{6}{2}\mu = -2 + 3\mu.$$

Damit ergibt sich die Gesamtlösung als $x = \begin{pmatrix} -2 + 3\mu \\ 3 - 6\mu \\ \mu \end{pmatrix}$. Dies kann noch in konstante Anteile und Anteile, die von μ abhängen, aufgeteilt werden:

$$x = \begin{pmatrix} -2 \\ 3 \\ 0 \end{pmatrix} + \begin{pmatrix} 3\mu \\ -6\mu \\ \mu \end{pmatrix} = \begin{pmatrix} -2 \\ 3 \\ 0 \end{pmatrix} + \begin{pmatrix} 3 \\ -6 \\ 1 \end{pmatrix} \mu,$$

wobei μ eine beliebige reelle Zahl ist.

Probe:

Es werden beide gewonnenen Vektoren mit der Matrix A multipliziert:

$$\begin{pmatrix} 2 & 1 & 0 \\ -1 & 0 & 3 \\ 1 & 1 & 3 \end{pmatrix} \cdot \begin{pmatrix} -2 \\ 3 \\ 0 \end{pmatrix} = \begin{pmatrix} -4 + 3 + 0 \\ 2 + 0 + 0 \\ -2 + 3 + 0 \end{pmatrix} = \begin{pmatrix} -1 \\ 2 \\ 1 \end{pmatrix} = b.$$

D.h. der konstante Teil des Lösungsvektors löst das gesuchte Gleichungssystem und wird **Anvektor** genannt. Bei Multiplikation des **Richtungsvektors** (der noch mit μ multipliziert wird) mit der Matrix A, wird deutlich, daß der

Richtungsvektor und seine Vielfachen immer auf Null geworfen werden:

$$\begin{pmatrix} 2 & 1 & 0 \\ -1 & 0 & 3 \\ 1 & 1 & 3 \end{pmatrix} \cdot \begin{pmatrix} 3 \\ -6 \\ 1 \end{pmatrix} = \begin{pmatrix} -6+6+0 \\ -3+0+3 \\ 3-6+3 \end{pmatrix} = \begin{pmatrix} 0 \\ 0 \\ 0 \end{pmatrix}.$$

In diesem Fall gibt es also unendlich viele Lösungen, da für jeden beliebigen Wert von μ eine Lösung gegeben ist.

4.4.5 Anwendung: Materialverflechtung 1

Die Materialverflechtung stellt Produktionsabläufe im Unternehmen aus einer Mengensicht dar. Angenommen, ein Unternehmen stellt drei Endprodukte E_1, E_2 und E_3 her. Dafür werden drei Zwischenprodukte Z_1, Z_2 und Z_3 benötigt, die ebenfalls im Unternehmen gefertigt werden. Bei der Herstellung der Zwischenprodukte werden drei Rohstoffe genutzt: R_1, R_2 und R_3.

Die jeweiligen Mengen können in einer sogenannten Bedarfsmatrix dargestellt werden. Dabei wird ein Zusammenhang zwischen den gefertigten Produkten und den benötigten Einsatzstoffen hergestellt. In diesem Beispiel sind die Zusammenhänge folgendermaßen gegeben:
$$M_{R,Z} = \begin{array}{c} \\ R_1 \\ R_2 \\ R_3 \end{array} \begin{array}{ccc} Z_1 & Z_2 & Z_3 \\ \begin{pmatrix} 3 & 0 & 2 \\ 1 & 1 & 2 \\ 1 & 1 & 0 \end{pmatrix} \end{array}$$

und
$$M_{Z,E} = \begin{array}{c} \\ Z_1 \\ Z_2 \\ Z_3 \end{array} \begin{array}{ccc} E_1 & E_2 & E_3 \\ \begin{pmatrix} 3 & 5 & 2 \\ 3 & 5 & 0 \\ 0 & 5 & 5 \end{pmatrix} \end{array}.$$

Dies ist folgendermaßen zu lesen:

- Um eine Mengeneinheit des Zwischenprodukts Z_2 herzustellen, wird keine Einheit von Rohstoff 1, eine Einheit von Rohstoff 2 und eine Einheit von Rohstoff 3 benötigt (2. Spalte von Matrix $M_{R,Z}$).

- Um eine Mengeneinheit Endprodukt 3 (E_3) zu produzieren, benötigt das Unternehmen zwei Einheiten von Zwischenprodukt 1, keine Einheit von

4.4. GAUSS-ALGORITHMUS

Zwischenprodukt 2 und fünf Einheiten von Zwischenprodukt 3 benötigt (3. Spalte von $M_{Z,E}$).

- In den Zeilen kann abgelesen, welches Material in welche Veredelungen eingeht: z.B. geht Rohstoff 2 in alle Zwischenprodukte ein (2. Zeile von Matrix $M_{R,Z}$).

Es kann mithilfe der Matrizen berechnet werden, wieviele Materialien jeweils zur Herstellung einer vorgegebenen Menge benötigt werden.

Aufgabe:
Welche Rohstoffmengen werden benötigt, um folgende Zwischenproduktmengen herzustellen: $Z = \begin{pmatrix} 10 \\ 20 \\ 10 \end{pmatrix}$. Es sollen also 10 Einheiten des Zwischenprodukts 1, 20 Einheiten des Zwischenprodukts 2 und 10 Einheiten des Zwischenprodukts 3 produziert werden.

Lösung:
Die benötigten Rohstoffe können durch eine einfache Matrixmultiplikation mit der Bedarfsmatrix berechnet werden.

$$R = M_{R,Z} \cdot Z = \begin{pmatrix} 3 & 0 & 2 \\ 1 & 1 & 2 \\ 1 & 1 & 0 \end{pmatrix} \cdot \begin{pmatrix} 10 \\ 20 \\ 10 \end{pmatrix} =$$

$$= \begin{pmatrix} 3 \cdot 10 + 0 \cdot 20 + 2 \cdot 10 \\ 1 \cdot 10 + 1 \cdot 20 + 2 \cdot 10 \\ 1 \cdot 10 + 1 \cdot 20 + 0 \cdot 10 \end{pmatrix} = \begin{pmatrix} 50 \\ 50 \\ 30 \end{pmatrix}.$$

Um die gewünschten Zwischenprodukte herzustellen, werden also 50 Einheiten von Rohstoff 1, 50 Einheiten von Rohstoff 2 und 30 Einheiten von Rohstoff 3 benötigt.

Analog ist folgende Aufgabe von Interesse:

4.4.5 ANWENDUNG: MATERIALVERFLECHTUNG 1

Welche Rohstoffmengen werden benötigt, um eine vorgegebene Menge an Endprodukten zu erstellen? Gegeben ist $E = \begin{pmatrix} 100 \\ 300 \\ 500 \end{pmatrix}$.

Lösung:

Bisher gibt es keinen direkten Zusammenhang zwischen den Endprodukten und den Rohstoffen. Deshalb wird die Aufgabe vorerst in zwei Schritten gelöst:

- Zu den gegebenen Endprodukten werden die benötigten Zwischenprodukte berechnet.

- Aus den Zwischenprodukten ergibt sich der Bedarf an Rohstoffen.

Die Zwischenprodukte werden durch Matrixmultiplikation der Bedarfsmatrix mit den Endprodukten bestimmt: $Z = M_{Z,E} \cdot E = \begin{pmatrix} 3 & 5 & 2 \\ 3 & 5 & 0 \\ 0 & 5 & 5 \end{pmatrix} \cdot \begin{pmatrix} 100 \\ 300 \\ 500 \end{pmatrix} =$

$= \begin{pmatrix} 3 \cdot 100 + 5 \cdot 300 + 2 \cdot 500 \\ 3 \cdot 100 + 5 \cdot 300 + 0 \cdot 500 \\ 0 \cdot 100 + 5 \cdot 300 + 5 \cdot 500 \end{pmatrix} = \begin{pmatrix} 2.800 \\ 1.800 \\ 4.000 \end{pmatrix}$.

Aus dem Bedarf an Zwischenprodukten wird wie in der ersten Aufgabe der Bedarf an Rohstoffen berechnet:

$R = M_{R,Z} \cdot Z = \begin{pmatrix} 3 & 0 & 2 \\ 1 & 1 & 2 \\ 1 & 1 & 0 \end{pmatrix} \cdot \begin{pmatrix} 2.800 \\ 1.800 \\ 4.000 \end{pmatrix} =$

$= \begin{pmatrix} 3 \cdot 2.800 + 0 \cdot 1.800 + 2 \cdot 4.000 \\ 1 \cdot 2.800 + 1 \cdot 1.800 + 2 \cdot 4.000 \\ 1 \cdot 2.800 + 1 \cdot 1.800 + 0 \cdot 4.000 \end{pmatrix} = \begin{pmatrix} 16.400 \\ 12.600 \\ 4.600 \end{pmatrix}$.

Damit sind die gesuchten Rohstoffmengen, um $E = \begin{pmatrix} 100 \\ 300 \\ 500 \end{pmatrix}$ zu produzieren, bekannt.

Es ist natürlich auch möglich, einen direkten Zusammenhang zwischen Rohstoffbedarfen und Endprodukten herzustellen, so daß der Zwischenschritt ver-

4.4. GAUSS-ALGORITHMUS

mieden werden kann.

Die beiden einzelnen Schritte wurden oben nacheinander ausgeführt:

$$Z = M_{Z,E} \cdot E$$

und dann

$$R = M_{R,Z} \cdot Z.$$

Wird das Z aus der ersten Gleichung direkt in die zweite Gleichung eingesetzt, so ergibt sich:

$$R = M_{R,Z} \cdot Z = M_{R,Z} \cdot (M_{Z,E} \cdot E) = M_{R,Z} \cdot M_{Z,E} \cdot E.$$

Um also eine Bedarfsmatrix für den direkten Zusammenhang zwischen Rohstoffen und Endprodukten zu erhalten, muss die neue Bedarfsmatrix $M_{R,Z} \cdot M_{Z,E}$ berechnet werden:

$$M_{R,E} = M_{R,Z} \cdot M_{Z,E} = \begin{pmatrix} 3 & 0 & 2 \\ 1 & 1 & 2 \\ 1 & 1 & 0 \end{pmatrix} \cdot \begin{pmatrix} 3 & 5 & 2 \\ 3 & 5 & 0 \\ 0 & 5 & 5 \end{pmatrix} =$$

$$= \begin{pmatrix} 9 & 15+10 & 6+10 \\ 3+3 & 5+5+10 & 2+10 \\ 3+3 & 5+5 & 2 \end{pmatrix} = \begin{pmatrix} 9 & 25 & 16 \\ 6 & 20 & 12 \\ 6 & 10 & 2 \end{pmatrix}.$$

Probe:

Um zu überprüfen, ob die Bedarfsmatrix $M_{R,E}$ korrekt ist, wird die zweite Aufgabe erneut berechnet: welche Rohstoffmengen werden zur Herstellung von $E = \begin{pmatrix} 100 \\ 300 \\ 500 \end{pmatrix}$ benötigt?

Lösung:

4.4.5 ANWENDUNG: MATERIALVERFLECHTUNG 1

Dies kann nun direkt (ohne Zwischenschritt) berechnet werden:

$$R = M_{R,E} \cdot E = \begin{pmatrix} 9 & 25 & 16 \\ 6 & 20 & 12 \\ 6 & 10 & 2 \end{pmatrix} \cdot \begin{pmatrix} 100 \\ 300 \\ 500 \end{pmatrix} =$$

$$= \begin{pmatrix} 9 \cdot 100 + 25 \cdot 300 + 16 \cdot 500 \\ 6 \cdot 100 + 20 \cdot 300 + 12 \cdot 500 \\ 6 \cdot 100 + 10 \cdot 300 + 2 \cdot 500 \end{pmatrix} = \begin{pmatrix} 16.400 \\ 12.600 \\ 4.600 \end{pmatrix}.$$

Das Ergebnis ist identisch mit der obigen Lösung.

Es kann natürlich auch die Frage gestellt werden "Wieviele Endprodukte können mit den momentan vorhandenen Rohstoffen produziert werden?".

Gegeben sei eine Rohstoffmenge von $R = \begin{pmatrix} 16.400 \\ 12.600 \\ 4.600 \end{pmatrix}$ und wie oben der Zusammenhang zwischen Rohstoffen und Endprodukten durch die Bedarfsmatrix $R = M_{R,E} \cdot E$. Offensichtlich ist in diesem Fall der Ergebnisvektor der Endprodukte E gesucht. Gemäß Kapitel 4.3.5 entspricht dies einer Invertierung: $(M_{R,E})^{-1} \cdot R = E$. Also muss $M_{R,E}$ invertiert werden. Ausgangspunkt ist die Matrix $M_{R,E}$ und die 3×3-Einheitsmatrix als rechte Seite:

$\left(\begin{array}{ccc|ccc} 9 & 25 & 16 & 1 & 0 & 0 \\ 6 & 20 & 12 & 0 & 1 & 0 \\ 6 & 10 & 2 & 0 & 0 & 1 \end{array}\right) \rightarrow \left(\begin{array}{ccc|ccc} 1 & \frac{25}{9} & \frac{16}{9} & \frac{1}{9} & 0 & 0 \\ 6 & 20 & 12 & 0 & 1 & 0 \\ 6 & 10 & 2 & 0 & 0 & 1 \end{array}\right)$. Nun wird ge-

rechnet: zweite Zeile minus Sechs mal der ersten und dritte Zeile minus Sechs mal der ersten Zeile: $\left(\begin{array}{ccc|ccc} 1 & \frac{25}{9} & \frac{16}{9} & \frac{1}{9} & 0 & 0 \\ 6 & 20 & 12 & 0 & 1 & 0 \\ 6 & 10 & 2 & 0 & 0 & 1 \end{array}\right) \rightarrow$

$\rightarrow \left(\begin{array}{ccc|ccc} 1 & \frac{25}{9} & \frac{16}{9} & \frac{1}{9} & 0 & 0 \\ 0 & 20 - 6 \cdot \frac{25}{9} & 12 - 6 \cdot \frac{16}{9} & -\frac{6}{9} & 1 & 0 \\ 0 & 10 - 6 \cdot \frac{25}{9} & 2 - 6 \cdot \frac{16}{9} & -\frac{6}{9} & 0 & 1 \end{array}\right) =$

$= \left(\begin{array}{ccc|ccc} 1 & \frac{25}{9} & \frac{16}{9} & \frac{1}{9} & 0 & 0 \\ 0 & \frac{30}{9} & \frac{12}{9} & -\frac{6}{9} & 1 & 0 \\ 0 & -\frac{60}{9} & -\frac{78}{9} & -\frac{6}{9} & 0 & 1 \end{array}\right)$. Als nächstes wird eine Eins in der zwei-

4.4. GAUSS-ALGORITHMUS

ten Zeile und zweiten Spalte erreicht und gekürzt:
$$\begin{pmatrix} 1 & \frac{25}{9} & \frac{16}{9} & | & \frac{1}{9} & 0 & 0 \\ 0 & \frac{30}{9} & \frac{12}{9} & | & -\frac{6}{9} & 1 & 0 \\ 0 & -\frac{60}{9} & -\frac{78}{9} & | & -\frac{6}{9} & 0 & 1 \end{pmatrix} \to \begin{pmatrix} 1 & \frac{25}{9} & \frac{16}{9} & | & \frac{1}{9} & 0 & 0 \\ 0 & 1 & \frac{12}{30} & | & -\frac{6}{30} & \frac{9}{30} & 0 \\ 0 & -\frac{60}{9} & -\frac{78}{9} & | & -\frac{6}{9} & 0 & 1 \end{pmatrix} =$$
$$= \begin{pmatrix} 1 & \frac{25}{9} & \frac{16}{9} & | & \frac{1}{9} & 0 & 0 \\ 0 & 1 & \frac{2}{5} & | & -\frac{1}{5} & \frac{3}{10} & 0 \\ 0 & -\frac{20}{3} & -\frac{26}{3} & | & -\frac{2}{3} & 0 & 1 \end{pmatrix}.$$ Dann wird die dritte Zeile plus $\frac{20}{3}$ mal

der zweiten Zeile gerechnet: $\begin{pmatrix} 1 & \frac{25}{9} & \frac{16}{9} & | & \frac{1}{9} & 0 & 0 \\ 0 & 1 & \frac{2}{5} & | & -\frac{1}{5} & \frac{3}{10} & 0 \\ 0 & -\frac{20}{3} & -\frac{26}{3} & | & -\frac{2}{3} & 0 & 1 \end{pmatrix} \to$

$$\to \begin{pmatrix} 1 & \frac{25}{9} & \frac{16}{9} & | & \frac{1}{9} & 0 & 0 \\ 0 & 1 & \frac{2}{5} & | & -\frac{1}{5} & \frac{3}{10} & 0 \\ 0 & 0 & -\frac{26}{3}+\frac{20}{3}\cdot\frac{2}{5} & | & -\frac{2}{3}-\frac{20}{3}\cdot\frac{1}{5} & \frac{20}{3}\cdot\frac{3}{10} & 1 \end{pmatrix}.$$

Rechnen und kürzen ergibt:
$$\begin{pmatrix} 1 & \frac{25}{9} & \frac{16}{9} & | & \frac{1}{9} & 0 & 0 \\ 0 & 1 & \frac{2}{5} & | & -\frac{1}{5} & \frac{3}{10} & 0 \\ 0 & 0 & -\frac{90}{15} & | & -\frac{30}{15} & \frac{20}{10} & 1 \end{pmatrix} = \begin{pmatrix} 1 & \frac{25}{9} & \frac{16}{9} & | & \frac{1}{9} & 0 & 0 \\ 0 & 1 & \frac{2}{5} & | & -\frac{1}{5} & \frac{3}{10} & 0 \\ 0 & 0 & -6 & | & -2 & 2 & 1 \end{pmatrix}.$$
Damit ist eine obere Dreiecksmatrix erreicht, es wird noch die dritte Zeile durch minus Sechs dividiert, um eine Eins zu erreichen:
$$\begin{pmatrix} 1 & \frac{25}{9} & \frac{16}{9} & | & \frac{1}{9} & 0 & 0 \\ 0 & 1 & \frac{2}{5} & | & -\frac{1}{5} & \frac{3}{10} & 0 \\ 0 & 0 & 1 & | & \frac{1}{3} & -\frac{1}{3} & -\frac{1}{6} \end{pmatrix}.$$ Nun wird die erste Zeile minus $\frac{16}{9}$ mal der

dritten und zweite Zeile minus $\frac{2}{5}$ mal der dritten Zeile gerechnet:
$$\begin{pmatrix} 1 & \frac{25}{9} & 0 & | & \frac{1}{9}-\frac{16}{9}\cdot\frac{1}{3} & \frac{16}{9}\cdot\frac{1}{3} & \frac{16}{9}\cdot\frac{1}{6} \\ 0 & 1 & 0 & | & -\frac{1}{5}-\frac{2}{5}\cdot\frac{1}{3} & \frac{3}{10}+\frac{2}{5}\cdot\frac{1}{3} & \frac{2}{5}\cdot\frac{1}{6} \\ 0 & 0 & 1 & | & \frac{1}{3} & -\frac{1}{3} & -\frac{1}{6} \end{pmatrix}.$$ Also:

$$\begin{pmatrix} 1 & \frac{25}{9} & 0 & | & \frac{1}{9}-\frac{16}{9}\cdot\frac{1}{3} & \frac{16}{9}\cdot\frac{1}{3} & \frac{16}{9}\cdot\frac{1}{6} \\ 0 & 1 & 0 & | & -\frac{1}{5}-\frac{2}{5}\cdot\frac{1}{3} & \frac{3}{10}+\frac{2}{5}\cdot\frac{1}{3} & \frac{2}{5}\cdot\frac{1}{6} \\ 0 & 0 & 1 & | & \frac{1}{3} & -\frac{1}{3} & -\frac{1}{6} \end{pmatrix} \to$$

$$\to \begin{pmatrix} 1 & \frac{25}{9} & 0 & | & -\frac{13}{27} & \frac{16}{27} & \frac{8}{27} \\ 0 & 1 & 0 & | & -\frac{5}{15} & \frac{13}{30} & \frac{1}{15} \\ 0 & 0 & 1 & | & \frac{1}{3} & -\frac{1}{3} & -\frac{1}{6} \end{pmatrix}.$$ Im letzten Schritt wird die zweite Zeile

4.4.6 ANWENDUNG: MATERIALVERFLECHTUNG 2

mal $\frac{25}{9}$ von der ersten Zeile abgezogen:

$$\begin{pmatrix} 1 & 0 & 0 & | & -\frac{13}{27} + \frac{25}{9} \cdot \frac{5}{15} & \frac{16}{27} - \frac{25}{9} \cdot \frac{13}{30} & \frac{8}{27} - \frac{25}{9} \cdot \frac{1}{15} \\ 0 & 1 & 0 & | & -\frac{5}{15} & \frac{13}{30} & \frac{1}{15} \\ 0 & 0 & 1 & | & \frac{1}{3} & -\frac{1}{3} & -\frac{1}{6} \end{pmatrix}. \text{ Dies ergibt}$$

$$\begin{pmatrix} 1 & 0 & 0 & | & \frac{12}{27} & -\frac{33}{54} & \frac{1}{9} \\ 0 & 1 & 0 & | & -\frac{5}{15} & \frac{13}{30} & \frac{1}{15} \\ 0 & 0 & 1 & | & \frac{1}{3} & -\frac{1}{3} & -\frac{1}{6} \end{pmatrix}. \text{ Mit Kürzen ergibt sich die inverse Matrix}$$

als rechte Seite:

$$(M_{R,E})^{-1} = \begin{pmatrix} \frac{4}{9} & -\frac{11}{18} & \frac{1}{9} \\ -\frac{1}{3} & \frac{13}{30} & \frac{1}{15} \\ \frac{1}{3} & -\frac{1}{3} & -\frac{1}{6} \end{pmatrix}.$$

Probe:

Es gilt

$$E = (M_{R,E})^{-1} \cdot R = \begin{pmatrix} \frac{4}{9} & -\frac{11}{18} & \frac{1}{9} \\ -\frac{1}{3} & \frac{13}{30} & \frac{1}{15} \\ \frac{1}{3} & -\frac{1}{3} & -\frac{1}{6} \end{pmatrix} \begin{pmatrix} 16.400 \\ 12.600 \\ 4.600 \end{pmatrix} =$$

$$= \begin{pmatrix} \frac{4}{9} \cdot 16.400 - \frac{11}{18} \cdot 12.600 + \frac{1}{9} \cdot 4.600 \\ -\frac{1}{3} \cdot 16.400 + \frac{13}{30} \cdot 12.600 + \frac{1}{15} \cdot 4.600 \\ \frac{1}{3} \cdot 16.400 - \frac{1}{3} \cdot 12.600 - \frac{1}{6} \cdot 4.600 \end{pmatrix} = \begin{pmatrix} 100 \\ 300 \\ 500 \end{pmatrix}.$$

Dies entspricht genau den schon oben berechneten Endprodukten, die aus den gegebenen Rohstoffen hergestellt werden können.

4.4.6 Anwendung: Materialverflechtung 2

Die eben vorgestellte Materialverflechtung/ Produktionsplanung ist auch möglich, falls es Rohstoffe gibt, die sowohl in Zwischenprodukte als auch in Endprodukte eingehen. Natürlich gibt es auch noch komplexere Vorgänge (z.B. in der chemischen Industrie), bei denen Zwischenprodukte in andere Zwischenprodukte eingehen. Dies kann in beliebig vielen Stufen durchgeführt werden.

4.4. GAUSS-ALGORITHMUS

Hier wird folgende Verflechtung angenommen:

$$M_{R,E} = \begin{pmatrix} 1 & 2 \\ 0 & 3 \\ 2 & 1 \end{pmatrix}, M_{R,Z} = \begin{pmatrix} 1 & 0 & 2 \\ 2 & 3 & 1 \\ 3 & 1 & 0 \end{pmatrix} \text{ und } M_{Z,E} = \begin{pmatrix} 2 & 1 \\ 5 & 0 \\ 1 & 2 \end{pmatrix}.$$

Die Bedarfe bedeuten beispielsweise

- Um eine Einheit Endprodukt 1 herzustellen wird benötigt:

  - Eine Einheit Rohstoff 1 (siehe erste Spalte $M_{R,E}$)
  - Keine Einheit Rohstoff 2 (siehe erste Spalte $M_{R,E}$)
  - Zwei Einheiten Rohstoff 3 (siehe erste Spalte $M_{R,E}$)
  - Zwei Einheiten Zwischenprodukt 1 (siehe erste Spalte $M_{Z,E}$)
  - Fünf Einheiten Zwischenprodukt 2 (siehe erste Spalte $M_{Z,E}$)
  - Eine Einheit Zwischenprodukt 3 (siehe erste Spalte $M_{Z,E}$)

- Um eine Einheit Zwischenprodukt 2 herzustellen wird benötigt:

  - Keine Einheit Rohstoff 1 (siehe zweite Spalte $M_{R,Z}$)
  - Drei Einheiten Rohstoff 2 (siehe zweite Spalte $M_{R,Z}$)
  - Eine Einheit Rohstoff 3 (siehe zweite Spalte $M_{R,Z}$)

Nun soll die Bedarfsmatrix erstellt werden, die die Bedarfe aller Rohstoffe für die zwei Endprodukte darstellt. Diese wird hier $\tilde{M}_{R,E}$ genannt.

Die Bedarfe setzen sich aus den Rohstoffen zusammen, die direkt in die Endprodukte eingehen und aus den Bedarfen für die Zwischenprodukte, die ebenfalls in die Endprodukte eingehen. Diese beiden Bedarfe müssen addiert werden, um die Gesamtbedarfe zu erhalten:

$$\tilde{M}_{R,E} = M_{R,E} + M_{R,Z} \cdot M_{Z,E} =$$

$$= \begin{pmatrix} 1 & 2 \\ 0 & 3 \\ 2 & 1 \end{pmatrix} + \begin{pmatrix} 1 & 0 & 2 \\ 2 & 3 & 1 \\ 3 & 1 & 0 \end{pmatrix} \cdot \begin{pmatrix} 2 & 1 \\ 5 & 0 \\ 1 & 2 \end{pmatrix} =$$

$$= \begin{pmatrix} 1 & 2 \\ 0 & 3 \\ 2 & 1 \end{pmatrix} + \begin{pmatrix} 2+2 & 1+4 \\ 4+15+1 & 2+2 \\ 6+5 & 3 \end{pmatrix} =$$

$$= \begin{pmatrix} 1 & 2 \\ 0 & 3 \\ 2 & 1 \end{pmatrix} + \begin{pmatrix} 4 & 5 \\ 20 & 4 \\ 11 & 3 \end{pmatrix} = \begin{pmatrix} 5 & 7 \\ 20 & 7 \\ 13 & 4 \end{pmatrix}.$$

Damit kann der Gesamtbedarf an Rohstoffen für eine gegebene Menge an Endprodukten bestimmt werden. Falls z.B. $E = \begin{pmatrix} 10 \\ 20 \end{pmatrix}$, also zehn Einheiten von Endprodukt 1 und 20 Einheiten von Endprodukt 2 hergestellt werden, so müssen

$$\tilde{M}_{R,E} \cdot \begin{pmatrix} 10 \\ 20 \end{pmatrix} = \begin{pmatrix} 5 & 7 \\ 20 & 7 \\ 13 & 4 \end{pmatrix} \cdot \begin{pmatrix} 10 \\ 20 \end{pmatrix} = \begin{pmatrix} 50+140 \\ 200+140 \\ 130+80 \end{pmatrix} = \begin{pmatrix} 190 \\ 340 \\ 210 \end{pmatrix}$$

Rohstoffe bereitgestellt werden (190 Einheiten von Rohstoff 1, 340 Einheiten von Rohstoff 2 und 210 Einheiten von Rohstoff 3).

4.4.7 Determinanten

Die **Determinante** einer quadratischen Matrix ist eine reelle Zahl. Falls die Determinante einer Matrix ungleich Null ist, so ist die Matrix invertierbar.

Die einfachste Möglichkeit die Determinante einer Matrix zu berechnen, ist der **Laplace'sche Entwicklungssatz**. Dieser existiert in zwei Varianten: der

4.4. GAUSS-ALGORITHMUS

Entwicklung nach einer Spalte oder einer Zeile:

$$\det(A) = \sum_{i=1}^{n} (-1)^{i+j} a_{ij} \cdot \det(A_{ij}) \tag{4.12}$$

bzw.

$$\det(A) = \sum_{j=1}^{n} (-1)^{i+j} a_{ij} \cdot \det(A_{ij}) \tag{4.13}$$

Dabei ist A_{ij} eine sogenannte Untermatrix, die aus der Matrix A entsteht, indem die i-te Zeile und die j-te Spalte gestrichen werden.

4.4.7.1 Determinante einer Matrix: Beispiel

Es soll die Determinante der Matrix $A = \begin{pmatrix} 1 & 0 & 3 & 1 \\ 2 & 1 & 0 & 1 \\ -1 & 1 & 0 & 2 \\ 1 & -2 & -1 & 1 \end{pmatrix}$ berechnet werden. Prinzipiell ist das Ergebnis der Determinantenberechnung unabhängig von der gewählten Zeile bzw. Spalte nach der entwickelt wird. In der Praxis ist es sinnvoll eine Spalte bzw. Zeile mit besonders vielen Nullen zu wählen. In diesem Beispiel ist also eine Entwicklung nach der dritten Spalte ($j = 3$) sinnvoll mit Benutzung der Formel (4.12):

$$\det\begin{pmatrix} \begin{pmatrix} 1 & 0 & 3 & 1 \\ 2 & 1 & 0 & 1 \\ -1 & 1 & 0 & 2 \\ 1 & -2 & -1 & 1 \end{pmatrix} \end{pmatrix} = \sum_{i=1}^{4} (-1)^{i+3} a_{i3} \cdot \det(A_{i3}).$$

Jetzt werden die Untermatrizen gebildet. Bei der Multiplikation ist auf das korrekte Vorzeichen zu achten. Die Logik beim Vorzeichen $(-1)^{i+3}$ ist folgendermaßen:

$$\begin{pmatrix} +1 & -1 & +1 & -1 \\ -1 & +1 & -1 & +1 \\ +1 & -1 & +1 & -1 \\ -1 & +1 & -1 & +1 \end{pmatrix}$$

4.4.7 DETERMINANTEN

(analog zu einem Schachbrettmuster, wobei links oben eine +1 steht).

$$\det\left(\begin{pmatrix} 1 & 0 & 3 & 1 \\ 2 & 1 & 0 & 1 \\ -1 & 1 & 0 & 2 \\ 1 & -2 & -1 & 1 \end{pmatrix}\right) = (-1)^{1+3} \cdot 3 \cdot \det\left(\begin{pmatrix} 2 & 1 & 1 \\ -1 & 1 & 2 \\ 1 & -2 & 1 \end{pmatrix}\right) +$$

$$+ (-1)^{2+3} \cdot 0 \cdot \det\left(\begin{pmatrix} 1 & 0 & 1 \\ -1 & 1 & 2 \\ 1 & -2 & 1 \end{pmatrix}\right) + (-1)^{3+3} \cdot 0 \cdot \det\left(\begin{pmatrix} 1 & 0 & 1 \\ 2 & 1 & 1 \\ 1 & -2 & 1 \end{pmatrix}\right) +$$

$$+ (-1)^{4+3} \cdot (-1) \cdot \det\left(\begin{pmatrix} 1 & 0 & 1 \\ 2 & 1 & 1 \\ -1 & 1 & 2 \end{pmatrix}\right) =$$

$$= 3 \cdot \det\left(\begin{pmatrix} 2 & 1 & 1 \\ -1 & 1 & 2 \\ 1 & -2 & 1 \end{pmatrix}\right) + (-1) \cdot (-1) \cdot \det\left(\begin{pmatrix} 1 & 0 & 1 \\ 2 & 1 & 1 \\ -1 & 1 & 2 \end{pmatrix}\right).$$

Im letzten Schritt wurden die Summanden, die mit Null multipliziert wurden, gestrichen. Durch den Entwicklungssatz wurde aus der Berechnung der Determinante einer 4×4-Matrix eine Summe von Determinanten von 3×3-Matrizen, die jetzt wieder mit dem Entwicklungssatz für Determinanten (entweder Formel (4.12) oder Formel (4.13)) berechnet werden können. In diesem Beispiel wird jetzt für beide Determinanten eine Entwicklung nach der ersten Zeile vorgenommen:

$$\det\left(\begin{pmatrix} 1 & 0 & 3 & 1 \\ 2 & 1 & 0 & 1 \\ -1 & 1 & 0 & 2 \\ 1 & -2 & -1 & 1 \end{pmatrix}\right) =$$

$$= 3 \cdot \det\left(\begin{pmatrix} 2 & 1 & 1 \\ -1 & 1 & 2 \\ 1 & -2 & 1 \end{pmatrix}\right) + (-1) \cdot (-1) \cdot \det\left(\begin{pmatrix} 1 & 0 & 1 \\ 2 & 1 & 1 \\ -1 & 1 & 2 \end{pmatrix}\right) =$$

$$= 3 \cdot \left[(-1)^{1+1} \cdot 2 \cdot \det\left(\begin{pmatrix} 1 & 2 \\ -2 & 1 \end{pmatrix}\right) + (-1)^{1+2} \cdot 1 \cdot \det\left(\begin{pmatrix} -1 & 2 \\ 1 & 1 \end{pmatrix}\right) + \right.$$

$$\left. + (-1)^{1+3} \cdot 1 \cdot \det\left(\begin{pmatrix} -1 & 1 \\ 1 & -2 \end{pmatrix}\right) \right] +$$

4.4. GAUSS-ALGORITHMUS

$+1 \cdot \left[(-1)^{1+1} \cdot 1 \cdot \det \left(\begin{pmatrix} 1 & 1 \\ 1 & 2 \end{pmatrix} \right) + (-1)^{1+2} \cdot 0 \cdot \det \left(\begin{pmatrix} 2 & 1 \\ -1 & 2 \end{pmatrix} \right) + $

$+ (-1)^{1+3} \cdot 1 \cdot \det \left(\begin{pmatrix} 2 & 1 \\ -1 & 1 \end{pmatrix} \right) \Big] =$

$= 3 \cdot \left[2 \cdot \det \left(\begin{pmatrix} 1 & 2 \\ -2 & 1 \end{pmatrix} \right) - \det \left(\begin{pmatrix} -1 & 2 \\ 1 & 1 \end{pmatrix} \right) + \det \left(\begin{pmatrix} -1 & 1 \\ 1 & -2 \end{pmatrix} \right) \right] +$

$+ 1 \cdot \left[1 \cdot \det \left(\begin{pmatrix} 1 & 1 \\ 1 & 2 \end{pmatrix} \right) + 1 \cdot \det \left(\begin{pmatrix} 2 & 1 \\ -1 & 1 \end{pmatrix} \right) \right] =$

$= 6 \cdot \det \left(\begin{pmatrix} 1 & 2 \\ -2 & 1 \end{pmatrix} \right) - 3 \cdot \det \left(\begin{pmatrix} -1 & 2 \\ 1 & 1 \end{pmatrix} \right) + 3 \cdot \det \left(\begin{pmatrix} -1 & 1 \\ 1 & -2 \end{pmatrix} \right) +$

$+ \det \left(\begin{pmatrix} 1 & 1 \\ 1 & 2 \end{pmatrix} \right) + \det \left(\begin{pmatrix} 2 & 1 \\ -1 & 1 \end{pmatrix} \right).$

Nun wird ein letztes Mal der Entwicklungssatz für die entstandenen 2×2-Matrizen genutzt. Diesmal wird nach der ersten Spalte entwickelt, aber das Ergebnis ist identisch mit jeder anderen vorgenommenen Entwicklung. Die Untermatrizen bestehen im Falle einer 2×2-Matrix nur noch aus einzelnen Zahlen.

$\det \left(\begin{pmatrix} 1 & 0 & 3 & 1 \\ 2 & 1 & 0 & 1 \\ -1 & 1 & 0 & 2 \\ 1 & -2 & -1 & 1 \end{pmatrix} \right) =$

$= 6 \cdot \det \left(\begin{pmatrix} 1 & 2 \\ -2 & 1 \end{pmatrix} \right) - 3 \cdot \det \left(\begin{pmatrix} -1 & 2 \\ 1 & 1 \end{pmatrix} \right) + 3 \cdot \det \left(\begin{pmatrix} -1 & 1 \\ 1 & -2 \end{pmatrix} \right) +$

$+ \det \left(\begin{pmatrix} 1 & 1 \\ 1 & 2 \end{pmatrix} \right) + \det \left(\begin{pmatrix} 2 & 1 \\ -1 & 1 \end{pmatrix} \right) =$

$= 6 \cdot ((-1)^{1+1} \cdot 1 \cdot 1 + (-1)^{2+1} \cdot (-2) \cdot 2) +$
$+ (-3) \cdot ((-1)^{1+1} \cdot (-1) \cdot 1 + (-1)^{2+1} \cdot 2 \cdot 1) +$
$+ 3 \cdot ((-1)^{1+1} \cdot (-1) \cdot (-2) + (-1)^{2+1} \cdot 1 \cdot 1) +$
$+ ((-1)^{1+1} \cdot 1 \cdot 2 + (-1)^{2+1} \cdot 1 \cdot 1) + ((-1)^{1+1} \cdot 2 \cdot 1 + (-1)^{2+1} \cdot 1 \cdot (-1)) =$
$= 6 \cdot (1 - (-4)) + (-3) \cdot ((-1) - 2) + 3 \cdot (2 - 1) +$
$+ (2 - 1) + (2 - (-1)) = 30 + 9 + 3 + 1 + 3 = 46.$

Die Matrix A hat eine Determinante mit dem Wert 46. Da die Determinante ungleich Null ist, bedeutet dies, daß die Matrix invertierbar ist.

4.5 Cramersche Regel

Die Cramersche[1] Regel bietet eine Möglichkeit ein lineares Gleichungssystem mithilfe von Determinanten zu lösen. Dazu muss A als invertierbare Matrix (reguläre Matrix) vorausgesetzt werden. A sei eine invertierbare $n \times n$-Matrix und b der Ergebnisvektor des linearen Gleichungssystems ("rechte Seite"). Die einzelnen Spalten der Matrix A seien mit den Spaltenvektoren $a_1, a_2, a_3, \ldots, a_n$ benannt:

$$Ax = \begin{pmatrix} a_1 & a_2 & \ldots & a_n \end{pmatrix} \cdot \begin{pmatrix} x_1 \\ x_2 \\ \vdots \\ x_n \end{pmatrix} = b.$$

Dann kann die i-te Komponente des Lösungsvektors x durch die **Cramersche Regel** berechnet werden:

$$x_i = \frac{\det(a_1, \ldots, a_{i-1}, b, a_{i+1}, \ldots, a_n)}{\det(A)} \tag{4.14}$$

Dabei wird im Zähler die Determinante der Matrix berechnet, die sich ergibt, wenn die i-te Spalte in der Matrix A durch den Ergebnisvektor b ersetzt wird.

4.5.1 Cramersche Regel: Beispiel

Es sei die Matrix $A = \begin{pmatrix} 1 & 1 & -1 \\ 2 & -3 & 1 \\ 1 & 0 & -1 \end{pmatrix}$ und der Ergebnisvektor $b = \begin{pmatrix} 1 \\ 0 \\ 2 \end{pmatrix}$ gegeben. Es soll die Lösung der Aufgabe $Ax = b$ mithilfe der Cramerschen Regel berechnet werden.

Lösung:

Als erster Schritt wird die Determinante von A berechnet: z.B. kann nach

---

[1] benannt nach Gabriel Cramer, 1704 - 1752. Schon vorher von Gottfried Wilhelm Leibniz gefunden, 1646 - 1716

4.5. CRAMERSCHE REGEL

der ersten Zeile entwickelt werden:

$$\det(A) = 1 \cdot (3-0) - 1 \cdot (-2-1) - 1 \cdot (0+3) = 3+3-3 = 3.$$

Nun werden die verschiedenen Spalten in der Matrix A durch b ersetzt, die Determinante der entstandenen Matrix berechnet und durch $\det(A) = 3$ dividiert (bzw. mit $\frac{1}{3}$ multipliziert).

- 1. Spalte in A durch b ersetzt:

$$x_1 = \frac{1}{3} \cdot \det\left(\begin{pmatrix} 1 & 1 & -1 \\ 0 & -3 & 1 \\ 2 & 0 & -1 \end{pmatrix}\right) =$$
$$= \frac{1}{3} \cdot (1 \cdot (3-0) - 0 + 2 \cdot (1-3)) = -\frac{1}{3}.$$

- 2. Spalte in A durch b ersetzt:

$$x_2 = \frac{1}{3} \cdot \det\left(\begin{pmatrix} 1 & 1 & -1 \\ 2 & 0 & 1 \\ 1 & 2 & -1 \end{pmatrix}\right) =$$
$$= \frac{1}{3} \cdot (1 \cdot (0-2) - 2 \cdot (-1+2) + 1 \cdot (1-0)) = -\frac{3}{3} = -1.$$

- 3. Spalte in A durch b ersetzt:

$$x_3 = \frac{1}{3} \cdot \det\left(\begin{pmatrix} 1 & 1 & 1 \\ 2 & -3 & 0 \\ 1 & 0 & 2 \end{pmatrix}\right) =$$
$$= \frac{1}{3} \cdot (1 \cdot (-6-0) - 2 \cdot (2-0) + 1 \cdot (0+3)) = -\frac{7}{3}.$$

Die drei berechneten Werte sind die einzelnen Komponenten des Lösungsvektors: $x = \begin{pmatrix} -\frac{1}{3} \\ -1 \\ -\frac{7}{3} \end{pmatrix}$.

Probe:

Es gilt:

$$Ax = \begin{pmatrix} 1 & 1 & -1 \\ 2 & -3 & 1 \\ 1 & 0 & -1 \end{pmatrix} \cdot \begin{pmatrix} -\frac{1}{3} \\ -1 \\ -\frac{7}{3} \end{pmatrix} = \begin{pmatrix} -\frac{1}{3} - 1 + \frac{7}{3} \\ -\frac{2}{3} + 3 - \frac{7}{3} \\ -\frac{1}{3} + 0 + \frac{7}{3} \end{pmatrix} =$$

$$= \begin{pmatrix} -1 + 2 \\ +3 - 3 \\ 0 + 2 \end{pmatrix} = \begin{pmatrix} 1 \\ 0 \\ 2 \end{pmatrix} = b.$$

Also wurde die richtige Lösung gefunden.

4.6 Rang einer Matrix

4.6.1 Einführung

Mithilfe des Rangs einer Matrix lässt sich die Lösbarkeit von linearen Gleichungssystemen überprüfen (siehe Kapitel 4.7). Der Rang einer Matrix ist die Anzahl der Zeilen, die ungleich Null sind, nachdem der Gauß-Algorithmus durchgeführt wurde.

Mit der späteren Definition der linearen Unabhängigkeit (siehe Kapitel 4.10 ab Seite 113, Formel 4.25) kann auch gesagt werden: der Rang einer Matrix ist die Anzahl der linear unabhängigen Spaltenvektoren.

4.6.2 Rang einer Matrix: Beispiel 1

In Kapitel 4.4.2 wurde die Matrix $A = \begin{pmatrix} 3 & 2 & 1 \\ -1 & 2 & 2 \\ 1 & 3 & 2 \end{pmatrix}$ betrachtet und umgeformt zu $\begin{pmatrix} 1 & \frac{2}{3} & \frac{1}{3} \\ 0 & 1 & \frac{7}{8} \\ 0 & 0 & -\frac{9}{24} \end{pmatrix}$. Die Anzahl der Zeilen, die nicht ausschließlich Nullen enthalten, ist hier offensichtlich gleich Drei. Also ist der Rang der Matrix 3.

4.6.3 Rang einer Matrix: Beispiel 2

In Kapitel 4.4.3 wurde die Matrix $A = \begin{pmatrix} 1 & 1 & 2 \\ 2 & -1 & 1 \\ 3 & 0 & 3 \end{pmatrix}$ betrachtet und umgeformt zu $\begin{pmatrix} 1 & 1 & 2 \\ 0 & 1 & 1 \\ 0 & 0 & 0 \end{pmatrix}$. Die Anzahl der Zeilen, die nicht ausschließlich Nullen enthalten, ist hier offensichtlich gleich Zwei. Also ist der Rang der Matrix 2.

4.6.4 Rang einer Matrix: Beispiel 3

In Kapitel 4.4.4 wurde die Matrix $A = \begin{pmatrix} 2 & 1 & 0 \\ -1 & 0 & 3 \\ 1 & 1 & 3 \end{pmatrix}$ betrachtet und umgeformt zu $\begin{pmatrix} 1 & \frac{1}{2} & 0 \\ 0 & 1 & 6 \\ 0 & 0 & 0 \end{pmatrix}$. Die Anzahl der Zeilen, die nicht ausschließlich Nullen enthalten, ist hier offensichtlich ebenfalls gleich Zwei. Also ist der Rang der Matrix 2.

4.7 Lösbarkeit linearer Gleichungssysteme

Es wird von quadratischen Matrizen ausgegangen, bei denen die Anzahl der Spalten gleich der Anzahl der Zeilen ist. Dies ist äquivalent zu einem linearen Gleichungssystem mit n Unbekannten und n Gleichungen. In Matrixform kann dies geschrieben werden als

$$\begin{pmatrix} a_{11} & a_{12} & \cdots & a_{1n} \\ a_{21} & a_{22} & \cdots & a_{2n} \\ \vdots & \vdots & \ddots & \vdots \\ a_{n1} & a_{n2} & \cdots & a_{nn} \end{pmatrix} \cdot \begin{pmatrix} x_1 \\ x_2 \\ \vdots \\ x_n \end{pmatrix} = \begin{pmatrix} b_1 \\ b_2 \\ \vdots \\ b_n \end{pmatrix}$$

Dieses lineare Gleichungssystem ist folgendermaßen lösbar:

Bedingung	Lösbarkeit
Rang(A) = Rang($A\|b$) = n	Es gibt eine eindeutige Lösung (siehe Kapitel 4.4.2). In diesem Fall ist die Determinante der Matrix A ungleich Null und die Matrix A ist invertiertbar. Die Spalten bzw. Zeilen der Matrix A sind linear unabhängig (siehe Kapitel 4.10).
Rang(A) = Rang($A\|b$) < n	Es gibt unendlich viele Lösungen (siehe Kapitel 4.4.4). Die Spalten bzw. Zeilen der Matrix A sind linear abhängig (siehe Kapitel 4.10).
Rang(A) $\neq$ Rang($A\|b$)	Es gibt keine Lösung (siehe Kapitel 4.4.3), da sich die rechte Seite b sich nicht durch die Spaltenvektoren der Matrix A darstellen lässt.

4.8 Anwendung: Leontief-Modell

Das **Leontief-Modell** kann zur Darstellung von Unternehmen oder auch Volkswirtschaften genutzt werden. Es wird auch **Input-Output-Analyse** genannt.

Beispielhaft wird ein Unternehmen mit drei Betriebsstätten betrachtet. Diese beliefern sich untereinander (z.B. zur Veredlung von Produkten) und den "exogenen Bereich", den Markt. Jede Betriebsstätte stellt genau ein Gut her.

Betriebsstätte	Produktion q_i	Lieferung an B_1	Lieferung an B_2	Lieferung an B_3	Exogener Bereich y_i
B_1	50	10	8	20	12
B_2	20	5	0	10	5
B_3	40	0	10	10	20

Graphisch stellt sich die Situation wie in Abbildung 4.1 gezeigt dar.

4.8. ANWENDUNG: LEONTIEF-MODELL

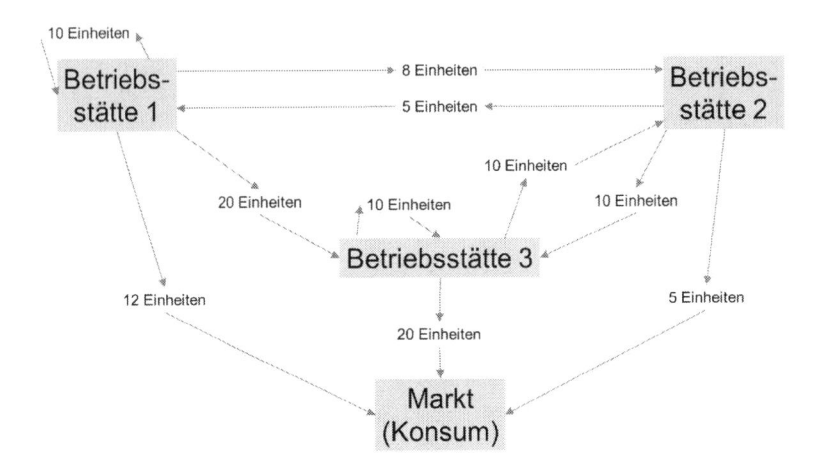

Abbildung 4.1: Leontief-Modell, Unternehmen

Wie schon in der Tabelle teilweise sichtbar, werden einige Bezeichnungen definiert:

- Produktion der i-ten Betriebsstätte (in Stück oder sonstige Mengeneinheit): q_i. Im Beispiel ergeben sich $q_1 = 50$, $q_1 = 20$ und $q_3 = 40$.

- Exogener Absatz des hergestellten Gutes der i-ten Betriebsstätte: y_i. Im Beispiel ergeben sich $y_1 = 12$, $y_2 = 5$ und $y_3 = 20$.

- Stück bzw. Menge des produzierten Gutes in Betriebsstätte i, die an Betriebsstätte j geliefert wird: x_{ij}. Im Beispiel ergeben sich

$$\begin{pmatrix} x_{11} & x_{12} & x_{13} \\ x_{21} & x_{22} & x_{23} \\ x_{31} & x_{32} & x_{33} \end{pmatrix} = \begin{pmatrix} 10 & 8 & 20 \\ 5 & 0 & 10 \\ 0 & 10 & 10 \end{pmatrix}.$$

In jeder Betriebsstätte wird die komplette Produktion q_i an den Markt oder an die Betriebsstätten des Unternehmens geliefert. Also gilt immer:

$$q_i = y_i + \sum_{j=1}^{3} x_{ij}.$$

Beim Leontief-Modell werden **Produktionskoeffizienten** gemäß der folgenden Regel definiert: $q_{ij} = \frac{x_{ij}}{q_j}$. Dies stellt die von i an j gelieferte Menge pro hergestellte Einheit dar.

Im Beispiel: $\begin{pmatrix} q_{11} & q_{12} & q_{13} \\ q_{21} & q_{22} & q_{23} \\ q_{31} & q_{32} & q_{33} \end{pmatrix} = \begin{pmatrix} \frac{10}{50} & \frac{8}{20} & \frac{20}{40} \\ \frac{5}{50} & \frac{0}{20} & \frac{10}{40} \\ \frac{0}{50} & \frac{10}{20} & \frac{10}{40} \end{pmatrix} = \begin{pmatrix} \frac{1}{5} & \frac{2}{5} & \frac{1}{2} \\ \frac{1}{10} & 0 & \frac{1}{4} \\ 0 & \frac{1}{2} & \frac{1}{4} \end{pmatrix}.$

Um zu überprüfen, ob das Unternehmen noch korrekt dargestellt wird, kann eine Probe gemacht werden, indem die Matrix der Produktionskoeffizienten mit der Produktion multipliziert wird:

$$\begin{pmatrix} q_{11} & q_{12} & q_{13} \\ q_{21} & q_{22} & q_{23} \\ q_{31} & q_{32} & q_{33} \end{pmatrix} \cdot \begin{pmatrix} q_1 \\ q_2 \\ q_3 \end{pmatrix} = \begin{pmatrix} \frac{1}{5} & \frac{2}{5} & \frac{1}{2} \\ \frac{1}{10} & 0 & \frac{1}{4} \\ 0 & \frac{1}{2} & \frac{1}{4} \end{pmatrix} \cdot \begin{pmatrix} 50 \\ 20 \\ 40 \end{pmatrix} =$$

$$= \begin{pmatrix} 10 + 8 + 20 \\ 5 + 10 \\ 10 + 10 \end{pmatrix} = \begin{pmatrix} 38 \\ 15 \\ 20 \end{pmatrix}.$$

Dies stellt die interne Produktion dar. Wird jetzt noch die Lieferung an den exogenen Bereich addiert, so ergibt sich

$$\begin{pmatrix} q_{11} & q_{12} & q_{13} \\ q_{21} & q_{22} & q_{23} \\ q_{31} & q_{32} & q_{33} \end{pmatrix} \cdot \begin{pmatrix} q_1 \\ q_2 \\ q_3 \end{pmatrix} + \begin{pmatrix} y_1 \\ y_2 \\ y_3 \end{pmatrix} = \begin{pmatrix} 38 \\ 15 \\ 20 \end{pmatrix} + \begin{pmatrix} 12 \\ 5 \\ 20 \end{pmatrix} = $$
$$= \begin{pmatrix} 50 \\ 20 \\ 40 \end{pmatrix} = \begin{pmatrix} q_1 \\ q_2 \\ q_3 \end{pmatrix}$$
(4.15)

die komplette Produktion.

Um das Leontief[2]-Modell aufzustellen, wird diese Gleichung in Matrix-Vektor-Form geschrieben. Dazu werden folgende Notationen eingeführt:

- $Q = \begin{pmatrix} q_{11} & q_{12} & q_{13} \\ q_{21} & q_{22} & q_{23} \\ q_{31} & q_{32} & q_{33} \end{pmatrix}$ ist die **Produktionsmatrix**.

---
[2]Wassily Leontief, 1905 - 1999

4.8. ANWENDUNG: LEONTIEF-MODELL

- $q = \begin{pmatrix} q_1 \\ q_2 \\ q_3 \end{pmatrix}$ ist der **Produktionsvektor**.

- $y = \begin{pmatrix} y_1 \\ y_2 \\ y_3 \end{pmatrix}$ ist der **Konsumvektor**.

Dann stellt sich Formel (4.15) dar als $Q \cdot q + y = q$.

Unter Benutzung der Einheitsmatrix E_n (Einsen auf der Diagonalen und sonst nur Nullen), kann die Gleichung umgeformt werden zu:

$$Q \cdot q + y = q \Leftrightarrow y = q - Q \cdot q \Leftrightarrow y = E_n \cdot q - Q \cdot q \Leftrightarrow y = (E_n - Q) \cdot q.$$

Falls die Matrix in der Klammer invertierbar ist, ergibt sich unter Vertauschung der beiden Seiten der Gleichung die **Leontief-Formel**:

$$q = (E_n - Q)^{-1} \cdot y \qquad \text{bzw.} \qquad (E_n - Q) \cdot q = y \qquad (4.16)$$

Mithilfe dieser Formel kann untersucht werden, welche Produktion q benötigt wird, um einen gewünschter Konsum y zu decken.

Anmerkung:

Die Matrix $(E_n - Q)$ wird als **Technologiematrix** bezeichnet. Im Beispiel ergibt sich als Technologiematrix

$$(E_3 - Q) = \begin{pmatrix} 1 & 0 & 0 \\ 0 & 1 & 0 \\ 0 & 0 & 1 \end{pmatrix} - \begin{pmatrix} \frac{1}{5} & \frac{2}{5} & \frac{1}{2} \\ \frac{1}{10} & 0 & \frac{1}{4} \\ 0 & \frac{1}{2} & \frac{1}{4} \end{pmatrix} = \begin{pmatrix} \frac{4}{5} & -\frac{2}{5} & -\frac{1}{2} \\ -\frac{1}{10} & 1 & -\frac{1}{4} \\ 0 & -\frac{1}{2} & \frac{3}{4} \end{pmatrix}.$$

Damit ist z.B. die Frage zu klären: "Welcher Konsum kann mit der Produktion $q = \begin{pmatrix} 100 \\ 50 \\ 80 \end{pmatrix}$ abgedeckt werden?".

Lösung:

Dazu kann Formel (4.16) in der zweiten Darstellung genutzt werden: $(E_n - Q) \cdot q = y$. Also hier:

$$y = (E_3 - Q) \cdot q = \begin{pmatrix} \frac{4}{5} & -\frac{2}{5} & -\frac{1}{2} \\ -\frac{1}{10} & 1 & -\frac{1}{4} \\ 0 & -\frac{1}{2} & \frac{3}{4} \end{pmatrix} \cdot \begin{pmatrix} 100 \\ 50 \\ 80 \end{pmatrix} =$$

$$= \begin{pmatrix} 80 - 20 - 40 \\ -10 + 50 - 20 \\ -25 + 60 \end{pmatrix} = \begin{pmatrix} 20 \\ 20 \\ 35 \end{pmatrix}.$$

Also ist mit der gegebenen Produktion ein Konsum von 20 Einheiten Gut 1, 20 Einheiten Gut 2 und 35 Einheiten Gut 3 möglich.

Anmerkung:

Die Technologiematrix hat im Allgemeinen negative Einträge, d.h. unter Umständen könnte der Konsum negativ werden, was ökonomisch keinen Sinn macht.

4.9 Vektoren

4.9.1 Darstellung

Vektoren stellen im mehrdimensionalen Raum einen Pfeil dar, der zu einer bestimmten Stelle zeigt. Wie schon oben erwähnt, sind Vektoren Spezialfälle von Matrizen, bei denen entweder die Spalten- oder Zeilenzahl Eins ist. Der oben definierte Vektor (siehe Formel (4.3) von Seite 71)

$$b = \begin{pmatrix} b_1 \\ b_2 \\ \vdots \\ b_m \end{pmatrix}$$

4.9. VEKTOREN

markiert eine Stelle im Raum, wobei die erste Koordinate den Wert b_1, die zweite Koordinate den Wert b_2, ... und die m-te Koordinate den Wert b_m hat.

In zwei Dimensionen ist dies graphisch gut darstellbar. Beispielsweise ist in Abildung 4.2 der Vektor $b = \begin{pmatrix} 6 \\ 2 \end{pmatrix}$ eingezeichnet. Der Vektor reicht vom Ursprung des Koordinatensystems zum Punkt $x_1 = 6$ (auf der waagerechten Achse) und $x_2 = 2$ (auf der senkrechten Achse).

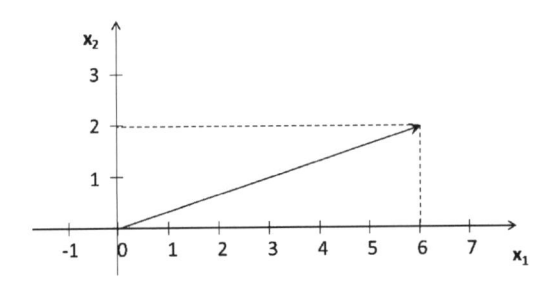

Abbildung 4.2: Vektor in zwei Dimensionen

4.9.2 Addition zweier Vektoren

Da es sich bei Vektoren um spezielle Matrizen handelt, ist die Addition von zwei Vektoren analog zur Addition von Matrizen komponentenweise definiert:

$$a + b = \begin{pmatrix} a_1 \\ a_2 \\ \vdots \\ a_m \end{pmatrix} + \begin{pmatrix} b_1 \\ b_2 \\ \vdots \\ b_m \end{pmatrix} = \begin{pmatrix} a_1 + b_1 \\ a_2 + b_2 \\ \vdots \\ a_m + b_m \end{pmatrix}.$$

Wie schon bei den Matrizen ist es eine Voraussetzung, dass die beiden Vektoren die gleichen Dimensionen haben.

Beispiel: es sollen die Vektoren $a = \begin{pmatrix} 3 \\ 1 \end{pmatrix}$ und $b = \begin{pmatrix} 1 \\ 2 \end{pmatrix}$ addiert werden. Diese sind in Abbildung 4.3 dargestellt. Mit der oben definierten Regel zur Addition

4.9.2 ADDITION ZWEIER VEKTOREN

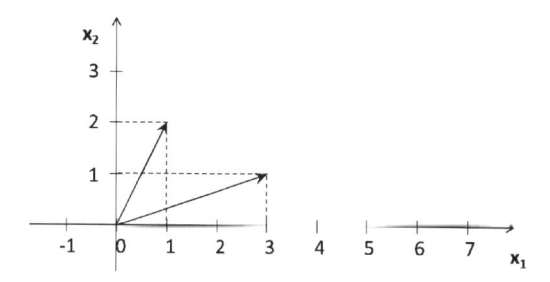

Abbildung 4.3: Vektoren a und b in zwei Dimensionen

von Matrizen/ Vektoren ergibt sich:

$$c = a + b = \begin{pmatrix} 3 \\ 1 \end{pmatrix} + \begin{pmatrix} 1 \\ 2 \end{pmatrix} = \begin{pmatrix} 3+1 \\ 1+2 \end{pmatrix} = \begin{pmatrix} 4 \\ 3 \end{pmatrix}.$$

Graphisch ergibt sich die Addition von zwei Vektoren als Diagonale im Parallelogramm, das von den beiden zu addierenden Vektoren aufgespannt wird (siehe Abbildung 4.4 und Abbildung 4.5).

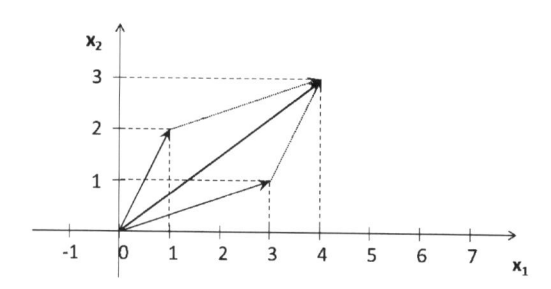

Abbildung 4.4: Addition der Vektoren a und b in zwei Dimensionen

Die Subtraktion verläuft analog:

$$a - b = \begin{pmatrix} a_1 \\ a_2 \\ \vdots \\ a_m \end{pmatrix} - \begin{pmatrix} b_1 \\ b_2 \\ \vdots \\ b_m \end{pmatrix} = \begin{pmatrix} a_1 - b_1 \\ a_2 - b_2 \\ \vdots \\ a_m - b_m \end{pmatrix}.$$

4.9. VEKTOREN

Mit den Zahlen aus dem obigen Beispiel ergibt sich:

$$c = a - b = \begin{pmatrix} 3 \\ 1 \end{pmatrix} - \begin{pmatrix} 1 \\ 2 \end{pmatrix} = \begin{pmatrix} 3 - 1 \\ 1 - 2 \end{pmatrix} = \begin{pmatrix} 2 \\ -1 \end{pmatrix}.$$

Das Ergebnis ist in Abbildung 4.5 dargestellt. Dabei wird sichtbar, dass die

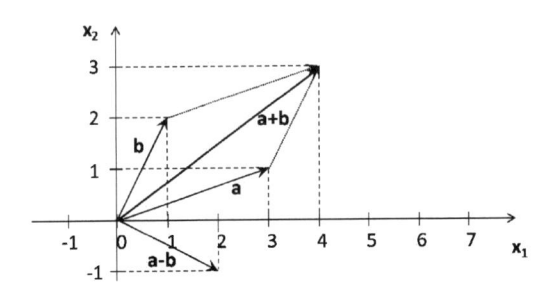

Abbildung 4.5: Subtraktion der Vektoren a und b in zwei Dimensionen

Subtraktion die andere Diagonale im Parallelogramm darstellt, die Richtung/ Orientierung hängt davon ab, ob $a - b$ oder $b - a = \begin{pmatrix} 1 - 3 \\ 2 - 1 \end{pmatrix} = \begin{pmatrix} -2 \\ 1 \end{pmatrix}$ berechnet wird.

4.9.3 Länge eines Vektors

Die Länge eines Vektors lässt sich durch Anwendung des Satzes von Pythagoras bestimmen und wird im Allgemeinen mit $\|\cdot\|$ bezeichnet. Soll beispielsweise die Länge des Vektors $b = \begin{pmatrix} 6 \\ 2 \end{pmatrix}$ aus Abbildung 4.2 bestimmt werden, so entspricht die Länge des Vektors der Hypothenuse in einem rechtwinkligen Dreieck und die beiden Koordinaten $x_1 = 6$ und $x_2 = 2$ stellen die Katheten dar. Wird die Länge des Vektors b mit $\|b\|$ bezeichnet, so ergibt sich für die Länge des Vektors b nach dem Satz von Pythagoras: $\|b\|^2 = 6^2 + 2^2$. Also ist die Länge $\|b\| = \sqrt{6^2 + 2^2} = \sqrt{36 + 4} = \sqrt{40} = 6,3246$.

Allgemein gilt für einen Vektor $x = \begin{pmatrix} x_1 \\ x_2 \\ \vdots \\ x_n \end{pmatrix}$, dass seine Länge durch

$$||x|| = +\sqrt{x_1^2 + x_2^2 + \ldots + x_n^2} = +\sqrt{\sum_{i=1}^{n} x_i^2} \qquad (4.17)$$

berechnet wird. Dieser Längenbegriff wird auch **euklidische Norm** genannt.

4.9.4 Skalarprodukt

Das **Skalarprodukt** zweier Vektoren $x = \begin{pmatrix} x_1 \\ x_2 \\ \vdots \\ x_n \end{pmatrix}$ und $y = \begin{pmatrix} y_1 \\ y_2 \\ \vdots \\ y_n \end{pmatrix}$ wird definiert als

$$< x, y > = \sum_{i=1}^{n} x_i \cdot y_i \qquad (4.18)$$

Das Ergebnis ist eine reelle Zahl. Mit der Matrixmultiplikation aus Formel (4.6) und der Transposition von Matrizen/ Vektoren (siehe Formel (4.5)) ergibt sich eine andere Schreibweise, die zum gleichen Ergebnis fuhrt:

$$< x, y > = \sum_{i=1}^{n} x_i \cdot y_i = x^T \cdot y = \begin{pmatrix} x_1 & x_2 & \ldots & x_n \end{pmatrix} \cdot \begin{pmatrix} y_1 \\ y_2 \\ \vdots \\ y_n \end{pmatrix} \qquad (4.19)$$

Dabei ist zu beachten, dass die beiden letzten "·" Malpunkte eine Matrixmultiplikation darstellen. Zwischen der euklidischen Norm und dem Skalarprodukt

4.9. VEKTOREN

besteht der folgende Zusammenhang:

$$||x|| = +\sqrt{\sum_{i=1}^{n} x_i^2} = +\sqrt{<x,x>} = +\sqrt{x^T \cdot x} \qquad (4.20)$$

Vektoren, die die Länge Eins haben, werden als **normierte Vektoren** bezeichnet. Jeder beliebige Vektor x (der nicht nur aus Nullen besteht (Nullvektor)) kann normiert werden, indem durch seine Länge $||x||$ dividiert wird: $\frac{x}{||x||}$. Denn für die Länge dieses Vektors gilt dann ($||x||$ ist eine reelle Zahl, die in jedem Summanden auftaucht):

$$\left|\left|\frac{x}{||x||}\right|\right| = +\sqrt{\sum_{i=1}^{n} \left(\frac{x_i}{||x||}\right)^2} =$$

$$= +\sqrt{\frac{1}{||x||^2} \sum_{i=1}^{n} x_i^2} = +\sqrt{\frac{1}{||x||^2} ||x||^2} = +\sqrt{1} = 1.$$

4.9.5 Winkel zwischen zwei Vektoren

Die Herleitung der Berechnung des Winkels zwischen zwei Vektoren beruht im Wesentlichen auf dem Kosinus-Satz und der binomischen Formel. Hier wird die Herleitung in zwei Dimensionen präsentiert, da der Schreibaufwand bei mehr als zwei Dimensionen deutlich höher ist, ohne die Übersichtlichkeit zu verbessern.

Es werden zwei Vektoren $a = \begin{pmatrix} a_1 \\ a_2 \end{pmatrix}$ und $b = \begin{pmatrix} b_1 \\ b_2 \end{pmatrix}$ angenommen. Zwischen den beiden Vektoren ist der gesuchte Winkel α (siehe Abbildung 4.6). Zusätzlich ist noch der Differenzvektor $a - b$ eingetragen, um ein Dreieck zu erzeugen. Der Kosinus-Satz besagt, dass das Quadrat der Länge der Dreiecksseite, die dem Winkel gegenüberliegt ($a - b$), gleich der Summe der Quadrate der Längen der beiden anderen Dreiecksseiten (a und b) minus zwei mal dem Produkt aus den Längen der beiden am Winkel liegenden Seiten und dem Kosinus des Winkels α ist.

4.9.5 WINKEL ZWISCHEN ZWEI VEKTOREN

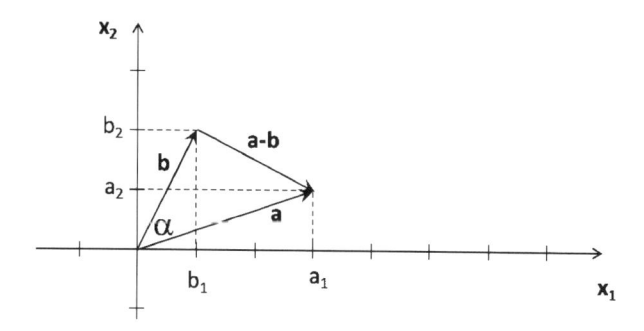

Abbildung 4.6: Winkel zwischen zwei Vektoren in zwei Dimensionen

Im vorliegenden Fall heisst das:

$$\|(a - b)\|^2 = \|a\|^2 + \|b\|^2 - 2\|a\|\|b\|\cos(\alpha).$$

Nun werden die Vektoren eingesetzt:

$$\left\|\begin{pmatrix} a_1 - b_1 \\ a_2 - b_2 \end{pmatrix}\right\|^2 = \left\|\begin{pmatrix} a_1 \\ a_2 \end{pmatrix}\right\|^2 + \left\|\begin{pmatrix} b_1 \\ b_2 \end{pmatrix}\right\|^2 - 2\|a\|\|b\|\cos(\alpha).$$

Nach Formel (4.17) ergibt sich (die Wurzeln fallen weg, da hier die Norm $\|\cdot\|$ jeweils quadriert wird):

$$(a_1 - b_1)^2 + (a_2 - b_2)^2 = a_1^2 + a_2^2 + b_1^2 + b_2^2 - 2\|a\|\|b\|\cos(\alpha).$$

Jetzt wird die binomische Formel (siehe Formel (10.4) von Seite 421) angewandt:

$$a_1^2 - 2a_1b_1 + b_1^2 + a_2^2 - 2a_2b_2 + b_2^2 = a_1^2 + a_2^2 + b_1^2 + b_2^2 - 2\|a\|\|b\|\cos(\alpha).$$

Die Terme a_1^2, a_2^2, b_1^2 und b_2^2 tauchen auf beiden Seiten der Gleichung auf und werden subtrahiert:

$$-2a_1b_1 - 2a_2b_2 = -2\|a\|\|b\|\cos(\alpha).$$

4.9. VEKTOREN

Nun wird durch -2 dividiert:

$$a_1 b_1 + a_2 b_2 = \|a\| \, \|b\| \cos(\alpha).$$

Die linke Seite der Gleichung stellt ein Skalarprodukt dar (siehe Formel (4.18)):

$$< \begin{pmatrix} a_1 \\ a_2 \end{pmatrix}, \begin{pmatrix} b_1 \\ b_2 \end{pmatrix} > = \|a\| \, \|b\| \cos(\alpha) \qquad (4.21)$$

Insgesamt ergibt sich:

$$< a, b > = \|a\| \, \|b\| \cos(\alpha).$$

Daraus kann mithilfe der Umkehrfunktion des Kosinus (Arcus-Kosinus) der Winkel α berechnet werden:

$$\alpha = \arccos\left(\frac{< a, b >}{\|a\| \, \|b\|}\right) \qquad (4.22)$$

Dieselben Gleichungen können auch für zwei Vektoren $a = \begin{pmatrix} a_1 \\ a_2 \\ \vdots \\ a_n \end{pmatrix}$ und $b = \begin{pmatrix} b_1 \\ b_2 \\ \vdots \\ b_n \end{pmatrix}$ in mehr als zwei Dimensionen hergeleitet werden und lauten in diesem Falle identisch.

Der **Winkel α zwischen zwei Vektoren a und b** ist also durch die folgende Formel gegeben:

$$\alpha = \arccos\left(\frac{< a, b >}{\|a\| \, \|b\|}\right). \qquad (4.23)$$

bzw.

$$< a, b > = \|a\| \, \|b\| \cos(\alpha) \qquad (4.24)$$

Dabei muss natürlich vorausgesetzt werden, dass nicht durch Null dividiert wird: weder *a* noch *b* dürfen der Nullvektor $\begin{pmatrix} 0 \\ \vdots \\ 0 \end{pmatrix}$ sein.

4.10 Lineare Unabhängigkeit

4.10.1 Definition

Die lineare Unabhängigkeit von Vektoren ist an verschiedenen Stellen wichtig. **Lineare Unabhängigkeit** von einer Anzahl von Vektoren $v_1, \ldots, v_n$ bedeutet, dass sich keiner der Vektoren durch bloße Addition von Vielfachen der anderen Vektoren darstellen lässt.

Die Darstellung als Formel liefert:

$$\lambda_1 v_1 + \cdots + \lambda_n v_n = \sum_{i=1}^{n} \lambda_i v_i = 0, \qquad (4.25)$$

dann und nur dann, wenn $\lambda_1 = \ldots = \lambda_n = 0$

Werden beispielsweise drei Vektoren in zwei Dimensionen betrachtet, so sind diese immer linear abhängig (siehe folgendes Beispiel).

4.10.2 Lineare Abhängigkeit, Beispiel 1

Es werden die drei Vektoren $v_1 = \begin{pmatrix} 2 \\ 1 \end{pmatrix}$, $v_2 = \begin{pmatrix} -1 \\ 1 \end{pmatrix}$ und $v_3 = \begin{pmatrix} 3 \\ 3 \end{pmatrix}$ betrachtet. Wird nun Gleichung (4.25) genutzt, so ergibt sich:

$$\lambda_1 v_1 + \cdots + \lambda_n v_n = \lambda_1 \begin{pmatrix} 2 \\ 1 \end{pmatrix} + \lambda_2 \begin{pmatrix} -1 \\ 1 \end{pmatrix} + \lambda_3 \begin{pmatrix} 3 \\ 3 \end{pmatrix} = \begin{pmatrix} 0 \\ 0 \end{pmatrix}.$$

Dies entspricht einem linearen Gleichungssystem mit den drei Unbekannten λ_1, λ_2 und λ_3. Also kann wieder der Gauß-Algorithmus aus Kapitel 4.4 genutzt

4.10. LINEARE UNABHÄNGIGKEIT

werden: $\begin{pmatrix} 2 & -1 & 3 & | & 0 \\ 1 & 1 & 3 & | & 0 \end{pmatrix}$. Es wird nun die erste Gleichung minus Zwei mal der zweiten gerechet und es ergibt sich: $\begin{pmatrix} 2 & -1 & 3 & | & 0 \\ 0 & -3 & -3 & | & 0 \end{pmatrix}$. Die letzte Gleichung besagt, dass $-3\lambda_2 - 3\lambda_3 = 0$. Also: $\lambda_2 = -\lambda_3$, mit beliebigem λ_3. Es kann beispielsweise $\lambda_3 = 1$ gewählt werden, dann ergibt sich: $\lambda_2 = -1$.

Die erste Gleichung besagt dann:

$$2\lambda_1 - \lambda_2 + 3\lambda_3 = 0.$$

Einsetzen der bisherigen Werte liefert: $2\lambda_1 + 1 + 3 = 0$. Also: $2\lambda_1 = -4$. Somit ist eine (von unendlich vielen) Lösungen der obigen Gleichung $\lambda_1 = -2$, $\lambda_2 = -1$ und $\lambda_3 = 1$.

Also kann der Nullvektor durch eine Kombination der drei Vektoren dargestellt werden, also sind die drei Vektoren linear abhängig. Mit anderen Worten: einer der Vektoren kann durch eine Kombination der anderen dargestellt werden.

4.10.3 Lineare Unabhängigkeit, Beispiel 2

Zwei Vektoren in zwei Dimensionen können entweder linear abhängig oder linear unabhängig sein. Abhängigkeit bedeutet in diesem Fall, dass der eine Vektor ein Vielfaches des anderen sein muss. Nur dann lässt sich der Nullvektor durch eine Kombination der Vektoren darstellen.

4.10.3.1 Zwei Vektoren in zwei Dimensionen: Abhängigkeit

Wird beispielsweise von den Vektoren $v_1 = \begin{pmatrix} 1 \\ -2 \end{pmatrix}$ und $v_2 = \begin{pmatrix} -3 \\ 6 \end{pmatrix}$ ausgegangen und dann Formel (4.25) genutzt, so ergibt sich:

$$\lambda_1 v_1 + \cdots + \lambda_n v_n = \lambda_1 \begin{pmatrix} 1 \\ -2 \end{pmatrix} + \lambda_2 \begin{pmatrix} -3 \\ 6 \end{pmatrix} = \begin{pmatrix} 0 \\ 0 \end{pmatrix}.$$

4.10.3 LINEARE UNABHÄNGIGKEIT, BEISPIEL 2

Zur Lösung des Gleichungssystems wird wieder der Gauß-Algorithmus aus Kapitel 4.4 genutzt: $\begin{pmatrix} 1 & -3 & | & 0 \\ -2 & 6 & | & 0 \end{pmatrix}$. Nun wird die zweite Zeile durch -2 dividiert: $\begin{pmatrix} 1 & -3 & | & 0 \\ 1 & -3 & | & 0 \end{pmatrix}$ und dann werden die beiden Zeilen addiert: $\begin{pmatrix} 1 & -3 & | & 0 \\ 0 & 0 & | & 0 \end{pmatrix}$. Die zweite Gleichung ist immer erfüllt, die erste Gleichung liefert:

$$\lambda_1 - 3\lambda_2 = 0 \text{ bzw. } \lambda_1 = 3\lambda_2.$$

Es gibt also unendlich viele Lösungen. Beispielsweise kann $\lambda_2 = 1$ gewählt werden und es ergibt sich: $\lambda_1 = 3$. Wird nun

$$\lambda_1 \begin{pmatrix} 1 \\ -2 \end{pmatrix} + \lambda_2 \begin{pmatrix} -3 \\ 6 \end{pmatrix}$$

berechnet, so ergibt sich:

$$\lambda_1 \begin{pmatrix} 1 \\ -2 \end{pmatrix} + \lambda_2 \begin{pmatrix} -3 \\ 6 \end{pmatrix} = 3 \begin{pmatrix} 1 \\ -2 \end{pmatrix} + 1 \begin{pmatrix} -3 \\ 6 \end{pmatrix} = \begin{pmatrix} 3 \\ -6 \end{pmatrix} + \begin{pmatrix} -3 \\ 6 \end{pmatrix} = \begin{pmatrix} 0 \\ 0 \end{pmatrix}.$$

Also sind die beiden Vektoren v_1 und v_2 voneinander abhängig bzw. in diesem Falle (in zwei Dimensionen) ist der Vektor $v_2 = -3v_1$, also ist v_2 ein Vielfaches von v_1: v_2 kann durch v_1 dargestellt werden.

4.10.3.2 Zwei Vektoren in zwei Dimensionen: Unabhängigkeit

Nun wird von den Vektoren $v_1 = \begin{pmatrix} 1 \\ -2 \end{pmatrix}$ und $v_2 = \begin{pmatrix} 1 \\ 1 \end{pmatrix}$ ausgegangen und dann Formel (4.25) genutzt:

$$\lambda_1 v_1 + \cdots + \lambda_n v_n = \lambda_1 \begin{pmatrix} 1 \\ -2 \end{pmatrix} + \lambda_2 \begin{pmatrix} 1 \\ 1 \end{pmatrix} = \begin{pmatrix} 0 \\ 0 \end{pmatrix}.$$

4.10. LINEARE UNABHÄNGIGKEIT

Zur Lösung des Gleichungssystems wird wieder der Gauß-Algorithmus aus Kapitel 4.4 genutzt: $\begin{pmatrix} 1 & 1 & | & 0 \\ -2 & 1 & | & 0 \end{pmatrix}$. Wieder wird die zweite Gleichung durch -2 dividiert: $\begin{pmatrix} 1 & 1 & | & 0 \\ 1 & -\frac{1}{2} & | & 0 \end{pmatrix}$ und dann die zweite Zeile von der ersten subtrahiert: $\begin{pmatrix} 1 & 1 & | & 0 \\ 0 & \frac{3}{2} & | & 0 \end{pmatrix}$. Die zweite Gleichung ergibt: $\frac{3}{2}\lambda_2 = 0$. Also lautet die Lösung für $\lambda_2 = 0$. Dieses Ergebnis wird nun in die erste Gleichung eingesetzt: $\lambda_1 + \lambda_2 = 0$, also: $\lambda_1 + 0 = 0$. Es gibt also eine eindeutige Lösung $\lambda_1 = \lambda_2 = 0$.

Die beiden Vektoren v_1 und v_2 sind linear unabhängig, keiner der beiden Vektoren kann durch den anderen dargestellt werden.

4.10.4 Lineare Unbhängigkeit, Beispiel 3

In drei Raumdimensionen ist die Thematik noch anschaulich/ vorstellbar. Zwei Vektoren im dreidimensionalen Raum liegen entweder auf einer Geraden (falls einer der Vektoren ein Vielfaches des anderen ist) oder stellen eine Ebene dar. Falls ein dritter Vektor in der Gerade bzw. der Ebene liegt, so sind die drei Vektoren linear abhängig.

4.10.4.1 Drei Vektoren in drei Dimensionen: Abhängigkeit

Es wird von den Vektoren $v_1 = \begin{pmatrix} 1 \\ 1 \\ 0 \end{pmatrix}$, $v_2 = \begin{pmatrix} 0 \\ 1 \\ -1 \end{pmatrix}$ und $v_3 = \begin{pmatrix} 2 \\ 1 \\ 1 \end{pmatrix}$ ausgegangen. Es wird überprüft, ob diese linear abhängig sind. Dazu wird Formel (4.25) genutzt:

$$\lambda_1 v_1 + \cdots + \lambda_n v_n = \lambda_1 \begin{pmatrix} 1 \\ 1 \\ 0 \end{pmatrix} + \lambda_2 \begin{pmatrix} 0 \\ 1 \\ -1 \end{pmatrix} + \lambda_3 \begin{pmatrix} 2 \\ 1 \\ 1 \end{pmatrix} = \begin{pmatrix} 0 \\ 0 \\ 0 \end{pmatrix}.$$

4.10.4 LINEARE UNBHÄNGIGKEIT, BEISPIEL 3

Notation als Gleichungssystem für die Unbekannten $\lambda_1, \lambda_2, \lambda_3$ liefert:

$\begin{pmatrix} 1 & 0 & 2 & | & 0 \\ 1 & 1 & 1 & | & 0 \\ 0 & -1 & 1 & | & 0 \end{pmatrix}$. Jetzt wird die zweite Zeile von der ersten abgezogen:

$\begin{pmatrix} 1 & 0 & 2 & | & 0 \\ 0 & -1 & 1 & | & 0 \\ 0 & -1 & 1 & | & 0 \end{pmatrix}$. Um im linken, unteren Bereich Nullen zu erzeugen, wird

nun die dritte Zeile von der zweiten abgezogen: $\begin{pmatrix} 1 & 0 & 2 & | & 0 \\ 0 & -1 & 1 & | & 0 \\ 0 & 0 & 0 & | & 0 \end{pmatrix}$. Es exis-

tieren also unendlich viele Lösungen und es kann beispielsweise λ_3 frei gewählt werden. Aus der zweiten Gleichung ergibt sich dann: $-\lambda_2 + \lambda_3 = 0$, also $\lambda_2 = \lambda_3$.

Die erste Gleichung liefert schließlich: $\lambda_1 + 2\lambda_3 = 0$. Umgeformt ergibt sich: $\lambda_1 = -2\lambda_3$.

Wird beispielsweise $\lambda_3 = 1$ gewählt, so ergeben sich: $\lambda_1 = -2$ und $\lambda_2 = 1$. Da unendlich viele von Null verschiedene Lösungen existieren, sind die drei Vektoren linear abhängig. Mit der gewählten Beispielslösung ergibt sich:

$$\lambda_1 \begin{pmatrix} 1 \\ 1 \\ 0 \end{pmatrix} + \lambda_2 \begin{pmatrix} 0 \\ 1 \\ -1 \end{pmatrix} + \lambda_3 \begin{pmatrix} 2 \\ 1 \\ 1 \end{pmatrix} = -2 \begin{pmatrix} 1 \\ 1 \\ 0 \end{pmatrix} + 1 \begin{pmatrix} 0 \\ 1 \\ -1 \end{pmatrix} + 1 \begin{pmatrix} 2 \\ 1 \\ 1 \end{pmatrix} =$$
$$= \begin{pmatrix} -2+2 \\ -2+1+1 \\ -1+1 \end{pmatrix} = \begin{pmatrix} 0 \\ 0 \\ 0 \end{pmatrix}.$$

Der Vektor v_3 liegt also in der Ebene, die von den Vektoren v_1 und v_2 aufgespannt wird.

4.10. LINEARE UNABHÄNGIGKEIT

4.10.4.2 Drei Vektoren in drei Dimensionen: Unabhängigkeit

Es wird von den Vektoren $v_1 = \begin{pmatrix} 1 \\ 1 \\ 0 \end{pmatrix}$, $v_2 = \begin{pmatrix} 0 \\ 1 \\ -1 \end{pmatrix}$ und $v_3 = \begin{pmatrix} 1 \\ 2 \\ 1 \end{pmatrix}$ ausgegangen. Es wird wieder überprüft, ob diese linear abhängig sind. Dazu wird Formel (4.25) genutzt:

$$\lambda_1 v_1 + \cdots + \lambda_n v_n = \lambda_1 \begin{pmatrix} 1 \\ 1 \\ 0 \end{pmatrix} + \lambda_2 \begin{pmatrix} 0 \\ 1 \\ -1 \end{pmatrix} + \lambda_3 \begin{pmatrix} 1 \\ 2 \\ 1 \end{pmatrix} = \begin{pmatrix} 0 \\ 0 \\ 0 \end{pmatrix}.$$

Notation als Gleichungssystem für die Unbekannten $\lambda_1, \lambda_2, \lambda_3$ liefert:
$\begin{pmatrix} 1 & 0 & 1 & | & 0 \\ 1 & 1 & 2 & | & 0 \\ 0 & -1 & 1 & | & 0 \end{pmatrix}$. Nun wird die zweite Zeile von der ersten abgezogen:
$\begin{pmatrix} 1 & 0 & 1 & | & 0 \\ 0 & -1 & -1 & | & 0 \\ 0 & -1 & 1 & | & 0 \end{pmatrix}$. Um im linken, unteren Bereich Nullen zu erzeugen, wird nun die dritte Zeile von der zweiten abgezogen: $\begin{pmatrix} 1 & 0 & 2 & | & 0 \\ 0 & -1 & 1 & | & 0 \\ 0 & 0 & -2 & | & 0 \end{pmatrix}$.
Es existiert also eine eindeutige Lösung, die letzte Zeile lautet ausgeschrieben: $-2\lambda_3 = 0$. Daraus folgt $\lambda_3 = 0$. Die zweite Gleichung ergibt: $-\lambda_2 + \lambda_3 = 0$, bzw. nach dem Einsetzten von λ_3: $\lambda_2 = 0$. Die erste Gleichung liefert schließlich: $\lambda_1 = 0$.

Formel (4.25) kann also nur erfüllt werden, wenn $\lambda_1 = \lambda_2 = \lambda_3 = 0$. Dies bedeutet, dass die drei Vektoren linear unabhängig sind, keiner der drei Vektoren kann durch eine Linearkombination der anderen dargestellt werden.

Der Vektor v_3 liegt in diesem Fall ausserhalb der Ebene, die durch v_1 und v_2 aufgespannt wird.

4.11 Eigenwerte/ Eigenvektoren

4.11.1 Einführung

Falls beim Leontief-Modell (Formel (4.16) auf Seite 104) der Konsum genauso hoch wie die Produktion ist, so ergibt sich eine Gleichung der Form

$$(E_n - Q) \cdot q = q.$$

Diese Gleichung bedeutet, daß ein Vektor q, der mit einer Matrix $E_n - Q$ multipliziert wird, wieder q ergibt.

Die allgemeine Schreibweise für Gleichungen dieser Form (sogenannte **Eigenwertprobleme**) lautet:

$$A\nu = \lambda\nu \qquad (4.26)$$

Dabei ist A eine $n \times n$-Matrix, ν ein n-dimensionaler Spaltenvektor und λ ("Lambda") eine reelle Zahl. Der Vektor ν, der diese Gleichung löst, wird **Eigenvektor** genannt. Das Lambda λ wird als **Eigenwert** bezeichnet. Je nach Größe von λ, bedeutet die obige Gleichung, daß der Vektor ν durch Multiplikation mit A gestreckt ($\lambda > 1$), gestaucht ($0 < \lambda < 1$) oder gespiegelt ($\lambda < 0$) wird. Falls $\lambda = 1$, bleibt der Vektor ν identisch erhalten.

Eigenwertprobleme treten beispielsweise an folgenden Stellen auf:

- Mechanik (Schwingungsprobleme),

- im Bereich Performancemessung von Wertpapierdepots (Implizite Faktormodelle),

- bei der Bilderkompression.

In Kapitel 9.8 wird im Rahmen der Hauptkomponentenanalyse ebenfalls ein Eigenwertproblem gelöst werden.

Der Nullvektor löst jedes Eigenwertproblem, jedoch wird vorausgesetzt, daß Eigenvektoren ν immer ungleich dem Nullvektor sind. Formel (4.26) kann um-

4.11. EIGENWERTE/ EIGENVEKTOREN

geformt werden:

$$A\nu = \lambda\nu \Leftrightarrow A\nu = \lambda E_n \nu \Leftrightarrow (A - \lambda E_n)\nu = 0$$

Die Matrix $(A - \lambda E_n)$ ist nicht invertierbar, falls $\det(A - \lambda E_n) = 0$. Wird diese Gleichung ausgeschrieben (Entwicklungssatz für Determinanten), so ergibt sich ein Polynom n-ten Grades für λ. Dieses Polynom wird **charakteristisches Polynom** genannt. Die Nullstellen des Polynoms sind dann die Eigenwerte der Matrix A.

Beispiel:

Es sollen die Eigenwerte bzw. Eigenvektoren zur Matrix $A = \begin{pmatrix} 1 & 2 \\ 4 & 3 \end{pmatrix}$ berechnet werden.

Lösung:

Zuerst wird das charakteristische Polynom berechnet.

$$\det(A - \lambda E_2) = \det\left(A - \lambda \begin{pmatrix} 1 & 0 \\ 0 & 1 \end{pmatrix}\right) =$$

$$= \det\begin{pmatrix} 1-\lambda & 2 \\ 4 & 3-\lambda \end{pmatrix} = (1-\lambda)\cdot(3-\lambda) - 8 =$$

$$= \lambda^2 - 4\lambda + 3 - 8 = \lambda^2 - 4\lambda - 5.$$

Von diesem Polynom müssen nun die Nullstellen bestimmt werden. Dies geschieht durch Nullsetzen und Auflösen nach λ per Formel (5.2) von Seite 138:

$$\det(A - \lambda E_2) = \lambda^2 - 4\lambda - 5 = 0 \Leftrightarrow$$

$$\Leftrightarrow \lambda_{1,2} = 2 \pm \sqrt{4+5} = 2 \pm \sqrt{9} = 2 \pm 3,$$

d.h. es gibt zwei Eigenwerte: $\lambda_1 = 5$ und $\lambda_2 = -1$.

Zuerst werden die Eigenvektoren zu $\lambda_1 = 5$ bestimmt. Dazu wird ein lineares Gleichungssystem aufgestellt: $A\nu_1 = 5\nu_1$, das dann in ein homogenes

4.11.1 EINFÜHRUNG

Gleichungssystem (rechte Seite ist gleich dem Nullvektor) umgewandelt wird: $(A - 5E_2)\nu_1 = 0$.

Das Gleichungssystem $\begin{pmatrix} 1-5 & 2 \\ 4 & 3-5 \end{pmatrix} \nu_1 = \begin{pmatrix} -4 & 2 \\ 4 & -2 \end{pmatrix} \nu_1 = \begin{pmatrix} 0 \\ 0 \end{pmatrix}$ wird nun mit dem Gauß-Algorithmus gelöst, indem die beiden Zeilen addiert werden: $\begin{pmatrix} -4 & 2 & | & 0 \\ 4 & -2 & | & 0 \end{pmatrix} \to \begin{pmatrix} -4 & 2 & | & 0 \\ 0 & 0 & | & 0 \end{pmatrix}$ Offensichtlich gibt es unendlich viele Lösungen (der Rang der Matrix ist 1 und $n = 2$, siehe Kapitel 4.7), da nur noch eine Gleichung für die beiden unbekannten Komponenten im Eigenvektor existieren. Wenn der Eigenvektor zum ersten Eigenwert geschrieben wird als $\nu_1 = \begin{pmatrix} \nu_1^1 \\ \nu_1^2 \end{pmatrix}$, so ergibt sich aus der ersten Gleichung

$$-4\nu_1^1 + 2\nu_1^2 = 0.$$

Also muss der Zusammenhang zwischen den beiden Komponenten lauten:

$$\nu_1^2 = 2\nu_1^1.$$

Die Eigenvektoren zu $\lambda_1 = 5$ haben also die Form $\nu_1 = \begin{pmatrix} 1 \\ 2 \end{pmatrix} \mu$ mit $\mu \in \mathbb{R}, \mu \neq 0$.

Probe für $\lambda_1 = 5$:

$$A\nu_1 = \begin{pmatrix} 1 & 2 \\ 4 & 3 \end{pmatrix} \cdot \begin{pmatrix} 1 \\ 2 \end{pmatrix} \mu = \begin{pmatrix} 1+4 \\ 4+6 \end{pmatrix} \mu =$$
$$= \begin{pmatrix} 5 \\ 10 \end{pmatrix} \mu = 5 \begin{pmatrix} 1 \\ 2 \end{pmatrix} \mu = 5\nu_1 = \lambda_1 \nu_1$$

Dabei wird klar:

- Ein Eigenvektor ist nur durch seine Richtung bestimmt, seine Länge ist frei wählbar.

- Ein Vielfaches eines Eigenvektors ist immer auch ein Eigenvektor zum selben Eigenwert.

4.11. EIGENWERTE/ EIGENVEKTOREN

Nun werden die Eigenvektoren zu $\lambda_2 = -1$ bestimmt. Analog zum ersten Eigenwert gilt:

$$(A - (-1)E_2)v_2 = 0 \Leftrightarrow \begin{pmatrix} 1+1 & 2 \\ 4 & 3+1 \end{pmatrix} v_2 = \begin{pmatrix} 0 \\ 0 \end{pmatrix} \Leftrightarrow$$

$$\Leftrightarrow \begin{pmatrix} 2 & 2 \\ 4 & 4 \end{pmatrix} v_2 = \begin{pmatrix} 0 \\ 0 \end{pmatrix}.$$

Wieder wird ein homogenes Gleichungssystem gelöst:
$$\begin{pmatrix} 2 & 2 & | & 0 \\ 4 & 4 & | & 0 \end{pmatrix} \to \begin{pmatrix} 2 & 2 & | & 0 \\ 0 & 0 & | & 0 \end{pmatrix} \text{ und es ergibt sich } v_2 = \begin{pmatrix} 1 \\ -1 \end{pmatrix} \mu \text{ mit}$$
$\mu \in \mathbb{R}, \mu \neq 0$. Auch hier liefert die Probe:

$$Av_2 = \begin{pmatrix} 1 & 2 \\ 4 & 3 \end{pmatrix} \cdot \begin{pmatrix} 1 \\ -1 \end{pmatrix} \mu = \begin{pmatrix} 1-2 \\ 4-3 \end{pmatrix} \mu =$$

$$= \begin{pmatrix} -1 \\ 1 \end{pmatrix} \mu = -1 \begin{pmatrix} 1 \\ -1 \end{pmatrix} \mu = -1 \cdot v_2 = \lambda_2 v_2.$$

4.11.2 Gerschgorin-Kreise für Eigenwerte

In der Praxis ist es oft schwierig Eigenwerte zu berechnen, da der Grad des charakteristischen Polynoms dem Wert n für eine $n \times n$-Matrix A entspricht. Z.B. kann das Newton-Verfahren (siehe Kapitel 5.18) zur Berechnung genutzt werden.

Um eine Abschätzung für die Eigenwerte zu erhalten, können die **Gerschgorin**[3]-**Kreise**[4] genutzt werden.

Sei A eine $n \times n$-Matrix. Dann werden Kreise um die Diagonalelemente a_{ii} gebildet mit dem Radius $\sum_{j=1, j \neq i}^{n} |a_{ij}|$. Die Eigenwerte liegen in der Vereinigung all dieser Kreise.

Anmerkungen:
---
[3]Semjon Aronowitsch Gerschgorin, 1901 - 1933
[4]Vgl. [6, S. 749-754]

4.11.2 GERSCHGORIN-KREISE FÜR EIGENWERTE

- Es können auch Kreise mit dem Radius $\sum_{j=1, j\neq i}^{n} |a_{ji}|$ gezogen werden.

- Die Aussage bedeutet nicht, daß in jedem Kreis ein Eigenwert liegt!

Als Beispiel wird wieder die Matrix A aus Kapitel 4.11 genutzt.

Also: $A = \begin{pmatrix} 1 & 2 \\ 4 & 3 \end{pmatrix}$. Die Diagonalelemente lauten $a_{11} = 1$ und $a_{22} = 3$. Die Berechnung der Radien ist in diesem Fall trivial, da über die Beträge der Werte in der Zeile bzw. Spalte ohne die Diagonalelemente addiert wird. Es ergibt sich:

- $i = 1$
$$\sum_{j=1, j\neq i}^{n} |a_{ij}| = \sum_{j=1, j\neq 1}^{2} |a_{1j}| = |a_{12}| = 2 \text{ bzw.}$$
$$\sum_{j=1, j\neq i}^{n} |a_{ji}| = \sum_{j=1, j\neq 1}^{2} |a_{j1}| = |a_{21}| = 4$$

- $i = 2$
$$\sum_{j=1, j\neq i}^{n} |a_{ij}| = \sum_{j=1, j\neq 2}^{2} |a_{2j}| = |a_{21}| = 4 \text{ bzw.}$$
$$\sum_{j=1, j\neq i}^{n} |a_{ji}| = \sum_{j=1, j\neq 2}^{2} |a_{j2}| = |a_{12}| = 2$$

Es handelt sich bei einer 2×2-Matrix mit Kreisen der Dimension Eins um Intervalle. Die Eigenwerte liegen in der Vereinigung der "Kreise"

- um 1 (mit Radius 2) und um 3 (mit Radius 4):

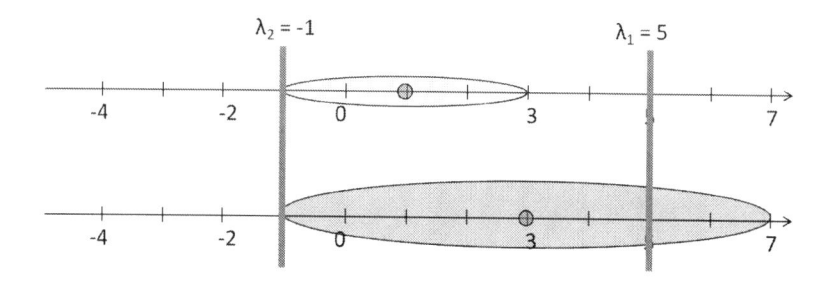

oder

- um 1 (mit Radius 4) und um 3 (mit Radius 2):

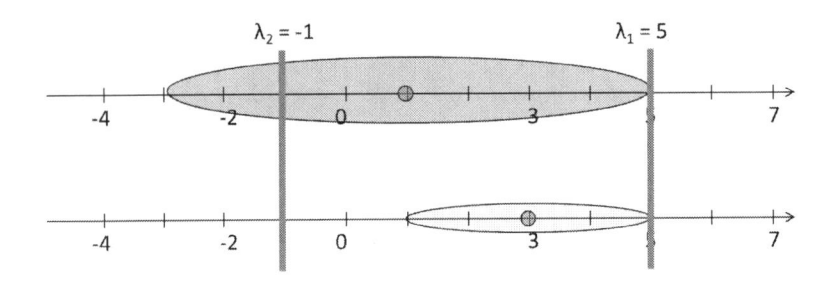

Es ist deutlich zu sehen, daß sowohl bei der Spalten- als auch Zeilensicht beide Eigenwerte in der Vereinigung der Intervalle enthalten sind. Werte aus den so gefundenen Intervallen kommen als Startwerte für numerische Computerverfahren (siehe Kapitel 5.18) in Frage.

4.12 Innerbetriebliche Leistungsverrechnung

4.12.1 Einführung

Im internen Rechnungswesen/ Controlling geht es darum, die Entstehung und Verrechnung von Kosten innerhalb des Unternehmens zu erfassen. Die meisten Unternehmen sammeln dazu entstehende Kosten auf sogenannten **Kostenstellen**. Kostenstellen erbringen häufig Leistungen für andere Kostenstellen. Z.B erbringt eine Produktionskostenstelle Maschinenstunden, ein Call Center erbringt Beratungsstunden und die Kantine stellt Essen zur Verfügung.

Häufig wird zwischen Hilfskostenstellen (die nur innerbetriebliche Leistungen erbringen) und Hauptkostenstellen unterschieden. Letztere produzieren Produkte, die das Unternehmen verkauft. Die Kostenstellen verrechnen sich untereinander durch die sogenannte innerbetriebliche Leistungsverrechnung.

Hilfskostenstellen entlasten sich im Allgemeinen komplett, d.h. alle aufgenommenen Kosten werden weiterverrechnet an andere Hilfskostenstellen oder an Hauptkostenstellen. Die aufgenommenen Kosten lassen sich in

- *Primärkosten* (Löhne, Materialverbrauch, Abschreibungen etc.) und

- *Sekundärkosten* (empfangene Leistungen von anderen Kostenstellen)

4.12.2 INNERBETRIEBLICHE LEISTUNGSVERRECHNUNG: BEISPIEL

unterscheiden.

Für Hilfskostenstellen ist der Tarif/ Preis der geleisteten Leistungen so zu wählen, daß die Summe der primären und sekundären Kosten dem Wert aller produzierten Leistungen entspricht.

Die primären Kosten einer Hilfskostenstelle sind im Allgemeinen vorgegeben und die sekundären Kosten entsprechen der empfangenen Leistung multipliziert mit dem Tarif des Senders. Der Wert der produzierten Leistungen entspricht der Gesamtleistung multipliziert mit dem Tarif der Hilfskostenstelle.

Das Problem ist also, daß

- die sekundären Kosten erst berechnet werden können, wenn die Tarife aller Kostenstellen bekannt sind,

- der Tarif andererseits aber erst berechenbar ist, wenn die sekundären Kosten bekannt sind.

Dies wird mit einem linearen Gleichungssystem gelöst.

4.12.2 Innerbetriebliche Leistungsverrechnung: Beispiel

In einem Unternehmen gibt es nur vier Kostenstellen: eine Hauptkostenstelle und drei Hilfskostenstellen:

- eine Werkstatt (W),

- eine Kostenstelle, die Strom produziert und zur Verfügung stellt (S) und

- eine Kostenstelle, die Wärme produziert (H für Heizung).

Das Leistungsgeflecht zwischen den vier Kostenstellen sei gemäß Abbildung 4.7 geplant. Dies kann auch in einer Tabelle dargestellt werden: siehe Tabelle 4.2. Nun werden die jeweiligen Tarife für die drei Hilfskostenstellen eingeführt: t_W, t_S und t_H. Für diese soll gelten, daß die Tarife die jeweilige Kostenstelle komplett entlasten. Auf der linken Seite der Gleichungen stehen jeweils die aufgenommenen Kosten (primäre Kosten plus aufgenommene Leistung (jeweils

4.12. INNERBETRIEBLICHE LEISTUNGSVERRECHNUNG

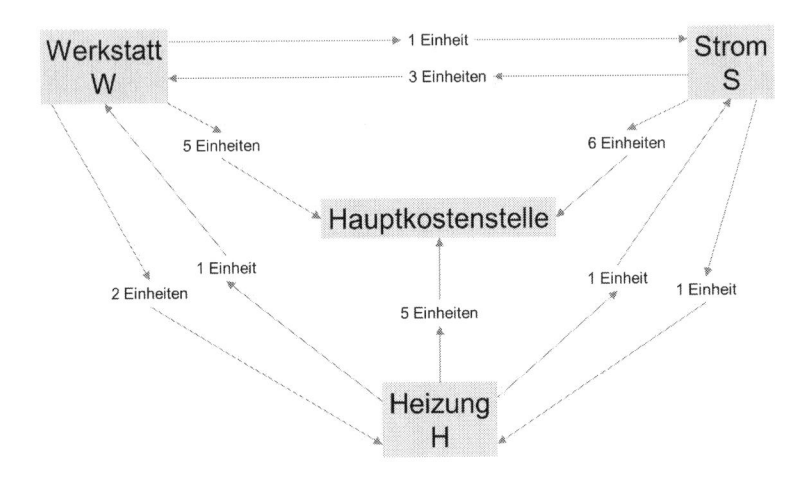

Abbildung 4.7: Innerbetriebliche Leistungsverrechnung, Beispiel

mal dem Tarif der sendenden Kostenstelle)), auf der rechten Seite die erbrachte Leistung der jeweiligen Kostenstelle:

$$10 + 0 \cdot t_W + 3 \cdot t_S + 1 \cdot t_H = 8 \cdot t_W$$
$$15 + 1 \cdot t_W + 0 \cdot t_S + 1 \cdot t_H = 10 \cdot t_S$$
$$8 + 2 \cdot t_W + 1 \cdot t_S + 0 \cdot t_H = 7 \cdot t_H$$

Dies wird in Matrizenform geschrieben als:

$$\begin{pmatrix} 10 \\ 15 \\ 8 \end{pmatrix} + \begin{pmatrix} 0 & 3 & 1 \\ 1 & 0 & 1 \\ 2 & 1 & 0 \end{pmatrix} \cdot \begin{pmatrix} t_W \\ t_S \\ t_H \end{pmatrix} = \begin{pmatrix} 8 & 0 & 0 \\ 0 & 10 & 0 \\ 0 & 0 & 7 \end{pmatrix} \cdot \begin{pmatrix} t_W \\ t_S \\ t_H \end{pmatrix}$$
$$K \quad + \quad\quad A \cdot t \quad\quad = \quad\quad M \cdot t$$

Dabei werden die Bezeichnungen K, A, t und M für die jeweiligen Matrizen und Vektoren eingeführt. Gesucht ist der Tarifvektor t.

Um die Gleichung nach t aufzulösen, müssen folgende Rechenoperationen

4.12.2 INNERBETRIEBLICHE LEISTUNGSVERRECHNUNG: BEISPIEL

	Empfänger: Werkstatt	Empfänger: Strom	Empfänger: Heizung	Hauptkostenstelle	Erbrachte Gesamtleistung	Primäre Kosten
Sender: Werkstatt	0	1	2	5	8	10
Sender: Strom	3	0	1	6	10	15
Sender: Heizung	1	1	0	5	7	8

Tabelle 4.2: Innerbetriebliche Leistungsrechnung, Beispiel

durchgeführt werden:

$$K + A \cdot t = M \cdot t \Leftrightarrow K = M \cdot t - A \cdot t \Leftrightarrow K = (M - A) \cdot t.$$

Also gibt es eine Lösung, wenn $(M - A)$ invertierbar ist. Dann gilt allgemein:

$$(M - A)^{-1} \cdot K = t.$$

In diesem Beispiel ergibt sich

$$M - A = \begin{pmatrix} 8 & 0 & 0 \\ 0 & 10 & 0 \\ 0 & 0 & 7 \end{pmatrix} - \begin{pmatrix} 0 & 3 & 1 \\ 1 & 0 & 1 \\ 2 & 1 & 0 \end{pmatrix} = \begin{pmatrix} 8 & -3 & -1 \\ -1 & 10 & -1 \\ -2 & -1 & 7 \end{pmatrix}.$$

Entweder wird die Matrix $(M - A)$ nun invertiert oder es wird der Gauß-Algorithmus genutzt, wobei die rechte Seite die primären Kosten der einzelnen

4.12. INNERBETRIEBLICHE LEISTUNGSVERRECHNUNG

Hilfskostenstellen darstellt: $K = \begin{pmatrix} 10 \\ 15 \\ 8 \end{pmatrix}$:

$$\left(\begin{array}{ccc|c} 8 & -3 & -1 & 10 \\ -1 & 10 & -1 & 15 \\ -2 & -1 & 7 & 8 \end{array} \right) \rightarrow \left(\begin{array}{ccc|c} 1 & -\frac{3}{8} & -\frac{1}{8} & \frac{10}{8} \\ -1 & 10 & -1 & 15 \\ -2 & -1 & 7 & 8 \end{array} \right).$$

Nun wird die zweite und die erste Gleichung addiert und zusätzlich die dritte plus Zwei mal die erste gerechnet:

$$\left(\begin{array}{ccc|c} 1 & -\frac{3}{8} & -\frac{1}{8} & \frac{10}{8} \\ 0 & \frac{77}{8} & -\frac{9}{8} & \frac{130}{8} \\ 0 & -\frac{14}{8} & \frac{54}{8} & \frac{84}{8} \end{array} \right).$$ Multiplikation der zweiten Gleichung mit $\frac{8}{77}$:

$$\left(\begin{array}{ccc|c} 1 & -\frac{3}{8} & -\frac{1}{8} & \frac{10}{8} \\ 0 & 1 & -\frac{9}{77} & \frac{130}{77} \\ 0 & -\frac{14}{8} & \frac{54}{8} & \frac{84}{8} \end{array} \right).$$ Um die obere Dreiecksform zu erhalten, wird nun

die dritte Gleichung plus die zweite Gleichung mal $\frac{14}{8}$ gerechnet:

$$\left(\begin{array}{ccc|c} 1 & -\frac{3}{8} & -\frac{1}{8} & \frac{10}{8} \\ 0 & 1 & -\frac{9}{77} & \frac{130}{77} \\ 0 & 0 & \frac{54}{8} - \frac{9}{77}\frac{14}{8} & \frac{84}{8} + \frac{130}{77}\frac{14}{8} \end{array} \right).$$

Aus der letzten Gleichung kann nunmehr der Tarif der Heizungskostenstelle berechnet werden: $\left(\frac{54}{8} - \frac{9}{77}\frac{14}{8}\right) t_H = \frac{84}{8} + \frac{130}{77}\frac{14}{8}$.

Ausgerechnet ergibt sich: $\frac{4.032}{8 \cdot 77} t_H = \frac{8.288}{8 \cdot 77}$ oder $t_H = \frac{8.288}{4032} = \frac{37}{18} = 2,0556$.

Aus der zweiten Gleichung ergibt sich: $t_S - \frac{9}{77} t_H = \frac{130}{77}$. Da bei der Dezimalzahl gerundet wurde, wird der Bruch für t_H eingesetzt:

$$t_S = \frac{130}{77} + \frac{9}{77} t_H = \frac{130}{77} + \frac{9}{77}\frac{37}{18} = \frac{2.673}{1.386} = \frac{27}{14} = 1,95886.$$

Aus der ersten Gleichung kann zum Abschluss t_W bestimmt werden:

$t_W - \frac{3}{8} t_S - \frac{1}{8} t_H = \frac{10}{8}$ bzw.

$$t_W = \frac{10}{8} + \frac{3}{8} t_S + \frac{1}{8} t_H = \frac{10}{8} + \frac{3}{8}\frac{27}{14} + \frac{1}{8}\frac{37}{18} = \frac{4.496}{2.016} = \frac{281}{126} = 2,2302.$$

Also lautet der Lösungsvektor für die Tarife $t = \begin{pmatrix} \frac{37}{18} \\ \frac{27}{14} \\ \frac{281}{126} \end{pmatrix}$.

Die betriebswirtschaftliche Probe dazu ist der Test, ob die gesamten primären Kosten auf die Hauptkostenstelle abgerechnet wurden.

Die gesamten primären Kosten im Unternehmen belaufen sich auf

$$10 + 15 + 8 = 33 \text{ Geldeinheiten.}$$

Auf der anderen Seite entlasten sich die Hilfskostenstellen jeweils mit ihrem Tarif auf die Hauptkostenstelle:

$$5\frac{37}{18} + 6\frac{27}{14} + 5\frac{281}{126} =$$
$$= \frac{5 \cdot 37 \cdot 14 \cdot 126 + 6 \cdot 27 \cdot 18 \cdot 126 + 5 \cdot 281 \cdot 18 \cdot 14}{18 \cdot 14 \cdot 126} =$$
$$= \frac{1.047.816}{31.752} = 33.$$

Also entsprechen die gesamten primären Kosten des Unternehmens den verrechneten Leistungen der Hilfskostenstellen.

4.13 Rotationsmatrix in zwei Dimensionen

Eine **Rotationsmatrix** (bzw. **Drehmatrix**) ist eine Matrix, die einen Vektor mithilfe der Multiplikation um einen gegebenen Winkel α dreht. In Abbildung 4.8 ist $a = \begin{pmatrix} a_1 \\ a_2 \end{pmatrix}$ der Ausgangsvektor und $b = \begin{pmatrix} b_1 \\ b_2 \end{pmatrix}$ der um den Winkel α gedrehte Vektor. Durch die Drehung bleibt die Länge des Vektors erhalten, die beiden Spitzen des Vektors liegen also auf einem Kreis, wobei der Radius gleich der Länge des Vektors ist.

Die Rotationsmatrix lautet:

$$R_\alpha = \begin{pmatrix} \cos(\alpha) & -\sin(\alpha) \\ \sin(\alpha) & \cos(\alpha) \end{pmatrix} \tag{4.27}$$

4.13. ROTATIONSMATRIX IN ZWEI DIMENSIONEN

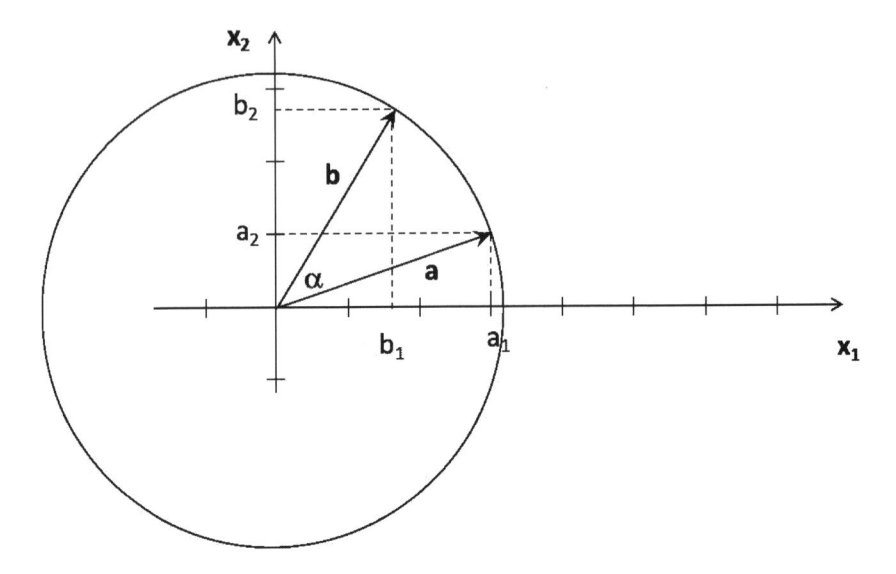

Abbildung 4.8: Vektor a, um Winkel α gedrehter Vektor: b

Wird die Matrix R_α mit dem Vektor a multipliziert, so ergibt sich:

$$R_\alpha \cdot a = \begin{pmatrix} \cos(\alpha) & -\sin(\alpha) \\ \sin(\alpha) & \cos(\alpha) \end{pmatrix} \cdot \begin{pmatrix} a_1 \\ a_2 \end{pmatrix} = \begin{pmatrix} \cos(\alpha)a_1 - \sin(\alpha)a_2 \\ \sin(\alpha)a_1 + \cos(\alpha)a_2 \end{pmatrix}$$

Um nun zu überprüfen, dass es sich bei $b = R_\alpha \cdot a$ um den um α gedrehten Vektor a handelt, kann Formel (4.22) genutzt werden. Gemäss Formel (4.22) von Seite 112 ist der Winkel β zwischen zwei Vektoren

$$\beta = \arccos\left(\frac{<a,b>}{\|a\|\,\|b\|}\right)$$

In der Formel taucht jeweils die Norm $\|\cdot\|$ auf. Um die Wurzelzeichen zu vermeiden, wird vorerst $\|a\|^2$ bzw. $\|b\|^2$ berechnet:

$$\|a\|^2 = a_1^2 + a_2^2$$

und

$$\|b\|^2 = b_1^2 + b_2^2 = (\cos(\alpha)a_1 - \sin(\alpha)a_2)^2 + (\sin(\alpha)a_1 + \cos(\alpha)a_2)^2 =$$
$$= \cos^2(\alpha)a_1^2 - 2\cos(\alpha)a_1\sin(\alpha)a_2 + \sin^2(\alpha)a_2^2 +$$
$$+ \sin^2(\alpha)a_1^2 + 2\sin(\alpha)a_1\cos(\alpha)a_2 + \cos^2(\alpha)a_2^2 =$$
$$= \cos^2(\alpha)a_1^2 + \sin^2(\alpha)a_2^2 + \sin^2(\alpha)a_1^2 + \cos^2(\alpha)a_2^2 =$$
$$= \left(\cos^2(\alpha) + \sin^2(\alpha)\right)a_1^2 + \left(\sin^2(\alpha) + \cos^2(\alpha)\right)a_2^2 =$$
$$= (1)\,a_1^2 + (1)\,a_2^2 = a_1^2 + a_2^2 = \|a\|^2.$$

Dabei wurde der tringonometrische Satz des Pythagoras (siehe Formel (5.14) von Seite 154) genutzt: $\sin^2(\alpha) + \cos^2(\alpha) = 1$. Also kann bereits jetzt festgehalten werden, dass die Vektoren a und b gleich lang sind: $\|a\| = \|b\|$.

Nun wird das Skalarprodukt (siehe Formel (4.18) von Seite 109) zwischen den beiden Vektoren berechnet:

$$<a,b> = \left<\begin{pmatrix}a_1\\a_2\end{pmatrix}, \begin{pmatrix}b_1\\b_2\end{pmatrix}\right> = \left<\begin{pmatrix}a_1\\a_2\end{pmatrix}, \begin{pmatrix}\cos(\alpha)a_1 - \sin(\alpha)a_2\\\sin(\alpha)a_1 + \cos(\alpha)a_2\end{pmatrix}\right> =$$
$$= a_1^2 \cos(\alpha) - a_1 a_2 \sin(\alpha) + a_2 a_1 \sin(\alpha) + \cos(\alpha)a_2^2 =$$
$$= \left(a_1^2 + a_2^2\right)\cos(\alpha) = \|a\|^2 \cos(\alpha)$$

Jetzt kann eingesetzt werden und der Winkel β zwischen a und b berechnet werden (siehe oben):

$$\beta = \arccos\left(\frac{<a,b>}{\|a\|\,\|b\|}\right) = \arccos\left(\frac{\|a\|^2 \cos(\alpha)}{\|a\|\,\|a\|}\right) = \arccos\left(\cos(\alpha)\right) = \alpha.$$

Also sind die Vektoren a und b gleich lang und der Winkel zwischen ihnen ist α. Demnach ist b der um α gedrehte Vektor a.

Die Inverse der Rotationsmatrix R_α kann in diesem Falle einfach berechnet werden:

$$R_\alpha^{-1} = R_{-\alpha} = R_\alpha^T = \begin{pmatrix}\cos(\alpha) & \sin(\alpha)\\-\sin(\alpha) & \cos(\alpha)\end{pmatrix} \qquad (4.28)$$

Die Matrix $R_{-\alpha}$ ist die Rotationsmatrix, die um $-\alpha$ dreht, also einen Vektor

4.13. ROTATIONSMATRIX IN ZWEI DIMENSIONEN

wieder zurück dreht. Die Eigenschaft der inversen Matrix kann leicht überprüft werden, indem die Matrix R_α mit R_α^{-1} multipliziert wird:

$$R_\alpha \cdot R_\alpha^{-1} = \begin{pmatrix} \cos(\alpha) & -\sin(\alpha) \\ \sin(\alpha) & \cos(\alpha) \end{pmatrix} \cdot \begin{pmatrix} \cos(\alpha) & \sin(\alpha) \\ -\sin(\alpha) & \cos(\alpha) \end{pmatrix} =$$

$$= \begin{pmatrix} \cos^2(\alpha) + \sin^2(\alpha) & \cos(\alpha)\sin(\alpha) - \sin(\alpha)\cos(\alpha) \\ \sin(\alpha)\cos(\alpha) - \cos(\alpha)\sin(\alpha) & \sin^2(\alpha) + \cos^2(\alpha) \end{pmatrix}.$$

Mit dem tringonometrischen Satz des Pythagoras (siehe Formel (5.14) von Seite 154) gilt wieder: $\sin^2(\alpha) + \cos^2(\alpha) = 1$. Also gilt:

$$R_\alpha \cdot R_\alpha^{-1} = \begin{pmatrix} 1 & 0 \\ 0 & 1 \end{pmatrix}.$$

Um zu zeigen, dass R_α^{-1} die Inverse ist, müsste nun noch $R_\alpha^{-1} \cdot R_\alpha = \begin{pmatrix} 1 & 0 \\ 0 & 1 \end{pmatrix}$ berechnet werden. Dies verläuft analog.

Kapitel 5

Analysis

5.1 Einführung

Eine Zuordnungsvorschrift, die jedem Element aus einem **Definitionsbereich** genau einen Wert zuordnet, wird **Funktion** genannt. Es wird nicht vorausgesetzt, daß die Werte, die die Funktion im sogenannten **Wertebereich** annimmt, verschieden sind. Es kann also z.B. eine Funktion definiert werden, die jedem Element des Definitionsbereichs die gleiche Zahl zuordnet.

Der entscheidende Punkt ist, daß jedem Wert aus dem Definitionsbereich **genau ein** Wert zugeordnet wird (nicht mehrere!). Im Allgemeinen werden Funktionen mit dem Buchstaben f benannt und die Werte des Definitionsbereichs mit x. Der Wert, den die Funktion f (im Wertebereich) dann an der Stelle x (aus dem Definitionsbereich) annimmt, heißt $f(x)$.

5.2 Ganzrationale Funktionen

Die erste Art von speziellen Funktionen, die hier betrachtet werden, sind **ganzrationale Funktionen** (Polynomfunktionen). Diese haben folgende Form:

$$f(x) = a_n x^n + a_{n-1} x^{n-1} + \ldots + a_1 x^1 + a_0 = \sum_{i=0}^{n} a_i x^i \qquad (5.1)$$

5.3. NULLSTELLEN

Die höchste Potenz n wird auch als Grad der Funktion bezeichnet. Falls nur gerade Exponenten auftauchen, ist die Funktion **achsensymmetrisch** (dies bedeutet: $f(x) = f(-x)$). In der folgenden Abbildung ist als Beispiel die Funktion $f(x) = 0,01 \cdot x^6 - x^2 + 1$ zu sehen:

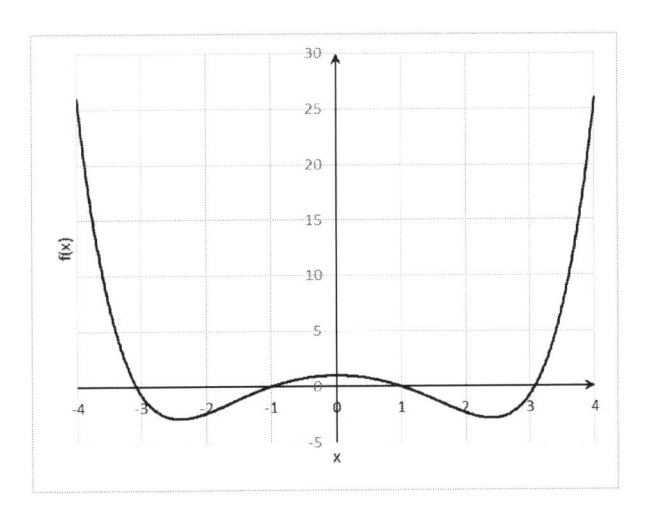

Abbildung 5.1: Achsensymmetrische, ganzrationale Funktion

Falls nur ungerade Exponenten auftauchen, ist die Funktion **punktsymmetrisch** zum Ursprung (dann gilt: $f(x) = -f(-x)$).

Als Beispiel wird $f(x) = 0,1 \cdot x^5 - x^3$ in Abbildung 5.2 gezeigt.

In der Praxis tauchen ganzrationale Funktionen häufig auf bzw. viele Funktionen lassen sich durch ganzrationale Funktionen annähern/ approximieren.

5.3 Nullstellen

5.3.1 Einführung

Werte innerhalb des Definitionsbereichs für die die betrachtete Funktion den Wert Null annimmt, werden **Nullstellen** genannt. Das heißt, an diesen Stellen gilt $f(x) = 0$. Nullstellen einer Funktion können also durch Nullsetzen der Funktion und Umformen nach der Unbekannten x bestimmt werden, sofern

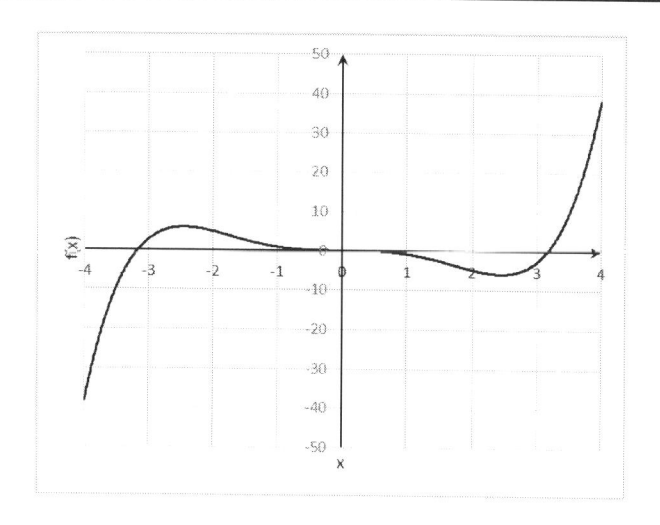

Abbildung 5.2: Punktsymmetrische, ganzrationale Funktion

dies möglich ist.

Für ganzrationale Funktionen gilt: die Anzahl der verschiedenen Nullstellen entspricht höchstens dem Grad der Funktion.

5.3.2 Nullstellen: Beispiel 1

Gegeben sei die Funktion $f(x) = x^2 - 9$. Wie lauten die Nullstellen dieser Funktion?

Lösung:

Um die Nullstellen der Funktion zu bestimmen, wird die Funktion (der Funktionswert) Null gesetzt und die entstandene Gleichung umgeformt bzw. nach der Unbekannten x aufgelöst:

$$f(x) = x^2 - 9 = 0 \Leftrightarrow x^2 = 9 \Leftrightarrow x = 3 \text{ oder } x = -3.$$

Der Graph der Funktion mit den jeweils markierten Nullstellen ist in der folgenden Abbildung zu sehen:

5.4. POLYNOMDIVISION

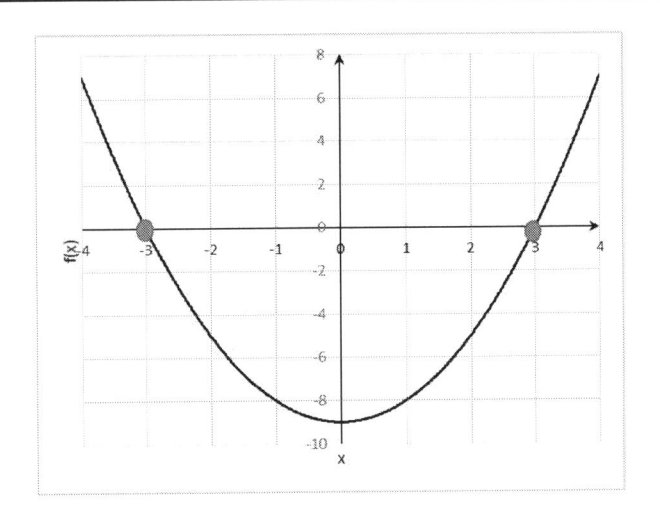

5.3.3 Nullstellen: Beispiel 2

Nicht jede Funktion hat Nullstellen in der Menge der reellen Zahlen. Wie lauten die Nullstellen der Funktion $f(x) = x^4 + 5$?

Lösung:

Die Funktion wird Null gesetzt und dann nach x aufgelöst:

$f(x) = x^4 + 5 = 0$. Es wird auf beiden Seiten der Gleichung die Fünf abgezogen: $x^4 = -5$. Um diese Gleichung zu lösen, müsste die vierte Wurzel gezogen werden ("Welche Zahl ergibt minus Fünf, wenn sie vier Mal mit sich selbst multipliziert wird?"). Diese Gleichung ist nicht lösbar, deshalb existieren für diese Funktion auch keine Nullstellen (in der Menge der reellen Zahlen).

Das bedeutet, daß der Graph der gegebenen Funktion keinen Schnittpunkt mit der reellen x-Achse hat.

5.4 Polynomdivision

5.4.1 Einführung

Falls eine Nullstelle x_N einer ganzrationalen Funktion bekannt ist, so kann die Funktion "durch $(x - x_N)$ geteilt" werden. Falls also eine Nullstelle durch

Ausprobieren bzw. Raten gefunden wurde, kann das Polynom durch Division vereinfacht werden.

Präziser ausgedrückt, bedeutet dies: falls x_N eine Nullstelle der folgenden Funktion ist $f(x) = \sum_{i=0}^{n} a_i x^i$, so kann $f(x)$ geschrieben werden als

$$f(x) = (x - x_N) \cdot \sum_{i=0}^{n-1} b_i x^i.$$

Es ist deutlich zu sehen, daß die neue Summe einen Summanden weniger hat (der Laufindex des Summenzeichens endet bei $n - 1$).

5.4.2 Polynomdivision: Beispiel

Gegeben sei die folgende Funktion, deren Nullstellen bestimmt werden sollen: $f(x) = x^3 - 4x^2 + x + 6$.

Lösung:

Durch "scharfes Hinsehen" wurde die Nullstelle $x_1 = 2$ gefunden. Die Polynomdivision ergibt sich dann als:

$$
\begin{array}{l}
(x^3 - 4x^2 + x + 6) : (x - 2) = x^2 - 2x - 3 \\
\underline{-x^3 + 2x^2} \\
{} - 2x^2 + x \\
\underline{2x^2 - 4x} \\
{} - 3x + 6 \\
\underline{3x - 6} \\
{} 0
\end{array}
$$

Die Funktion $(x^3 - 4x^2 + x + 6)$ kann also dargestellt werden als $(x - 2) \cdot (x^2 - 2x - 3)$. Die zweite Klammer ist eine ganzrationale Funktion zweiten Grades, deren Nullstellen mit Formel (5.2) (siehe unten) bestimmt werden können:

$$x_{2,3} = 1 \pm \sqrt{1 + 3} = 1 \pm \sqrt{4} = 1 \pm 2.$$

5.6. WURZELFUNKTIONEN

Also lässt sich die betrachtete Funktion darstellen als $(x-2)(x-3)(x+1)$, wobei die drei Nullstellen (2, 3 und -1) klar ablesbar sind.

Zur Erinnerung hier die ausgeschriebene **p-q-Formel**: Die beiden Nullstellen der Gleichung $x^2 + px + q = 0$ lauten:

$$x_1 = -\frac{p}{2} + \sqrt{\left(\frac{p}{2}\right)^2 - q} \quad \text{und} \quad x_2 = -\frac{p}{2} - \sqrt{\left(\frac{p}{2}\right)^2 - q} \quad (5.2)$$

5.5 Gebrochenrationale Funktionen

Gebrochenrationale Funktionen weisen folgende Form auf:

$$f(x) = \frac{a_n x^n + a_{n-1} x^{n-1} + \ldots + a_1 x^1 + a_0}{b_m x^m + b_{m-1} x^{m-1} + \ldots + b_1 x^1 + b_0} = \frac{\sum_{i=0}^{n} a_i x^i}{\sum_{i=0}^{m} b_i x^i} \quad (5.3)$$

Dabei sind n und m natürliche Zahlen. Nullstellen des Nennerpolynoms sind im Definitionsbereich auszunehmen: die Funktion $f(x)$ ist an diesen Stellen nicht definiert, da an diesen Stellen durch Null geteilt werden müsste.

Eine spezielle gebrochenrationale Funktion ist die **Hyperbel** $f(x) = \frac{1}{x}$. Dabei ist das Zählerpolynom konstant Eins und das Nennerpolynom x. Nullstelle des Nennerpolynoms ist Null, d.h. an dieser Stelle würde durch Null dividiert und die Hyperbel ist an dieser Stelle nicht definiert (Lücke im Definitionsbereich). Bei Annäherung an Null von links sind die Funktionswerte negativ und gehen gegen $-\infty$, bei Annäherung an Null von rechts gehen die Funktion swerte gegen ∞. Dieses Verhalten wird **Polstelle mit Vorzeichenwechsel** genannt und ist in Abbildung 5.3 dargestellt.

5.6 Wurzelfunktionen

Bisher tauchten bei Funktionen immer nur ganzzahlige Exponenten auf, bei Wurzelfunktionen werden Brüche als Exponent genutzt. So ist z.B.

$$f(x) = x^{\frac{1}{2}} = \sqrt[2]{x} \text{ oder } f(x) = x^{\frac{2}{3}} = \sqrt[3]{x^2}.$$

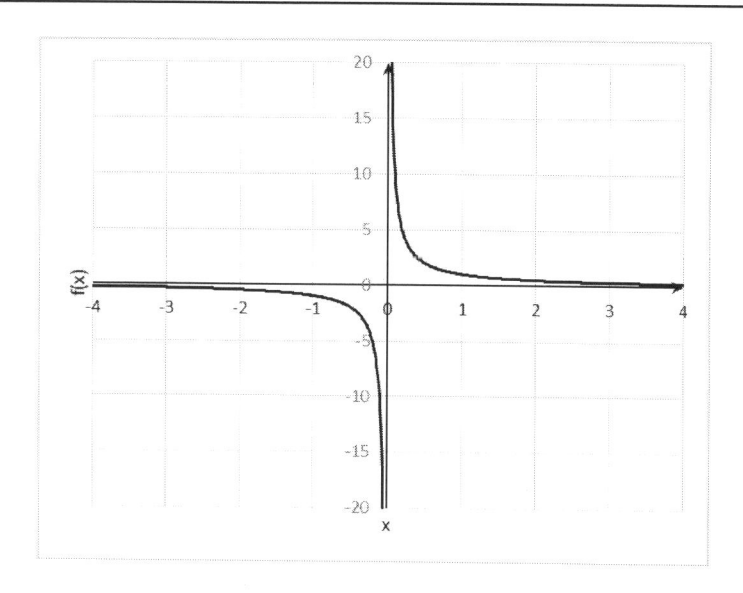

Abbildung 5.3: Graph einer Hyperbel

Bei Wurzelfunktionen gibt es zwei wichtige Einschränkungen:

- Die geradzahlige Wurzel (zweite, vierte, ... Wurzel) einer negativen Zahl existiert nicht (in der Menge der reellen Zahlen), siehe auch Kapitel 5.3.3.

- Die geradzahlige Wurzel ist mehrdeutig: wenn es eine Lösung gibt, so existiert immer eine positive und eine negative Lösung.

Folgende Beispiele sollen dieses Verhalten illustrieren:

$$\sqrt[4]{16} = +2 \text{ bzw. } \sqrt[4]{16} = -2 \text{ und}$$
$$\sqrt[3]{-27} = -3, \text{ weil } (-3) \cdot (-3) \cdot (-3) = -27.$$

Die Graphen von Wurzelfunktionen haben folgenden Verlauf: siehe Abbildung 5.4 und Abbildung 5.5. Bei geradzahligen Wurzelfunktionen wird im Allgemeinen nur der positive Zweig gezeigt, der negative existiert aber ebenfalls.

5.7. UMKEHRFUNKTIONEN

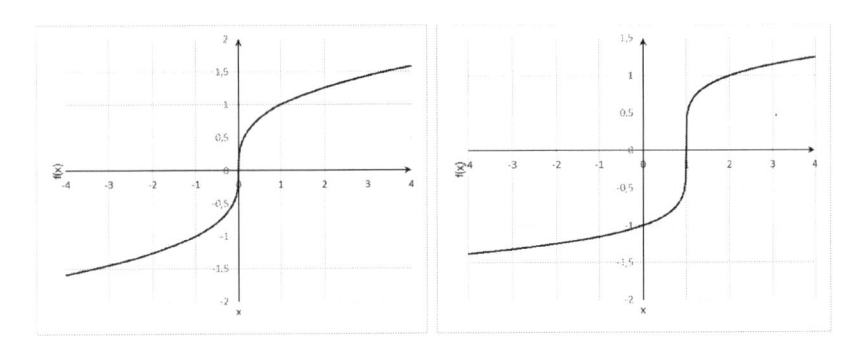

Abbildung 5.4: Graph $f(x) = \sqrt[3]{x}$ und Graph $f(x) = \sqrt[5]{x-1}$

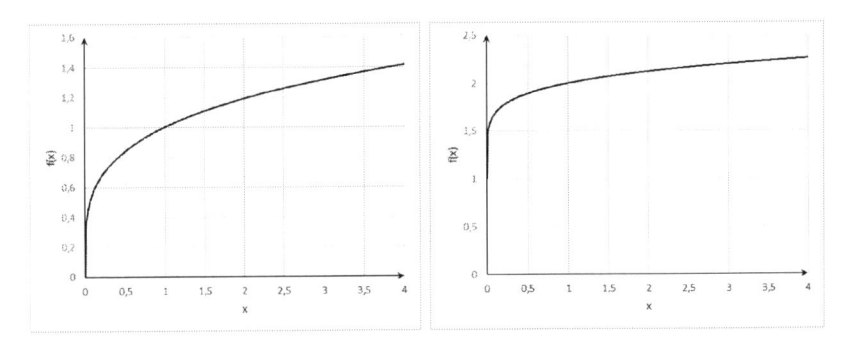

Abbildung 5.5: Graph $f(x) = +\sqrt[4]{x}$ und Graph $f(x) = 1 + \sqrt[6]{1}$

5.7 Umkehrfunktionen

5.7.1 Einführung

Die Umkehrfunktion zu einer gegebenen Funktion $f(x)$ wird mit $f^{-1}(x)$ bezeichnet.

Dies ist nicht zu verwechseln mit dem Kehrwert von $f(x)$:

$$(f(x))^{-1} = \frac{1}{f(x)}.$$

Wird die Umkehrfunktion auf die Ausgangsfunktion angewandt bzw. die Ausgangsfunktion in die Umkehrfunktion eingesetzt, so ergibt sich der x-Wert:

$$f^{-1}(f(x)) = x \qquad (5.4)$$

Die Umkehrfunktion wird berechnet, indem die Variablen x und y bzw. $f(x)$ vertauscht werden und dann nach y aufgelöst wird. Also wird der x-Wert in der Funktion $f(x)$ durch y ersetzt und $f(x)$ durch x.

5.7.2 Umkehrfunktion : Beispiel

Wie lautet die Umkehrfunktion zu $f(x) = x^3 + 1$?

Lösung:

Es werden die Variablen vertauscht: $x = y^3 + 1$ und die entstandene Gleichung wird nach y aufgelöst: $x - 1 = y^3 \Leftrightarrow y = \sqrt[3]{x-1}$. Also lautet die Umkehrfunktion $f^{-1}(x) = \sqrt[3]{x-1}$.

Graphisch entsteht die Umkehrfunktion durch Spiegelung der Ausgangsfunktion an der Winkelhalbierenden $g(x) = x$: siehe Abbildung 5.6.

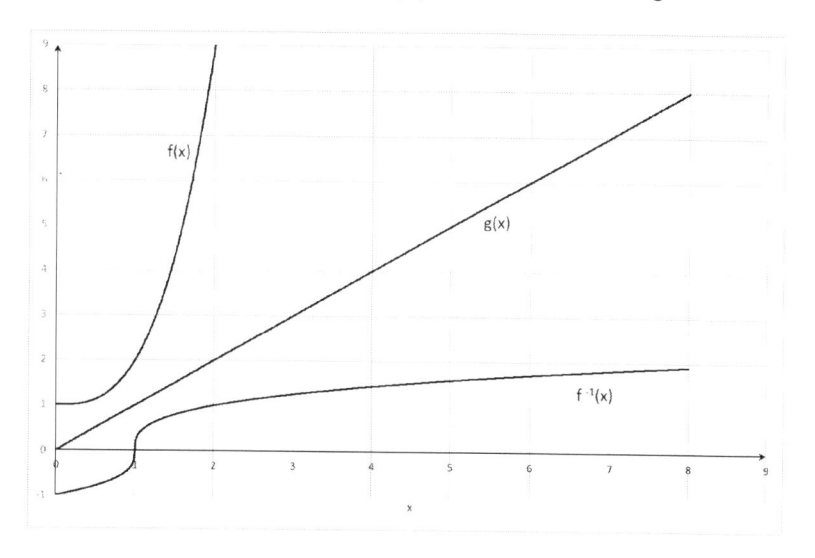

Abbildung 5.6: Graph der Umkehrfunktion

5.8 Exponentialfunktion und Logarithmus

Die **Exponentialfunktion** e^x bzw. eine beliebige Exponentialfunktion der Form b^x, wobei b als Basis bezeichnet wird, sind Funktionen deren Umkehrfunktionen nicht wie oben zu bilden sind. Z.B. würde beim Variablentausch aus $y = e^x$ die Gleichung $x = e^y$ entstehen, die nicht direkt nach y auflösbar ist.

Die Umkehrfunktion erhält in diesem Falle einen eigenen Namen: Logarithmus und die Umkehrfunktion zur e-Funktion wird **Logarithmus naturalis** genannt.

Der Logarithmus naturalis ist also die Funktion, die die Gleichung $x = e^y$ nach y auflöst und wird mit $y = \ln(x)$ bezeichnet. Der Logarithmus naturalis ist die Umkehrfunktion zur Exponentialfunktion (e-Funktion).

Analog ergibt sich zur Gleichung $y = b^x$ nach Variablentausch die Gleichung $x = b^y$, die durch den Logarithmus zur Basis b aufgelöst wird: $y = \log_b(x)$.

In der folgenden Abbildung 5.7 sind die Funktionen e^x, x und $\ln(x)$ zu sehen. Der Logarithmus ist nur für $x > 0$ definiert. Es ist wieder deutlich zu sehen, daß sich die Umkehrfunktion ($\ln(x)$) graphisch durch Spiegelung der Funktion e^x an der Winkelhalbierenden x ergibt (und umgekehrt).

Es gelten folgende Rechenregeln für Potenzen:

$$\frac{a^n}{a^m} = a^{n-m},$$
$$(a^n)^m = a^{n \cdot m} \tag{5.5}$$
$$a^n \cdot a^m = a^{n+m}$$

Für Logarithmen gelten analoge Regeln:

$$\ln(x \cdot y) = \ln\left(e^{\ln(x)} \cdot e^{\ln(y)}\right) = \ln(e^{\ln(x)+\ln(y)}) = \ln(x) + \ln(y)$$
$$\ln\left(\frac{x}{y}\right) = \ln(x) - \ln(y) \tag{5.6}$$
$$\ln(x^y) = \ln\left((e^{\ln(x)})^y\right) = \ln(e^{y \cdot \ln(x)}) = y \cdot \ln(x)$$

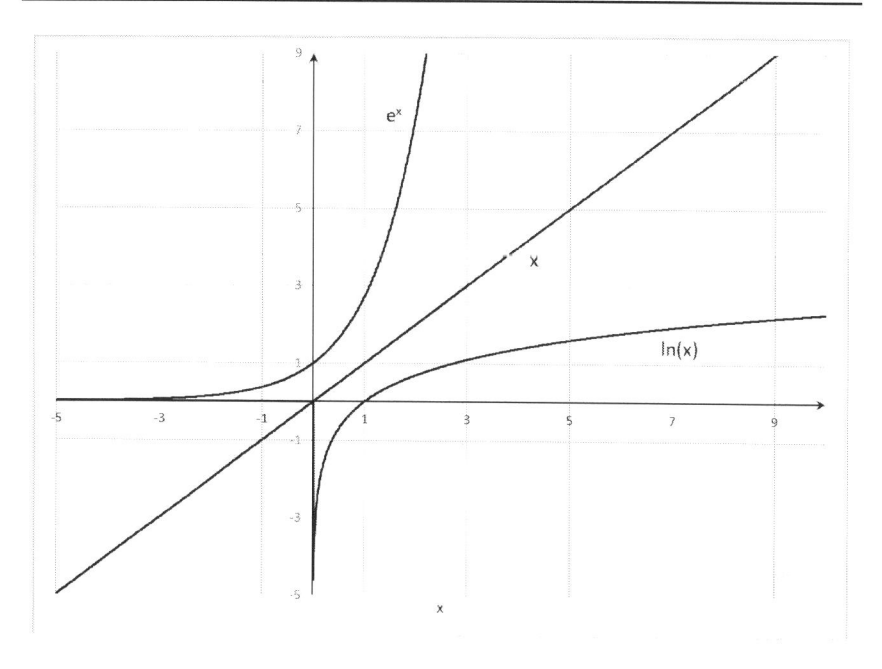

Abbildung 5.7: Verlauf e-Funktion, Logarithmus naturalis

5.9 Trigonometrische Funktionen

Die **trigonometrischen Funktionen** sind innerhalb eines Einheitskreises bzw. in rechtwinkligen Dreiecken definiert. In Abbildung 5.8 ist der rechte Winkel

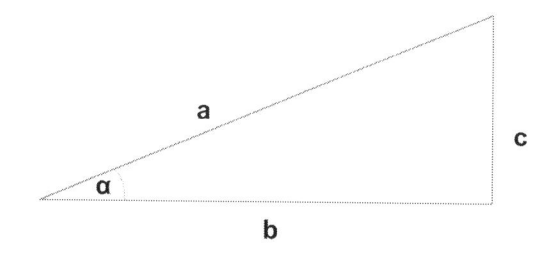

Abbildung 5.8: rechtwinkliges Dreieck

rechts unten. Die dem rechten Winkel gegenüberliegende Seite des Dreiecks (a) wird **Hypotenuse** genannt. Die beiden an den rechten Winkel angrenzenden

5.9. TRIGONOMETRISCHE FUNKTIONEN

Seiten werden als **Katheten** bezeichnet, wobei die an den Winkel α angrenzende Kathete (b) die **Ankathete** ist und die dem Winkel gegenüberliegende (c) die **Gegenkathete**.

Die trigonometrischen Funktionen (oder Winkelfunktionen) sind über die Verhältnisse der verschiedenen Dreiecksseiten definiert.

$$\sin(\alpha) = \frac{c}{a} = \frac{\text{Gegenkathete}}{\text{Hypothenuse}}$$
$$\cos(\alpha) = \frac{b}{a} = \frac{\text{Ankathete}}{\text{Hypothenuse}} \quad (5.7)$$
$$\tan(\alpha) = \frac{\sin(\alpha)}{\cos(\alpha)} = \frac{\frac{c}{a}}{\frac{b}{a}} = \frac{c}{b} = \frac{\text{Gegenkathete}}{\text{Ankathete}}$$

Die Abkürzungen werden als Sinus (sin), Cosinus (cos) und Tangens (tan) gesprochen. Der Verlauf von Sinus und Cosinus sollten aus der Schule bekannt sein: siehe Abbildung 5.9.

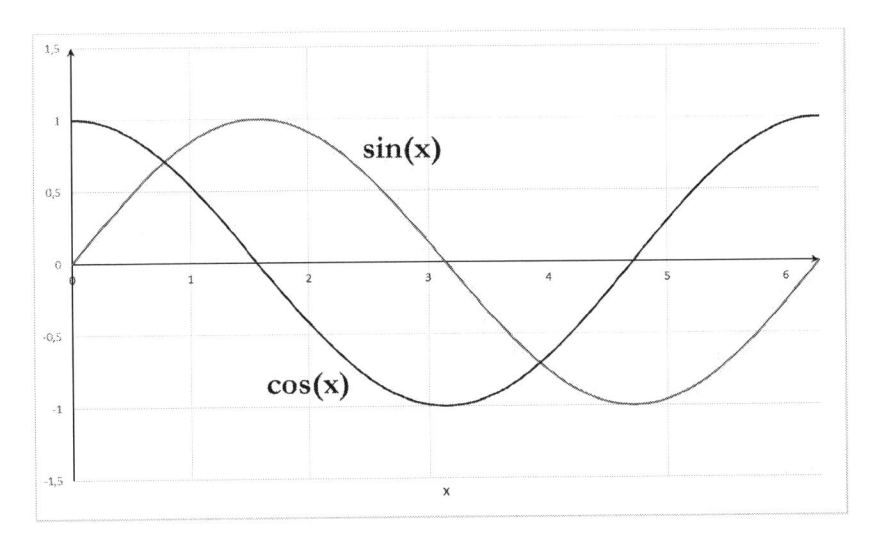

Abbildung 5.9: Verlauf Sinus und Cosinus, Ausschnitt

Funktionen dieser Art eignen sich z.B. zum Modellieren von Konjunkturkomponenten in Zeitreihen (siehe Kapitel 9.6.3).

Da sich der Tangens durch Division der beiden Werte ergibt, ist er für Nullstellen des Cosinus nicht definiert und es liegt eine Polstelle (mit Vorzeichenwechsel) vor: die Funktionswerte gehen gegen $+\infty$ bzw. $-\infty$. Dieses Verhalten ist in Abbildung 5.10 gut zu erkennen.

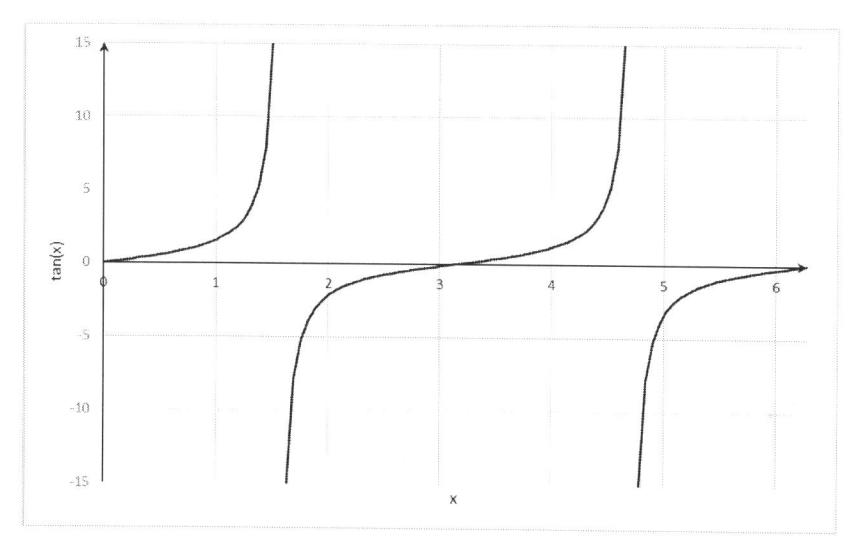

Abbildung 5.10: Verlauf Tangens, Ausschnitt

5.10 Grenzwerte von Funktionen

Analog zu Grenzwerten von Folgen (siehe Kapitel 2.1.4), lassen sich auch Grenzwerte für Funktionen definieren. Falls die Grenzwerte $\lim_{x \to a} f(x) = b$ und $\lim_{x \to a} g(x) = c$ existieren, so gelten die folgenden Grenzwertsätze:

$$\lim_{x \to a} (f(x) \pm g(x)) = \lim_{x \to a} (f(x)) \pm \lim_{x \to a} (g(x)) = b \pm c$$
$$\lim_{x \to a} (f(x) \cdot g(x)) = \lim_{x \to a} (f(x)) \cdot \lim_{x \to a} (g(x)) = b \cdot c$$
$$\lim_{x \to a} \left(\frac{f(x)}{g(x)} \right) = \frac{\lim_{x \to a} (f(x))}{\lim_{x \to a} (g(x))} = \frac{b}{c}, \text{ falls } c \neq 0.$$
(5.8)

Falls bei einem Quotienten von Funktionen beide Terme (Nenner und Zähler) gegen ∞ oder beide Terme gegen Null gehen, so kann die **Regel von de**

5.10. GRENZWERTE VON FUNKTIONEN

l'Hospital[1] genutzt werden:

$$\lim_{x \to a} \frac{f(x)}{g(x)} = \lim_{x \to a} \frac{f'(x)}{g'(x)} \tag{5.9}$$

Die Formel beinhaltet Ableitungen, die in Kapitel 5.13 und folgende präzise eingeführt werden.

5.10.1 Regel von de l'Hospital: Beispiel

Es soll der Grenzwert der Funktion $\frac{3x^2+5x-22}{x^2-4}$ berechnet werden, sowohl für $x \to 2$ als auch für $x \to \infty$.

- $\lim_{x \to 2} \frac{3x^2+5x-22}{x^2-4}$
  $x = 2$ darf offensichtlich nicht eingesetzt werden, da der Nenner in diesem Fall Null wird. Es wird jedoch auch der Zähler gleich Null. In diesem Fall, kann der Grenzwert über die Regel von de l'Hospital berechnet werden, indem die Nennerfunktion und die Zählerfunktion getrennt voneinander abgeleitet werden:

$$\lim_{x \to 2} \frac{3x^2 + 5x - 22}{x^2 - 4} = \lim_{x \to 2} \frac{6x + 5}{2x} = \frac{12 + 5}{4} = \frac{17}{4}.$$

- $\lim_{x \to \infty} \frac{3x^2+5x-22}{x^2-4}$
  Sowohl Zähler als auch Nenner streben für wachsende x-Werte gegen ∞. Diese Aufgabe könnte auch gelöst werden, indem sowohl Nenner als auch Zähler durch x^2 geteilt werden. Hier wird der Weg mittels der Regel von de l'Hospital präsentiert: $\lim_{x \to \infty} \frac{3x^2+5x-22}{x^2-4} = \lim_{x \to \infty} \frac{6x+5}{2x}$. Die Regel von l'Hospital kann beliebig oft nacheinander ausgeführt werden. Hier ist dies notwendig, da immer noch beide Funktionen (Zähler und Nenner) gegen ∞ streben: $\lim_{x \to \infty} \frac{6x+5}{2x} = \lim_{x \to \infty} \frac{6}{2} = \frac{6}{2} = 3$.

---

[1] Guillaume Antoine Marquis de l'Hospital (1661-1704)

5.11 Stetigkeit einer Funktion

5.11.1 Einführung

Die Stetigkeit einer Funktion wird umgangssprachlich beschrieben mit "die Funktion kann gezeichnet werden, ohne den Stift abzusetzen". Mathematisch ausgedrückt wird die Stetigkeit einer Funktion $f(x)$ an der Stelle x_0 durch:

$$f(x_0) = \lim_{x \to x_0} f(x) \tag{5.10}$$

Der Grenzwert $\lim_{x \to x_0} f(x)$ muss existieren, sonst ist die Definition sinnlos. Falls eine Funktion für jeden Wert aus dem Definitionsbereich stetig ist, so wird die Funktion **stetig** genannt.

Summen, Differenzen und Produkte stetiger Funktionen sind wieder stetig. Für Quotienten gilt dies nicht immer, da eventuell die Problematik des "Dividierens durch Null" auftritt.

5.11.2 Stetigkeit einer Funktion: Beispiel 1

Es wird die folgende Funktion betrachtet $f(x) = \begin{cases} x & \text{für } x \leq 1 \\ x^2 - 1 & \text{für } x > 1 \end{cases}$, wobei der Definitionsbereich den reellen Zahlen entspricht.

Der Graph der Funktion ist in Abbildung 5.11 skizziert. Die Funktion ist an allen Stellen stetig, außer an der Stelle $x = 1$. Wird der linksseitige Grenzwert (dies wird durch "1−" unter dem Grenzwert bezeichnet) berechnet, ergibt sich $\lim_{x \to 1-} f(x) = \lim_{x \to 1-} x = 1$. Wogegen der rechtseitige Grenzwert (Schreibweise: "1+"): $\lim_{x \to 1+} f(x) = \lim_{x \to 1+} x^2 - 1 = 0$ lautet.

Also ist $\lim_{x \to 1-} f(x) = 1 \neq 0 = \lim_{x \to 1+} f(x)$ und die Funktion damit nicht stetig an der Stelle $x = 1$.

5.11. STETIGKEIT EINER FUNKTION

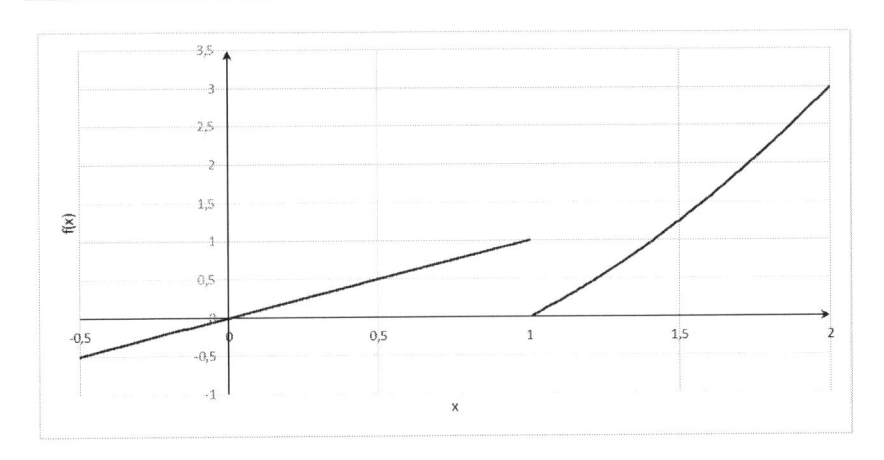

Abbildung 5.11: Graph einer unstetigen Funktion

5.11.3 Stetigkeit einer Funktion: Beispiel 2

Betrachtet wird die folgende Funktion: $f(x) = \begin{cases} \frac{1-\cos(x)}{x^2} & \text{für } x < 0 \\ 0 & \text{für } x = 0 \\ x^3 \ln(x) & \text{für } x > 0 \end{cases}$.

Der Definitionsbereich sind sämtliche reellen Zahlen. Ist diese Funktion bei $x = 0$ stetig?

Lösung:

Der Funktionswert an der Stelle $x = 0$ ist durch Null gegeben. Wenn die Funktion an dieser Stelle stetig ist, so müsste sowohl der rechtsseitige als auch der linksseitige Grenzwert Null ergeben.

Da beim linksseitigen Grenzwert sowohl der Zähler als auch der Nenner gegen Null gehen, muss Formel (5.9) zwei Mal genutzt werden:

$$\lim_{x \to 0-} \frac{1-\cos(x)}{x^2} = \lim_{x \to 0-} \frac{\sin(x)}{2x} = \lim_{x \to 0-} \frac{\cos(x)}{2} = \frac{1}{2}$$

Also ist die Funktion nicht stetig, da $\lim_{x \to 0-} f(x) = \frac{1}{2} \neq 0 = f(0)$.

Der rechtsseitige Grenzwert an der Stelle $x = 0$ müsste demnach nicht mehr untersucht werden. Der Vollständigkeit halber wird er hier auch berechnet: $\lim_{x \to 0+} f(x) = \lim_{x \to 0+} x^3 \ln(x)$. Der Logarithmus naturalis strebt, wenn x gegen Null geht, gegen $-\infty$. Um die Regel von l'Hospital anwenden zu können, wird ein Bruch benötigt, bei dem beide Teile gegen Null bzw. gegen ∞ streben. Dies ist durch einen Trick erreichbar: es wird mit dem Kehrwert multipliziert und es ergibt sich: $\lim_{x \to 0+} x^3 \ln(x) = \lim_{x \to 0+} \frac{\ln(x)}{\frac{1}{x^3}}$. Nun streben Zähler und Nenner für x gegen Null gegen $\pm\infty$ und es kann wieder die Regel von de l'Hospital angewandt werden:

$$\lim_{x \to 0+} f(x) = \lim_{x \to 0+} x^3 \ln(x) = \lim_{x \to 0+} \frac{\ln(x)}{\frac{1}{x^3}} = \lim_{x \to 0+} \frac{\frac{1}{x}}{-3\frac{1}{x^4}} =$$
$$= \lim_{x \to 0+} \frac{x^{-1}}{-3x^{-4}} = \lim_{x \to 0+} \frac{x^3}{-3} = 0 = f(0)$$

Also ist die Funktion an der Stelle Null von rechts kommend stetig.

5.12 Monotonie einer Funktion

Analog zu Folgen wird eine Funktion **streng monoton wachsend/ steigend** bzw. **streng monoton fallend** genannt, wenn für alle x aus dem Definitionsbereich und alle positiven Δx gilt:

$$f(x + \Delta x) > f(x) \text{ bzw. } f(x + \Delta x) < f(x).$$

Eine Funktion wird **monoton wachsend/ steigend** bzw. **monoton fallend** genannt, wenn für alle x aus dem Definitionsbereich und alle positiven Δx gilt:

$$f(x + \Delta x) \geq f(x) \text{ bzw. } f(x + \Delta x) \leq f(x).$$

5.12.1 Monotonie einer Funktion : Beispiel

Ein produzierendes Unternehmen hat für ein Produkt Fixkosten in Höhe von 1.000 €. Zusätzlich sind zur Produktion noch variable Kosten in Höhe von 2 € pro Stück notwendig.

Die Gesamtkosten zur Produktion von x Stück ergeben sich dann als

$$K(x) = 1.000 + 2x.$$

5.12. MONOTONIE EINER FUNKTION

Diese Funktion ist eine Gerade, die streng monoton wachsend ist (siehe Abbildung 5.12).

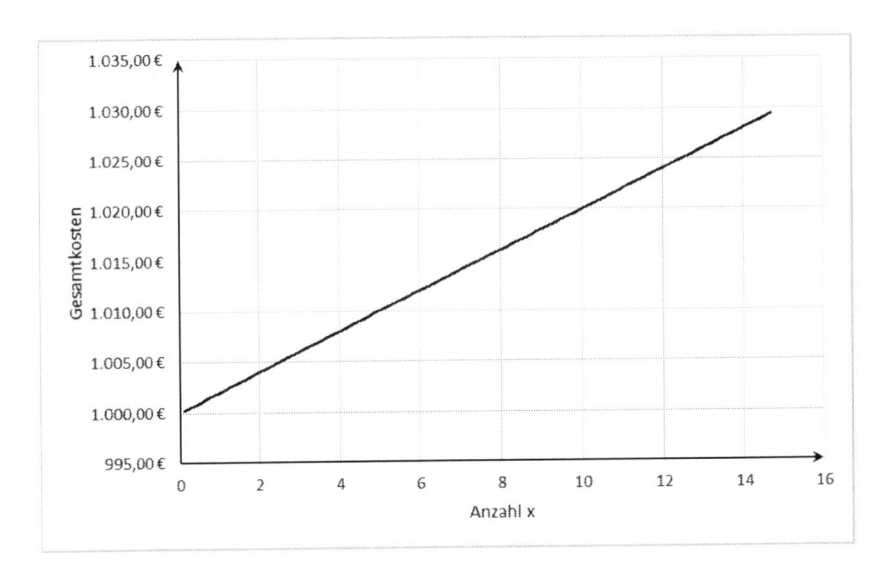

Abbildung 5.12: Steigende Gerade, Kostenfunktion

Die Stückkostenfunktion (Kosten pro Stück in Abhängigkeit von der Anzahl der hergestellten Produkte) ergibt sich durch Division der Gesamtkosten durch die Anzahl x: $k(x) = \frac{K(x)}{x} = \frac{1.000+2x}{x} = \frac{1.000}{x} + 2$. Diese Funktion ist streng monoton fallend. Die Graphen der Funktionen sind hier auf dem Definitionsbereich der positiven, reellen Zahlen gezeichnet (siehe Abbildung 5.13), obwohl in der Praxis nur natürliche Zahlen (1, 2, 3, ...) als Stückzahlen erlaubt sind. Es ist jedoch möglich, daß die x-Werte z.B. in 1.000 Stück angegeben werden.

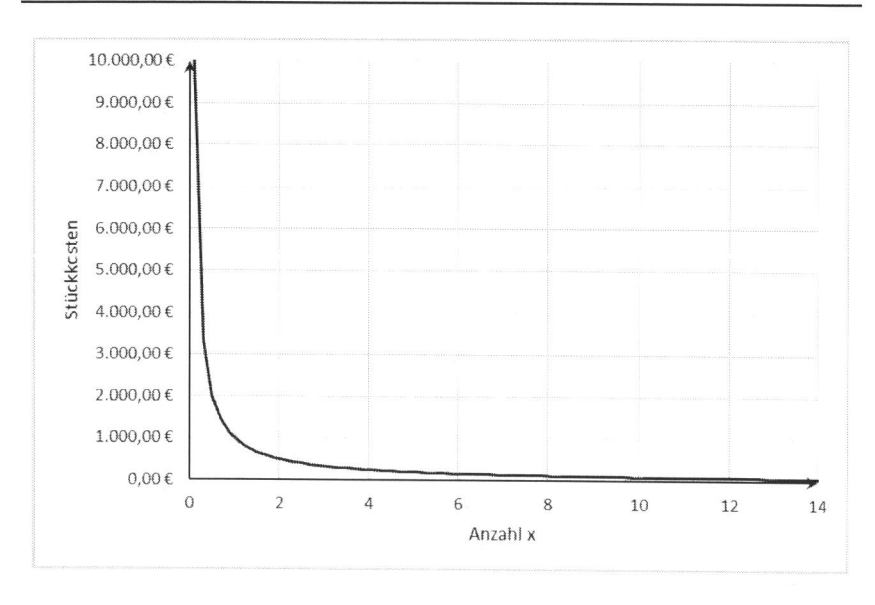

Abbildung 5.13: Fallende Funktion, Stückkostenfunktion

5.13 Differenzierbarkeit

Eine Funktion heißt differenzierbar an der Stelle x_0, wenn der folgende Grenzwert existiert:

$$\lim_{\Delta x \to 0} \frac{\Delta y}{\Delta x} = \lim_{\Delta x \to 0} \frac{\Delta f(x)}{\Delta x} = \lim_{x \to x_0} \frac{f(x) - f(x_0)}{x - x_0} = \\ = \lim_{\Delta x \to 0} \frac{f(x_0 + \Delta x) - f(x_0)}{\Delta x} \quad (5.11)$$

Die verschiedenen Schreibweisen bedeuten alle das gleiche, in diesem Buch wird die letzte Schreibweise gewählt. Der Grenzwert (sofern existent) wird dann als Ableitung der Funktion f an der Stelle x_0 bezeichnet. Geschrieben wird die Ableitung als

$$f'(x_0) = \lim_{\Delta x \to 0} \frac{f(x_0 + \Delta x) - f(x_0)}{\Delta x} \quad (5.12)$$

Dabei wird der Term

$$\frac{f(x_0 + \Delta x) - f(x_0)}{\Delta x} \quad (5.13)$$

5.13. DIFFERENZIERBARKEIT

als **Differenzenquotient** an der Stelle x_0 bezeichnet.

Anschaulich stellt die Ableitung an der Stelle x_0 die Steigung der Funktion dar. Als Beispiel wird die Funktion $f(x) = x^2$ betrachtet. Wird Formel (5.12) genutzt, so ergibt sich

$$f'(x_0) = \lim_{\Delta x \to 0} \frac{f(x_0 + \Delta x) - f(x_0)}{\Delta x} = \lim_{\Delta x \to 0} \frac{(x_0 + \Delta x)^2 - (x_0)^2}{\Delta x} =$$
$$= \lim_{\Delta x \to 0} \frac{x_0^2 + 2x_0 \Delta x + \Delta x^2 - x_0^2}{\Delta x} = \lim_{\Delta x \to 0} \frac{2x_0 \Delta x + \Delta x^2}{\Delta x} =$$
$$= \lim_{\Delta x \to 0} 2x_0 + \Delta x = 2x_0$$

Das bedeutet, daß z.B. die Ableitung an der Stelle $x_0 = 1$ den Wert $f'(x_0 = 1) = 2 \cdot 1 = 2$ annimmt. Dies entspricht der Steigung der Kurve an dieser Stelle.

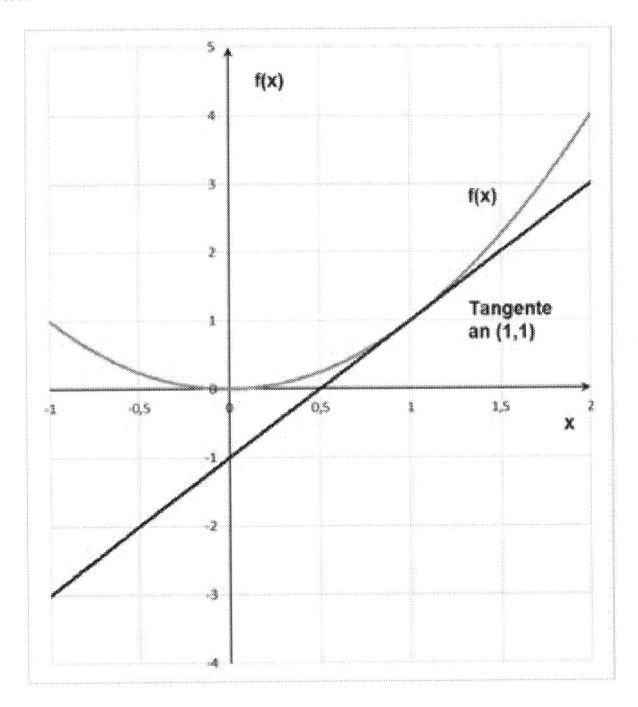

Abbildung 5.14: Tangente an eine Funktion

Eine Gerade, die eine Kurve in einem Punkt berührt und dort die gleiche

Steigung wie die Kurve hat, wird **Tangente** genannt. Wie in Abbildung 5.14 zu sehen ist, "schmiegt" sich die Tangente an die Kurve an.

Im Unterschied zur Tangente, hat eine **Sekante** nicht die gleiche Steigung, sondern ist eine Gerade durch zwei Punkte des Graphen der Funktion. Sie repräsentiert somit den Differenzenquotienten (siehe Formel (5.13)). In Abbildung 5.15 ist die Sekante durch die Punkte $(0,0)$ und $(1,1)$ abgebildet. Die Tangente ergibt sich aus den Sekanten dadurch, daß die beiden Punkte der Sekante zusammenrücken (Grenzübergang $\Delta x \to 0$).

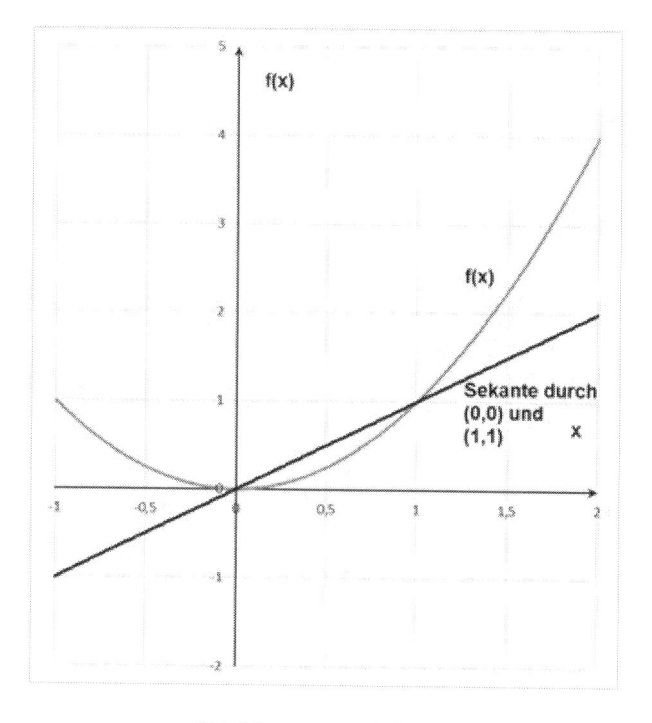

Abbildung 5.15: Sekante

5.14 Ableitungsregeln

Es gelten die folgenden formalen Ableitungsregeln:

- Ein konstanter Faktor (eine reelle Zahl c) bleibt erhalten:

5.14. ABLEITUNGSREGELN

$(c \cdot f(x))' = c \cdot f'(x)$.

- Ableitung von Potenzen: $f(x) = x^n$. Dann ist: $f'(x) = n \cdot x^{n-1}$.

- Ableitung trigonometrischer Funktionen:
  $f(x) = \sin(x)$. Dann gilt: $f'(x) = \cos(x)$.
  Analog: $g(x) = \cos(x)$. Dann gilt: $g'(x) = -\sin(x)$.

- Ableitung von Exponentialfunktionen:
  $f(x) = e^x$. Dann gilt: $f'(x) = e^x$.
  Analog: $g(x) = a^x = e^{\ln(a^x)} = e^{x \cdot \ln(a)}$.
  Dann gilt: $g'(x) = \ln(a) \cdot e^{x \cdot \ln(a)} = \ln(a) \cdot a^x$.

- Ableitung der Umkehrfunktion: $f'(x) = \dfrac{1}{(f^{-1}(f(x))'}$.

- Kettenregel: $g(h(x))' = g'(h(x)) \cdot h'(x)$.

- Produktregel: $(g(x) \cdot h(x))' = g'(x) \cdot h(x) + g(x) \cdot h'(x)$.

- Quotientenregel: $\left(\dfrac{g(x)}{h(x)}\right)' = \dfrac{g'(x) \cdot h(x) - g(x) \cdot h'(x)}{((h(x))^2}$.

Die Ableitung der Umkehrfunktion wird hier für den Arcus-Tangens (die Umkehrfunktion des Tangens) demonstriert: Sei $f(x) = \arctan(x)$. Dann gilt nach obiger Regel $f'(x) = \dfrac{1}{(\tan(\arctan(x)))'}$. Die Ableitung des $\tan(x)$ ergibt sich aus der Definition des Tangens und der Anwendung der Quotientenregel:

$$\tan'(x) = \left(\frac{\sin(x)}{\cos(x)}\right)' = \frac{\sin'(x) \cdot \cos(x) - \sin(x) \cdot \cos'(x)}{\cos^2(x)} =$$
$$= \frac{\cos^2(x) - \sin(x) \cdot (-\sin(x))}{\cos^2(x)} = \frac{\cos^2(x) + \sin^2(x)}{\cos^2(x)} = \frac{1}{\cos^2(x)}.$$

Hier und im Folgenden wird der Zusammenhang

$$\sin^2(x) + \cos^2(x) = 1 \qquad (5.14)$$

(*Trigonometrischer Satz des Pythagoras*) benutzt. Nach Division durch $\cos^2(x)$ (falls ungleich Null), ergibt sich aus dem trigonometrischen Satz des

Pythagoras:
$$\tan^2(x) + 1 = \frac{1}{\cos^2(x)}.$$

Also gilt: $\cos^2(x) = \frac{1}{1+\tan^2(x)}$. Damit ergibt sich insgesamt:

$$\arctan'(x) - \frac{1}{\frac{1}{\cos^2(\arctan(x))}} = \cos^2(\arctan(x)) =$$
$$= \frac{1}{1 + \tan^2(\arctan(x))} = \frac{1}{1 + x^2}.$$

Dies wird in Kapitel 5.18.2 genutzt.

5.15 Krümmung und Wendepunkte

Die erste Ableitung stellt die Steigung der Tangente an den Graphen der Funktion dar. Die zweite Ableitung einer Funktion ist definiert als die Ableitung der Ableitung und stellt die Krümmung dar.

Wendepunkte sind Punkte, an denen die Steigung einer Funktion einen Extremwert annimmt. D.h. die Untersuchung auf Wendepunkte ist äquivalent mit der Suche nach Extremwerten der ersten Ableitung. Die Funktion $f(x)$ hat genau dort einen Wendepunkt, wo die Funktion $f'(x)$ einen Extremwert (Maximum oder Minimum) hat.

Es muss also die Funktion $g(x) = f'(x)$ auf Extremwerte untersucht werden. An Wendepunkten ändert sich das Vorzeichen der Krümmung (zweite Ableitung): entweder von rechts- nach linksgekrümmt oder umgekehrt.

Beispiel:

Es soll die zweite Ableitung der Funktion $f(x) = x^4 - 10x^2 + 30$ berechnet werden. Es ergibt sich für die erste Ableitung (siehe Kapitel 5.14):

$$f'(x) = 4x^3 - 20x.$$

Um die zweite Ableitung zu erhalten, wird die erste Ableitung noch einmal abgeleitet: $f''(x) = 12x^2 - 20$. Analog kann auch die dritte Ableitung berechnet

5.16. EXTREMWERTBESTIMMUNG UND WENDEPUNKTE

werden: $f'''(x) = 24x$. Werden die vier Funktionen in einem Koordinatensystem dargestellt, so ergibt sich das folgende Bild (siehe Abbildung 5.16). Dabei sind die jeweils interessanten x-Werte hervorgehoben (von links nach rechts):

- $f'(x) = 0$ und $f''(x) > 0$: es liegt bei der Funktion ein lokales Minimum vor, da die Steigung der Tangente (1. Ableitung an dieser Stelle) gleich Null ist und die Kurve nach links gekrümmt.

- $f''(x) = 0$ und $f'''(x) < 0$: es liegt bei der Funktion ein Wendepunkt (von links gekrümmt auf recht gekrümmt) vor, da die erste Ableitung an dieser Stelle ein lokales Maximum hat.

- $f'(x) = 0$ und $f''(x) < 0$: es liegt bei der Funktion ein lokales Maximum vor, da die Steigung der Tangente (1. Ableitung an dieser Stelle) gleich Null ist und die Kurve nach rechts gekrümmt.

- $f''(x) = 0$ und $f'''(x) > 0$: es liegt bei der Funktion ein Wendepunkt (von rechts gekrümmt auf links gekrümmt) vor, da die erste Ableitung an dieser Stelle ein lokales Minimum hat.

- $f'(x) = 0$ und $f''(x) > 0$: es liegt bei der Funktion ein lokales Minimum vor, da die Steigung der Tangente (1. Ableitung an dieser Stelle) gleich Null ist und die Kurve nach links gekrümmt.

Eine Funktion heißt **konvex**, wenn jede Verbindungslinie zwischen zwei Punkten oberhalb der Funktion liegt. Konvexe Funktionen sind linksgekrümmt (Linkskurve). Das bedeutet, daß die Steigung der Steigung permanent zunimmt. Die Steigung der Steigung entspricht der zweiten Ableitung.

5.16 Extremwertbestimmung und Wendepunkte

Wie oben gesehen, ist die erste Ableitung einer Funktion gleich der Steigung der Funktion an dieser Stelle. In der Praxis ist häufig ein maximaler oder minimaler

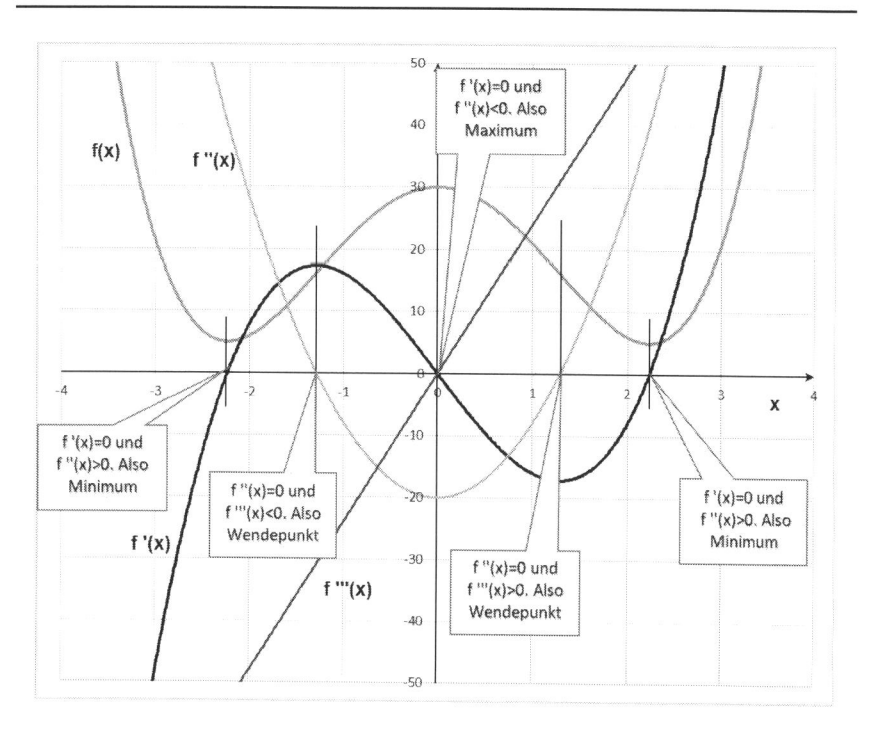

Abbildung 5.16: Graph einer Funktion mit jeweiligen Ableitungen

Wert gesucht: minimale Kosten, maximaler Gewinn, minimaler Rohstoffeinsatz, etc.

Ein minimaler bzw. maximaler Wert wird allgemein auch **Extremwert** genannt.

Wie in Abbildung 5.17 zu sehen, ist ein Extremwert dadurch gekennzeichnet, daß eine waagerechte Tangente vorliegt. Dies ist gleichbedeutend mit einer Steigung von Null bzw. damit, daß die erste Ableitung der Funktion an einer Extremstelle gleich Null sein muss: $f'(x_E) = 0$.

Diese Bedingung wird **notwendige Bedingung** genannt.

Der Grund dafür ist, daß für jeden Extremwert einer stetigen Funktion im Inneren eines Intervalls die Bedingung $f'(x_E) = 0$ gelten muss. Oder anders gesagt: es kann keinen Extremwert im Inneren eines Intervalls geben, für den $f'(x_E) \neq 0$. Dies gilt so Allgemein nur für stetige Funktionen.

Als Bedingung für einen Extremwert reicht dies aber noch nicht aus, wie die

5.16. EXTREMWERTBESTIMMUNG UND WENDEPUNKTE

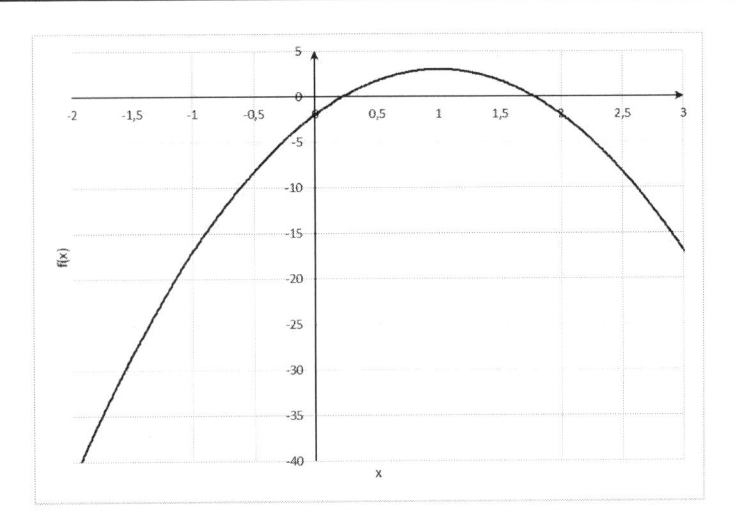

Abbildung 5.17: Waagerechte Tangente bei Extremwert

folgende Funktion zeigt. An der Stelle $x = 1$ liegt eine waagerechte Tangente (Steigung der Kurve ist Null) vor, aber kein Extremwert. Solche Punkte werden **Sattelpunkte** genannt. An Sattelpunkten ist auch die zweite Ableitung gleich Null, es handelt sich also um einen Wendepunkt. Die **hinreichende Bedingung** für einen Extremwert bezieht auch noch die zweite Ableitung (die die **Krümmung** repräsentiert) an der Stelle des Extremwerts mit ein.

Es gilt:

Notwendige Bedingung: $f'(x_E) = 0$

Hinreichende Bedingung:

$f''(x_E) > 0$: Es liegt an x_E ein lokales Minimum vor.

$f''(x_E) < 0$: Es liegt an x_E ein lokales Maximum vor.

(5.15)

Wie in den beiden obigen Abbildungen zu sehen ist, kann der Fall auftreten, daß Extremwerte am Rand liegen: bei der ersten Abbildung ist das globale Minimum am linken Rand des Definitionsbereichs, bei der zweiten Abbildung ist das globale Maximum am linken Rand des Definitionsbereichs, obwohl in beiden Fällen dort die erste Abbildung ungleich Null ist (keine waagerechte

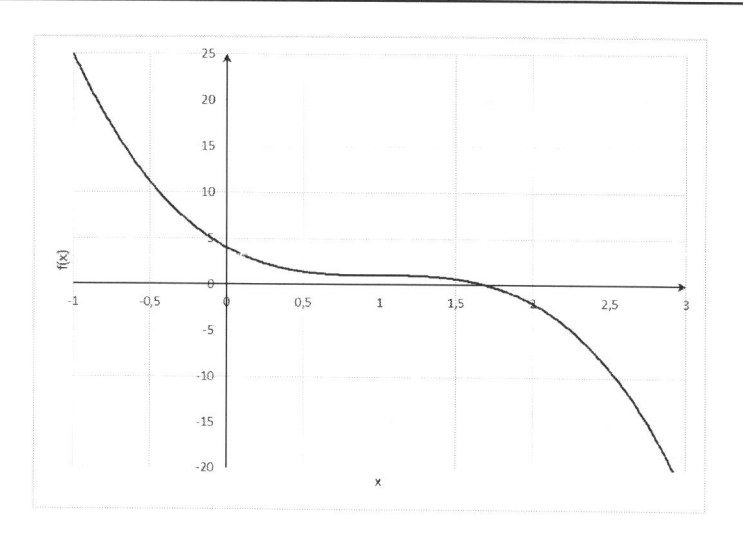

Abbildung 5.18: Waagerechte Tangente bei Sattelpunkt

Tangente).

Also muss zuerst mit Formel (5.15) nach möglichen Kandidaten für Extremwerte gesucht werden und im Anschluss muss bei den Randwerten überprüft werden, ob dort ein Wert vorliegt, der größer/ kleiner als die Funktionswerte der im Inneren des Definitionsbereichs gefundenen Extremwerte ist.

Sattelpunkte (siehe oben) sind dadurch gekennzeichnet, daß sowohl die erste als auch die zweite Ableitung an dieser Stelle gleich Null ist, d.h. gemäß Formel (5.15) ist keine Entscheidung möglich. In diesem Falle wird so lange abgeleitet bis eine Ableitung an der Stelle des Extremwerts nicht mehr gleich Null ist. Ist dies eine ungeradzahlige Ableitung, so handelt es sich um einen Sattelpunkt. Falls es sich um eine geradzahlige Ableitung handelt, so liegt ein Extremum vor.

- Beispiel 1:
  Betrachtet wird die Funktion $f(x) = x^3$ auf dem Definitionsbereich $[-3; 3]$. Die erste Ableitung lautet $f'(x) = 3x^2$, die zweite Ableitung: $f''(x) = 6x$. Nullstelle der ersten Ableitung (und damit Kandidat für einen Extremwert) ist $x_E = 0$. Es gilt $f'(x_E = 0) = 3 \cdot 0^2 = 0$ und $f''(x_E = 0) = 6 \cdot 0 = 0$.

5.16. EXTREMWERTBESTIMMUNG UND WENDEPUNKTE

Nun wird die nächste Ableitung gebildet: $f'''(x) = 6$.
Also gilt: $f'''(x_E = 0) = 6 \neq 0$. Es handelt sich um eine ungeradzahlige Ableitung (die dritte), die ungleich Null ist und somit liegt ein Sattelpunkt vor.

- Beispiel 2:
Betrachtet wird die Funktion $f(x) = x^4$ auf dem Definitionsbereich $[-3; 3]$. Die erste Ableitung lautet $f'(x) = 4x^3$ und die zweite Ableitung: $f''(x) = 12x^2$. Nullstelle der ersten Ableitung (und damit Kandidat für einen Extremwert) ist $x_E = 0$.
Es gilt $f'(x_E = 0) = 4 \cdot 0^3 = 0$ und $f''(x_E = 0) = 12 \cdot 0^2 = 0$. Nun wird die nächste Ableitung gebildet: $f'''(x) = 24x$.
Also gilt: $f'''(x_E = 0) = 24 \cdot 0$. Die vierte Ableitung lautet:
$f''''(x) = 24 \neq 0$ für alle x-Werte. Es handelt sich um eine geradzahlige Ableitung (die vierte) und somit liegt ein Extremum vor.

Ein weiterer Fall, der bei der Suche nach Extremwerten auftreten kann, sind Unstetigkeitsstellen, d.h. Stellen, an denen die Funktion springt. Wie in Abbildung 5.19 zu sehen ist, tritt das globale Maximum bei $x = 1$ auf. An dieser Stelle ist die erste Ableitung offensichtlich nicht gleich Null. Damit ergibt sich

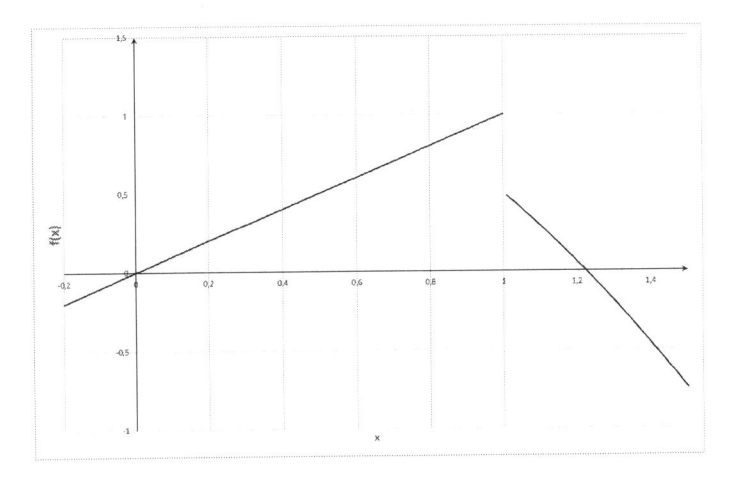

Abbildung 5.19: Unstetigkeitsstelle in Funktion

als "Kochrezept" für die Extremwertbestimmung:

1. Ist die Funktion stetig? Wenn nein: Unstetigkeitsstellen und Lücken im Definitionsbereich müssen gesondert betrachtet werden.

2. Bilden der ersten Ableitung.

3. Nullsetzen der ersten Ableitung und Auflösen nach x_E. Dies sind mögliche Kandidaten für Extremwerte.

4. Berechnen der zweiten Ableitung und Einsetzen der x_E-Werte aus 3.

    (a) Falls $f''(x_E) > 0$: es handelt sich um ein lokales Minimum.

    (b) Falls $f''(x_E) < 0$: es handelt sich um ein lokales Maximum.

    (c) Falls $f'(x_E) = 0$ und gleichzeitig $f''(x_E) = 0$, so wird die Funktion so lange abgeleitet, bis sich eine Ableitung ergibt, die an der Stelle x_E nicht Null ist:

        i. Ist dies eine ungeradzahlige Ableitung, so handelt es sich um einen Sattelpunkt.

        ii. Ist dies eine geradzahlige Ableitung, so handelt es sich um ein (lokales) Extremum.

5. Berechnung der Funktionswerte an den Rändern und Vergleich mit $f(x_E)$.

6. Betrachtung von Unstetigkeitsstellen (analog zu 5.).

5.16.1 Extremwertbestimmung: Beispiel

Es sollen die Extremwerte der Funktion $f(x) = -\frac{1}{10}(x+3)^3 + x(x-1)^2 + x$ im Definitionsbereich $[-1; 4]$ bestimmt werden. Der Graph der Funktion ist in Abbildung 5.20 dargestellt.

Es wird das "Kochrezept" nacheinander abgearbeitet:

1. Ist die Funktion stetig? Wenn nein: Unstetigkeitsstellen und Lücken im Definitionsbereich müssen gesondert betrachtet werden.

5.16. EXTREMWERTBESTIMMUNG UND WENDEPUNKTE

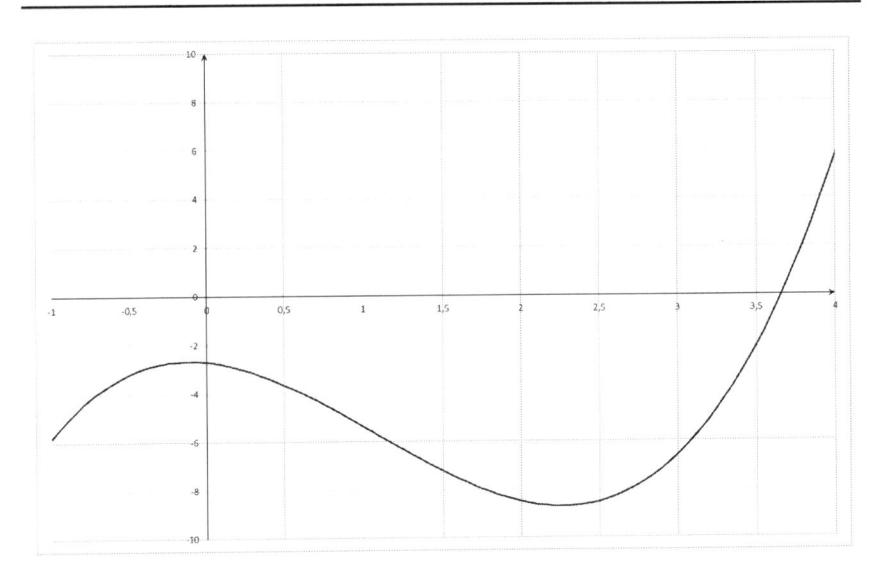

Abbildung 5.20: Graph einer Funktion, Extremwertberechnung, Beispiel

Die Funktion weist keine Unstetigkeitsstellen oder Lücken auf, da sie aus stetigen Funktionen zusammengesetzt ist und im Definitionsbereich keine Werte ausgenommen sind.

2. Bilden der ersten Ableitung
   Es ist $f(x) = -\frac{1}{10}(x+3)^3 + x(x-1)^2 + x$.
   Also: $f'(x) = -\frac{3}{10}(x+3)^2 + (x-1)^2 + 2x(x-1) + 1$.
   Ausmultipliziert ergibt sich:
   $f'(x) = -\frac{3}{10}(x^2 + 6x + 9) + (x - 2x + 1) + 2x^2 - 2x + 1 =$
   $= x^2 \left(-\frac{3}{10} + 1 + 2\right) + x \left(-\frac{18}{10} - 2 - 2\right) + \left(-\frac{27}{10} + 1 + 1\right) =$
   $= x^2 \left(\frac{27}{10}\right) + x \left(-\frac{58}{10}\right) + \left(-\frac{7}{10}\right)$.

3. Nullsetzen der ersten Ableitung und Auflösen nach x_E. Dies sind mögliche Kandidaten für Extremwerte.

   Also: $f'(x_E) = x_E^2 \left(\frac{27}{10}\right) + x_E \left(-\frac{58}{10}\right) + \left(-\frac{7}{10}\right) = 0$. Dies wird multipliziert mit $\frac{10}{27}$ und es ergibt sich: $x_E^2 - \frac{58}{27}x_E - \frac{7}{27} = 0$. Auf diese Gleichung kann

5.16.1 EXTREMWERTBESTIMMUNG: BEISPIEL

Formel (5.2) angewandt werden:

$$x_{E;1,2} = -\left(-\frac{58}{54}\right) \pm \sqrt{\left(-\frac{58}{54}\right)^2 - \left(-\frac{7}{27}\right)} =$$

$$= \left(\frac{29}{27}\right) \pm \sqrt{\left(-\frac{29}{27}\right)^2 + \left(\frac{7}{27}\right)} =$$

$$= \left(\frac{29}{27}\right) \pm \sqrt{\frac{841}{729} + \frac{7}{27}} = \left(\frac{29}{27}\right) \pm \sqrt{\frac{841 + 7 \cdot 27}{729}} =$$

$$= \left(\frac{29}{27}\right) \pm \sqrt{\frac{1030}{729}}.$$

Die Nullstellen der ersten Ableitung ergeben sich als (gerundete) Dezimalzahlen: $x_{E;1} = 2,2627$ bzw. $x_{E;1} = -0,1146$.

4. Berechnen der zweiten Ableitung und Einsetzen der x-Werte aus 3.

   Die erste Ableitung lautete: $f'(x) = x^2 \left(\frac{27}{10}\right) + x \left(-\frac{58}{10}\right) + \left(-\frac{7}{10}\right)$. Also ergibt sich die zweite Ableitung als $f''(x) = 2x \left(\frac{27}{10}\right) + \left(-\frac{58}{10}\right)$.

   (a) Falls $f''(x_E) > 0$: es handelt sich um ein lokales Minimum.

   (b) Falls $f''(x_E) < 0$: es handelt sich um ein lokales Maximum.

   Die beiden Kandidaten für die Extremwerte aus 3. werden in die zweite Ableitung eingesetzt: $f''(x_{E;1}) = f''(2,2627) = 6,4187 > 0$ bzw. $f''(x_{E;2}) = f''(-0,1146) = -6,4187 < 0$.

   Also liegt bei $x_{E;1} = 2,2627$ ein lokales Minimum vor, da die zweite Ableitung größer Null ist und bei $x_{E;2} = -0,1146$ ein lokales Maximum, da die zweite Ableitung kleiner Null ist.

   (c) Falls $f'(x_E) = 0$ und $f''(x_E) = 0$, so wird so lange abgeleitet, bis sich eine Ableitung ergibt, die an der Stelle x_E nicht Null ist

   Ist in diesem Beispiel nicht der Fall.

5. Berechnung der Funktionswerte an den Rändern und Vergleich mit $f(x_E)$.

   Es müssen die Funktionswerte bei $x = -1$ und $x = 4$ berechnet werden: $f(x) = -\frac{1}{10}(x+3)^3 + x(x-1)^2 + x$. Also: $f(x = -1) =$

5.16. EXTREMWERTBESTIMMUNG UND WENDEPUNKTE

$= -\frac{1}{10}(-1+3)^3 + (-1) \cdot (-1-1)^2 + (-1) = -\frac{8}{10} - 4 - 1 = -5,8.$ bzw.
$f(x = 4) = -\frac{1}{10}(4+3)^3 + (4) \cdot (4-1)^2 + 4 = \frac{57}{10} = 5,7.$

Diese Werte an den Rändern könnten größer als das gefundene lokale Maximum bzw. kleiner als das gefundene lokale Minimum sein. Deshalb werden jetzt die Funktionswerte zu den lokalen Extremwerten berechnet:

- $f(x = 2,2627) = -8,7052$ (lokales Minimum) bzw.

- $f(x = -0,1146) = -2,6592$ (lokales Maximum).

Wie in Abbildung 5.20 zu sehen ist, bedeutet dies, daß der größte Wert (5,7) am Rand (bei $x = 4$) größer ist als der Funktionswert des lokalen Maximum ($-2,6592$). Also liegt das globales Maximum des Definitionsbereichs am rechten Rand bei $x = 4$.

Für das Minimum: da der Wert ($-5,8$) am linken Rand (bei $x = -1$) größer ist als der Wert des lokalen Minimums ($-8,7052$), liegt das globale Minimum bei $x = 2,2627$.

6. Betrachtung der Unstetigkeitsstellen (analog zu 5.)

Entfällt, da die Funktion stetig ist (siehe 1.)

5.16.2 Extremwerte und Wendepunkte: Beispiel

Es sollen Extremwerte und Wendepunkte der folgenden Funktion bestimmt werden:

$$f(x) = \frac{1}{\sigma\sqrt{2\pi}} e^{-\frac{1}{2}\left(\frac{x-\mu}{\sigma}\right)^2}.$$

Dabei handelt es sich um die Dichtefunktion der **Normalverteilung** (siehe Kapitel 11.6.4 für Details). Die beiden Parameter σ und μ werden später erläutert und für den Moment als gegebene Konstanten genutzt. Wie lauten Extremwerte und Wendepunkte der obigen Funktion?

Lösung:

5.16.2 EXTREMWERTE UND WENDEPUNKTE: BEISPIEL

Es müssen zunächst die ersten beiden Ableitungen gebildet werden: es wird die Kettenregel genutzt und es ergibt sich:

$$f'(x) = \frac{1}{\sigma\sqrt{2\pi}} e^{-\frac{1}{2}\left(\frac{x-\mu}{\sigma}\right)^2} \cdot \left(-\frac{2}{2}\left(\frac{x-\mu}{\sigma}\right) \cdot \frac{1}{\sigma}\right) =$$
$$= \frac{1}{\sigma^2\sqrt{2\pi}} e^{-\frac{1}{2}\left(\frac{x-\mu}{\sigma}\right)^2} \left(\frac{x-\mu}{\sigma}\right).$$

Für die zweite Ableitung wird die Produktregel genutzt:

$$f''(x) = -\frac{1}{\sigma^2\sqrt{2\pi}} \left[e^{-\frac{1}{2}\left(\frac{x-\mu}{\sigma}\right)^2} \cdot \left(-\frac{2}{2}\left(\frac{x-\mu}{\sigma}\right) \cdot \frac{1}{\sigma}\right)\left(\frac{x-\mu}{\sigma}\right) + \right.$$
$$\left. + e^{-\frac{1}{2}\left(\frac{x-\mu}{\sigma}\right)^2} \cdot \frac{1}{\sigma} \right] =$$
$$= -\frac{1}{\sigma^3\sqrt{2\pi}} e^{-\frac{1}{2}\left(\frac{x-\mu}{\sigma}\right)^2} \cdot \left[-\left(\frac{x-\mu}{\sigma}\right) \cdot \left(\frac{x-\mu}{\sigma}\right) + 1\right].$$

Um die Extremwerte zu bestimmen, wird die erste Ableitung Null gesetzt. Der Term $e^{-\frac{1}{2}\left(\frac{x-\mu}{\sigma}\right)^2}$ und der konstante Faktor können niemals Null werden, so daß durch diese Terme geteilt werden kann:

$$f'(x_E) = 0 = -\frac{1}{\sigma^2\sqrt{2\pi}} e^{-\frac{1}{2}\left(\frac{x_E-\mu}{\sigma}\right)^2} \cdot \left(\frac{x_E-\mu}{\sigma}\right) \Leftrightarrow$$
$$\Leftrightarrow 0 = \left(\frac{x_E-\mu}{\sigma}\right) \Leftrightarrow 0 = x_E - \mu \Leftrightarrow x_E = \mu.$$

Also gibt es nur einen Kandidaten für einen Extremwert bei $x_E = \mu$.

Für die Wendepunkte muss die zweite Ableitung Null gesetzt werden. Auch hier kann durch die Terme/ Faktoren, die nicht Null werden können, dividiert werden und es ergibt sich:

$$f''(x_W) = 0 = \left[-\left(\frac{x_W-\mu}{\sigma}\right) \cdot \left(\frac{x_W-\mu}{\sigma}\right) + 1\right] \Leftrightarrow$$
$$\Leftrightarrow \left(\frac{x_W-\mu}{\sigma}\right)^2 = 1 \Leftrightarrow \left(\frac{x_W-\mu}{\sigma}\right) = \pm 1 \Leftrightarrow x_W - \mu = \pm\sigma.$$

5.17. TAYLORREIHE FÜR FUNKTIONEN

Also gibt es zwei mögliche Wendepunkte:

$$x_{W,1} = \mu + \sigma \quad \text{und} \quad x_{W,2} = \mu - \sigma.$$

Um zu überprüfen, ob es sich bei der Extremstelle um einen Sattelpunkt oder ein lokales Extremum handelt, wird $x_E = \mu$ in die zweite Ableitung eingesetzt:

$$f''(x_E) = f''(\mu) = -\frac{1}{\sigma^3\sqrt{2\pi}} e^{-\frac{1}{2}\left(\frac{x_E-\mu}{\sigma}\right)^2} \cdot \left[-\left(\frac{x_E-\mu}{\sigma}\right)^2 + 1\right] =$$

$$= -\frac{1}{\sigma^3\sqrt{2\pi}} e^{-\frac{1}{2}\left(\frac{\mu-\mu}{\sigma}\right)^2} \cdot \left[-\left(\frac{\mu-\mu}{\sigma}\right)^2 + 1\right] =$$

$$= -\frac{1}{\sigma^3\sqrt{2\pi}} e^{-0} \cdot \left[-\left(\frac{0}{\sigma}\right)^2 + 1\right] = -\frac{1}{\sigma^3\sqrt{2\pi}} \cdot \left[1\right] < 0.$$

Die letzte Ungleichung gilt, da für die Normalverteilung $\sigma > 0$ vorausgesetzt wird. Das σ entspricht der Standardabweichung bzw. Volatilität.

Also handelt es sich bei der Extremstelle um ein Maximum. Der Graph der Funktion ist in Kapitel 11.6.4 in Abbildung 11.9 aus Seite 472 für verschiedene Werte von μ und σ abgebildet.

5.17 Taylorreihe für Funktionen

Die **Taylorreihe**[2] einer Funktion ist definiert als:

$$f(x+h) = f(x) + f'(x) \cdot h + f''(x)\frac{h^2}{2!} + f'''(x)\frac{h^3}{3!} + \ldots =$$
$$= \sum_{k=0}^{\infty} f^{(k)}(x)\frac{h^k}{k!} \quad (5.16)$$

Dabei stellen die Striche bzw. $f^{(k)}$ die Anzahl der Ableitungen der Funktion nach der Variablen x dar. Es wird vorausgesetzt, daß die Funktion $f(x)$ beliebig oft stetig differenzierbar ist (d.h. die n-te Ableitung von $f(x)$ ist wieder eine stetige Funktion).

---
[2] Brook Taylor, 1685 - 1731

$k!$ ist die Fakultät der natürlichen Zahl k, siehe Formel (2.1) (Definition: Fakultät).

Die Taylorreihe wurde bereits in Kapitel 3.3.5 genutzt.

5.17.1 Anwendung der Taylorreihe

Mithilfe der Taylorreihe können Differenzenquotienten definiert werden. Diese können z.B. genutzt werden, um Ableitungen näherungsweise mit Computerprogrammen zu berechnen.

- Der bekannteste Differenzenquotient für die erste Ableitung lautet:

$$\frac{f(x+h) - f(x)}{h}.$$

Wird im Zähler die Taylorreihe für $f(x+h)$ eingesetzt, so ergibt sich:

$$\frac{f(x+h) - f(x)}{h} = \frac{f(x) + f'(x)h + f''(x)\frac{h^2}{2} + \ldots - f(x)}{h} =$$
$$= \frac{f'(x)h + f''(x)\frac{h^2}{2} + \ldots}{h} = f'(x) + f''(x)\frac{h}{2} + \ldots$$

Es ist zu sehen, daß der Differenzenquotient die erste Ableitung annähert, wenn h gegen Null geht. Der "Fehlerterm" (Abweichung von der ersten Ableitung) beträgt $f''(x)\frac{h}{2}$, d.h. eine Halbierung von h führt näherungsweise zu einer Halbierung des Fehlers bei der Approximation.

- Eine andere Möglichkeit die erste Ableitung anzunähern, besteht in folgendem Differenzenquotient: $\frac{f(x+h) - f(x-h)}{2h}$. Beim Einsetzen der Taylor-

5.17. TAYLORREIHE FÜR FUNKTIONEN

reihe für die beiden Terme im Zähler ergibt sich:

$$\frac{f(x+h) - f(x-h)}{2h} =$$

$$= \frac{f(x) + f'(x)h + f''(x)\frac{h^2}{2} + f'''(x)\frac{h^3}{3!} + \ldots}{2h}$$

$$- \frac{f(x) - f'(x)h + f''(x)\frac{h^2}{2} - f'''(x)\frac{h^3}{3!} \pm \ldots}{2h} =$$

$$= \frac{2f'(x)h + 2f'''(x)\frac{h^3}{3!} + \ldots}{2h} = f'(x) + f'''(x)\frac{h^2}{3!} + \ldots$$

Also nähert dieser Differenzenquotient die erste Ableitung mit einem Fehlerterm $f'''(x)\frac{h^2}{3!}$ an. In diesem Fall führt eine Halbierung von h zu einer Viertelung des Fehlers, da h quadratisch auftaucht.

5.17.2 Anwendung der Taylorreihe - Exponentialfunktion

Mithilfe der Taylorreihe kann auch eine Reihendarstellung für die Exponentialfunktion gefunden werden. Nach Kapitel 5.14 gilt für $f(x) = e^x$: $f'(x) = e^x$.

Damit ist also auch für alle höheren Ableitungen von $f(x) = e^x$

$$f^{(k)}(x) = e^x, k = 0, 1, 2, \ldots$$

Nach Gleichung (5.16) gilt dann also für die Exponentialfunktion:

$$e^{x+h} = f(x+h) = f(x) + f'(x) \cdot h + f''(x)\frac{h^2}{2!} + f'''(x)\frac{h^3}{3!} + \ldots =$$
$$= e^x + e^x \cdot h + e^x\frac{h^2}{2!} + e^x\frac{h^3}{3!} + \ldots,$$

da die Ableitungen der Exponentialfunktion wieder die Exponentialfunktion ergeben. Nun kann beispielsweise $x = 0$ eingesetzt werden. Dies bietet sich an, da $e^0 = 1$.

$$e^{0+h} = f(0+h) = f(0) + f'(0) \cdot h + f''(0)\frac{h^2}{2!} + f'''(0)\frac{h^3}{3!} + \ldots =$$
$$= e^0 + e^0 \cdot h + e^0 \frac{h^2}{2!} + e^0 \frac{h^3}{3!} + \ldots =$$
$$= 1 + h + \frac{h^2}{2!} + \frac{h^3}{3!} + \ldots$$

Üblicherweise wird in der Reihendarstellung der Exponentialfunktion noch der Buchstabe h wieder durch x ersetzt und es ergibt sich:

$$e^x = 1 + x + \frac{x^2}{2!} + \frac{x^3}{3!} + \ldots = \sum_{k=0}^{\infty} \frac{x^k}{k!} \tag{5.17}$$

5.18 Newton-Verfahren

Das **Newton**[3]**-Verfahren** ist ein Verfahren zur Bestimmung von Nullstellen (z.B. in Form eines Computerprogramms). Es handelt sich um eine Rekursionsformel, bei der mit einem Startwert x_0 begonnen wird, aus dem $x_1, x_2, \ldots$ berechnet werden.

Der nächste Näherungswert ergibt sich aus seinem Vorgänger durch folgende Rekursionsformel:

$$x_{n+1} = x_n - \frac{f(x_n)}{f'(x_n)} \tag{5.18}$$

Die Idee des Newton-Verfahrens ist, von einem Startpunkt x_0 entlang der Tangente an die Funktion zum Schnittpunkt mit der x-Achse zu gehen und diesen als neuen Näherungswert x_1 für die Nullstelle anzunehmen.

---

[3] Isaac Newton, 1642 - 1726

5.18. NEWTON-VERFAHREN

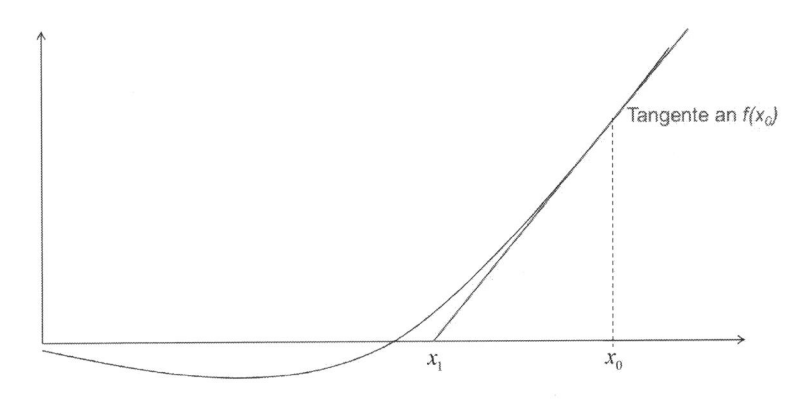

Abbildung 5.21: Newton-Verfahren, Schritt 1

Für den neuen Wert x_1 wird wieder die Tangente an $f(x_1)$ bestimmt und der Schnittpunkt mit der x-Achse berechnet:

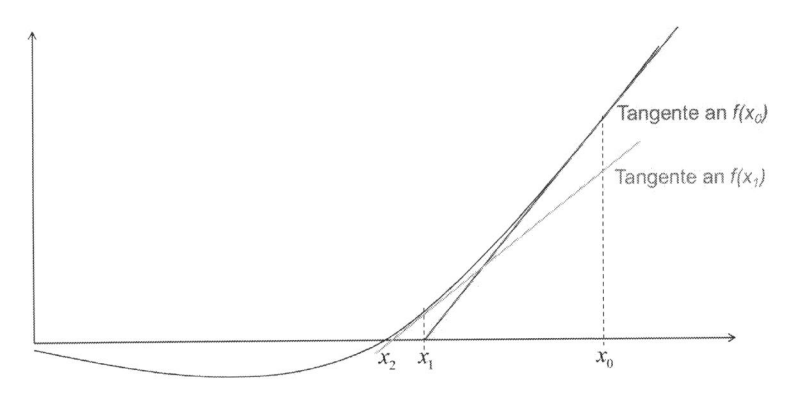

Abbildung 5.22: Newton-Verfahren, Schritt 2

Die Tangente an den Graphen der Funktion $f(x)$ an der Stelle x_0 lautet:

$$t_0(x) = f(x_0) + f'(x_0)(x - x_0)$$

5.18.1 NEWTON-VERFAHREN: BEISPIEL 1

Dies ist einfach zu überprüfen: der Funktionswert an der Stelle x_0 ergibt sich als $t_0(x_0) = f(x_0) + f'(x_0)(x_0 - x_0) = f(x_0)$. Die Steigung der Tangente ist gleich der ersten Ableitung: $t'(x) = f'(x_0) \cdot 1$. Da es sich um eine Gerade handelt, ist die Steigung unabhängig von x.

Also ist die Steigung von t_0 und f an der Stelle x_0 gleich und auch der Funktionswert, dies ist die Definition einer Tangente.

Der nächste Iterationswert x_1 ist dann die Nullstelle dieser Funktion

$$t_0(x_1) = 0 = f(x_0) + f'(x_0)(x_1 - x_0).$$

Das ergibt (siehe Formel (5.18)):

$$0 = t_0(x_1) = f(x_0) + f'(x_0)(x_1 - x_0) \Leftrightarrow$$
$$\Leftrightarrow -f(x_0) = f'(x_0)(x_1 - x_0) \Leftrightarrow$$
$$\Leftrightarrow -\frac{f(x_0)}{f'(x_0)} = x_1 - x_0 \Leftrightarrow x_1 = x_0 - \frac{f(x_0)}{f'(x_0)}.$$

Die Umformungen sind nur erlaubt, falls die erste Ableitung $f'(x)$ ungleich Null an der Stelle x_0 ist.

5.18.1 Newton-Verfahren: Beispiel 1

Es werden die Nullstellen der Funktion $f(x) = x^4 + 3x^3 - 10x^2 + 1$ gesucht. Die Ableitung ergibt sich als $f'(x) = 4x^3 + 9x^2 - 20x$. Der Graph der Funktion $f(x)$ ist in der folgenden Abbildung 5.23 dargestellt.

5.18. NEWTON-VERFAHREN

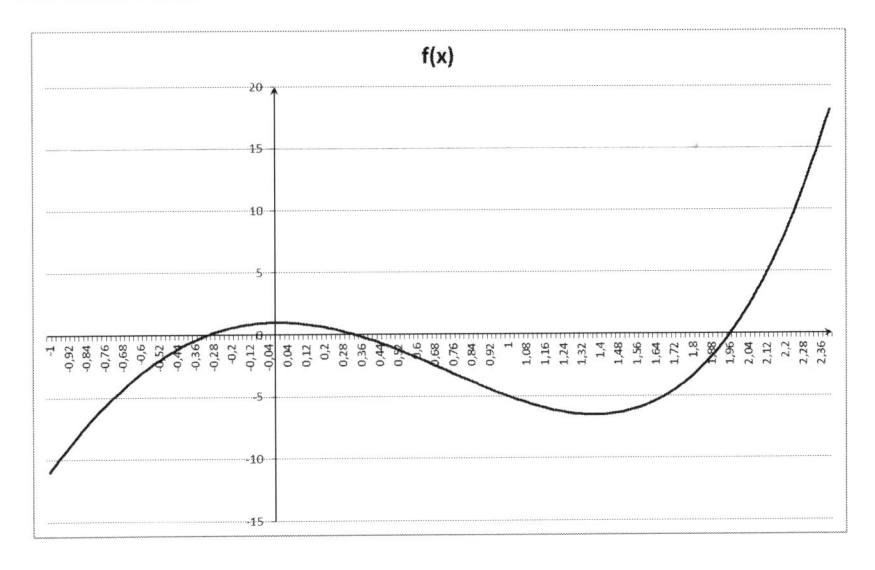

Abbildung 5.23: Beispiel Newton-Verfahren

Mit Excel ist die Aufgabe einfach zu lösen: Die Funktionen $f(x)$ und $f'(x)$ werden in zwei Spalten (hier Spalte F und G) eingefügt:

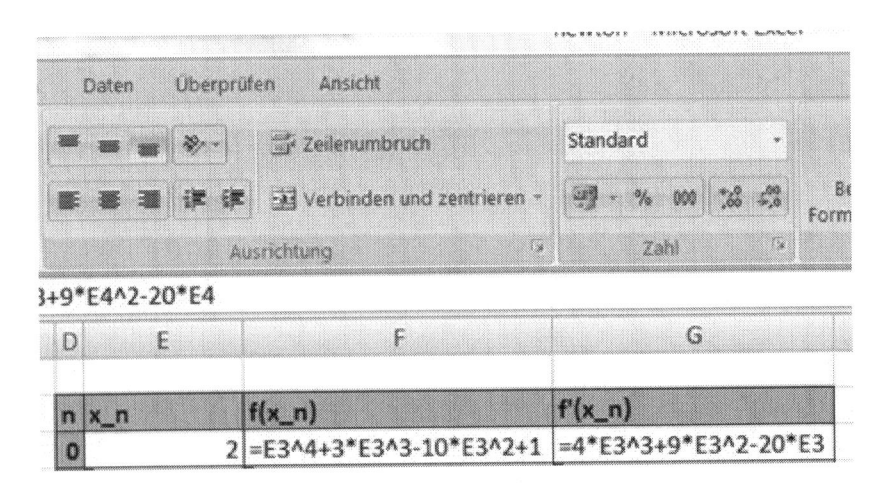

Abbildung 5.24: Beispiel Newton-Verfahren

5.18.1 NEWTON-VERFAHREN: BEISPIEL 1

Dann wird gemäß Formel (5.18) ein neuer Näherungswert für die Nullstelle definiert:

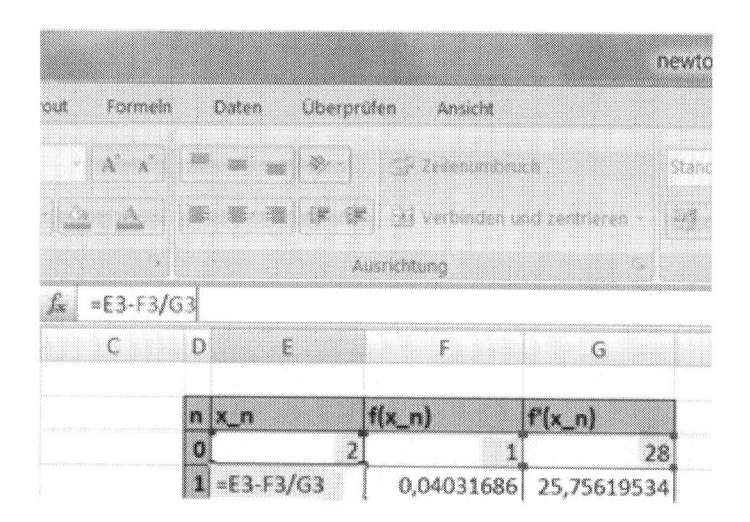

Abbildung 5.25: Beispiel Newton-Verfahren

Nun kann für verschiedene Startwerte das Newton-Verfahren getestet werden.

- Startwert $x_0 = 2$, nach vier Iterationsschritten, ändert sich der x-Wert bei neun angezeigten Stellen nicht mehr und der Funktionswert lautet $-7,1054 \cdot 10^{-15}$, also wurde schnell eine Nullstelle bei $x_{N,1} = 1,9627$ gefunden

n	x_n	f(x_n)	f'(x_n)
0	2	1	28
1	1,964285714	0,04031686	25,75619534
2	1,962720388	7,54972E-05	25,65975996
3	1,962717445	2,66439E-10	25,65957885
4	1,962717445	-7,10543E-15	25,65957885

5.18. NEWTON-VERFAHREN

- Startwert $x_0 = 10$, nach zehn Iterationsschritten wird der gleiche x-Wert gefunden und der Funktionswert lautet $1,1056 \cdot 10^{-9}$

n	x_n	f(x_n)	f'(x_n)
0	10	12001	4700
1	7,446595745	3760,164081	2001,842378
2	5,568244022	1170,213708	858,2644224
3	4,20477878	359,8101168	372,3906293
4	3,238561888	108,0221131	165,4911258
5	2,585825298	30,71456099	77,62233179
6	2,190132972	7,557455101	41,3889719
7	2,007537108	1,212861579	28,48425126
8	1,964957032	0,057621339	25,79760221
9	1,962723439	0,000153792	25,65994778
10	1,962717445	1,1056E-09	25,65957885

- Startwert $x_0 = -1$, nach fünf Iterationsschritten wird eine andere Nullstelle ($x_{N,2} = -0,304$) gefunden, der Funktionswert ist $-4,7627 \cdot 10^{-8}$

n	x_n	f(x_n)	f'(x_n)
0	-1	-11	25
1	-0,56	-2,56450304	13,319936
2	-0,36746882	-0,480960927	8,366194161
3	-0,3099802	-0,041000271	6,945252357
4	-0,30407685	-0,000425265	6,801238425
5	-0,30401432	-4,76271E-08	6,799715035

5.18.1 NEWTON-VERFAHREN: BEISPIEL 1

- Startwert $x_0 = 1$, nach vier Iterationsschritten wird die dritte und letzte Nullstelle ($x_{N,3} = 0,3356$) gefunden, der Funktionswert lautet $1,09 \cdot 10^{-9}$

n	x_n	f(x_n)	f'(x_n)
0	1	-5	-7
1	0,285714286	0,260308205	-4,88629738
2	0,338987385	-0,019057991	-5,58972019
3	0,335577914	-7,29376E-05	-5,54688433
4	0,335564764	-1,09002E-09	-5,54671853

Damit wurden die drei Nullstellen $x_{N,1} = 1,9627$, $x_{N,2} = -0,304$ und $x_{N,3} = 0,3356$ gefunden (siehe Abbildung 5.23).

Auf den ersten Blick sieht es so aus, als ob das Newton-Verfahren immer gegen die nächste Nullstelle konvergiert. Das ist jedoch nicht immer so. Es werden drei dicht beieinander liegende Startwerte für das Newton-Verfahren gewählt, die gegen verschiedene Nullstellen konvergieren:

n	x_n	f(x_n)	f'(x_n)
0	1,1	-5,6429	-5,786
1	0,124732112	0,850482841	-2,34685696
2	0,48712439	-0,969825597	-7,14451694
3	0,351380349	-0,08928427	-5,74285651
4	0,335833335	-0,001490145	-5,5501039
5	0,335564846	-4,54287E-07	-5,54671957
6	0,335564764	-4,24105E-14	-5,54671853

5.18. NEWTON-VERFAHREN

n	x_n	f(x_n)	f'(x_n)
0	1,13	-5,80983539	-5,336312
1	0,041263923	0,983186567	-0,80967302
2	1,255564681	-6,341277987	-3,00600667
3	-0,85397089	-7,629149932	21,15172551
4	-0,493284	-1,734173092	11,57552061
5	-0,34347017	-0,287359594	7,769070145
6	-0,30648253	-0,016857397	6,859880932
7	-0,30402514	-7,36148E-05	6,79997862
8	-0,30401431	-1,42765E-09	6,79971487

n	x_n	f(x_n)	f'(x_n)
0	1,4	-6,5264	0,616
1	11,99480519	24439,63375	7958,009323
2	8,923731418	7677,952107	3380,715602
3	6,652628785	2400,434483	1442,978721
4	4,989101494	744,2103776	620,9757431
5	3,790648276	227,1820683	271,3796815
6	2,953510922	67,1548542	122,4954046
7	2,405287465	18,36357193	59,62519619
8	2,097304044	4,037715443	34,54359048
9	1,9804165	0,463851969	26,75928192
10	1,963082254	0,009364946	25,68203938
11	1,962717605	4,09359E-06	25,65958867
12	1,962717445	7,95808E-13	25,65957885
13	1,962717445	-1,42109E-14	25,65957885

5.18.2 Newton-Verfahren: Beispiel 2

Es ist sogar möglich, daß das Newton-Verfahren nicht konvergiert.

Der Arcus-Tangens arctan ist die Umkehrfunktion zum Tangens. Die Ab-

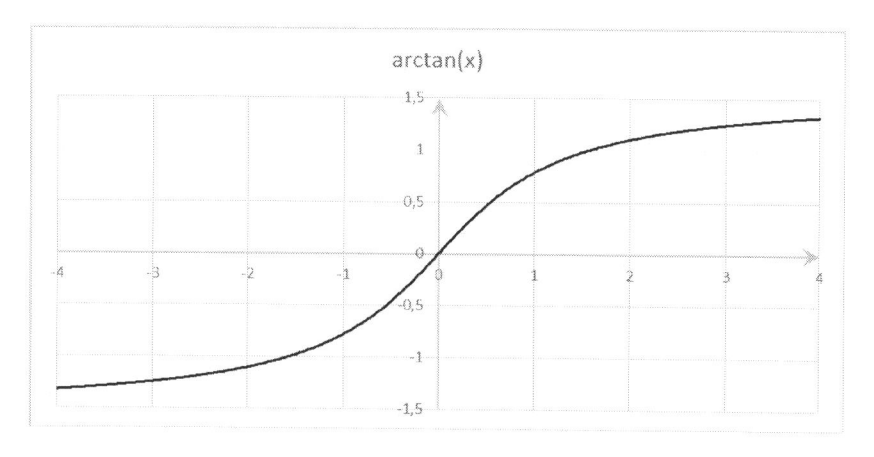

Abbildung 5.26: Graph des Arcus-Tangens

leitung von arctan(x) lautet: arctan'(x) = $\frac{1}{1+x^2}$ (siehe Kapitel 5.14). Wird die Nullstelle des Arcus-Tangens mithilfe des Newton-Verfahrens gesucht, so ergibt sich nach Formel (5.18) (Newton-Verfahren):

$$x_{n+1} = x_n - \frac{f(x_n)}{f'(x_n)} = x_n - \frac{\arctan(x_n)}{\frac{1}{1+x_n^2}} =$$
$$= x_n - (1 + x_n^2) \cdot \arctan(x_n).$$

In Abhängigkeit vom Startwert x_0 divergiert das Newton-Verfahren oder es konvergiert gegen die einzige Nullstelle, die bei $x = 0$ liegt. Beispielhaft wird hier die Divergenz für den Startwert Zwei gezeigt:

5.18. NEWTON-VERFAHREN

n	x_n	$f(x_n)$	$f'(x_n)$
0	2,000	1,1071	0,2000
1	−3,5357	−1,2952	0,0741
2	13,9510	1,4992	0,0051
3	−279,3441	−1,5672	0,0000
4	122.016,9989	1,5708	0,0000
5	−23.386.004.197,9339	−1,5708	0,0000

Dabei wird nach fünf Schritten aufgrund der wachsenden x-Werte abgebrochen. An Abbildung 5.26 ist die Problematik klar zu erkennen: dadurch, daß für große x-Werte, die Tangente sehr flach verläuft, werden immer größer werdende Werte (mit wechselndem Vorzeichen) angenommen.

5.18.3 Konvergenz des Newton-Verfahrens

Unter den folgenden Voraussetzungen konvergiert das Newton-Verfahren gegen eine Nullstelle:

- Auf einem Intervall (nicht auf dem Definitionsbereich!) ist die Funktion stetig und streng monoton steigend oder fallend.

- Im betrachteten Intervall existieren sowohl positive als auch negative Werte (d.h. es gibt eine Nullstelle im Intervall).

Dann gilt:

Monotonie	Krümmung	Konvergenz gegen Nullstelle
Streng steigend $f'(x) > 0$	Konkav $f''(x) \leq 0$	Für alle x_0, die links der Nullstelle liegen
Streng fallend $f'(x) < 0$	Konkav $f''(x) \leq 0$	Für alle x_0, die rechts der Nullstelle liegen
Streng fallend $f'(x) < 0$	Konvex $f''(x) \geq 0$	Für alle x_0, die links der Nullstelle liegen
Streng steigend $f'(x) > 0$	Konvex $f''(x) \geq 0$	Für alle x_0, die rechts der Nullstelle liegen

Tabelle 5.1: Konvergenz des Newton-Verfahrens

5.19 Elastizität

Die Elastizität untersucht die Fragestellung "Wie stark ändert sich eine Größe, wenn eine andere verändert wird?". Insbesondere: "Wie stark ändert sich die abgesetzte Menge, wenn der Preis geändert wird?".

Angenommen, der Zusammenhang zwischen Preis und Absatzmenge sei folgendermaßen darstellbar: $p(x) = (x - 100)^2$. Dabei ist x die abgesetzte Menge und $p(x)$ der Preis in Abhängigkeit von der Menge. Diese Art der Darstellung ist in der Ökonomie gebräuchlich, obwohl in der Realität im Allgemeinen die Menge vom gewählten Preis abhängt.

Wie in der folgenden Abbildung zu sehen ist, gehen niedrigere Preise mit höheren Absatzmengen einher. Für $x = 0$ ergibt sich der **Prohibitivpreis**: bei einem Preis von $p(x = 0) = (0 - 100)^2 = 10.000$ (Geldeinheiten) wird keine Einheit abgesetzt. Die Nullstelle der Preis-Absatz-Funktion bei $x = 100$ wird **Sättigungsmenge** genannt: $p(x = 100) = (100 - 100)^2 = 0$. Bei einem Preis von Null Euro werden 100 (Mengeneinheiten) abgesetzt bzw. verschenkt. Der sinnvolle Definitionsbereich für $p(x)$ lautet also in diesem Falle: [0; 100]. Es

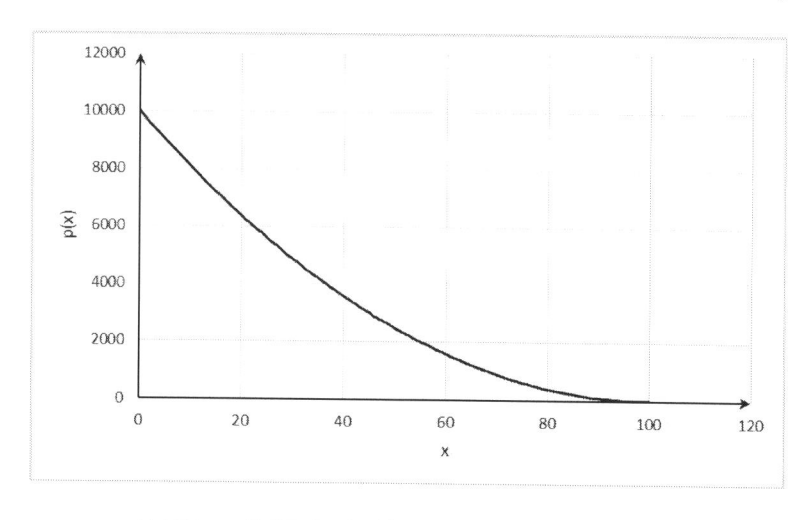

Abbildung 5.27: Preis-Absatz-Funktion , Elastizität

wird die Umkehrfunktion (siehe Kapitel 5.7) gebildet, um die Absatzmenge als

5.19. ELASTIZITÄT

Funktion des Preises darzustellen:

$$p(x) = (x-100)^2 \Leftrightarrow \pm\sqrt{p(x)} = x - 100 \Leftrightarrow$$
$$\Leftrightarrow \pm\sqrt{p(x)} + 100 = x.$$

Beim Ziehen der Wurzel ergeben sich eine positive und eine negative Lösung. Ökonomisch macht nur die negative Lösung Sinn, da sich dann mit wachsendem Preis die Absatzmengen verringern. Wird jetzt die Absatzmenge als Funktion des Preises aufgefasst, so kann geschrieben werden: $x(p) = -\sqrt{p} + 100$. Der sinnvolle Definitionsbereich lautet hier [0; 10.000].

Wie stark ändert sich die Menge, wenn der Preis geändert wird? Dies entspricht der Ableitung der Menge nach dem Preis: $x'(p) = \frac{dx}{dp} = -\frac{1}{2}\frac{1}{\sqrt{p}}$. Also: wird der Preis um eine Einheit geändert, ändert sich die Absatzmenge um die rechte Seite, die vom Preis p abhängt.

Dies wird an einigen konkreten Werten illustriert:

p	$x(p)$	Differenz p	Differenz $x(p)$
100	90, 0000		
101	89, 9501	1, 0000	$-0, 0499$
⋮	⋮		
5.000	29, 2893		
5.050	28, 9366	50, 0000	$-0, 3527$

Die Werte ergeben sich durch Einsetzen eines Preises in die obige Gleichung für $x(p)$.

Eine Änderung von 100 auf 101 Preiseinheiten bewirkt eine Änderung um $-0, 0499$ Mengeneinheiten (von 90 auf 89, 9501). Relativ betrachtet, wurde der Preis um ein Prozent erhöht, die Menge verringerte sich nur um ca. 0, 0554%.

Eine Änderung von 5.000 auf 5.050 Preiseinheiten bewirkt eine Änderung um $-0, 3527$ Mengeneinheiten (von 29, 2893 auf 28, 9366). Relativ betrachtet: der Preis stieg wieder um 1%, die Menge verringerte sich um 1, 2041%.

Die ökonomische Bedeutung der Preiserhöhung um 1% ist also unterschiedlich.

Daraus resultiert die Überlegung, daß das Verhältnis der relativen Änderungen betrachtet werden sollte, dies wird **Elastizität** genannt. Falls die relative Änderung der Mengen auf die relative Änderung des Preises bezogen wird: **Preiselastizität der Nachfrage**. Formal kann dies dargestellt werden als

$$\frac{\text{relative Änderung der Menge}}{\text{relative Änderung des Preises}} = \frac{\frac{\Delta x}{x}}{\frac{\Delta p}{p}} \qquad (5.19)$$

Um die Änderungen in einem Punkt zu erhalten, muss das Δ gegen Null gehen. Dann ergibt sich:

$$\varepsilon_{xp} = \frac{\frac{dx}{x}}{\frac{dp}{p}} \qquad (5.20)$$

Der erste tiefgestellte Buchstabe bei der Elastizität ist die abhängige Größe, der zweite die unabhängige. Dieser Ausdruck kann noch zur **Punktelastizität** umgeformt werden:

$$\varepsilon_{xp} = \frac{\frac{dx}{x}}{\frac{dp}{p}} = \frac{dx}{x} \cdot \frac{p}{dp} = \frac{dx}{dp} \cdot \frac{p}{x} = x'(p) \cdot \frac{p}{x} \qquad (5.21)$$

Im obigen Beispiel ergibt sich: $\varepsilon_{xp} = x'(p) \cdot \frac{p}{x} = -\frac{1}{2} \frac{1}{\sqrt{p}} \cdot \frac{p}{-\sqrt{p}+100}$. Dies kann geschrieben werden als: $\varepsilon_{xp} = -\frac{1}{2} \cdot \frac{p}{-p+100\sqrt{p}} = \frac{p}{2p-200\sqrt{p}} = \frac{1}{2-\frac{200}{\sqrt{p}}}$. Wird die Punktelastizität graphisch dargestellt, so ergibt sich Abbildung 5.28.

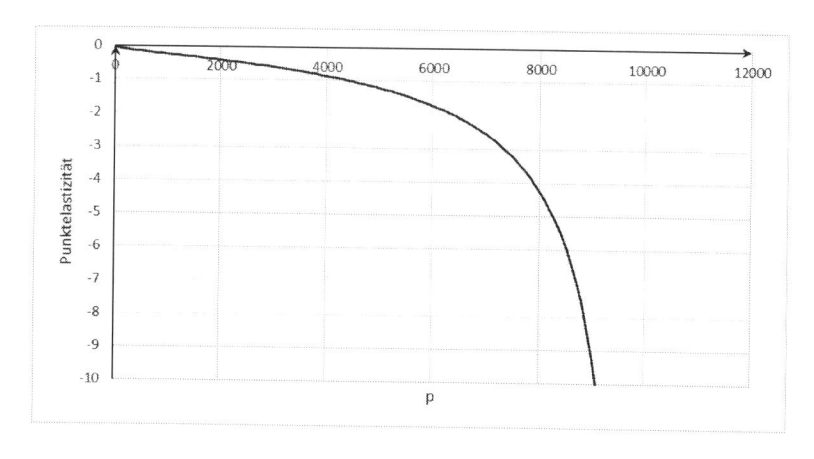

Abbildung 5.28: Elastizität, Ausschnitt

5.19. ELASTIZITÄT

Dabei wurde der Definitionsbereich $(0; 10.000)$ genutzt. Null und 10.000 sind nicht im Definitionsbereich enthalten, da dort durch Null geteilt werden würde.

Die Elastizität sagt etwas über die relative Auswirkung einer Preisänderung aus. Es werden (grob) drei Bereiche unterschieden:

- Die relative Änderung der Menge ist (betragsmäßig) kleiner als die relative Änderung des Preises: ε_{xp} liegt zwischen Null und minus Eins ($0 > \varepsilon_{xp} > -1$). Dieser Bereich wird **unelastisch** genannt. Dies bedeutet, daß es sich lohnt den Preis zu erhöhen, da die Absatzmenge um weniger fällt als der Preis steigt.

- Die relative Änderung der Menge ist (betragsmäßig) größer als die relative Änderung des Preises: ε_{xp} liegt unterhalb von minus Eins ($\varepsilon_{xp} < -1$). Dieser Bereich wird **elastisch** genannt. Dies bedeutet, daß es sich nicht lohnt den Preis zu erhöhen, da die Absatzmenge stärker fällt als der Preis steigt.

- Die relative Änderung der Menge ist (betragsmäßig) genauso groß wie die relative Änderung des Preises: $\varepsilon_{xp} = -1$. Dies wird **proportional elastisch** genannt.

Im obigen Beispiel ist $\varepsilon_{xp} = \frac{1}{2 - \frac{200}{\sqrt{p}}}$. Proportional elastisch bedeutet in diesem Falle also: $\varepsilon_{xp} = \frac{1}{2 - \frac{200}{\sqrt{p}}} = -1$.

Umformen liefert: $1 = -\left(2 - \frac{200}{\sqrt{p}}\right)$ bzw. $\sqrt{p} = -2\sqrt{p} + 200$. Ausklammern der Wurzel des Preises: $\sqrt{p} \cdot (1 + 2) = 200$. Also: $\sqrt{p} = \frac{200}{3}$ oder

$$p = \left(\frac{200}{3}\right)^2 = 4.444,4444.$$

Dies ist in Abbildung 5.28 (Elastizität, Ausschnitt) zu erkennen: es handelt sich um den Preis, für den der unelastische Bereich in den elastischen Bereich übergeht.

Wird der Umsatz in Abhängigkeit vom Preis betrachtet (siehe auch nächstes Kapitel), so gilt: $U(p) = x(p) \cdot p$ (Umsatz ist gleich Absatzmenge multipliziert mit dem Preis). In diesem Kapitel (im Unterschied zum nächsten) wird weiterhin der Absatz in Abhängigkeit vom Preis betrachtet. Wird ein Umsatzmaximum gesucht, so muss die Umsatzfunktion abgeleitet werden (Produktregel): $U'(p) = x'(p) \cdot p + x(p) \cdot 1$. Für Extremwerte muss die erste Ableitung Null gesetzt werden: $U'(p) = x'(p) \cdot p + x(p) \cdot 1 = 0$. Umformen liefert: $x'(p) \cdot p = -x(p)$. Dividieren durch $x(p)$ (ungleich Null vorausgesetzt) liefert:

$$x'(p) \cdot \frac{p}{x(p)} = -1.$$

Die linke Seite stellt die Elastizität aus Formel (5.21) (Punktelastizität) dar, also stellt der schon oben berechnete Wert ($p = 4.444,44\ldots$), der sich auch aus $x'(p) \cdot \frac{p}{x(p)} = -1$ ergibt, das Umsatzmaximum dar.

5.20 Anwendung: Gewinnmaximierung: Beispiel

In diesem Beispiel soll der Gewinn eines Unternehmens maximiert werden. Die Gewinnfunktion wird mit $G(x)$ bezeichnet und berechnet sich als Differenz aus Umsatz $U(x)$ und Kosten $K(x)$:

$$G(x) = U(x) - K(x).$$

Der Grenzgewinn ist der Grenzumsatz minus die Grenzkosten:

$$G'(x) = U'(x) - K'(x).$$

Soll der Gewinn maximiert werden, so wird also eine Extremstelle gesucht, das bedeutet mathematisch, daß nach x-Werten gesucht wird, für die gilt:

$$G'(x) = 0 = U'(x) - K'(x) \text{ oder } U'(x) = K'(x).$$

Es wird ein Monopolist betrachtet, der im letzten Jahr ein Produkt zu verschiedenen Preisen verkaufte und dabei zu jedem Preis die abgesetzte Menge notierte. Der Zusammenhang zwischen Absatzmenge und Preis konnte nähe-

5.20. ANWENDUNG: GEWINNMAXIMIERUNG: BEISPIEL

rungsweise durch die folgende Preis-Absatz-Funktion beschrieben werden:

$$p(x) = 1.000 e^{-0,01x} - 10.$$

Solche Funktionen, die gegebene Punkte approximieren bzw. annähern, werden in Kapitel 9.7.3 betrachtet. Der Verlauf der Preis-Absatz-Funktion ist in Abbildung 5.29 zu sehen.

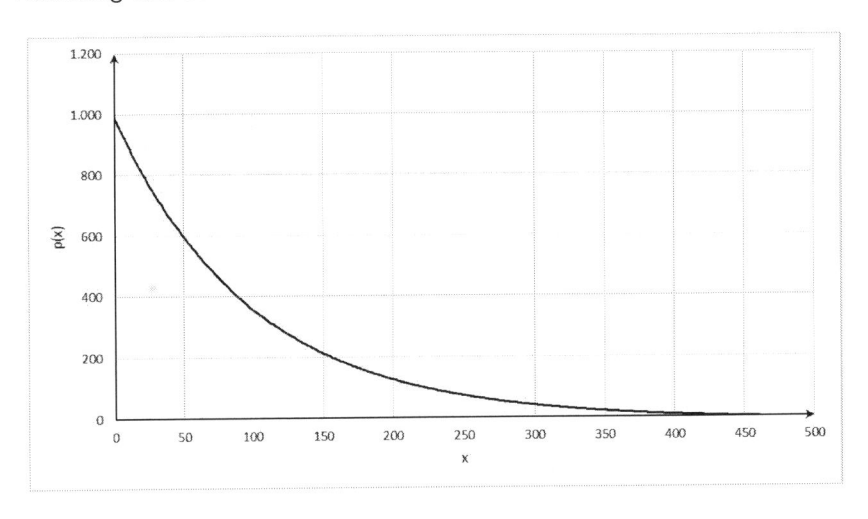

Abbildung 5.29: Preis-Absatz-Funktion, Beispiel

Der Definitionsbereich ist durch zwei Punkte bestimmt:

- **Sättigungsmenge**: die Absatzmenge, die sich ergibt, wenn der Preis auf Null gesenkt wird (der Markt gesättigt ist). Also:

$$p(x_S) = 1.000 e^{-0,01 x_S} - 10 = 0.$$

Umgeformt ergibt sich $1.000 e^{-0,01 x_S} = 10$ bzw. $e^{-0,01 x_S} = \frac{10}{1.000}$.

Die Umkehrfunktion zur e-Funktion ist der Logarithmus naturalis (siehe Kapitel 5.8):

$$-0,01 x_S = \ln\left(\frac{10}{1.000}\right) \text{ oder } x_S = \frac{1}{-0,01} \ln\left(\frac{10}{1.000}\right) = 460,517.$$

Wenn der Preis auf Null gesenkt wird, werden 460,517 Mengeneinheiten (z.B. 1.000 Stück) "verschenkt".

- **Prohibitivpreis**: zu diesem Preis wird kein Stück des Produkts verkauft. Also gilt Prohibitivpreis: $p(0) = 1.000e^{-0,01 \cdot 0} - 10 = 990$. Falls der Preis auf 990 € gesetzt wird, wird kein einziges Produkt verkauft.

Der Definitionsbereich der Preis-Absatz-Funktion lautet also in diesem Beispiel [0; 460,517]. Hier wird mit Nachkommastellen gerechnet, da es sich bei x nicht um einzelne Stück, sondern z.B. um 1.000 Stück handeln könnte.

Der Umsatz ist als Absatzmenge x multipliziert mit dem Preis $p(x)$ definiert:

$$U(x) = x \cdot p(x).$$

Mit der obigen Preis-Absatz-Funktion ergibt sich also:

$$U(x) = x \cdot p(x) = x \cdot \left(1.000e^{-0,01x} - 10\right) = 1.000xe^{-0,01x} - 10x.$$

Um ein Gewinnmaximum bestimmen zu können, wird noch eine Kostenfunktion benötigt. Dabei wird von fixen Kosten in Höhe von 5.000 Geldeinheiten und variablen Kosten von 70 Geldeinheiten pro Mengeneinheit x ausgegangen. Für größere Mengen erniedrigen sich die variablen Kosten auf 20 Geldeinheiten pro Mengeneinheit. Dies soll ab 90 Mengeneinheiten gelten:

$$K(x) = \begin{cases} 5.000 + 70x & \text{für } x \leq 90 \\ 9.500 + 20x & \text{für } x > 90 \end{cases}$$

Der Graph der Kostenfunktion ist in Abbildung 5.30 dargestellt.

5.20. ANWENDUNG: GEWINNMAXIMIERUNG: BEISPIEL

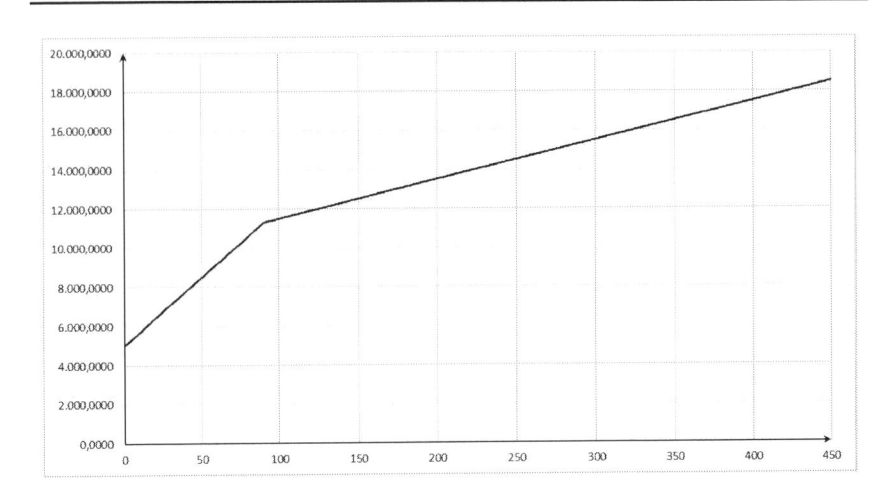

Abbildung 5.30: Kostenfunktion, Beispiel

Damit ergibt sich als Gewinnfunktion :

$$G(x) = U(x) - K(x) =$$

$$= \begin{cases} 1.000xe^{-0,01x} - 10x - (5.000 + 70x) & \text{für } x \leq 90 \\ 1.000xe^{-0,01x} - 10x - (9.500 + 20x) & \text{für } x > 90 \end{cases} =$$

$$= \begin{cases} 1.000xe^{-0,01x} - 80x - 5.000 & \text{für } x \leq 90 \\ 1.000xe^{-0,01x} - 30x - 9.500 & \text{für } x > 90 \end{cases}$$

Abbildung 5.31 zeigt die Gewinnfunktion $G(x)$, die Kostenfunktion $K(x)$ und die Umsatzfunktion $U(x)$.

Die Gewinnfunktion wird abgeleitet und Null gesetzt, um einen Kandidaten für ein Maximum zu finden. An der Stelle $x = 90$ ist die Funktion nicht differenzierbar, da die Kostenfunktion an dieser Stelle einen Knick hat und sich der linksseitige Grenzwert des Differenzquotienten (Sekantensteigung) vom rechtsseitigen Grenzwert unterscheidet. Diese Stelle muss später gesondert be-

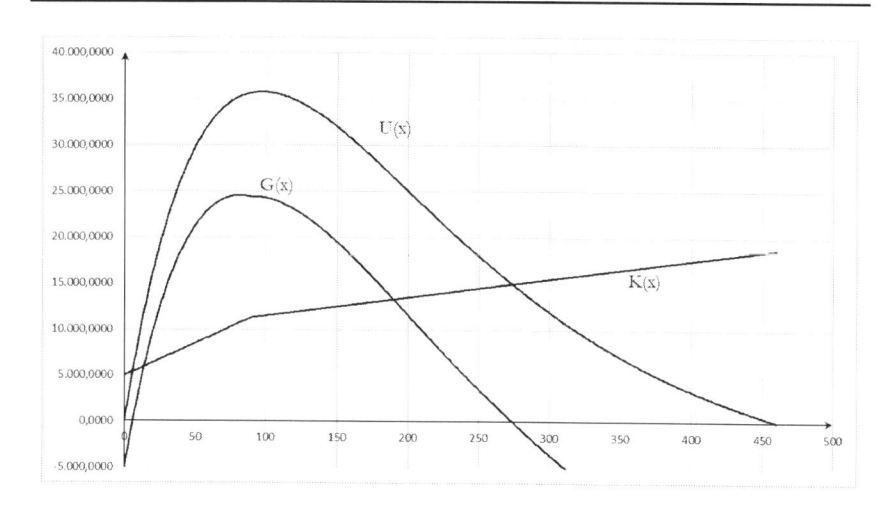

Abbildung 5.31: Umsatz-, Kosten- und Gewinnfunktion, Beispiel

trachtet werden.

$$G'(x) =$$
$$= \begin{cases} 1.000e^{-0,01x} + 1.000x \cdot (-0,01)e^{-0,01x} - 80 & \text{für } x \leq 90 \\ 1.000e^{-0,01x} + 1.000x \cdot (-0,01)e^{-0,01x} - 30 & \text{für } x > 90 \end{cases} =$$
$$= \begin{cases} (1.000 - 10x)e^{-0,01x} - 80 & \text{für } x \leq 90 \\ (1.000 - 10x)e^{-0,01x} - 30 & \text{für } x > 90 \end{cases}$$

Diese Ableitungen werden Null gesetzt:

$$G'(x_E) = 0 = \begin{cases} (1.000 - 10x_E)e^{-0,01x_E} - 80 & \text{für } x \leq 90 \\ (1.000 - 10x_E)e^{-0,01x_E} - 30 & \text{für } x > 90 \end{cases}$$

Diese Gleichungen sind z.B. mit dem Newton-Verfahren (siehe Kapitel 5.18) zu lösen. Es müssen für $x < 90$ die Nullstellen der Funktion

$$f(x) = G'(x) = (1.000 - 10x)e^{-0,01x} - 80$$

gesucht werden. Die Ableitung wird für das Newton-Verfahren ebenfalls benö-

5.20. ANWENDUNG: GEWINNMAXIMIERUNG: BEISPIEL

tigt:
$$f'(x) = -10e^{-0,01x} + (1.000 - 10x)(-0,01)e^{-0,01x}.$$

Wird als Startwert $x_0 = 80$ gewählt, so ergibt sich für das Newton-Verfahren mit Excel:

n	x_n	$f(x_n)$	$f'(x_n)$
0	80,0000	9,8658	$-5,3919$
1	81,8297	0,1640	$-5,2135$
2	81,8612	0,0000	$-5,2104$
3	81,8612	0,0000	$-5,2104$

In wenigen Schritten wird die Nullstelle der ersten Ableitung der Gewinnfunktion als $x_{E,1} = 81,8612$ gefunden.

Für $x > 90$ ändert sich nur der konstante Wert von 80 auf 30:

$$f(x) = G'(x) = (1.000 - 10x)e^{-0,01x} - 30.$$

Die erste Ableitung von f ist identisch mit dem ersten Fall. Auch dieses Problem ist mit dem Newton-Verfahren lösbar. Bei einem Startwert von $x_0 = 100$, ergeben sich mit Excel die in Tabelle 5.2 aufgelisteten Werte.

n	x_n	$f(x_n)$	$f'(x_n)$
0	100,0000	$-30,0000$	$-3,6788$
1	91,8452	2,5490	$-4,3169$
2	92,4356	0,0144	$-4,2680$
3	92,4390	0,0000	$-4,2677$
4	92,4390	0,0000	$-4,2677$

Tabelle 5.2: Beispiel, Gewinnmaximierung, Newton-Verfahren

In wenigen Schritten wird eine zweite Nullstelle der ersten Ableitung der Gewinnfunktion als $x_{E,2} = 92,4390$ gefunden.

Wird die Gewinnfunktion auf ein kleineres Intervall eingeschränkt und vergrößert, so sind die beiden Stellen mit waagerechter Tangente auch in Abbildung 5.32 erkennbar. Also ergeben sich zwei mögliche x-Werte für lokale

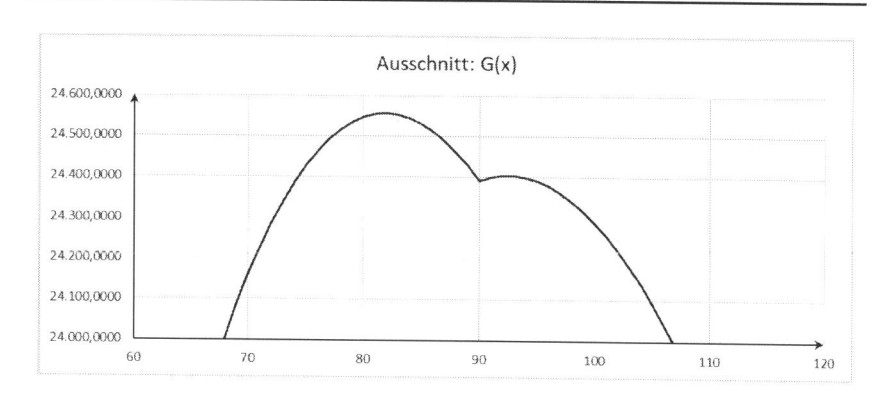

Abbildung 5.32: Gewinnfunktion, Ausschnitt, Beispiel

Extrema: $x_{E,1} = 81,8612$ und $x_{E,2} = 92,4390$. Um zu überprüfen, ob es sich um eine Maximum oder Minimum handelt, müssen die gefundenen Werte in die zweite Ableitung der Gewinnfunktion eingesetzt werden. Aus

$$G'(x) = \begin{cases} (1.000 - 10x)e^{-0,01x} - 80 & \text{für } x \leq 90 \\ (1.000 - 10x)e^{-0,01x} - 30 & \text{für } x > 90 \end{cases}$$

ergibt sich

$$G''(x) = \begin{cases} (-10)e^{-0,01x} + (1.000 - 10x)(-0,01)e^{-0,01x} & \text{für } x \leq 90 \\ (-10)e^{-0,01x} + (1.000 - 10x)(-0,01)e^{-0,01x} & \text{für } x > 90 \end{cases}$$

Einsetzen liefert:

$$G''(81,8612) = -5,2104 < 0 \text{ und } G''(92,4390) = -4,2677 < 0.$$

Also handelt es sich bei beiden gefunden Extremwerten um lokale Maxima (siehe auch obige Abbildung).

Um festzustellen, wo das globale Maximum liegt, müssen beide Extremwerte in die Gewinnfunktion eingesetzt werden: $G(81,8612) = 24.555$ bzw. $G(92,4390) = 24.404$ (jeweils Geldeinheiten). Also liegt das globale Maximum der Gewinnfunktion für das Innere des Definitionsbereichs bei

5.20. ANWENDUNG: GEWINNMAXIMIERUNG: BEISPIEL

$x_{Max} = 81,8612$, da der Gewinn in diesem Falle höher ist.

Eine Überprüfung der Randwerte des Definitionsbereichs liefert:
$G(0) = 1.000 \cdot 0 \cdot e^{-0,01 \cdot 0} - 80 \cdot 0 - 5.000 = -5000$ und
$G(460,517) = 1.000 \cdot 460,517 \cdot e^{-0,01 \cdot 460,517} - 30 \cdot 460,517 - 9.500 =$
$= -18.710$.

Als letzter Schritt muss noch die Stelle $x = 90$ überprüft werden, da dort keine Ableitung für die Gewinnfunktion gebildet werden konnte. Einsetzen in die Gewinnfunktion liefert:

$$G(90) = 1.000 \cdot 90 \cdot e^{-0,01 \cdot 90} - 30 \cdot 90 - 5.000 = 24.391.$$

Also ist der Gewinn an der Stelle $x = 90$ kleiner als der Gewinn an der Stelle $x_{Max} = 81,8612$. Es handelt sich beim gefundenen Maximum also um ein globales Maximum auf dem gesamten Definitionsbereich.

Eine Darstellung der Grenzfunktionen ist in Abbildung 5.33 zu sehen. Ins-

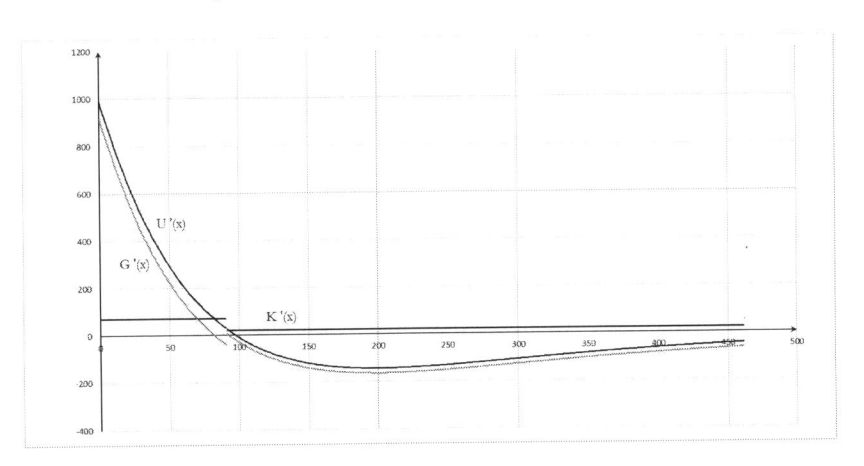

Abbildung 5.33: Grenzfunktionen Umsatz, Kosten und Gewinn, Beispiel

besondere in der folgenden Abbildung ist deutlich sichtbar, daß bei $81,8612$ bzw. bei $92,439$ Mengeneinheiten die Grenzgewinnfunktion eine Ableitung von Null hat und die Grenzkosten gleich dem Grenzumsatz sind[4].

---
[4] Antoine-Augustin Cournot, 1801 - 1877

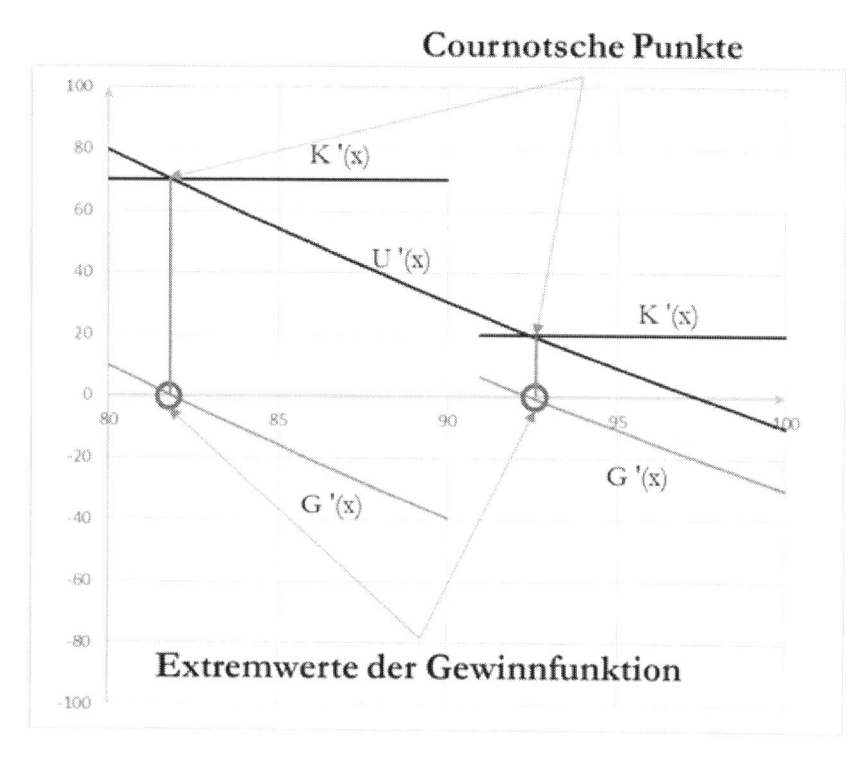

Abbildung 5.34: Vergrößerung der Grenzfunktionen mit Cournotschen Punkten

5.21 Anwendung: Jäger-Beute-Modell

In vielen (volks-)wirtschaftlichen Modellen wird von einem Gleichgewichtszustand ausgegangen, der in der Praxis häufig so nicht zu beobachten ist. In der Realität schwanken viele Kennzahlen und beeinflussen sich gegenseitig. In diesem Fall können Abhängigkeiten zwischen Kennzahlen häufig durch Differentialgleichungen bzw. Differentialgleichungssysteme dargestellt werden.

Als Beispiel dienen in diesem Kapitel die Arbeitslosenquote und die Inflationsrate der Bundesrepublik Deutschland der Jahre 1967 bis 1978 (siehe Abbildung 5.35).

Jäger-Beute Modelle[5] gehen von zwei Populationen aus, die sich gegensei-

[5] Alfred Lotka, 1880 - 1949 und Vito Volterra, 1860 - 1940

5.21. ANWENDUNG: JÄGER-BEUTE-MODELL

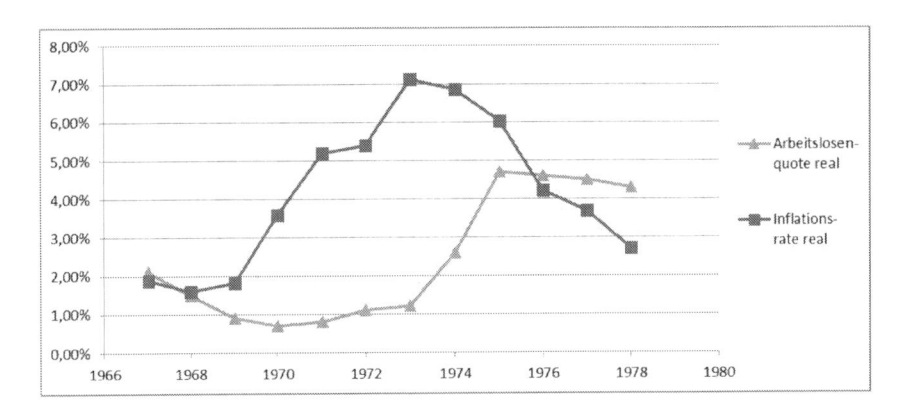

Abbildung 5.35: Arbeitslosenquote und Inflationsrate, 1967 bis 1978

tig beeinflussen. Häufig wird dies mit Füchsen und Hasen auf einer Insel ohne weitere Populationen erläutert. Der Zusammenhang wird durch Differentialgleichungen beschrieben, hier ist $J(t)$ die Anzahl der Jäger und $B(t)$ die Anzahl der Beutetiere zu einem Zeitpunkt t.

Das Jäger-Beute-Modell besteht dann aus zwei Gleichungen, die folgendermaßen aussehen:

$$J'(t) = -c \cdot J(t) + d \cdot J(t) \cdot B(t)$$
$$B'(t) = a \cdot B(t) - b \cdot B(t) \cdot J(t)$$
(5.22)

a, b, c und d sind dabei Konstanten. Diese Modelle sind mit Computerprogrammen lösbar und falls die Arbeitslosenquote als Jäger und die Inflationsrate als Beute definiert werden, so ergibt sich Abbildung 5.36.

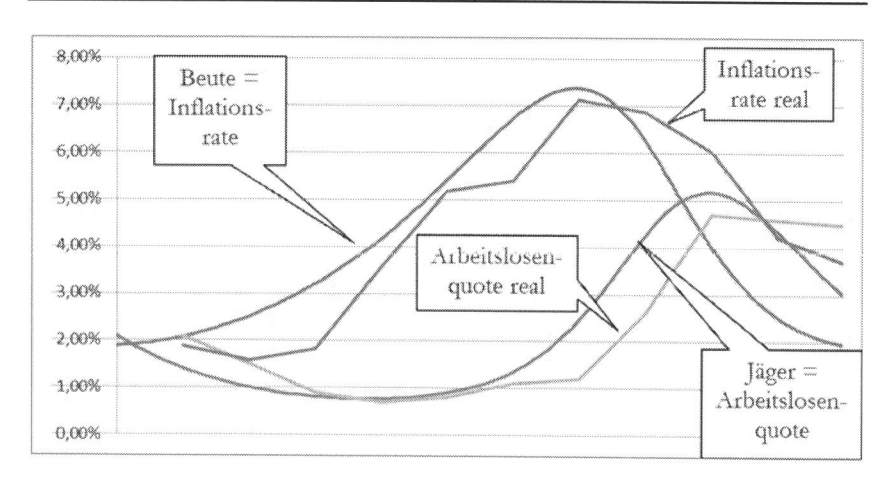

Abbildung 5.36: Arbeitslosenquote und Inflationsrate im Jäger-Beute-Modell

Dabei wurden folgende Parameter gewählt:

Parameter	Wert
a	0,4037528
b	17,4200705
c	0,7718607
d	19,2937451

Es ist deutlich zu sehen, daß die realen Werte sich mit guter Qualität durch das Modell nachbilden lassen und daß es sich offensichtlich nicht um einen Gleichgewichtszustand handelt.

5.22 Anwendung: Epidemie Modell

5.22.1 Herleitung

Ein einfaches Modell zur Darstellung von Epidemien besteht aus drei Funktionen, die über drei Differentialgleichungen gekoppelt sind. Dieses Modell wird häufig SIR-Modell genannt. Dabei ist

- S: susceptible, zu Deutsch: anfällig, infizierbar

5.22. ANWENDUNG: EPIDEMIE MODELL

- I: infected, zu Deutsch: infiziert

- R: removed, zu Deutsch: aus dem Modell entfernt, durch Immunität oder Tod

Im folgenden Modell stellt $x(t)$ die Anzahl der Gesunden (Infizierbaren), $y(t)$ die Anzahl der Infizierten und $z(t)$ die Zahl der nicht Infizierbaren (immun oder tot) dar. Das Funktionsargument t zeigt die Zeitabhängigkeit an. Die Ableitung nach der Zeit wird häufig mit einem Punkt über der jeweiligen Funktion bezeichnet. Also bedeutet $\dot{x}(t) = \frac{dx}{dt}(t)$: die erste Ableitung der Funktion $x(t)$ nach t.

Die Differentialgleichungen sind einfach herzuleiten: die Anzahl der Infizierbaren ($x(t)$) wird fallen (negatives Vorzeichen für die Ableitung). Die Stärke der zeitlichen Abnahme der Infizierbaren hängt von zwei Zahlen ab:

- je mehr Infizierbare vorhanden sind, umso mehr werden sich infizieren

- je mehr Infizierte ($y(t)$) vorhanden sind, umso mehr Infizierbare werden sich anstecken.

Also ergibt sich:
$$\dot{x}(t) = -\alpha x(t) \cdot y(t).$$

Dabei ist α die Ansteckungsrate.

Da Infizierbare zunächst Infizierte werden, ergibt sich zunächst:
$$\dot{y}(t) = \alpha x(t) \cdot y(t).$$

Zusätzlich werden aber auch einige der Infizierten sterben oder immun werden, dadurch wird die Anzahl der Infizierten kleiner. Diese Änderung verhält sich umgekehrt proportional zu den Infizierten. Also insgesamt mit einer Todes- oder Immunitätsrate β:
$$\dot{y}(t) = \alpha x(t) \cdot y(t) - \beta y(t).$$

Es gibt Erweiterungen des Modells mit einer eigenen Gruppe der Verstorbenen.

5.22.1 HERLEITUNG

Die Änderung der Anzahl der nicht Infizierbaren ($z(t)$) ergibt sich wieder mit umgekehrtem Vorzeichen:

$$\begin{aligned}\dot{x}(t) &= -\alpha x(t) \cdot y(t) \\ \dot{y}(t) &= \alpha x(t) \cdot y(t) - \beta y(t) \\ \dot{z}(t) &= \beta y(t)\end{aligned} \quad (5.23)$$

Als erstes fällt bei diesem Modell auf, wenn man die drei Gleichungenn addiert:

$$\dot{x}(t) + \dot{y}(t) + \dot{z}(t) = -\alpha x(t) \cdot y(t) + \alpha y(t) \cdot y(t) - \beta y(t) + \beta y(t) = 0.$$

Das bedeutet also, dass die Anzahl der Menschen in diesem Modell konstant ist, es gibt keine Änderung der Summe der drei Gruppen in der Zeit. Diese Annahme ist langfristig nicht realistisch, da sich durch Geburt, Zuzug, Wegzug, ... die Anzahl der Menschen ändert.

Die Annahmen des Modells sind:

- Nach der Infektion durch die Krankheit ist man entweder immun oder gestorben.

- Die Infektionsrate α und die Todesrate β sind zeitlich konstant, verändern sich also nicht im Verlauf der Epidemie. Im Rahmen der Corona-Epidemie wurde beispielsweise α durch Abstandsregeln, Mund-Nase-Bedeckungen etc. geändert.

- Nach der Infektion ist der Infizierte ansteckend.

Eine andere Form der Gleichungen (5.23), die gleichbedeutend ist, lautet:

$$\begin{aligned}\dot{x}(t) &= -\frac{\alpha}{N} x(t) \cdot y(t) \\ \dot{y}(t) &= \frac{\alpha}{N} x(t) \cdot y(t) - \beta y(t) \\ \dot{z}(t) &= \beta y(t)\end{aligned} \quad (5.24)$$

Durch die Division mit N (Gesamtbevölkerung) müsste eigentlich eine anderes α in der Formel (5.24) genutzt werden als in Formel (5.23). Der Vorteil der

5.22. ANWENDUNG: EPIDEMIE MODELL

zweiten Darstellung ist, daß der Wert von α größer und damit leichter schreibbar wird. Zusätzlich werden noch Anfangsbedingungen vorgegeben:

$$x(0) = x_0$$
$$y(0) = y_0 \quad \quad (5.25)$$
$$z(0) = z_0$$

Dabei ist $N = x(0) + y(0) + z(0)$ die Gesamtzahl/ Population der betrachteten Bevölkerung zum Zeitpunkt $t = 0$, die nach den obenstehenden Überlegungen konstant bleibt.

Das Verhältnis der beiden Parameter α und β (die beide größer als Null sind) steuert das Verhalten der Epidemie. In den im Folgenden genutzten Abbildungen wurde als Anfangsbedingung die Gesamtzahl der Einwohner auf 82.790.000 gesetzt. Dies entspricht in etwa der Bevölkerung Deutschlands.

- α (*Ansteckungsrate*) steuert die Geschwindigkeit, mit der sich Infizierbare anstecken und damit zu Infizierten werden. Die Zahl der Infizierbaren $x(t)$ nimmt bei großem α stark ab (erste Gleichung in (5.24)). Dieser Effekt ist in Abbildung 5.37 auf Seite 197 zu sehen. Bei einer Gesamtbevölkerung von 82.790.000 ist zu sehen, dass die Zahl der Infizierbaren $x(t)$ schnell abnimmt (auf etwas weniger als 20.000.000). Die Zahl der Infizierbaren ist dann im Verhältnis zu den Immunen (ca. 65.000.000) so niedrig, dass die Krankheit nicht mehr "genügend" Infizierbare findet (Herdenimmunität). In Abbildung 5.38 auf Seite 198 ist der Verlauf mit gleichem β aber größerer Ansteckungsrate α zu sehen. Es wird deutlich, dass die Abnahme der Infizierbaren schneller verläuft, nach ca. 30 Tagen ist fast kein Infizierbarer mehr vorhanden.

- Wenn β (*Todes- oder Immunrate*) im Verhältnis zu α groß ist, so wird die Zahl der Infizierten $y(t)$ nie besonders groß werden (zweite Gleichung in (5.24)). In Abbildung 5.37 ist zu sehen, daß die Zahl der Infizierten ca. 12.000.000 nie überschreitet. Dort ist α doppelt so groß wie β.

- Falls α im Verhältnis zu β (Todes- oder Immunrate) groß ist, so wird die

5.22.1 HERLEITUNG

Zahl der Infizierbaren $x(t)$ stark abnehmen (die erste Gleichung in (5.24) enthält kein β) und die Zahl der Infizierten $y(t)$ wird stark zunehmen (zweite Gleichung in (5.24)). Dieses Verhalten ist in Abbildung 5.38 auf Seite 198 zu sehen. Die Zahl der Infizierten steigt teilweise auf mehr als 50.000.000. Dafür werden fast alle Einwohner immun. Hier ist α zehn Mal so groß wie β.

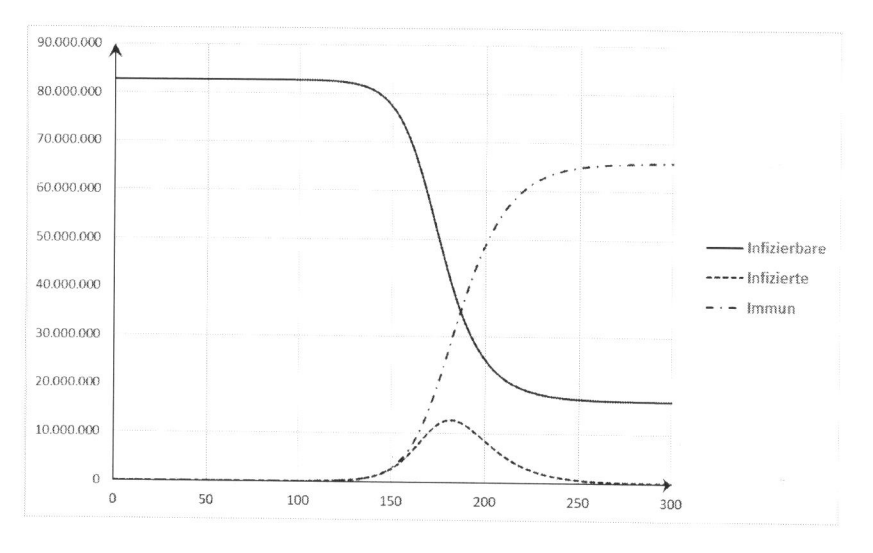

Abbildung 5.37: Epidemie, $\alpha = 0,2$ und $\beta = 0,1$, 300 Tage

An den beiden Abbildungen lässt sich folgendes erkennen: falls nicht ausreichend Heilmittel bzw. Impfstoffe bereitstehen, so muss die Ansteckungsrate α im Verhältnis zum Todesrate β verkleinert werden. In der ersten Welle der Corona-Pandemie im März 2020 wurde dies erfolgreich durch Abstandsregeln, Maskenpflicht etc. in Deutschland durchgeführt. Dadurch ist die maximale Zahl der gleichzeitig Infizierten gering gehalten worden (analog zu Abbildung 5.37 und nicht wie in Abbildung 5.38).

5.22. ANWENDUNG: EPIDEMIE MODELL

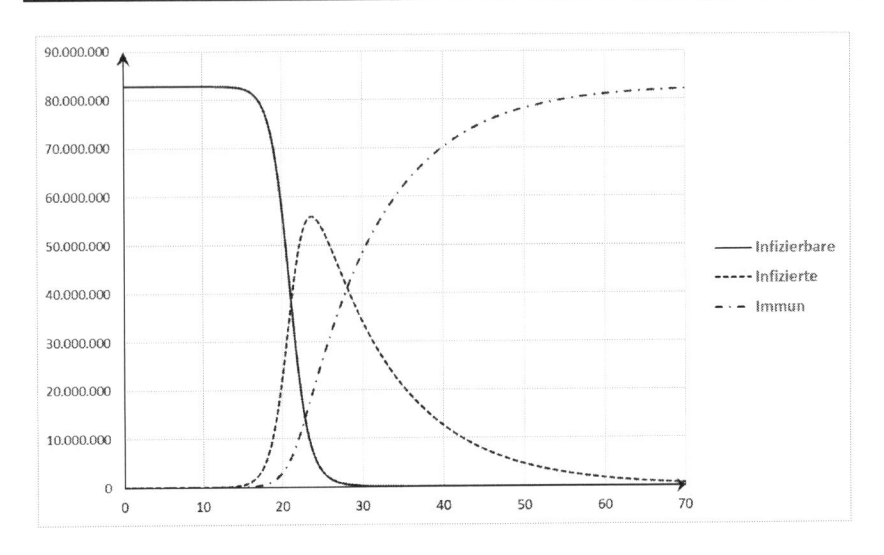

Abbildung 5.38: Epidemie, $\alpha = 1$ und $\beta = 0,1$, 70 Tage

5.22.2 Mathematische Behandlung

5.22.2.1 Trennung der Variablen

Um einige Informationen über das Verhalten der Lösung des Systems von Differentialgleichungen (5.24) mit Anfangswerten (5.25) zu erhalten, wird die sogenannte **Trennung der Variablen** genutzt.

Dabei wird eine Schreibweise benutzt, die auch beweisbar ist, hier jedoch nur angedeutet wird:

$$\frac{dy}{dx} = \frac{dy}{dt}\frac{dt}{dx} = \frac{\frac{dy}{dt}}{\frac{dx}{dt}}.$$

Diese Art des Umschreibens der Ableitungen wurde bereits in Gleichung (5.21) auf Seite 181 für die Punktelastizität genutzt. Sie darf nur genutzt werden, wenn $\frac{dx}{dt} \neq 0$.

Wird $\frac{dy}{dx} = y'(x)$ geschrieben, so ergibt dies also:

$$y'(x) = \frac{dy}{dx} = \frac{\frac{dy}{dt}}{\frac{dx}{dt}} = \frac{\dot{y}(t)}{\dot{x}(t)},$$

5.22.2 MATHEMATISCHE BEHANDLUNG

wobei die Punkte wieder die Ableitung nach der Zeit bedeuten. Dies ergibt unter Nutzung von Gleichung (5.24):

$$y'(x(t)) = \frac{\dot{y}(t)}{\dot{x}(t)} = \frac{\frac{\alpha}{N}x(t) \cdot y(t) - \beta y(t)}{-\frac{\alpha}{N}x(t) \cdot y(t)}.$$

Also:

$$y'(x(t)) = \frac{\frac{\alpha}{N}x(t) \cdot y(t) - \beta y(t)}{-\frac{\alpha}{N}x(t) \cdot y(t)} = -1 + \frac{\beta}{\frac{\alpha}{N}x(t)} = -1 + \frac{\beta N}{\alpha x(t)} \quad (5.26)$$

Wird nun die Zahl der Infizierten y als Funktion der Infizierbaren x betrachtet, so kann geschrieben werden:

$$y'(x) = -1 + \frac{\beta N}{\alpha} \frac{1}{x} \quad (5.27)$$

Wie in Kapitel 7.7 auf Seite 252 erwähnt wird, gilt

$$(\ln(x))' = \frac{1}{x}$$

für positive x.

Damit kann eine Lösung von Gleichung (5.27) sofort hingeschrieben werden (durch Bilden der Stammfunktion):

$$y(x) = -x + \frac{\beta N}{\alpha} \ln(x) \quad (5.28)$$

Dies stellt die Anzahl der Infizierten y in Abhängigkeit von den Infizierbaren x dar und ist nicht mit $y(t)$ zu verwechseln, das die Anzahl der Infizierten in Abhängigkeit von der Zeit (wie z.B. in Abbildung 5.38, Seite 198) zeigt.

Wird das y aus Gleichung (5.28) nach x abgeleitet, so ergibt sich wieder Gleichung (5.27).

Allgemein lautet die Lösung: $y(x) = -x + \frac{\beta N}{\alpha} \ln(x) + c$, wobei das c von den Anfangsbedingungen abhängt. Wenn $x(0) = x_0$, so ergibt sich

5.22. ANWENDUNG: EPIDEMIE MODELL

$y(x_0) = y_0 = -x_0 + \frac{\beta N}{\alpha} \ln(x_0) + c$. Also:

$$c = y_0 + x_0 - \frac{\beta N}{\alpha} \ln(x_0).$$

Die Lösung, die die Anfangsbedingung erfüllt, lautet demnach:

$$y(x) = -x + \frac{\beta N}{\alpha} \ln(x) + c =$$
$$= -x + \frac{\beta N}{\alpha} \ln(x) + y_0 + x_0 - \frac{\beta N}{\alpha} \ln(x_0)$$

beziehungsweise

$$y(x) = x_0 + y_0 - x + \frac{\beta N}{\alpha} \ln\left(\frac{x}{x_0}\right) \qquad (5.29)$$

5.22.2.2 Maximale Anzahl Infizierter

Diese Funktion kann nun beispielsweise auf Extremwerte untersucht werden. Dazu wird die Funktion abgeleitet und Null gesetzt. Beim Ableiten ergibt sich (natürlich) Gleichung (5.27)

$$y'(x) = -1 + \frac{\beta N}{\alpha} \frac{1}{x}.$$

Der Kandidat für den Extremwert x_E lautet $y'(x_E) = -1 + \frac{\beta N}{\alpha} \frac{1}{x_E} = 0$. Also $\frac{\beta N}{\alpha} \frac{1}{x_E} = 1$. Es ergibt sich:

$$x_E = \frac{\beta N}{\alpha}.$$

Die zweite Ableitung lautet:

$$y''(x) = -\frac{\beta N}{\alpha} \frac{1}{x^2} \qquad (5.30)$$

Da α, β, N und auch x positiv sind, ist die zweite Ableitung kleiner als Null, es handelt sich bei $x_E = \frac{\beta N}{\alpha}$ also um ein (lokales) Maximum. Damit kann der

5.22.2 MATHEMATISCHE BEHANDLUNG

maximale Wert von y (Anzahl Infizierte) berechnet werden:

$$\begin{aligned} y\left(x_E = \frac{\beta N}{\alpha}\right) &= x_0 + y_0 - x + \frac{\beta N}{\alpha} \ln\left(\frac{x_E}{x_0}\right) = \\ &= x_0 + y_0 - \frac{\beta N}{\alpha} + \frac{\beta N}{\alpha} \ln\left(\frac{\frac{\beta N}{\alpha}}{x_0}\right) = \\ &= x_0 + y_0 + \frac{\beta N}{\alpha} \left(\ln\left(\frac{\beta N}{\alpha x_0}\right) - 1\right) \end{aligned} \quad (5.31)$$

In Abbildung 5.39 und Abbildung 5.40 sind jeweils die Funktionen $y(x)$ (siehe Gleichung (5.29) mit den entsprechenden Parametern aus Abbildung 5.37 bzw. 5.38 zu sehen.

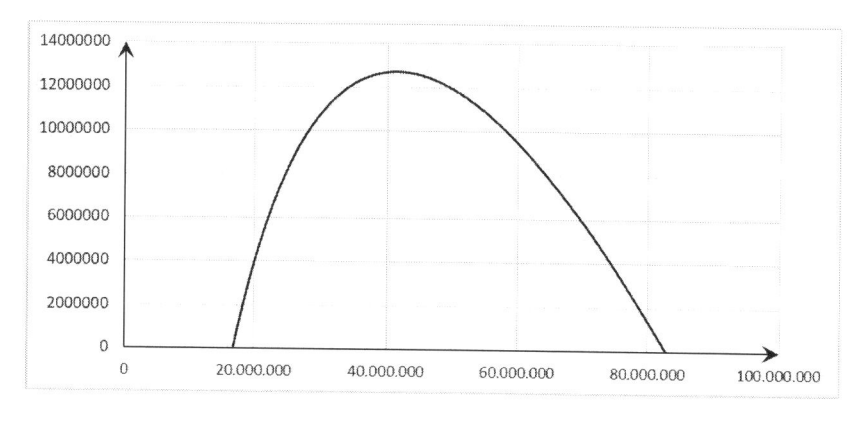

Abbildung 5.39: Epidemie, $y(x)$ für $\alpha = 0,2$ und $\beta = 0,1$

Werden die Werte $y(x_E)$ aus Gleichung (5.31) berechnet, so ergeben sich folgende maximale (gerundete) Infizierten-Zahlen:

α	β	Maximal Infizierte $y(x_E)$
0,2	0,1	12.702.173
0,5	0,1	39.582.927
1	0,1	55.447.898
2	0,1	66.249.666

In den obigen Abbildungen ist das jeweilige Maximum von $y(x)$ (Anzahl der Infizierten) zu sehen. Beispielsweise ist in Abbildung 5.39 zu sehen, dass das

5.22. ANWENDUNG: EPIDEMIE MODELL

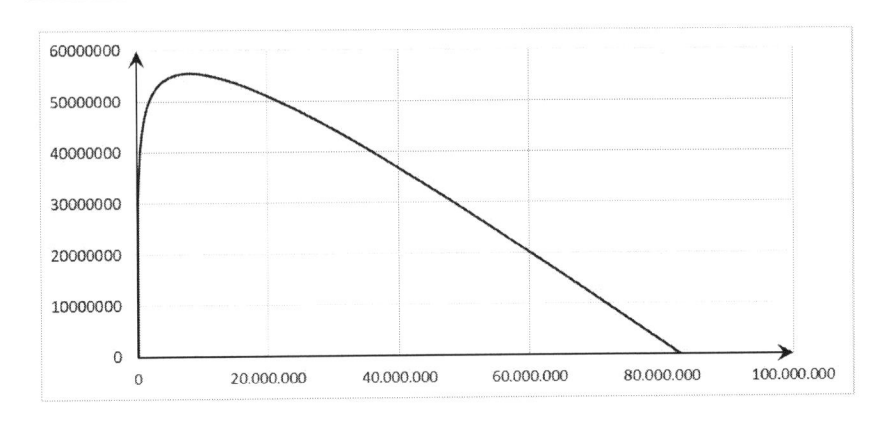

Abbildung 5.40: Epidemie, $y(x)$ für $\alpha = 1$ und $\beta = 0,1$

Maximum der Infizierten bei etwas mehr als 12.000.000 liegt. Das Maximum wird bei ca. 40.000.000 Infizierbaren (auf der x-Achse) erreicht. Diese Informationen sind auch in Abbildung 5.37 auf Seite 197 abzulesen, allerdings auf den beiden unterschiedlichen Kurven.

In Abbildung 5.40 ist das α deutlich größer als das β. Dadurch wird die maximale Anzahl der Infizierten deutlich höher (ca. 55.000.000) bei entsprechend niedrigerem x-Wert (Infizierbare).

5.22.2.3 Ende der Epidemie

Eine Anfangsüberlegung zum Thema "Ende einer Epidemie" ist die zweite Gleichung aus (5.24) von Seite 195:

$$\dot{y}(t) = \frac{\alpha}{N} x(t) \cdot y(t) - \beta y(t).$$

Wird $y(t)$ ausgeklammert, so ergibt sich:

$$\dot{y}(t) = \left(\frac{\alpha}{N} x(t) - \beta \right) \cdot y(t).$$

Da $y(t) > 0$, hängt das Vorzeichen von $\dot{y}(t)$ von der Klammer $\left(\frac{\alpha}{N} x(t) - \beta \right)$ ab. Falls

$$\frac{\alpha}{N} x(t) - \beta < 0,$$

5.22.2 MATHEMATISCHE BEHANDLUNG

so ist auch $\dot{y}(t) < 0$ und die Infizierten nehmen ab. Umgeformt ergibt sich: falls

$$x(t) < \frac{\beta}{\alpha} N,$$

so ist $\dot{y}(t) < 0$. Das heisst, sobald diese Bedingung erfüllt ist, wird die Anzahl der Infizierten fallen. Da die Zahl der Infizierbaren ($x(t)$) nicht steigen kann (monton fallend), wird die Bedingung auch im weiteren Verlauf immer erfüllt bleiben und die Zahl der Infizierten ($y(t)$) wird weiter fallen.

Sollte es beispielsweise möglich sein, dass Infizierte (y), die immun geworden sind (z), nach einer gewissen Zeit die Immunität verlieren und wieder infizierbar (x) werden, so könnte die Bedingung wieder in der Zukunft verletzt werden und die Infizierten wieder steigen.

Wie in Gleichung (5.30) zu sehen, ist die zweite Ableitung von $y(x)$ immer negativ, der Graph von y ist also immer rechtsgekrümmt. Es gibt also nur ein Maximum und zwei Nullstellen. Es ist aus Gleichung (5.29) von Seite 200 ersichtlich, dass $\lim_{x \to 0+} y(x) = -\infty$, da $\lim_{x \to 0+} \ln(x) = -\infty$.

Es gibt also immer mindestens eine Nullstelle x_N mit $y(x_N) = 0$, die zwischen Null und dem x-Wert x_E des Maximums liegt. Ausserdem gilt, wenn x_0 in Gleichung (5.29) eingesetzt wird:

$$y(x_0) = x_0 + y_0 - x_0 + \frac{\beta N}{\alpha} \ln\left(\frac{x_0}{x_0}\right) =$$
$$= y_0 + \frac{\beta N}{\alpha} \ln(1) = y_0 + 0 = y_0.$$

Das heisst, am "rechten" Ende der Kurve in Abbildung 5.40 wird der Anfangswert y_0 angenommen. In den Kurven ist dieser mit $y_0 = 1$ gewählt, aber der Wert könnte natürlich auch grösser sein.

Von Interesse ist eher das "linke" Ende der Kurve, denn dieses zeigt, ob am Ende der Epidemie noch Menschen vorhanden sind, die infizierbar sind.

Dazu muss die Nullstelle von $y(x)$ bestimmt werden:

$$y(x_N) = x_0 + y_0 - x_N + \frac{\beta N}{\alpha} \ln\left(\frac{x_N}{x_0}\right) = 0.$$

5.22. ANWENDUNG: EPIDEMIE MODELL

Der Logarithmus wird auf der linken Seite separiert:

$$\frac{\beta N}{\alpha} \ln\left(\frac{x_N}{x_0}\right) = -x_0 - y_0 + x_N$$

bzw.

$$\ln\left(\frac{x_N}{x_0}\right) = \frac{\alpha}{\beta N} \cdot (-x_0 - y_0 + x_N).$$

Auf diese Gleichung wird die Exponentialfunktion angewandt:

$$\frac{x_N}{x_0} = e^{\frac{\alpha}{\beta N} \cdot (-x_0 - y_0 + x_N)}$$

oder

$$x_N = x_0 e^{\frac{\alpha}{\beta N} \cdot (-x_0 - y_0)} e^{\frac{\alpha}{\beta N} x_N} \quad (5.32)$$

Problematisch ist, dass der gesuchte Wert x_N auf beiden Seiten der Gleichung auftaucht. Für gegebene Werte kann die Gleichung numerisch (z.B. mit dem Newton-Verfahren (siehe Kapitel 5.18, Seite 169)) gelöst werden. Eine andere Möglichkeit ist, die Reihenentwicklung der Exponentialfunktion zu nutzen: siehe Gleichung (5.17) von Seite 169.

Mit dem Newton-Verfahren berechnen sich die folgenden Werte. Dabei wurden die Infizierbaren am Ende der Epidemie immer abgerundet.

α	β	Maximal Infizierte $y(x_E)$	Infizierbare am Ende der Epidemie x_N
0,2	0,1	12.702.173	16.821.921
0,5	0,1	39.582.927	577.638
1	0,1	55.447.898	3.760
2	0,1	66.249.666	0

Eine interessante Beobachtung bei Gleichung (5.31) und ebenfalls Gleichung (5.32) ist, dass der Wert von α bzw. β belanglos ist. Es tritt in beiden Gleichungen nur der Quotient der beiden Parameter auf, das heisst: für $\alpha = 1$ und $\beta = 0,5$ ergeben sich die gleichen Werte für die Maximalzahl Infizierte und die Infizierbaren am Ende der Epidemie wie für $\alpha = 2$ und $\beta = 1$.

Die Abhängigkeit der beiden Werte ($y(x_E)$ und x_N) von $\frac{\beta}{\alpha}$ ist in Abbildung

5.22.2 MATHEMATISCHE BEHANDLUNG

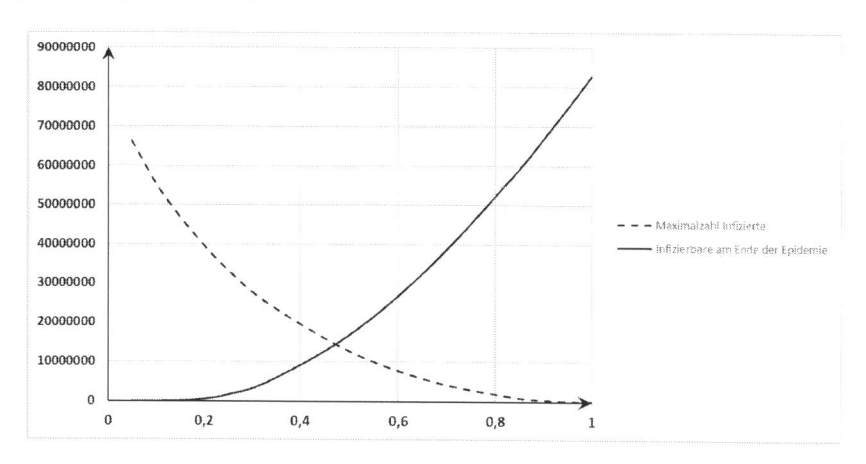

5.41, Seite 205 zu sehen.

Abbildung 5.41: Epidemie, Maximalzahl Infizierte und Infizierbare am Ende der Epidemie in Abhängigkeit von β/α

Wie bereits oben erwähnt, ist die Modellierung der Corona-Epidemie in Deutschland mit dem betrachteten Modell schwierig. Insbesondere sind hier die Regeln zu Abstand, Maskenpflicht, Lockdown zu nennen. Zusätzlich geht das SIR-Modell von einer Immunität nach der Ansteckung aus. Dies ist zum Zeitpunkt der Drucklegung dieses Buches im Jahre 2021 noch nicht bestätigt oder widerlegt.

Werden die gemeldeten Zahlen für Infizierte genutzt und optimale α und β gesucht, so dass das Modell die realen Zahlen widerspiegelt, so ergibt sich Abbildung 5.42 von Seite 206 für den Zeitraum vom 1.3.2020 bis zum 24.5.2020.

5.22. ANWENDUNG: EPIDEMIE MODELL

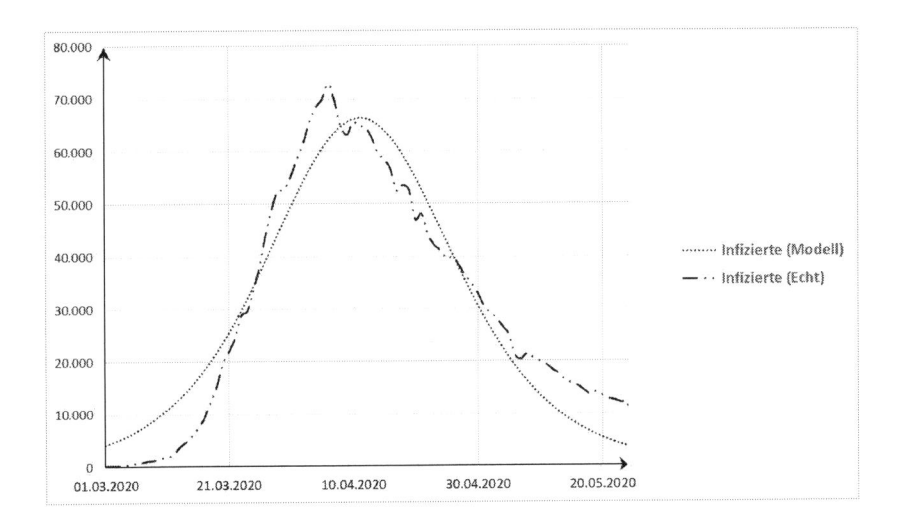

Abbildung 5.42: Epidemie, Infizierte in Deutschland, 1.3.2020 bis 24.5.2020, $\alpha = 2,5394$ und $\beta = 2,4416$

Kapitel 6

Optimierung

6.1 Einführung

Die Optimierung ist ein Spezialgebiet der Mathematik, das in diesem Buch nicht erschöpfend behandelt werden kann. Hier sollen nur einige in der Praxis relevante Verfahren und Ideen vorgestellt werden.

6.2 Substitutionsmethode

Die **Substitutionsmethode** ist ein einfaches Verfahren bei Optimierungsproblemen, die nur zwei Variablen enthalten.

Sie wird hier an einem Beispiel demonstriert: ein Hersteller von Getränkedosen möchte gern den Materialeinsatz optimieren (d.h. minimieren). Der Einsatz von Weißblech für die Getränkedose soll möglichst klein sein, um Herstellkosten (Material) zu sparen. Die Nebenbedingung ist das Volumen der Dose, dieses wird vorgegeben als V_D (Volumen der Dose, z.B. $0,33l = 330 cm^3$). Würde keine weitere Bedingung vorgegeben, so wäre natürlich der minimale Materialeinsatz erreicht, wenn die Höhe und der Durchmesser der Dose Null wären.

Als erstes werden einige Bezeichnungen eingeführt: der Radius der Dose ist r und die Höhe ist h: siehe Abbildung 6.1. Der Einfachheit halber wird

6.2. SUBSTITUTIONSMETHODE

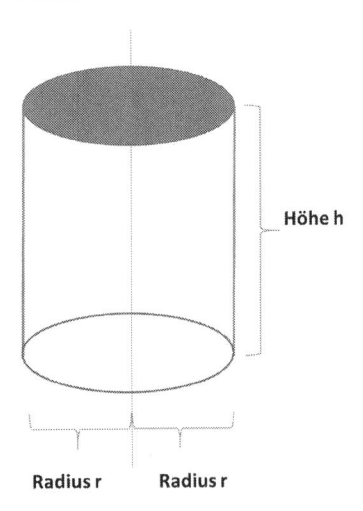

Abbildung 6.1: Getränkedose

angenommen, daß das Blech überall gleich dick ist. Außerdem wird der Öffner vernachlässigt, so daß nur von einem zylindrischen Körper ausgegangen wird (mit Abdeckung oben und unten).

Zwei Größen sind von Interesse: die Oberfläche (das Weißblech) und das Volumen. Für zylindrische Körper gilt:

$$A_1(r, h) = \pi \cdot r^2 + \pi \cdot r^2 + 2 \cdot \pi \cdot r \cdot h = 2\pi \cdot r \cdot (r + h) \qquad (6.1)$$

und

$$V_1(r, h) = \pi \cdot r^2 \cdot h \qquad (6.2)$$

Die Aufgabe lautet also: minimiere die Funktion $A_1(r, h)$ (Oberfläche) unter der Nebenbedingung, daß das Volumen $V_1(r, h)$ den vorgegebenen Wert V_D annimmt.

Die Substitutionsmethode (Substitution = Ersetzung) führt die Minimierung einer Funktion, die von zwei Variablen abhängt (hier: Radius und Höhe) auf das Minimieren einer Funktion von einer Variable zurück. Es kann hier der Radius oder die Höhe eliminiert bzw. substituiert werden. Beide Vorgehensweisen führen zum selben Ergebnis.

Als erstes wird Formel (6.2) (Volumen eines Zylinders) nach h umgeformt:

$$V_1(r, h) = \pi \cdot r^2 \cdot h = V_D \Leftrightarrow h = \frac{V_D}{\pi r^2} \qquad (6.3)$$

Das so erhaltene h wird nun in Formel (6.1) (Oberfläche eines Zylinders) eingesetzt:

$$A_1(r, h) = 2\pi \cdot r \cdot (r + h) = 2\pi \cdot r \cdot (r + \frac{V_D}{\pi r^2}) = 2\pi \cdot r^2 + 2\frac{V_D}{r} \qquad (6.4)$$

Diese Funktion hängt nur noch vom Radius r ab und wird der Einfachheit halber umbenannt:

$$A(r) = 2\pi \cdot r^2 + 2\frac{V_D}{r} \qquad (6.5)$$

Diese Funktion für die Oberfläche der Getränkedose soll nun minimiert werden, dazu wird die Funktion abgeleitet:

$$A(r) = 2\pi \cdot r^2 + 2\frac{V_D}{r}$$
$$A'(r) = 4\pi \cdot r - 2\frac{V_D}{r^2}$$
$$A''(r) = 4\pi + 4\frac{V_D}{r^3}$$

und die erste Ableitung Null gesetzt. Das Nullsetzen (notwendige Bedingung) der ersten Ableitung liefert:

$$A'(r_E) = 4\pi \cdot r_E - 2\frac{V_D}{r_E^2} = 0 \Leftrightarrow 4\pi \cdot r_E^3 = 2V_D \Leftrightarrow r_E = \sqrt[3]{\frac{V_D}{2\pi}}.$$

Der gefundene Kandidat für ein Minimum r_E wird in die zweite Ableitung eingesetzt (hinreichende Bedingung):

$$A''(r_E) = 4\pi + 4\frac{V_D}{r_E^3} = 4\pi + 4 \cdot 2\pi = 12\pi > 0.$$

Also handelt es sich bei der gefundenen Lösung um ein (lokales) Minimum. Der Radius, für den die Oberfläche minimal wird, lautet also: $r_E = \sqrt[3]{\frac{V_D}{2\pi}}$. Daraus

6.2. SUBSTITUTIONSMETHODE

kann wieder mit Formel (6.3) (Substitution Höhe Zylinder) die Höhe berechnet werden:

$$h_E = \frac{V_D}{\pi r_E^2} = \frac{V_D}{\pi \left(\frac{V_D}{2\pi}\right)^{\frac{2}{3}}} = 2\sqrt[3]{\frac{V_D}{2\pi}} = 2r_E.$$

Also ist die Oberfläche immer dann minimal (unabhängig vom Volumen der Getränkedose!), wenn die Höhe gleich zwei Mal dem Radius gewählt wird. Das bedeutet, die minimale Oberfläche wird für eine Getränkedose erreicht, deren Querschnitt quadratisch ist.

Um die Ränder zu überprüfen, wird der Graph von Formel (6.5) (Oberfläche Zylinder nach Substitution) für verschiedene Werte von V_D gezeichnet: siehe Abbildung 6.2.

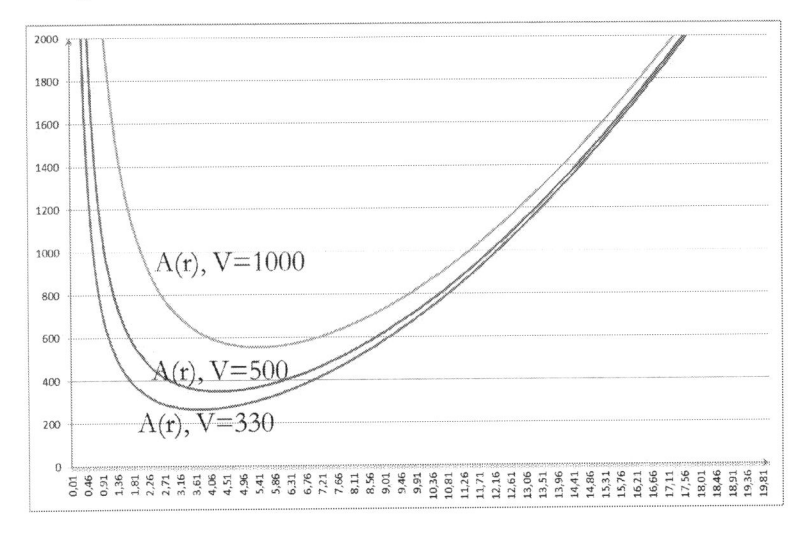

Abbildung 6.2: Oberfläche Getränkedose für verschiedene Volumina

Es ist deutlich zu erkennen, daß das gefundene lokale Minimum auch das globale Minimum sein muss, weil die Funktion sowohl für r gegen Null als auch für r gegen ∞ gegen ∞ strebt. Unstetigkeitsstellen treten bei der betrachteten Funktion nicht auf.

Bei einem Dosenvolumen von $330\,cm^3$ ergibt sich eine optimale Lösung von $r_E = \sqrt[3]{\frac{V_D}{2\pi}} = \sqrt[3]{\frac{330\,cm^3}{2\pi}} \approx \sqrt[3]{52,52\,cm^3} = 3,745\,cm$. Dann folgt für die Höhe: $h_E = 2r_E = 7,49\,cm$.

Diese optimale Lösung ergibt ca. 264, 4cm^2 Weißblechverbrauch. Zum Vergleich: die Standardgetränkedose hat einen Durchmesser von $d = 5,8cm$ und damit ca. 280, 4cm^2 Weißblechverbrauch. Damit ist der Verbrauch ca. 6, 1% höher als bei der optimalen Lösung.

Ein anderer Lösungsweg zu diesem Problem wird in Kapitel 6.4 präsentiert.

6.3 Partielle Ableitungen, Gradient

Nunmehr werden Funktionen betrachtet, deren Definitionsbereich nicht aus reellen Zahlen besteht, sondern aus Vektoren/ Zahlentupeln: $f : \mathbb{R}^n \to \mathbb{R}$. Die Dimension des Definitionsbereiches ist also höher als Eins. Das bedeutet, daß mehr als eine unabhängige Größe vorhanden ist, von der die Funktion abhängt. Dies ist in höheren Dimensionen nicht mehr graphisch darstellbar, außer für den Spezialfall $f : \mathbb{R}^2 \to \mathbb{R}$. Mögliche Funktionen in diesem Falle sind in Abbildung 6.3 zu sehen.

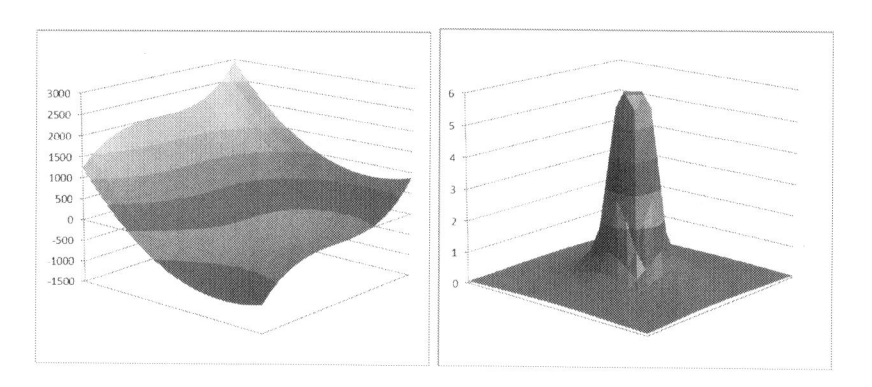

Abbildung 6.3: Beispiele für Funktionen mit zweidimensionalem Definitionsbereich

Der "Boden" ist der Definitionsbereich und jedem Wert der Grundfläche wird ein Funktionswert zugewiesen und über dem jeweiligen Punkt dargestellt.

Eine andere Form der Darstellung sind Höhenlinien, wie sie z.B. aus dem Wetterbericht bekannt sind. Dabei werden Linien auf einer Fläche bzw. dem De-

6.3. PARTIELLE ABLEITUNGEN, GRADIENT

finitionsbereich gezogen und auf diesen Linien ist der Funktionswert konstant. Bei Wetterkarten sind diese Linien Isobaren, Linien mit gleichem Luftdruck. In der nächsten Abbildungen sind die zwei unterschiedliche Arten der Darstellung von Höhenlinien zu Abbildungen 6.3 zu sehen: siehe Abbildung 6.4.

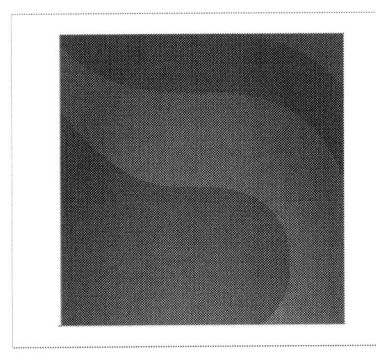

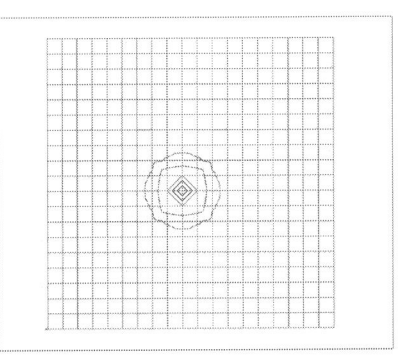

Abbildung 6.4: Höhenlinien

Da die Funktion von mehreren Variablen abhängt, gibt es Ableitungen in die verschiedenen Koordinatenrichtungen des Definitionsbereichs, die folgendermaßen definiert werden ($a \in \mathbb{R}^n$):

$$\frac{\partial}{\partial x_i} f(a) = \lim_{h \to 0} \frac{f(a_1, a_2, \ldots, a_i + h, \ldots, a_n) - f(a_1, a_2, \ldots, a_i, \ldots, a_n)}{h} \quad (6.6)$$

Die Zusammenfassung der Ableitungen in alle Koordinatenrichtungen wird als **Gradient** bezeichnet und mit dem Symbol ∇ ("Nabla") geschrieben:

$$\text{grad}(f) = \nabla f = \begin{pmatrix} \frac{\partial}{\partial x_1} f \\ \frac{\partial}{\partial x_2} f \\ \vdots \\ \frac{\partial}{\partial x_n} f \end{pmatrix} \quad (6.7)$$

Der Gradient ist der Vektor, der in die Richtung des steilsten Anstiegs zeigt und steht damit senkrecht auf den Höhenlinien: siehe Abbildung 6.5.

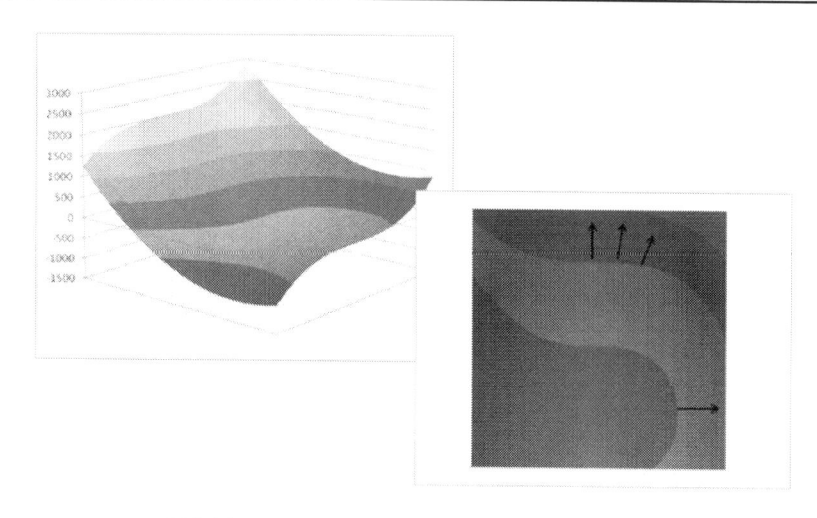

Abbildung 6.5: Höhenlinien, Gradient, Beispiel

6.3.1 Gradient: Beispiel

Es wird folgende Funktion betrachtet:

$$f(x,y) = x^2y + 2y + 10, \text{ wobei } x \in \mathbb{R}, y \in \mathbb{R}.$$

Die erste, partielle Ableitung nach x lautet dann: $\frac{\partial}{\partial x}f(x,y) = 2xy$. D.h. es wird nach x abgeleitet, indem die andere Variable (y) als Konstante betrachtet wird.

Die erste, partielle Ableitung nach y lautet: $\frac{\partial}{\partial y}f(x,y) = x^2 + 2$. Bei der partiellen Ableitung der Funktion nach y wird x als Konstante betrachtet. Der Gradient setzt sich aus den beiden partiellen, ersten Ableitungen zusammen:

$$\text{grad}(f)(x,y) = \nabla f(x,y) = \begin{pmatrix} 2xy \\ x^2+2 \end{pmatrix}.$$

Also lautet z.B. der Gradient an der Stelle $x = 1$ und $y = 1$:

$$\text{grad}(f)(1,1) = \nabla f(1,1) = \begin{pmatrix} 2 \\ 3 \end{pmatrix}.$$

6.3. PARTIELLE ABLEITUNGEN, GRADIENT

Analog lassen sich auch die zweiten (bzw. noch höheren) partiellen Ableitungen bilden:

$$\frac{\partial^2}{\partial y \partial x} f(x,y) = \frac{\partial}{\partial y} 2xy = 2x,$$

$$\frac{\partial^2}{\partial x \partial y} f(x,y) = \frac{\partial}{\partial x} (x^2 + 2) = 2x,$$

$$\frac{\partial^2}{\partial x \partial x} f(x,y) = \frac{\partial}{\partial x} 2xy = 2y \text{ und}$$

$$\frac{\partial^2}{\partial y \partial y} f(x,y) = \frac{\partial}{\partial y} (x^2 + 2) = 0.$$

6.3.2 Extrema von Funktionen

Für Extrema gilt analog zum eindimensionalen Fall als notwendige Bedingung:

Falls die Funktion $f : \mathbb{R}^2 \to \mathbb{R}$ zweimal stetig differenzierbar ist und sie an der Stelle (x_1, y_1) ein Extremum hat, so ist

$$\text{grad}(f)(x_1, y_1) = \nabla f(x_1, y_1) = \begin{pmatrix} \frac{\partial}{\partial x} f(x_1, y_1) \\ \frac{\partial}{\partial y} f(x_1, y_1) \end{pmatrix} = \begin{pmatrix} 0 \\ 0 \end{pmatrix} \quad (6.8)$$

Dies gilt analog für die Extrema einer Funktion $f : \mathbb{R}^n \to \mathbb{R}$.

Die Funktion $f : \mathbb{R}^2 \to \mathbb{R}$ sei zweimal stetig differenzierbar ist und habe an der Stelle (x_1, y_1) einen Gradienten, der der Nullvektor ist. Falls

$$\frac{\partial^2}{\partial x \partial x} f(x_1, y_1) \cdot \frac{\partial^2}{\partial y \partial y} f(x_1, y_1) - \left(\frac{\partial^2}{\partial x \partial y} f(x_1, y_1) \right)^2 > 0$$

(dies entspricht der Determinante (siehe Kapitel 4.4.7) der sogenannten **Hesse-Matrix** (siehe nächstes Unterkapitel)),

- dann liegt ein (lokales) Maximum vor, falls: $\frac{\partial^2}{\partial x \partial x} f(x_1, y_1) < 0$ und

- es liegt ein (lokales) Minimum vor, falls: $\frac{\partial^2}{\partial x \partial x} f(x_1, y_1) > 0$.

6.3.2.1 Extrema von Funktionen mit mehrdimensionalem Definitionsbereich: Anmerkung

Die Funktion $f : \mathbb{R}^2 \to \mathbb{R}$ sei zweimal stetig differenzierbar. Dann kann die sogenannte **Hesse-Matrix**[1] folgendermaßen definiert werden:

$$\text{Hess} f(x_1, y_1) = \begin{pmatrix} \frac{\partial^2}{\partial x \partial x} f(x_1, y_1) & \frac{\partial^2}{\partial x \partial y} f(x_1, y_1) \\ \frac{\partial^2}{\partial y \partial x} f(x_1, y_1) & \frac{\partial^2}{\partial y \partial y} f(x_1, y_1) \end{pmatrix}$$

Diese Matrix besteht aus allen zweiten Ableitungen. Analog wird eine $n \times n$-Hesse-Matrix für Funktion vom n-dimensionalen Raum nach $\mathbb{R}$ definiert. Wird die Determinante der Hesse-Matrix berechnet, so ergibt sich:

$$\det(\text{Hess} f(x_1, y_1)) = \det \begin{pmatrix} \frac{\partial^2}{\partial x \partial x} f(x_1, y_1) & \frac{\partial^2}{\partial x \partial y} f(x_1, y_1) \\ \frac{\partial^2}{\partial y \partial x} f(x_1, y_1) & \frac{\partial^2}{\partial y \partial y} f(x_1, y_1) \end{pmatrix} =$$

$$= \frac{\partial^2}{\partial x \partial x} f(x_1, y_1) \cdot \frac{\partial^2}{\partial y \partial y} f(x_1, y_1) - \left(\frac{\partial^2}{\partial x \partial y} f(x_1, y_1) \right)^2$$

Dies entspricht dem ersten Teil der hinreichenden Bedingung aus dem vorherigen Unterkapitel.

6.4 Lagrange-Funktion: Beispiel 1

Die Aufgabe aus Kapitel 6.2 lässt sich auch mit dem **Lagrange**[2]**-Multiplikator** lösen. Es werden die gleichen Notationen wie in Kapitel 6.2 genutzt.

Die Dosenoberfläche ist $A_1(r, h) = 2\pi r(r + h)$ und das Volumen $V_1(r, h) = \pi r^2 h$. Die Aufgabe lautet immer noch:

minimiere $A_1(r, h)$ unter der Nebenbedingung, daß $V_1(r, h) = V_D$.

Bei der Lagrange-Funktion werden die zu minimierende Funktion und die Nebenbedingung in einer Funktion vereinigt, indem die Nebenbedingung zu Null umgeformt wird ($0 = \pi r^2 h - V_D$) und dann mit Lambda multipliziert in

---
[1] Otto Hesse, 1811 - 1874
[2] Joseph-Louis de Lagrange, 1736 - 1813

6.4. LAGRANGE-FUNKTION: BEISPIEL 1

die Lagrange-Funktion integriert wird:

$$f(r, h, \lambda) = 2\pi r^2 + 2\pi r h + \lambda \cdot (\pi r^2 h - V_D) \qquad (6.9)$$

Werden die Höhenlinien der Oberfläche der Getränkedose betrachtet, also die Höhenlinien der Funktion $A_1(r, h)$, so ergibt sich folgendes Bild (siehe Abbildung 6.6). Die dickere Linie, die mehrere Höhenlinien schneidet, ist der Graph der Nebenbedingung für ein Volumen von $330 cm^3$ ($330 = \pi r^2 h \Leftrightarrow h = \frac{330}{\pi r^2}$).

Die Höhenlinien stellen nach links unten hin niedrigere Werte der Oberfläche dar, je kleiner r und h werden, umso kleiner wird die Oberfläche. Das gesuchte Minimum stellt also den Schnittpunkt zwischen der Nebenbedingung (dickere Linie) und der Höhenlinie mit kleinstem Wert von $A_1(r, h)$ dar und ist in der Zeichnung mit einem Quadrat markiert.

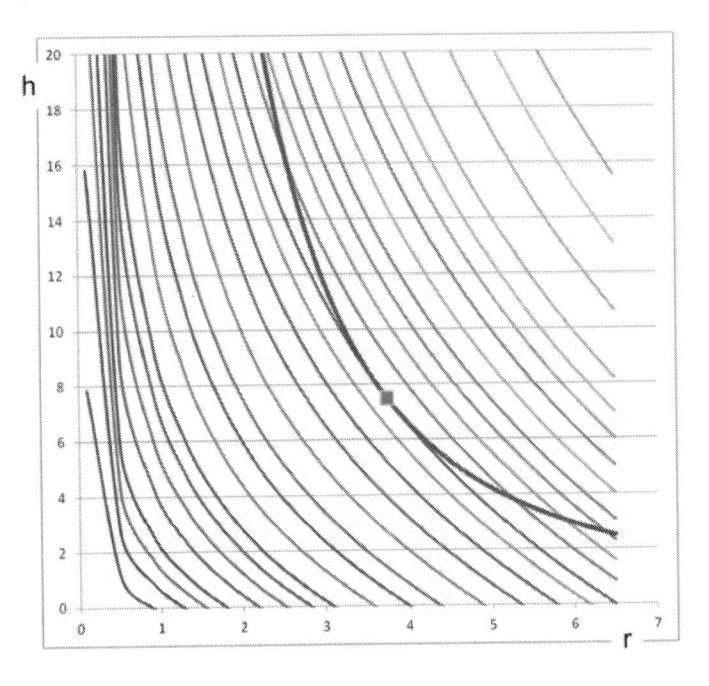

Abbildung 6.6: Höhenlinien der Oberfläche einer Getränkedose

Das λ (Lambda) wird **Lagrange-Multiplikator** genannt. Es ist deutlich zu

sehen, daß die Klammer mit der Lambda multipliziert wird, die Nebenbedingung darstellt:
$$(\pi r^2 h - V_D) = 0 \Leftrightarrow \pi r^2 h = V_D.$$

Die Lagrange-Funktion ist in diesem Beispiel eine Funktion, die von drei Variablen abhängt (r, h und λ). Diese Funktion wird nunmehr minimiert.

Dazu muss die Lagrange-Funktion nach jeder Variable abgeleitet und dann Null gesetzt werden:

- Ableitung nach r:

$$\frac{\partial}{\partial r} f(r, h, \lambda) = \frac{\partial}{\partial r}(2\pi r^2 + 2\pi r h + \lambda(\pi r^2 h - V_D)) =$$
$$= 4\pi r + 2\pi h + \lambda 2\pi r h$$

- Ableitung nach h:

$$\frac{\partial}{\partial h} f(r, h, \lambda) = \frac{\partial}{\partial h}(2\pi r^2 + 2\pi r h + \lambda(\pi r^2 h - V_D)) = 2\pi r + \lambda \pi r^2$$

- Ableitung nach λ:

$$\frac{\partial}{\partial \lambda} f(r, h, \lambda) = \frac{\partial}{\partial \lambda}(2\pi r^2 + 2\pi r h + \lambda(\pi r^2 h - V_D)) = \pi r^2 h - V_D$$

Nullsetzen der einzelnen Ableitungen liefert:

$$\frac{\partial}{\partial r} f(r, h, \lambda) = 4\pi r + 2\pi h + \lambda 2\pi r h = 0$$
$$\frac{\partial}{\partial h} f(r, h, \lambda) = 2\pi r + \lambda \pi r^2 = 0$$
$$\frac{\partial}{\partial \lambda} f(r, h, \lambda) = \pi r^2 h - V_D = 0$$

Um die Lösung zu finden, wird zuerst die letzte Gleichung nach h umgeformt: $\pi r^2 h - V_D = 0 \Leftrightarrow h = \frac{V_D}{\pi r^2}$. Dann wird die zweite Gleichung nach λ aufgelöst: $2\pi r + \lambda \pi r^2 = 0 \Leftrightarrow \lambda = -\frac{2\pi r}{\pi r^2} = -\frac{2}{r}$. Die beiden Variablen h und λ werden nunmehr in die erste Gleichung eingesetzt (natürlich ist eine andere Reihenfolge

6.4. LAGRANGE-FUNKTION: BEISPIEL 1

der Rechenschritte ebenfalls zielführend, das Ergebnis ist dasselbe):
$4\pi r + 2\pi h + \lambda 2\pi r h = 0$. Einsetzen von $h = \frac{V_D}{\pi r^2}$ und $\lambda = -2\frac{2}{r}$ liefert:

$$4\pi r + 2\pi h + \lambda 2\pi rh = 0 \Leftrightarrow 4\pi r + 2\pi \frac{V_D}{\pi r^2} + \left(-\frac{2}{r}\right) 2\pi r \frac{V_D}{\pi r^2} = 0 \Leftrightarrow$$

$$\Leftrightarrow 4\pi r + 2\frac{V_D}{r^2} + \left(-\frac{2}{r}\right) 2r \frac{V_D}{r^2} = 0 \Leftrightarrow 4\pi r^3 + 2V_D + (-2) 2V_D = 0 \Leftrightarrow$$

$$\Leftrightarrow 4\pi r^3 = 2V_D \Leftrightarrow r^3 = \frac{V_D}{2\pi}$$

Dies ist die gleiche Lösung wie in Kapitel 6.2. und Einsetzen von $V_D = 330$ liefert wieder $r = \sqrt[3]{\frac{V_D}{2\pi}} = 3,7449$, $h = \frac{V_D}{\pi r^2} = \frac{330}{\pi \cdot 3,7449^2} = 7,4899$ und $\lambda = -\frac{2}{r} = -\frac{2}{3,7449} = -0,5341$.

Was ist die Bedeutung des Wertes des Lagrange-Multiplikators λ? Dies wird mit folgender Tabelle klar:

r	h	λ	V_D	$f(r,h,\lambda)$	Differenz zu $f(r,h,\lambda)$ für $V_D = 330$
3,7449	7,4899	$-0,5341$	330	264,3568	
3,7487	7,4974	$-0,5335$	331	264,8906	$-0,5338$
3,7412	7,4823	$-0,5346$	329	263,8225	0,5343

In den ersten drei Spalten sind die Werte von r, h und λ in Abhängigkeit von V_D zu sehen. In der vierten Spalte findet sich das vorgegebene Getränkedosenvolumen bzw. eine Änderung um $+1$ (vorletzte Zeile) und -1 (letzte Zeile). In der fünften Spalte ist der Wert von $f(r,h,\lambda) = 2\pi r^2 + 2\pi rh + \lambda(\pi r^2 h - V_D)$ mit den eingesetzten Werten der ersten vier Spalten zu sehen.

In der sechsten Spalte ist die Differenz der Funktionswerte (fünfte Spalte) zum Funktionswert mit $V_D = 330$ sichtbar. Dies entspricht annähernd dem gefundenen Lambda. D.h. der Lagrange-Multiplikator zeigt die Änderung der Funktion bei sehr kleinen Änderungen der Nebenbedingung.

Wenn beide Verfahren (Substitutionsmethode und Lagrange-Funktion) zum gleichen Ergebnis führen, warum sollte dann die Lagrange-Funktion genutzt werden?

6.4.1 Lagrange-Funktion: Beispiel 2

Es gibt Nebenbedingungen, die sich nicht nach einer Variablen auflösen lassen. Außerdem ist in vielen (z.B. volkswirtschaftlichen) Modellen die Nebenbedingung eine allgemeine Funktion, für die keine explizite Vorschrift hinterlegt ist.

6.4.1 Lagrange-Funktion: Beispiel 2

Eine Firma produziert Smartphones und Tablet-Rechner. Es werden x Stück Smartphones und y Stück Tablet-Rechner produziert. Die Produktionskosten betragen $K(x,y) = 100 + x^2 + 5y$.

Diese Kosten sollen minimiert werden unter der Nebenbedingung, daß insgesamt (aus Kapazitätsgründen) nur 50 Geräte hergestellt werden können. D.h. mathematisch formuliert, lautet die Nebenbedingung: $x + y = 50$.

Das Aufstellen der Lagrange-Funktion liefert:

$$f(x, y, \lambda) = 100 + x^2 + 5y + \lambda \cdot (x + y - 50).$$

Dabei ist die Klammer hinter dem Lambda wieder die nach Null aufgelöste Nebenbedingung (siehe oben). Um die Funktion zu minimieren, werden alle partiellen Ableitungen gebildet:

Nach x: $\frac{\partial}{\partial x} f(x, y, \lambda) = 2x + \lambda \cdot 1$, nach y: $\frac{\partial}{\partial y} f(x, y, \lambda) = 5 + \lambda \cdot 1$ und nach Lambda: $\frac{\partial}{\partial \lambda} f(x, y, \lambda) = x + y - 50$. Diese Ableitungen werden Null gesetzt:

$$\frac{\partial}{\partial x} f(x, y, \lambda) = 2x + \lambda \cdot 1 = 0$$
$$\frac{\partial}{\partial y} f(x, y, \lambda) = 5 + \lambda \cdot 1 = 0$$
$$\frac{\partial}{\partial \lambda} f(x, y, \lambda) = x + y - 50 = 0$$

Hier wird zuerst die letzte Gleichung nach x aufgelöst:
$x + y - 50 = 0 \Leftrightarrow x = 50 - y$ und die zweite Gleichung nach Lambda: $5 + \lambda \cdot 1 = 0 \Leftrightarrow \lambda = -5$.

Diese beiden Ergebnisse werden in die erste Gleichung eingesetzt:
$2x + \lambda \cdot 1 = 0 \Leftrightarrow 2 \cdot (50 - y) - 5 = 0 \Leftrightarrow 100 - 2y - 5 = 0$. Dann ergibt sich

6.5. ANWENDUNG: TRANSPORTPROBLEM, BEISPIEL

für y: $100 - 2y - 5 = 0 \Leftrightarrow 95 = -2y \Leftrightarrow y = 47,5$.

Dies ergibt für x die Lösung $x = 50 - y = 50 - 47,5 = 2,5$. Lambda ist konstant -5.

Werden die gefundenen x und y in die Kostenfunktion eingesetzt, so ergeben sich (minimale) Kosten in Höhe von

$$K(x = 2,5; y = 47,5) = 100 + 2,5^2 + 5 \cdot 47,5 = 343,75$$

Geldeinheiten.

6.5 Anwendung: Transportproblem, Beispiel

Einige Optimierungsprobleme lassen sich am einfachsten mithilfe von Computern bzw. Software lösen. Im Folgenden wird dies mit Excel demonstriert, da dieses Programm auf vielen Computern vorhanden ist.

Exemplarisch sei hier das **Transportproblem** angesprochen:

- Eine Firma, die schottischen Single Malt Scotch Whisky importiert und verkauft, hat Lager in Berlin, Linz und Mannheim.

- Die Firma hat Verkaufsstätten in Hamburg, Frankfurt, Leverkusen und Pavia.

- Die Verkaufsstätten haben Bedarfe (Demand) an Kisten.

- Die Lager haben Angebot (Supply).

- Beim Transport entstehen unterschiedliche Kosten, die von der Fahrstrecke abhängen.

Es soll eine optimale (möglichst preisgünstige) Lösung gefunden werden, um gleichzeitig Bedarf und Angebot zu erfüllen.

Die Kosten für den Transport einer Kiste Whisky von den verschiedenen Lagern zu den Verkaufsstätten seien folgendermaßen gegeben:

	Frankfurt	Hamburg	Leverkusen	Pavia
Berlin	5,50 €	2,89 €	5,65 €	10,76 €
Linz	5,53 €	9,35 €	7,40 €	7,56 €
Mannheim	0,87 €	5,68 €	2,51 €	6,28 €

Die Lagerstätten haben ein Angebot von

	Angebot
Berlin	300
Linz	100
Mannheim	150

und die Verkaufsstätten einen Bedarf von

	Frankfurt	Hamburg	Leverkusen	Pavia
Bedarf	140	160	80	150

(jeweils Kisten).

Zuerst muss die Kostenfunktion aufgestellt werden, da diese minimiert werden soll. Die Kostenfunktion ist die Summe über das Produkt von "Anzahl Kisten von A nach B" und "Kosten für den Transport von einer Kiste von A nach B":

$$K = \sum_{i=1}^{3} \sum_{j=1}^{4} A(i,j) \cdot T(i,j) \tag{6.10}$$

Dabei sind

- Lagerstätten:
  - $i = 1$: Berlin
  - $i = 2$: Linz
  - $i = 3$: Mannheim

- Verkaufsstätten:
  - $j = 1$: Frankfurt
  - $j = 2$: Hamburg

6.5. ANWENDUNG: TRANSPORTPROBLEM, BEISPIEL

- $j = 3$: Leverkusen
- $j = 4$: Pavia

- $A(i,j)$ ist die Anzahl der Kisten, die von i nach j transportiert werden

- $T(i,j)$ sind die Transportkosten, um eine Kiste von i nach j zu transportieren.

Die Kostenfunktion ist die Summe der Produkte aus Anzahl Kisten und Transportkosten. Dafür gibt es in Excel das "Summenprodukt": siehe Abbildung 6.7.

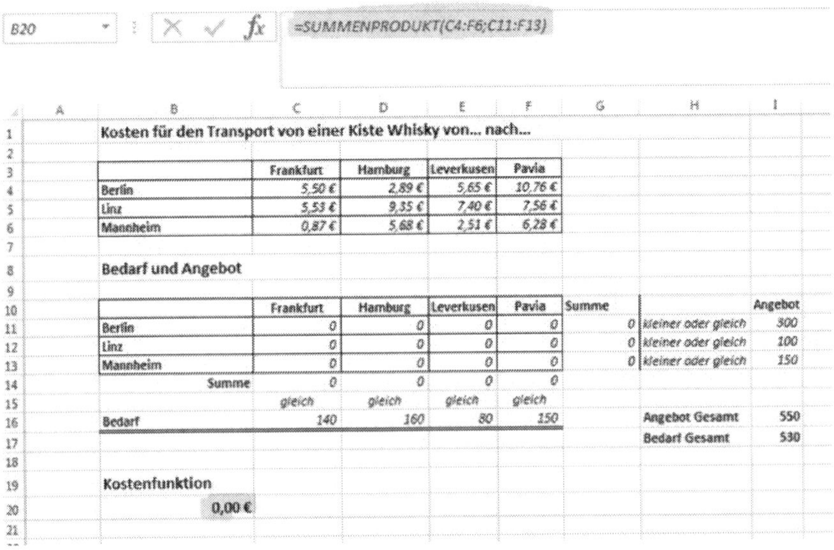

Abbildung 6.7: Transportproblem, Summenprodukt

Die Zeile 16 (Bedarf) und die Spalte I (Angebot) sind die vorgeschriebenen Werte (siehe Aufgabenstellung). Die Summen (Zeile 14 und Spalte G) setzen sich aus den jeweiligen Bedarfs- und Angebotswerten zusammen. Zu Beginn sind alle Werte auf Null gesetzt, damit sind die Bedarfe nicht gedeckt.

Um ein Minimum in Excel zu finden, gibt es den SOLVER, der ein zu aktivierendes Add-In darstellt. Falls der Solver nicht aktiviert sein sollte, ist im

Allgemeinen in Excel folgendermaßen vorzugehen: Datei → Optionen → Add-Ins. Unten bei "Verwalten Excel-Add-Ins" auf "Gehe zu" klicken und im neuen Pop-Up den "Solver" aktivieren.

Abbildung 6.8: Start des Solvers in Excel

Wird der Solver gestartet (siehe Abbildung 6.8, es öffnet sich ein neues Fenster), so muss zuerst eingegeben werden, welche Zelle minimiert werden soll und welche Felder variabel sind: siehe Abbildung 6.9.

Abbildung 6.9: Transportproblem, Solver

Wird beim Solver auf "Lösen" gedrückt, ist das Ergebnis eine Lösung, die unsere Bedingungen nicht erfüllt, da die gelieferten Mengen negativ sind. Dadurch ist die Kostenfunktion "minimiert": siehe Abbildung 6.10.

223

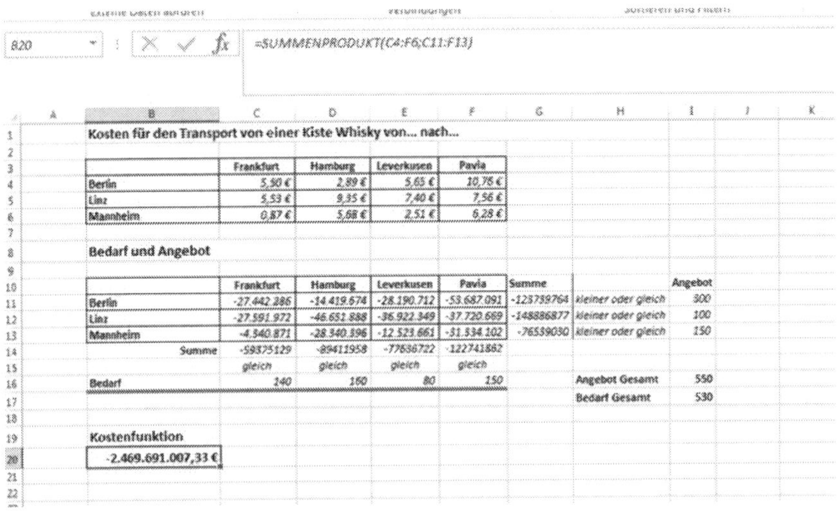

B20 =SUMMENPRODUKT(C4:F6;C11:F13)

Kosten für den Transport von einer Kiste Whisky von... nach...

	Frankfurt	Hamburg	Leverkusen	Pavia
Berlin	5,90 €	2,89 €	5,65 €	10,76 €
Linz	5,53 €	9,35 €	7,40 €	7,56 €
Mannheim	0,87 €	5,68 €	2,51 €	6,28 €

Bedarf und Angebot

	Frankfurt	Hamburg	Leverkusen	Pavia	Summe		Angebot
Berlin	-27.442.386	-14.419.674	-28.190.712	-53.687.091	-123739764	kleiner oder gleich	300
Linz	-27.591.972	-46.651.888	-36.922.349	-37.720.669	-148886877	kleiner oder gleich	100
Mannheim	-4.340.871	-28.340.396	-12.523.661	-31.334.102	-76539030	kleiner oder gleich	150
Summe	-59375129	-89411958	-77636722	-122741862			
	gleich	gleich	gleich	gleich			
Bedarf	140	160	80	150		Angebot Gesamt	550
						Bedarf Gesamt	530

Kostenfunktion

-2.469.691.007,33 €

Abbildung 6.10: Transportproblem, Solver

Um dieses Problem der negativen Mengen zu lösen, kann die Option "Nicht eingeschränkte Variablen als nicht-negativ festlegen" im Solver aktiviert werden: siehe Abbildung 6.11.

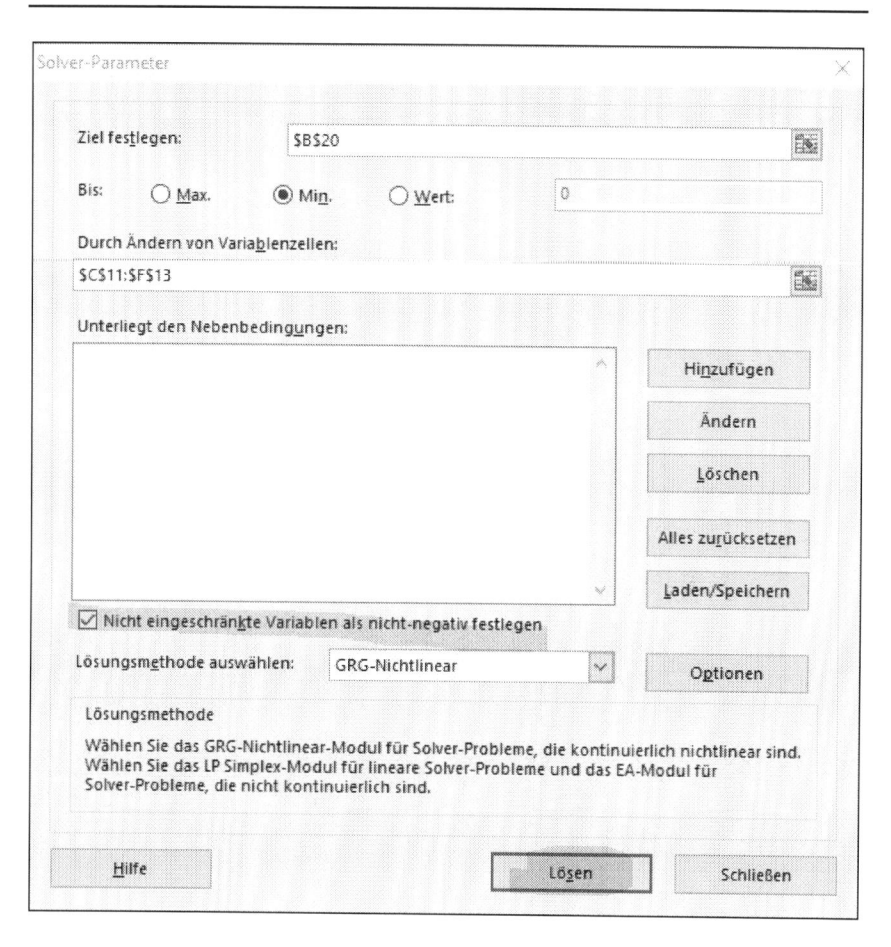

Abbildung 6.11: Transportproblem, nicht-negative Veriablen

Die Lösung danach ist immer noch nicht befriedigend, da dann wieder alle Mengen auf Null gesetzt werden. In diesem Falle wären die Kosten für Transport wieder Null (minimiert), aber die Bedarfe wären nicht erfüllt.

Um die Bedarfe zu erfüllen, können die Nebenbedingungen (vorgeschriebene Bedarfe und höchstmögliche Angebote) in den Solver eingebracht werden. Dazu wird im Solver bei Nebenbedingungen auf "Hinzufügen" geklickt: siehe Abbildung 6.12.

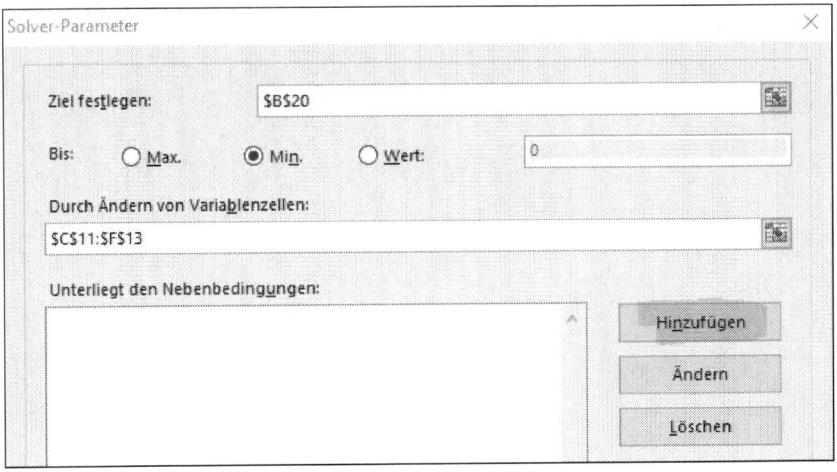

6.5. ANWENDUNG: TRANSPORTPROBLEM, BEISPIEL

Abbildung 6.12: Transportproblem, Nebenbedingung hinzufügen

Die erste hinzugefügt Bedingung ist, daß die Summe der zu liefernden Kisten in jedem Lager kleiner oder gleich dem Angebot (=vorhandene Kisten) sein muss, da kein Lager mehr liefern kann als an Kisten vorhanden ist: siehe Abbildung 6.13.

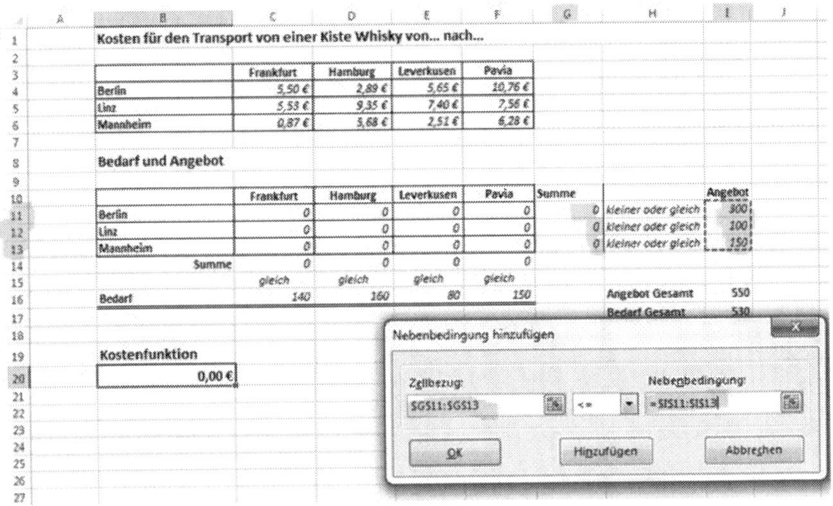

Abbildung 6.13: Transportproblem, Angebot Nebenbedingung

226

Die analoge Bedingung muss auch für die Bedarfe gelten, nur daß die Bedarfe genau erfüllt sein sollen. D.h. im Solver muss eine weitere Nebenbedingung eingefügt werden: siehe Abbildung 6.14.

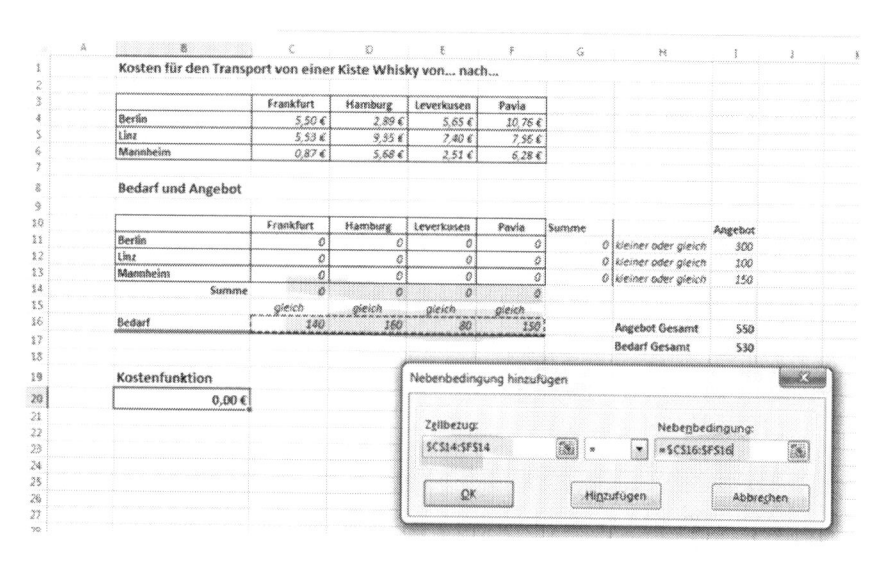

Abbildung 6.14: Transportproblem, Bedarf Nebenbedingung

Wird nunmehr "Lösen" (siehe Abbildung 6.15) angeklickt,

6.5. ANWENDUNG: TRANSPORTPROBLEM, BEISPIEL

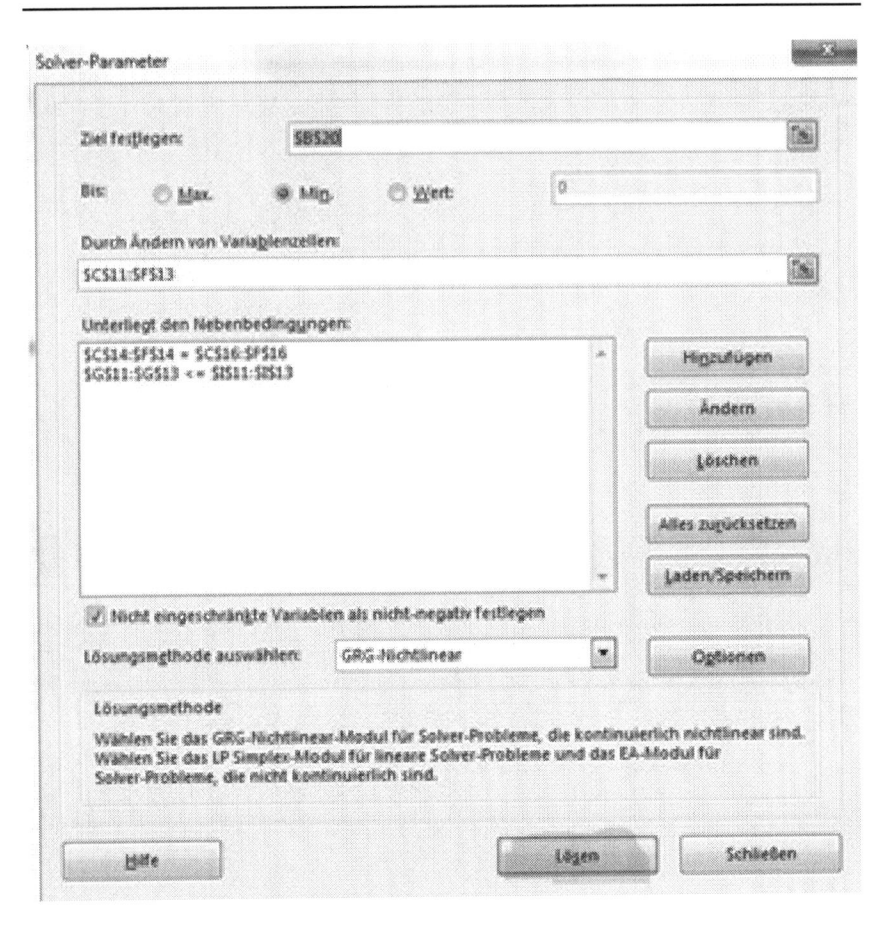

Abbildung 6.15: Transportproblem, Lösen

so ergibt sich eine sinnvolle Lösung, die alle Nebenbedingungen erfüllt und die minimalen Kosten enthält: Abbildung 6.16

	C	D	E	F	G	H	I	J
Kosten für den Transport von einer Kiste Whisky von... nach...								
	Frankfurt	Hamburg	Leverkusen	Pavia				
Berlin	5,50 €	2,89 €	5,65 €	10,76 €				
Linz	5,53 €	9,35 €	7,40 €	7,56 €				
Mannheim	0,87 €	5,68 €	2,51 €	6,28 €				
Bedarf und Angebot								
	Frankfurt	Hamburg	Leverkusen	Pavia	Summe			Angebot
Berlin	0	160	80	40	280	kleiner oder gleich		300
Linz	0	0	0	100	100	kleiner oder gleich		100
Mannheim	140	0	0	10	150	kleiner oder gleich		150
Summe	140	160	80	150				
	gleich	gleich	gleich	gleich				
Bedarf	140	160	80	150		Angebot Gesamt		550
						Bedarf Gesamt		530
Kostenfunktion								
2.285,40 €								

Abbildung 6.16: Lösung Transportproblem mit Excel Solver

Beispielsweise bedeutet dies, daß die Verkaufsstelle "Frankfurt" den gesamten Bedarf aus dem Lager "Mannheim" erhält, während "Pavia" aus allen drei Lagern bedient werden sollte.

6.6 Simplex-Verfahren

Das Simplex-Verfahren ist ein numerisches Optimierungsverfahren, das hier nur in Form eines "Kochrezepts" vorgestellt wird. Es dient der Lösung linearer Optimierungsprobleme. Das Verfahren nutzt den Gauß-Algorithmus (siehe Kapitel 4.4, Seite 79).

Hier wird das Simplex-Verfahren anhand eines einfachen Beispiels erläutert. Dabei werden in einem Unternehmen

- zwei Produkte erstellt:
  - Produkt 1 hat einen Deckungsbeitrag von 100 €.
  - Produkt 2 hat einen Deckungsbeitrag von 150 €.
- Dies geschieht auf drei Maschinen, die folgende Monatskapazitäten haben:

6.6. SIMPLEX-VERFAHREN

- Maschine 1 hat eine Kapazität von 400 Stunden.

- Maschine 2 hat eine Kapazität von 350 Stunden.

- Maschine 3 hat eine Kapazität von 200 Stunden.

- Um die Produkte zu erstellen, werden die Maschinen folgendermaßen genutzt:

  - Produkt 1 benötigt eine Stunde auf Maschine 1 und eine Stunde auf Maschine 2.

  - Produkt 2 benötigt eine Stunde auf Maschine 1, eine Stunde auf Maschine 2 und zwei Stunden auf Maschine 3.

Ziel ist es nun, den Gesamtdeckungsbeitrag unter der Kapazitätsbedingung zu maximieren (optimieren), d.h. die optimale Menge herzustellender Produkte 1 und 2 zu bestimmen. Dazu wird hier die Anzahl von Produkt 1 als x_1 und die Anzahl von Produkt 2 als x_2 benannt. Es ergeben sich die folgenden Ungleichungen, indem die jeweiligen Arbeitsstunden pro Maschine und die Kapazitätsgrenzen der Maschinen aufgenommen werden:

$$1x_1 + 1x_2 \leq 400 \quad \text{Maschine 1}$$
$$1x_1 + 1x_2 \leq 350 \quad \text{Maschine 2}$$
$$0x_1 + 2x_2 \leq 200 \quad \text{Maschine 3}$$

Der Gesamtdeckungsbeitrag lautet:

$$G(x_1, x_2) = 100x_1 + 150x_2.$$

Die Ungleichungen werden nun mithilfe von sogenannten **Schlupfvariablen** in Gleichungen umgewandelt. Die linke Seite der obigen Ungleichungen ist kleiner (oder gleich) der rechten Seite, d.h. es kann eine positive Größe zur linken Seite addiert werden und damit eine Gleichheit der beiden Seiten erreicht werden.

$$1x_1 + 1x_2 + s_1 = 400 \quad \text{Maschine 1}$$
$$1x_1 + 1x_2 + s_2 = 350 \quad \text{Maschine 2}$$
$$0x_1 + 2x_2 + s_3 = 200 \quad \text{Maschine 3}$$
$$100x_1 + 150x_2 = G(x_1, x_2)$$

Aus den Koeffizienten vor den Unbekannten wird nun das **Simplex-Tableau** erstellt:

x_1	x_2	s_1	s_2	s_3	rechte Seite
1	1	1	0	0	400
1	1	0	1	0	350
0	2	0	0	1	200
100	150	0	0	0	$G(x_1, x_2)$

Das Simplex-Verfahren (Simplex-Algorithmus) folgt nun einer Abfolge von Schritten.

1. Pivot-Spalte festlegen

    Dabei wird in der obigen Tabelle nach dem höchsten Wert in der letzten Zeile (Zielfunktion, zu maximierende Deckungsbeitragsfunktion) gesucht. Dieser (150) ist in der zweiten Spalte zu finden. Damit ist die zweite Spalte die Pivot-Spalte.

2. Division der rechten Seite durch die jeweiligen Werte aus der Pivot-Spalte

    Falls eine der Zahlen in der Pivot-Spalte Null ist, so wird (natürlich) nicht dividiert. Die Zeile ist für den nächsten Schritt irrelevant.

x_1	x_2	s_1	s_2	s_3	rechte Seite	rechte Seite geteilt durch Wert aus Pivot-Spalte
1	1	1	0	0	400	$400 : 1 = 400$
1	1	0	1	0	350	$350 : 1 = 350$
0	2	0	0	1	200	$200 : 2 = 100$
100	150	0	0	0	$G(x_1, x_2)$	

3. Pivot-Zeile festlegen

6.6. SIMPLEX-VERFAHREN

Die Zeile, in der der niedrigste Wert für die rechte Seite (nach Division durch die Werte aus der Pivot-Spalte) zu finden ist, wird die Pivot-Zeile. Im obigen Beispiel ist dies die dritte Zeile mit dem Wert 100.

Dadurch steht das Pivot-Element fest: der Kreuzungspunkt der zweiten Spalte (Pivot-Spalte) und der dritten Zeile (Pivot-Zeile) ergibt das Pivot-Element 2.

4. Gauß-Algorithmus

   Nun werden in der Pivot-Spalte Nullen erzeugt unter Nutzung der Pivot-Zeile, diese bleibt erhalten. Dabei wird zunächst die erste Zeile minus das 0,5-fache der dritten Zeile (Pivot-Zeile) gerechnet:

x_1	x_2	s_1	s_2	s_3	rechte Seite
1	0	1	0	$-0,5$	300
1	1	0	1	0	350
0	2	0	0	1	200
100	150	0	0	0	$G(x_1, x_2)$

Beispielsweise wurde auf der rechten Seite $400 - 0,5 \cdot 200 = 300$ gerechnet.

Nun wird noch in der zweiten Zeile eine Null in der Pivot-Spalte erzeugt, indem die zweite Zeile ebenfalls minus das 0,5-fache der dritten Zeile berechnet wird:

x_1	x_2	s_1	s_2	s_3	rechte Seite
1	0	1	0	$-0,5$	300
1	0	0	1	$-0,5$	250
0	2	0	0	1	200
100	150	0	0	0	$G(x_1, x_2)$

Als letzter Rechenschritt wird auch in der Zeile mit der Zielfunktion eine Null in der Pivot-Spalte erzeugt, indem die letzte Zeile minus das 75-

fache der dritten Zeile gerechnet wird:

x_1	x_2	s_1	s_2	s_3	rechte Seite
1	0	1	0	$-0,5$	300
1	0	0	1	$-0,5$	250
0	2	0	0	1	200
100	0	0	0	-75	-15.000

Die 15.000 ergibt sich durch $0 - 75 \cdot 200$. Damit besteht die bisherige Pivot-Spalte (zweite Spalte) nur noch aus Nullen bis auf dem Pivot-Element.

Nun beginnt die Schrittfolge von Neuem:

1. Pivot-Spalte festlegen

   Dabei wird in der obigen Tabelle nach dem höchsten Wert in der letzten Zeile (Zielfunktion, zu maximierende Deckungsbeitragsfunktion) gesucht. Dieser (100) ist nun in der erste Spalte zu finden. Damit ist die erste Spalte die neue Pivot-Spalte.

2. Division der rechten Seite durch die jeweiligen Werte aus der Pivot-Spalte

   Falls eine der Zahlen in der Pivot-Spalte Null ist, so wird (natürlich) nicht dividiert. Die Zeile ist für den nächsten Schritt irrelevant.

x_1	x_2	s_1	s_2	s_3	rechte Seite	rechte Seite geteilt durch Wert aus Pivot-Spalte
1	0	1	0	$-0,5$	300	$300 : 1 = 300$
1	0	0	1	$-0,5$	250	$250 : 1 = 250$
0	2	0	0	1	200	$200 : 0$ irrelevant
100	0	0	0	-75	-15.000	

3. Pivot-Zeile festlegen

   Die Zeile, in der der niedrigste Wert für die rechte Seite (nach Division durch die Werte aus der Pivot-Spalte) zu finden ist, wird die Pivot-Zeile. Im obigen Beispiel ist dies die zweite Zeile mit dem Wert 250.

6.6. SIMPLEX-VERFAHREN

Dadurch steht das Pivot-Element fest: der Kreuzungspunkt der ersten Spalte (Pivot-Spalte) und der zweiten Zeile (Pivot-Zeile) ergibt das Pivot-Element 1.

4. Gauß-Algorithmus

Nun werden in der Pivot-Spalte Nullen erzeugt unter Nutzung der Pivot-Zeile, diese bleibt erhalten. Dabei wird zunächst die erste Zeile minus die zweite Zeile (Pivot-Zeile) gerechnet:

x_1	x_2	s_1	s_2	s_3	rechte Seite
0	0	1	-1	0	50
1	0	0	1	$-0,5$	250
0	2	0	0	1	200
100	0	0	0	-75	-15.000

In der letzten Zeile (erste Spalte) wird eine Null erzeugt, indem die vierte Zeile minus das 100-fache der zweiten Zeile (Pivot-Zeile) berechnet wird:

x_1	x_2	s_1	s_2	s_3	rechte Seite
0	0	1	-1	0	50
1	0	0	1	$-0,5$	250
0	2	0	0	1	200
0	0	0	-100	-25	-40.000

Damit stehen in der Zeile der Zielfunktion nur noch negative Werte und das Verfahren ist beendet. Falls es mehr Unbekannte gäbe, so würden die oben beschriebenen Rechenschritte solange durchgeführt, bis in der Zielfunktionszeile wieder nur negative Koeffizienten zu finden sind.

Als abschliessender Schritt werden die bisherigen Pivot-Elemente noch auf Eins gebracht. Im obigen Beispiel muss dazu nur die dritte Zeile durch Zwei dividiert werden:

x_1	x_2	s_1	s_2	s_3	rechte Seite
0	0	1	-1	0	50
1	0	0	1	$-0,5$	250
0	1	0	0	$0,5$	100
0	0	0	-100	-25	-40.000

Das Ablesen der Lösung des Optimierungsproblems nach dem Simplex-Verfahren wird nun folgendermaßen durchgeführt: es werden nur die Spalten betrachtet, in der (oberhalb der Zielfunktionszeile) nur ein einziger von Null verschiedener Wert zu finden ist. Im obigen Beispiel sind dies

- die erste Spalte (nur eine Eins in der zweiten Zeile). Schreibt man die Gleichung aus, so ergibt sich $1 \cdot x_1 = 250$. Also: $x_1 = 250$.

- die zweite Spalte (nur in der dritten Zeile ist eine Eins vorhanden). Es ergibt sich $x_2 = 100$.

- die dritte Spalte (nur in der ersten Zeile ist eine Eins) und der Wert der ersten Schlupfvariablen berechnet sich als $s_1 = 50$.

- die vierte und fünfte Spalte enthält jeweils mehr als einen von Null verschiedenen Wert. Damit werden s_2 und s_3 auf Null gesetzt: $s_2 = 0$ und $s_3 = 0$.

- in der letzten Spalte (rechte Seite) kann in der letzten Zeile der Wert der Zielfunktion (im obigen Beispiel die Deckungsbeitragsfunktion) mit umgekehrtem Vorzeichen abgelesen werden. Es ergibt sich ein maximaler Deckungsbeitrag von $G(x_1, x_2) = 40.000$.

Die gefundene Lösung kann nun überprüft werden.

- Wenn $x_1 = 250$ Produkte vom Typ "Produkt 1" hergestellt werden, so muss Maschine 1 250 Stunden laufen (eine Stunde pro Produkt) und Maschine 2 ebenfalls 250 Stunden.

6.6. SIMPLEX-VERFAHREN

- Wenn $x_2 = 100$ Produkte vom Typ "Produkt 2" hergestellt werden, so muss Maschine 1 100 Stunden laufen (eine Stunde pro Produkt), Maschine 2 ebenfalls 100 Stunden und Maschine 3: $2 \cdot 100 = 200$ Stunden.

Damit läuft Maschine 1 ingesamt $250+100 = 350$ Stunden, erfüllt die maximale Kapazitätsvorgabe von 400 Stunden und hat sogar noch einen Puffer von 50 Stunden Leerlauf. Diese 50 Stunden entsprechen dem Wert der Schlupfvariablen $s_1 = 50$.

Maschine 2 läuft $250 + 100 = 350$ Stunden und entspricht der Kapazitätsgrenze, deshalb ist $s_2 = 0$.

Maschine 3 läuft 200 Stunden und entspricht ebenfalls der Kapazitätsgrenze und ergibt $s_3 = 0$.

Der maximale Gesamtdeckungsbeitrag berechnete sich als

$$G(x_1, x_2) = 100x_1 + 150x_2.$$

Mit den Werte von oben also:

$$G(x_1 = 250, x_2 = 100) = 100 \cdot 250 + 150 \cdot 100 = 40.000.$$

Kapitel 7

Integralrechnung

7.1 Einführung

Die Integralrechnung berechnet bei Funktionen, die einen eindimensionalen Definitions- und Wertebereich haben, die Fläche zwischen der x-Achse und dem Graphen der Funktion. Dies ist in verschiedenen Anwendungsbereichen notwendig, unter anderem in der Wahrscheinlichkeitsrechnung (siehe Kapitel 10).

Die Integralrechnung stellt einen Grenzübergang dar:

- Das betrachtete Intervall auf der x-Achse wird in kleine Teilstücke zerlegt (Breite: Δx).

- Es wird ein Rechteck mit Breite Δx und Höhe des Funktionswerts gebildet.

- Die Summe aller Rechtecke approximiert die Fläche unter der Funktion.

- Nun wird Δx kleiner gewählt (z.B. halbiert) und das Verfahren von vorn begonnen.

Dies wird in Abbildung 7.1 skizziert.

7.2. RIEMANN INTEGRAL

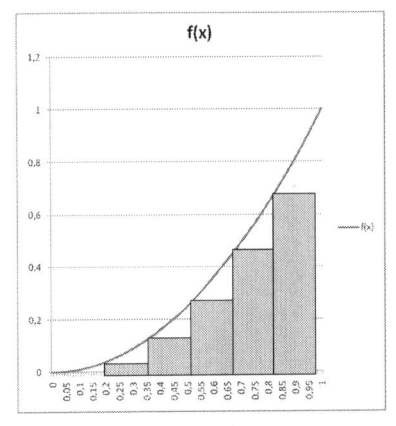

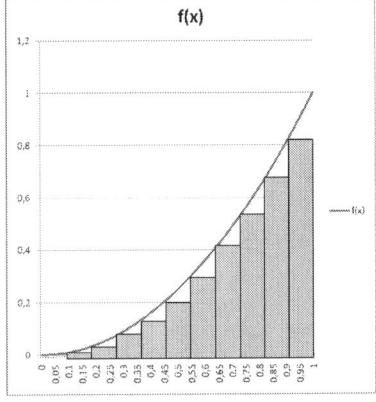

Abbildung 7.1: Integral durch schrittweise Verfeinerung von Rechtecken

7.2 Riemann Integral

Sei f eine stetige Funktion auf einem Intervall $[a, b]$, die außerdem beschränkt ist. Es wird eine Zerlegung des Intervalls $[a, b]$ definiert. Der Einfachheit halber wird eine äquidistante Zerlegung angenommen:

$a = x_0 < x_1 < x_2 < \ldots < x_n = b$, wobei $x_i = a + i \cdot \Delta x$ ($i = 0, \ldots, n$) mit $\Delta x = \frac{b-a}{n}$ (die n Intervalle sind alle gleich breit).

Dann werden Obersumme und Untersumme (siehe Abbildung 7.1 (Integral durch schrittweise Verfeinerung) und Abbildung 7.2 (Verfeinerung von Ober- und Untersumme)) definiert als (Obersumme):

$$\bar{S}_f = \sum_{i=0}^{n-1} \Delta x \cdot \max_{x \in [x_i, x_{i+1}]} (f(x)) \tag{7.1}$$

bzw. (Untersumme)

$$\underline{S}_f = \sum_{i=0}^{n-1} \Delta x \cdot \min_{x \in [x_i, x_{i+1}]} (f(x)) \tag{7.2}$$

Das Maximum bzw. Minimum wird jeweils auf dem Intervall gebildet. Der Prozess der Verfeinerung für die Ober- und Untersumme wird anhand der Abbildung 7.2 ein weiteres Mal skizziert.

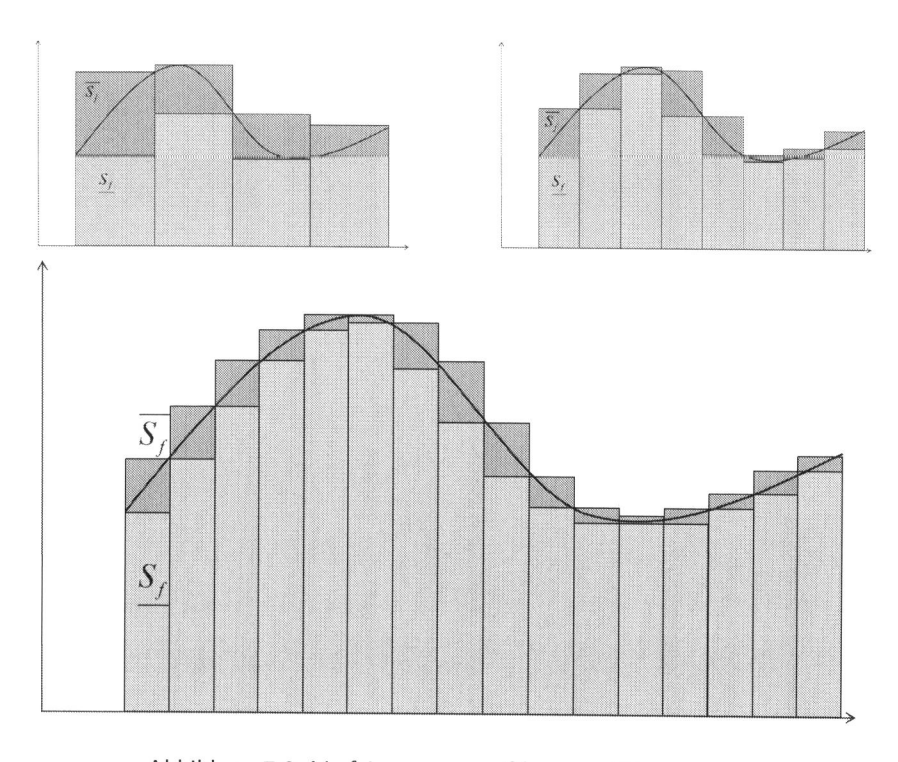

Abbildung 7.2: Verfeinerung von Ober- und Untersumme

Aus der Schule sind vermutlich Integrationsregeln bekannt, trotzdem wird hier eine Herleitung für die Berechnung eines einfachen Integrals demonstriert, die auf einer Verfeinerung der Zerlegung des Definitionsbereichs beruht.

Um das **_Riemann[1]-Integral_** zu definieren, werden folgende Voraussetzungen benötigt:

- f sei eine stetige und beschränkte Funktion auf dem Intervall $[a, b]$ mit Werten in der Menge der reellen Zahlen.

---
[1] Bernhard Riemann, 1826 - 1866

7.2. RIEMANN INTEGRAL

- Es sei eine Unterteilung des Intervalls $[a, b]$ gegeben: $a = x_0 < x_1 < \ldots < x_n = b$, wobei der Einfachheit halber eine äquidistante Zerlegung vorgegeben wird: $x_i = a + i \cdot \Delta x$ ($i = 0, \ldots, n$) mit $\Delta x = \frac{b-a}{n}$.

- Dann heißt
$$\sum_{i=0}^{n-1} f(z_i) \cdot \Delta x \text{ mit } z_i \in [x_i, x_{i+1}]$$
Riemann-Summe der Feinheit Δx mit Stützstellen z_i.

- Falls die Summe für $\Delta x \to 0$ konvergiert (unabhängig von den Stützstellen), so heißt die Funktion **Riemann-integrierbar**.

- Der Grenzwert heißt **Riemann-Integral** und wird folgendermaßen geschrieben:
$$\int_a^b f(x)dx := \lim_{\Delta x \to 0} \sum_{i=0}^{n-1} f(z_i) \cdot \Delta x \text{ mit } z_i \in [x_i, x_{i+1}] \quad (7.3)$$

7.2.1 Verfeinerung des Definitionsbereichs: Beispiel

In diesem Beispiel wird eine Parabel betrachtet: $f(x) = x^2$ mit $x \in [0, 1]$. Da die Funktion auf dem Definitionsbereich streng monoton wachsend ist, befindet sich das Maximum auf jedem Teilintervall immer am rechten Rand. Der Definitionsbereich $[0, 1]$ wird in gleichgroße Intervalle der Breite Δx zerlegt. Dann ergibt sich für die Obersumme

$$\begin{aligned}
\bar{S}_f &= \sum_{i=0}^{n-1} \Delta x \cdot \max_{x \in [x_i, x_{i+1}]}(f(x)) = \sum_{i=0}^{n-1} \Delta x \cdot f(\Delta x \cdot (i+1)) = \\
&= \sum_{i=0}^{n-1} \Delta x \cdot (\Delta x \cdot (i+1))^2 = \sum_{i=0}^{n-1} \Delta x \cdot \Delta x^2 \cdot (i+1)^2 = \\
&= \sum_{i=0}^{n-1} \Delta x^3 \cdot (i+1)^2 = \Delta x^3 \sum_{i=0}^{n-1} (i+1)^2 = \Delta x^3 \sum_{j=1}^{n-1} j^2 = \\
&= \Delta x^3 \frac{n(n+1)(2n+1)}{6}.
\end{aligned}$$

Da $\Delta x = \frac{1}{n}$, ergibt sich die Obersumme als

$$\bar{S}_f = \Delta x^3 \frac{n(n+1)(2n+1)}{6} = \frac{1}{n^3} \frac{n(n+1)(2n+1)}{6} =$$
$$= \frac{2n^3 + n^2 + 2n^2 + n}{6n^3} = \frac{1}{6}\left(2 + 3\frac{1}{n} + \frac{1}{n^2}\right).$$

Wird nun der Grenzübergang $n \to \infty$ durchgeführt (dies entspricht $\Delta x = \frac{1}{n} \to 0$), so ergibt sich:

$$\lim_{n\to\infty} \bar{S}_f = \lim_{n\to\infty} \frac{1}{6}\left(2 + 3\frac{1}{n} + \frac{1}{n^2}\right) = \frac{2}{6} = \frac{1}{3}.$$

Wie in Kapitel 7.4 erläutert wird (und aus der Schulzeit bekannt sein sollte), kann ein bestimmtes Integral durch Einsetzen der Grenzen in die Stammfunktion berechnet werden. Die Stammfunktion von $f(x) = x^2$ lautet: $F(x) = \frac{x^3}{3} + c$. Also ergibt sich für dieses Beispiel:

$$\int_0^1 f(x)dx = \int_0^1 x^2 dx = F(x)\Big|_{x=0}^{x=1} = \frac{x^3}{3} + c\Big|_{x=0}^{x=1} = \frac{1^3}{3} - \frac{0^3}{3} = \frac{1}{3}.$$

Dies ist der gleiche Wert, der durch Grenzübergang berechnet wurde.

7.3 Stammfunktion und unbestimmtes Integral

Eine differenzierbare Funktion $F : D \to \mathbb{R}$ heißt **Stammfunktion** von f, wenn

$$F'(x) = f(x) \text{ für alle } x \in D \tag{7.4}$$

d.h. wenn die Ableitung der Stammfunktion die Funktion f ergibt. Deshalb wird der Vorgang des Findens einer Stammfunktion stellenweise auch "aufleiten" genannt. In der obigen Definition ist erkennbar, daß Stammfunktionen nur bis auf eine Konstante bestimmbar sind. Wird zu $F(x)$ noch eine konstante Zahl hinzugezählt, so fällt diese bei der Ableitung weg und die obige Gleichung ist noch immer erfüllt.

7.4. HAUPTSATZ DER DIFFERENTIAL- UND INTEGRALRECHNUNG

Die Familie aller Stammfunktionen heißt das **unbestimmte Integral** und wird mit

$$\int f(x)dx = F(x) + c$$

bezeichnet (c ist eine reelle Zahl).

7.4 Hauptsatz der Differential- und Integralrechnung

f sei eine stetige Funktion auf einem Intervall [a, b]. F sei eine Stammfunktion von f. Dann gilt der **Hauptsatz der Differential- und Integralrechnung**:

$$\int_a^b f(x)dx = F(b) - F(a) = F(x)\Big|_{x=a}^{x=b} \tag{7.5}$$

7.4.1 Berechnung Integral: Beispiel

Es soll das folgende bestimmte Integral berechnet werden: $\int_1^3 x^3 dx$. Mit anderen Worten: wie groß ist die Fläche zwischen der x-Achse und dem Graphen der Funktion x^3 auf dem Intervall $[1, 3]$?

Lösung:

Die Stammfunktion von f lautet: $F(x) = \frac{x^4}{4} + c$, denn es gilt $F'(x) = 4\frac{x^3}{4} = x^3 = f(x)$. Also gilt nach Formel (7.5) (Hauptsatz der Differential- und Integralrechnung):

$$\int_1^3 x^3 dx = \frac{x^4}{4}\Big|_{x=1}^{x=3} = \frac{3^4}{4} - \frac{1^4}{4} = \frac{81}{4} - \frac{1}{4} = \frac{80}{4} = 20.$$

7.5 Integrationsverfahren

Es gibt verschiedene Integrationsverfahren, die aus der Schulzeit bekannt sein sollten. Diese werden hier nur anhand kurzer Einführungen und Beispiele vorgestellt:

- Partielle Integration

- Integration durch Substitution

- Partialbruchzerlegung.

7.5.1 Partielle Integration

Die Produktregel der Differentialrechnung wurde in Kapitel 5.14, Seite 153 vorgestellt:
$$(f(x) \cdot g(x))' = f'(x) \cdot g(x) + f(x) \cdot g'(x).$$
Wird dies umgeformt, so ergibt sich:
$$(f(x) \cdot g(x))' - f(x) \cdot g'(x) = f'(x) \cdot g(x).$$
Werden linke und rechte Seite der Gleichung vertauscht und eine Integration auf die Gleichung angewandt, so ergibt sich formal (da Integration und Differentiation invers zueinander sind, siehe Gleichung (7.5)):

$$\int_a^b f'(x) \cdot g(x) dx = f(x) \cdot g(x) \Big|_{x=a}^{x=b} - \int_a^b f(x) \cdot g'(x) dx \qquad (7.6)$$

Diese Gleichung stellt die Formel von der **partiellen Integration** dar. Zu beachten ist dabei, dass im Integral auf der linken Seite ein f' und ein g auftauchen und auf der rechten Seite f und g'. Diese Integrationsmethode bietet sich also immer dann an, wenn z.B. ein $g(x)$ gegeben ist, das Probleme bei der Integration macht, während $g'(x)$ leicht zu behandeln ist.

7.5. INTEGRATIONSVERFAHREN

Dies soll an folgendem Beispiel erläutert werden. Gesucht ist folgendes Integral:

$$\int_a^b x^2 \cdot \ln(x) dx,$$

dabei ist $a > 0$ und $b > a$. Der Term $\ln(x)$ stellt ein Problem dar, da zwar in Kapitel 7.7 (Seite 252) die Ableitung von $\ln(x)$ vorgestellt wird $((\ln(x))' = \frac{1}{x})$, aber die Stammfunktion von $x^2 \cdot \ln(x)$ nicht leicht "zu sehen" ist.

Deshalb nimmt $\ln(x)$ die Rolle von $g(x)$ in Gleichung (7.6) ein. In Gleichung (7.6) ist auf der linken Seite jedoch $f'(x)$ zu sehen. Also muss $f'(x) = x^2$ sein und dementsprechend $f(x) = \frac{1}{3}x^3$. Also wird

$$\int_a^b f'(x) \cdot g(x) dx = \int_a^b x^2 \cdot \ln(x) dx$$

und insgesamt ergibt sich

$$\int_a^b f'(x) \cdot g(x) dx = f(x) \cdot g(x) \Big|_{x=a}^{x=b} - \int_a^b f(x) \cdot g'(x) dx$$

als

$$\int_a^b x^2 \cdot \ln(x) dx = \left(\frac{1}{3}x^3\right) \cdot \ln(x) \Big|_{x=a}^{x=b} - \int_a^b \left(\frac{1}{3}x^3\right) \cdot \frac{1}{x} dx.$$

Nun kann das fehlende Integral berechnet werden:

$$\int_a^b x^2 \cdot \ln(x) dx = \left(\frac{1}{3}x^3\right) \cdot \ln(x) \Big|_{x=a}^{x=b} - \int_a^b \left(\frac{1}{3}x^3\right) \cdot \frac{1}{x} dx =$$

$$= \left(\frac{1}{3}x^3\right) \cdot \ln(x) \Big|_{x=a}^{x=b} - \int_a^b \frac{1}{3}x^2 dx.$$

7.5.2 INTEGRATION DURCH SUBSTITUTION

Die Stammfunktion von x^2 ist nun einfach zu bestimmen:

$$\int_a^b x^2 \cdot \ln(x) dx = \left(\frac{1}{3}x^3\right) \cdot \ln(x) \Big|_{x=a}^{x=b} - \int_a^b \frac{1}{3}x^2 dx =$$

$$= \left(\frac{1}{3}x^3\right) \cdot \ln(x) \Big|_{x=a}^{x=b} - \frac{1}{3}\left(\frac{1}{3}x^3\right) \Big|_{x=a}^{x=b}$$

7.5.2 Integration durch Substitution

Die Integration durch Substitution beruht auf der Kettenregel aus Kapitel 5.14 ab Seite 153. Sie kann für zwei Funktionen $F(x)$ und $g(x)$ folgendermaßen geschrieben werden:

$$(F(g(x)))' = F'(g(x)) \cdot g'(x).$$

Falls $F(x)$ eine Stammfunktion von $f(x)$ ist ($F'(x) = f(x)$), so ergibt sich also

$$(F(g(x)))' = F'(g(x)) \cdot g'(x) = f(g(x)) \cdot g'(x).$$

Werden bei dieser Gleichung aus Gründen der Übersichtlichkeit die beiden Seiten vertauscht und dann die Integration auf die Gleichung angewandt, so ergibt sich:

$$\int_a^b f(g(x)) \cdot g'(x) dx = \int_a^b f(g(x)) (F(g(x)))' dx = F(g(x)) \Big|_{x=a}^{x=b} =$$

$$= F(g(b)) - F(g(a)) = \int_{g(a)}^{g(b)} f(x) dx.$$

Diese Formel ist die **Integration durch Substitution**

$$\int_a^b f(g(x)) \cdot g'(x) dx = \int_{g(a)}^{g(b)} f(x) dx \qquad (7.7)$$

7.5. INTEGRATIONSVERFAHREN

und wird nun anhand eines Beispiels demonstriert. Es soll folgendes Integral berechnet werden:

$$\int_0^1 \cos(5x)\,dx.$$

Das Argument des Cosinus (5x) wird substituiert: $g(x) = 5x$. Häufig wird eine neue Variable eingeführt, die das $g(x)$ darstellt, um die Schreibweise zu erleichtern: $t = g(x) = 5x$. Wird t nun nach x abgeleitet, so ergibt sich:

$$\frac{dt}{dx} = \frac{d}{dx}g(x) = \frac{d}{dx}5x = 5.$$

Formal wird dies umgestellt zu:

$$dt = 5dx \quad \text{oder} \quad dx = \frac{1}{5}dt.$$

Damit ergibt sich ($t = g(x) = 5x$):

$$\int_0^1 \cos(5x)\,dx = \int_{g(0)}^{g(1)} \cos(t)\frac{1}{5}dt = \int_{5\cdot 0}^{5\cdot 1} \cos(t)\frac{1}{5}dt =$$

$$= \frac{1}{5}\int_0^5 \cos(t)\,dt = \frac{1}{5}\sin(t)\Big|_{t=0}^{t=5} = \frac{1}{5}\left(\sin(5) - \sin(0)\right),$$

da $\sin(t)$ eine Stammfunktion von $\cos(t)$ ist (siehe Kapitel 7.7, Seite 252).

7.5.3 Partialbruchzerlegung

Die **Partialbruchzerlegung** wird anhand verschiedener Beispiele erläutert. Dabei wird immer eine gebrochenrationale Funktion (siehe Kapitel 5.5, Seite 138) als Ausgangspunkt genutzt. In den Beispielen ist der Grad des Zählerpolynoms immer kleiner als der Grad des Nennerpolynoms. Sollte dies in der Realität nicht Fall sein, so ist zuerst eine Polynomdivision (siehe Kapitel 5.4, Seite 136) vorzunehmen.

Die Partialbruchzerlegung kann auch unabhängig von der Integration durchgeführt werden.

7.5.3.1 Partialbruchzerlegung 1

Es soll das folgende Integral berechnet werden:

$$\int_a^b \frac{x}{x^2 - 4} dx.$$

Die Stammfunktion kann nicht einfach "gesehen" werden. Deshalb wird der Bruch in eine andere Form gebracht.

Als erstes werden mithilfe der p-q-Formel (siehe Formel (5.2) von Seite 138) die Nullstellen des Nennerpolynoms $x^2 - 4$ berechnet. Es ergeben sich zwei Nullstellen: $x_1 = 2$ und $x_2 = -2$. Diese beiden Werte sind die Polstellen der betrachteten Funktion. Bei einfachen, reellen Nullstellen wird nun der folgende Ansatz gewählt: die Ausgangsfunktion wird in Summanden zerlegt, die jeweils im Nenner einen Term der Form $x - x_N$ (x_N eine einfache, reelle Nullstelle) haben.

$$\frac{x}{x^2 - 4} = \frac{a_1}{x - 2} + \frac{a_2}{x + 2}.$$

Die unbekannten a_1 und a_2 müssen noch bestimmt werden. Dies geschieht durch Multiplikation der Gleichung mit $x^2 - 4$:

$$\frac{x}{x^2 - 4}(x^2 - 4) = \frac{a_1}{x - 2}(x^2 - 4) + \frac{a_2}{x + 2}(x^2 - 4).$$

Da: $x^2 - 4 = (x - 2) \cdot (x + 2)$, kann gekürzt werden:

$$x = a_1 \cdot (x + 2) + a_2 \cdot (x - 2).$$

Dies ergibt ausmultipliziert:

$$x = a_1 \cdot x + 2 \cdot a_1 + a_2 \cdot x - 2 \cdot a_2 =$$
$$= x \cdot (a_1 + a_2) + 2 \cdot (a_1 - a_2).$$

7.5. INTEGRATIONSVERFAHREN

Nun werden die Koeffizienten der Potenzen von x auf beiden Seiten der Gleichung verglichen:

$$1 = a_1 + a_2$$
$$0 = a_1 - a_2$$

Es handelt sich um ein lineares Gleichungssystem mit zwei Unbekannten (a_1 und a_2), das mit den Methoden der linearen Algebra gelöst werden kann (siehe Gauß-Algorithmus, Kapitel 4.4, Seite 79). Es ergibt sich als Lösung $a_1 = 0,5$ und $a_2 = 0,5$. Also gilt:

$$\frac{x}{x^2 - 4} = \frac{0,5}{x - 2} + \frac{0,5}{x + 2}$$

und damit

$$\int_a^b \frac{x}{x^2 - 4} dx = \int_a^b \frac{0,5}{x - 2} + \frac{0,5}{x + 2} dx.$$

Nach Kapitel 7.7 ergibt sich also:

$$\int_a^b \frac{x}{x^2 - 4} dx = \int_a^b \frac{0,5}{x - 2} + \frac{0,5}{x + 2} dx =$$
$$= 0,5 \cdot \ln(|x - 2|) \Big|_{x=a}^{x=b} + 0,5 \cdot \ln(|x + 2|) \Big|_{x=a}^{x=b}.$$

7.5.3.2 Partialbruchzerlegung 2

Im zweiten Beispiel gibt es eine mehrfache, reelle Nullstelle des Nennerpolynoms.

Es soll die gebrochenrationale Funktion

$$\frac{x + 1}{x^2 - 4x + 4}$$

zerlegt werden. Werden die Nullstellen von $x^2 - 4x + 4$ berechnet, so ergibt sich $x_{1,2} = 2$. In diesem Falle ist der Ansatz bei der Partialbruchzerlegung:

$$\frac{x+1}{x^2 - 4x + 4} = \frac{a_1}{x - 2} + \frac{a_2}{(x - 2)^2}.$$

Falls es sich um eine dreifache Nullstelle handelte, so müsste noch ein Term der Form $\frac{a_3}{(x-2)^3}$ hinzugefügt werden und so weiter.

Die obige Gleichung wird wieder mit dem Nennerpolynom multipliziert $(x^2 - 4x + 4 = (x - 2)^2)$ und es ergibt sich:

$$x + 1 = a_1 \cdot (x - 2) + a_2 = a_1 \cdot x - 2a_1 + a_2.$$

Durch Koeffizientenvergleich ergibt sich:

$$1 = a_1 \qquad \text{und} \qquad 1 = -2a_1 + a_2$$

Also: $a_1 = 1$ und $a_2 = 3$. Damit lautet die Partialbruchzerlegung:

$$\frac{x+1}{x^2 - 4x + 4} = \frac{1}{x - 2} + \frac{3}{(x - 2)^2}.$$

7.5.3.3 Partialbruchzerlegung 3

Das dritte Beispiel behandelt eine mehrfache, komplexe Nullstelle des Nennerpolynoms.

Es soll die gebrochenrationale Funktion

$$\frac{x^2 + 2x + 1}{x^3 + 4x}$$

zerlegt werden.

Das Nennerpolynom kann geschrieben werden als $x^3 + 4x = x \cdot (x^2 + 4)$. Also ist $x_1 = 0$ eine Nullstelle, aber $x^2 + 4$ hat keine (reellen) Nullstellen. Die komplexe Lösung, die hier nur der Vollständigkeit halber erwähnt wird, lautet: $x_{2,3} = \pm 2i$.

7.6. UNEIGENTLICHES INTEGRAL

Der Ansatz zur Zerlegung lautet nun:

$$\frac{x^2+2x+1}{x^3+4x} = \frac{x^2+2x+1}{x\cdot(x^2+4)} = \frac{a_1}{x} + \frac{a_2 x + a_3}{x^2+4}$$

Nach der Multiplikation mit $x\cdot(x^2+4)$ ergibt sich:

$$x^2+2x+1 = a_1\cdot(x^2+4) + (a_2 x + a_3)\cdot x$$

Also:

$$x^2+2x+1 = a_1 x^2 + 4a_1 + a_2 x^2 + a_3 x =$$
$$= (a_1+a_2)x^2 + a_3 x + 4a_1$$

Der Koeffizientenvergleich ergibt:

$$1 = a_1 + a_2, \qquad 2 = a_3, \qquad 1 = 4a_1.$$

Aus der letzten Gleichung folgt $a_1 = \frac{1}{4} = 0,25$ und damit aus der ersten: $a_2 = \frac{3}{4} = 0,75$. Insgesamt lautet die Partialbruchzerlegung:

$$\frac{x^2+2x+1}{x^3+4x} = \frac{0,25}{x} + \frac{0,75x+2}{x^2+4}.$$

7.6 Uneigentliches Integral

f sei eine stetige Funktion mit $f:[a,\infty)\to\mathbb{R}$. Falls der Grenzwert

$$\int_a^\infty f(x)dx := \lim_{z\to\infty}\int_a^z f(x)dx \qquad (7.8)$$

existiert, so wird er **uneigentliches Integral** genannt.

7.6.1 UNEIGENTLICHES INTEGRAL: BEISPIEL MIT POLSTELLE

Analoges gilt für

$$\int_{-\infty}^{a} f(x)dx \text{ und } \int_{-\infty}^{\infty} f(x)dx := \lim_{z\to\infty} \int_{-z}^{a} f(x)dx + \lim_{z\to\infty} \int_{a}^{z} f(x)dx$$

Uneigentliche Integrale betreffen auch den Fall, daß Polstellen an den Integrationsgrenzen auftreten: f sei eine stetige Funktion mit $f : [a, b) \to \mathbb{R}$ (wobei f bei b nicht definiert sein muss, z.B. kann dort eine Polstelle liegen). Falls der Grenzwert

$$\int_{a}^{b} f(x)dx := \lim_{z \to b} \int_{a}^{z} f(x)dx$$

existiert, so wird er ebenfalls uneigentliches Integral genannt.

7.6.1 Uneigentliches Integral: Beispiel mit Polstelle

Betrachtet wird die Funktion $f(x) = \frac{1}{\sqrt{x}} = x^{-\frac{1}{2}}$.

Es soll das Integral $\int_0^9 f(x)dx$ berechnet werden. Offensichtlich ist die Funktion an der Stelle Null nicht definiert. Es ergibt sich:

$$\int_0^9 f(x)dx = \lim_{z\to 0} \int_z^9 f(x)dx = \lim_{z\to 0} \int_z^9 x^{-\frac{1}{2}}dx = \lim_{z\to 0} \left(2x^{\frac{1}{2}}\Big|_{x=z}^{x=9}\right) =$$
$$= \lim_{z\to 0}\left(2\cdot 9^{\frac{1}{2}} - 2\cdot z^{\frac{1}{2}}\right) = 2\cdot 3 - 2\cdot \lim_{z\to 0} \cdot z^{\frac{1}{2}} = 6 - 0 = 6.$$

7.6.2 Uneigentliches Integral: Beispiel 2

Nun wird die Funktion $f(x) = \frac{1}{x^4}$ betrachtet. Es soll das Integral $\int_1^\infty f(x)dx$ berechnet werden.

7.8. ANWENDUNG: KONSUMENTENRENTE

In diesem Beispiel ist also eine Integrationsgrenze ∞:

$$\int_1^\infty f(x)dx = \lim_{z\to\infty}\left(\int_1^z f(x)dx\right) = \lim_{z\to\infty}\left(\int_1^z \frac{1}{x^4}dx\right) =$$

$$= \lim_{z\to\infty}\left(\left(-\frac{1}{3}\right)x^{-3}\bigg|_{x=1}^{x=z}\right) = \lim_{z\to\infty}\left(\left(-\frac{1}{3}\right)z^{-3} - \left(-\frac{1}{3}\right)1^{-3}\right) =$$

$$= 0 + \frac{1}{3} = \frac{1}{3}.$$

7.7 Spezielle Integrale

In der folgenden Tabelle sind einige Stammfunktionen von häufig auftretenden Funktionen ohne Beweise und Herleitung aufgelistet:

Funktion $f(x)$	Stammfunktion $F(x)$
$\frac{1}{x}$	$\ln(|x|)$
x^n mit $n \in \mathbb{R}, n \neq -1$	$\frac{x^{n+1}}{n+1}$
$\sin(x)$	$-\cos(x)$
$\cos(x)$	$\sin(x)$
e^x	e^x

7.8 Anwendung: Konsumentenrente

7.8.1 Einführung

In einem allgemeinen Marktmodell ergibt sich zwischen Nachfrage und Angebot ein Gleichgewicht. Daß das nicht immer zutrifft, ist z.B. im Rahmen von Kapitel 8 zu sehen.

In der folgenden Abbildung sind nur aus Vereinfachungsgründen Angebot und Nachfrage durch Geraden dargestellt. Es kann sich aber auch um beliebige Kurven handeln.

7.8.1 EINFÜHRUNG

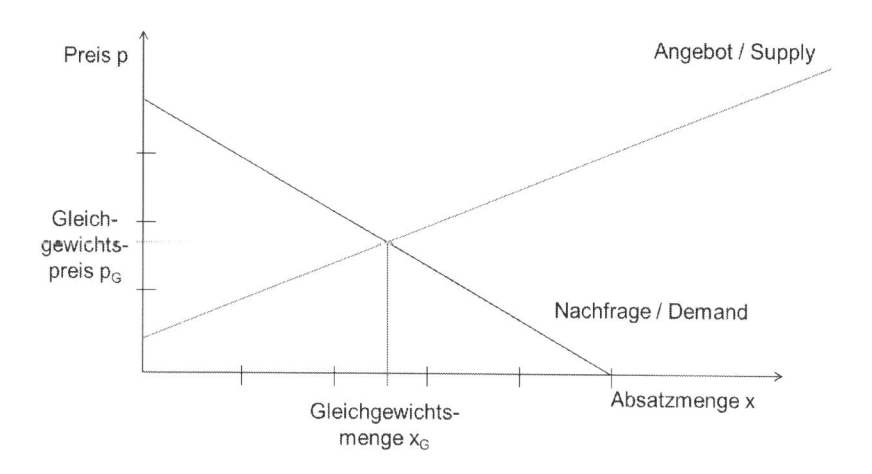

Abbildung 7.3: Angebot und Nachfrage

Die **Konsumentenrente** ("consumer surplus") ist die Differenz aus dem Preis, den ein Konsument zu zahlen bereit wäre und dem Gleichgewichtspreis p_G. Dies entspricht der in Abbildung 7.4 (Konsumentenrente/ Produzentenrente) gekennzeichneten Fläche. Da Flächen mithilfe der Integration berechnet werden, ist der Zusammenhang zwischen Konsumentenrente und Integralrechnung klar.

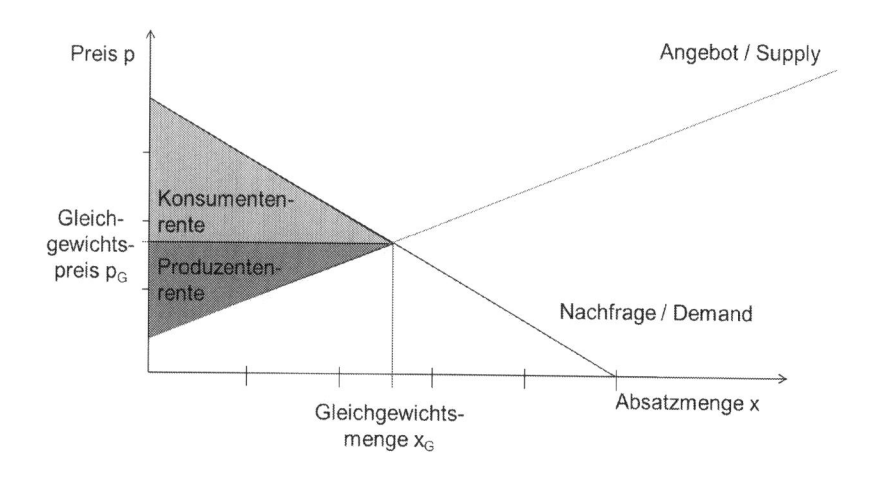

Abbildung 7.4: Konsumentenrente/ Produzentenrente

7.8. ANWENDUNG: KONSUMENTENRENTE

Falls der Staat eine neue Steuer einführt, erhöhen sich die Preise, d.h. die Angebotskurve/-gerade wird um die Steuer nach oben verschoben. Dadurch ergibt sich ein neuer Gleichgewichtspreis und sowohl Konsumentenrente als auch Produzentenrente verkleinern sich.

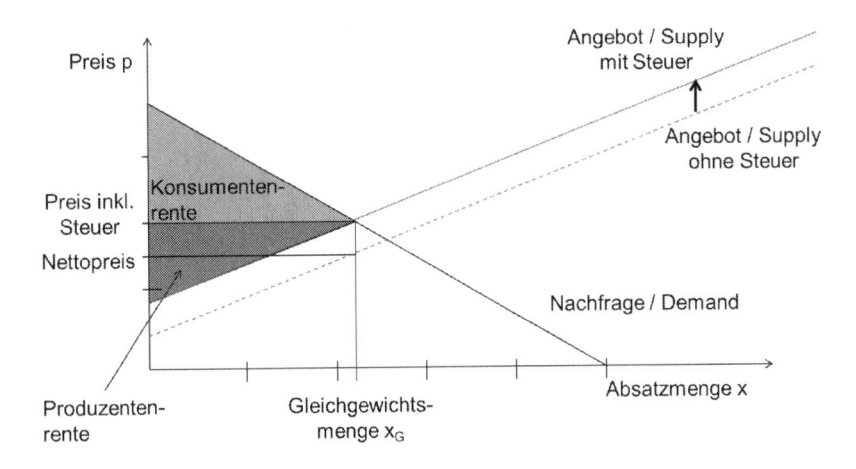

Abbildung 7.5: Konsumentenrente nach Einführung einer Steuer

Einen Teil dieser Verminderung vereinnahmt der Staat

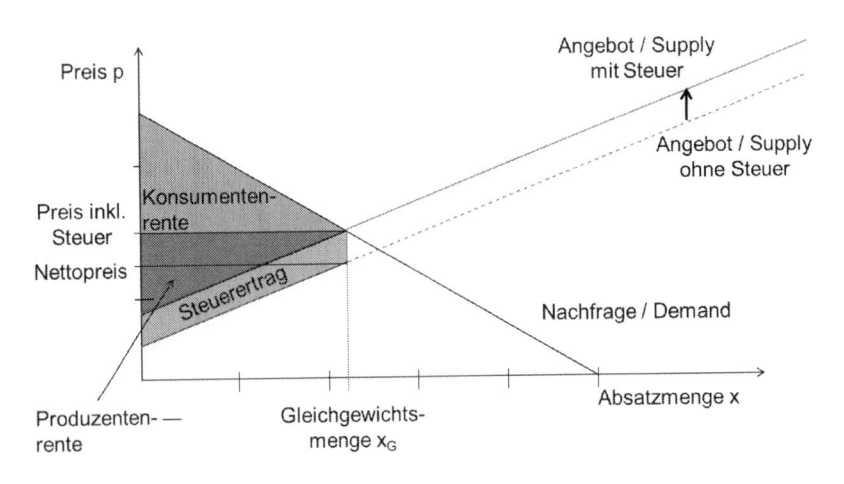

und ein Teil geht verloren ("Dead Weight Loss"):

7.8.2 KONSUMENTENRENTE: BEISPIEL

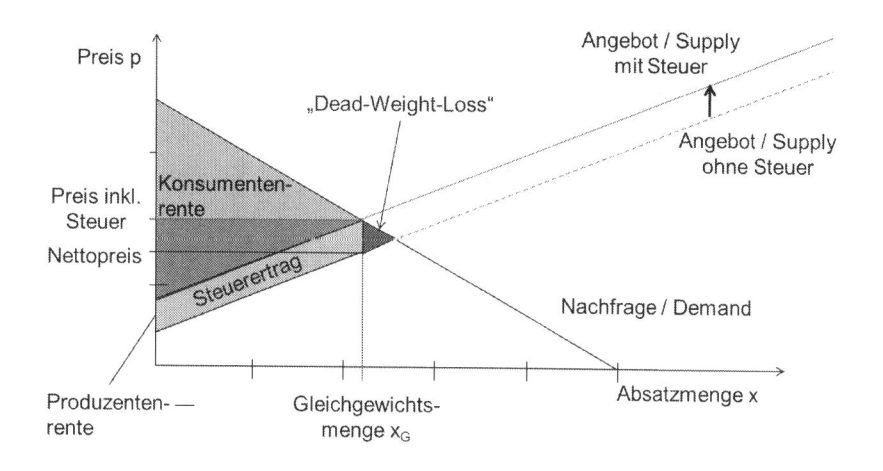

Abbildung 7.6: Dead-Weight-Loss

7.8.2 Konsumentenrente: Beispiel

In einem konkreten Beispiel soll nun die Konsumentenrente berechnet werden. Es wird eine Preis-Absatz-Funktion der folgenden Form angenommen:

$$p(x) = \frac{1.000}{x+1} - 1 \text{ mit } x \in [0; 999].$$

Der niedrigste angenommene Preis soll 99€ betragen. Dies entspricht einer Menge von $x = 9$ Mengeneinheiten. In diesem Falle ist in der Preis-Absatz-Funktion die Gleichheit erfüllt: $p(x = 9) = \frac{1.000}{9+1} - 1 = 99$.

Wie hoch ist in diesem Falle die Konsumentenrente? In der untenstehenden Abbildung 7.7 ist die Preis-Absatz-Funktion zu sehen. Die schraffierte Fläche entspricht dem Gesamterlös bei einer sehr feinen Marktspaltung. Die schraffierte Fläche oberhalb der waagerechten Gerade durch p_{min} entspricht der Konsumentenrente. Die gesamte schraffierte Fläche wird hier mit E_{max} bezeichnet und das farbige Rechteck mit E_{min}. Die Differenz der beiden ist die Konsumentenrente

$$KR = E_{max} - E_{min}.$$

E_{max} ist die Fläche zwischen x-Achse und dem Graphen der Funktion, also das

7.8. ANWENDUNG: KONSUMENTENRENTE

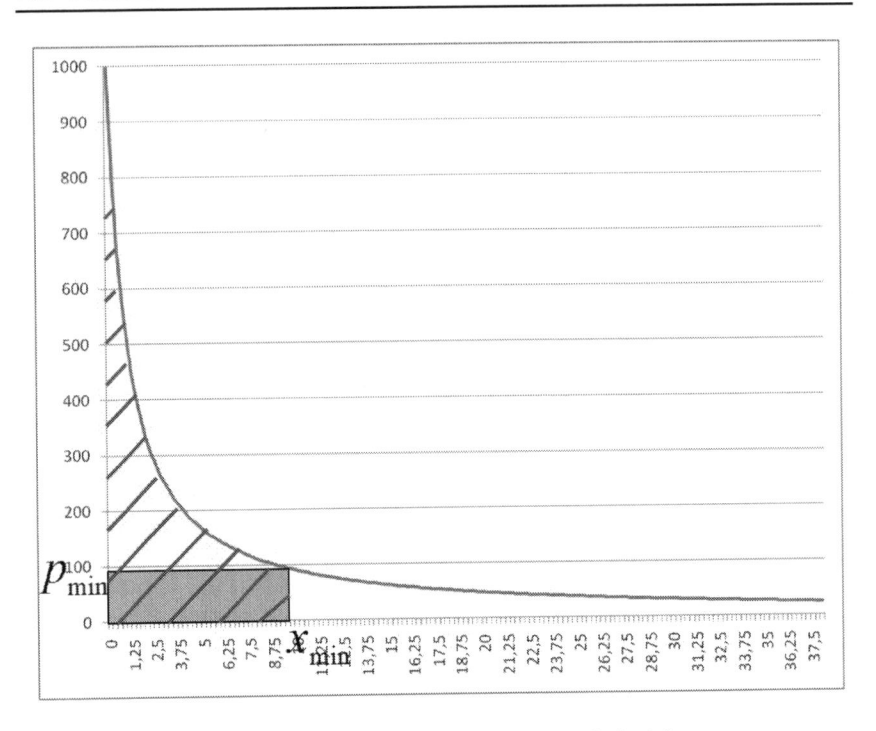

Abbildung 7.7: Konsumentenrente, Beispiel

Integral von Null bis x_{min}: $E_{max} = \int\limits_0^{x_{min}} p(x)dx$ und die Fläche des Rechtecks berechnet sich als $E_{min} = x_{min} \cdot p_{min}$.

Insgesamt ergibt sich also für die Konsumentenrente:

$$KR = E_{max} - E_{min} = \int_0^{x_{min}} p(x)dx - x_{min} \cdot p_{min} =$$

$$= \int_0^9 \left(\frac{1.000}{x+1} - 1\right) dx - 99 \cdot 9 =$$

$$= \left.(1.000 \cdot \ln(x+1) - x)\right|_{x=0}^{x=9} - 891 =$$

$$= [1.000 \cdot \ln(9+1) - 9] - [1.000 \cdot \ln(0+1) - 0] - 891 =$$

$$= 1.000 \cdot 2,3026 - 9 - 891 = 1.402,6.$$

Kapitel 8

Spieltheorie

8.1 Einführung

Viele mathematische Modelle der Betriebs- und Volkswirtschaftslehre gehen davon aus, daß sich ein Gleichgewichtszustand nach endlicher Zeit einstellt, der gleichzeitig auch einen optimalen Zustand darstellt (Motto: "der Markt wird es schon richten"). Dies ist in der Realität nicht immer der Fall und kann unter Umständen durch die Spieltheorie besser beschrieben werden (oder auch durch periodische Modelle (siehe Kapitel 5.21)). Da die Spieltheorie sehr komplex ist, wird hier nur eine kurze Einleitung gegeben.

8.2 Spieltheorie: Beispiel 1

Die Spieltheorie soll anhand eines einfachen Beispiels eingeführt werden. Dazu werden zwei Elektronikhändler angenommen, die beide das gleiche Produkt (z.B. ein Smartphone) verkaufen. Der Einkaufspreis beträgt für beide Händler 70€. In der Region besteht eine Absatzmöglichkeit für 1.000 Stück.

Falls beide das Smartphone zum gleichen Preis anbieten, so setzt jeder Händler 500 Stück ab. Falls einer von beiden einen niedrigeren Preis als der andere anbietet, so setzt er 900 Stück ab und der Konkurrent nur 100 Stück.

8.2. SPIELTHEORIE: BEISPIEL 1

Die beiden Anbieter sprechen sich nicht ab, aber schwanken jeweils zwischen den Preisen 90€ bzw. 100€ pro Smartphone. Daraus ergibt sich ein Gewinn von 20€ bei einem Verkaufspreis von 90€ und 30€ Gewinn bei einem Verkaufspreis von 100€.

Daraus ergibt sich folgender Gewinn in Abhängigkeit vom gewählten Verkaufspreis:

	Händler A: 90€ Verkaufspreis	Händler A: 100€ Verkaufspreis
Händler B: 90€ Verkaufspreis	Beide verkaufen 500 Stück Gewinn A: $500 \cdot 20\,€ = 10.000\,€$ Gewinn B: $500 \cdot 20\,€ = 10.000\,€$	A verkauft 100 Stück, B verkauft 900 Stück Gewinn A: $100 \cdot 30\,€ = 3.000\,€$ Gewinn B: $900 \cdot 20\,€ = 18.000\,€$
Händler B: 100€ Verkaufspreis	B verkauft 100 Stück, A verkauft 900 Stück Gewinn A: $900 \cdot 20\,€ = 18.000\,€$ Gewinn B: $100 \cdot 30\,€ = 3.000\,€$	Beide verkaufen 500 Stück Gewinn A: $500 \cdot 30\,€ = 15.000\,€$ Gewinn B: $500 \cdot 30\,€ = 15.000\,€$

Da Händler A nicht weiß, zu welchem Preis Händler B das Smartphone verkauft, spielt er zwei möglichen Szenarien durch:

- 1. Möglichkeit: B nimmt 90€ pro Stück (erste Zeile in obiger Tabelle): falls A das Smartphone ebenfalls zu 90€ pro Stück anbietet, so macht A einen Gewinn von 10.000€. Falls A einen Verkaufspreis von 100€ verlangt, so beträgt der Gewinn nur 3.000€. Also wird A sich für den Verkaufspreis von 90€ entscheiden.

- 2. Möglichkeit: B nimmt 100€ pro Stück (zweite Zeile in obiger Tabelle): falls A das Smartphone zu 90€ pro Stück anbietet, so macht A einen Gewinn von 18.000€. Falls A einen Verkaufspreis von 100€ verlangt, so beträgt der Gewinn nur 15.000€. Also wird A sich auch in diesem Falle für den Verkaufspreis von 90€ entscheiden.

Die Überlegungen, die B anstellt, verlaufen analog. Also werden beide das Smartphone für 90€ anbieten. Beide machen einen Gewinn von 10.000€, obwohl beide auch einen Gewinn von 15.000€ erreichen könnten, wenn beide einen Preis von 100€ verlangen.

8.3 Spieltheorie: Beispiel 2

An einem Strand, der genau $1.000\,m$ lang ist, stehen zwei Eisverkäufer, die das gleiche Sortiment zum gleichen Preis anbieten. Der eine steht bei der $250\,m$ Markierung, der andere bei der $750\,m$ Markierung. Für die Kunden ist dieser Zustand optimal, da sie maximal $250\,m$ zum nächsten Eisverkäufer laufen müssen. Wird davon ausgegangen, daß die Kunden (=Strandbesucher) gleichmäßig am Strand verteilt sind und alle den gleichen Eishunger haben, machen beide Eisverkäufer den gleichen Umsatz.

Für jeden der Eisverkäufer stellt sich die Situation anders dar: wenn er sich in Richtung der Strandmitte orientiert, so kommen potentiell mehr Kunden zu ihm. Das heißt, mit der Zeit wird sich jeder der Eisverkäufer weiter in die Mitte orientieren. Das Endresultat, falls die beiden Eisverkäufer sich nicht absprechen, wird so aussehen, daß beide Händler Seite an Seite an der $500\,m$ Markierung stehen.

Im Ergebnis haben beide Eisverkäufer noch den gleichen Umsatz wie zu Beginn, für die Kunden hat sich die Situation natürlich verschlechtert: Die Kunden an beiden Enden des Strandes müssen nun $500\,m$ laufen, um an ihr Eis zu gelangen.

Dies ist auch der Grund, warum in vielen alten Städten die Strassen nach Handwerken aufgebaut sind.

8.4 Nash Gleichgewicht

Die genaue Definition von **Nash**[1] **Gleichgewichten** in allen Spezialfällen würde den Umfang dieser kurzen Einführung sprengen. Deshalb nur eine allgemeine Darstellung: ein Nash Gleichgewicht (englisch: **Nash Equilibrium**) ist ein Strategiepaar (bei zwei Spielern) beim dem sich kein Spieler verbessert, wenn er/sie einseitig von dieser Strategie abweicht.

So ist z.B. in Kapitel 8.2 das Paar (Preis Händler A: 90€, Preis Händler B: 90€) ein Nash Gleichgewicht, da in diesem Falle beide Händler einen Gewinn von 10.000€ machen. Weicht einer der Händler von diesem Preis ab, so erniedrigt sich der Gewinn auf 3.000€, es ist also keine Verbesserung möglich.

Umgekehrt ist das Paar (Preis Händler A: 100€, Preis Händler B: 100€) kein Nash Gleichgewicht, da in diesem Falle beide Händler einen Gewinn von 15.000€ machen. Weicht einer der Händler von diesem Preis (und ändert den Verkaufspreis auf 90€) ab, so würde sich der jeweilige Gewinn auf 18.000€ erhöhen, also stellt eine Preisänderung auf 90€ eine Verbesserung dar.

---

[1] John Forbes Nash Jr., 1928 - 2015

Kapitel 9

Beschreibende Statistik

9.1 Einführung

Als Beispiel in diesem Abschnitt wird häufig die Entwicklung des DAX (Deutscher Aktienindex) im Zeitraum vom 3.12.1990 bis 1.7.2015 genutzt. Der Verlauf der Schlusskurse des jeweils ersten Handelstages des Monats ist in der folgenden Abbildung dargestellt.

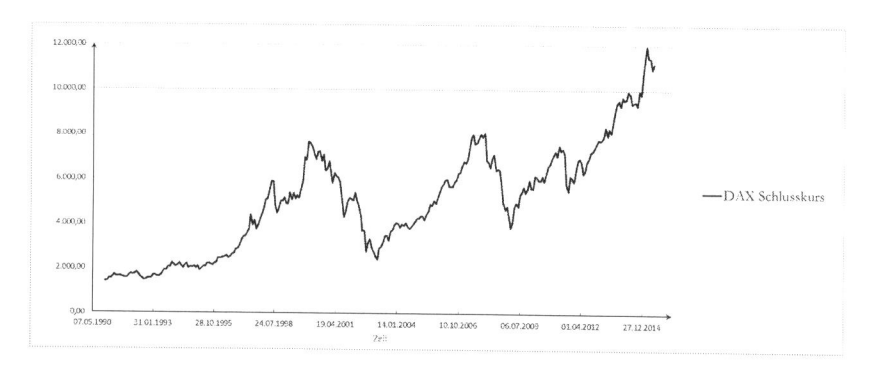

Abbildung 9.1: DAX Schlusskurse

Im weiteren Verlauf wird nicht der Schlusskurs selbst, sondern die jeweilige monatliche, stetige Rendite betrachtet.

9.1. EINFÜHRUNG

Zu Beginn werden einige Notationen benötigt:

Merkmale werden in der beschreibenden Statistik häufig mit X bzw. Y bezeichnet, dabei kann es sich z.b. um "Alter in Jahren", "Aktienschlusskurs am Monatsersten", "Inflationsrate" etc. handeln. Die zugehörigen **Merkmalsausprägungen** bzw. Werte werden mit x_i bzw. y_i bezeichnet. Dies können z.b. Längenangaben in Meter, Zeitangaben in Sekunden, Aktienkurse in US-Dollar, Geburtsland oder Aktienrenditen in Prozent sein. Der Index i repräsentiert dabei die i-te befragte Person bzw. den i-ten Wert.

In den folgenden Kapiteln wird zwischen zwei wichtigen Begriffen unterschieden:

- **Grundgesamtheit**:
Die Grundgesamtheit umfasst alle **Merkmalsträger**, die im Rahmen einer Untersuchung befragt werden könnten. In Formeln wird die Anzahl der Merkmalsträger innerhalb der Grundgesamtheit mit N (großes N) bezeichnet. Beim Zensus in einem Land könnten z.B. alle Einwohner befragt werden. Bei der Überprüfung eines Produkts auf Funktionsfähigkeit könnte jedes produzierte Gut analysiert werden. Meistens ist eine Analyse der Grundgesamtheit zu langwierig bzw. kostenintensiv.

- **Stichprobe**:
Eine Stichprobe repräsentiert eine Auswahl von Merkmalsträgern aus der Grundgesamtheit. Die Anzahl der tatsächlich analysierten Merkmalsträger wird in Formeln mit n (kleines n) bezeichnet. Beim Zensus werden beispielsweise 10% der Einwohner befragt. Falls eine Firma z.B. Feuerwerkskörper herstellt, macht ein Funktionstest jedes Produkts keinen Sinn, da danach die Produkte nicht mehr verkaufbar sind. Also wird z.B. nur jedes 100. Produkt getestet.

9.1.1 Typisierung und Skalierung von Daten

Es treten unterschiedliche Arten von Daten auf. Diese lassen sich nach zwei Dimensionen aufteilen:

9.1.1 TYPISIERUNG UND SKALIERUNG VON DATEN

- Typisierung:

  - Stetige Daten:
    Es gibt (zumindest in einem Intervall) unendlich viele Werte, die angenommen werden können. Vereinfacht gesagt, bedeutet dies, daß es zwischen zwei möglichen Werten immer noch weitere gibt. In der Praxis ist dies gleichbedeutend damit, daß die Merkmalsausprägungen beliebig genau messbar sind (z.B. Zeiten, Strecken, Volumina, ...).
  - Diskrete Daten:
    Diese können nur bestimmte Werte annehmen. Beispielsweise "Anzahl Kinder pro Haushalt": dieses Merkmal kann nur die Werte $0, 1, 2, \ldots$ annehmen. Eine Merkmalsausprägung zwischen 1 und 2 ist nicht möglich, da es z.B. $1, 4$ Kinder nicht gibt.

- Skalierung:

  - Quantitative Daten:

    * Metrische Daten:
      Eine Metrik bedeutet in der Mathematik, daß ein Abstand berechnet werden kann. Z.B. ist "Körpergröße in Meter" ein metrisches Merkmal, weil ein Mensch, der $1,8m$ groß ist, $10cm$ größer ist als ein Mensch, der $1,7m$ groß ist. Der Abstand beträgt also $0,1m$. Mit metrischen Daten kann gerechnet werden und die Bildung von Differenzen ist sinnvoll.
      Falls für metrische Merkmale nur die Bildung von Differenzen Sinn macht, so wird dies **Intervallskala** genannt.
      Falls zusätzlich auch ein absoluter Nullpunkt definierbar ist, so daß das Bilden von Quotienten sinnvoll ist, so wird dies **Verhältnisskala** genannt (Umsatz, Längen in Meter, Volumina in Liter etc.):

9.2. DARSTELLUNG VON DATEN

- Eine Firma, die 1 Mio.€ Umsatz macht, macht doppelt so viel Umsatz wie eine Firma, die 500.000 € Umsatz macht (Verhältnisskala).

- Temperaturen, die in Celsius oder Fahrenheit gemessen werden, genügen nur einer Intervallskala (keiner Verhältnisskala), es können keine sinnvollen Quotienten gebildet werden:
Falls gestern 10°C gemessen wurden und heute 20°C, so würde ein Europäer sagen: "Heute ist es doppelt so warm wie gestern". Die gleichen Temperaturen entsprechen für Amerikaner jedoch 50° Fahrenheit bzw. 68° Fahrenheit, d.h. die Aussage aus Sicht eines Amerikaners würde lauten: "Heute ist es 1,36 mal so warm wie gestern".

− Qualitative Daten:

* Ordinale Daten:
Ordinale Daten weisen eine Ordnung bzw. Reihenfolge auf, aber haben keinen Abstand. Falls bei einer Castingshow eine Platzierung aufgestellt wird, so ist die Reihenfolge festgelegt, jedoch kann der Abstand zwischen dem ersten und zweiten Platz ein anderer sein als zwischen dem zweiten und dritten Platz.

* Nominale Daten:
Bei nominalen Daten ist auch keine Reihenfolge mehr zu bilden, es liegen nur noch die "Namen" der Merkmalsausprägungen vor. Dies ist z.B. beim Merkmal "Herkunftsland" ("DE", "FR", "EN") oder beim Merkmal "Geschlecht" ("W", "M") der Fall.

9.2 Darstellung von Daten

Es gibt unterschiedliche Arten der Darstellung von Daten. In den folgenden Unterkapiteln werden die wichtigsten präsentiert.

9.2.1 Graphische Darstellung: Häufigkeitsverteilung

Die einfachste Art der Darstellung von Merkmalen beruht darauf, die Häufigkeiten der jeweiligen Merkmalsausprägungen zu zählen und diese darzustellen.

Dabei bedeutet im Folgenden n_i die absolute Häufigkeit bzw. Anzahl der Merkmalsausprägung x_i.

9.2.1.1 Häufigkeitsverteilung: Beispiel

Die Häufigkeitsverteilung zu folgendem Umfrageergebnis soll dargestellt werden: Es wurden 100 Studierende nach dem jeweiligen Fachsemester gefragt. Es tauchten nur die Merkmalsausprägungen "1. Semester", "2. Semester" und "3. Semester" auf. Die Antworten wurden gezählt. In der folgenden Tabelle entspricht die Semesterzahl der Merkmalsausprägung x_i und die Anzahl bzw. Häufigkeit dem n_i.

Semester x_i	Anzahl n_i
1.	60
2.	30
3.	10
Summe	100

Die einfachste Darstellung beruht auf diesen absoluten Häufigkeiten: siehe Abbildung 9.2.

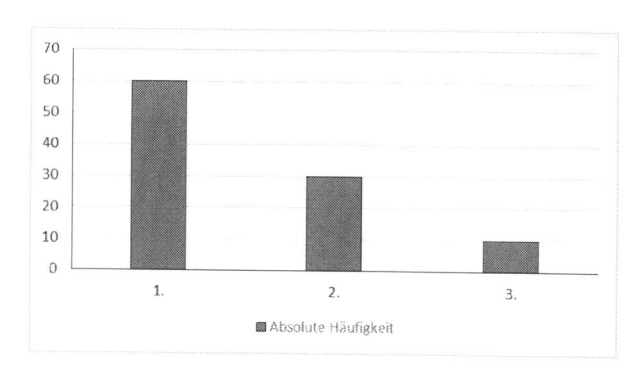

Abbildung 9.2: Häufigkeitsverteilung, Beispiel

9.2. DARSTELLUNG VON DATEN

Analog können auch relative und prozentuale Häufigkeiten berechnet und für die Darstellung genutzt werden.

Die Berechnung liefert Tabelle 9.1. Dabei ist die relative Häufigkeit durch $\frac{n_i}{n}$ und die prozentuale Häufigkeit durch $100\frac{n_i}{n}$ gegeben. Der Stichprobenumfang n ist im Beispiel: 100 befragte Studierende.

Semester	Absolute Häufigkeit	Relative Häufigkeit	Prozentuale Häufigkeit
1.	60	0,6	60,00%
2.	30	0,3	30,00%
3.	10	0,1	10,00%
Summe	100	1,0	100,00%

Tabelle 9.1: Häufigkeitsverteilung, Beispiel

Die verschiedenen Darstellungen unterscheiden sich nur durch die Skalierung der y-Achse: siehe Abbildung 9.3.

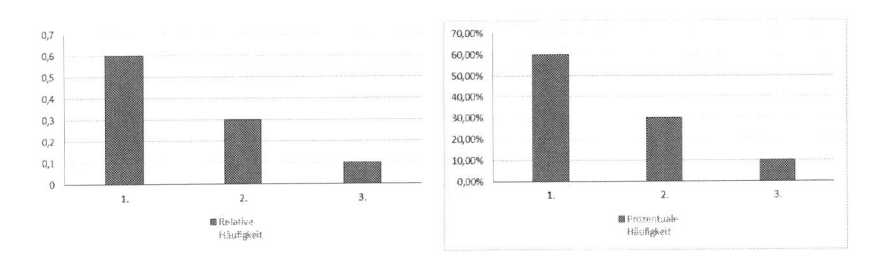

Abbildung 9.3: Häufigkeitsverteilung, Beispiel, relative und prozentuale Häufigkeit

9.2.2 Graphische Darstellung: Histogramm

Die Häufigkeitsverteilung ist eine gute Möglichkeit Daten im Falle von einzelnen Werten oder gleich breiten Klassen darzustellen. Im Falle von unterschiedlich breiten Klassen kann sich ein irreführendes Bild ergeben. Dann sollte die Darstellung durch ein **Histogramm** gewählt werden.

9.2.2 GRAPHISCHE DARSTELLUNG: HISTOGRAMM

9.2.2.1 Histogramm: Beispiel

Beispielhaft wird angenommen, daß in einem Unternehmen die Anzahl der Krankheitstage pro Jahr und pro Mitarbeiter erfasst wurde. Es ergab sich folgende (geordnete) Urliste:

1, 1, 1, 1, 2, 2, 3, 4, 5, 5, 6, 8, 9, 9, 9, 9, 10, 11, 11, 12 (Krankheitstage pro Jahr).

Diese Daten werden in fünf Klassen eingeteilt. Die Ober- und Untergrenzen der Klassen sind folgendermaßen gegeben:

Klasse	Untergrenze	Obergrenze	Klassenbreite
1	0	1	1
2	1	4	3
3	4	8	4
4	8	9	1
5	9	12	3

Eine Einteilung der Daten aus der Urliste in die Klassen ergibt die folgende Tabelle. Dabei ist die Obergrenze jeweils im Intervall eingeschlossen, die Untergrenze jedoch nicht.

Klasse	Unter- grenze	Ober- grenze	Klassen- breite	Klassen- mitte	Abs. Häufigkeit	Proz. Häufigkeit
1	0	1	1	0, 5	4	20, 00%
2	1	4	3	2, 5	4	20, 00%
3	4	8	4	6, 0	4	20, 00%
4	8	9	1	8, 5	4	20, 00%
5	9	12	3	10, 5	4	20, 00%

In jeder Klasse sind vier, in der Stichprobe insgesamt sind 20 Werte. Also beträgt die prozentuale Häufigkeit für jede Klasse $\frac{4}{20} = 0,2 = 20\%$.

Das Ergebnis dargestellt mit einer Häufigkeitsverteilung ergibt Abbildung 9.4. Daß die Klassen unterschiedlich breit gewählt wurden, kommt in dieser Darstellung nicht zum Tragen, sondern ist nur der Beschriftung der Klassen auf der x-Achse zu entnehmen. Das Histogramm löst dieses Problem, indem

9.2. DARSTELLUNG VON DATEN

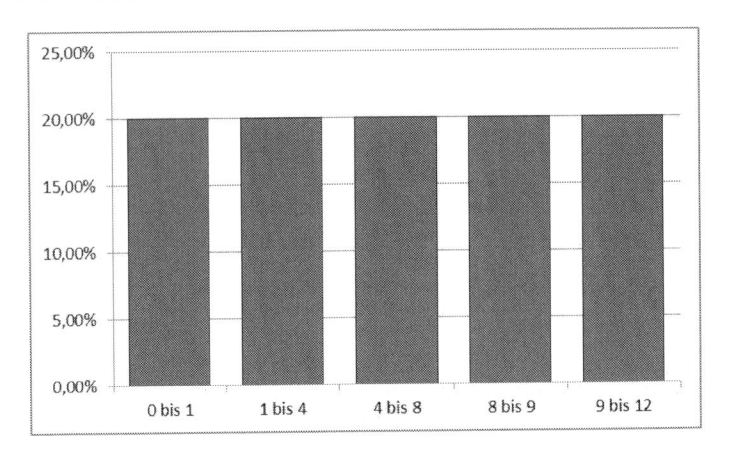

Abbildung 9.4: Häufigkeitsverteilung vs. Histogramm, Beispiel

zunächst die sogenannte **Häufigkeitsdichte** berechnet wird:

$$\text{Häufigkeitsdichte} = \frac{\text{Häufigkeit}}{\text{Klassenbreite}} \qquad (9.1)$$

Die Häufigkeitsdichte kann als absoluter, relativer oder prozentualer Wert berechnet werden. In diesem Beispiel ergibt sich folgende Tabelle für die prozentuale Häufigkeitsdichte, indem die prozentuale Häufigkeit durch die jeweilige Klassenbreite dividiert wird:

Klasse	Unter-grenze	Ober-grenze	Klassen-breite	Abs. Häuf.	Proz. Häuf.	Proz. H.dichte
1	0	1	1	4	20%	20,00%
2	1	4	3	4	20%	6,67%
3	4	8	4	4	20%	5,00%
4	8	9	1	4	20%	20,00%
5	9	12	3	4	20%	6,67%

Diese prozentuale Häufigkeitsdichte wird nun als Säule über der jeweiligen Klasse (mit der entsprechenden Klassenbreite) dargestellt und ergibt das Histogramm aus Abbildung 9.5.

Da die Häufigkeitsdichte mittels Division durch die Klassenbreite berechnet wird, ist die Fläche der Rechtecke identisch mit den jeweiligen prozentualen

9.2.3 SUMMENHÄUFIGKEITSFUNKTION

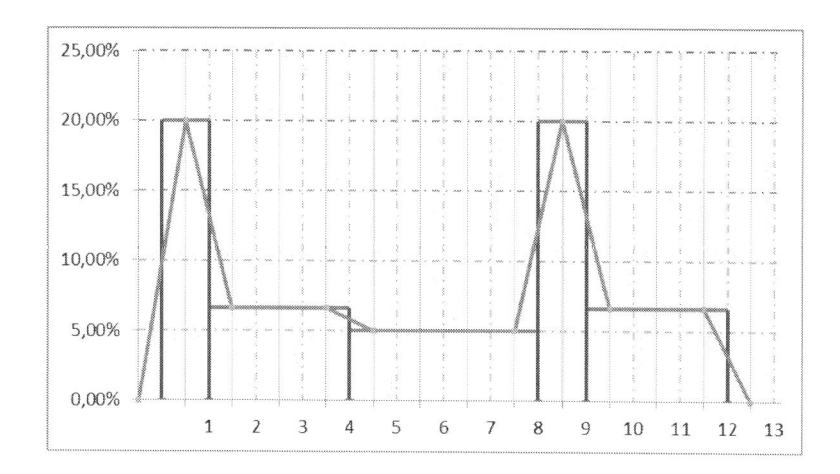

Abbildung 9.5: Histogramm

Häufigkeiten. Z. B. ist die dritte Klasse vier Einheiten breit (von 4 bis 8 Krankheitstage pro Jahr) und die Häufigkeitsdichte beträgt 5%. Somit ist die Fläche des Rechtecks über der Klasse von 4 bis 8: Höhe · Breite = 5% · 4 = 20%. Dies entspricht der prozentualen Häufigkeit der dritten Klasse.

Die in Abbildung 9.5 (Histogramm) eingezeichnete stückweise lineare Funktion wird **Häufigkeitspolygon** genannt. Es hat die Eigenschaft, daß die Fläche unter dem Häufigkeitspolygon genauso groß ist wie die Summe der Rechteckflächen (im Falle einer prozentualen Häufigkeitsdichte beträgt die Summe der Rechteckflächen natürlich 100%).

9.2.3 Summenhäufigkeitsfunktion

Die **Summenhäufigkeitsfunktion** an der Stelle x beantwortet die Frage "Wieviele Merkmalsträger haben den Wert x oder einen niedrigeren Wert?". Werden z.B. die monatlichen, stetigen Renditen des DAX betrachtet, so beantwortet die Summenhäufigkeitsfunktion an der Stelle $x = 1\%$ die Frage "Wie oft blieb die monatliche, stetige DAX-Rendite im betrachteten Zeitraum unter 1% oder erreichte 1%?".

Die (prozentuale) Summenhäufigkeitsfunktion für die DAX Renditen stellt sich folgendermaßen dar: siehe Abbildung 9.6. Die Summenhäufigkeitsfunktion

9.2. DARSTELLUNG VON DATEN

Summenhäufigkeitsfunktion DAX Renditen

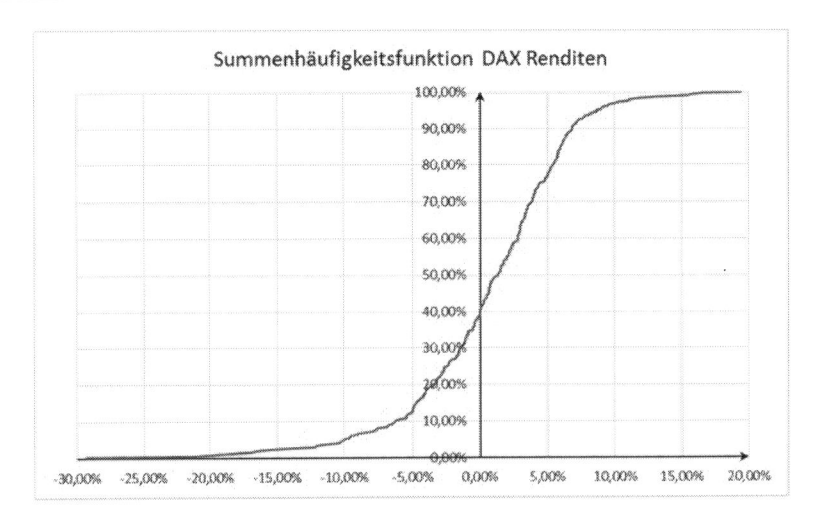

Abbildung 9.6: Summenhäufigkeit: monatliche, stetige DAX Renditen, Zeitraum: 3.12.1990 - 1.7.2015

ist immer monoton wachsend, da die Anzahl der Merkmalsausprägungen die kleiner oder gleich x sind, nicht größer als die Anzahl der Merkmalsausprägungen die kleiner oder gleich y sein können, wenn x kleiner als y ist. Die prozentuale Summenhäufigkeitsfunktion erreicht immer 100% für die größte Merkmalsausprägung, die erfragt wurde.

9.2.4 Lorenzkurve

Die **Lorenzkurve** zeigt die Gleichmäßigkeit der Verteilung eines Merkmals im Verhältnis zu einem anderen Merkmal an. Z.B. kann die Verteilung von Vermögen oder Einkommen in der Bevölkerung damit dargestellt werden.

Hier soll beispielsweise die Lorenzkurve[1] für die Verteilung der Einkommensteuer auf verschiedene Bevölkerungsgruppen dargestellt werden.

Folgende Informationen sind gegeben: die 1% Topverdiener bezahlen 25% der Einkommensteuer, während die 50% Geringverdienenden 3,6% der Einkommensteuer bezahlen.

Da die Lorenzkurve auf den beiden Summenhäufigkeitsfunktionen der Ver-

---
[1] Max Otto Lorenz, 1876 - 1959

9.2.5 GINI-KOEFFIZIENT

diener bzw. des Einkommensteueraufkommens beruht, müssen erst die "fehlenden Daten" ergänzt werden. Dabei muss eine zweite Klasse mit der "Mittelschicht" eingeführt werden, die die (zu 100%) fehlenden Anteile beinhaltet:

Klasse	Anteil Verdiener	Anteil Einkommensteuer
1	50%	3,60%
2	49%	71,40%
3	1%	25,00%

Diese Daten werden nun kumuliert/ summiert. Dies entspricht den beiden prozentualen Summenhäufigkeitsfunktionen für Verdiener und gezahlte Einkommensteuer.

Klasse	Anteil Verdiener	Kumulierte Verdiener	Anteil Einkommensteuer	Kumulierte Einkommensteuer
1	50%	50,00%	3,60%	3,60%
2	49%	99,00%	71,40%	75,00%
3	1%	100,00%	25,00%	100,00%

Die jeweils berechneten Werte der Summenhäufigkeiten werden nun in ein Diagramm eingezeichnet: siehe Abbildung 9.7.

Die eingezeichnete Gerade von "0% der Verdiener zahlen 0% der Einkommensteuer" zum Punkt "100% der Verdiener zahlen 100% der Einkommensteuer" stellt die Gleichverteilung dar, in der z.B. die 50% Niedrigverdiener 50% der Einkommensteuer zahlen. D.h. jede(r) zahlt die gleiche Einkommensteuer.

Je weiter sich die Lorenzkurve von der Gleichverteilung entfernt, umso ungleichmäßiger ist der Untersuchungsgegenstand verteilt.

9.2.5 Gini-Koeffizient

Der *Gini[2]-Koeffizient* stellt eine Maßzahl dar, die den Grad der Ungleichgewichtung aus der Lorenzkurve als Zahl ausdrückt.

Dabei wird die Fläche unter der Lorenzkurve mit der Fläche der Gleichverteilung verglichen. Ein Wert von Null bedeutet Gleichverteilung und ein Wert

---
[2]Corrado Gini, 1884 - 1965

9.2. DARSTELLUNG VON DATEN

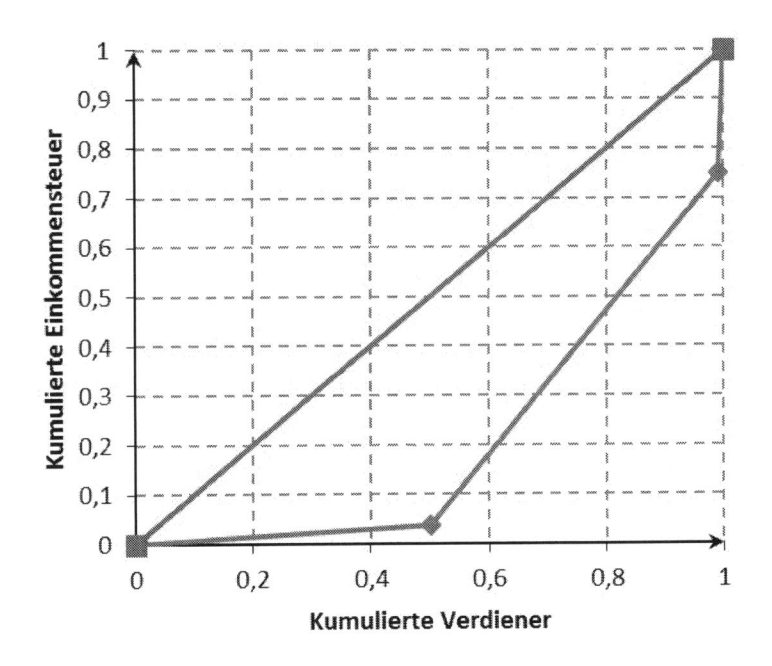

Abbildung 9.7: Lorenzkurve Einkommen/ Einkommensteuer

von Eins bedeutet maximale Ungleichverteilung (z.B. ein Bürger besitzt das komplette Vermögen, alle anderen Bürger verfügen über kein Vermögen).

Die Fläche unter der Lorenzkurve kann in Rechtecke und Dreiecke zerlegt werden. Als Beispiel werden die Zahlen aus Kapitel 9.2.4 genutzt: siehe Tabelle 9.2.

Klasse	Anteil Verdiener	Kumulierte Verdiener	Anteil Einkommensteuer	Kumulierte Einkommensteuer
1	50%	50,00%	3,60%	3,60%
2	49%	99,00%	71,40%	75,00%
3	1%	100,00%	25,00%	100,00%

Tabelle 9.2: Gini-Koeffizient, Beispieldaten

Die Fläche unter der Lorenzkurve ergibt sich aus verschiedenen Dreiecken

9.2.5 GINI-KOEFFIZIENT

und Rechtecken, die hier wie in Abbildung 9.8 festgelegt nummeriert werden.

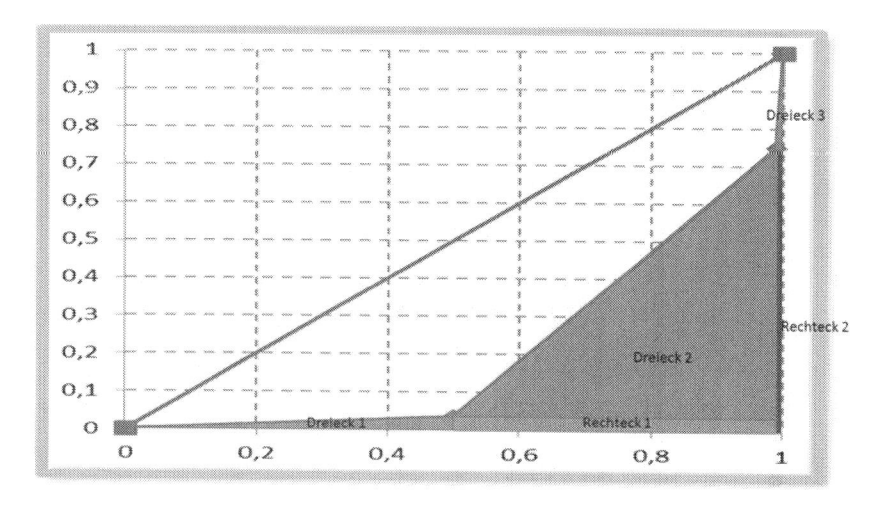

Abbildung 9.8: Gini-Koeffizient, Lorenzkurve

"Dreieck 1" besteht beispielsweise aus dem Dreieck mit den Eckpunkten $(0\%, 0\%)$, $(50\%, 0\%)$ und $(50\%, 3, 6\%)$. Die Fläche eines Dreiecks ergibt sich durch Höhe mal Breite geteilt durch Zwei, die Fläche eines Rechtecks durch Höhe mal Breite:

$$\text{Dreieck } 1 = \frac{0,5 \cdot 0,036}{2} = 0,009$$
$$\text{Dreieck } 2 = \frac{(0,99 - 0,5) \cdot (0,714 - 0,036)}{2} = \frac{0,49 \cdot 0,678}{2} = 0,16611$$
$$\text{Dreieck } 3 = \frac{(1 - 0,99) \cdot (1 - 0,714)}{2} = \frac{0,01 \cdot 0,286}{2} = 0,00143$$
$$\text{Rechteck } 1 = (0,99 - 0,5) \cdot 0,036 = 0,01764$$
$$\text{Rechteck } 2 = (1 - 0,99) \cdot 0,714 = 0,00714$$

Die Gesamtfläche unter der Lorenzkurve ergibt sich also als Summe der einzelnen Flächen:

$$0,009 + 0,16611 + 0,00143 + 0,01764 + 0,00714 = 0,20132.$$

9.3. MITTELWERTE

Der Gini-Koeffizient ist definiert als

$$\text{Gini-Koeffizient} = \frac{\text{Fläche zwischen Gleichverteilung und Lorenzkurve}}{\text{Fläche unter Gleichverteilung}} \quad (9.2)$$

Die Fläche unter der Gleichverteilung ist $\frac{1 \cdot 1}{2} = 0,5$. Damit ist der Gini-Koeffizient für die Verteilung der Einkommensteuer:

$$\text{Gini-Koeffizient} = \frac{0,5 - 0,20132}{0,5} = \frac{0,29868}{0,5} = 0,59736.$$

9.3 Mittelwerte

9.3.1 Einführung

Mittelwerte werden häufig als "zentrale Tendenz der Daten" bezeichnet. Es handelt sich um eine Kennzahl, die den gesamten Datenbestand repräsentieren soll (z.B. "der durchschnittliche Deutsche ist $1,80m$ groß" oder "durchschnittliche, erwachsene Deutsche trinken zehn Liter reinen Alkohol pro Jahr" oder "das Aktienportfolio wuchs im Mittel um 10% pro Jahr").

Es gibt jedoch unterschiedliche Arten von Mittelwerten, die je nach Art der Daten bzw. Fragestellung genutzt werden.

9.3.2 Arithmetisches Mittel

Das **arithmetische Mittel** $\bar{x}$ (sprich: "x quer") einer Stichprobe ist definiert als

$$\bar{x} = \frac{1}{n}(x_1 + x_2 + \ldots + x_n) = \frac{1}{n}\sum_{i=1}^{n} x_i \quad (9.3)$$

Das arithmetische Mittel ergibt sich also durch Aufsummieren der Werte der Urliste und Division durch die Anzahl/ den Umfang der Urliste. Im Falle des Mittelwerts einer Grundgesamtheit wird N für die Anzahl genutzt und es ergibt sich eine analoge Formel, wobei häufig der griechische Buchstabe μ als Symbol

9.3.2 ARITHMETISCHES MITTEL

genutzt wird:

$$\mu = \frac{1}{N}(x_1 + x_2 + \ldots + x_N) = \frac{1}{N}\sum_{i=1}^{N} x_i \qquad (9.4)$$

9.3.2.1 Arithmetisches Mittel: Beispiel

Es werden Studierende nach dem jeweiligen Fachsemester befragt, in dem sie sich befinden und es ergibt sich folgende Urliste: 1, 1, 2, 3, 4. Das heißt, zwei der Befragten sind im ersten Semester, ein Befragter im zweiten Semester und so weiter.

Das arithmetische Mittel ergibt sich dann als

$$\bar{x} = \frac{1}{n}(x_1 + x_2 + \ldots + x_n) = \frac{1}{5}(1 + 1 + 2 + 3 + 4) = \frac{1}{5}11 = 2,2.$$

Also befindet sich der durchschnittliche Studierende im 2,2-ten Semester.

9.3.2.2 Eigenschaften des arithmetischen Mittels

Das arithmetische Mittel nimmt häufig Werte an, die als Merkmalsausprägungen nicht zugelassen sind. Im obigen Beispiel befindet sich jeder befragte Studierende in einem Semester, das durch eine natürliche Zahl (1, 2, 3, 4, ...) repräsentiert wird. Das arithmetische Mittel beträgt jedoch 2,2, ein Wert, der als Semester nicht möglich ist.

Zusätzlich ist die Summe der Abweichungen der Merkmalsausprägungen vom arithmetischen Mittel immer Null:

$$\sum_{k=1}^{n}(\bar{x} - x_k) = \sum_{k=1}^{n}\bar{x} - \sum_{k=1}^{n}x_k = n \cdot \bar{x} - n \cdot \bar{x} = 0.$$

Für das obige Beispiel bedeutet dies:

$$\sum_{k=1}^{n}(\bar{x} - x_k) = \sum_{k=1}^{5}(2,2 - x_k) =$$
$$= (2,2 - 1) + (2,2 - 1) + (2,2 - 2) + (2,2 - 3) + (2,2 - 4) =$$
$$= 1,2 + 1,2 + 0,2 - 0,8 - 1,8 = 0.$$

9.3. MITTELWERTE

Diese Eigenschaft kann als Schwerpunkteigenschaft interpretiert werden: betrachtet wird ein Stab mit der Länge drei Meter. Die aus der Umfrage gewon-

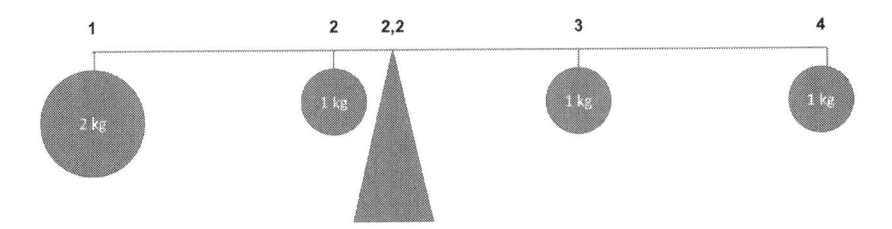

Abbildung 9.9: Schwerpunkteigenschaft des arithmetischen Mittels

nen Werte $(1, 1, 2, 3, 4)$ werden als Gewichte interpretiert. Da zwei Mal die 1 geantwortet wurde, wird ein Gewicht mit zwei Kilogramm an das linke Ende gehängt. Einen Meter weiter rechts (bei 2) wird ein Gewicht von einem Kilogramm angehängt, noch einen Meter weiter rechts (bei 3) wird ein Gewicht von einem Kilogramm angehängt und noch einen Meter weiter rechts (bei 4) wird ein letztes Gewicht von einem Kilogramm angehängt, das die eine 4 in der Umfrage repräsentiert.

Das arithmetische Mittel $\bar{x} = 2,2$ stellt dann den Schwerpunkt des Gebildes dar, d.h. an dieser Stelle sind alle Gewichte im Gleichgewicht, wie eine waagerechte Schaukel. Diese Eigenschaft ist hilfreich, wenn eine Häufigkeitsverteilung graphisch betrachtet wird und das arithmetische Mittel geschätzt werden soll.

Das arithmetische Mittel ist besonders empfindlich gegen Ausreißer. Als Ausreißer werden Werte bezeichnet, die besonders groß oder klein sind. Diese können sich z.B. durch "Tippfehler" bei der Eingabe der Daten, Missverständnisse bei einer Befragung, aber auch durch tatsächliche Werte ergeben. Falls im obigen Beispiel, der letzte Studierende nicht im vierten, sondern im 40. Fachsemester ist, so ergibt sich anstelle von $2,2$ als arithmetisches Mittel

$$\bar{x} = \frac{1}{n}(x_1 + \cdots + x_n) = \frac{1}{5}(1 + 1 + 2 + 3 + 40) = \frac{1}{5} \cdot 47 = 9,4.$$

D.h. obwohl nur ein Wert verändert wurde, hat sich das arithmetische Mittel mehr als vervierfacht.

9.3.2.3 Gewogenes arithmetisches Mittel

Die Einzelwerte einer Stichprobe sind häufig bereits zu einer Häufigkeitsverteilung aufbereitet. In diesem Falle werden die Merkmalsausprägungen mit ihren jeweiligen absoluten Häufigkeiten multipliziert.

$$\bar{x} = \frac{1}{n}(x_1 n_1 + x_2 n_2 + \ldots + x_k n_k) = \frac{1}{n}\sum_{i=1}^{k} x_i n_i \qquad (9.5)$$

Wird die gleiche Aufgabe wie in Kapitel 9.3.2.1 mit dieser Formel gerechnet, so ergibt sich der gleiche Wert: $\bar{x} = \frac{1}{5}(1 \cdot 2 + 2 + 3 + 4) = \frac{11}{5} = 2,2$. Diesmal wird die Eins mit Zwei multipliziert, da sie zwei Mal vorkommt. Dies ist bei großen Häufigkeiten interessanter:

Angenommen, es wird wieder eine Befragung durchgeführt, welchem Semester Studierende angehören. Diesmal beträgt die Anzahl der Befragten 3.000. Dabei wird 1.000 Mal als Antwort "1. Semester" und 2.000 Mal als Antwort "2. Semester" gegeben. Wird das arithmetische Mittel berechnet nach Formel (9.3) (Arithmetisches Mittel einer Stichprobe), so ergibt sich:

$$\bar{x} = \frac{1}{n}(x_1 + \ldots + x_n) =$$
$$= \frac{1}{3.000}\left(\underbrace{1+1+1+\ldots+1}_{1.000 \text{ Mal}} + \underbrace{2+2+\ldots+2}_{2.000 \text{ Mal}}\right).$$

Natürlich würde in diesem Falle immer zum gewogenen arithmetischen Mittel übergegangen, wobei das Gewicht der absoluten Häufigkeit der jeweiligen Antwort entspricht:

$$\bar{x} = \frac{1}{3.000}\left(\underbrace{1+1+1+\ldots+1}_{1.000 \text{ Mal}} + \underbrace{2+2+\ldots+2}_{2.000 \text{ Mal}}\right) =$$
$$= \frac{1}{3.000}(1 \cdot 1.000 + 2 \cdot 2.000) = \frac{1}{3.000}5.000 = 1,6667.$$

Der durchschnittliche Studierende ist also im $1,6667$-ten Semester.

9.3. MITTELWERTE

9.3.2.4 Arithmetisches Mittel bei klassierten Merkmalsausprägungen

In vielen Fällen sind nicht mehr die einzelnen Werte gegeben, sondern es findet eine Verdichtung der Daten statt. Z.B. ist nur bekannt, daß zehn Befragte zwischen $1,60m$ und $1,70m$ groß sind, aber nicht mehr die Einzelwerte (z.b. wegen einer geforderten Anonymisierung der Daten).

Zur Vereinfachung der Rechnung wird in diesem Falle (sogenannte klassierte Daten, siehe auch Kapitel 9.2.2.1) angenommen, daß alle Merkmalsausprägungen jeder Klasse genau in der Mitte zwischen unterer und oberer Klassengrenze liegen. Diese Annahme ist realistisch, sofern von einer gleichmäßigen oder symmetrischen Verteilung der Daten innerhalb jeder Klasse ausgegangen wird. Jedoch ergibt sich im Allgemeinen ein anderer Wert als wenn alle Werte einzeln bekannt wären.

Daraus resultiert folgende Formel:

$$\bar{x} = \frac{1}{n}\sum_{i=1}^{k} x_i^* n_i = \sum_{i=1}^{k} x_i^* \frac{n_i}{n} \qquad (9.6)$$

wobei x_i^* die Klassenmitte der i-ten Klasse ist.

Arithmetisches Mittel klassierter Daten: Beispiel

Es wird in einer Umfrage die Körpergröße von 20 Personen erhoben. Die Daten werden klassiert und es ergibt sich folgende Tabelle:

Größe	Häufigkeit
$1,7m$ bis $1,8m$	13
$1,8m$ bis $1,9m$	7

Es soll das arithmetische Mittel der Körpergröße in der Stichprobe berechnet werden, es fehlen jedoch die einzelnen Werte. Gemäß Formel (9.6) (Arithmetisches Mittel klassierter Daten) ergibt sich durch die Benutzung der beiden Klassenmitten:

$$\bar{x} = \frac{1}{n}\sum_{i=1}^{k} x_i^* n_i = \sum_{i=1}^{k} x_i^* \frac{n_i}{n} = \frac{1}{20}\left(1,75 \cdot 13 + 1,85 \cdot 7\right) = 1,785.$$

Die durchschnittliche Körpergröße in der Stichprobe betrug also $1,785 m$. Falls die einzelnen Körpergrößen bekannt wären, ergäbe sich wahrscheinlich ein anderer Wert, der jedoch im Allgemeinen in der Nähe dieses arithmetischen Mittels läge.

9.3.3 Median

Falls die gegebenen Daten ordinal oder metrisch sind, so kann der **Median** bestimmt werden. Dieser wird als der "mittlere Wert" bezeichnet. Nach dem Ordnen der Daten, wird der mittlere bzw. bei einer geraden Anzahl von Einzelwerten, die beiden mittleren Werte als Median definiert.

Bei Benutzung der Daten des Beispiels aus Kapitel 9.3.2.1 mit den Einzelwerten $1, 1, 2, 3, 4$, ergibt sich als Median der Wert 2, da dieser Wert genau in der Mitte steht (zwei Werte sind kleiner und zwei sind größer als 2).

Bei einer geraden Anzahl von Einzelwerten (z.B. $1, 1, 2, 3$), ergeben sich zwei Mediane: 1 und 2. Bei großen Datenmengen sind häufig beide Mediane gleich. Einige Autoren nutzen in diesem Falle das arithmetische Mittel der beiden Mediane, dadurch geht jedoch eine nützliche Eigenschaft des Medians verloren (siehe folgendes Kapitel).

9.3.3.1 Eigenschaften des Medians

Der Median hat die Eigenschaft, daß der Wert immer in den Einzelwerten vorkommt (im Gegensatz zum arithmetischen Mittel). Es gibt sozusagen einen Repräsentanten, der den Median verkörpert.

Für ordinale Merkmale ist es möglich den Median zu bilden, d.h. das Merkmal muss nicht metrisch sein, da nur die Ordnung bzw. Reihenfolge der Werte genutzt wird.

Da der Median dem mittleren Wert der geordneten Daten entspricht, ist er einfach graphisch interpretierbar. Wird die Summenhäufigkeitsfunktion (siehe Kapitel 9.2.3) der in diesem Kapitel genutzten DAX-Werte betrachtet, so ergibt sich Abbildung 9.6 auf Seite 270 (Summenhäufigkeit: monatliche, stetige DAX Renditen, Zeitraum: 3.12.1990 - 1.7.2015).

9.3. MITTELWERTE

Der Median stellt den Wert dar, der "in der Mitte" liegt, d.h. die Hälfte der Werte ist kleiner als der Median und damit die andere Hälfte größer als der Median. Also kann der Median gefunden werden, indem der x-Wert abgelesen wird, bei dem die Summenhäufigkeitsfunktion die 50% Grenze erreicht. In diesem Fall geschieht dies bei ca. $1,31\%$. D.h. 50% der stetigen Renditen im betrachteten Zeitraum waren kleiner als $1,31\%$ und 50% der stetigen Renditen waren größer als $1,31\%$. Gut sichtbar ist dies in der folgenden Vergrößerung, die in Abbildung 9.10 dargestellt wird.

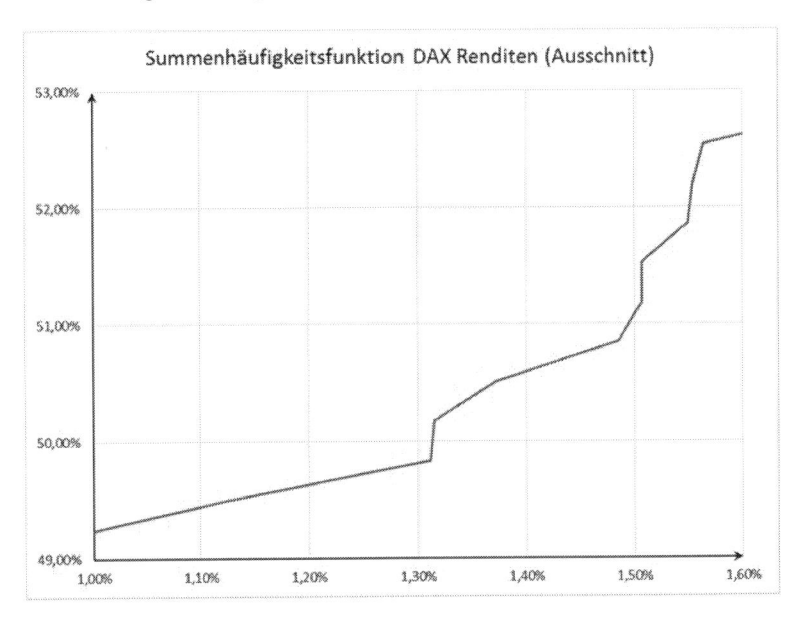

Abbildung 9.10: Ausschnitt Summenhäufigkeitsfunktion, stetige DAX Renditen

Im Unterschied zum arithmetischen Mittel ist der Median besonders robust gegen Ausreißer. Das analoge Beispiel wie in Kapitel 9.3.2.2 ergibt:

- Der Median des Fachsemesters von fünf Studierenden, die sich in den Fachsemestern $1, 1, 2, 3, 4$ befinden, lautet: 2.

- Falls (wie oben) der fünfte Studierende nicht im vierten, sondern 40. Fachsemester eingeschrieben ist, so ergibt sich als Median wieder 2. Der Median springt durch einen Ausreißer höchstens um eine Stelle weiter.

9.3.3.2 Median: Beispiel 1

Der Median wird aufgrund dieser Eigenschaften häufig zur Beschreibung des Mittelwerts des Einkommens bzw. Vermögens genutzt. Ein einfaches Beispiel illustriert dieses Verhalten:

Im Rahmen einer Stichprobe wurden 100 Personen nach ihrem jährlichen Bruttoeinkommen befragt. Es ergab sich folgende Häufigkeitsverteilung.

Einkommen	Häufigkeit
10.000 €	40
15.000 €	40
20.000 €	19
700.000 €	1

Wird das arithmetische Mittel gemäß Formel (9.5) (Gewogenes arithmetisches Mittel) berechnet, so ergibt sich (in Euro):

$$\bar{x} = \frac{1}{n}(x_1 n_1 + \ldots + x_k n_k) =$$
$$= \frac{1}{100}(10.000 \cdot 40 + 15.000 \cdot 40 + 20.000 \cdot 19 + 700.000 \cdot 1) = 20.800.$$

In diesem Falle würden 99 der 100 Befragten weniger verdienen als "der Durchschnitt" aufgrund der Empfindlichkeit des arithmetischen Mittels bzgl. des Ausreissers (700.000€).

Wird der Median genutzt, so ergibt sich: 15.000€, ein Wert, der tatsächlich in der "Mitte" liegt.

9.3.3.3 Median: Beispiel 2

Relative Armut wird stellenweise durch das Verhältnis zum Einkommensmedian festgelegt. Z.B. werden Menschen als arm bezeichnet, die weniger als 60% des Einkommensmedians verdienen.

Beispiel: In einer Personengruppe wurde folgende Häufigkeitsverteilung des Einkommens festgestellt:

9.3. MITTELWERTE

Einkommen	Häufigkeit
16.000 €	31
25.000 €	20
30.000 €	50

Der Median dieser Gruppe ($n = 101$) ist in der Liste der geordneten Einkommen derjenige, der an der 51. Stelle steht. Der Median beträgt also 25.000€. 60% davon sind 15.000€. Da kein Befragter weniger als 15.000€ verdient, ist die Armutsquote 0%.

Angenommen, es werden noch zwei zusätzliche Personen befragt, die beide ein Einkommen von mehr als 30.000€ haben. Nunmehr sind 103 Personen in der Stichprobe und die Person an der 52. Stelle entspricht dem Median: 30.000€. 60% von 30.000€ sind 18.000€, d.h. obwohl sich die Situation der Befragten nicht geändert hat, beträgt die Armutsquote nunmehr $\frac{31}{103} = 30,1\%$, da die Menschen mit dem Einkommen von 16.000€ nun unterhalb der Armutsgrenze liegen.

9.3.4 Quantile, Quartile, Perzentile

Quantile teilen die gegebene Urliste in zwei Bereiche auf: die p Prozent kleinsten Werte und die $1 - p$ Prozent größten Werte. Beispielsweise ist das 10%-Quantil der Wert innerhalb der Urliste für den gilt: 10% der Werte sind kleiner (oder gleich) als das Quantil und 90% der Werte sind größer.

Quartile sind spezielle Quantile. Dabei handelt es sich um Vielfache von 25%-Quantilen. Das 25%-Quantil wird auch das ***untere Quartil*** und das 75%-Quantil das ***obere Quartil*** genannt. Das 50%-Quantil hat verschiedene Namen: ***mittleres Quartil*** oder auch ***Median*** (siehe oben).

Perzentile entsprechen einer Unterteilung in 1%-Schritten. Z.B. bedeutet das 99%-Perzentil, daß 99% der Werte kleiner als das Perzentil sind und nur 1% der Werte größer.

9.3.5 Modus

Der Modus ist definiert als der Wert mit der höchsten Häufigkeit und ist im Allgemeinen die einzige Möglichkeit für nominale Daten einen Mittelwert zu definieren.

Falls eine Urliste mit zehn Personen vorliegt und das abgefragte Merkmal ist das Geburtsland, so kann sich z.B. ergeben: DE, DE, DE, DE, DE, DE, DE, GB, GB, GB (DE: Deutschland, GB: Großbritannien). Ein Mittelwert im Sinne eines arithmetischen Mittel oder Medians ist aufgrund der Eigenschaft des Merkmals (nominal) nicht bestimmbar.

Der **Modus** ist definiert als der Wert, der am häufigsten auftritt. Im Falle des obigen Beispiels ist dies "DE".

9.3.6 Geometrisches Mittel/ Durchschnittsrendite

In diesem Kapitel werden zwei Begriffe benötigt:

- die **Wachstumsrate** entspricht dem Zins bzw. der Rendite. Eine Wachstumsrate von 10% bedeutet: aus einem Anfangskapital von 1.000€ werden bei Nutzung von diskreten Renditen 1.100€. Wachstumsraten können positiv und negativ sein: eine Wachstumsrate von -20% bedeutet: aus einem Anfangskapital von 1.000€ werden 800€.

- Im Unterschied dazu existieren die **Wachstumsfaktoren**, diese entsprechen dem Faktor mit dem das Anfangskapital multipliziert wird, um das Endkapital zu erhalten. Bei den obigen Beispielen wären die Wachstumsfaktoren $1,1$ bzw. $0,8$.

Die Wachstumsfaktoren berechnen sich als Wachstumsrate plus Eins, siehe oben: Wachstumsrate 10% entspricht Wachstumsfaktor $1 + 10\% = 1,1$.

Als Beispiel wird eine Aktienrendite betrachtet. Die folgende Tabelle zeigt den Kursverlauf der Aktie mit den entsprechenden monatlichen, diskreten Renditen. Es soll eine Durchschnittsrendite, also das durchschnittliche, monatliche Kurswachstum berechnet werden.

9.3. MITTELWERTE

	1. Januar	1. Februar	1. März
Kurs am Stichtag	100,00 €	90,00 €	110,00 €
Diskrete Rendite		−10,00%	22,22%

Die diskrete Rendite vom 1. Januar zum 1. Februar ergibt sich beispielsweise mit Formel (3.11) von Seite 42 als: $R = \frac{90-100}{100} = -0,1$. Die Berechnung des arithmetischen Mittels der beiden Renditen liefert:

$$\bar{x} = \frac{1}{2}(-10\% + 22,22\%) = 6,11\%.$$

D.h. die durchschnittliche monatliche Rendite beträgt nach dieser Berechnung 6,11%.

Dies ist offensichtlich nicht richtig: wird von einem Anfangskapital von 100€ ausgegangen, so ergäbe sich mit dieser "Verzinsung" nach einen Monat: 100 € · $(1 + 6,11\%)^1 = 106,11$ €. Nach dem zweiten Monat ergäbe sich: 106,11 € · $(1 + 6,11\%)^1 = 100$ € · $(1 + 6,11\%)^2 = 112,60$ €, also deutlich mehr als die gesuchten 110€.

Merke:

wird mit diskreten Renditen gerechnet, so darf zur Berechnung der durchschnittlichen, mittleren Rendite nicht das arithmetische Mittel genutzt werden!

Bevor das geometrische Mittel vorgestellt wird, um die Durchschnittsrendite zu berechnen, wird das Problem mit den Kenntnissen aus Kapitel 3.3 gelöst:

Die Durchschnittsrendite p muss folgende Bedingung erfüllen: wenn 100€ für zwei Monate mit der Durchschnittsrendite p angelegt werden, so ergeben sich 110€. D.h. 100 € · $(1 + p)^2 = 110$ €. Diese Gleichung kann leicht nach p aufgelöst werden:

$$100 \text{ €} \cdot (1+p)^2 = 110 \text{ €} \Leftrightarrow (1+p)^2 = \frac{110 \text{ €}}{100 \text{ €}} = 1,1 \Leftrightarrow$$
$$\Leftrightarrow 1 + p = \sqrt{1,1} \Leftrightarrow p = \sqrt{1,1} - 1 = 4,88\%.$$

9.3.6 GEOMETRISCHES MITTEL/ DURCHSCHNITTSRENDITE

Probe:

Verzinsung nach einem Monat: 100 € · (1 + 4, 88%) = 104, 88 €.
Verzinsung des verzinsten Kapitals für einen weiteren Monat (Zinseszins): 104, 88 € · (1 + 4, 88%) = 110 €, d.h. es ergibt sich der korrekte Endbetrag von 110€.

Das **geometrische Mittel** der positiven Werte (Wachstumsfaktoren) ist definiert als

$$x_G = \sqrt[n]{x_1 \cdot x_2 \cdot \ldots \cdot x_n} \tag{9.7}$$

Im obigen Beispiel (Aktienrenditen) sind die Wachstumsfaktoren $1 - 10\% = 0, 9$ und $1 + 22, 22\% = 1, 2222$. Damit errechnet sich das geometrische Mittel der beiden Aktienrenditen ($n = 2$) als

$$x_G = \sqrt[2]{x_1 \cdot x_2} = \sqrt[2]{0, 9 \cdot 1, 2222} = 1, 04881.$$

Dies stellt den durchschnittlichen Wachstumsfaktor dar. Die durchschnittliche Wachstumsrate ergibt sich durch Subtraktion von Eins: $1, 04881 - 1 = 0, 04881 = 4, 881\%$. Dies entspricht der Lösung, die oben mithilfe der Zinsrechnung bereits berechnet wurde.

Das geometrische Mittel kann auf zwei Arten zur Berechnung einer durchschnittlichen Rendite/ Verzinsung genutzt werden. Falls die jeweiligen Wachstumsfaktoren (pro Periode) gegeben sind (z.B. bei Bundesschatzbriefen), so wird Formel (9.7) (Geometrisches Mittel) genutzt. Falls nur der Endbestand und der Anfangsbestand gegeben sind, so kann das geometrische Mittel über die Formel

$$x_G = \sqrt[n]{\frac{\text{Endbestand}}{\text{Anfangsbestand}}} \tag{9.8}$$

berechnet werden. Dies entspricht der oben gezeigten Lösung durch einen Verzinsungsprozess, bei der der Endbestand 110 € und der Anfangsbestand 100 € betrug.

Beispiel:

Ein Aktienfonds wirbt mit der Aussage "Hätten Sie vor zehn Jahren 1.000 €

9.3. MITTELWERTE

in unseren Fonds investiert, so wären 2.000 € daraus geworden.". Welcher Durchschnittsrendite entspricht dies?

Lösung:

Unter Nutzung von Formel (9.8) (Geometrisches Mittel, End- und Anfangsbestand) ergibt sich:

$$x_G = \sqrt[n]{\frac{\text{Endbestand}}{\text{Anfangsbestand}}} = \sqrt[10]{\frac{2.000\,€}{1.000\,€}} = 1,071773.$$

Dieses geometrische Mittel entspricht dem durchschnittlichen Wachstumsfaktor. Also ist die Durchschnittsrendite $1,071773 - 1 = 7,1773\%$ p.a. Dies wurde bereits auf anderem Wege in Kapitel 3.3.5 berechnet.

Wird der Logarithmus naturalis auf das geometrische Mittel aus Formel (9.7) (Geometrisches Mittel) angewandt, so kann die Formel umgeschrieben werden, indem die Rechenregeln des Logarithmus' genutzt werden:

$$\ln(x_G) = \ln\left(\sqrt[n]{x_1 \cdot \ldots \cdot x_n}\right) = \ln\left((x_1 \cdot \ldots \cdot x_n)^{\frac{1}{n}}\right) =$$
$$= \frac{1}{n}\ln(x_1 \cdot \ldots \cdot x_n) = \frac{1}{n}\left(\ln(x_1) + \ldots + \ln(x_n)\right).$$

Das Ergebnis ist eine Formel, die das arithmetische Mittel der Logarithmen der Wachstumsfaktoren beinhaltet. In Zusammenhang mit den Inhalten aus Kapitel 3.3.10 wird klar, daß die Nutzung von stetigen Renditen mit der Bildung des arithmetischen Mittels und die Nutzung von diskreten Renditen mit der Bildung des geometrischen Mittels einhergeht.

Dazu wird jetzt noch einmal das Beispiel vom Beginn dieses Unterkapitels genutzt, aber die Renditeberechnung erfolgt mit stetigen Renditen (siehe Formel (3.12) (Stetige Rendite), Seite 43). Damit ergibt sich

9.3.6 GEOMETRISCHES MITTEL/ DURCHSCHNITTSRENDITE

	1. Januar		1. Februar		1. März
Kurs am Stichtag	100,00 €		90,00 €		110,00 €
Stetige Rendite		−10,54%		20,07%	

Die stetige Rendite vom 1. Januar zum 1. Februar ergibt sich beispielsweise als: $r = \ln\left(\frac{90}{100}\right) = -0,1054$. Als arithmetisches Mittel der stetigen Renditen ergibt sich $\frac{-10,54\% + 20,07\%}{2} = 4,77\%$. Es ergibt sich ein etwas anderes Ergebnis als oben, da die Verzinsung nunmehr über die Exponentialfunktion (siehe auch Kapitel 3.3.10) durchgeführt wird. Der Wert nach einem Monat beträgt 100 € · $e^{4,77\%}$ = 104,881 €, und nach dem zweiten Monat ergeben sich die gesuchten 104,881 € · $e^{4,77\%}$ = 110 €.

Für die monatlichen, stetigen Renditen der DAX-Schlusskurse, die als Beispiel genutzt wurden, ergibt sich ein arithmetisches Mittel (Durchschnittsrendite) bei stetiger Verzinsung von 0,7047%.

9.3.6.1 Umrechnung auf jährliche, stetige Renditen

Die monatliche, stetige Durchschnittsrendite der DAX Schlusskurse beträgt im betrachteten Zeitraum 0,7047%. Wie groß ist die stetige Jahresrendite?

Lösung:

Durchschnittlich wächst ein Monatsanfangskurs von K_0 im Laufe eines Monats also auf $K_0 \cdot e^{0,7047\%} \approx 1,007075 \cdot K_0$. Nach zwölf Monaten ergibt sich also: $K_0 \cdot e^{0,7047\%} \cdot e^{0,7047\%} \cdot \ldots \cdot e^{0,7047\%} = K_0 \cdot e^{12 \cdot 0,7047\%}$.

D.h. die jährliche, stetige Rendite r_j kann aus der Monatsrendite r_m einfach durch $r_j = 12 \cdot r_m$ berechnet werden und beträgt im Beispiel für die DAX Schlusskurse 8,4564% p.a.

9.3.6.2 Umrechnung auf jährliche, diskrete Renditen

Die durchschnittliche, monatliche, diskrete Rendite der DAX Schlusskurse beträgt 0,7072%. Wie groß ist die diskrete Jahresrendite?

9.3. MITTELWERTE

Lösung:

Jetzt muss die diskrete Verzinsung genutzt werden. Nach einem Monat ist der Anfangskurs von K_0 auf $K_0 \cdot (1 + 0,7072\%)^1$ angewachsen. Nach zwölf Monaten beträgt der Kurs dann: $K_0 \cdot (1+0,7072\%)^{12}$. Dies soll einer einmalig verzinsten Jahresrendite p^* entsprechen: $K_0 \cdot (1+0,7072\%)^{12} = K_0 \cdot (1+p^*)^1$. Der Anfangskurs K_0 kann gekürzt werden und eine Umformung nach p^* ergibt: $p^* = (1+0,7072\%)^{12} - 1 = 8,8244\%$. Diese Betrachtung entspricht dem schon vorgestellten effektiven Jahreszins (siehe Formel (3.10) (Effektiver Jahreszins), Seite 40).

9.3.7 Harmonisches Mittel

Das **harmonische Mittel** wird häufig zur Ermittlung eines Mittelwertes von Verhältniszahlen genutzt. Dies kann z.B. eine Wettquote oder das Kurs-Gewinn-Verhältnis (KGV) einer Aktie sein.

Die Formel für das harmonische Mittel lautet:

$$x_H = \frac{n}{\sum_{i=1}^{n} \frac{1}{x_i}} \qquad (9.9)$$

Die Formel kann durch Kehrwertbildung umgeschrieben werden zu:

$$\frac{1}{x_H} = \frac{\sum_{i=1}^{n} \frac{1}{x_i}}{n} = \frac{1}{n}\left(\sum_{i=1}^{n} \frac{1}{x_i}\right) \qquad (9.10)$$

Der Kehrwert des harmonischen Mittels ist also das arithmetische Mittel der Kehrwerte. Offensichtlich muss in beiden Formeln vorausgesetzt werden, daß $x_i \neq 0$ für alle i gilt.

9.3.7.1 Harmonisches Mittel: Beispiel 1

Ein Spezialfall tritt auf, wenn nur zwei Werte betrachtet werden. Soll z.B. das harmonische Mittel der Werte 10 und 20 berechnet werden, so ergibt sich:

$$x_H = \frac{n}{\sum_{i=1}^{n} \frac{1}{x_i}} = \frac{2}{\frac{1}{10} + \frac{1}{20}} = \frac{2}{\frac{20}{10 \cdot 20} + \frac{10}{10 \cdot 20}} = \frac{2}{\frac{20+10}{10 \cdot 20}} =$$

$$= \frac{2 \cdot 10 \cdot 20}{20 + 10} = \frac{10 \cdot 20}{\frac{20+10}{2}} = \frac{(\sqrt{10 \cdot 20})^2}{\frac{20+10}{2}} = \frac{x_G^2}{\bar{x}} = 13,3333.$$

Bei zwei Werten ergibt sich das harmonische Mittel als Quadrat des geometrischen Mittels geteilt durch das arithmetische Mittel.

9.3.7.2 Harmonisches Mittel: Beispiel 2

Wettquoten werden häufig als Zahl angegeben und stellen implizit die Wahrscheinlichkeit für einen Gewinn dar. Dabei ist die Wettquote der Kehrwert der Gewinnwahrscheinlichkeit.

Angenommen, in einem Wettbüro gibt es vier Wetten mit unterschiedlichen Gewinnwahrscheinlichkeiten:

	Gewinnwahrscheinlichkeit	Wettquote
Wette 1	30%	3,3333
Wette 2	35%	2,8571
Wette 3	25%	4,0000
Wette 4	90%	1,1111

Die Wettquote für Wette 1 errechnet sich z.B. als $\frac{1}{30\%} = \frac{1}{0,3} = 3,3333$. Also beträgt die Wettquote für Wette 1 "1 zu 3,3333".

Soll nun die durchschnittliche Wettquote der vier Wetten berechnet werden,

9.3. MITTELWERTE

so kann Formel (9.10) (Harmonisches Mittel, Formel 2) genutzt werden:

$$\frac{1}{x_H} = \frac{1}{n}\left(\sum_{i=1}^{n}\frac{1}{x_i}\right) = \frac{1}{4}\left(\sum_{i=1}^{4}\frac{1}{x_i}\right) =$$
$$= \frac{1}{4}\left(\frac{1}{3,3333} + \frac{1}{2,8571} + \frac{1}{4} + \frac{1}{1,1111}\right) =$$
$$= \frac{1}{4}(30\% + 35\% + 25\% + 90\%) = \frac{180\%}{4} = 45\%.$$

Es ist zu erkennen, daß der Kehrwert des harmonischen Mittels der Wettquoten gleich dem arithmetischen Mittel der Wahrscheinlichkeiten (Kehrwerte der Wettquoten) ist. Damit ergibt sich das harmonische Mittel der Wettquoten als

$$x_H = \frac{1}{45\%} = 2,2222.$$

Nur zum Vergleich: wird das arithmetische Mittel der Wettquoten berechnet, so ergibt sich $\bar{x} = 2,8254$ (empfindlich gegenüber Ausreißern) und für das geometrische Mittel ergibt sich $x_G = 2,5507$.

9.3.7.3 Harmonisches Mittel: Beispiel 3

Beim "Cost Average Effekt" wird regelmässig ein fester Betrag in eine Anlage investiert. Dadurch werden wenige Anteile bei hohen Preisen und viele Anteile bei niedrigen Preisen des Anlagegutes gekauft.

Eine Anlegerin investiert jeden Monat 90 € in einen Aktienfonds. Dieser hat die folgenden Werte/ Kurse

Datum	1.1.	1.2.	1.3.	1.4.	1.5.
Kurs in €	10	15	20	18	30

Bei einem Kurs von 10 € kann die Anlegerin also 9 Anteile für 90 € erstehen, bei einem Kurs von 30 € sind es nur drei Anteile.

Werden die Anteile und die Summe der Anteile berechnet, so ergibt sich:

Datum	1.1.	1.2.	1.3.	1.4.	1.5.	Summe
Kurs in €	10	15	20	18	30	
Anteile	9	6	4,5	5	3	27,5

9.3.7 HARMONISCHES MITTEL

Was ist der durchschnittliche Kurs, bei dem der Aktienfonds gekauft wurde?

In diesem Beispiel ist $n = 5$, da fünf Werte vorliegen. Werden die Kurse in € mit x_i bezeichnet, so ergibt sich die Anzahl der Anteile als $a_i = \frac{90\,€}{x_i}$. Die Gesamtzahl (Summe) der gekauften Anteile ist also:

$$\sum_{i=1}^{5} a_i = \sum_{i=1}^{5} \frac{90\,€}{x_i} = 27,5.$$

Insgesamt wurde fünf Mal für jeweils 90 € gekauft, also wurden 450 € ausgegeben, so daß sich ein durchschnittlicher Kaufpreis von

$$\frac{450\,€}{\sum_{i=1}^{5} a_i} = \frac{450\,€}{27,5} = 16,3636\,€$$

ergibt. Dies kann umgeformt werden:

$$\frac{450\,€}{\sum_{i=1}^{5} a_i} = \frac{90\,€ \cdot 5}{\sum_{i=1}^{5} a_i} = \frac{90\,€ \cdot 5}{\sum_{i=1}^{5} \frac{90\,€}{x_i}} = \frac{90\,€ \cdot 5}{90\,€ \sum_{i=1}^{5} \frac{1}{x_i}} = \frac{5}{\sum_{i=1}^{5} \frac{1}{x_i}} = \frac{n}{\sum_{i=1}^{n} \frac{1}{x_i}}.$$

Der durchschnittliche Kaufpreis wird also mit dem harmonischen Mittel gemäß Formel (9.9) berechnet.

Als Zusatzaufgabe soll noch untersucht werden, ob der "Cost Average Ansatz" einen Vorteil gegenüber einer Einmalanlage hat.

Wäre der Betrag von 450 € am Anfang investiert worden (zum Preis von 10 € pro Anteil), so ergäbe sich nach Formel (9.8) von Seite 285 eine Rendite von

$$R = \sqrt[4]{\frac{30\,€}{10\,€}} - 1 = 31,6074\%.$$

Die Anzahl der Verzinsungsperioden ist vier, da fünf Termine gegeben sind. Soll die Rendite der Einmalanlage mit der obigen Investitionsreihe verglichen werden, so muss der interne Zinsfuß (siehe Formel (3.21) von Seite 63) genutzt

9.3. MITTELWERTE

werden. Die Summe der abgezinsten Zahlungsströme muss Null ergeben:

$$0 = \frac{-90\,\text{€}}{(1+i^*)^0} + \frac{-90\,\text{€}}{(1+i^*)^1} + \frac{-90\,\text{€}}{(1+i^*)^2} + \frac{-90\,\text{€}}{(1+i^*)^3} + \frac{27,5 \cdot 30\,\text{€} - 90\,\text{€}}{(1+i^*)^4}.$$

Dabei ist $27,5 \cdot 30\,\text{€} = 825\,\text{€}$ der Wert der 27,5 Anteile, die in Summe bis zum 1.5. erworben wurden und dann mit 30 € bewertet werden.

Wird der interne Zinsfuß i^* beispielsweise mit Excel berechnet, so ergibt sich: $30,7035\%$, also ein etwas niedrigerer Wert als die obige Rendite bei Einmalanlage. Natürlich ist das Ergebnis stark von der Wahl der Werte abhängig. Weiter unten werden noch zwei weitere hypothetische Verläufe der Kursentwicklung angenommen.

Ein weiterer Unterschied zwischen der Einmalanlage und der Anlage gemäß "Cost Average" ist, daß im ersten Monat noch $450\,\text{€} - 90\,\text{€} = 360\,\text{€}$ für einen Monat angelegt werden können. Im zweiten Monat können noch $360\,\text{€} - 90\,\text{€} = 270\,\text{€}$ plus die Zinsen des ersten Monats angelegt werden etc.

Mit den obigen Beispielzahlen müsste das Kapital in den vier Monaten zu einem Zinssatz von $1,5604\%$ angelegt werden, um insgesamt die gleiche Rendite wie die Einmalanlage zu erwirtschaften.

Es ist unmittelbar klar, daß der Vergleich der beiden Renditen (Einmalanlage versus "Cost Average Ansatz") stark von den angenommenen Kursverläufen abhängt:

Beispiel 2:
Bei dem folgenden Kursverlauf ergeben sich als gekaufte Anteile:

Datum	1.1.	1.2.	1.3.	1.4.	1.5.	Summe
Kurs in €	10	8	5	5	4	
Anteile	9	11,25	18	18	22,5	78,75

Es errechnet sich eine Rendite bei Einmalanlage von

$$R = \sqrt[4]{\frac{4\,\text{€}}{10\,\text{€}}} - 1 = -20,4729\%$$

und ein interner Zinsfuß von $-17,9401\%$. Also ist in diesem Falle die Anlage nach dem "Cost Average Ansatz" vorteilhafter, jedoch sind beide Renditen negativ.

Beispiel 3:

Bei dem folgenden Kursverlauf ergeben sich als gekaufte Anteile:

Datum	1.1.	1.2.	1.3.	1.4.	1.5.	Summe
Kurs in €	10	8	10	12	10	
Anteile	9	11,25	9	7,5	9	45,75

Es errechnet sich eine Rendite bei Einmalanlage von

$$R = \sqrt[4]{\frac{10\ \text{€}}{10\ \text{€}}} - 1 = 0\%$$

und ein interner Zinsfuß von $0,8265\%$. Also ist in diesem Falle wieder die Anlage nach dem "Cost Average Ansatz" vorteilhafter.

In beiden Fällen (Beispiel 2 und Beispiel 3) müsste noch die Verzinsung des Kapitals während des Gesamtzeitraums mit einem Marktzins addiert werden.

Allgemeine Aussagen über die Vorteilhaftigkeit des "Cost Average Ansatzes" sind schwer, da Annahmen über den Verlauf des Kurses gemacht werden müssten. Dabei könnte beispielsweise angenommen werden, daß die Renditen normalverteilt sind.

9.3.8 Vergleich Mittelwerte

Die folgende Tabelle vergleicht die in diesem Kapitel präsentierten Mittelwerte:

9.3. MITTELWERTE

Mittelwert	Voraussetzung	Eigenschaften
Arithmetisches Mittel	Metrisches Merkmal	-Schwerpunkteigenschaft -Empfindlich gegenüber Ausreißern -Für stetige Renditen geeignet -Der Mittelwert taucht im allgemeinen in der Urliste nicht auf bzw. ist als Wert nicht zugelassen
Geometrisches Mittel	Metrisches Merkmal	-Zu nutzen bei Fragestellungen nach durchschnittlicher Rendite/ Verzinsung -Für diskrete Renditen geeignet
Median	Metrisches oder ordinales Merkmal	-Unempfindlich gegenüber Ausreißern -Auch bei ordinalen Merkmalen nutzbar
Modus	Metrisches, ordinales oder nominales Merkmal	-Auch bei nominalen Merkmalen nutzbar
Harmonisches Mittel	Metrisches Merkmal	-Gut nutzbar bei Verhältniszahlen, deren Mittelwert beschrieben werden soll

Ohne Beweis wird hier noch erwähnt, daß die folgende Ungleichung für einige der vorgestellten Mittelwerte (bei positiven Werten x_i) gilt:

$$\min(x_1, \ldots, x_n) \leq x_H \leq x_G \leq \bar{x} \leq \max(x_1, \ldots, x_n) \qquad (9.11)$$

9.4 Streuung von Daten und Momente

9.4.1 Einführung

Um eine Urliste zu beschreiben, reicht der Mittelwert als einzige Kennzahl nicht aus. In der folgenden Abbildung wird der DAX Schlusskurs und der Verlauf der Verzinsung des Anfangskurses mit dem arithmetischen Mittel der monatlichen, stetigen Renditen (0, 7047%) gezeigt. Beide Kurven haben das gleiche arithmetische Mittel (=Durchschnittsrendite), jedoch ist die Schwankungsbreite/ Streuung der DAX Schlusskurse offensichtlich höher.

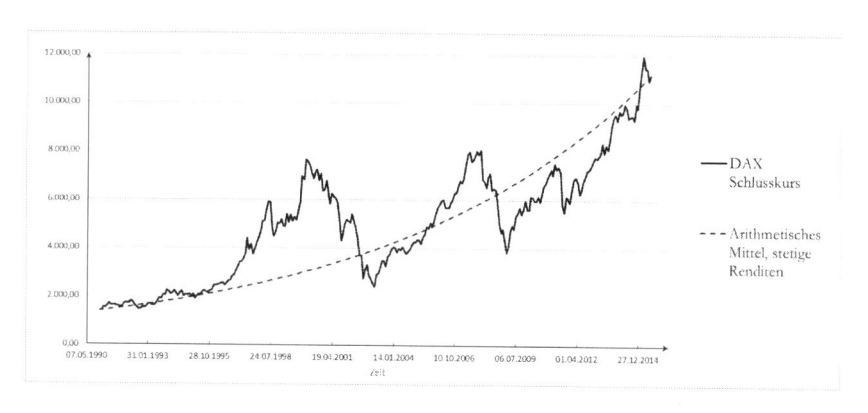

Abbildung 9.11: DAX Verlauf

Ein anderes Beispiel dafür, daß der Mittelwert allein nicht ausreicht, um eine Urliste zu beschreiben:

- Urliste 1: 0, 1, 2

- Urliste 2: 1, 1, 1

In beiden Fällen beträgt das arithmetische Mittel Eins ($\bar{x}_1 = \frac{0+1+2}{3} = \frac{3}{3} = 1$ bzw. $\bar{x}_2 = \frac{1+1+1}{3} = \frac{3}{3} = 1$), aber die Urlisten sind offensichtlich unterschiedlich, wobei die zweite keinerlei Streuung aufweist, da alle Werte gleich sind.

9.4. STREUUNG VON DATEN UND MOMENTE

9.4.2 Pferderennen

Im Asset Management wird Streuung häufig als Risiko empfunden. Dies ist bei vielen anderen Anwendungen nicht immer der Fall, wie das folgende Beispiel zeigt.

Angenommen, das Pferd "Devils Bargain" benötigt an guten Tagen für die Rennstrecke vier Minuten und an schlechten Tagen sechs Minuten. "Devils Bargain" hat in 50 Prozent der Fälle gute und in 50 Prozent der Fälle schlechte Tage.

Ein zweites Pferd "Purity" benötigt für die Rennstrecke immer fünf Minuten. Das heisst, im arithmetischen Mittel sind beide Pferde gleich schnell.

Mit einer Tabelle kann leicht ein Überblick über die verschiedenen Möglichkeiten des Ausgangs eines Rennens gewonnen werden:

	Devils Bargain 4 Minuten	Devils Bargain 6 Minuten
Purity: 5 Minuten	Devils Bargain gewinnt	Purity gewinnt

Also werden beide Pferde gleich viele Rennen gewinnen. Interessanter wird das Problem, wenn noch ein drittes Pferd hinzugefügt wird: "Attack" benötigt in der Hälfte der Rennen 4,5 Minuten und in der anderen Hälfte 5,5 Minuten. Also sind alle drei Pferde im arithmetischen Mittel gleich schnell. Die Gewinn verteilen sich folgendermaßen:

	Devils Bargain 4 Minuten	Devils Bargain 6 Minuten
Attack: 4,5 Minuten	Devils Bargain gewinnt in 4 Minuten	Attack gewinnt in 4,5 Minuten
Attack: 5,5 Minuten	Devils Bargain gewinnt in 4 Minuten	Purity gewinnt in 5 Minuten

Also gewinnt "Devils Bargain" in 50 Prozent der Fälle. "Purity" und "Attack" teilen sich die verbleibenden 50 Prozent zu gleichen Teilen auf. Die höhere Streuung erhöht also in diesem Fall die Siegchance.

9.4.3 Spannweite

Um die Variabilität (bzw. Schwankung, Streuung) von Daten zu beschreiben, gibt es analog zum Mittelwert verschiedene Konzepte.

Die **Spannweite** ist ein Streumaß, das nur die Extremwerte der Urliste einbezieht. Sie wird definiert durch die Differenz des größten und kleinsten Wertes:

$$\text{Spannweite} = x_{max} - x_{min} \tag{9.12}$$

Wird von den beiden Urlisten aus der Einleitung in 9.4.1 ausgegangen, so ergibt sich als Spannweiten:

- Urliste 1 (0, 1, 2): Spannweite $= x_{max} - x_{min} = 2 - 0 = 2$

- Urliste 2 (1, 1, 1): Spannweite $= x_{max} - x_{min} = 1 - 1 = 0$

Der Nachteil ist offensichtlich, daß nur extreme Werte in die Berechnung der Spannweite eingehen und keine Information über die Verteilung der dazwischenliegenden Werte.

Bei den monatlichen, stetigen DAX-Renditen im betrachteten Zeitraum beträgt die Spannweite beispielsweise

$$\text{Spannweite} = x_{max} - x_{min} = 19,45\% - (-24,34\%) = 43,79\%.$$

9.4.4 Varianz und Standardabweichung

Das gebräuchlichste Maß zur Messung der Streuung ist die **Varianz** bzw. die Wurzel aus der Varianz, die **Standardabweichung** genannt wird.

Für die Varianz existieren zwei Formeln in Abhängigkeit vom Umfang der Daten. Falls eine Vollerhebung vorliegt (es wird die Streuung aller Merkmalsträger der Grundgesamtheit gemessen), so ergibt sich für die Varianz

$$\sigma^2 = \frac{1}{N} \sum_{i=1}^{N} (x_i - \mu)^2 \tag{9.13}$$

9.4. STREUUNG VON DATEN UND MOMENTE

Im Falle einer Stichprobe aus der Grundgesamtheit:

$$s^2 = \frac{1}{n-1} \sum_{i=1}^{n} (x_i - \bar{x})^2 \qquad (9.14)$$

Bei genauer Betrachtung der Formeln fallen zwei Unterschiede auf:

- Das Symbol für die Varianz der Grundgesamtheit lautet σ^2 (griechischer Buchstabe, "Sigma Quadrat"), das Symbol für die Varianz einer Stichprobe lautet s^2. Am Symbol lässt sich also erkennen, um welche Art von Varianz es sich handelt.

- Im Falle der Varianz der Grundgesamtheit wird durch N geteilt (Umfang der Grundgesamtheit), bei der Varianz einer Stichprobe wird durch $n-1$ (Umfang der Stichprobe minus Eins!) geteilt. Der Grund dafür wird erst später (in Kapitel 11.8.3) erläutert.

Wird wieder von den beiden Urlisten aus der Einleitung in 9.4.1 ausgegangen, so ergeben sich als Varianzen (Formel (9.13) (Definition: Varianz Stichprobe, Version 1)):

- Urliste 1: 0, 1, 2:

$$s_1^2 = \frac{1}{3-1} \left((0-1)^2 + (1-1)^2 + (2-1)^2\right) = \frac{1}{2}(1+0+1) = 1$$

- Urliste 2: 1, 1, 1:

$$s_2^2 = \frac{1}{3-1} \left((1-1)^2 + (1-1)^2 + (1-1)^2\right) = \frac{1}{2}(0+0+0) = 0$$

Falls die drei Zahlen der Grundgesamtheit entsprechen, muss nicht durch Zwei ($n-1$), sondern durch Drei (N) geteilt werden.

Die Daten der Urliste 1 weisen eine größere Streuung (Varianz) auf als die Daten der Urliste 2. Die Urliste 2 weist eine Streuung von Null auf, da alle Werte identisch sind, also keine Variabilität vorliegt.

Für die Varianz existieren weitere Formeln, die ohne einen Mittelwert auskommen, aber zum gleichen Ergebnis führen. Hier wird nur die Formel für die

9.4.4 VARIANZ UND STANDARDABWEICHUNG

Stichprobenvarianz aufgeführt, eine analoge Formel für die Grundgesamtheit existiert ebenfalls.

$$s^2 = \frac{1}{n(n-1)} \left(n \sum_{i=1}^{n} x_i^2 - \left(\sum_{i=1}^{n} x_i \right)^2 \right) \quad (9.15)$$

In der Realität haben die meisten erhobenen Daten eine Einheit, z.B. %, Meter, Liter, Stunden, Semester, ...

Da die Varianz die Merkmalsausprägung quadriert und anschließend addiert, ist die Einheit der Varianz immer eine quadratische Einheit ($\%^2$, m^2, l^2, Stunden^2, Semester^2, ...). Dies führt zu schwer interpretierbaren Aussagen, wie z.B. "der durchschnittliche Studierende in der Stichprobe ist $1,7m$ groß bei einer Varianz von $0,8m^2$".

Um den Mittelwert und die Streuung besser miteinander vergleichbar machen zu können, wird die (positive) Wurzel aus der Varianz gezogen. Damit haben die beiden Kennzahlen die gleiche Einheit. Die **Standardabweichung** einer Stichprobe wird durch s bezeichnet und die Standardabweichung der Grundgesamtheit durch σ, wobei s^2 und σ^2 durch die Formeln Formel (9.14) (Definition: Varianz Stichprobe, Version 1) bzw. Formel (9.13) (Definition: Varianz Grundgesamtheit) berechnet werden:

$$s = +\sqrt{s} \quad \text{bzw.} \quad \sigma = +\sqrt{\sigma} \quad (9.16)$$

Im betrachteten Beispiel ergibt sich

- Urliste 1: $0, 1, 2$: es ergab sich

$$s_1^2 = \frac{1}{3-1} \left((0-1)^2 + (1-1)^2 + (2-1)^2 \right) = \frac{1}{2}(1+0+1) = 1$$

als Varianz und damit $s_1 = +\sqrt{s_1^2} = +\sqrt{1} = 1$ als Standardabweichung.

- Urliste 2: $1, 1, 1$:

$$s_2^2 = \frac{1}{3-1} \left((1-1)^2 + (1-1)^2 + (1-1)^2 \right) = \frac{1}{2}(0+0+0) = 0$$

9.4. STREUUNG VON DATEN UND MOMENTE

und damit $s_2 = +\sqrt{s_2^2} = +\sqrt{0} = 0$ als Standardabweichung.

9.4.5 Portfoliovolatilität: Asset Management

Im Asset Management wird häufig die Frage untersucht, wie risikoreich ein Portfolio aus verschiedenen Anlageobjekten ist. Ein einfacher Ansatz zum Messen des Risikos ist die sogenannte **Volatilität**, die identisch mit der Standardabweichung der Renditen ist. Je höher die Volatilität, umso höher das eingegangene Risiko, das durch eine höhere Durchschnittsrendite entlohnt werden sollte. Weitere Risikomaße werden in Kapitel 12 vorgestellt.

Im Folgenden wird von einem einfachen Portfolio ausgegangen, das aus zwei Anlageobjekten (z.B. Aktien) besteht. Das Konzept kann auch für mehr als zwei Objekte verallgemeinert werden, die Schreibweisen werden dadurch komplexer, die Logik bleibt gleich.

Die beiden Anlageobjekte haben folgende Daten:

- Anlageobjekt A:
    - stetige Rendite von A zum Zeitpunkt $t = i$: $r_{A,i}$,
    - durchschnittliche, stetige Rendite: $r_A = \frac{1}{n} \sum_{i=1}^{n} r_{A,i}$,
    - Standardabweichung/ Volatilität: s_A,

- Anlageobjekt B:
    - stetige Rendite von B zum Zeitpunkt $t = i$: $r_{B,i}$,
    - durchschnittliche, stetige Rendite: $r_B = \frac{1}{n} \sum_{i=1}^{n} r_{B,i}$,
    - Standardabweichung/ Volatilität: s_B.

Aus diesen beiden Anlagen wird ein Portfolio zusammengesetzt. Zum Anlagezeitpunkt besteht das Portfolio zu w Prozent aus Anlageobjekt A und zu $(1 - w)$ Prozent aus Anlageobjekt B (w: weight = Gewicht).

Mit welcher Rendite ist bei diesem Portfolio zu rechnen? Dies kann über Formel (9.3) (Arithmetisches Mittel einer Stichprobe) berechnet werden:

9.4.5 PORTFOLIOVOLATILITÄT: ASSET MANAGEMENT

Das Portfolio P ist definiert als $P = wA + (1-w)B$. Das arithmetische Mittel der (stetigen) Portfoliorenditen beträgt dann:

$$\bar{x}_P = \frac{1}{n}\sum_{i=1}^{n} r_{P,i} = \frac{1}{n}\sum_{i=1}^{n}(wr_{A,i} + (1-w)r_{B,i}) =$$

$$= \frac{1}{n}\left(\sum_{i=1}^{n} wr_{A,i} + \sum_{i=1}^{n}(1-w)r_{B,i}\right).$$

Da die Berechnung des arithmetischen Mittels linear durchgeführt wird, kann die Summe aufgespalten werden und es ergibt sich:

$$\bar{x}_P = \frac{1}{n}\left(\sum_{i=1}^{n} wr_{A,i} + \sum_{i=1}^{n}(1-w)r_{B,i}\right) =$$

$$= \frac{1}{n}\left(w\sum_{i=1}^{n} r_{A,i} + (1-w)\sum_{i=1}^{n} r_{B,i}\right) =$$

$$= w\frac{1}{n}\sum_{i=1}^{n} r_{A,i} + (1-w)\frac{1}{n}\sum_{i=1}^{n} r_{B,i} = wr_A + (1-w)r_B.$$

Also setzt sich die Durchschnittsrendite des Portfolios aus der gewichteten Summe der beiden Einzelrenditen zusammen.

Falls z.B. A eine Rendite von 10% p.a. aufweist und B eine Rendite von 5% p.a., so ergibt sich für ein Portfolio, das zu 75% ($= w$) aus A und zu 25% ($= 1 - w$) aus B besteht eine Rendite von

$$\bar{x}_P = wr_A + (1-w)r_B = 0,75 \cdot 10\% + 0,25 \cdot 5\% = 0,0875 = 8,75\%.$$

Anders verhält es sich bei der Volatilität des zusammengesetzten Portfolios, da bei der Berechnung der Standardabweichung quadriert wird (siehe z.B. Formel (9.14) (Definition: Varianz Stichprobe, Version 1)).

Wird die Varianz s_P^2 des Portfolios berechnet, so ergibt sich:

$$s_P^2 = \frac{1}{n-1}\sum_{i=1}^{n}(r_{P,i} - \bar{x}_P)^2,$$

9.4. STREUUNG VON DATEN UND MOMENTE

wobei $\bar{x}_P$ die eben berechnete Durchschnittsportfoliorendite ist und $r_{P,i}$ die Rendite des Portfolios zum Zeitpunkt i darstellt. Letztere ergibt sich aus der Addition der beiden gewichteten Renditen $r_{A,i}$ bzw. $r_{B,i}$.

Also:

$$s_P^2 = \frac{1}{n-1} \sum_{i=1}^{n} (r_{P,i} - \bar{x}_P)^2 =$$

$$= \frac{1}{n-1} \sum_{i=1}^{n} (wr_{A,i} + (1-w)r_{B,i} - (wr_A + (1-w)r_B))^2.$$

In der Klammer werden die jeweiligen Terme zu A bzw. B zusammengefasst und aus Übersichtlichkeitsgründen werden Klammern gesetzt und die Gewichte w bzw. $1-w$ ausgeklammert:

$$s_P^2 = \frac{1}{n-1} \sum_{i=1}^{n} (w(r_{A,i} - r_A) + (1-w)(r_{B,i} - r_B))^2.$$

Dies stellt eine binomische Formel dar, die ausgeschrieben lautet:

$$s_P^2 = \frac{1}{n-1} \sum_{i=1}^{n} \left[w^2(r_{A,i} - r_A)^2 + (1-w)^2 c(r_{B,i} - r_B)^2 + \right.$$
$$\left. + 2w(r_{A,i} - r_A) \cdot (1-w) \cdot (r_{B,i} - r_B) \right].$$

Die Summe kann auseinandergezogen werden, um die einzelnen Terme besser zu identifizieren:

$$s_P^2 = \frac{1}{n-1} \left(\sum_{i=1}^{n} w^2(r_{A,i} - r_A)^2 + \sum_{i=1}^{n} (1-w)^2 \cdot (r_{B,i} - r_B)^2 + \right.$$
$$\left. + \sum_{i=1}^{n} 2w(r_{A,i} - r_A) \cdot (1-w) \cdot (r_{B,i} - r_B) \right).$$

Da die Gewichte nicht vom Laufindex i abhängen, können Sie aus den Summen

9.4.5 PORTFOLIOVOLATILITÄT: ASSET MANAGEMENT

herausgezogen werden:

$$s_P^2 = \frac{1}{n-1}\left(w^2\sum_{i=1}^{n}(r_{A,i}-r_A)^2 + (1-w)^2\sum_{i=1}^{n}(r_{B,i}-r_B)^2 + \right.$$
$$\left. +2w\cdot(1-w)\sum_{i=1}^{n}(r_{A,i}-r_A)\cdot(r_{B,i}-r_B)\right).$$

Die ersten beiden Summen entsprechen den Varianzen von A bzw. B, der gemischte Term bleibt jedoch erhalten:

$$s_P^2 = w^2 s_A^2 + (1-w)^2 s_B^2 +$$
$$+2w\cdot(1-w)\frac{1}{n-1}\left(\sum_{i=1}^{n}(r_{A,i}-r_A)\cdot(r_{B,i}-r_B)\right).$$

Der letzte Term entspricht teilweise der Kovarianz, die in Formel (9.36) (Definition: Kovarianz zweier Merkmale X und Y) auf Seite 352 definiert wird.

Wie dort gezeigt wird, gilt $r = \frac{\text{cov}_{X,Y}}{s_X \cdot s_Y}$ wobei r den sogenannten Bravais-Pearson'schen[3] Korrelationskoeffizienten darstellt, der die Stärke des linearen Zusammenhangs zwischen zwei Merkmalen misst (siehe Kapitel 9.7.3). Dies wird umgeschrieben zu $r \cdot s_X \cdot s_Y = \text{cov}_{X,Y}$ und kann dann in die obige Gleichung eingesetzt werden:

$$s_P^2 = w^2 s_A^2 + (1-w)^2 s_B^2 + 2w\cdot(1-w)\cdot r \cdot s_A \cdot s_B.$$

Also ergibt sich die Volatilität des aus A und B zusammengesetzten Portfolios durch Ziehen der Wurzel als:

$$s_P = \sqrt{w^2 s_A^2 + (1-w)^2 s_B^2 + 2w\cdot(1-w)\cdot r \cdot s_A \cdot s_B}. \qquad (9.17)$$

Da die Werte s_A und s_B (Volatilität von A bzw. B) fest sind, hängt die Portfoliovolatilität stark vom Gewicht w und dem Korrelationskoeffizienten r ab. Wird w zwischen 0% und 100% verändert, so ergeben sich verschiedene Port-

---

[3] Auguste Bravais, 1811 - 1863 und Karl Pearson, 1857 - 1936

9.4. STREUUNG VON DATEN UND MOMENTE

foliorenditen und -volatilitäten.

Für die folgende Abbildung 9.12 wurde beispielsweise mit diesen Daten gerechnet: $r_A = 10\%$, $r_B = 5\%$, $s_A = 20\%$, $s_B = 25\%$ und $r = -0,8$. Bei anderen Werte ergibt sein anderes Bild, der grundsätzliche Verlauf ist jedoch gleich. Die Kurve entspricht unterschiedlichen Werten von w.

Deutlich zu sehen ist z.B. der Punkt mit der Volatilität 20% und der Rendite 10%. Dies entspricht einem $w = 100\%$, also besteht das gesamte Portfolio aus A. Am anderen Ende der Kurve ist $w = 0\%$, also entspricht das Portfolio ausschließlich B und dies ergibt eine Volatilität von 25% bei einer Rendite von 5%.

In Abbildung 9.12 ist deutlich zu erkennen, daß bei geschickter Kombination von A und B eine Durchschnittsrendite von ca. $7,8\%$ bei einer recht geringen Volatilität von $7,02\%$ zu erzielen ist. Der Scheitelpunkt dieser um neunzig Grad gedrehten Parabel wird **MVP (Minimum-Varianz-Portfolio)** genannt und stellt den Effekt der Diversifikation dar.

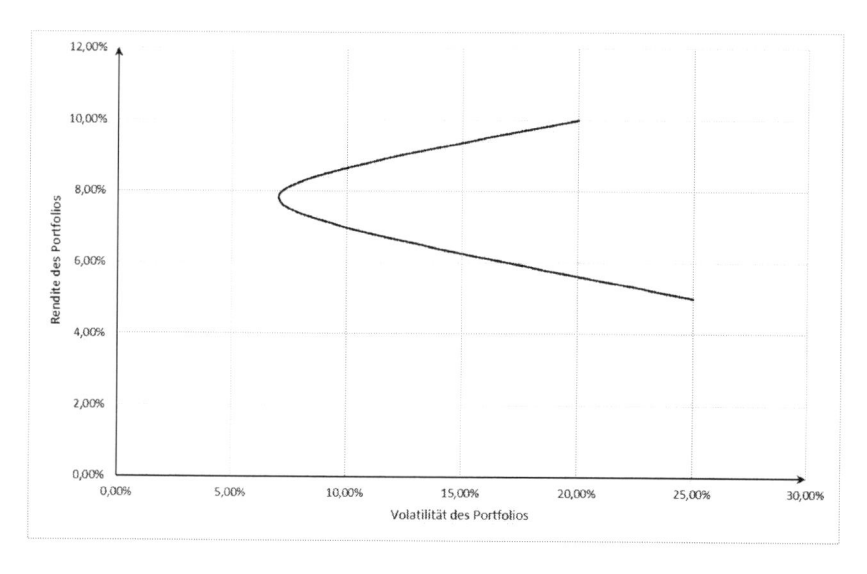

Abbildung 9.12: Minimum-Varianz-Portfolio, $r = -0,8$

Im Folgenden werden die gleichen Daten für A und B, aber ein anderes r genutzt. In der Abbildung 9.13 ist nun $r = 0,5$. Der Verlauf der Wurzelfunktion

9.4.6 VARIATIONSKOEFFIZIENT

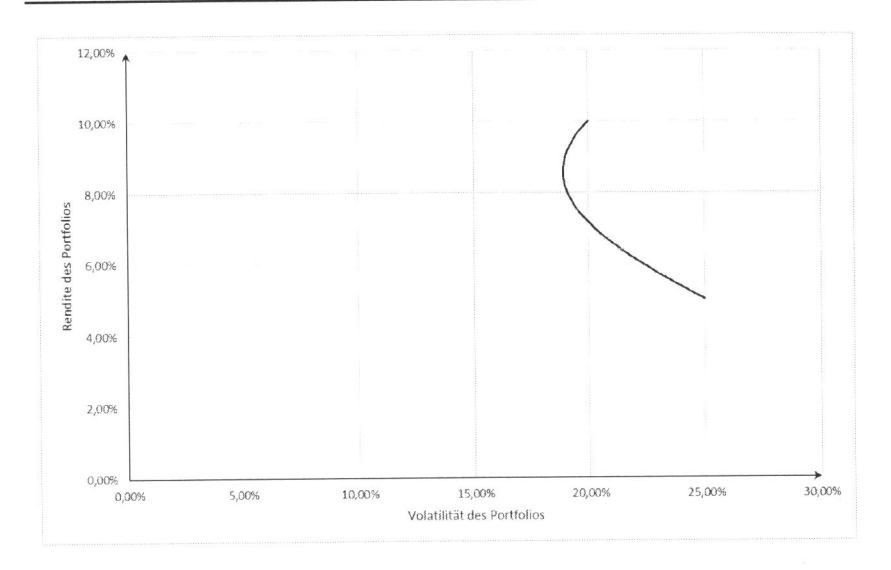

Abbildung 9.13: Minimum-Varianz-Portfolio 2, $r = 0,5$

ist deutlich näher an der gedachten Verbindung der Punkte, die A und B repräsentieren, jedoch ist wieder ein MVP zu sehen (ca. bei einer Volatilität von 18,9% und einer Rendite von 8,6%). Die Stärke des Diversifikationseffekts wird also massgeblich durch den Bravais-Pearson'schen Korrelationskoeffizienten r bestimmt.

9.4.6 Variationskoeffizient

Folgendes Beispiel wird betrachtet: Zwei Sportler streiten darüber, wer gleichmäßiger trainiert. Als Maß für die Streuung kennen die beiden aus der Statistikvorlesung die Standardabweichung. Bei den Sportlern handelt sich um einen Speerwerfer und einen Weitspringer. Die beiden einigen sich darauf, daß beide eine Stichprobe mit drei Versuchen durchführen, auf deren Basis die Standardabweichung berechnet werden soll.

- Der Speerwerfer erzielt die folgenden Weiten: $50m, 55m, 60m$. Daraus berechnet sich das arithmetische Mittel als:

$$\bar{x}_S = \frac{50m + 55m + 60m}{3} = \frac{165m}{3} = 55m.$$

9.4. STREUUNG VON DATEN UND MOMENTE

Die Varianz berechnet sich nach Formel (9.14) (Definition: Varianz Stichprobe, Version 1) als

$$s_S^2 = \frac{1}{n-1}\sum_{i=1}^{n}(x_i - \bar{x}_S)^2 =$$
$$= \frac{1}{3-1}\left((50m - 55m)^2 + (55m - 55m)^2 + (60m - 55m)^2\right) =$$
$$= \frac{1}{2}\left((-5m)^2 + (0m)^2 + (5m)^2\right) =$$
$$= \frac{1}{2}\left(25m^2 + 0m^2 + 25m^2\right) = \frac{50m^2}{2} = 25m^2$$

Die Standardabweichung des Speerwerfers entspricht der Wurzel aus der Varianz. Also: $s_S = +\sqrt{25m^2} = 5m$.

- Der Weitspringer erzielt die folgenden Weiten: $4m, 5m, 6m$. Daraus berechnet sich das arithmetische Mittel als:

$$\bar{x}_W = \frac{4m + 5m + 6m}{3} = \frac{15m}{3} = 5m.$$

Die Varianz berechnet sich nach Formel (9.14) (Definition: Varianz Stichprobe, Version 1) als

$$s_W^2 = \frac{1}{n-1}\sum_{i=1}^{n}(x_i - \bar{x}_W)^2 =$$
$$= \frac{1}{3-1}\left((4m - 5m)^2 + (5m - 5m)^2 + (6m - 5m)^2\right) =$$
$$= \frac{1}{2}\left((-1m)^2 + (0m)^2 + (1m)^2\right) =$$
$$= \frac{1}{2}\left(1m^2 + 0m^2 + 1m^2\right) = \frac{2m^2}{2} = 1m^2$$

Die Standardabweichung des Weitspringers entspricht der Wurzel aus der Varianz. Also: $s_W = +\sqrt{1m^2} = 1m$.

Das Ergebnis ist, daß der Weitspringer eine deutliche niedrigere Standardabweichung (Streuung) beim Training hat als der Speerwerfer. Dieses Ergebnis ist in absoluten Zahlen richtig.

9.4.6 VARIATIONSKOEFFIZIENT

Es könnte jedoch argumentiert werden, daß die Streuung des Speerwerfers absolut auch höher sein muss, da seine Weiten größer sind als die des Weitspringers. Um diesem Aspekt Rechnung zu tragen, wird der **Variationskoeffizient** eingeführt. Dieser setzt die Standardabweichung ins Verhältnis zum Mittelwert und es ergibt sich eine (dimensionslose) Größe, die die relative Streuung darstellt.

$$\nu = \frac{s}{\bar{x}} \qquad \text{bzw.} \qquad \nu_{GG} = \frac{\sigma}{\mu} \qquad (9.18)$$

Der Variationskoeffizient kann genutzt werden, um Verteilungen mit unterschiedlichem Mittelwert zu vergleichen.

Im obigen Falle ergibt sich der Variationskoeffizient für die beiden Sportler als

- Speerwerfer: $\nu_S = \frac{s_S}{\bar{x}_S} = \frac{5m}{55m} = \frac{1}{11}$
- Weitspringer: $\nu_W = \frac{s_W}{\bar{x}_W} = \frac{1m}{5m} = \frac{1}{5}$

Bei relativer Betrachtung der Streuung mithilfe des Variationskoeffizienten ergibt sich, daß der Variationskoeffizient des Speerwerfers deutlich niedriger als der des Weitspringers ist.

9.4.6.1 Streuung der DAX Schlusskurse

Wie schon oben werden als Beispiel die monatlichen, stetigen Renditen des jeweils ersten Handelstages des Monats herangezogen. Bei Berechnung von arithmetischem Mittel und Standardabweichung ergeben sich:

$$\bar{x}_{DAX} = 0,7047\% \qquad \text{bzw.} \qquad s_{DAX} = 6,0634\%.$$

Daraus errechnet sich ein Variationskoeffizient von

$$\nu_{DAX} = \frac{s_{DAX}}{\bar{x}_{DAX}} = \frac{6,0634\%}{0,7047\%} = 8,6037.$$

D.h. bei Betrachtung monatlicher, stetiger Renditen ist die Streuung mehr als acht Mal so groß wie die Durchschnittsrendite .

9.4. STREUUNG VON DATEN UND MOMENTE

9.4.7 Höhere Momente: Schiefe

Bei vielen Verteilungen reicht es nicht aus, ausschließlich den Mittelwert und die Standardabweichung zu betrachten. In Abbildung 9.14 (Seite 308) ist das Häufigkeitsdiagramm der monatlichen, stetigen Renditen der DAX Schlusskurse abgebildet. Dabei wurden die Daten klassiert in 100 Klassen der Breite 0, 49%. Auf der y-Achse ist die prozentuale Häufigkeit der Renditen in der jeweiligen Klasse zu sehen. Zusätzlich zu den aufgetretenen Renditen (Säulen) wurde die

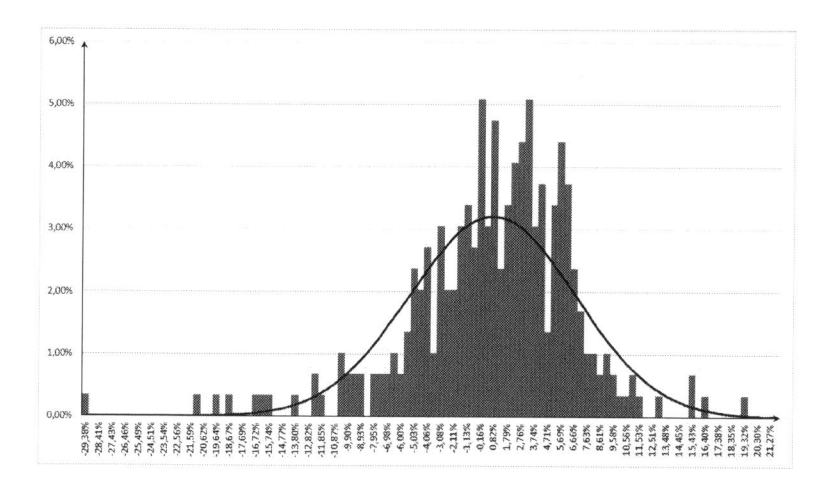

Abbildung 9.14: Häufigkeitsverteilung, DAX Renditen und Normalverteilung mit gleichem Mittelwert und gleicher Standardabweichung

Normalverteilung (Linie) eingezeichnet. Die gewählte Normalverteilung hat den gleichen Mittelwert und die gleiche Standardabweichung wie die Säulen. Die Normalverteilung selbst wird später noch detailliert betrachtet (siehe Kapitel 11.6.4, Seite 471). Obwohl Mittelwert und Standardabweichung der beiden Verteilungen identisch sind, gibt es offensichtlich große Unterschiede zwischen den Häufigkeitsverteilungen.

Diese werden teilweise durch das sogenannte dritte Moment (*Schiefe*) und das vierte Moment (*Wölbung, Kurtosis*) beschrieben. Der Mittelwert wird in diesem Zusammenhang auch als das erste Moment und die Standardabweichung als das zweite Moment bezeichnet.

9.4.7 HÖHERE MOMENTE: SCHIEFE

Die empirische Schiefe (das dritte zentrale Moment) ist definiert als

$$\nu = \frac{1}{n}\sum_{i=1}^{n}\left(\frac{x_i - \bar{x}}{s}\right)^3 = \frac{1}{n}\frac{1}{s^3}\sum_{i=1}^{n}(x_i - \bar{x})^3 \qquad (9.19)$$

Diese Schiefe ist nicht erwartungstreu (siehe Kapitel 11.8.3). Ein erwartungstreuer Schätzer für die Schiefe lautet

$$\nu = \frac{n}{(n-1)(n-2)}\sum_{i=1}^{n}\left(\frac{x_i - \bar{x}}{s}\right)^3 \qquad (9.20)$$

Falls sich bei der Berechnung der Schiefe ein negativer Wert ergibt, so wird die Verteilung **linksschief** (oder auch rechtssteil) genannt.

Falls sich bei der Berechnung der Schiefe ein positiver Wert ergibt, so wird die Verteilung **rechtsschief** (oder auch linkssteil) genannt.

Symmetrische Verteilungen (z.B. die oben eingezeichnete Kurve der Normalverteilung) besitzen eine Schiefe von Null.

Die Schiefe der Verteilung der DAX Renditen liegt bei $-0,896$, also ist sie linksschief. Die Bedeutung der Schiefe für Anlageentscheidungen wird im folgenden Kapitel erläutert.

9.4.7.1 Anwendung Schiefe: Asset Management

Falls ein Anleger eine Investitionsentscheidung zwischen zwei verschiedenen Anlageobjekten treffen muss, so wird häufig die Kursentwicklung der letzten Wochen, Monate oder Jahre als Grundlage genommen. Dem liegt die Annahme zugrunde, daß sich die Renditen des Anlageobjektes in Zukunft ähnlich verhalten werden, wie dies in der Vergangenheit geschah. Falls beide Anlageobjekte die gleiche mittlere Rendite und die gleiche Volatilität (Standardabweichung) haben, so wird im Allgemeinen das Anlageobjekt mit der größeren Schiefe gewählt, da bei linkssteilen Verteilungen die niedrigen Renditen seltener auftreten als die hohen Renditen.

Dies ist an der folgenden Graphik (Abbildung 9.15) gut sichtbar. Dabei sind die relativen Renditehäufigkeiten von zwei Anlagemöglichkeiten dargestellt. Auf der x-Achse sind die in der Vergangenheit erreichten stetigen Renditen, auf der

9.4. STREUUNG VON DATEN UND MOMENTE

y-Achse sind die prozentualen Häufigkeiten (wie oft wurde die jeweilige Rendite erreicht) aufgetragen. Beide Anlageobjekte haben eine mittlere Rendite/Durchschnittsrendite von $13,72\%$ und eine Standardabweichung von $7,31\%$. Durch die unterschiedliche Schiefe würde sich der Anleger jedoch für Anlage 1 (dunkle Balken) entscheiden, da bisher keine Renditen unter 4% aufgetreten sind. Im Bereich der hohen Renditen treten bei Anlage 1 häufig höhere Werte auf als bei Anlage 2 (helle Balken).

Beim Vergleich der Schiefen ergibt sich für Anlage 1 eine Schiefe von $0,6446$ und für Anlage 2 eine Schiefe von 0 (da die Verteilung symmetrisch ist).

Bei gleichen Werten für Mittelwert und Standardabweichung sollte ein Anleger sich immer für die Renditeverteilung mit der höheren Schiefe entscheiden.

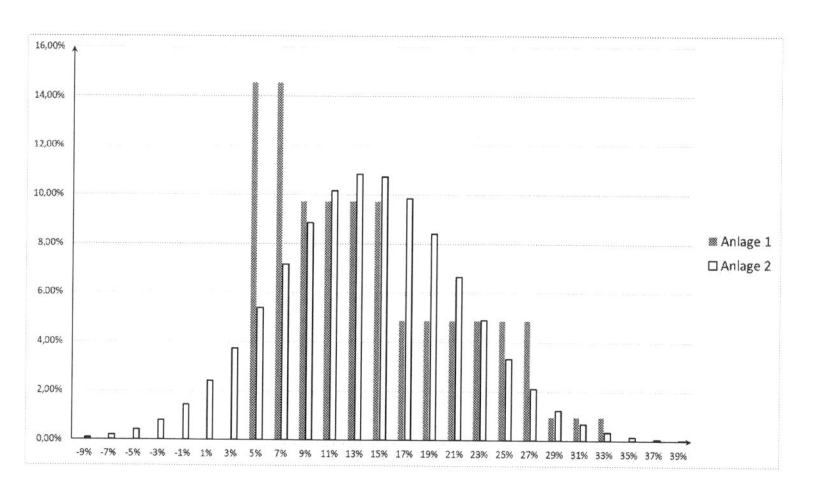

Abbildung 9.15: Unterschiedliche Schiefe bei gleichem Mittelwert und Standardabweichung

9.4.8 Höhere Momente: Kurtosis und Exzess

Das vierte zentrale Moment wird **Kurtosis** oder Wölbung genannt. Analog zur Standardabweichung (quadratische Abweichungen vom Mittelwert) und der Schiefe (Abweichung vom Mittelwert in der dritten Potenz), wird bei der Kurtosis die vierte Potenz der Abweichungen vom Mittelwert genutzt. Die Kurtosis

9.4.8 HÖHERE MOMENTE: KURTOSIS UND EXZESS

wird mit dem griechischen Buchstaben Beta bezeichnet.

$$\beta = \frac{1}{n} \sum_{i=1}^{n} \left(\frac{x_i - \bar{x}}{s} \right)^4 \qquad (9.21)$$

Da vierte Potenzen von reellen Zahlen immer nichtnegativ sind, ist auch die Kurtosis eine Zahl, die größer oder gleich Null ist. Die Kurtosis der Normalverteilung beträgt Drei. Deshalb wird zusätzlich zur Kurtosis noch der **Exzess** (manchmal auch "Überkurtosis" genannt) definiert, der die Differenz zur Kurtosis der Normalverteilung darstellt. Der Exzess wird mit dem griechischen Buchstaben Gamma (Kleinbuchstabe) bezeichnet:

$$\gamma = \beta - 3 \qquad (9.22)$$

9.4.8.1 Anwendung Kurtosis: Asset Management

Analog zu Kapitel 9.4.7.1 wird wieder eine Anlageentscheidung angenommen. Diesmal sind die ersten drei Momente (Mittelwert (=mittlere Rendite), Standardabweichung (=Volatilität) und Schiefe) identisch. In diesem Falle sollte die Verteilung mit der niedrigeren Kurtosis gewählt werden.

Dazu zwei Beispiele:

1. Im ersten Fall lautet die mittlere stetige Rendite/ Durchschnittsrendite für beide Anlagen 16%. Die Volatilität beträgt 6,06% und die Schiefe ist in beiden Fällen Null, da beide Renditeverteilungen symmetrisch sind: siehe Abbildung 9.16.

   Die Kurtosis von Anlage 1 (dunkle Balken) beträgt 1,4384 (der Exzess damit −1,5616), die Kurtosis von Anlage 2 (helle Balken) beträgt Drei (der Exzess ist damit Null). In diesem Fall würde die Wahl auf Anlage 1 (niedrigere Kurtosis) fallen, da die Häufigkeit von negativen Renditen bzw. Renditen unterhalb von 7% gleich Null war.

2. Im zweiten Beispiel beträgt die mittlere stetige Rendite/ Durchschnittsrendite für beide Anlagen 14%. Die Volatilität beträgt 6,83% und die

9.4. STREUUNG VON DATEN UND MOMENTE

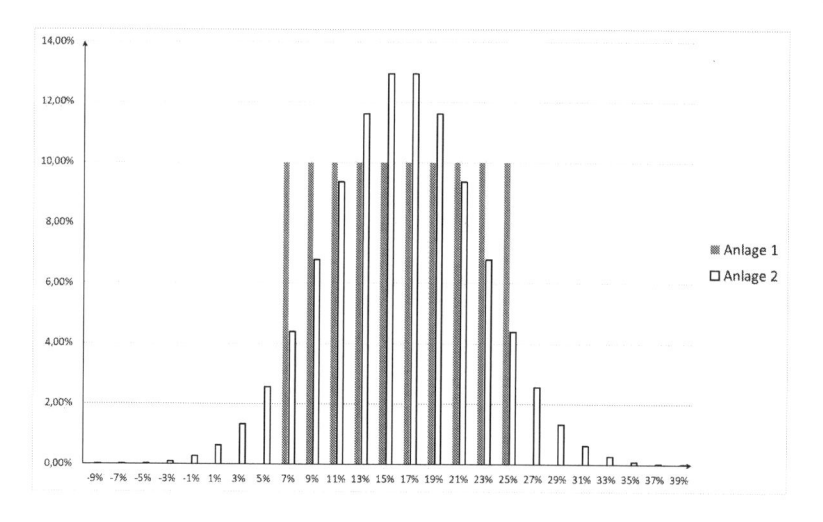

Abbildung 9.16: Unterschiedliche Kurtosis, Beispiel 1

Schiefe ist wieder in beiden Fällen Null, da beide Renditeverteilungen symmetrisch sind. Dies wird in Abbildung 9.17 dargestellt.

Die Kurtosis von Anlage 1 (dunkle Balken) beträgt 5,1402 (der Exzess damit 2,1402), die Kurtosis von Anlage 2 (helle Balken) beträgt Drei (Exzess ist damit Null).

In diesem Fall würde die Wahl auf Anlage 2 fallen (niedrigere Kurtosis), da die Häufigkeit hoher, negativer Renditen für Anlage 2 deutlich niedriger ist als bei Anlage 1.

Das Verhalten in Abbildung 9.17, daß die Renditen für besonders hohe und niedrige Werte noch hohe Häufigkeiten haben, wird als "Fat Tails" bezeichnet.

Zusammenfassend ergeben sich folgende Anlegerpräferenzen, falls die anderen Momente gleich sind. In der Praxis muss entschieden werden, welches Moment die höchste Wichtigkeit für den Anlegenden hat, da sich zwischen verschiedenen Anlageobjekten im Allgemeinen alle Momente unterscheiden.

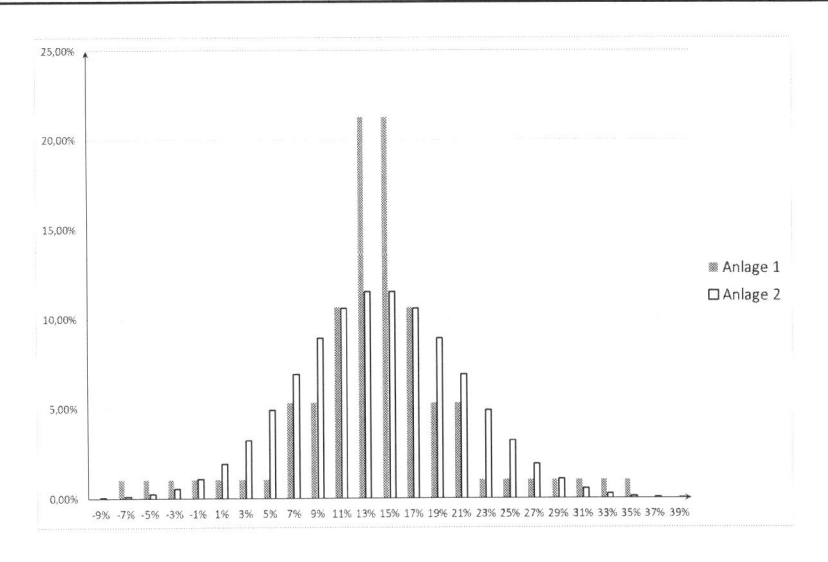

Abbildung 9.17: Unterschiedliche Kurtosis, Beispiel 2

	Anleger bevorzugt folgenden Wert:
1. Moment: Mittelwert/ Durchschnittsrendite	hoch
2. Moment: Standardabweichung/ Volatilität	niedrig
3. Moment: Schiefe	hoch
4. Moment: Kurtosis/ Wölbung/ Exzess	niedrig

9.5 Indexzahlen

9.5.1 Einführung

Mithilfe von **Indexzahlen** wird die zeitliche Entwicklung verschiedener Merkmale durch eine Zahl wiedergegeben. Die prominentesten Beispiele für Indexzahlen sind die Inflationsrate und Aktienindices wie der DAX. Indexzahlen wer-

9.5. INDEXZAHLEN

den am folgenden Beispiel erläutert:

Ein Anleger, der nur drei Arten von Aktien gekauft hat, will die Preisentwicklung seiner Depotbestandteile nachvollziehen.

Angenommen, es wurden folgende Aktien gekauft:

- Neverpay Insurance (NI),
- Just Junkfood (JJF) und
- Hourglass Software (HS).

Es werden die Kurse zu einem Zeitpunkt in der Vergangenheit (meistens als **Basiszeit** bezeichnet) benötigt, sowie die heutigen (bzw. aktuellen) Kurse (**Berichtszeit**). Häufig wird die Basiszeit mit $t = 0$ und die Berichtszeit mit $t = 1$ gekennzeichnet.

Preise werden im Allgemeinen mit p und Mengen mit q (oder auch x) bezeichnet (siehe auch Kapitel 5.20). Um die Zeitabhängigkeit einerseits und die verschiedenen Produkte bzw. Indexbestandteile andererseits kennzeichnen zu können, werden zwei Indices an p bzw. q gehängt:

- p_{tj}: Preis des j-ten Produkts zum Zeitpunkt t, wobei $t = 0$ (Basiszeit) oder $t = 1$ (Berichtszeit)

- q_{tj}: Menge des j-ten Produkts zum Zeitpunkt t, wobei $t = 0$ (Basiszeit) oder $t = 1$ (Berichtszeit)

9.5.2 Laspeyres Index

Die Herleitung des **Laspeyres**[4] **Preisindexes** wird anhand eines Beispiels illustriert: der oben erwähnte Investor hat folgende Preise (pro Stück/ Aktie) erhoben:

	Kurs/ Preis zur Basiszeit $t = 0$	Kurs/ Preis zur Berichtszeit $t = 1$
NI	2 €	3 €
JJF	10 €	12 €
HS	200 €	180 €

[4]Etienne Laspeyres, 1834 - 1913

9.5.2 LASPEYRES INDEX

Um die Preisentwicklung berechnen zu können, werden sogenannte **Preismessziffern** definiert. Diese entsprechen den in Kapitel 9.3.6 genutzten Wachstumsfaktoren.

- $p_{NI} = \frac{p_{11}}{p_{01}} = \frac{3\,€}{2\,€} = 1,5$ (der Preis von NI ist um 50% gestiegen)
- $p_{JJF} = \frac{p_{12}}{p_{02}} = \frac{12\,€}{10\,€} = 1,2$ (der Preis von JJF ist um 20% gestiegen)
- $p_{HS} = \frac{p_{13}}{p_{03}} = \frac{180\,€}{200\,€} = 0,9$ (der Preis von HS ist um 10% gefallen)

Ein Preisindex soll die Preisentwicklung bzw. Kursentwicklung aller Produkte, Aktien, Anlageobjekte, ... gleichzeitig darstellen. Der einfachste Ansatz wäre es, ein arithmetisches Mittel der einzelnen Preismessziffern zu bilden:

$$\text{Index} = \frac{p_{NI} + p_{JJF} + p_{HS}}{3} = \frac{1,5 + 1,2 + 0,9}{3} = \frac{3,6}{3} = 1,2.$$

Danach wäre die durchschnittliche Kursentwicklung aller Aktien im Depot 20% (1,2 minus Eins) gewesen. Dieser Ansatz einer Indexbildung ließe jedoch die genutzten Mengen außer Acht.

Die jeweiligen Mengen der Aktien sind in der folgenden Tabelle aufgelistet:

	Menge/ Anzahl Aktien zur Basiszeit $t = 0$	Menge/ Anzahl Aktien zur Berichtszeit $t = 1$
NI	10	5
JJF	20	25
HS	3	2

Die Mengen werden mit q_{tj} bezeichnet.

Würde der heutige Wert des Portfolios ins Verhältnis zum Wert zur Basiszeit $t = 0$ gesetzt, so wäre das Ergebnis ein **Wertindex**, der sowohl Preis- als auch Mengenveränderungen beinhaltet ($n = 3$):

$$\text{Wertindex} = \frac{\sum_{i=1}^{n} p_{1i} q_{1i}}{\sum_{i=1}^{n} p_{0i} q_{0i}} = \frac{3 \cdot 5 + 12 \cdot 25 + 180 \cdot 2}{2 \cdot 10 + 10 \cdot 20 + 200 \cdot 3} = 0,8232 \qquad (9.23)$$

9.5. INDEXZAHLEN

Der Wert des Depots ist also um $17,68\%$ ($= 1 - 0,8232$) gefallen bzw. der Wert zur Berichtszeit entspricht nur noch $82,32\%$ des Werts zur Basiszeit. Der Grund liegt sowohl in Preisänderungen als auch in Mengenänderungen.

Um nur die Preisänderungen in einem Index darstellen zu können, muss das Mengengerüst konstant gehalten werden, da sonst die beiden Effekte (Mengen- bzw. Preiseffekt) vermischt werden.

Benutzt wird Formel (9.5) (Gewogenes arithmetisches Mittel) von Seite 277: als Gewichte für die einzelnen Preismessziffern werden die Gesamtkosten/-werte zur Basiszeit $t = 0$ genutzt. Z.B. wird p_{NI} mit $p_{01}q_{01}$ gewichtet (Preis zur Zeit $t = 0$ mal Menge zur Zeit $t = 0$)

$$L_P = \frac{p_{NI}p_{01}q_{01} + p_{JJF}p_{02}q_{02} + p_{HS}p_{03}q_{03}}{p_{01}q_{01} + p_{02}q_{02} + p_{03}q_{03}}.$$

Nun werden die Preismessziffern (wie oben definiert) eingesetzt:

$$L_P = \frac{p_{NI}p_{01}q_{01} + p_{JJF}p_{02}q_{02} + p_{HS}p_{03}q_{03}}{p_{01}q_{01} + p_{02}q_{02} + p_{03}q_{03}} =$$
$$= \frac{\frac{p_{11}}{p_{01}}p_{01}q_{01} + \frac{p_{12}}{p_{02}}p_{02}q_{02} + \frac{p_{13}}{p_{03}}p_{03}q_{03}}{p_{01}q_{01} + p_{02}q_{02} + p_{03}q_{03}}.$$

Im Zähler kann jeweils der Preis zum Zeitpunkt $t = 0$ gekürzt werden und es ergibt sich der **Laspeyres-Preisindex**:

$$L_P = \frac{\frac{p_{11}}{p_{01}}p_{01}q_{01} + \frac{p_{12}}{p_{02}}p_{02}q_{02} + \frac{p_{13}}{p_{03}}p_{03}q_{03}}{p_{01}q_{01} + p_{02}q_{02} + p_{03}q_{03}} =$$
$$= \frac{p_{11}q_{01} + p_{12}q_{02} + p_{13}q_{03}}{p_{01}q_{01} + p_{02}q_{02} + p_{03}q_{03}} = \frac{3 \cdot 10 + 12 \cdot 20 + 180 \cdot 3}{2 \cdot 10 + 10 \cdot 20 + 200 \cdot 3} = 0,9878.$$

Das bedeutet, die Preise sind um $0,9878 - 1 = -1,122\%$ zurückgegangen unter Beibehaltung des Mengengerüsts zum Zeitpunkt $t = 0$.

Die obige Herleitung für den Laspeyres-Preisindex lässt sich auch für mehr

9.5.3 PAASCHE INDEX

als drei Güter/ Produkte/ Aktien verallgemeinern:

$$L_P = \frac{\sum_{i=1}^{n} p_{1i}q_{0i}}{\sum_{i=1}^{n} p_{0i}q_{0i}} \qquad (9.24)$$

9.5.3 Paasche Index

Die obige Herleitung eines Preisindices lässt sich analog für ein gewogenes arithmetisches Mittel durchführen bei dem als Gewichte sogenannte "fiktive Gesamtkosten" zur Zeit $t = 1$ genutzt werden. Diese berechnen sich aus den jeweiligen Preisen zum Zeitpunkt $t = 0$ mal den Mengen zum Zeitpunkt $t = 1$:

$$P_P = \frac{p_{NI}p_{01}q_{11} + p_{JJF}p_{02}q_{12} + p_{HS}p_{03}q_{13}}{p_{01}q_{11} + p_{02}q_{12} + p_{03}q_{13}}.$$

Nun werden die Preismessziffern (wie oben definiert) eingesetzt:

$$P_P = \frac{p_{NI}p_{01}q_{11} + p_{JJF}p_{02}q_{12} + p_{HS}p_{03}q_{13}}{p_{01}q_{11} + p_{02}q_{12} + p_{03}q_{13}} =$$
$$= \frac{\frac{p_{11}}{p_{01}}p_{01}q_{11} + \frac{p_{12}}{p_{02}}p_{02}q_{12} + \frac{p_{13}}{p_{03}}p_{03}q_{13}}{p_{01}q_{11} + p_{02}q_{12} + p_{03}q_{13}}.$$

Im Zähler kann jeweils der Preis zur Zeit $t = 0$ gekürzt werden und es ergibt sich der **Paasche**[5]**-Preisindex**:

$$P_P = \frac{p_{NI}p_{01}q_{11} + p_{JJF}p_{02}q_{12} + p_{HS}p_{03}q_{13}}{p_{01}q_{11} + p_{02}q_{12} + p_{03}q_{13}} =$$
$$= \frac{p_{11}q_{11} + p_{12}q_{12} + p_{13}q_{13}}{p_{01}q_{11} + p_{02}q_{12} + p_{03}q_{13}} = \frac{3 \cdot 5 + 12 \cdot 25 + 180 \cdot 2}{2 \cdot 5 + 10 \cdot 25 + 200 \cdot 2} = 1,0227.$$

Das bedeutet, die Preise sind um $2,27\%$ gestiegen sind unter Beibehaltung des Mengengerüsts zum Zeitpunkt $t = 1$.

Die obige Herleitung für den Paasche-Preisindex lässt sich auch für mehr

---

[5] Hermann Paasche, 1851 - 1925

9.5. INDEXZAHLEN

als drei Güter/ Produkte/ Aktien verallgemeinern:

$$P_P = \frac{\sum_{i=1}^{n} p_{1i} q_{1i}}{\sum_{i=1}^{n} p_{0i} q_{1i}} \qquad (9.25)$$

9.5.4 Vergleich

Beide Preisindices setzen heutige Preise ($t = 1$) zu Preisen zur Basiszeit ($t = 0$) ins Verhältnis. In beiden Fällen wird ein Mengengerüst konstant gehalten, um den Mengeneffekt zu eliminieren.

Der Laspeyres-Preisindex benutzt dazu das Mengengerüst zum Zeitpunkt $t = 0$ und berechnet den Wert mit heutigen Kursen bzw. Preisen, wenn die Mengen noch die gleichen wie zur Zeit $t = 0$ wären ("heutige Preise mal damalige Mengen") und setzt diesen Wert ins Verhältnis zum Wert zur Zeit $t = 0$ ("damalige Preise mal damalige Mengen").

Der Paasche-Preisindex benutzt das Mengengerüst zum Zeitpunkt $t = 1$ und berechnet den Wert mit heutigen Kursen ("heutige Preise mal heutige Mengen") und setzt diesen Wert ins Verhältnis zum Wert zur Zeit $t = 0$ ("damalige Preise mal heutige Mengen"), wenn die heutigen Mengen schon zur Zeit $t = 0$ genutzt worden wären.

Die meisten Preisindices (Inflationsrate) basieren auf dem Ansatz eines Laspeyres-Preisindices bzw. verfolgen die Idee des Laspeyres-Indices (DAX). Der Hauptgrund liegt darin, daß beim Laspeyres-Preisindex das Mengengerüst über einen längeren Zeitraum konstant gehalten wird. Beim Paasche-Preisindex wird zu jeder Berechnung das aktuelle Mengengerüst benötigt. Dies würde bei der Inflationsrate z.B. bedeuten, daß jeden Monat der Warenkorb des durchschnittlichen Einwohners durch eine Umfrage in Erfahrung gebracht werden müßte.

9.5.5 Umbasierung/ Niveauanpassung

Wie oben beschrieben, basieren viele Indices auf der Definition von Laspeyres. Auch in diesem Falle muss der Warenkorb von Zeit zu Zeit aktualisiert werden. Damit die vor und nach der Aktualisierung berechneten Werte vergleichbar sind, muss eine Umbasierung bzw. Niveauanpassung stattfinden.

Das Vorgehen ist für den Laspeyres- und Paasche-Index identisch. Deshalb wird der Index, der angepasst werden soll, mit I_t abgekürzt. Der Index t beschreibt dabei den Zeitpunkt, zu dem der Index berechnet wurde. Beim DAX kann dies z.B. täglich sein, bei der Inflationsrate monatlich etc.

Angenommen, es wird ein Index auf Monatsniveau erhoben. Die Beispielwerte lauten:

Zeitpunkt	0	1	2	3	4	5
Indexwert	170,0000	171,7000	175,1340	173,3827	178,5841	182,1558

Tabelle 9.3: Niveauanpassung, Indexreihe 1

Nach der Erfassung des Indexwertes im fünften Monat, wird der Warenkorb (Mengengerüst) geändert und in den folgenden Monaten ergeben sich folgende Indexwerte:

Zeitpunkt	5	6	7	8	9	10
Indexwert	205,0000	202,9500	203,9648	206,0044	210,1245	212,2257

Tabelle 9.4: Niveauanpassung, Indexreihe 2

Scheinbar sind neue Produkte in den Warenkorb gelangt, die deutlich teurer sind als die Produkte des ersten Warenkorbs.

9.5. INDEXZAHLEN

Wie in der Abbildung 9.18 zu sehen, ist der Sprung zwischen den beiden Indexreihen deutlich.

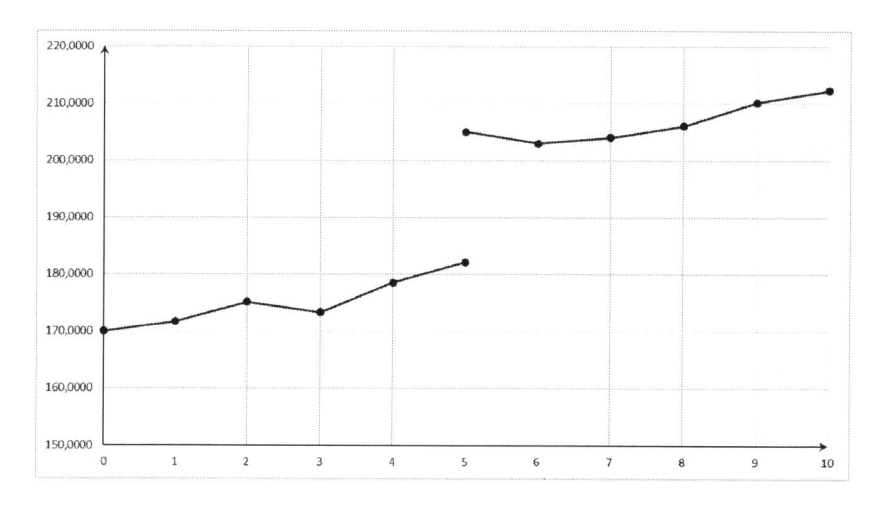

Abbildung 9.18: Niveauanpassung, Indexreihe 1 und Indexreihe 2

Bei einer Indexreihe wird im Allgemeinen die prozentuale Änderung von einem Zeitpunkt zum nächsten betrachtet. Bei der Niveauanpassung sollen die prozentualen Zu- und Abnahmen erhalten bleiben.

Wird die erste Indexreihe mit I_t^1 bezeichnet und die zweite mit I_t^2, so ergibt sich folgende Formel zur Niveauanpassung, falls die zweite an die erste Indexreihe im Monat Fünf angehängt werden soll:

$$I_t^{1,*} = \frac{I_t^2}{I_{t=5}^2} I_{t=5}^1 \qquad (9.26)$$

Das ergibt bei obigen Indexreihen (die erste Indexreihe bleibt erhalten):

9.5.5 UMBASIERUNG/ NIVEAUANPASSUNG

Zeitpunkt	0	1	2	3	4	5	6	7	8	9	10
Indexwert	170,0000	171,7000	175,1340	173,3827	178,5841	182,1558	180,3343	181,2359	183,0483	186,7093	188,5764

Tabelle 9.5: Indexreihe nach Niveauanpassung

Z.B. der Wert im siebten Monat der neuen Gesamtindexreihe ergibt sich als:
$$I_{t=7}^{1,*} = \frac{I_{t=7}^2}{I_{t=5}^2} I_{t=5}^1 = \frac{203,9648}{205,0000} 182,1558 = 181,2359.$$

Graphisch stellt sich die neue Indexreihe folgendermaßen dar: siehe Abbildung 9.19.

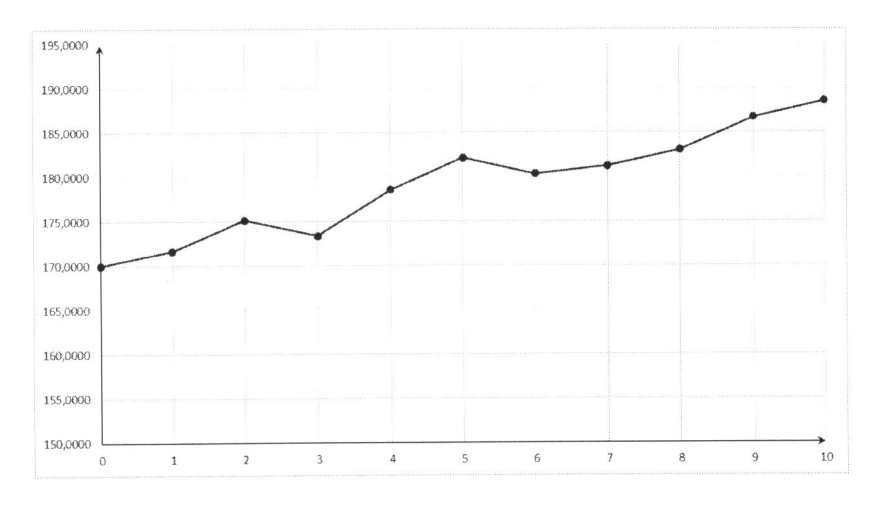

Abbildung 9.19: Indexreihe nach Niveauanpassung

In der folgenden Tabelle 9.6 sind noch zusätzlich die jeweiligen prozentualen Änderungen aufgeführt. Wird die zweite Indexreihe (Originaldaten) mit den jeweiligen prozentualen Änderungen betrachtet, so ergeben sich (wie gewünscht)

9.5. INDEXZAHLEN

Zeitpunkt	0	1	2	3	4	5	6	7	8	9	10
Indexwert	170,0000	171,7000	175,1340	173,3827	178,5841	182,1558	180,3343	181,2359	183,0483	186,7093	188,5764
Proz. Änd.		1,00%	2,00%	−1,00%	3,00%	2,00%	−1,00%	0,50%	1,00%	2,00%	1,00%

Tabelle 9.6: Indexreihe nach Niveauanpassung mit prozentualen Änderungen

die gleichen Zuwächse bzw. Abnahmen für die Monate sechs bis zehn.

Natürlich ist es analog möglich die zweite Reihe konstant zu erhalten und für die erste Indexreihe eine Niveauanpassung vorzunehmen. Die entsprechende Formel wäre:

$$I_t^{2,*} = \frac{I_t^1}{t_{t=5}^1} I_{t=5}^2.$$

Dann ergibt sich folgende Tabelle:

9.5.5 UMBASIERUNG/ NIVEAUANPASSUNG

Zeitpunkt	0	1	2	3	4	5	6	7	8	9	10
Indexwert	191,32	193,233	197,098	195,127	200,98	205,0000	202,9500	203,9648	206,0044	210,1245	212,2257
Proz. Änd.		1,00%	2,00%	−1,00%	3,00%	2,00%	−1,00%	0,50%	1,00%	2,00%	1,00%

Tabelle 9.7: Niveauanpassung auf zweite Indexreihe

Beispielhaft wird hier noch der Wert im dritten Jahr berechnet:

$$I^{2,*}_{t=3} = \frac{I^1_{t=3}}{I^1_{t=5}} I^2_{t=5} = \frac{173,3827}{182,1558} 205 = 195,127.$$

Eine Umbasierung verläuft analog, jedoch wird bei einer Umbasierung nur das Basisjahr verändert. Dies ist nützlich, um eine Prozentänderung direkt ablesen zu können. Bei der Indexreihe in Tabelle 9.7 (Niveauanpassung auf zweite Indexreihe) ist z.B. nicht sofort ohne Rechnung erkennbar, um welchen Wert sich der Index vom neunten zum zehnten Monat geändert hat.

Bei der Umbasierung wird die gesamte Indexreihe durch einen Wert geteilt (und eventuell noch multipliziert, um einen festen Ausgangswert zu erreichen). In diesem Beispiel ist es sinnvoll durch 210,1245 zu dividieren, dann ergibt sich:

9.6. ANALYSE VON ZEITREIHEN

Zeitpunkt	0	1	2	3	4	5	6	7	8	9	10
Indexwert vor Umbas.	191,32	193,233	197,098	195,127	200,98	205,0000	202,9500	203,9648	206,0044	210,1245	212,2257
Indexwert nach Umbas.	0,9105	0,9196	0,9380	0,9286	0,9565	0,9756	0,9659	0,9707	0,9804	1,0000	1,0100

Tabelle 9.8: Indexreihe vor und nach Umbasierung

Nach der Umbasierung ist sofort zu erkennen, daß sich der Indexwert um ein Prozent zwischen dem neunten und zehnten Monat erhöht hat (von $1,0000$ auf $1,0100$). Um die Prozentzahl einfacher ablesen zu können, könnte die gesamte Indexreihe nach der Umbasierung noch mit 100 multipliziert werden.

9.6 Analyse von Zeitreihen

9.6.1 Einführung

Zeitreihen stellen ein Merkmal im Zeitverlauf dar. Dabei kann es sich um die Inflationsrate, einen Aktienindex oder beispielsweise die Arbeitslosenquote pro Monat handeln. Zeitreihen werden im Allgemeinen in verschiedene Einflussfaktoren zerlegt. Die bekanntesten Anteile lauten:

9.6.1 EINFÜHRUNG

- **Trendkomponente** (z.B. linearer oder exponentieller Verlauf): diese Komponente stellt den langfristigen Trend dar. Die Arbeitslosenquote kann diesem Verlauf über ein oder zwei Dekaden folgen. Im Falle einer linearen Trendkomponente kann diese mit Hilfe der linearen Regression (siehe Kapitel 9.7.3, Seite 341) berechnet werden.

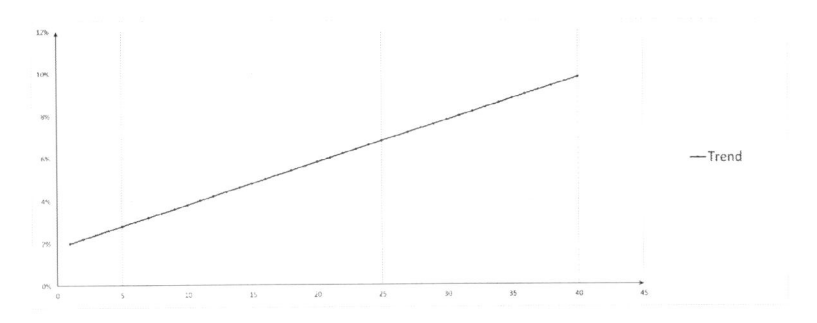

Abbildung 9.20: Zeitreihenanalyse, Trendkomponente

- **Konjunkturkomponente** (häufig sinusförmig modelliert), diese Komponente stellt die Abfolge von Erholung, Boom, Rezession und Depression dar.

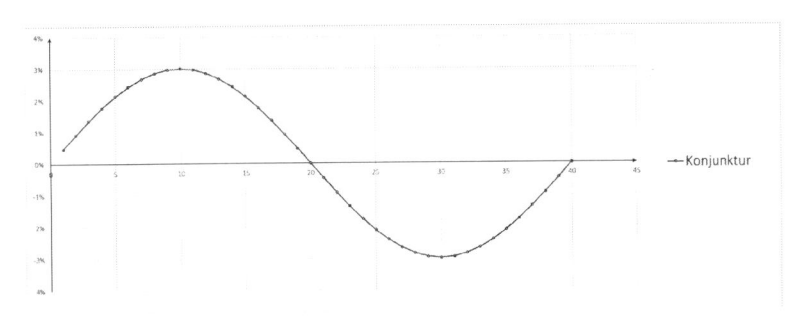

Abbildung 9.21: Zeitreihenanalyse, Konjunkturkomponente

- **Saisonkomponente**, diese Komponente stellt die sich jährlich wiederholenden Effekte dar (Wetter, Feiertage, Betriebsferien, etc.). Die Arbeitslosenquote steigt z.B. zum Winter an und fällt im Frühjahr wieder ab. Die Saisonkomponente wird im Allgemeinen so modelliert, daß sie sich

9.6. ANALYSE VON ZEITREIHEN

über ein Jahr hinweg ausgleicht (die Summe der einzelnen Werte über den Zeitraum eines Jahres ist gleich Null).

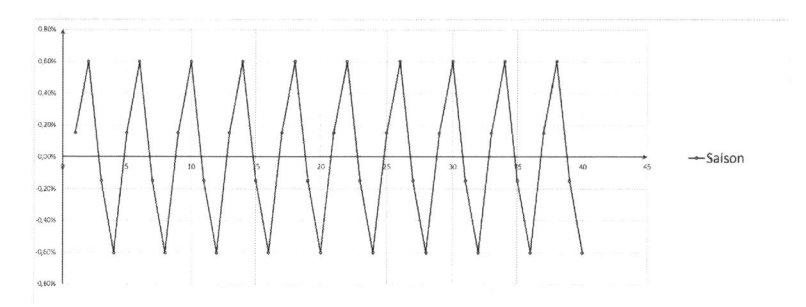

Abbildung 9.22: Zeitreihenanalyse, Saisonkomponente

- **Irreguläre Komponente**, dieser Teil wird auch als "Rauschen" bezeichnet und stellt Effekte dar, die unregelmässig auftreten (spezielle Wetterphänome, wandernde Feiertage, etc.).

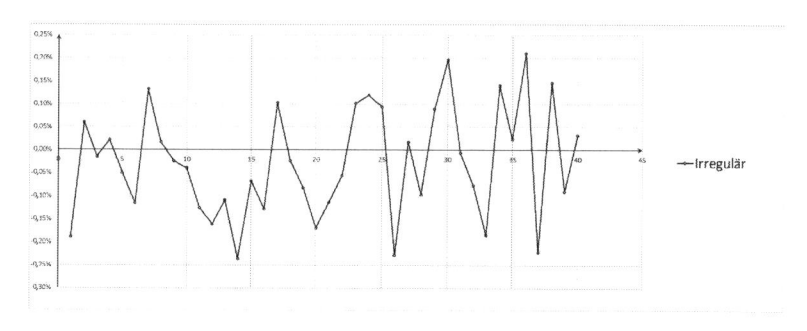

Abbildung 9.23: Zeitreihenanalyse, Irreguläre Komponente

Häufig werden die verschiedenen Komponenten durch Addition zusammengeführt. Falls das Niveau der Zahlenwerte rasch ansteigt, kann auch von einer Multiplikation der Einzelkomponenten ausgegangen werden. Der multiplikative Ansatz kann jedoch durch Logarithmusbildung auf die Addition zurückgeführt werden. Deshalb wird im Folgenden nur der additive Ansatz verfolgt.

Werden die verschiedenen oben beispielhaft definierten Komponenten über einen Konjunkturzyklus addiert, so ergibt sich:

9.6.2 ELIMINIERUNG DER SAISONKOMPONENTE

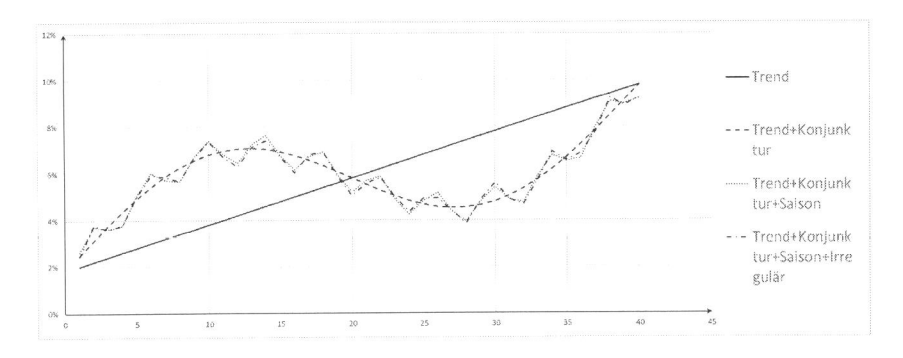

Abbildung 9.24: Zeitreihenanalyse, Addition der verschiedenen Komponenten

Dabei sind alle Funktionen stetig (bzw. stückweise linear), die verschiedenen Kennzeichnungen mit Punkten/ Strichen dienen nur der Unterscheidbarkeit.

9.6.2 Eliminierung der Saisonkomponente

Der **gleitende Durchschnitt** bezieht sich auf die Bildung eines arithmetischen Mittels (Durchschnitt) und außerdem wird der Zeitraum, über den das Mittel gebildet wird, auf der Zeitachse mitgezogen (z.B. immer vom Betrachtungszeitpunkt ein halbes Jahr nach vorn und ein halbes Jahr zurück). Dieser gleitende Durchschnitt, der jeweils über einen Jahreszeitraum gebildet wird, eliminiert die Saisonkomponente aus den erhobenen Daten, da sich die Saisonkomponente nach Definition jährlich wiederholt und sich im Laufe eines Jahres auf Null addiert (siehe oben).

Bei Quartalswerten (vier Werte pro Jahr) ergibt sich als gleitender Durchschnitt bei gemessenen Werten $y_1, y_2, y_3, \ldots, y_n$:

$$\tilde{y}_j = \frac{\frac{1}{2}y_{j-2} + y_{j-1} + y_j + y_{j+1} + \frac{1}{2}y_{j+2}}{4} \qquad (9.27)$$

Diese Formel ist symmetrisch zur Mitte (Quartal mit der Nummer j) aufgebaut: es werden die drei mittleren Quartale (das betrachtete (j) und jeweils ein Quartal nach links ($j-1$) bzw. rechts ($j+1$)) und das fehlende vierte Quartal einbezogen. Das vierte Quartal wird aus Symmetriegründen zur Hälfte aus dem linken ($j-2$) und zur Hälfte aus dem rechten Quartalswert ($j+2$) berechnet.

9.6. ANALYSE VON ZEITREIHEN

Der gleitende Durchschnitt für Dritteljahre (bzw. für eine ungerade Anzahl an Perioden innerhalb des Jahres) ist einfacher zu bilden, da es eine definierte Mitte gibt:

$$\tilde{y}_j = \frac{y_{j-1} + y_j + y_{j+1}}{3} \qquad (9.28)$$

In beiden Fällen gehen am Beginn und am Ende der Zeitreihe Werte "verloren".

9.6.3 Zeitreihenanalyse: Beispiel

Als Beispiel wird von einer Absatzreihe ausgegangen, die analysiert werden soll. Die Absätze können z.B. in 1.000 Stück angegeben werden. Es sind die folgenden Werte gegeben:

Quartal	1	2	3	4	5	6	7	8
Absatz	102	97	80	85	85	80	64	72

Quartal	9	10	11	12	13	14	15	16
Absatz	73	72	58	66	65	60	43	47

Die senkrechten Doppelstriche deuten den Beginn bzw. das Ende eines Jahres (nach vier Quartalen) an. Graphisch stellt sich der Absatz pro Quartal also folgendermaßen dar:

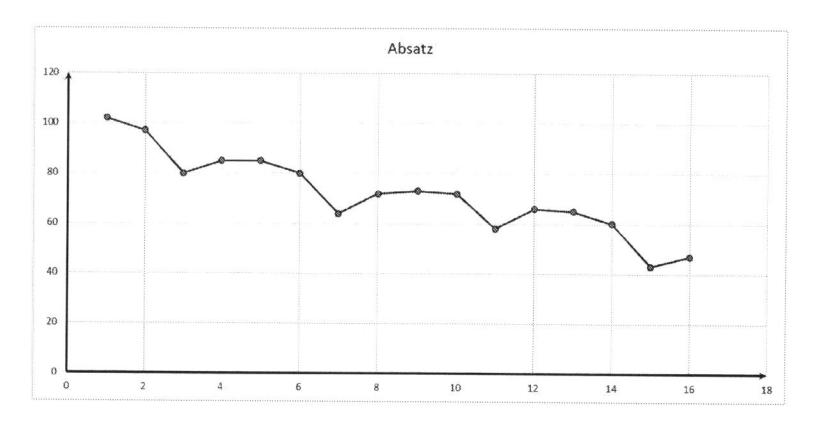

Abbildung 9.25: Absatzentwicklung, Graphik

Die Quartale wurden dabei mit Eins startend durchnummeriert: die "6" auf

9.6.3 ZEITREIHENANALYSE: BEISPIEL

der x-Achse bedeutet das sechste betrachtete Quartal, also das zweite Quartal des zweiten Jahres.

Für diese Absatzwerte wird nun Formel (9.27) (Gleitender Durchschnitt für Quartalswerte, GLD) benutzt. Dann ergibt sich:

Quartal	1	2	3	4	5	6	7	8
Absatz	102	97	80	85	85	80	64	72
GLD			88,75	84,625	80,5	76,875	73,75	71,25

Quartal	9	10	11	12	13	14	15	16
Absatz	73	72	58	66	65	60	43	47
GLD	69,5	68,0	66,25	63,75	60,375	56,125		

Z.B. ergibt sich im dritten Quartal des zweiten Jahres (Quartal 7):

$$\tilde{y}_7 = \frac{\frac{1}{2}y_{7-2} + y_{7-1} + y_7 + y_{7+1} + \frac{1}{2}y_{7+2}}{4} =$$
$$= \frac{\frac{1}{2}85 + 80 + 64 + 72 + \frac{1}{2}73}{4} = 73,75.$$

Diese Werte entsprechen den geglätteten Absatzzahlen, bei denen kein Saisoneinfluss mehr vorhanden ist (aufgrund der Saisoneliminierung durch die Bildung des gleitenden Durchschnitts). Am Anfang und am Ende der Zeitreihe ist es nicht möglich die gleitenden Durchschnitte zu berechnen, da zum Beispiel zur Berechnung im zweiten Quartal ($j = 2$) der Wert aus dem Quartal $j - 2 = 2 - 2 = 0$ genutzt werden müsste, den es nicht gibt. Die Saisonkomponente des jeweiligen Quartals ergibt sich also aus der Differenz der beobachteten (tatsächlich gemessenen) Absatzzahlen y_i und den berechneten geglätteten Durchschnitten (GLD) $\tilde{y}_i$.

In der folgenden Tabelle sind die Differenzen berechnet.

Quartal	1	2	3	4	5	6	7	8
Absatz	102	97	80	85	85	80	64	72
GLD			88,75	84,625	80,5	76,875	73,75	71,25
Absatz-GLD			-8,875	0,375	4,5	3,125	-9,75	0,75

9.6. ANALYSE VON ZEITREIHEN

Quartal	9	10	11	12	13	14	15	16
Absatz	73	72	58	66	65	60	43	47
GLD	69,5	68,0	66,25	63,75	60,375	56,125		
Absatz -GLD	3,5	4,0	-8,25	2,25	4,625	3,875		

Bei einer "perfekten Saisonkomponente" müssten die Werte im jeweiligen Quartal identisch sein: in jedem ersten, zweiten, dritten und vierten Quartal müsste der gleiche Wert stehen. Dies ist hier (wie auch meistens in der Realität) nicht der Fall.

Um dieses Verhalten einer Saisonkomponente zu erhalten, werden die Werte pro Quartal gemittelt (Formel (9.3)) (Arithmetisches Mittel einer Stichprobe) von Seite 274). Aus der obigen Tabelle werden die zwölf berechneten Saisonwerte nach Quartalen sortiert und dann jeweils der Mittelwert berechnet. Dabei wird in diesem Kapitel nur auf drei Nachkommastellen gerundet.

	Jahr 1	Jahr 2	Jahr 3	Jahr 4	Mittelwert
Q1		4,500	3,500	4,625	4,208
Q2		3,125	4,000	3,875	3,667
Q3	-8,875	-9,750	-8,25		-8,958
Q4	0,375	0,750	2,25		1,125

Die Summe der Mittelwerte (letzte Spalte) müsste bei einer Saisonkomponente Null ergeben. Dies ist in der Praxis im Allgemeinen nicht der Fall, im Beispiel ergibt sich als Summe $0,042$. Diese Summe wird auf die vier zu berechnenden Quartalswerte aufgeteilt, indem jeweils ein Viertel vom berechneten Mittelwert abgezogen wird. Dann ergibt sich als "idealisierte Saisonkomponente":

Quartal	1	2	3	4	5	6	7	8
Absatz	102	97	80	85	85	80	64	72
GLD			88,75	84,625	80,5	76,875	73,75	71,25
Absatz -GLD			-8,875	0,375	4,5	3,125	-9,75	0,75
Saison	4,198	3,656	-8,969	1,115	4,198	3,656	-8,969	1,115

330

9.6.3 ZEITREIHENANALYSE: BEISPIEL

Quartal	9	10	11	12	13	14	15	16
Absatz	73	72	58	66	65	60	43	47
GLD	69,5	68,0	66,25	63,75	60,375	56,125		
Absatz -GLD	3,5	4,0	-8,25	2,25	4,625	3,875		
Saison	4,198	3,656	-8,969	1,115	4,198	3,656	-8,969	1,115

Beispielhaft wird hier der Wert für das erste Quartal berechnet:

$$\frac{4,500 + 3,500 + 4,625}{3} - \frac{0,042}{4} = 4,208 - 0,011 = 4,198.$$

Als (idealisierte) Saisonkomponente ergibt sich graphisch:

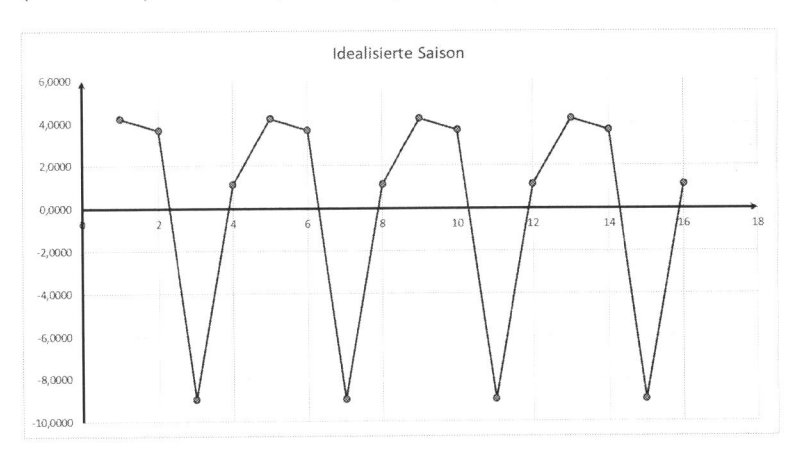

Abbildung 9.26: Absatzentwicklung, Zeitreihe, idealisierte Saisonkomponente

Also ergibt sich der saisonbereinigte Absatz als Differenz aus den Absatzzahlen und der Saisonkomponente:

Quartal	1	2	3	4	5	6	7	8
Absatz	102	97	80	85	85	80	64	72
GLD			88,75	84,625	80,5	76,875	73,75	71,25
Absatz -GLD			-8,875	0,375	4,5	3,125	-9,75	0,75
Saison	4,198	3,656	-8,969	1,115	4,198	3,656	-8,969	1,115
Absatz -Saison	97,802	93,344	88,969	83,885	80,802	76,344	72,969	70,885

9.6. ANALYSE VON ZEITREIHEN

Quartal	9	10	11	12	13	14	15	16
Absatz	73	72	58	66	65	60	43	47
GLD	69,5	68,0	66,25	63,75	60,375	56,125		
Absatz -GLD	3,5	4,0	-8,25	2,25	4,625	3,875		
Saison	4,198	3,656	-8,969	1,115	4,198	3,656	-8,969	1,115
Absatz -Saison	68,802	68,344	66,969	64,885	60,802	56,344	51,969	45,885

Diese Zahlen beinhalten nunmehr die Trendkomponente, die Konjunkturkomponente und die irreguläre Komponente (das Rauschen). Aufgrund des Verlaufs der Absatzzahlen wird hier von einem linearen Trend ausgegangen. Sowohl ein linearer als auch exponentieller bzw. hyperbolischer Verlauf können mittels der linearen Regression berechnet werden (siehe Kapitel 9.7).

Bei der linearen Regression wird durch die **Methode der kleinsten Quadrate** ein Achsenabschnitt und eine Steigung für die gegebenen Werte berechnet, so daß die dadurch definierte Gerade einen minimalen Abstand zu den gemessenen Punkten aufweist (für Details siehe Kapitel 9.7.3). Es errechnen sich in diesem Beispiel ein Achsenabschnitt von 97, 531 und eine Steigung von −3, 026. In der folgenden Tabelle sind die Trendkomponente und die Addition von Trendkomponente und Saisonkomponente aufgelistet:

Quartal	1	2	3	4	5	6	7	8
Absatz	102	97	80	85	85	80	64	72
GLD			88,75	84,625	80,5	76,875	73,75	71,25
Absatz -GLD			-8,875	0,375	4,5	3,125	-9,75	0,75
Saison	4,198	3,656	-8,969	1,115	4,198	3,656	-8,969	1,115
Trend	94,506	91,480	88,454	85,428	82,403	79,377	76,351	73,325
Trend+ Saison	98,703	95,136	79,485	86,543	86,6	83,033	67,382	74,44

9.6.3 ZEITREIHENANALYSE: BEISPIEL

Quartal	9	10	11	12	13	14	15	16
Absatz	73	72	58	66	65	60	43	47
GLD	69,5	68,0	66,25	63,75	60,375	56,125		
Absatz -GLD	3,5	4,0	-8,25	2,25	4,625	3,875		
Saison	4,198	3,656	-8,969	1,115	4,198	3,656	-8,969	1,115
Trend	70,3	67,274	64,248	61,222	58,197	55,171	52,145	49,119
Trend+ Saison	74,498	70,93	55,279	62,337	62,395	58,827	43,176	50,234

Graphisch stellt sich die Situation folgendermaßen dar:

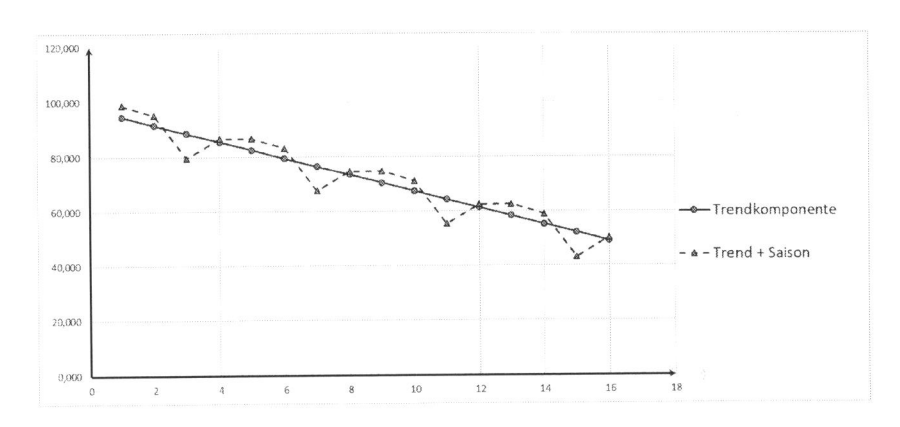

Abbildung 9.27: Absatzentwicklung, Zeitreihe, Saison- und Trendkomponente

Die Differenz aus den gemessenen Absatzzahlen und der Addition aus Trend- und Saisonkomponente stellt die verbliebenen Anteile der Zeitreihe (Konjunkturkomponente und irregulärer Anteil) dar: Z.B. ergibt sich der erste Wert durch die Rechnung:

$$\underbrace{102,000}_{\text{gemessener Absatz}} - \underbrace{94,506}_{\text{Trend}} - \underbrace{4,198}_{\text{Saison}} = \underbrace{3,296}_{\text{Konjunktur + Irregulär}}$$

Wird eine Graphik dieser Werte erstellt, so ergibt sich folgendes Bild.

9.6. ANALYSE VON ZEITREIHEN

Quartal	1	2	3	4	5	6	7	8
Konjunktur + Irregulärer Anteil	3,296	1,864	0,515	-1,543	-1,6	-3,033	-3,382	-2,44

Quartal	9	10	11	12	13	14	15	16
Konjunktur + Irregulärer Anteil	-1,498	1,07	2,721	3,663	2,605	1,173	-0,176	-3,234

Tabelle 9.9: Beispiel, Konjunkturkomponente + Irreguläre Komponente

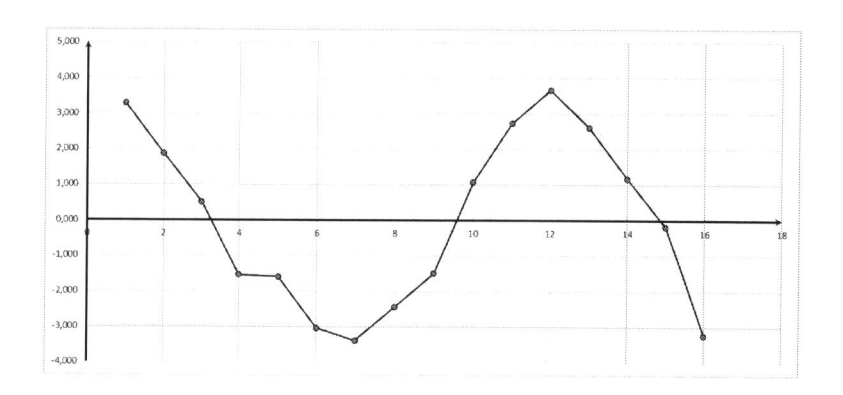

Die Berechnung der Konjunkturkomponente kann auf unterschiedliche Arten erfolgen. Es kann z.B. eine Sinuswelle (siehe Kapitel 5.9, Seite 143) gesucht werden, die einen minimalen Abstand zu den gegebenen Werten hat. Dabei kann eine Minimierungssoftware wie z.B. der Solver in Microsoft Excel genutzt werden.

Eine andere Möglichkeit ist eine Fourier[6] Transformation zur Bestimmung der verschiedenen Frequenzen innerhalb der Daten.

Bei Annahme einer sinusförmigen Konjunkturkomponente kann z.B. die folgende Form angenommen werden: $a \cdot \sin\left(\frac{x-b}{c}\right)$.

In diesem Fall ergeben sich die optimale Lösung (mithilfe des Excel Solvers): $a = 2,8644$, $b = -1,2$ und $c = 1,7$.

Die Konjunkturkomponente mit diesen Werten lautet dann:

---
[6] Joseph Fourier, 1768 - 1830

9.6.3 ZEITREIHENANALYSE: BEISPIEL

Quartal	1	2	3	4	5	6	7	8
Konjunktur	2,756	2,727	1,781	0,237	-1,387	-2,545	-2,848	-2,192

Quartal	9	10	11	12	13	14	15	16
Konjunktur	-0,8	0,86	2,232	2,853	2,515	1,332	-0,299	-1,83

Daraus kann der irreguläre Anteil durch Differenzbildung zu Tabelle 9.9 (Beispiel, Konjunkturkomponente + Irreguläre Komponente) bestimmt werden und es ergibt sich folgende Tabelle. Aus Platzgründen werden nur zwei Nachkommastellen angezeigt.

Quartal	1	2	3	4	5	6	7	8
Absatz	102	97	80	85	85	80	64	72
Trend	94,51	91,48	88,45	85,43	82,4	79,38	76,35	73,33
Saison	4,2	3,66	-8,97	1,11	4,2	3,66	-8,97	1,11
Konjunktur	2,76	2,73	1,78	0,24	-1,39	-2,54	-2,85	-2,19
Irregulär	0,54	-0,86	-1,27	-1,78	-0,21	-0,49	-0,54	-0,25

Quartal	9	10	11	12	13	14	15	16
Absatz	73	72	58	66	65	60	43	47
Trend	70,3	67,27	64,25	61,22	58,2	55,17	52,15	49,12
Saison	4,2	3,66	-8,97	1,11	4,2	3,66	-8,97	1,11
Konjunktur	-0,8	0,86	2,23	2,85	2,52	1,33	-0,3	-1,83
Irregulär	-0,7	0,21	0,49	0,81	0,09	-0,16	0,12	-1,4

Graphisch stellen sich die drei letzten Komponenten folgendermaßen dar:

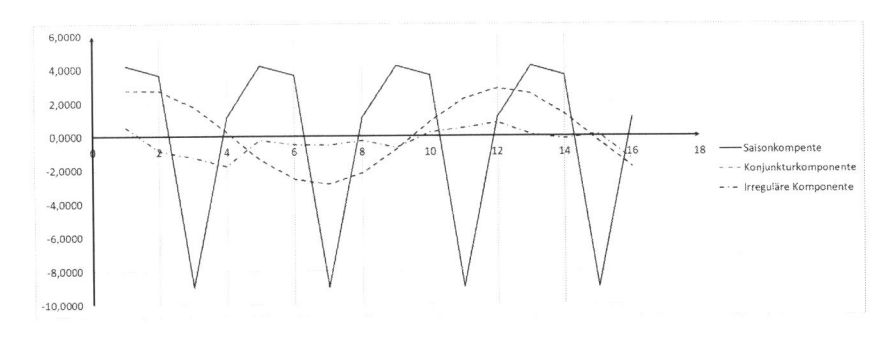

Abbildung 9.28: Beispiel Zeitreihenanalyse, Saison-, Konjunktur- und Irreguläre Komponente

9.7. KORRELATION UND REGRESSION

Wieder dienen die gestrichelten Linien nur dem Zwecke der Unterscheidung.

9.7 Korrelation und Regression

9.7.1 Einführung

Bisher wurde ein einzelnes Merkmal betrachtet. In diesem Kapitel wird der Zusammenhang bzw. die Stärke des Zusammenhangs von zwei Merkmalen untersucht. Damit sind z.B. Untersuchungen der Form "Hat Nikotingenuss (Merkmal 1) einen Einfluss auf die Lebenserwartung (Merkmal 2)?" darstellbar.

9.7.2 Model Fit

Bevor das wichtigste Modell zur Analyse von Zusammenhängen zwischen Merkmalen vorgestellt wird (die lineare Regression, siehe Kapitel 9.7.3), werden noch einige grundlegende Gedanken präsentiert.

Um z.B. Extrapolationen in die Zukunft vornehmen zu können ("Wieviele Menschen wird es in zehn Jahren auf der Welt geben?"), ist ein Modell interessant, das die zeitliche Entwicklung der Weltbevölkerung beschreibt.

Die Weltbevölkerung hat sich seit 1950 gemäß Tabelle 9.10 (siehe auch Abbildung 9.29) entwickelt[7]. In diesem Kapitel werden Werte im Abstand von fünf Jahren genutzt, um das Prinzip des model fit zu erläutern.

Graphisch dargestellt ergibt sich ein sogenanntes Streudiagramm, in dem zu erkennen ist, daß die Weltbevölkerung weder eindeutig einem linearen noch einem exponentiellen Verlauf folgt: Abbildung 9.29.

Mit welchem Modell kann der Verlauf der Weltbevölkerung am besten dargestellt werden?

9.7.2.1 Linearer Verlauf

Bei einem linearen Modell wird versucht, eine Gerade durch die gegebenen Messwerte zu legen bzw. die Gerade so zu finden, daß der Abstand zwischen der Geraden (dem Modell) und den Messwerten möglichst klein ist.

---
[7]Vgl. [10, abgerufen am 15.2.2016]

9.7.2 MODEL FIT

Jahr	Weltbevölkerung in Tausend
1950	2.525.149
1955	2.758.315
1960	3.018.344
1965	3.322.495
1970	3.682.488
1975	4.061.399
1980	4.439.632
1985	4.852.541
1990	5.309.668
1995	5.735.123
2000	6.126.622
2005	6.519.636
2010	6.929.725
2015	7.349.472

Tabelle 9.10: Weltbevölkerung in Tausend

Eine Gerade genügt der folgenden Gleichung:

$$\hat{y}(x) = c_1 x + c_0 \tag{9.29}$$

Dabei entspricht c_1 der Steigung der Geraden und c_0 dem Achsenabschnitt (Schnittpunkt zwischen y-Achse und Gerade). Mit $\hat{y}(x)$ wird im Folgenden immer die Regressionsfunktion benannt.

Die grundlegende Eigenschaft einer Gerade lautet, daß die Steigung an jeder Stelle gleich ist. Die Steigung einer Geraden kann durch den Differenzenquotienten (siehe Formel (5.13) (Differenzenquotient), Seite 151) bestimmt werden.

Dieser ergibt sich bei einer Geraden als

$$\frac{\hat{y}(x + \Delta x) - \hat{y}(x)}{\Delta x} = c_1.$$

Mit anderen Worten: bei einer Geraden ist die Steigung an jeder Stelle gleich der Differenz der Funktionswerte, die Δx auseinanderliegen, geteilt durch die Differenz der x-Werte bzw. Δx.

Falls die gemessenen Werte einer Gerade entsprächen, müssten die Diffe-

9.7. KORRELATION UND REGRESSION

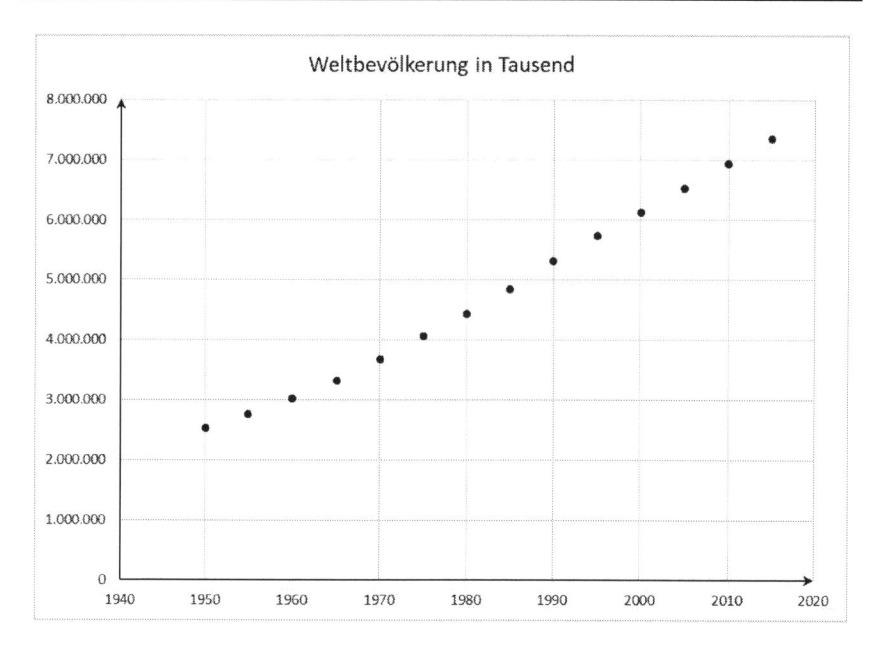

Abbildung 9.29: Weltbevölkerung in Tausend, Streudiagramm

renzen der fünf Jahre auseinander liegenden Werte konstant sein. D.h. eine einfache Möglichkeit, um zu überprüfen, ob die gemessenen Werte durch ein lineares Modell gut dargestellt werden können, besteht darin, die Differenzen der gemessenen Werte zu berechnen und zu analysieren, ob die Differenzen näherungsweise konstant sind.

Untenstehend ist das Resultat für die Weltbevölkerung zu sehen. Beispielsweise ist die Weltbevölkerung pro Jahr von 1970 bis 1975 um ca. 75.782.000 Menschen gewachsen.

Es ist zu sehen, daß insbesondere in den Jahren von 1950 bis 1990 das Wachstum deutlich schneller als linear verlief, da die Differenz bzw. Zunahme in dieser Zeit deutlich anstieg.

9.7.2 MODEL FIT

Jahr	Weltbevölkerung in Tausend	Differenz pro Jahr
1950	2.525.149	
1955	2.758.315	46.633
1960	3.018.344	52.006
1965	3.322.495	60.830
1970	3.682.488	71.999
1975	4.061.399	75.782
1980	4.439.632	75.647
1985	4.852.541	82.582
1990	5.309.668	91.425
1995	5.735.123	85.091
2000	6.126.622	78.300
2005	6.519.636	78.603
2010	6.929.725	82.018
2015	7.349.472	83.949

Im Zeitraum 1950 bis 1990 wäre ein lineares Wachstumsmodell also ungeeignet gewesen, in den Jahren von 1995 bis 2015 deutlich besser.

9.7.2.2 Exponentieller Verlauf

Ein weiterer, häufiger Ansatz ist die Annahme eines exponentiellen Verlaufs. Dieses Verhalten wurde schon in Kapitel 3.3.10 als (stetige) Verzinsung vorgestellt.

Allgemein genügt eine exponentielle Funktion folgender Gleichung

$$\hat{y}(x) = c \cdot e^{dx} \qquad (9.30)$$

Eine Untersuchung, wie sich in diesem Falle der Funktionswert ändert, falls von x nach $x + \Delta x$ fortgeschritten wird, ergibt:

$$\hat{y}(x + \Delta x) = c \cdot e^{d(x+\Delta x)} = c \cdot e^{dx} e^{d \cdot \Delta x} = \hat{y}(x) \cdot e^{d \cdot \Delta x}.$$

9.7. KORRELATION UND REGRESSION

Umformen liefert (falls $\hat{y}(x) \neq 0$):

$$\frac{\hat{y}(x + \Delta x)}{\hat{y}(x)} = e^{d \cdot \Delta x}.$$

Die hervorstechende Eigenschaft einer exponentiellen Funktion lautet also, daß der Quotient von zwei Werten über dem gleichen x-Intervall konstant ist.

Wird dies für die gegebenen Weltbevölkerungszahlen durchgeführt, so ergeben sich untenstehende Quotienten (siehe Tabelle 9.11). Der Wachstumsfaktor (siehe Kapitel 9.3.6) von 1970 bis 1975 lautet $1,1029$ oder anders: die Weltbevölkerung ist von 1970 bis 1975 um $1,1029 - 1 = 0,1029 = 10,29\%$ gewachsen.

Jahr	Weltbevölkerung in Tausend	Quotient
1950	2.525.149	
1955	2.758.315	$1,0923$
1960	3.018.344	$1,0943$
1965	3.322.495	$1,1008$
1970	3.682.488	$1,1084$
1975	4.061.399	$1,1029$
1980	4.439.632	$1,0931$
1985	4.852.541	$1,0930$
1990	5.309.668	$1,0942$
1995	5.735.123	$1,0801$
2000	6.126.622	$1,0683$
2005	6.519.636	$1,0641$
2010	6.929.725	$1,0629$
2015	7.349.472	$1,0606$

Tabelle 9.11: Weltbevölkerung in Tausend, Model Fit

Analog zum letzten Kapitel ist deutlich zu sehen, daß in den Jahren von 1950 bis 1990 der Wachstumsfaktor/ der Quotient fast konstant blieb, d.h. die Weltbevölkerung ist in dieser Zeit näherungsweise exponentiell gewachsen. Seit 1990 geht der Wachstumsfaktor langsam zurück.

Später (siehe Kapitel 9.7.3.5) wird eine mathematische Kennzahl angegeben, die die Qualität bzw. Güte der Regression misst. Mit den vorgestellten

Methoden (Differenzenquotient, Wachstumsrate) kann jedoch ein erster Anhaltspunkt für die Art der durchzuführenden Regression gefunden werden.

9.7.3 Lineare Regression

9.7.3.1 Einführung

Die lineare Regression betrachtet den einfachen Fall, daß der Zusammenhang zwischen den beiden betrachteten Merkmalen (näherungsweise) durch eine Gerade dargestellt werden kann. Auch komplexere Fälle (wie z.B. exponentielle Zusammenhänge) können auf die lineare Regression zurückgespielt werden (siehe Kapitel 9.7.3.7).

9.7.3.2 Bestimmung einer Regressionsgeraden

Die Regressionsgerade ist diejenige Gerade, die durch ein Streudiagramm bzw. eine Punktwolke gelegt wird, so daß der Abstand von der Geraden zu den gemessenen Werten minimal ist. Dazu muss zuerst die Art und Weise der Abstandmessung definiert werden. Die geläufigste Art ist die **Methode der kleinsten Quadrate** (Englisch: *Least Squares Method*). Dabei wird der Abstand/ die Entfernung des Punktes parallel zur y-Achse bis zur Gerade quadriert, wodurch das Vorzeichen eliminiert wird. In Abbildung 9.30 sind die Abstände der (gemessenen) Punkte von der gesuchten Gerade mit Doppelpfeilen gekennzeichnet. Da hierbei Abstände (Entfernungen) gemessen werden, ist unmittelbar klar, daß die Regressionsgerade nur für metrische Merkmale zu berechnen ist.

Die Regressionsgerade sei folgendermaßen definiert: $\hat{y}(x) = c_0 + c_1 x$. Dabei stellt c_0 den Achsenabschnitt (Schnittpunkt mit der y-Achse) und c_1 die Steigung der Regressionsgeraden dar.

Durch eine Befragung bzw. Messung sind zwei Merkmale (X und Y) abgefragt worden und die Ergebnisse werden mit (x_i, y_i) für $i = 1, \ldots, n$ bezeichnet. Dabei ist n der Umfang der Stichprobe.

Zwischen dem (linearen) Modell und den gemessenen Werten ergibt sich ein Residuum/ eine Abweichung, das in Abbildung 9.31 mit e_i benannt wurde. Die Residuen ergeben sich aus der Differenz des Werts auf der Regressionsgerade

9.7. KORRELATION UND REGRESSION

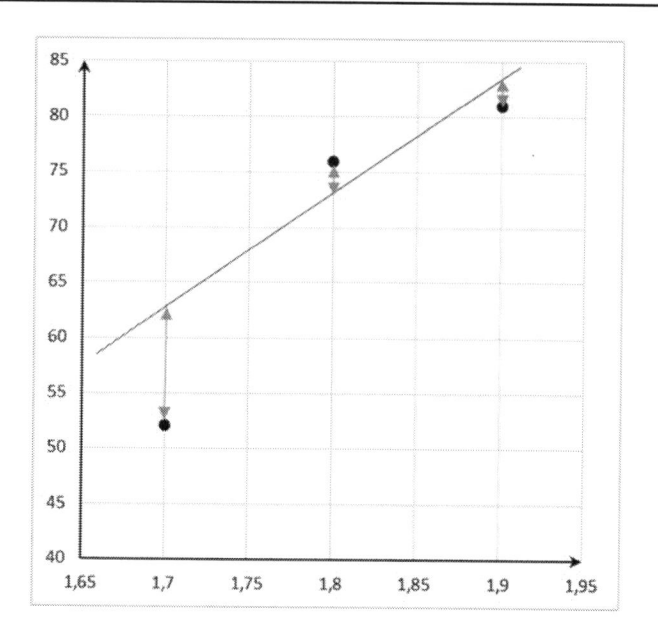

Abbildung 9.30: Lineare Regression, Einführung

(an der Stelle x_i) $\hat{y}(x_i)$ und dem gemessenen Wert y_i.

Bei der "Methode der kleinsten Quadrate" werden die Residuen quadriert, um das Vorzeichen zu eliminieren. Es ergibt sich also für jedes gemessene Wertepaar (x_i, y_i) folgende Differenz e_i

$$(e_i)^2 = (\hat{y}(x_i) - y_i)^2 = (c_0 + c_1 x_i - y_i)^2.$$

Die "Methode der kleinsten Quadrate'" beruht nun darauf die beiden Unbekannten (Achsenabschnitt c_0 und Steigung c_1) so zu bestimmen, daß die Summe der Residuen bzw. das Gesamtresiduum minimal ist:

$$\text{Minimiere} \sum_{i=1}^{n} (c_0 + c_1 x_i - y_i)^2$$

Wie in Kapitel 5.16 und folgenden gesehen, besteht eine Minimierungsaufgabe im Allgemeinen aus dem Nullsetzen der ersten Ableitung(en). Da hier zwei Unbekannte (c_0 und c_1) vorliegen, müssen die beiden partiellen Ableitungen

9.7.3 LINEARE REGRESSION

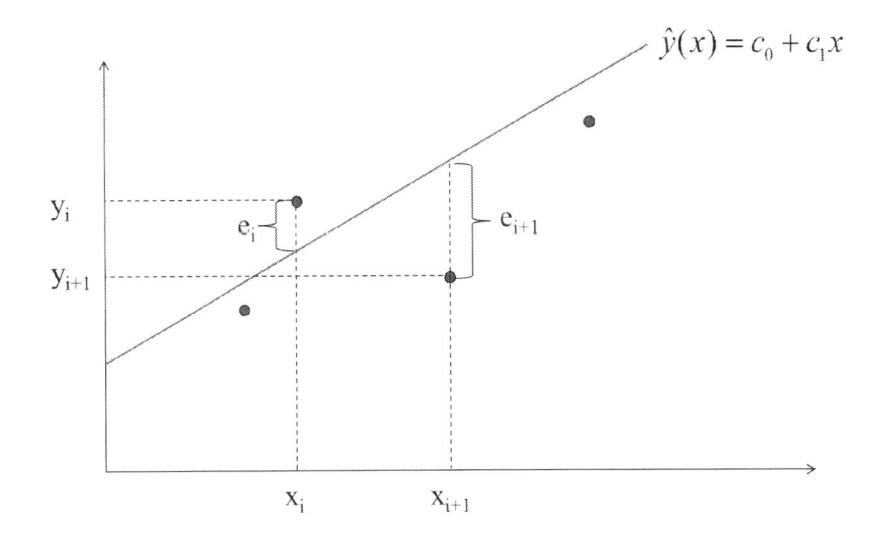

Abbildung 9.31: Lineare Regression, Residuum

nach c_0 und c_1 berechnet und zu Null gesetzt werden.

Dabei ergeben sich die folgenden partiellen Ableitungen:

$$\frac{\partial}{\partial c_0} \sum_{i=1}^{n} (c_0 + c_1 x_i - y_i)^2 = \sum_{i=1}^{n} 2 \cdot (c_0 + c_1 x_i - y_i) = 0$$

bzw.

$$\frac{\partial}{\partial c_1} \sum_{i=1}^{n} (c_0 + c_1 x_i - y_i)^2 = \sum_{i=1}^{n} 2x_i \cdot (c_0 + c_1 x_i - y_i) = 0.$$

Nun liegen zwei Gleichungen für zwei Unbekannte (c_0 und c_1) vor. Werden diese umgeformt und geschickt eingesetzt, dann ergeben sich Achsenabschnitt und Steigung durch die folgenden Formeln, Achsenabschnitt:

$$c_0 = \frac{\left(\sum_{i=1}^{n} y_i\right)\left(\sum_{i=1}^{n} x_i^2\right) - \left(\sum_{i=1}^{n} x_i\right)\left(\sum_{i=1}^{n} x_i y_i\right)}{n\left(\sum_{i=1}^{n} x_i^2\right) - \left(\sum_{i=1}^{n} x_i\right)^2} \qquad (9.31)$$

9.7. KORRELATION UND REGRESSION

und für die Steigung

$$c_1 = \frac{\left(\sum_{i=1}^{n} y_i\right)\left(\sum_{i=1}^{n} x_i\right) - n\left(\sum_{i=1}^{n} x_i y_i\right)}{\left(\sum_{i=1}^{n} x_i\right)^2 - n\left(\sum_{i=1}^{n} x_i^2\right)} \quad (9.32)$$

Eine alternative Berechnungsform unter Einbeziehung der Mittelwerte ist möglich:

$$c_1 = \frac{\sum_{i=1}^{n}(x_i - \bar{x})(y_i - \bar{y})}{\sum_{i=1}^{n}(x_i - \bar{x})^2} \quad \text{und} \quad c_0 = \bar{y} - c_1 \bar{x} \quad (9.33)$$

Beide Formeln kommen zum gleichen Ergebnis.

Lineare Regression, Hilfstabelle: Beispiel

Die beiden Gleichungspaare aus Formeln (9.31) und (9.32) (Berechnung Achsenabschnitt und Steigung der Regressionsgeraden) bzw. Formeln (9.33) (Berechnung Achsenabschnitt und Steigung der Regressionsgeraden, alternative Formel) sehen auf den ersten Blick recht komplex aus, aber wie im Folgenden zu sehen ist, gibt es handschriftlich eine recht einfache Berechnungsmöglichkeit durch die Benutzung einer Hilfstabelle.

Dies soll am folgenden Beispiel gezeigt werden. Um die Zahlen übersichtlich zu halten, wurde nur eine sehr kleine Stichprobe gezogen. Es wurden vier Arbeitnehmer nach ihrem Arbeitsweg in Kilometern (Merkmal X) und der Fahrtdauer in Minuten (Merkmal Y) gefragt:

Arbeitsweg in km (x)	Zeit zum Arbeitsplatz in min (y)
10	20
15	30
20	35
5	15

Basierend auf diesen Messwerten soll die Regressionsgerade gemäß der "Methode der kleinsten Quadrate" gefunden werden.

9.7.3 LINEARE REGRESSION

Lösung:

In diesem Fall ist der Stichprobenumfang $n = 4$. Zuerst wird der Ansatz gemäß des Formelpaars aus Formeln (9.31) und (9.32) (Berechnung Achsenabschnitt und Steigung der Regressionsgeraden) genutzt.

Wird die Formel für den Achsenabschnitt untersucht, so werden verschiedene Summen zur Berechnung benötigt:

$$c_0 = \frac{\left(\sum_{i=1}^{n} y_i\right)\left(\sum_{i=1}^{n} x_i^2\right) - \left(\sum_{i=1}^{n} x_i\right)\left(\sum_{i=1}^{n} x_i y_i\right)}{n\left(\sum_{i=1}^{n} x_i^2\right) - \left(\sum_{i=1}^{n} x_i\right)^2}.$$

Diese Summen werden mithilfe einer Hilfstabelle berechnet. In der Formel tauchen zwei Summen auf, für die je eine neue Spalte zu den gemessenen Daten hinzugefügt werden muss: Spalte "x_i^2" für die Summanden aus $\left(\sum_{i=1}^{n} x_i^2\right)$ bzw. "$x_i \cdot y_i$" für die Summanden der Summe $\left(\sum_{i=1}^{n} x_i \cdot y_i\right)$. Damit ergibt sich folgende (bereits ausgefüllte) Tabelle:

Arbeitsweg in km (x)	Zeit zum Arbeitsplatz in min (y)	x_i^2	$x_i \cdot y_i$
10	20	100	200
15	30	225	450
20	35	400	700
5	15	25	75

Die Werte in der letzten Zeile berechnen sich beispielsweise folgendermaßen: $x_4 = 5$ und $y_4 = 15$ sind die gegebenen Messwerte, daraus ergeben sich $x_4^2 = 5^2 = 25$ bzw. $x_4 \cdot y_4 = 5 \cdot 15 = 75$.

Für die obenstehende Formel, werden die einzelnen Werte nur indirekt benötigt, da in Formeln (9.31) bzw. (9.32) (Berechnung Achsenabschnitt und Steigung der Regressionsgeraden) ausschließlich Summen auftauchen:

9.7. KORRELATION UND REGRESSION

Arbeitsweg in km (x)	Zeit zum Arbeitsplatz in min (y)	x_i^2	$x_i \cdot y_i$
10	20	100	200
15	30	225	450
20	35	400	700
5	15	25	75
Summe 50	100	750	1.425

Nun sind alle benötigten Werte für die Formel für den Achsenabschnitt vorhanden:

$$c_0 = \frac{\left(\sum_{i=1}^{n} y_i\right)\left(\sum_{i=1}^{n} x_i^2\right) - \left(\sum_{i=1}^{n} x_i\right)\left(\sum_{i=1}^{n} x_i y_i\right)}{n\left(\sum_{i=1}^{n} x_i^2\right) - \left(\sum_{i=1}^{n} x_i\right)^2} =$$

$$= \frac{(100)(750) - (50)(1.425)}{4(750) - (50)^2} = 7,5.$$

Um die Steigung zu berechnen, wird die zweite Formel (9.32) genutzt. Alle Terme in der Formel tauchen bereits in der Hilfstabelle auf und es ergibt sich:

$$c_1 = \frac{\left(\sum_{i=1}^{n} y_i\right)\left(\sum_{i=1}^{n} x_i\right) - n\left(\sum_{i=1}^{n} x_i y_i\right)}{\left(\sum_{i=1}^{n} x_i\right)^2 - n\left(\sum_{i=1}^{n} x_i^2\right)} =$$

$$= \frac{(100)(50) - 4(1.425)}{(50)^2 - 4(750)} = 1,4.$$

Also ergibt sich nach dem ersten Ansatz eine Regressionsgerade der Form $\hat{y}(x) = 7,5 + 1,4x$. Wird diese Regressionsgerade in eine Graphik mit den Werten aus der Stichprobe eingezeichnet, so ergibt sich Abbildung 9.32.

Zum Vergleich wird die gleiche Aufgabe mit dem zweiten Formelpaar (Formel (9.33) (Berechnung Achsenabschnitt und Steigung der Regressionsgeraden, alternative Formel)) berechnet: auch im Falle des zweiten Ansatzes können Achsenabschnitt und Steigung durch eine Hilfstabelle berechnet werden. Die

9.7.3 LINEARE REGRESSION

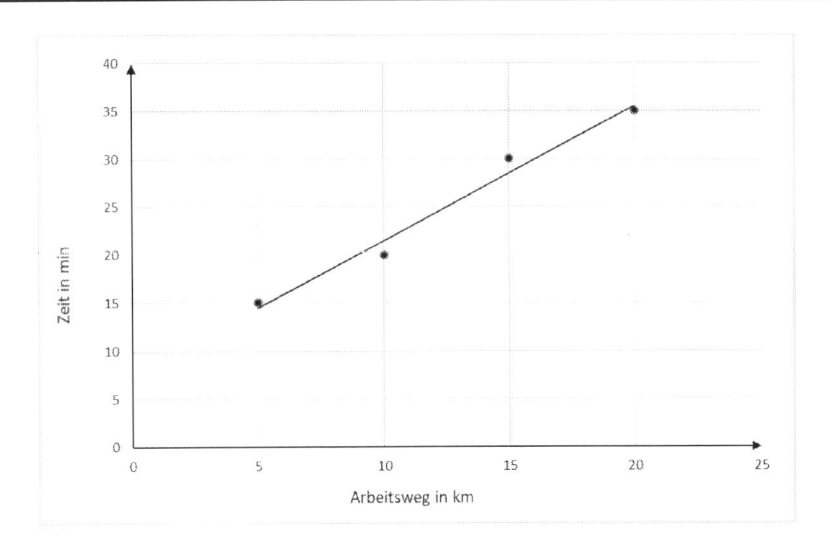

Abbildung 9.32: Lineare Regression, Beispiel

Gleichung für die Steigung lautet:

$$c_1 = \frac{\sum_{i=1}^{n}(x_i - \bar{x})(y_i - \bar{y})}{\sum_{i=1}^{n}(x_i - \bar{x})^2}.$$

Es ist offensichtlich, daß für diesen Ansatz die Mittelwerte der Merkmale X und Y benötigt werden ($\bar{x}$ und $\bar{y}$).

Diese errechnen sich in diesem Fall als $\bar{x} = \frac{1}{4}\sum_{i=1}^{4} x_i = \frac{1}{4}50 = 12,5$ und $\bar{y} = \frac{1}{4}\sum_{i=1}^{4} y_i = \frac{1}{4}100 = 25$.

In die Hilfstabelle werden jetzt folgende Spalten eingefügt:

- 1. Spalte: $(x_i - \bar{x})$,
- 2. Spalte: $(y_i - \bar{y})$,
- 3. Spalte: $(x_i - \bar{x})^2$, dies entspricht dem Quadrat der 1. Spalte.
- 4. Spalte: $(x_i - \bar{x})(y_i - \bar{y})$, dies entspricht der 1. Spalte multipliziert mit der 2. Spalte.

9.7. KORRELATION UND REGRESSION

Dann ergibt sich:

Arbeitsweg in km (x)	Zeit zum Arbeitsplatz in min (y)	1. Spalte	2. Spalte	3. Spalte	4. Spalte
10	20	−2,5	−5	6,25	12,5
15	30	2,5	5	6,25	12,5
20	35	7,5	10	56,25	75,0
5	15	−7,5	−10	56,25	75,0

Beispielsweise berechnet sich die erste Zeile als:

- 1. Spalte: $(x_i - \bar{x}) = (10 - 12,5) = -2,5$,
- 2. Spalte: $(y_i - \bar{y}) = 20 - 25 = -5$,
- 3. Spalte: $(x_i - \bar{x})^2 = (-2,5)^2 = 6,25$.
- 4. Spalte: $(x_i - \bar{x})(y_i - \bar{y}) = (-2,5)(-5) = 12,5$.

Auch in diesem Fall werden ausschließlich die Summen der beiden letzten Spalten benötigt:

Arbeitsweg in km (x)	Zeit zum Arbeitsplatz in min (y)	1. Spalte	2. Spalte	3. Spalte	4. Spalte
10	20	−2,5	−5	6,25	12,5
15	30	2,5	5	6,25	12,5
20	35	7,5	10	56,25	75,0
5	15	−7,5	−10	56,25	75,0
Σ				125	175

Nun kann die Steigung direkt berechnet werden:

$$c_1 = \frac{\sum_{i=1}^{n}(x_i - \bar{x})(y_i - \bar{y})}{\sum_{i=1}^{n}(x_i - \bar{x})^2} = \frac{175}{125} = 1,4$$

und für den Achsenabschnitt ergibt sich:

$$c_0 = \bar{y} - c_1\bar{x} = 25 - 1,4 \cdot 12,5 = 7,5.$$

Dieser Weg ist aufwendiger, was den Aufbau der Hilfstabelle angeht, aber deutlich schneller in der Berechnung der Werte für Achsenabschnitt und Steigung. Beide Wege führen (bei richtiger Rechnung) zum selben Ergebnis.

Ein weiteres Beispiel für die lineare Regression wird in Kapitel 9.7.3.6 präsentiert.

9.7.3.3 Bravais-Pearson'scher Korrelationskoeffizient

Der **Bravais-Pearson'sche Korrelationskoeffizient** enthält zusätzliche Informationen verglichen mit dem Bestimmtheitsmaß (siehe Kapitel 9.7.3.5). Allerdings ist er nur für den Fall der linearen Regression aussagekräftig. In Kapitel 9.4.5 (Seite 300) wurde der Korrelationskoeffizient bereits vorgestellt und genutzt.

Analog zu den beiden Formeln zur Berechnung von Achsenabschnitt und Steigung der Regressionsgeraden, gibt es auch für den Bravais-Pearson'schen Korrelationskoeffizienten zwei Formeln:

$$r = \frac{n\sum_{i=1}^{n} x_i y_i - \sum_{i=1}^{n} x_i \sum_{i=1}^{n} y_i}{\sqrt{\left(n\sum_{i=1}^{n} x_i^2 - \left(\sum_{i=1}^{n} x_i\right)^2\right)\left(n\sum_{i=1}^{n} y_i^2 - \left(\sum_{i=1}^{n} y_i\right)^2\right)}} \quad (9.34)$$

bzw.

$$r = \frac{\sum_{i=1}^{n}(x_i - \bar{x})(y_i - \bar{y})}{\sqrt{\sum_{i=1}^{n}(x_i - \bar{x})^2 \sum_{i=1}^{n}(y_i - \bar{y})^2}} \quad (9.35)$$

Der Bravais-Pearson'sche Korrelationskoeffizient r hat folgende Eigenschaften:

- Er nimmt Werte zwischen -1 und $+1$ (jeweils einschließlich) an.
- Das Vorzeichen von r ist immer identisch mit dem Vorzeichen der Stei-

9.7. KORRELATION UND REGRESSION

gung c_1 für die Regressionsgerade, d.h. ein positives r belegt einen gleichgerichteten Zusammenhang: steigende Werte von x bedeuten auch steigende Werte für y.

- Werte nahe an $+1$ oder -1 deuten auf einen starken linearen Zusammenhang hin, d.h. die gemessenen Werte des Streudiagramms liegen in der Nähe der Regressionsgerade.

- Werte in der Nähe von Null deuten auf einen sehr schwachen linearen Zusammenhang hin, d.h. die gemessenen Werte sind weit von der Regressionsgerade entfernt gestreut. Dies bedeutet nicht zwangsläufig, daß es keinen Zusammenhang (z.B. exponentiell) gibt.

Analog zur obigen Berechnung der Steigung und des Achsenabschnitts für die Regressionsgerade kann der Bravais-Pearson'sche Korrelationskoeffizient mithilfe einer Hilfstabelle berechnet werden.

- Falls Steigung und Achsenabschnitt mit Formeln (9.31) bzw. (9.32) (Berechnung Achsenabschnitt und Steigung der Regressionsgeraden) berechnet wurden, so sollte Formel (9.34) (Bravais-Pearson'scher Korrelationskoeffizient, Version 1) genutzt werden

- Falls Steigung und Achsenabschnitt mit Formel (9.33) (Berechnung Achsenabschnitt und Steigung der Regressionsgeraden, alternative Formel) berechnet wurden, so sollte Formel (9.35) (Bravais-Pearson'scher Korrelationskoeffizient, Version 2) genutzt werden

Dies wird kurz anhand des obigen Beispiels aus Kapitel 9.7.3.2 demonstriert.

Lösung:

1. Ansatz

In der Hilfstabelle wurden bereits die Summen $\sum_{i=1}^{n} x_i y_i$ und $\sum_{i=1}^{n} x_i^2$ berechnet. Zur bereits existierenden Hilfstabelle muss nur noch eine weitere Spalte ("y_i^2") mit den Summanden von $\sum_{i=1}^{n} y_i^2$ hinzugefügt werden. Alle anderen Terme in Formel (9.34) (Bravais-Pearson'scher Korrelationskoeffizient, Version 1) sind bereits berechnet. Es ergibt sich insgesamt:

9.7.3 LINEARE REGRESSION

	Arbeitsweg in km (x)	Zeit zum Arbeitsplatz in min (y)	x_i^2	$x_i \cdot y_i$	y_i^2
	10	20	100	200	400
	15	30	225	450	900
	20	35	400	700	1.225
	5	15	25	75	225
Σ	50	100	750	1.425	2.750

Damit kann der Bravais-Pearsons'sche Korrelationskoeffizient berechnet werden:

$$r = \frac{n \sum_{i=1}^{n} x_i y_i - \sum_{i=1}^{n} x_i \sum_{i=1}^{n} y_i}{\sqrt{\left(n \sum_{i=1}^{n} x_i^2 - \left(\sum_{i=1}^{n} x_i\right)^2\right)\left(n \sum_{i=1}^{n} y_i^2 - \left(\sum_{i=1}^{n} y_i\right)^2\right)}} =$$

$$= \frac{4 \cdot 1.425 - 50 \cdot 100}{\sqrt{\left(4750 - (50)^2\right)\left(4 \cdot 2.750 - (100)^2\right)}} = 0,98995.$$

2. Ansatz:

Wurde der zweite Ansatz zur Berechnung von Steigung und Achsenabschnitt genutzt, so sind ebenfalls die meisten Werte aus Formel (9.35) (Bravais-Pearson'scher Korrelationskoeffizient, Version 2) bereits berechnet. In der Formel

$$r = \frac{\sum_{i=1}^{n}(x_i - \bar{x})(y_i - \bar{y})}{\sqrt{\sum_{i=1}^{n}(x_i - \bar{x})^2 \sum_{i=1}^{n}(y_i - \bar{y})^2}}$$

fehlt nur noch $\sum_{i=1}^{n}(y_i - \bar{y})^2$. Diese Werte werden als fünfte Spalte in die Hilfstabelle aufgenommen:

- 1. Spalte: $(x_i - \bar{x})$,
- 2. Spalte: $(y_i - \bar{y})$,

9.7. KORRELATION UND REGRESSION

- 3. Spalte: $(x_i - \bar{x})^2$,
- 4. Spalte: $(x_i - \bar{x})(y_i - \bar{y})$,
- 5. Spalte: $(y_i - \bar{y})^2$, dies entspricht dem Quadrat der zweiten Spalte.

Arbeits-weg in km (x)	Zeit zum Arbeits-platz in min (y)	1. Sp.	2. Sp.	3. Sp.	4. Sp.	5. Sp.
10	20	$-2,5$	-5	$6,25$	$12,5$	25
15	30	$2,5$	5	$6,25$	$12,5$	25
20	35	$7,5$	10	$56,25$	$75,0$	100
5	15	$-7,5$	-10	$56,25$	$75,0$	100
Σ				125	175	250

Damit ergibt sich für den Bravais-Pearson'schen Korrelationskoeffizienten dasselbe Rechenergebnis:

$$r = \frac{\sum_{i=1}^{n}(x_i - \bar{x})(y_i - \bar{y})}{\sqrt{\sum_{i=1}^{n}(x_i - \bar{x})^2 \sum_{i=1}^{n}(y_i - \bar{y})^2}} = \frac{175}{\sqrt{125 \cdot 250}} = 0,98995.$$

Also liegt ein starker, linearer, gleichgerichteter Zusammenhang zwischen Arbeitsweg in km und Zeit zum Arbeitsplatz in *Minuten* innerhalb der Stichprobe vor, da der Wert des Korrelationskoeffizienten r nahe bei $+1$ liegt.

9.7.3.4 Kovarianz

Die Formel für die Berechnung des Bravais-Pearson'schen Korrelationskoeffizienten kann mithilfe der Kovarianz einfacher dargestellt werden (siehe auch Kapitel 9.4.5).

Die Kovarianz zweier Merkmale X und Y ist definiert als

$$\text{cov}_{X,Y} = \frac{1}{n-1} \sum_{i=1}^{n}(x_i - \bar{x})(y_i - \bar{y}) \tag{9.36}$$

9.7.3 LINEARE REGRESSION

Damit lässt sich das r aus Kapitel 9.7.3.3 darstellen als:

$$r = \frac{\text{cov}_{X,Y}}{s_x \cdot s_y} \tag{9.37}$$

Die Kovarianz von X und X stellt die Varianz von X dar:

$$\text{cov}_{X,X} = \frac{1}{n-1} \sum_{i=1}^{n} (x_i - \bar{x})(x_i - \bar{x}) = s_x^2.$$

9.7.3.5 Bestimmtheitsmaß

Das **Bestimmtheitsmaß** ist eine Kennzahl, die die Güte einer Regression darstellt. Es wird berechnet nach der Formel

$$R^2 = \frac{s_{\hat{y}}^2}{s_y^2} = \frac{\frac{1}{n-1}\sum_{i=1}^{n}(\hat{y}_i - \bar{y})^2}{\frac{1}{n-1}\sum_{i=1}^{n}(y_i - \bar{y})^2} = \frac{\sum_{i=1}^{n}(\hat{y}_i - \bar{y})^2}{\sum_{i=1}^{n}(y_i - \bar{y})^2} \tag{9.38}$$

Das Bestimmtheitsmaß ist berechenbar für jede Form von Regression (linear, exponentiell, ...).

Die Deutung ist analog zum Bravais-Pearson'schen Korrelationskoeffizienten: ein Wert nahe an Eins deutet auf einen engen Zusammenhang hin, ein Wert in der Nähe von Null auf einen schwachen bzw. keinen Zusammenhang.

Das Bestimmtheitsmaß kann nicht negativ werden, da nur quadrierte Terme auftauchen. Im Falle von linearer Regression (nur dann!) gilt die folgende Gleichheit:

$$r^2 = R^2 \tag{9.39}$$

Um den Unterschied zwischen dem Bestimmtheitsmaß und dem Bravais-Pearson'schen Korrelationskoeffizienten zu demonstrieren, werden die folgenden Daten angenommen:

9.7. KORRELATION UND REGRESSION

i	x_i	y_i
1	$-1,0$	$-1,000$
2	$-0,5$	$-0,125$
3	$1,0$	$1,000$
4	$2,0$	$8,000$

Die y-Werte sind in diesem Fall die dritte Potenz der x-Werte: $y_i = x_i^3$.

Wird eine Gerade nach der Methode der kleinsten Quadrate berechnet, so ergibt sich ein Bestimmtheitsmaß von $R^2 = 0,7947$. Das Ergebnis ist in Abbildung 9.33 zu sehen. Wird eine Regression mit einer quadratischen Funktion

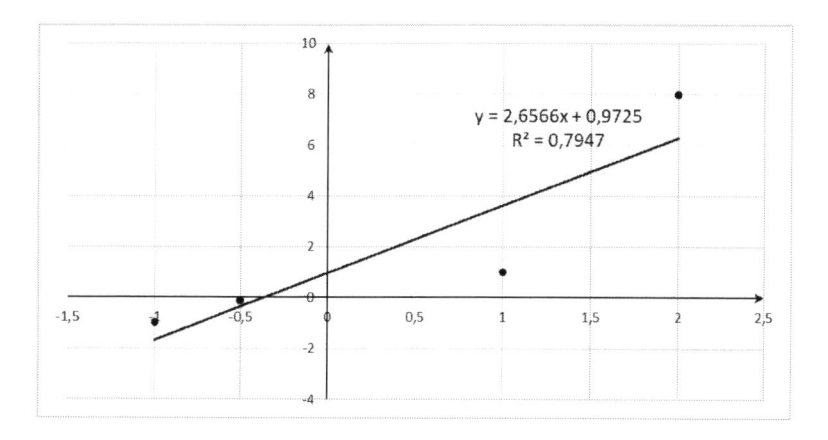

Abbildung 9.33: Bestimmtheitsmaß (1)

der Form

$$\hat{y}(x) = c_0 + c_1 x + c_2 x^2$$

vorgenommen, so ergibt sich ein Bestimmtheitsmaß von $R^2 = 0,9623$ (siehe nächste Abbildung). Also ist die Qualität der Regression im zweiten Fall besser. Der Bravais-Pearson'sche Korrelationskoeffizient ist jedoch in beiden Fällen $r = 0,8914$, da dieser ausschließlich die Stärke des linearen Zusammenhangs (obere Abbildung) misst.

9.7.3 LINEARE REGRESSION

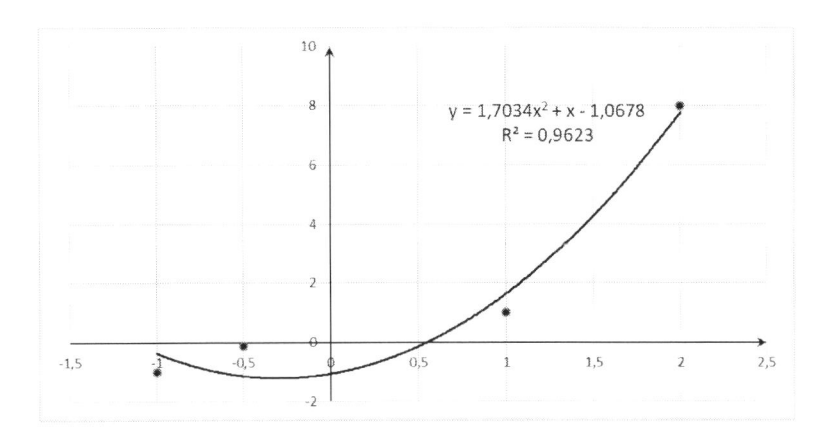

Abbildung 9.34: Bestimmtheitsmaß (2)

9.7.3.6 Jensen's Alpha und Marktsensitivität Beta: Asset Management

Falls eine lineare Regression durchgeführt wird, wobei X die Rendite eines Indices/ Marktes und Y die Rendite eines Portfolios/ Fonds/ Depots ist, so erhalten der Achsenabschnitt und die Steigung eine besondere Bedeutung:

- Der Achsenabschnitt wird als **Jensen's Alpha**[8] bezeichnet und ist eine Kennzahl zur Messung der Güte eines Fondsmanagers.

- Die Steigung wird als **Marktsensitivität** bzw. Betafaktor β bezeichnet. Er zeigt an, wie sich ein Fonds verändert, wenn der Markt eine bestimmte Rendite erzielt. Die Definition ergibt sich in diesem Falle als:

$$\beta = \frac{\text{cov}_{X,Y}}{s_X^2} \qquad (9.40)$$

wobei $\text{cov}_{X,Y}$ die Kovarianz (siehe Formel (9.36) auf Seite 352) zwischen den Marktrenditen und den Portfoliorenditen und s_X^2 die Varianz der Marktrenditen ist. Dies entspricht einer Umformulierung der obigen Formel für die Steigung der Regressionsgeraden.

---

[8] Michael Jensen, 1939 -

9.7. KORRELATION UND REGRESSION

Formel (9.37) von Seite 353 für den Bravais-Pearson'schen Korrelationskoeffizienten lautete:
$$r = \frac{\text{cov}_{X,Y}}{s_Y \cdot s_Y}.$$

Das Beta aus Formel (9.40) kann dann auch geschrieben werden als:

$$\beta = \frac{\text{cov}_{X,Y}}{s_X^2} = \frac{\text{cov}_{X,Y}}{s_X^2} \cdot \frac{s_Y}{s_Y} = \frac{\text{cov}_{X,Y}}{s_X \cdot s_Y} \cdot \frac{s_Y}{s_X} = r \cdot \frac{s_Y}{s_X} \qquad (9.41)$$

Dabei ist r der Bravais-Pearson'sche Korrelationskoeffizient zwischen dem Markt X und dem Portfolio Y.

Diese Parameter sollen an einem Beispiel erläutert werden. Dazu werden einerseits die monatlichen, stetigen Renditen der DAX Entwicklung vom 1.2.2000 bis zum 1.7.2015 betrachtet und andererseits die stetigen Renditen der SAP Aktie im gleichen Zeitraum. Das gleiche Vorgehen kann gewählt werden mit einem Portfolio aus verschiedenen Anlagegütern und einem zugehörigen Markt.

Werden die monatlichen, stetigen Renditen für jeden Monatsersten in ein Streudiagramm eingezeichnet, so ergibt sich Abbildung 9.35. Jeder Punkt re-

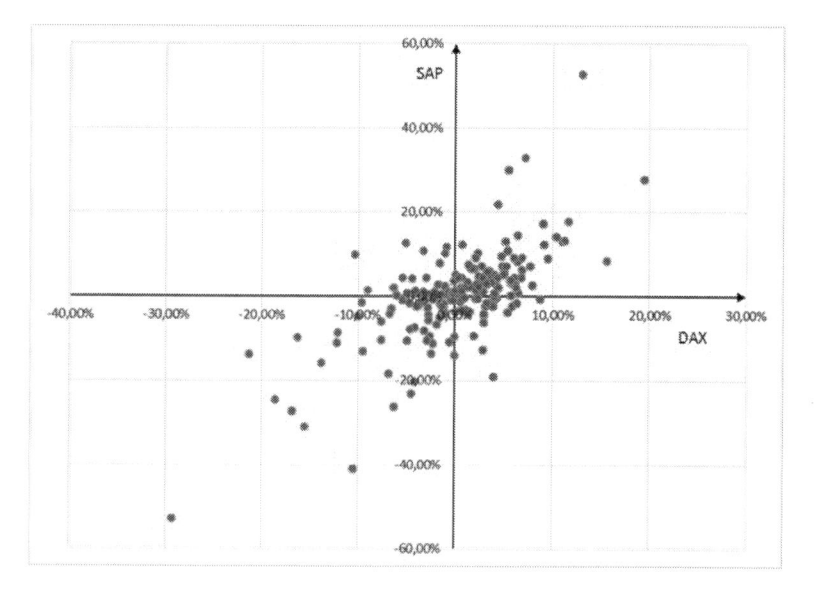

Abbildung 9.35: Streudiagramm DAX und SAP, stetige Renditen

9.7.3 LINEARE REGRESSION

präsentiert die stetige Rendite von einem Monatsersten zum nächsten, wobei auf der x-Achse die stetige DAX-Rendite und auf der y-Achse die stetige SAP Rendite (des gleichen Monats) eingezeichnet ist.

Mit diesen gegebenen Messwerten kann nun eine lineare Regression durchgeführt werden (siehe oben). Dann ergibt sich der untenstehende Zusammenhang (siehe Abbildung 9.36).

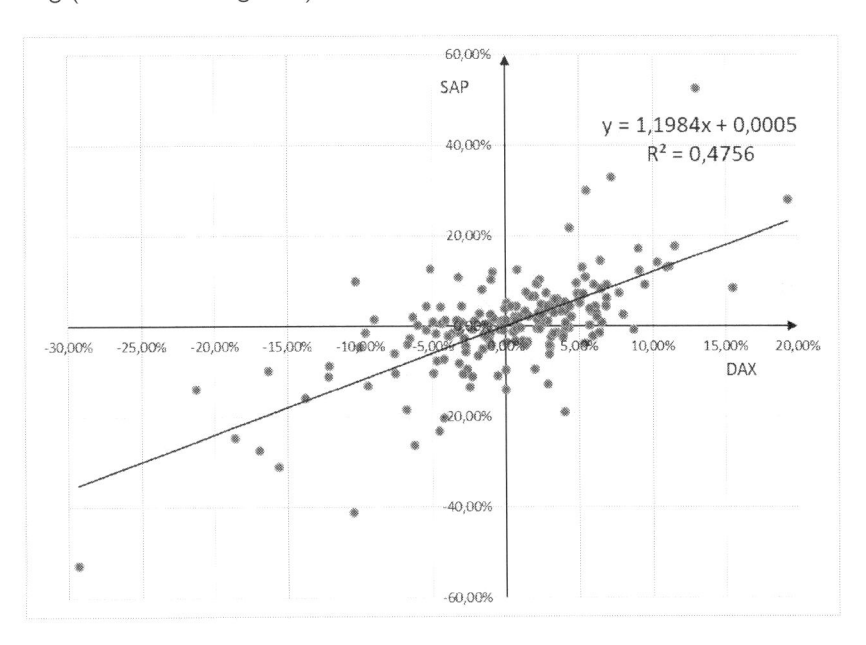

Abbildung 9.36: Lineare Regresssion DAX und SAP, stetige Renditen

Im Schaubild ist das Bestimmtheitsmaß ($R^2 = 0,4756$) zu sehen. Dies deutet auf einen mittelmäßigen bis starken linearen Zusammenhang zwischen DAX und SAP Renditen hin.

Außerdem ist der Achsenabschnitt $c_0 = 0,0005 = 0,05\%$ und die Steigung $c_1 = 1,1984$ zu sehen:

- Achsenabschnitt:
  Der Achsenabschnitt c_0 wird als **Jensen's Alpha** (α) bezeichnet. Falls auf der y-Achse die Rendite eines Fonds abgebildet wird, so ist Jensen's Alpha eine Möglichkeit die Performance eines Fondsmanagers zu mes-

9.7. KORRELATION UND REGRESSION

sen bzw. mit anderen zu vergleichen. Je höher Jensen's Alpha ist, umso besser ist die Performance des Fondsmanagers, da der Achsenabschnitt bedeutet: diese Rendite wurde erzielt in einem Markt, der eine Rendite von Null erreichte.

Jensen's Alpha sollte jedoch nur dann zum Vergleich genutzt werden, falls ein ähnliches β vorliegt.

- Steigung:
  Die Steigung c_1 wird mit β bezeichnet und auch **Marktsensitivität** genannt. Sie stellt dar, wie sich ein Portfolio/Fonds ändert, wenn der Markt sich um einen Prozentpunkt ändert. Im obigen Falle: wenn der DAX sich um einen Prozentpunkt ändert, ändert sich die SAP Aktie um 1,1984 Prozentpunkte. Dies gilt (im linearen Modell) sowohl bei Zu- als auch Abnahmen.

Zum Vergleich ist in der folgenden Abbildung das gleiche Verfahren für die monatlichen, stetigen Renditen von DAX und Goldpreis gezeigt. Dabei ist deutlich die negative Korrelation ($\beta = -0,1346$) zu sehen, die Gold zu einem geeigneten Mittel zur Absicherung eines Aktienportfolios machen kann: wenn der DAX um einen Prozentpunkt fällt, so steigt die Goldpreisrendite im betrachteten Zeitraum im Mittel um 0,1346 Prozentpunkte. Das Bestimmtheitsmaß ist in diesem Falle sehr nah bei Null ($R^2 = 0,0105$), so daß von einem sehr schwachen linearen Zusammenhang zwischen DAX und Goldpreis auszugehen ist.

9.7.3 LINEARE REGRESSION

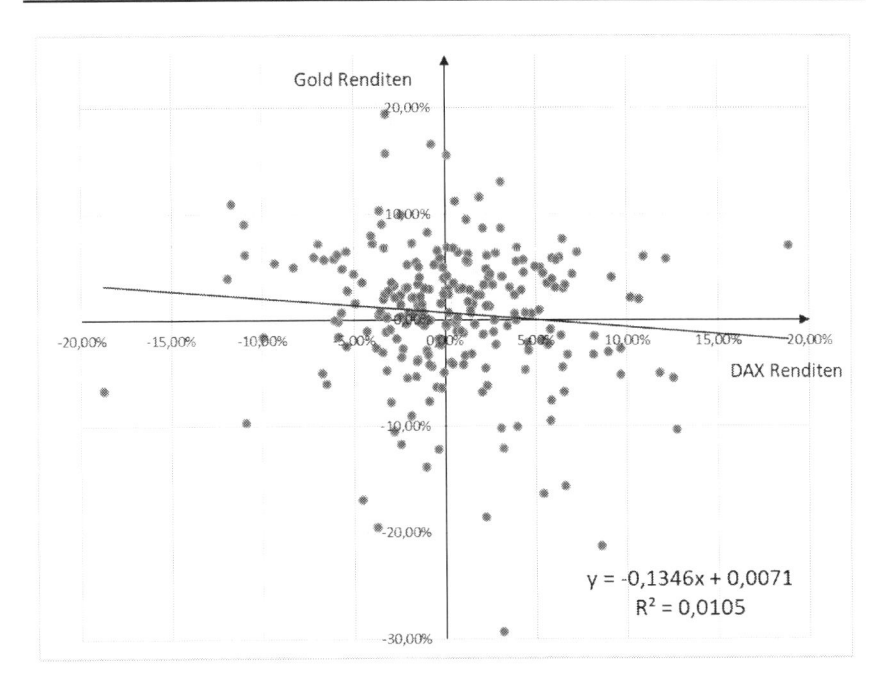

Abbildung 9.37: Lineare Regresssion DAX und Gold-Renditen

9.7.3.7 Exponentielle Regression

Mithilfe der linearen Regression ist es auch möglich, weitere Regressionsarten zu berechnen. Wird beispielsweise von einem exponentiellen Zusammenhang ausgegangen, so kann die Berechnung mit einem einfachen Trick auf die lineare Regression "zurückgeführt" werden.

Angenommen, die folgenden Daten sind gegeben:

i	x_i	y_i
1	1,0	1,5
2	2,0	2,5
3	2,8	6,0
4	3,5	10,0

Wird das zugehörige Streudiagramm gezeichnet, ist deutlich zu erkennen, daß kein linearer Zusammenhang vorliegt.

9.7. KORRELATION UND REGRESSION

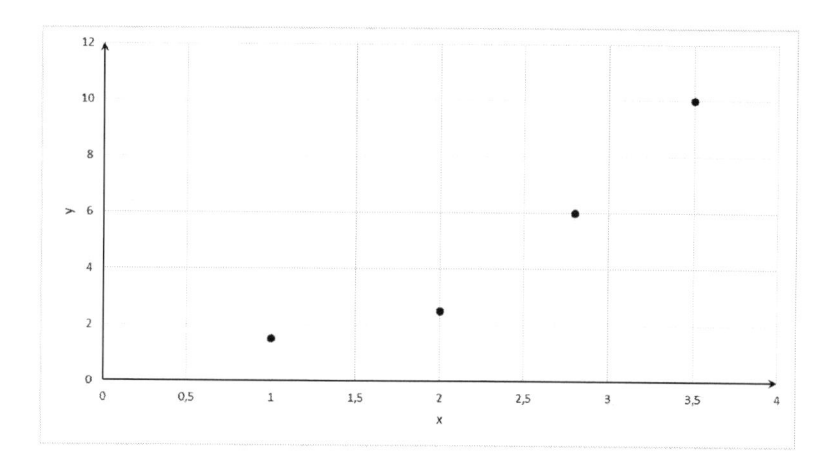

Abbildung 9.38: Exponentielle Regresssion, Beispiel

Wie oben (siehe Kapitel 9.7.2.2, Seite 339) beschrieben, ist ein einfacher Test für die Überprüfung, ob ein exponentieller Zusammenhang vorliegt, die Berechnung der jeweiligen Wachstumsfaktoren bzw. Quotienten. In der folgenden Tabelle sind sowohl die Wachstumsfaktoren/ Quotienten als auch die Differenzen berechnet.

i	x_i	y_i	Differenz	Quotient
1	1,0	1,5		
2	2,0	2,5	1,0	1,67
3	2,8	6,0	3,5	2,40
4	3,5	10,0	4,0	1,67

Daraus ist deutlich zu erkennen, daß der exponentielle Ansatz besser geeignet zu sein scheint als der lineare, bei dem die Differenzen näherungsweise konstant bleiben müssten.

Die allgemeine Darstellung einer exponentiellen Kurve lautet:

$$\hat{y}(x) = e^{c_0 + c_1 x}.$$

Wird auf diese Gleichung der Logarithmus naturalis (die Umkehrfunktion der

9.7.3 LINEARE REGRESSION

Exponentialfunktion e, siehe Kapitel 5.8, Seite 142) angewandt, so ergibt sich:

$$\ln(\hat{y}(x)) = c_0 + c_1 x.$$

Durch diese Umformung besteht nunmehr ein linearer Zusammenhang zwischen dem Merkmal X und dem Logarithmus naturalis des Merkmals Y. Dieser Ansatz ist nur nutzbar, sofern die gemessenen y-Werte positiv sind, da sonst der Logarithmus nicht zu bilden ist.

Die Lösung der linearen Regression ist in den Formeln (9.31) und (9.32) (Berechnung Achsenabschnitt und Steigung der Regressionsgeraden) beschrieben, wobei jetzt jedes y_i durch $\ln(y_i)$ ersetzt wird. Dann ergibt sich:

$$c_0 = \frac{\left(\sum_{i=1}^{n} \ln(y_i)\right)\left(\sum_{i=1}^{n} x_i^2\right) - \left(\sum_{i=1}^{n} x_i\right)\left(\sum_{i=1}^{n} x_i \ln(y_i)\right)}{n\left(\sum_{i=1}^{n} x_i^2\right) - \left(\sum_{i=1}^{n} x_i\right)^2}$$

bzw.

$$c_1 = \frac{\left(\sum_{i=1}^{n} \ln(y_i)\right)\left(\sum_{i=1}^{n} x_i\right) - n\left(\sum_{i=1}^{n} x_i \ln(y_i)\right)}{\left(\sum_{i=1}^{n} x_i\right)^2 - n\left(\sum_{i=1}^{n} x_i^2\right)}.$$

Im obigen Beispiel werden also zusätzlich zu den Werten von y_i die Werte von $\ln(y_i)$ berechnet:

i	x_i	y_i	$\ln(y_i)$
1	1,0	1,5	0,405465
2	2,0	2,5	0,916291
3	2,8	6,0	1,791759
4	3,5	10,0	2,302585

Werden die Punkte x_i und der Wert von $\ln(y_i)$ in ein Diagramm (siehe Abbildung 9.39) eingezeichnet, so ist der näherungsweise lineare Zusammenhang gut zu erkennen.

Die Werte von x_i und $\ln(y_i)$ werden nun zur Berechnung von Steigung und Achsenabschnitt genutzt.

9.7. KORRELATION UND REGRESSION

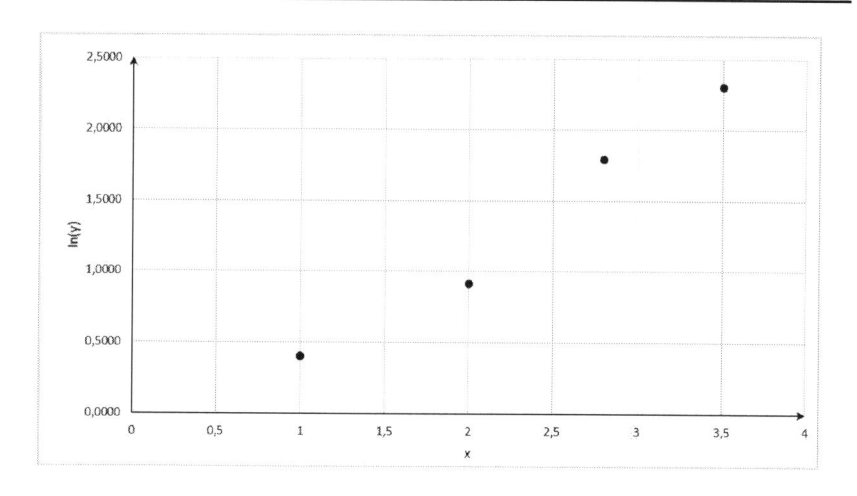

Abbildung 9.39: Exponentielle Regression, Beispiel

Dabei ergibt sich $c_0 = -0,4708$ und $c_1 = 0,7849$. Diese Werte werden jetzt wieder in $\hat{y}(x) = e^{c_0+c_1 x}$ eingesetzt und es ergibt sich

$$\hat{y}(x) = e^{-0,4708+0,7849x}.$$

Wird diese Kurve zu den gegebenen Ausgangswerten in ein Diagramm eingezeichnet, so ergibt sich eine gute Beschreibung des Zusammenhangs:

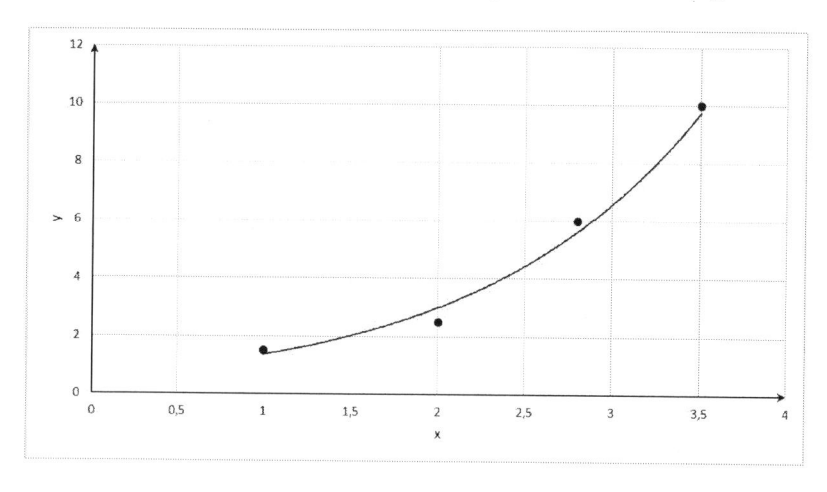

Abbildung 9.40: Exponentielle Regression, Beispiel

9.7.3 LINEARE REGRESSION

9.7.3.8 Regression durch eine Hyperbel: Beispiel

Analog zum letzten Kapitel ist es ebenfalls möglich, einen hyperbolischen Verlauf auf die lineare Regression zu reduzieren. Dies wird am folgenden Beispiel erläutert:

Ein Unternehmen hat ein Produkt zu verschiedenen Preisen angeboten und die jeweiligen Absatzmengen erfasst (z.B. in 1.000 Stück). Dabei ergaben sich folgende Werte.

i	Preis (x_i)	Absatz (y_i)
1	1	70
2	2	40
3	3	30
4	4	25
5	5	22
6	10	16

Offensichtlich wäre ein linearer Zusammenhang nicht realistisch. Dies wird auch in der folgenden Abbildung 9.41 deutlich.

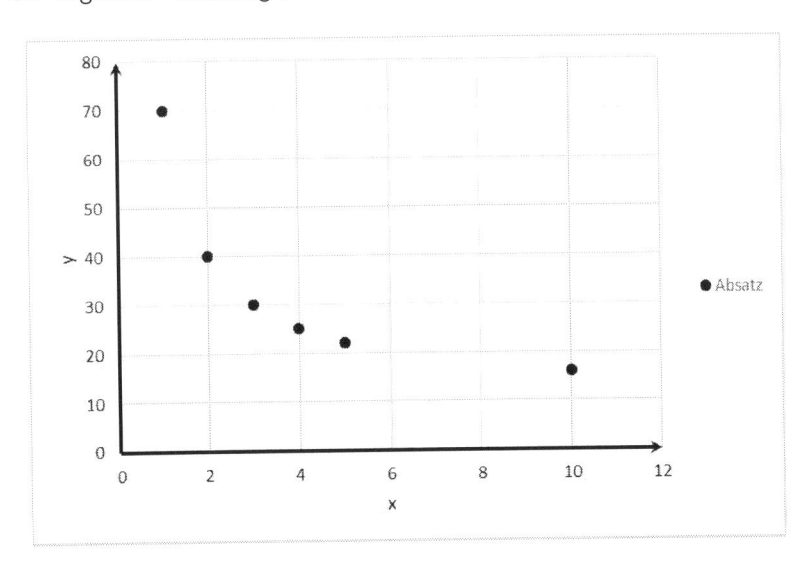

Abbildung 9.41: Regression durch eine Hyperbel, Beispiel

9.7. KORRELATION UND REGRESSION

Eine Funktion, die eine verschobene Hyperbel darstellt (siehe auch Kapitel 5.5, Seite 138), kann in dieser Form geschrieben werden: $f(x) = c_0 + \frac{c_1}{x}$. Für wachsende x-Werte nähert sich der Funktionswert dem c_0 an. Um die beiden Unbekannten c_0 und c_1 mithilfe der linearen Regression zu berechnen, muss der Preis x durch eine neue Variable ersetzt werden: $z = \frac{1}{x}$. Dann ergibt sich eine neue Funktion, die von z abhängt und die Form

$$g(z) = c_0 + \frac{c_1}{\frac{1}{z}} = c_0 + c_1 z$$

hat. D.h. zwischen z und g(z) liegt ein linearer Zusammenhang vor und zur Berechnung von Achsenabschnitt und Steigung können Formeln (9.31) und (9.32) (Berechnung Achsenabschnitt und Steigung der Regressionsgeraden, Seite 344) bzw. Formel (9.33) (Berechnung Achsenabschnitt und Steigung der Regressionsgeraden, alternative Formel) genutzt werden.

Anstelle der obenstehenden Tabelle für Preis und Absatz werden nunmehr die Werte der folgenden Tabelle für die Regression herangezogen:

i	Preis (x_i)	Absatz (y_i)	1 / Preis ($z_i = \frac{1}{x_i}$)
1	1	70	1,0000
2	2	40	0,5000
3	3	30	0,3333
4	4	25	0,2500
5	5	22	0,2000
6	10	16	0,1000

In den Formeln wird anstelle von x der z-Wert eingesetzt, y bleibt erhalten. Graphisch ist der Zusammenhang zwischen z und y durch Abbildung 9.42 gegeben, wobei nunmehr auf der waagerechten Achse z (der Kehrwert des Preises) aufgetragen wird.

Nutzung von Formel (9.31) und Formel (9.32) (Berechnung Achsenabschnitt und Steigung der Regressionsgeraden) liefert dann die Werte $c_0 = 10$ und $c_1 = 60$. Eine Berechnung des Bravais-Pearson'schen Korrelationskoeffizienten (siehe Formel (9.34) (Bravais-Pearson'scher Korrelationskoeffizient, Version 1)) liefert $r = 1$, d.h. der lineare Zusammenhang zwischen z und y ist

9.7.3 LINEARE REGRESSION

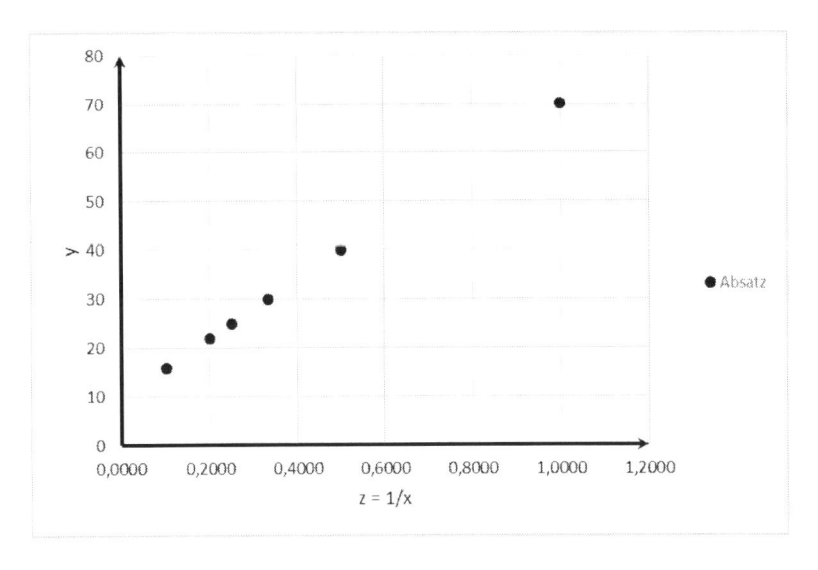

Abbildung 9.42: Regression durch eine Hyperbel, Beispiel

maximal, die Punkte liegen auf einer steigenden Geraden.

Damit ist der Zusammenhang von Preis und Absatz anhand der gegebenen Werte perfekt durch $f(x) = 10 + \frac{60}{x}$ gegeben. Dies kann durch Einsetzen der x_i-Werte leicht überprüft werden.

9.7.3.9 Weltbevölkerung: Beispiel

An dieser Stelle wird noch einmal das Beispiel aus Kapitel 9.7.2 aufgegriffen. Beim Vergleich der beiden Modelle (linear versus exponentiell) ergeben sich folgende in den Graphiken abzulesenden Bestimmtheitsmaße, d.h. die Qualität der Nachbildung der Entwicklung der Weltbevölkerung (hier: Jahreswerte) ist sowohl für die lineare ($R^2 = 0,9958$) als auch exponentielle ($R^2 = 0,993$) Regression sehr gut: beide Bestimmtheitsmaße sind höher als 99%, jedoch weist das lineare Modell ein etwas höheres Bestimmtheitsmaß auf.

9.7. KORRELATION UND REGRESSION

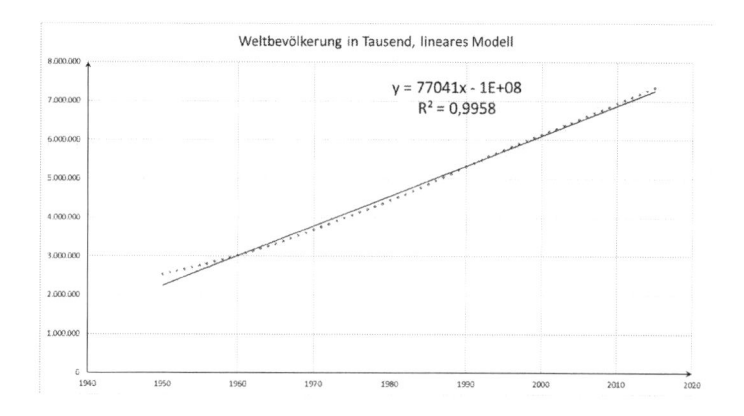

Abbildung 9.43: Weltbevölkerung, lineares Modell

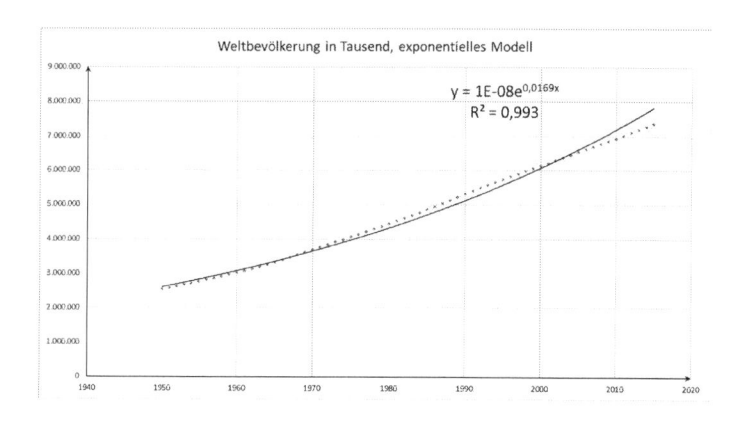

Abbildung 9.44: Weltbevölkerung, exponentielles Modell

9.7.4 Scheinkorrelation

Scheinkorrelation beschreibt den Sachverhalt, daß zwischen zwei Merkmalen eine Korrelation besteht, der aber kein (bekannter) kausaler Zusammenhang zugrunde liegt. Dies kann häufig durch "geschickte" Wahl von Zahlenwerten erreicht werden. Die lineare Regression berechnet immer nur die bestmögliche Gerade gemäß der "Methode der kleinsten Quadrate", ohne einen Erklärungsversuch für den Zusammenhang zu liefern.

Beispielhaft wird im Folgenden eine lineare Regression mit zwei Datensätzen

9.7.4 SCHEINKORRELATION

präsentiert[9].

Beim ersten Merkmal handelt es sich um das "Durchschnittliche Haushaltsbruttoeinkommen in Deutschland pro Jahr". Das zweite Merkmal lautet "Anzahl Todesfälle durch Sturz in Deutschland pro Jahr (geschlechtsunabhängig)":

	Deutschland Haushaltsbruttoeinkommen	Tod durch Sturz in Deutschland
2009	3.711,00 €	8.503
2010	3.758,00 €	9.479
2011	3.871,00 €	9.722
2012	3.989,00 €	10.240
2013	4.101,00 €	10.842

In der folgenden Abbildung ist die Anzahl der Todesfälle durch Stürze (y-Achse) in Abhängigkeit vom Haushaltsbruttoeinkommen (x-Achse) präsentiert.

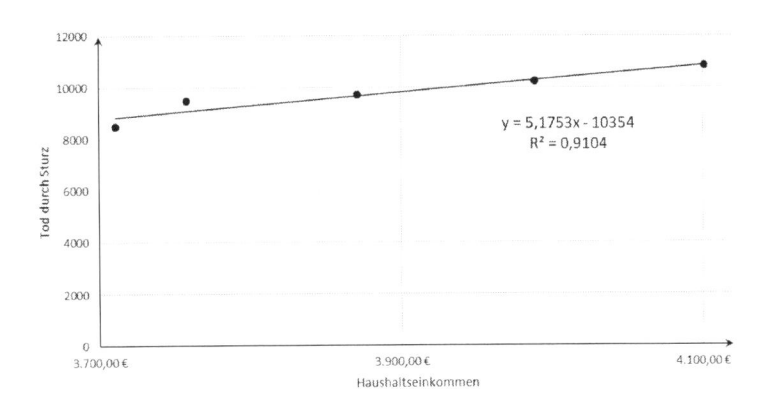

Abbildung 9.45: Scheinkorrelation zwischen Haushaltseinkommen und Todesfällen durch Stürze in Deutschland

Zu sehen ist die Gleichung der Regressionsgeraden und das Bestimmtheitsmaß von $R^2 = 0,9104$. Das ergibt einen Bravais-Pearson'schen Korrelationskoeffizienten von $r = 0,9542$. Also liegt ein sehr starker (linearer) Zusammenhang im Sinne der linearen Regression vor.

---
[9]Vgl. [5, abgerufen am 13.9.2016]

9.7. KORRELATION UND REGRESSION

Kausal (im Sinne: Ursache-Wirkung) ist nicht von einem Zusammenhang auszugehen.

9.7.5 Multiple lineare Regression

In der Praxis ist ein Zusammenhang der Form "ein abhängiges Merkmal hängt von einem unabhängigen Merkmal ab" häufig zu einfach. Soll z.B. die Abhängigkeit zwischen Lebenserwartung und Lebenswandel abgebildet werden, so müssen verschiedene Einflussfaktoren (Anzahl Zigaretten, Menge reiner Alkohol, Ernährung, Sportstunden etc.) berücksichtigt werden.

Sobald mehr als ein unabhängiges Merkmal betrachtet wird, handelt es sich um eine multiple (lineare) Regression. In diesem Falle wird die graphische Darstellung schwierig, außer im Fall von zwei unabhängigen und einem abhängigen Merkmal. Die gemessenen Werte stellen dann Punkte im dreidimensionalen Raum dar und die multiple lineare Regression ist die Aufgabe eine Ebene im Raum zu finden, die einen möglichst kleinen Abstand (im Sinne der Methode der kleinsten Quadrate) zu den Punkten hat.

Die Formeln werden hier nur angegeben (ohne Herleitung) und anhand eines Beispiels illustriert. Es handelt sich dabei um ein lineares Gleichungssystem, das mit den Methoden der linearen Algebra gelöst werden kann (siehe Kapitel 4, Seite 67).

Normalerweise wird der Regressand (die abhängige Größe) durch y bezeichnet und die Regressoren (die unabhängigen Größen) mit x_1, x_2, x_3, ..., x_m.

Die gemessene Größe y soll nun durch die Regressionsfunktion $\hat{y}$ möglichst gut dargestellt werden, wobei

$$\hat{y} = c_0 + c_1 x_1 + c_2 x_2 + \ldots + c_m x_m = c_0 + \sum_{i=1}^{m} c_i x_i$$

eine Ebene im $(m+1)$-dimensionalen Raum darstellt. Analog zur linearen Regression werden die Residuen quadriert und die Gesamtsumme der Residuen gemäß der Methode der kleinsten Quadrate minimiert.

Es liegen n Messungen/ Datensätze vor. Dabei werden jeweils alle Variablen $(y, x_1, x_2, x_3, \ldots, x_m)$ gemessen.

9.7.5 MULTIPLE LINEARE REGRESSION

Die Messwerte werden folgendermaßen notiert: der erste Index am x stellt die i-te Messung dar und der zweite die jeweilige Nummer der Unbekannten. Diese Schreibweise ist sinnvoll, weil sie später der Matrixschreibweise aus Kapitel 4.3 entspricht:

$$\hat{y}_1 = c_0 + c_1 x_{11} + c_2 x_{12} + c_3 x_{13} + \ldots + c_m x_{1m}$$
$$\hat{y}_2 = c_0 + c_1 x_{21} + c_2 x_{22} + c_3 x_{23} + \ldots + c_m x_{2m}$$
$$\vdots$$
$$\hat{y}_n = c_0 + c_1 x_{n1} + c_2 x_{n2} + c_3 x_{n3} + \ldots + c_m x_{nm}$$

Die $\hat{y}_i$ stellen die Werte der Regressionsebene an den gemessenen Werten x_1, x_2, x_3, ..., x_m dar. Im Allgemeinen entsprechen diese Werte nicht den gemessenen y-Werten y_1, y_2, y_3, ..., y_n. Der Unterschied zwischen $\hat{y}_i$ und y_i sind die zu minimierenden Residuen, die quadriert werden.

Die Lösung des Minimierungsproblems (die Unbekannten c_0, c_1, c_2, c_3, ..., c_m) ergibt sich ohne Herleitung als

$$c = \left(X^T X\right)^{-1} X^T y \tag{9.42}$$

Dabei ist $y = \begin{pmatrix} y_1 \\ y_2 \\ \vdots \\ y_n \end{pmatrix}$ der Vektor der gemessenen y-Werte,

$X = \begin{pmatrix} 1 & x_{11} & \ldots & x_{1m} \\ 1 & x_{21} & \ldots & x_{2m} \\ \vdots & \vdots & \ddots & \vdots \\ 1 & x_{n1} & \ldots & x_{nm} \end{pmatrix}$ die Matrix der gemessenen, verschiedenen

x-Werte und $c = \begin{pmatrix} c_0 \\ c_1 \\ \vdots \\ c_m \end{pmatrix}$ der Vektor des gesuchten Achsenabschnitts c_0 und

der gesuchten Steigungen der Regressionsebene c_1, c_2, ..., c_m.

9.7. KORRELATION UND REGRESSION

9.7.5.1 Multiple lineare Regression: Beispiel

Es wurden zwei unabhängige (x_1 und x_2) und eine abhängige Variable (y) gemessen, dabei ergaben sich folgende Werte:

Messung	x_1	x_2	y
1	3	3	1
2	22	10	28
3	30	−2	55
4	7	11	3
5	14	2	20
6	20	3	30

In der Graphik (Abbildung 9.46) sind die gemessenen y-Werte auf der senkrechten Achse abgetragen und mit kleinen Pyramiden gekennzeichnet, zwecks besserer Sichtbarkeit.

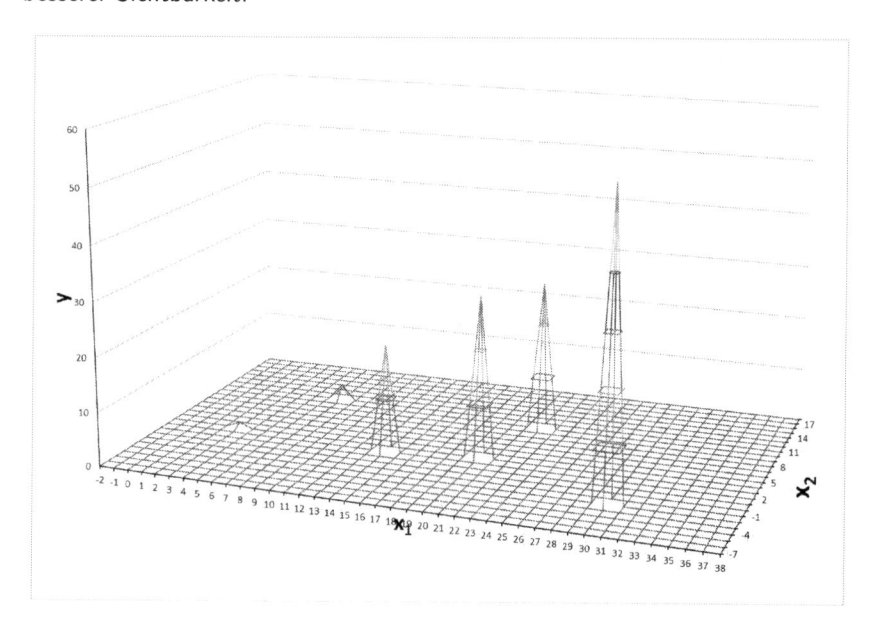

Abbildung 9.46: Gemessene Werte, multiple Regression

Mit den Notationen von oben ergibt sich:

9.7.5 MULTIPLE LINEARE REGRESSION

$$X = \begin{pmatrix} 1 & 3 & 3 \\ 1 & 22 & 10 \\ 1 & 30 & -2 \\ 1 & 7 & 11 \\ 1 & 14 & 2 \\ 1 & 20 & 3 \end{pmatrix} \text{ und } y = \begin{pmatrix} 1 \\ 28 \\ 55 \\ 3 \\ 20 \\ 30 \end{pmatrix}.$$

Gemäß den Regeln zum Transponieren einer Matrix ergibt sich (siehe Kapitel 4.3.2, Seite 71):

$$X^T = \begin{pmatrix} 1 & 1 & 1 & 1 & 1 & 1 \\ 3 & 22 & 30 & 7 & 14 & 20 \\ 3 & 10 & -2 & 11 & 2 & 3 \end{pmatrix}.$$

Nun kann der Lösungsvektor gemäß Formel (9.42) (Lösung der multiplen Regression) berechnet werden. Dies erfolgt in einzelnen Schritten:

$$X^T X = \begin{pmatrix} 1 & 1 & 1 & 1 & 1 & 1 \\ 3 & 22 & 30 & 7 & 14 & 20 \\ 3 & 10 & -2 & 11 & 2 & 3 \end{pmatrix} \cdot \begin{pmatrix} 1 & 3 & 3 \\ 1 & 22 & 10 \\ 1 & 30 & -2 \\ 1 & 7 & 11 \\ 1 & 14 & 2 \\ 1 & 20 & 3 \end{pmatrix} =$$

$$= \begin{pmatrix} 6 & 96 & 27 \\ 96 & 2.038 & 334 \\ 27 & 334 & 247 \end{pmatrix}.$$

Diese Matrix wird invertiert (siehe Kapitel 4.3.5):

$$(X^T X)^{-1} = \begin{pmatrix} 1,2230 & -0,0459 & -0,0717 \\ -0,0459 & 0,0024 & 0,0018 \\ -0,0717 & 0,0018 & 0,0094 \end{pmatrix}.$$

9.7. KORRELATION UND REGRESSION

Im Anschluss wird berechnet:

$$X^T y = \begin{pmatrix} 1 & 1 & 1 & 1 & 1 & 1 \\ 3 & 22 & 30 & 7 & 14 & 20 \\ 3 & 10 & -2 & 11 & 2 & 3 \end{pmatrix} \cdot \begin{pmatrix} 1 \\ 28 \\ 55 \\ 3 \\ 20 \\ 30 \end{pmatrix} = \begin{pmatrix} 137 \\ 3.170 \\ 336 \end{pmatrix}.$$

Nunmehr kann der Vektor c berechnet werden:

$$c = (X^T X)^{-1} X^T y =$$

$$= \begin{pmatrix} 1,2230 & -0,0459 & -0,0717 \\ -0,0459 & 0,0024 & 0,0018 \\ -0,0717 & 0,0018 & 0,0094 \end{pmatrix} \cdot \begin{pmatrix} 137 \\ 3.170 \\ 336 \end{pmatrix} = \begin{pmatrix} -1,9180 \\ 1,7838 \\ -0,8421 \end{pmatrix}.$$

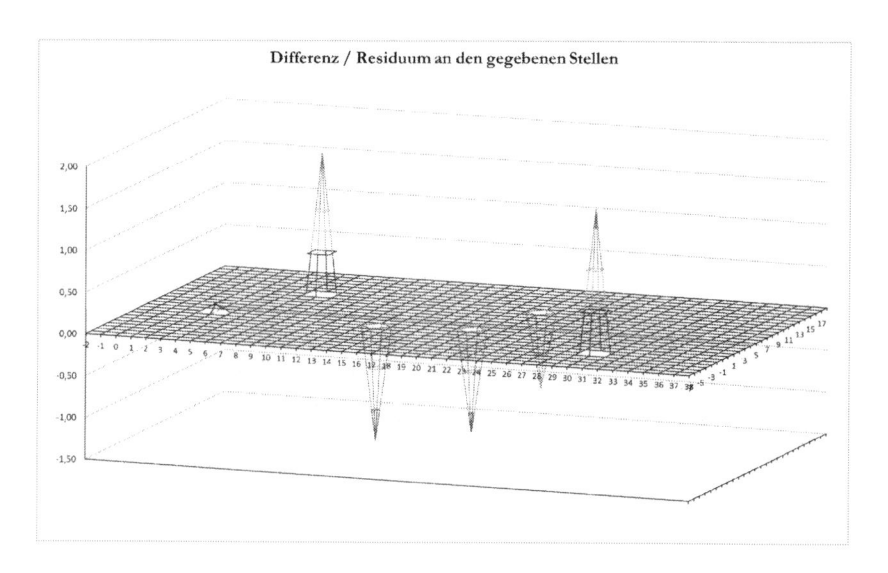

Abbildung 9.47: Residuen an den gegebenen Stellen, multiple Regression

Also lautet die Regressionsebene:

$$\hat{y}(x_1, x_2) = -1,9180 + 1,7838 x_1 - 0,8421 x_2.$$

In Abbildung 9.47 sind die Differenzen/ Residuen zwischen den gegebenen y-Werten und der Regressionsebene zu sehen. Diese sind minimiert. Die maximale Differenz zwischen der Ebene und den gemessenen Werten liegt unterhalb von Zwei.

9.7.5.2 Logistische Regression

Die lineare Regression stösst in vielen Situationen an ihre Grenzen. Wenn beispielsweise als abhängige Variable eine "Ja / Nein"-Frage betrachtet wird, treten häufig Probleme auf. In diesem Unterkapitel werden Wahrscheinlichkeiten benötigt, die erst in Kapitel 10 korrekt eingeführt werden. Hier werden sie schon benutzt.

Im Allgemeinen wird "Ja" mit 1 kodiert und "Nein" mit 0. Aus Vereinfachungsgründen wird hier nur eine sehr kleine Stichprobe betrachtet: eine Bank will kontrollieren, ob es einen Zusammenhang zwischen dem Alter eines Kreditantragstellers und der Kreditbewilligung gibt. Die erfassten Daten sind in Tabelle 9.12 aufgelistet.

Alter x_i	Kredit erhalten (Ja / Nein)	Kredit erhalten (kodiert), y_i
22	Nein	0
25	Nein	0
27	Nein	0
28	Nein	0
35	Ja	1
40	Nein	0
49	Ja	1
60	Ja	1
65	Ja	1

Tabelle 9.12: Logistische Regression, Beispieldaten, Kreditvergabe

Wird mit den gegebenen Daten (unabhängige Variable: Alter, abhängige

9.7. KORRELATION UND REGRESSION

Variable: Kredit erhalten (kodiert)) eine lineare Regression durchgeführt, so ergibt sich Abbildung 9.48. Die gefundene Regressionsgerade

$$\hat{y}(x) = 0,028x - 0,6154$$

nähert die Daten mit mittelmässiger bis guter Qualität an, das Bestimmtheitsmaß (siehe Formel (9.38)) beträgt $R^2 = 0,643$.

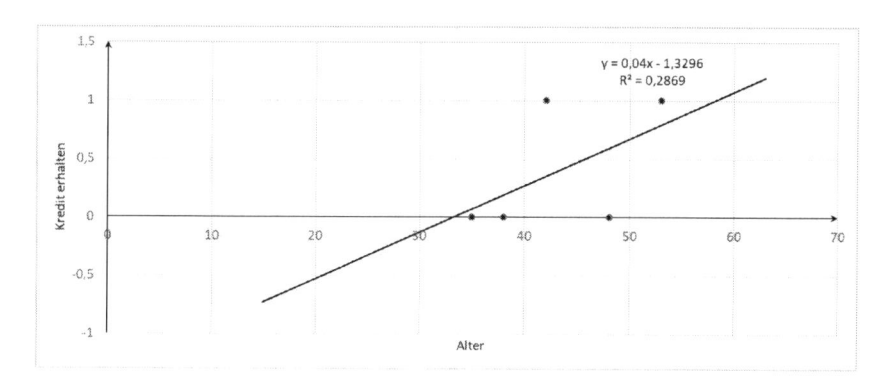

Abbildung 9.48: Logistische Regression, Beispieldaten

Die Bank möchte aufgrund des Alters eine Vorhersage für die Kreditvergabe erhalten. Der gefundene Zusammenhang kann also als Wahrscheinlichkeit für die Vergabe des Kredits interpretiert werden. Beispielsweise könnte definiert werden:

- falls $\hat{y}(x = $ Alter$)$ kleiner als 50%, so wird voraussichtlich kein Kredit vergeben,

- falls $\hat{y}(x = $ Alter$)$ grösser als 50%, so wird wahrscheinlich ein Kredit vergeben.

Anhand von Abbildung 9.48 ist das Problem offensichtlich: die Gerade nimmt Werte unterhalb von 0 und oberhalb von 1 (entspricht 100%) an:

- falls ein Mensch mit $x = 21$ Jahren einen Kredit beantragt, so ergäbe die Regressionsgerade $\hat{y}(x = 21) = -0,0283 = -2,83\%$,

9.7.5 MULTIPLE LINEARE REGRESSION

- falls ein Mensch mit $x = 62$ Jahren einen Kredit beantragt, so ergäbe die Regressionsgerade $\hat{y}(x=62) = 1,1178 = 111,78\%$.

Wie in Kapitel 10.5 erläutert wird, müssen Wahrscheinlichkeiten immer einen Wert zwischen 0% und 100% annehmen. Eine Wahrscheinlichkeit von Null stellt bereits ein "unmögliches Ereignis" dar und eine Wahrscheinlichkeit von Eins bedeutet ein "sicheres Ereignis".

Aus diesem Grunde wird die logistische Regression genutzt. Dabei wird eine Regressionsfunktion modelliert, deren Werte immer zwischen 0 und 1 liegen. Dazu wird zunächst folgende Größe definiert:

$$o_i = e^{c_0 + c_1 x_i} \tag{9.43}$$

Die Wahrscheinlichkeit p_i einen Kredit zu erhalten, wird dann mit

$$p_i = \frac{o_i}{1 + o_i} = \frac{e^{c_0 + c_1 x_i}}{1 + e^{c_0 + c_1 x_i}} \tag{9.44}$$

berechnet.

Da $e^{c_0 + c_1 x_i} \geq 0$ und im Nenner nur eine Eins addiert wird, ist sofort klar, daß

$$0 \leq p_i = \frac{o_i}{1 + o_i} = \frac{e^{c_0 + c_1 x_i}}{1 + e^{c_0 + c_1 x_i}} \leq 1.$$

Die gesuchten Unbekannten sind wie bei der linearen Regression c_0 und c_1, die im Exponenten der e-Funktion stehen. Wird Gleichung (9.44) umgeformt, ergibt sich:

$$p_i = \frac{o_i}{1 + o_i} \Leftrightarrow p_i(1 + o_i) = o_i \Leftrightarrow p_i = o_i(1 - p_i) \Leftrightarrow \frac{p_i}{1 - p_i} = o_i.$$

Die o_i stellen also die Wahrscheinlichkeit für Erfolg p_i der Wahrscheinlichkeit für Misserfolg $1-p_i$ entgegen. Diese Verhältniszahl o_i wird **Odd** (etwa: Chance) genannt. Falls beispielsweise die Erfolgswahrscheinlichkeit $p = 75\%$ gegeben ist, so ergibt sich eine Odd von $o = \frac{75\%}{1-75\%} = \frac{75\%}{25\%} = 3$. Das bedeutet, daß der Erfolg "im Durchschnitt" drei Mal so häufig eintreten wird wie der Misserfolg.

Wird die Odd $o = \frac{p}{1-p}$ für verschiedene Werte von p gezeichnet, so ergibt

9.7. KORRELATION UND REGRESSION

sich Abbildung 9.49. Die Odds sind immer positiv und werden für p-Werte, die gegen 1 gehen, beliebig groß, da der Nenner dann gegen Null geht. Von diesen

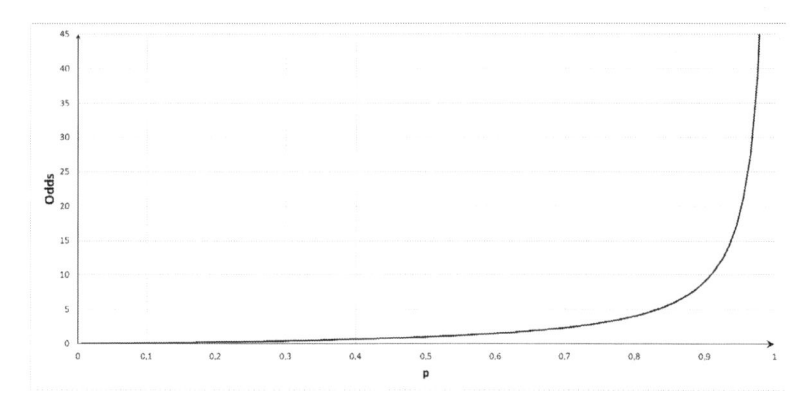

Abbildung 9.49: Logistische Regression, Odds in Abhängigkeit von Wahrscheinlichtkeit p

positiven Odds wird im Rahmen der logistischen Regression der Logarithmus naturalis (siehe Kapitel 5.8) genutzt:

$$\text{LogIt} = l = \ln(o) = \ln\left(\frac{p}{1-p}\right) \qquad (9.45)$$

Werden die LogIts l in Abhängigkeit von der Wahrscheinlichkeit p graphisch angezeigt, so ergibt sich Abbildung 9.50. Die LogIts nehmen Werte zwischen $-\infty$ und $+\infty$ an. Zwischen den drei vorgestellten Größen gelten also die folgenden Zusammenhänge. Der Pfeil deutet die Rechenrichtung an.

	Wahrscheinlichkeit p	Odd o	LogIt l
$\rightarrow$	p	$o = \frac{p}{1-p}$	$l = \ln(o) = \ln\left(\frac{p}{1-p}\right)$
$\leftarrow$	$p = \frac{o}{1+o} = \frac{e^l}{1+e^l}$	$o = e^l$	l

Wird nun Gleichung (9.43) genutzt, so ergibt sich:

$$p_i = \frac{o_i}{1+o_i} = \frac{e^{c_0+c_1 x_i}}{1+e^{c_0+c_1 x_i}} \quad \text{bzw.} \quad l_i = \ln(o_i) = c_0 + c_1 x_i. \qquad (9.46)$$

Nun wird das obige Beispiel wieder aufgegriffen. Das p_i aus Gleichung (9.46)

9.7.5 MULTIPLE LINEARE REGRESSION

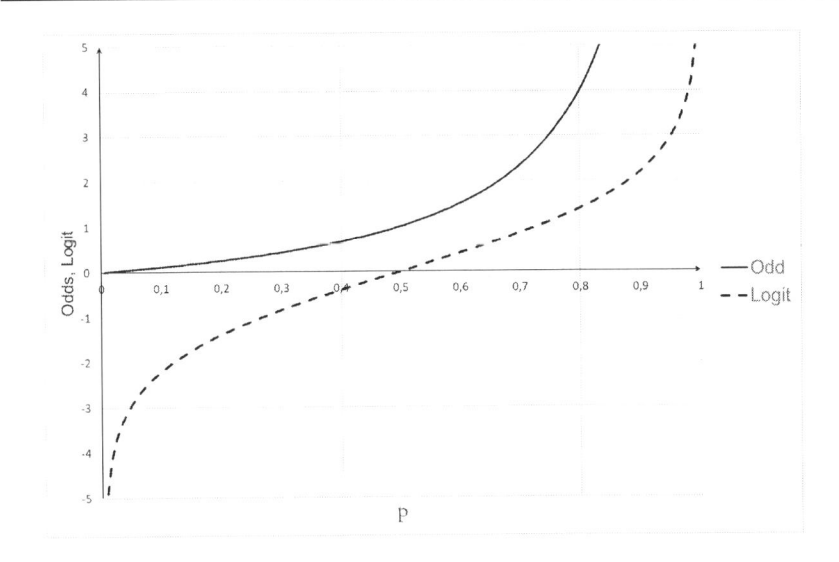

Abbildung 9.50: Logistische Regression, Odds und LogIts in Abhängigkeit von Wahrscheinlichkeit p

soll die Wahrscheinlichkeit für die Kreditvergabe möglichst gut modellieren. Als Startwert wird beispielsweise $c_0 = 1$ und $c_1 = 0$ gesetzt. Dann ergibt sich gerundet:

$$p_i = \frac{e^{c_0 + c_1 x_i}}{1 + e^{c_0 + c_1 x_i}} = \frac{e^{1+0}}{1 + e^{1+0}} = 0,7311 = 73,11\%.$$

Mit den (willkürlich) gewählten Startwerten, wäre die Wahrscheinlichkeit für die Kreditvergabe also $73,11\%$, unabhängig vom Alter (da $c_1 = 0$). Nun muss ein Zusammenhang zu den erhobenen Daten aus Tabelle 9.12 hergestellt werden. Dazu wird die modellierte Kreditvergabewahrscheinlichkeit p_i mit der tatsächlichen y_i verglichen. Falls

- $y_i = 1$ (es wurde ein Kredit vergeben), so wird eine Größe $z_i = p_i$ definiert. Dies entspricht der Wahrscheinlichkeit für Kreditvergabe im Modell mit den momentanen Werten c_0 und c_1: $z_i = p_i = 73,11\%$.

- $y_i = 0$ (es wurde kein Kredit vergeben), so wird eine Größe $z_i = 1 - p_i$ definiert. Dies ist die Gegenwahrscheinlichkeit (mit obigen Zahlwerten:

9.7. KORRELATION UND REGRESSION

$z_i = 1 - 73,11\% = 26,89\%$), also im Modell die Wahrscheinlichkeit dafür, daß kein Kredit vergeben wurde.

Es ergibt sich Tabelle 9.13.

Alter x_i	Kredit erhalten (kodiert), y_i	p_i	z_i
22	0	73,11%	$1 - 73,11\% = 26,89\%$
25	0	73,11%	$1 - 73,11\% = 26,89\%$
27	0	73,11%	$1 - 73,11\% = 26,89\%$
28	0	73,11%	$1 - 73,11\% = 26,89\%$
35	1	73,11%	73,11%
40	0	73,11%	$1 - 73,11\% = 26,89\%$
49	1	73,11%	73,11%
60	1	73,11%	73,11%
65	1	73,11%	73,11%

Tabelle 9.13: Logistische Regression, Beispieldaten, Kreditvergabe 2

Nun wird eine Größe, genannt **Likelihood**, definiert:

$$L = \prod_{i=1}^{n} p_i^{y_i}(1-p_i)^{1-y_i}.$$

Da y_i entweder den Wert 0 oder 1 annimmt, gilt für jeden Faktor im obigen Produkt:

- falls $y_i = 0$:
  $p_i^{y_i}(1-p_i)^{1-y_i} = p_i^0(1-p_i)^{1-0} = (1-p_i)^1 = 1 - p_i = z_i.$

- falls $y_i = 1$:
  $p_i^{y_i}(1-p_i)^{1-y_i} = p_i^1(1-p_i)^{1-1} = p_i(1-p_i)^0 = p_i = z_i.$

L ist also das Produkt der z_i-Werte.

Auf L wird nun aus Vereinfachungsgründen der Logarithmus naturalis angewandt. Diese Größe wird im Allgemeinen als **Log-Likelihood** LL bezeichnet:

$$LL = \ln(L) = \ln\left(\prod_{i=1}^{n} p_i^{y_i}(1-p_i)^{1-y_i}\right).$$

9.7.5 MULTIPLE LINEARE REGRESSION

Mit den Rechenregeln des Logarithmus (siehe Formeln (5.6)) gilt:

$$LL = \ln\left(\prod_{i=1}^{n} p_i^{y_i}(1-p_i)^{1-y_i}\right) = \sum_{i=1}^{n} \ln\left(p_i^{y_i}(1-p_i)^{1-y_i}\right) =$$

$$= \sum_{i=1}^{n} \left[\ln(p_i^{y_i}) + \ln\left((1-p_i)^{1-y_i}\right)\right] = \sum_{i=1}^{n} \left[y_i \ln(p_i) + (1-y_i)\ln(1-p_i)\right].$$

Wieder ist zu beachten, daß y_i in jedem Summanden entweder 0 oder 1 ist, so daß jeweils ein Teil jedes Summanden wegfällt.

Im Unterschied zur linearen Regression können c_0 und c_1 aus Formel (9.46) nicht direkt angegeben werden, sondern müssen entweder mit dem Newton-Verfahren (siehe Kapitel 5.18) oder mit dem Solver in Excel über eine Maximierung von LL näherungsweise bestimmt. werden.

Im Beispiel aus Tabelle 9.12 von Seite 373 ergibt sich mithilfe von Excel:

$$c_0 = -9,9063 \qquad \text{und} \qquad c_1 = 0,2612.$$

Graphisch ist der Zusammenhang in Abbildung 9.51 dargestellt.

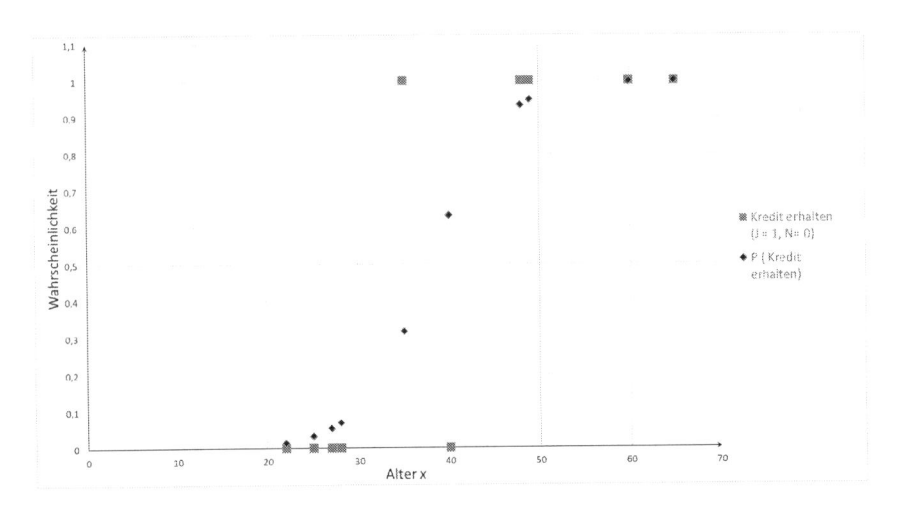

Abbildung 9.51: Logistische Regression, Ergebnis

9.7. KORRELATION UND REGRESSION

9.7.6 Korrelation von ordinalen Merkmalen

Bei ordinalen Merkmalen ist nur eine Reihenfolge/ Ordnung vorhanden und kein Abstand zwischen den einzelnen Merkmalsausprägungen.

Dadurch ist die Berechnung einer Regressionsgeraden nicht möglich, jedoch die Bestimmung der Stärke des Zusammenhangs (analog zum Bestimmtheitsmaß bzw. Bravais-Pearson'schen Korrelationskoeffizienten).

Angenommen, zwei Zeitschriften haben eine Bewertung von jeweils fünf Aktienfonds vorgenommen. Dabei ergaben sich folgende Reihenfolgen:

Aktienfonds	Platz bei Zeitschrift 1	Platz bei Zeitschrift 2
Aktienfonds 1	1	1
Aktienfonds 2	2	3
Aktienfonds 3	3	4
Aktienfonds 4	4	2
Aktienfonds 5	5	5

Es handelt sich um ein ordinales Merkmal, da nur eine Reihenfolge vorliegt und kein Abstand zwischen den einzelnen Plätzen, so könnte z.B. der Unterschied zwischen dem ersten und zweiten Platz sehr klein sein, aber der Unterschied zwischen dem zweiten und dritten Platz sehr groß.

Um die Stärke des Zusammenhangs zwischen den Bewertungen der beiden Zeitschriften zu messen, wird der **Spearman'sche Rangkorrelationskoeffizient**[10] genutzt. Dieser ist definiert als

$$r_S = 1 - \frac{6 \sum_{i=1}^{n} d_i^2}{n(n^2 - 1)} \qquad (9.47)$$

Dabei sind die d_i^2 die quadrierten Abstände ("distance") zwischen den jeweiligen Platzierungen, also:

---
[10] Charles Spearman, 1863 - 1945

9.7.6 KORRELATION VON ORDINALEN MERKMALEN

Aktienfonds	Platz bei Zeitschrift 1	Platz bei Zeitschrift 2	d_i^2
Aktienfonds 1	1	1	$(1-1)^2 = 0$
Aktienfonds 2	2	3	$(2-3)^2 = 1$
Aktienfonds 3	3	4	$(3-4)^2 = 1$
Aktienfonds 4	4	2	$(4-2)^2 = 4$
Aktienfonds 5	5	5	$(5-5)^2 = 0$

Die Summe der d_i^2 beträgt im Beispiel $0 + 1 + 1 + 4 + 0 = 6$ und n (Umfang der Stichprobe) ist Fünf. Damit wird der Spearman'sche Rangkorrelationskoeffizient berechnet als:

$$r_S = 1 - \frac{6 \sum_{i=1}^{n} d_i^2}{n(n^2 - 1)} = 1 - \frac{6 \cdot 6}{5 \cdot (5^2 - 1)} = 1 - \frac{36}{5 \cdot 24} = 0,7.$$

Der Rangkorrelationskoeffizient ist analog zum Bravais-Pearson'schen Korrelationskoeffizienten zu interpretieren. Ein Wert von $0,7$ bedeutet einen recht starken, gleichgerichteten Zusammenhang.

Wie beim Bravais-Pearson'schen Korrelationskoeffizient liegen die Werte des Spearman'schen Rangkorrelationskoeffizienten zwischen -1 und $+1$. Negative Werte bedeuten einen entgegengesetzten Zusammenhang und positive Werte einen gleichgerichteten.

Werte in der Nähe von Null zeigen einen sehr schwachen Zusammenhang und Werte in der Nähe von minus Eins bzw. plus Eins zeigen einen starken Zusammenhang an.

Anmerkung:

Der Spearman'sche Rangkorrelationskoeffizient ist nur direkt nutzbar, falls kein Rang mehrfach besetzt ist. Sollten einzelne Ränge häufiger als ein Mal besetzt sein, so ist eine Korrektur notwendig.

Angenommen, es wurden andere Fonds von den Zeitschriften bewertet und es ergab sich folgendes Bild.

9.7. KORRELATION UND REGRESSION

Aktienfonds	Platz bei Zeitschrift 1	Platz bei Zeitschrift 2
Aktienfonds 11	3	1
Aktienfonds 12	2	1
Aktienfonds 13	5	3
Aktienfonds 14	1	2
Aktienfonds 15	4	2

Die erste Zeitschrift hat eine eindeutige Reihenfolge, für die zweiten Zeitschrift waren Aktienfonds 11 und 12 gleichzeitig auf dem ersten Platz und Aktienfonds 14 und 15 teilen sich den zweiten Platz.

Wird z.B. Aktienfonds 13 betrachtet, so sind sich scheinbar beide Zeitschriften einig, daß dieser den letzten Platz einnimmt. Würde jedoch in diesem Fall das d_i^2 aus Formel (9.47) (Definition: Spearman'scher Rangkorrelationskoeffizient) für den Aktienfonds 13 berechnet, so ergäbe sich $d_3^2 = (5-3)^2 = 4$, also ein recht hoher Wert für die Differenz, obwohl beide Zeitschriften sich bzgl. des letzten Platzes einig sind.

Die Korrektur beruht darin, daß die Plätze auf eine gemeinsame Skala "aufgebläht" werden müssen, um sie vergleichbar zu machen.

Zeitschrift 2 vergibt den Platz 1 zwei Mal, obwohl die Plätze 1 und 2 vergeben werden müßten. In diesem Falle wird das arithmetische Mittel aus den Plätzen 1 und 2 genutzt, um einen neuen Rang zu vergeben: $\text{Rang}_{neu} = \frac{1+2}{2} = 1,5$. Analog wird bei den Aktienfonds 14 und 15 vorgegangen: eigentlich müssten die Ränge 3 und 4 vergeben werden, also ist der neue Rang: $\text{Rang}_{neu} = \frac{3+4}{2} = 3,5$. Als letztes erhält Aktienfonds 13 den Platz 5.

Aktienfonds	Platz bei Zeitschrift 1	Platz bei Zeitschrift 2	Neuer Platz bei Zeitschrift 2
Aktienfonds 11	3	1	1,5
Aktienfonds 12	2	1	1,5
Aktienfonds 13	5	3	5
Aktienfonds 14	1	2	3,5
Aktienfonds 15	4	2	3,5

Nun kann Formel (9.47) (Definition: Spearman'scher Rangkorrelationskoeffizient) genutzt werden: anstelle der Spalten "Platz bei Zeitschrift 1" und "Platz bei Zeitschrift 2" werden nun die Spalten "Platz bei Zeitschrift 1" und "Neuer Platz bei Zeitschrift 2" in der Formel genutzt.

9.7.7 Korrelation von nominalen Merkmalen

Zur Messung der Stärke des Zusammenhangs von zwei nominalen Merkmalen, ist der χ^2-**Unabhängigkeitstest** nutzbar. Das χ ist dabei der griechische Buchstabe "Chi". Die Größe χ^2 ist folgendermaßen definiert:

$$\chi^2 = \sum_{i=1}^{k} \sum_{j=1}^{l} \frac{\left(n_{ij} - \frac{n_{i.} n_{.j}}{n}\right)^2}{\frac{n_{i.} n_{.j}}{n}} \qquad (9.48)$$

Die in der Formel auftauchenden Terme $n_{i.}$ bzw. $n_{.j}$ entsprechen der i-ten Zeilensumme bzw. der j-ten Spaltensumme und stellen somit nur eine abkürzende Schreibweise dar. Ausgeschrieben würden die Terme folgendes bedeuten: $n_{i.} = \sum_{h=1}^{l} n_{ih}$ bzw. $n_{.j} = \sum_{h=1}^{k} n_{hj}$. Die genaue Berechnung wird im folgenden Beispiel erläutert.

Zusätzlich wird häufig die sogenannte **mittlere quadratische Kontingenz** berechnet. Diese ist definiert als Chi-Quadrat dividiert durch n:

$$\frac{\chi^2}{n} = \frac{1}{n} \sum_{i=1}^{k} \sum_{j=1}^{l} \frac{\left(n_{ij} - \frac{n_{i.} n_{.j}}{n}\right)^2}{\frac{n_{i.} n_{.j}}{n}} \qquad (9.49)$$

Maximalwert:

Die mittlere quadratische Kontingenz beträgt maximal den kleineren Wert der Anzahl der Zeilen und Spalten minus Eins. Falls also eine Tabelle mit drei Zeilen und fünf Spalten vorliegt, so ist das Minimum aus Drei und Fünf gleich Drei, davon wird noch Eins abgezogen und es ergibt sich eine maximale mittlere quadratische Kontingenz von Zwei.

Eine Tabelle mit fünf Zeilen und fünf Spalten hat dagegen eine maximale mittlere quadratische Kontingenz von Vier.

Aus diesem Grund wird häufig noch der korrigierte Kontingenzkoeffizient eingeführt, der auf das Intervall [0, 1] normiert ist. Der korrigierte Kontingenz-

9.7. KORRELATION UND REGRESSION

koeffizient macht nur Sinn für Tabellen bei denen die Zahl der Zeilen (k) und die Zahl der Spalten (l) größer als Zwei ist

$$C_{korr} = \sqrt{\frac{\min(k,l)}{\min(k,l)-1}} \sqrt{\frac{\chi^2}{\chi+n}} \qquad (9.50)$$

9.7.7.1 Mittlere quadratische Kontingenz: Beispiel

Bei einer Umfrage unter 100 Arbeitnehmern wurden zwei Merkmale abgefragt: der erreichte Schulabschluss und das Jahresbruttoeinkommen.

Das Einkommen wurde nur in zwei Klassen erhoben:

- Jahresbruttoeinkommen: weniger als 25.000 €

- Jahresbruttoeinkommen: höher als 25.000 €.

Dabei ergab sich folgendes Bild:

	Hauptschule	Realschule	Gymnasium	Summe
Einkommen unter 25.000 €	30	20	10	60
Einkommen über 25.000 €	5	10	25	40
Summe	35	30	35	100

Wie stark ist der Zusammenhang zwischen Schulabschluss und Höhe des Einkommens?

Lösung:

Es ist χ^2 zu berechnen, da es sich beim Schulabschluss um ein nominales Merkmal handelt.

Zuerst wird eine Tabelle erstellt, die die erfragten Werte n_{ij} beinhaltet und zusätzlich die Werte von $\frac{n_{i.} n_{.j}}{n}$. Der Index i gibt die Zeile und der Index j die Spalte innerhalb der Tabelle an:

9.7.7 KORRELATION VON NOMINALEN MERKMALEN

i	j		n_{ij}	$\frac{n_{i.} n_{.j}}{n}$
1	1	Einkommen unter 25.000 € / Hauptschule	30	21
1	2	Einkommen unter 25.000 € / Realschule	20	18
1	3	Einkommen unter 25.000 € / Gymnasium	10	21
2	1	Einkommen über 25.000 € / Hauptschule	5	14
2	2	Einkommen über 25.000 € / Realschule	10	12
2	3	Einkommen über 25.000 € / Gymnasium	25	14

Die Berechnung der Werte von $\frac{n_{i.} n_{.j}}{n}$ erfolgt folgendermaßen: es wird die jeweilige Zeilensumme mit der Spaltensumme multipliziert und durch n dividiert. Im obigen Fall ist $n = 100$.

Der Wert in Zeile 1, Spalte 3 ($i = 1, j = 3$, "Einkommen unter 25.000 €/ Gymnasium") errechnet sich als $\frac{n_{1.} n_{.3}}{n} = \frac{60 \cdot 35}{100} = 21$. Dabei ist 60 die Zeilensumme (der ersten Zeile) und 35 die Spaltensumme (der dritten Spalte).

Werden die so berechneten Werte in ein Tableau wie die Originaldaten (aus der Umfrage) eingetragen, so ergibt sich:

	Haupt-schule	Real-schule	Gymnasium	Summe
Einkommen unter 25.000 €	21	18	21	60
Einkommen über 25.000 €	14	12	14	40
Summe	35	30	35	100

Die in der Umfrage entstandenen Zeilen- und Spaltensummen sind durch die Rechnung erhalten geblieben. Die so berechneten Werte ergeben die maximale Unabhängigkeit zwischen den betrachteten Merkmalen. Z.B. sind die 30 befragten Realschüler im Verhältnis 60 : 40 auf die Einkommensgruppen aufgeteilt, analog für die 35 Hauptschüler und 35 Gymnasiasten.

Die 60 Einkommensschwächeren sind im Verhältnis 35 : 30 : 35 auf Haupt-, Realschule und Gymnasium aufteilt. Von diesen Werten der maximalen Unabhängigkeit wird nun der Abstand zu den tatsächlich gemessenen Werten (aus der Umfrage) berechnet:

9.7. KORRELATION UND REGRESSION

Als nächstes muss für χ^2 die Differenz der beiden Größen quadriert werden: $\left(n_{ij} - \frac{n_{i.}n_{.j}}{n}\right)^2$ (dies ist der quadrierte Abstand zwischen gemessenen und soeben berechneten Werten). Es ergibt sich (letzte Spalte in der Tabelle):

i	j		n_{ij}	$\frac{n_{i.}n_{.j}}{n}$	$\left(n_{ij} - \frac{n_{i.}n_{.j}}{n}\right)^2$
1	1	Einkommen unter 25.000 € / Hauptschule	30	21	81
1	2	Einkommen unter 25.000 € / Realschule	20	18	4
1	3	Einkommen unter 25.000 € / Gymnasium	10	21	121
2	1	Einkommen über 25.000 € / Hauptschule	5	14	81
2	2	Einkommen über 25.000 € / Realschule	10	12	4
2	3	Einkommen über 25.000 € / Gymnasium	25	14	121

Beispielhaft wird $i = 2, j = 1$ berechnet (vierte Datenzeile in der Tabelle): $\left(n_{21} - \frac{n_{2.}n_{.1}}{100}\right)^2 = (5 - 14)^2 = (-9)^2 = 81$. Als letzter Schritt müssen die soeben gewonnen Werte durch das bereits berechnete dividiert werden: $\frac{\left(n_{ij} - \frac{n_{i.}n_{.j}}{n}\right)^2}{\frac{n_{i.}n_{.j}}{n}}$ (zweite Spalte von rechts dividiert durch dritte Spalte von rechts in der folgenden Tabelle).

9.7.7 KORRELATION VON NOMINALEN MERKMALEN

i	j		n_{ij}	$\frac{n_{i.}n_{.j}}{n}$	$\left(n_{ij} - \frac{n_{i.}n_{.j}}{n}\right)^2$	$\frac{\left(n_{ij} - \frac{n_{i.}n_{.j}}{n}\right)^2}{\frac{n_{i.}n_{.j}}{n}}$
1	1	Einkommen unter 25.000 €/ Hauptschule	30	21	81	3,86
1	2	Einkommen unter 25.000 €/ Realschule	20	18	4	0,22
1	3	Einkommen unter 25.000 €/ Gymnasium	10	21	121	5,76
2	1	Einkommen über 25.000 €/ Hauptschule	5	14	81	5,79
2	2	Einkommen über 25.000 €/ Realschule	10	12	4	0,33
2	3	Einkommen über 25.000 €/ Gymnasium	25	14	121	8,64

Exemplarisch wird hier $i = 2, j = 3$ berechnet: $\frac{\left(n_{23} - \frac{n_{2.}n_{.3}}{n}\right)^2}{\frac{n_{2.}n_{.3}}{n}} = \frac{121}{14} = 8,64$. Der Wert von χ^2 berechnet sich nun als Summe der soeben berechneten Zahlen (letzte Spalte).

Also ist

$$\chi^2 = 3,86 + 0,22 + 5,76 + 5,79 + 0,33 + 8,64 = 24,60.$$

Damit ergibt sich die mittlere quadratische Kontingenz als

$$\frac{\chi^2}{n} = \frac{24,60}{100} = 0,246.$$

In diesem Falle beträgt der Maximalwert, den die mittlere quadratische Kon-

9.7. KORRELATION UND REGRESSION

tingenz annehmen könnte (zwei Zeilen und drei Spalten):

$$\text{Min}(2,3) - 1 = 2 - 1 = 1.$$

Für die gemessenen Werte ergab sich 0, 246, so daß von einer hohen Unabhängigkeit der Merkmale Schulabschluss und Einkommen innerhalb der Stichprobe auszugehen ist.

Der korrigierte Kontingenzkoeffizient beträgt hier

$$C_{korr} = \sqrt{\frac{\min(k, l)}{\min(k, l) - 1}} \sqrt{\frac{\chi^2}{\chi^2 + n}} =$$
$$= \sqrt{\frac{\min(2, 3)}{\min(2, 3) - 1}} \sqrt{\frac{24, 6}{24, 6 + 100}} =$$
$$= \sqrt{\frac{2}{2 - 1}} \sqrt{\frac{24, 6}{124, 6}} = \sqrt{2}\sqrt{0, 1973} = 0, 6284.$$

9.7.8 Simpson-Paradoxon

9.7.8.1 Einleitung

Das Simpson[11]-Paradoxon beschreibt scheinbar überraschende Zusammenhänge in Daten, die durch eine zu starke Verdichtung der Daten zustande kommen. Es gibt zahllose Beispiele, die diesen Sachverhalt demonstrieren.

9.7.8.2 Simpson-Paradoxon, Beispiel 1

An einer Hochschule werden zwei Studiengänge angeboten. Es wird gemessen, wie viele Frauen bzw. Männer sich jeweils bewerben und angenommen werden. Dabei ergibt sich insgesamt:

- Es werden 10,1 % der Männer angenommen (101 Zulassungen bei 1.000 Bewerbungen)

- Es werden 2,6 % der Frauen angenommen (26 Zulassungen bei 1.000 Bewerbungen)

---
[11]Benannt nach Edward H. Simpson, 1922 - 2019, veröffentlich in [14]

9.7.8 SIMPSON-PARADOXON

Auf den ersten Blick sieht dies nach einer Benachteiligung der Frauen aus.

Die Originaldaten (unverdichtet) sind in der folgenden Tabelle aufgelistet. Dabei sind die Prozentzahlen (der zum Studium zugelassenen Studierenden) auf eine Nachkommastelle gerundet. (F) stellt die Frauen und (M) die Männer dar.

	Bewerber (M)	Zugelassen (M)	Zugelassen Prozent (M)	Bewerber (F)	Zugelassen (F)	Zugelassen Prozent (F)
Studiengang 1	900	100	11,1 %	50	6	12,0 %
Studiengang 2	100	1	1,0 %	950	20	2,1 %
Gesamt	1.000	101	10,1 %	1.000	26	2,6 %

Aus den Daten ist ersichtlich, dass in jedem einzelnen Studiengang der Anteil der zugelassenen Frauen höher ist als der Anteil der zugelassenen Männer. Die Gesamtzahl (bei der der Anteil der zugelassenen Männer überraschenderweise höher ist als der Anteil der zugelassenen Frauen) ergibt sich jeweils als gewogenes arithmetisches Mittel (siehe Formel (9.5) von Seite 277) der jeweiligen Prozentzahlen:

$$10,1\% = \frac{900}{1.000} 11,1\% + \frac{100}{1.000} 1,0\%$$

beziehungsweise

$$2,6\% = \frac{50}{1.000} 12,0\% + \frac{950}{1.000} 2,1\%.$$

Der Effekt (das sogenannte Simpson-Paradoxon) kommt in diesem Falle dadurch zustande, dass der überwiegende Teil der Frauen (95 %) sich auf Studiengang 2 bewerben, der eine sehr niedrige Zulassungsquote hat. Dagegen bewerben sich 90 % der Männer auf den Studiengang 1, mit der höheren Zulassungsquote.

9.7. KORRELATION UND REGRESSION

9.7.8.3 Simpson-Paradoxon, Beispiel 2

Das Simpson-Paradoxon lässt sich für metrische Daten graphisch darstellen, indem eine lineare Regression (siehe Kapitel 9.7.3, Seite 341) durchgeführt wird.

Hier wird wieder ein einfaches Beispiel mit wenigen Daten genutzt. Es wird das Einstiegsgehalt in Abhängigkeit von der Studiendauer analysiert. Folgende (fiktiven) Daten werden genutzt:

Studiendauer (Semester)	Einstiegsgehalt (Jahresgehalt)
5	30.000
6	28.000
7	27.500
7	40.000
8	38.000
9	38.000

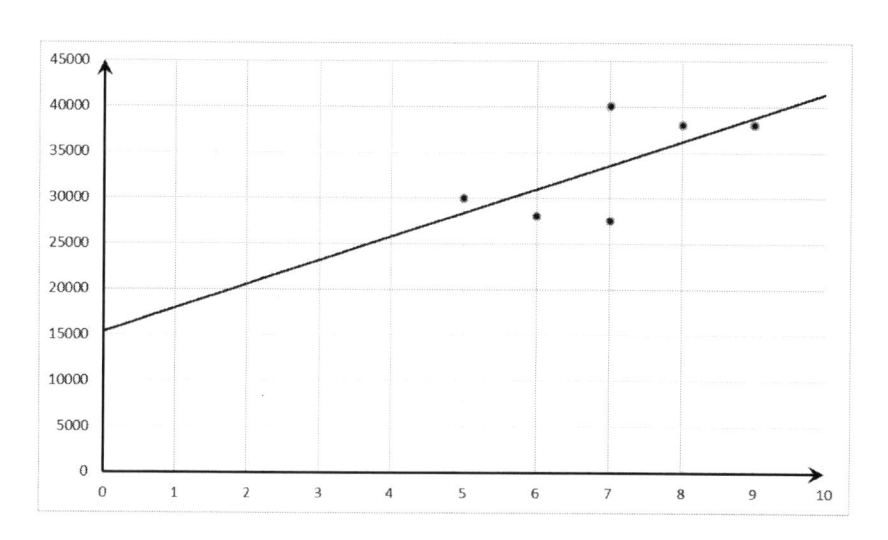

Abbildung 9.52: Simpson-Paradoxon, Einstiegsgehalt in Abhändigkeit von Anzahl Semester, Regressionsgerade

In Abbildung 9.52 sind die Daten als Punkte dargestellt und die Regressions-

9.7.8 SIMPSON-PARADOXON

gerade eingezeichnet. Es besteht also ein gleichgerichteter Zusammenhang (posivite Steigung der Regressionsgerade) zwischen Studiendauer und Einstiegsgehalt: je länger das Studium dauert, umso höher ist das Einstiegsgehalt.

Bei den Daten wurde wieder eine Verdichtung vorgenommen: es wurde die Information, welcher Studiengang studiert wurde, weggelassen. Wird diese Information noch in die Daten aufgenommen, ergibt sich:

Studiengang	Studiendauer (Semester)	Einstiegsgehalt (Jahresgehalt)
Studiengang 1	5	30.000
Studiengang 1	6	28.000
Studiengang 1	7	27.500
Studiengang 2	7	40.000
Studiengang 2	8	38.000
Studiengang 2	9	38.000

Es handelt sich also um zwei unterschiedliche Datensätze. Beim Studiengang 1 handelt es sich scheinbar um einen Studiengang, der sich zügig studieren lässt, jedoch keine hohen Einstiegsgehälter ermöglicht. Studiengang 2 wird im Allge-

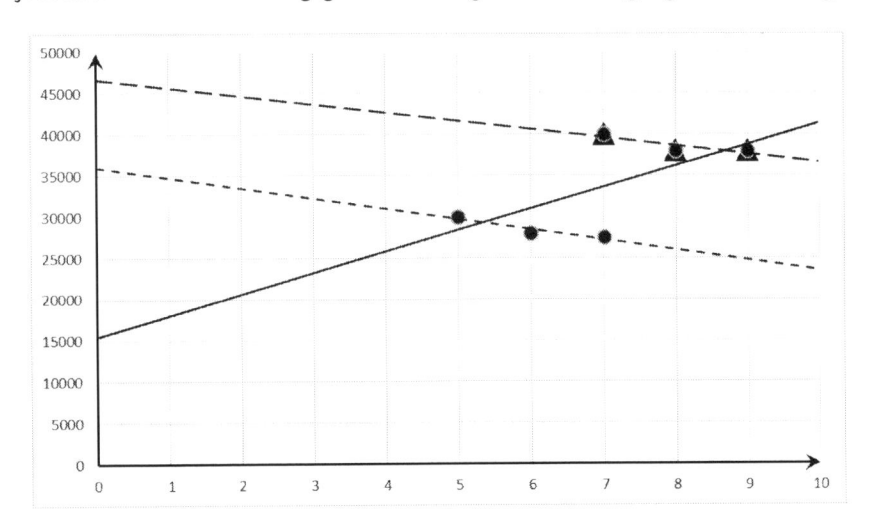

Abbildung 9.53: Simpson-Paradoxon, Einstiegsgehalt in Abhändigkeit von Anzahl Semester, Regressionsgeraden inklusive Studiengang

9.8. HAUPTKOMPONENTENANAYLSE

meinen etwas länger studiert, erlaubt aber insgesamt höhere Einstiegsgehälter.

Innerhalb jedes Studiengangs ist das Verhalten "je länger studiert wird, umso niedriger ist das Einstiegsgehalt" gegeben. Dies ist in Abbildung 9.53 zu erkennen:

- Die Regressionsgerade für alle Datensätze (durchgezogene Gerade) zeigt den zuerst beschriebenen Zusammenhang (positive Steigung).

- Die beiden gestrichelten Regressionsgeraden zeigen den Zusammenhang für Studiengang 1 (runde Datenpunkte) bzw. Studiengang 2 (Dreiecke). In beiden Fällen ist die Steigung negativ.

Bei metrischen Daten tritt das Simpson-Paradoxon auf, wenn die Steigung der Regressionsgerade für die Gesamtmenge an Daten ein anderes Vorzeichen hat als die Steigungen der Regressionsgeraden der Teildaten.

9.8 Hauptkomponentenanaylse

9.8.1 Einleitung

Die **Hauptkomponentenanalyse** (Principal Component Analysis, PCA) ist ein Verfahren zur Dimensionsreduktion von umfangreichen Datensätzen. Es wird versucht, einen mehrdimensionalen Datensatz ohne große Informationsverluste auf wenige (häufig: zwei) Dimensionen zu reduzieren, um diesen beispielsweise graphisch darstellen zu können. Die Hauptkomponentenanalyse wird in verschiedenen Anwendungen genutzt, beispielsweise bei Intelligenztests, Bild- bzw. Signalverarbeitung, künstlicher Intelligenz und Portfolioanalysen.

Das Verfahren wird hier anhand eines Beispiels demonstriert. Es werden diverse Matrizen definiert. Diese werden beispielsweise mit A bezeichnet, wenn es sich um die allgemeine Herleitung handelt und mit A_B, falls es sich um die Benutzung im Rahmen des folgenden Beispiels handelt.

9.8.2 Beispieldaten

Es wird angenommen, daß von neun Studierenden die Klausurpunktzahlen in den Fächern Statistik, Mathematik, BWL und VWL erfasst wurden. Es wird vermutet, daß es zwei Einflussfaktoren auf die Punktezahlen gibt: mathematisches Verständnis (für Statistik und Mathematik) und betriebswirtschaftliches Denken (für die Fächer BWL und VWL).

Es wurden die folgenden Daten erfasst:

k	Punkte Statistik	Punkte Mathematik	Punkte VWL	Punkte BWL
1	90	80	30	20
2	80	90	40	10
3	70	80	20	40
4	20	30	80	90
5	40	20	90	70
6	10	30	70	80
7	80	90	80	80
8	20	10	30	10
9	40	50	40	50

Tabelle 9.14: Ausgangsdaten Beispiel

Allgemein handelt es sich um n Zeilen und m Spalten, hier im Beispiel: $n = 9$ (Studierende) und $m = 4$ (Fächer).

9.8.3 Standardisierung

Die Hauptkomponentenanalyse ist problemabhängig, d.h. jeder Datensatz muss gesondert analysiert werden. Im Allgemeinen ist eine Normierung der Daten mit Mittelwert Null und Standardabweichung Eins hilfreich. Dazu wird ein analoges Verfahren zur z-Transformation (Formel (11.24) von Seite 473) genutzt: es wird zunächst der jeweilige Mittelwert (siehe Formel (9.3), Seite 274) und die entsprechende Standardabweichung der Stichprobe (siehe Formel (9.14), Seite 298) berechnet.

9.8. HAUPTKOMPONENTENANAYLSE

Aus Darstellungsgründen wird hier und im Folgenden häufig auf zwei Nachkommastellen gerundet, jedoch mit allen Stellen in Excel gerechnet. Außerdem werden die folgenden Bezeichnungen x_{ij} eingeführt. Zusätzlich wird von jeder Spalte das arithmetische Mittel mittels

$$\bar{x}_j = \frac{1}{n} \sum_{i=1}^{n} x_{ij}, j = 1, \ldots, m$$

und die Stichprobenstandardabweichung gemäß

$$s_j = \frac{1}{n-1} \sum_{i=1}^{n} (x_{ij} - \bar{x}_j)^2, j = 1, \ldots, m$$

berechnet.

k	Punkte Statistik	Punkte Mathematik	Punkte VWL	Punkte BWL
1	$x_{11} = 90$	$x_{12} = 80$	$x_{13} = 30$	$x_{14} = 20$
2	$x_{21} = 80$	$x_{22} = 90$	$x_{23} = 40$	$x_{24} = 10$
3	$x_{31} = 70$	$x_{32} = 80$	$x_{33} = 20$	$x_{34} = 40$
4	$x_{41} = 20$	$x_{42} = 30$	$x_{43} = 80$	$x_{44} = 90$
5	$x_{51} = 40$	$x_{52} = 20$	$x_{53} = 90$	$x_{54} = 70$
6	$x_{61} = 10$	$x_{62} = 30$	$x_{63} = 70$	$x_{64} = 80$
7	$x_{71} = 80$	$x_{72} = 90$	$x_{73} = 80$	$x_{74} = 80$
8	$x_{81} = 20$	$x_{82} = 10$	$x_{83} = 30$	$x_{84} = 10$
9	$x_{91} = 40$	$x_{92} = 50$	$x_{93} = 40$	$x_{94} = 50$
	$\bar{x}_1 = 50$	$\bar{x}_2 = 53,33$	$\bar{x}_3 = 53,33$	$\bar{x}_4 = 50$
	$s_1 = 30,41$	$s_2 = 32,02$	$s_3 = 26,46$	$s_4 = 31,62$

Durch die Transformation

$$z_{ij} = \frac{x_{ij} - \bar{x}_j}{s_j}$$

werden die Daten um den jeweiligen Mittelwert $\bar{x}_j$ verschoben und mit der Standardabweichung s_j gestaucht. Dadurch ergibt sich für die obigen Werte:

9.8.3 STANDARDISIERUNG

k	Statistik	Mathematik	VWL	BWL
1	1,32	0,83	-0,88	-0,95
2	0,99	1,15	-0,50	-1,26
3	0,66	0,83	-1,26	-0,32
4	-0,99	-0,73	1,01	1,26
5	-0,33	-1,04	1,39	0,63
6	-1,32	-0,73	0,63	0,95
7	0,99	1,15	1,01	0,95
8	-0,99	-1,35	-0,88	-1,26
9	-0,33	-0,10	-0,50	0,00

Durch die Transformation hat jede der Spalten einen Mittelwert von Null und eine Stichprobenstandardabweichung von Eins. Die Verhältnisse der gemessenen Zahlen sind dadurch nicht geändert, es handelt sich nur um eine rechentechnische Vereinfachung für die folgenden Schritte. Aus den obigen Werten lassen sich die erfassten Werte mit der Formel $x_{ij} = \bar{x}_j + z_{ij} \cdot s_j$ berechnen. Beispielsweise ergibt sich der Wert des neunten Studierenden in Statistik als $x_{91} = \bar{x}_1 + z_{91} \cdot s_1 = 50 - 0,33 \cdot 30,41 = 40$.

Die transformierten Werte werden als Matrix Z_B notiert:

$$Z_B = \begin{pmatrix} 1,32 & 0,83 & -0,88 & -0,95 \\ 0,99 & 1,15 & -0,50 & -1,26 \\ 0,66 & 0,83 & -1,26 & -0,32 \\ -0,99 & -0,73 & 1,01 & 1,26 \\ -0,33 & -1,04 & 1,39 & 0,63 \\ -1,32 & -0,73 & 0,63 & 0,95 \\ 0,99 & 1,15 & 1,01 & 0,95 \\ -0,99 & -1,35 & -0,88 & -1,26 \\ -0,33 & -0,10 & -0,50 & 0,00 \end{pmatrix}.$$

Aus dieser wird die folgende Matrix R_B berechnet. Was diese Matrix darstellt,

9.8. HAUPTKOMPONENTENANAYLSE

wird in den nächsten Überlegungen klar.

$$R_B = Z_B^T \cdot Z_B = \begin{pmatrix} 8,00 & 7,29 & -2,73 & -3,22 \\ 7,29 & 8,00 & -2,60 & -1,98 \\ -2,73 & -2,60 & 8,00 & 6,69 \\ -3,22 & -1,98 & 6,69 & 8,00 \end{pmatrix} \quad (9.51)$$

9.8.4 Korrelationsmatrix

Wird die Matrix R (ohne B für Beispiel) allgemein für Werte z_{ij} aufgeschrieben, so ergibt sich:

$$R = Z^T \cdot Z = \begin{pmatrix} z_{11} & z_{21} & \cdots & z_{n1} \\ z_{12} & z_{22} & \cdots & z_{n2} \\ z_{13} & z_{23} & \cdots & z_{n3} \\ \vdots & \vdots & \ddots & \vdots \\ z_{1m} & z_{2m} & \cdots & z_{nm} \end{pmatrix} \cdot \begin{pmatrix} z_{11} & z_{12} & z_{13} & \cdots & z_{1m} \\ z_{21} & z_{22} & z_{23} & \cdots & z_{2m} \\ \vdots & \vdots & \vdots & \ddots & \vdots \\ z_{n1} & z_{n2} & z_{n3} & \cdots & z_{nm} \end{pmatrix} =$$

$$= \begin{pmatrix} \sum_{k=1}^{n} z_{k1}^2 & \sum_{k=1}^{n} z_{k1} \cdot z_{k2} & \cdots & \sum_{k=1}^{n} z_{k1} \cdot z_{km} \\ \sum_{k=1}^{n} z_{k2} \cdot z_{k1} & \sum_{k=1}^{n} z_{k2}^2 & \cdots & \sum_{k=1}^{n} z_{k2} \cdot z_{km} \\ \vdots & \vdots & \ddots & \vdots \\ \sum_{k=1}^{n} z_{im} \cdot z_{i1} & \sum_{k=1}^{n} z_{km} \cdot z_{k2} & \cdots & \sum_{k=1}^{n} z_{km}^2 \end{pmatrix}$$

Dabei ist n die Zahl der Messungen (im Beispiel: $n = 9$ Studierende) und m die Zahl der unterschiedlichen Werte pro Messung, die erfasst wurden (im Beispiel: $m = 4$ Fächer).

Es handelt sich also um eine $m \times m$-Matrix, bei der der Eintrag in Zeile i und Spalte j folgendermaßen aufgebaut ist: $R_{ij} = \sum_{k=1}^{n} z_{ki} \cdot z_{kj}$. Wird jetzt die oben genutzte Transformationsformel (siehe auch Formel (11.24), Seite 473) eingesetzt, so ergibt sich:

$$R_{ij} = \sum_{k=1}^{n} z_{ki} \cdot z_{kj} = \sum_{k=1}^{n} \frac{x_{ki} - \bar{x}_i}{s_i} \cdot \frac{x_{kj} - \bar{x}_j}{s_j} \quad (9.52)$$

9.8.4 KORRELATIONSMATRIX

In Formel (9.36) auf Seite 352 wurde die Kovarianz von zwei Merkmalen definiert: $\text{cov}_{X,Y} = \frac{1}{n-1} \sum_{i=1}^{n} (x_i - \bar{x})(y_i - \bar{y})$. Damit kann Formel (9.52) umgeschrieben werden zu:

$$R_{ij} = \sum_{k=1}^{n} \frac{x_{ki} - \bar{x}_i}{s_i} \cdot \frac{x_{kj} - \bar{x}_j}{s_j} = \frac{1}{s_i} \frac{1}{s_j} \sum_{k=1}^{n} (x_{ki} - \bar{x}_i) \cdot (x_{kj} - \bar{x}_j) =$$

$$= \frac{1}{s_i} \frac{1}{s_j} \frac{n-1}{n-1} \sum_{k=1}^{n} (x_{ki} - \bar{x}_i) \cdot (x_{kj} - \bar{x}_j) = \frac{1}{s_i} \frac{1}{s_j} (n-1) \cdot \text{cov}_{x_i, x_j}$$

In Formel (9.37) wurde gezeigt, dass der Bravais-Pearson'sche Korrelationskoeffizient r durch die Kovarianz dargestellt werden kann: $r = \frac{\text{cov}_{X,Y}}{s_x \cdot s_y}$. Also ergibt sich:

$$R_{ij} = \frac{1}{s_i} \frac{1}{s_j} (n-1) \cdot \text{cov}_{x_i, x_j} = (n-1) \frac{\text{cov}_{x_i, x_j}}{s_i \cdot s_j} = (n-1) \cdot r_{ij},$$

wobei r_{ij} im vorliegenden Beispiel den Bravais-Pearson'schen Korrelationskoeffizienten zwischen Fach i (z.B. Statistik entspricht "1") und Fach j darstellt.

Die auf diese Weise definierte Matrix R wird nun durch $n - 1 = 9 - 1 = 8$ dividiert und es ergibt sich die **Korrelationsmatrix** $\tilde{R}$:

$$\tilde{R} = \frac{1}{n-1} R = \frac{1}{n-1} Z^T \cdot Z \qquad (9.53)$$

Mit den Werten von oben ergibt sich in diesem Beispiel:

$$\tilde{R}_B = \frac{1}{9-1} \begin{pmatrix} 8,00 & 7,29 & -2,73 & -3,22 \\ 7,29 & 8,00 & -2,60 & -1,98 \\ -2,73 & -2,60 & 8,00 & 6,69 \\ -3,22 & -1,98 & 6,69 & 8,00 \end{pmatrix} =$$

$$= \begin{pmatrix} 1,00 & 0,91 & -0,34 & -0,40 \\ 0,91 & 1,00 & -0,32 & -0,25 \\ -0,34 & -0,32 & 1,00 & 0,84 \\ -0,40 & -0,25 & 0,84 & 1,00 \end{pmatrix} = \begin{pmatrix} r_{11} & r_{12} & r_{13} & r_{14} \\ r_{21} & r_{22} & r_{23} & r_{24} \\ r_{31} & r_{32} & r_{33} & r_{34} \\ r_{41} & r_{42} & r_{43} & r_{44} \end{pmatrix}.$$

(9.54)

Die Korrelationsmatrix ist symmetrisch, da die Korrelation zwischen i und j

9.8. HAUPTKOMPONENTENANAYLSE

gleich der zwischen j und i ist ($r_{ij} = r_{ji}$). Auf der Diagonalen stehen immer Einsen, da der Bravais-Pearson'sche Korrelationskoeffizient zwischen i und i immer Eins ist (maximaler, gleichgerichteter Zusammenhang). Es ist bereits hier deutlich zu sehen, dass es scheinbar zwei Einflussfaktoren auf die Punktezahlen gibt: links oben und rechts unten sind jeweils vier im Quadrat angeordnete positive Werte und rechts oben und links unten negative Werte zu sehen. D. h. zwischen Statistik (1. Spalte bzw. 1. Zeile) und Mathematik (2. Spalte bzw. 2. Zeile) gibt es einen stark gleichgerichteten Zusammenhang (siehe Kapitel 9.7.3.3, Seite 349), analog zwischen VWL (3. Spalte bzw. 3. Zeile) und BWL (4. Spalte bzw. 4. Zeile). Es scheint also einen gleichgerichteten Zusammenhang zwischen Statistik und Mathematik einerseits und VWL und BWL andererseits zu geben. Der Zusammenhang zwischen Mathematik/ Statistik auf der einen Seite und VWL/ BWL auf der anderen Seite ist entgegengesetzt gerichtet, da die Korrelationskoeffizienten negativ sind.

9.8.5 Eigenwertberechnung

Nun werden die Eigenwerte und Eigenvektoren der Matrix $\tilde{R}$ berechnet (siehe Formel (4.26) auf Seite 119).

Es gelten die folgenden Eigenschaften für reelle, symmetrische $m \times m$-Matrizen $\tilde{R}$ (ohne Beweis):

- alle Eigenwerte sind reell und die Eigenvektoren zu verschiedenen Eigenwerten sind linear unabhängig (siehe Kapitel 4.10, Seite 113).

- Die Matrix $\tilde{R}$ kann geschrieben werden als $S^{-1} \cdot \tilde{R} \cdot S = D$. Dabei ist D eine Diagonalmatrix, die auf der Diagonalen die Eigenwerte enthält:
$$D = \begin{pmatrix} \lambda_1 & 0 & \cdots & 0 \\ 0 & \lambda_2 & \ddots & 0 \\ \vdots & \ddots & \ddots & \vdots \\ 0 & \cdots & 0 & \lambda_m \end{pmatrix}$$
. Diese Eigenschaft wird **Diagonalisierbarkeit** genannt. Die Matrix S besteht aus den Eigenvektoren v_i zu den Eigenwerten λ_i der Matrix $\tilde{R}$: $S = (v_1, v_2, \ldots v_m)$. Also gilt: $\tilde{R}v_i = \lambda_i v_i$ für alle $i = 1, , m$.

9.8.5 EIGENWERTBERECHNUNG

- Darüber hinaus ist die Matrix S **orthogonal diagonalisierbar**: die Matrix S hat die Eigenschaft $S^{-1} = S^T$. Also kann geschrieben werden:

$$S^T \cdot \tilde{R} \cdot S = D \tag{9.55}$$

Die Idee der Haupkomponentenanalyse ist nun, nicht alle Eigenwerte/ Eigenvektoren für den Aufbau der Matrix S bzw. D mit einzubeziehen, sondern die Anzahl der Dimensonen zu reduzieren, indem nur eine gewisse Zahl von Eigenwerten/ Eigenvektoren genutzt wird.

Es gibt unterschiedliche Ansätze dafür, welche bzw. wie viele Eigenwerte genutzt werden. Die Berechnung der Matrix $\tilde{R}$ und der zugehörigen Eigenwerte ist, wie schon oben erwähnt, problemabhängig. Im vorliegenden Beispiel ergeben sich die folgenden Eigenwerte, diese wurden mittels Excel berechnet:

$$\lambda_1 = 2,5347$$
$$\lambda_2 = 1,2185$$
$$\lambda_3 = 0,2032$$
$$\lambda_4 = 0,0436$$

Zur Auswahl der benötigten Eigenwerte existieren beispielsweise die folgenden Kriterien:

- Kaiser-Guttmann-Kriterium: bei standardisierten Daten (Mittelwert ist Null und Standardabweichung ist Eins) werden ausschließlich Eigenwerte genutzt, die größer als Eins sind.
  Nach dem Kaiser-Guttmann-Kriterium werden im vorliegenden Beispiel die Werte λ_1 und λ_2 genutzt.

- Scree-Test: dabei handelt es sich um ein graphisches Verfahren, bei dem ein Plot der berechneten, sortierten Eigenwerte untersucht wird. Dabei werden die berechneten, sortierten Eigenwerte λ_i auf der y-Achse über i auf der x-Achse angezeigt. Im vorliegenden Fall ergibt sich:

9.8. HAUPTKOMPONENTENANAYLSE

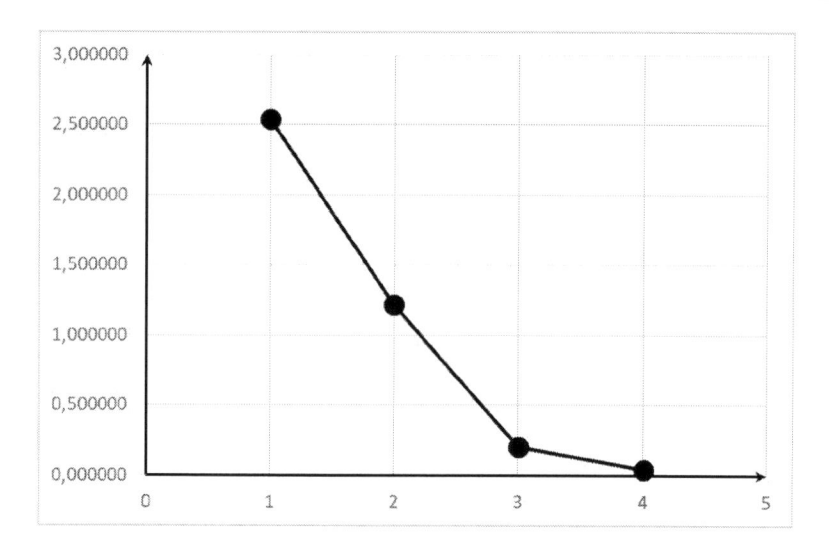

Abbildung 9.54: Scree-Test, Beispieldaten

Beim Scree-Test wird nach einem Knick (auch "Ellenbogen" genannt) im Verlauf der Eigenwerte gesucht. Dadurch handelt es sich um ein subjektives Verfahren. In Abbildung 9.54 tritt der Knick beim dritten Eigenwert auf.

Nach diesem Kriterium würden die Werte λ_1, λ_2 und λ_3 genutzt.

- Die Eigenwerte erklären jeweils einen Anteil der Varianz (Streuung). Der Anteil lässt sich berechnen:

Eigenwert	Wert	Erklärung Varianz	Kumuliert
λ_1	2,5347	$\frac{\lambda_1}{\sum_{k=1}^{4}\lambda_k} = \frac{2,5347}{4} = 63,37\%$	$63,37\%$
λ_2	1,2185	$\frac{\lambda_2}{\sum_{k=1}^{4}\lambda_k} = \frac{1,2185}{4} = 30,46\%$	$93,83\%$
λ_3	0,2032	$\frac{\lambda_3}{\sum_{k=1}^{4}\lambda_k} = \frac{0,2032}{4} = 5,08\%$	$98,91\%$
λ_4	0,0436	$\frac{\lambda_4}{\sum_{k=1}^{4}\lambda_k} = \frac{0,0436}{4} = 1,09\%$	$100,00\%$

9.8.5 EIGENWERTBERECHNUNG

In diesem Beispiel werden nach dem Kaiser-Guttmann-Kriterium die ersten beiden Eigenwerte für die Hauptkomponentenanalyse genutzt, also werden $93,83\%$ der gesamten Varianz erklärt.

Würden nach dem Scree-Test die ersten drei Eigenwerte genutzt, so können sogar $98,91\%$ der Varianz erklärt werden.

Aus Gründen der Übersichtlichkeit werden hier nur die beiden größten Eigenwerte λ_1 und λ_2 genutzt. Zu diesen muss jeweils ein Eigenvektor berechnet werden. Die Eigenvektoren werden jeweils auf eine Länge von Eins normiert. Es ergeben sich:

$$v_1 = \begin{pmatrix} 0,5304 \\ 0,4961 \\ -0,4873 \\ -0,4848 \end{pmatrix} \text{ bzw. } v_2 = \begin{pmatrix} 0,4465 \\ 0,5257 \\ 0,5055 \\ 0,5183 \end{pmatrix}.$$

Da es sich um die Eigenvektoren einer symmetrischen Matrix $\tilde{R}$ handelt, gelten die folgenden Eigenschaften, die gern als Übung überprüft werden können.

- v_1 ist Eigenvektor zum Eigenwert λ_1: $\tilde{R}v_1 = \lambda_1 v_1$

- v_2 ist Eigenvektor zum Eigenwert λ_2: $\tilde{R}v_2 = \lambda_2 v_2$

- Die beiden Eigenvektoren stehen senkrecht aufeinander. Formel (4.21) bzw. (4.22) von Seite 112 lautete: $< a, b > = \|a\| \|b\| \cos(\alpha)$, wobei α der Winkel zwischen zwei Vektoren a und b war. Da der Kosinus von $90°$ Null ist, ist das Skalarprodukt zweier senkrecht aufeinander stehender Vektoren also Null.
  Es gilt also: $v_1^T \cdot v_2 = < v_1, v_2 > = 0$.

- Mit der Matrix $S_B = (v_1, v_2) = \begin{pmatrix} 0,5304 & 0,4465 \\ 0,4961 & 0,5257 \\ -0,4873 & 0,5055 \\ -0,4848 & 0,5183 \end{pmatrix}$ gilt:

$S_B^T \cdot \tilde{R}_B \cdot S_B = D_B$ (siehe Formel (9.55). Aus Gründen der Übersichtlichkeit werden wieder nur zwei Nachkommastellen angezeigt, aber mit allen

gerechnet:
$S_B^T \cdot \tilde{R}_B \cdot S_B =$

$= \begin{pmatrix} 0,53 & 0,50 & -0,49 & -0,48 \\ 0,45 & 0,53 & 0,51 & 0,52 \end{pmatrix} \cdot \begin{pmatrix} 1,00 & 0,91 & -0,34 & -0,40 \\ 0,91 & 1,00 & -0,32 & -0,25 \\ -0,34 & -0,32 & 1,00 & 0,84 \\ -0,40 & -0,25 & 0,84 & 1,00 \end{pmatrix} \cdot$

$\begin{pmatrix} 0,53 & 0,45 \\ 0,50 & 0,53 \\ -0,49 & 0,51 \\ -0,48 & 0,52 \end{pmatrix} = \begin{pmatrix} 2,53 & 0 \\ 0 & 1,22 \end{pmatrix} = \begin{pmatrix} \lambda_1 & 0 \\ 0 & \lambda_2 \end{pmatrix} = D_B.$

9.8.6 Faktorladungsmatrix

Oben war die Korrelationsmatrix $\tilde{R}$ aus der Matrix Z berechnet worden:

$$\tilde{R} = \frac{1}{n-1} Z^T \cdot Z.$$

Die Matrix Z soll nun aus einer Linearkombination von p Faktoren beschrieben werden:

$$Z = P \cdot A^T \qquad (9.56)$$

Im Beispiel ist $p = 2$ die Anzahl der ausgewählten Eigenwerte. Dabei ist Z die Matrix der standardisierten Messwerte ($n \times m$-Matrix), die $n \times p$-Matrix P ist die Matrix der Faktoren und A die **Faktorladungsmatrix**. Diese hat die Dimension $m \times p$ und A^T ist damit eine $p \times m$-Matrix.

Die Korrelationsmatrix $\tilde{R}$ aus Formel (9.53) kann dann dargestellt werden als:

$$\tilde{R} = \frac{1}{n-1} Z^T \cdot Z = \frac{1}{n-1}(P \cdot A^T)^T (P \cdot A^T) = \frac{1}{n-1} A \cdot P^T \cdot P \cdot A^T.$$

Um zu verdeutlichen, dass diese Gleichung wieder eine Korrelationsmatrix enthält, wird etwas umgestellt:

$$\tilde{R} = A \cdot \left(\frac{1}{n-1} P^T \cdot P \right) \cdot A^T.$$

9.8.6 FAKTORLADUNGSMATRIX

Bei der $p \times p$-Matrix $\frac{1}{n-1} P^T \cdot P$ handelt es sich um die Korrelationsmatrix der Faktoren. Die Faktoren (Spalten der Matrix P) sollen voneinander unabhängig sein, also ist die Matrix $\frac{1}{n-1} P^T \cdot P$ die p-dimensionale Einheitsmatrix (Einsen auf der Diagonale und ansonsten Nullen). Also kann geschrieben werden:

$$\tilde{R} = A \cdot \left(\frac{1}{n-1} P^T \cdot P \right) \cdot A^T = A \cdot A^T \qquad (9.57)$$

Andererseits gilt nach Formel (9.55): $S^T \cdot \tilde{R} \cdot S = D$. Wird diese Gleichung von links mit S und von rechts mit S^T multipliziert und $S^T = S^{-1}$ (siehe oben) benutzt, so ergibt sich:

$$S \cdot S^T \cdot \tilde{R} \cdot S \cdot S^T = S \cdot D \cdot S^T,$$

also

$$\tilde{R} = S \cdot D \cdot S^T \qquad (9.58)$$

Die Matrix D ist die Diagonalmatrix, die die Eigenwerte auf der Diagonalen enthält und ansonsten mit Nullen gefüllt ist. Die Gleichheit gilt, wenn alle Eigenwerte genutzt werden. Da in der Hauptkomponentenanalyse nur p Eigenwerte (beispielsweise anhand des Kaier-Guttmann-Kriteriums) einbezogen werden, ergibt sich die sogenannte **reproduzierte Korrelationsmatrix** wie in Formel (9.58) beschrieben bzw. im Beispiel $\tilde{\tilde{R}}_B$:

$$\tilde{\tilde{R}}_B = \begin{pmatrix} 0,53 & 0,45 \\ 0,50 & 0,53 \\ -0,49 & 0,51 \\ -0,48 & 0,52 \end{pmatrix} \cdot \begin{pmatrix} 2,53 & 0 \\ 0 & 1,22 \end{pmatrix} \cdot \begin{pmatrix} 0,53 & 0,50 & -0,49 & -0,48 \\ 0,45 & 0,53 & 0,51 & 0,52 \end{pmatrix} =$$

$$= \begin{pmatrix} 0,96 & 0,95 & -0,38 & -0,37 \\ 0,95 & 0,96 & -0,29 & -0,28 \\ -0,38 & -0,29 & 0,91 & 0,92 \\ -0,37 & -0,28 & 0,92 & 0,92 \end{pmatrix}.$$

Ein Vergleich der Werte mit den gemessenen Weten (siehe Formel (9.54)) liefert

9.8. HAUPTKOMPONENTENANAYLYSE

folgende (recht kleine) Differenzen:

$$\tilde{\tilde{R}}_B - \tilde{R}_B = \begin{pmatrix} -0,0439 & 0,0416 & -0,0385 & 0,0332 \\ 0,0416 & -0,0394 & 0,0356 & -0,0306 \\ -0,0385 & 0,0356 & -0,0866 & 0,0815 \\ 0,0332 & -0,0306 & 0,0815 & -0,0769 \end{pmatrix}.$$

Wird Formel (9.57) mit Formel (9.58) verglichen, so kann $\tilde{R}$ folgendermaßen dargestellt werden:

$$\tilde{R} = A \cdot A^T = S \cdot (\sqrt{D})^2 \cdot S^T.$$

Die Matrix $\sqrt{D}$ ist dabei $\sqrt{D} = \begin{pmatrix} \sqrt{\lambda_1} & 0 & \cdots & 0 \\ 0 & \sqrt{\lambda_2} & \ddots & \vdots \\ \vdots & \ddots & \ddots & 0 \\ 0 & \cdots & 0 & \sqrt{\lambda_m} \end{pmatrix}$. Daraus ergibt

sich

$$\tilde{R} = A \cdot A^T = S \cdot \sqrt{D} \cdot \sqrt{D} \cdot S^T = (S \cdot \sqrt{D}) \cdot (S \cdot \sqrt{D})^T \quad (9.59)$$

Also:

$$A = S \cdot \sqrt{D} \quad (9.60)$$

Mit den Werten aus dem Beispiel ergibt sich hier:

$$A_B = S_B \cdot \sqrt{D_B} = \begin{pmatrix} 0,53 & 0,45 \\ 0,50 & 0,53 \\ -0,49 & 0,51 \\ -0,48 & 0,53 \end{pmatrix} \cdot \begin{pmatrix} \sqrt{2,53} & 0 \\ 0 & \sqrt{1,22} \end{pmatrix} = \begin{pmatrix} 0,84 & 0,49 \\ 0,79 & 0,58 \\ -0,78 & 0,56 \\ -0,77 & 0,57 \end{pmatrix}$$

In Abbildung 9.55 sind die Werte aus der **Faktorladungsmatrix** A_B eingezeichnet (kleine Kreise). Anhand der Werte ist deutlich zu erkennen, dass

- der erste Faktor (erste Spalte in Matrix A_B) einen starken positiven Einfluss auf die ersten beiden Fächer (erste Zeile: Statistik und zweite Zeile: Mathematik) und einen negativen Einfluss auf die anderen beiden Fächer

9.8.6 FAKTORLADUNGSMATRIX

(VWL und BWL) hat.

- Der Einfluss des zweiten Faktors scheint in dieser Darstellung nicht so stark zu sein, da die Werte der zweiten Spalte nur wenig variieren.

In Kapitel 9.8.7 wird die Faktorladungsmatrix noch rotiert, um den Einfluss der beiden Faktoren deutlicher herauszuarbeiten. Die rotierten Werte sind in Abbildung 9.55 als Rauten dargestellt.

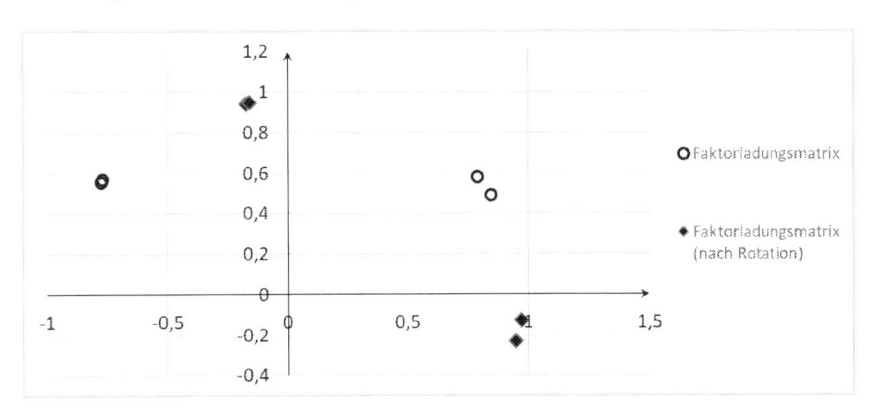

Abbildung 9.55: Faktorladungsmatrix, Beispieldaten

In Formel (9.56) wurde die Matrix P durch den folgenden Zusammenhang definiert:

$$Z = P \cdot A^T.$$

Bekannt sind nunmehr Z und A, also kann P berechnet werden. Dazu wird die Gleichung zuerst von rechts mit A multipliziert:

$$Z \cdot A = P \cdot A^T \cdot A.$$

Nun wird mit dem Inversen der Matrix $(A^T \cdot A)^{-1}$ von rechts multipliziert:

$$Z \cdot A \cdot (A^T \cdot A)^{-1} = P \cdot A^T \cdot A \cdot (A^T \cdot A)^{-1}.$$

Also:

$$P = Z \cdot A \cdot (A^T \cdot A)^{-1} \qquad (9.61)$$

9.8. HAUPTKOMPONENTENANAYLSE

Mit den Zahlen aus dem obigen Beispiel ergibt sich (hier mit vier Nachkommastellen):

$$P_B = \begin{pmatrix} 1,2566 & 0,0793 \\ 1,2249 & 0,1196 \\ 0,9609 & -0,0628 \\ -1,2494 & 0,3095 \\ -1,0508 & 0,3028 \\ -1,1470 & -0,1451 \\ 0,0881 & 1,8515 \\ -0,0953 & -2,0415 \\ 0,0123 & -0,4134 \end{pmatrix}.$$

Die graphische Darstellung der neun Wertepaare liefert Abbildung 9.56. Werden

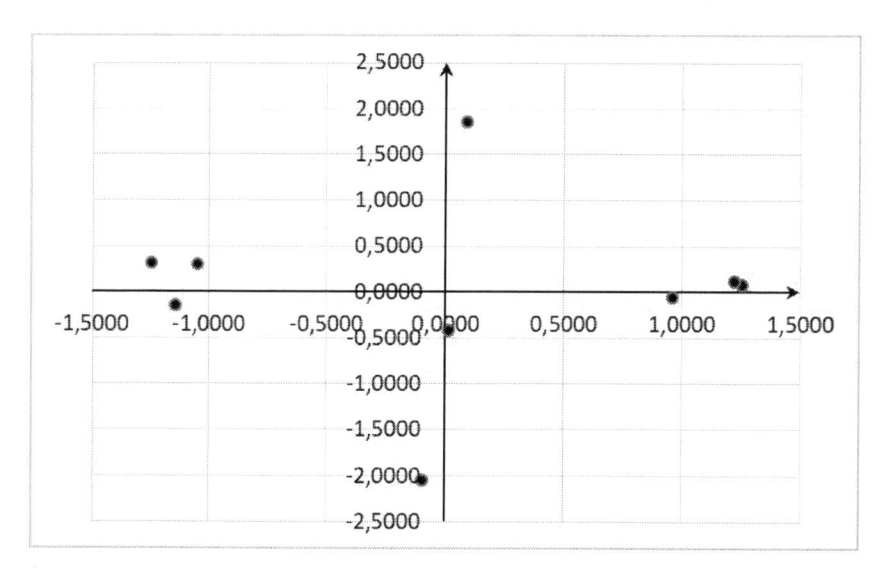

Abbildung 9.56: Hauptkomponentenanalyse, Beispieldaten

die Daten aus P_B mit den erfassten Originaldaten aus Tabelle 9.14 von Seite 393 verglichen, so ergeben sich einige Auffälligkeiten:

- Die ersten drei Datensätze haben hohe Werte im ersten Faktor und Werte in der Nähe von Null beim zweiten Faktor. In Tabelle 9.14 sind dies die

9.8.6 FAKTORLADUNGSMATRIX

ersten drei Studierenden, die gute Ergebnisse in Statistik und Mathematik hatten, aber schlechte Ergebnisse in VWL und BWL.

- Die vierten bis sechsten Werte in P_B sind stark negativ im ersten Faktor und haben etwas größere Werte im zweiten Faktor als die ersten drei Zeilen. Dies korrespondiert in Tabelle 9.14 mit Studierenden (Zeilen vier bis sechs), die gut in VWL und BWL, aber schlecht in Statistik und Mathematik sind.

- Der Studierende aus Zeile sieben ist in allen vier Fächern gut. Dies schlägt sich in einem besonders hohen Wert im zweiten Faktor und einem Wert in der Nähe von Null beim ersten Faktor nieder.

- Der Studierende aus Zeile acht ist in allen Fächer schlecht, dies hat analog zum Studierenden aus Zeile sieben die Auswirkung, dass Faktor zwei groß (aber dieses Mal negativ) ist und Faktor eins in der Nähe von Null.

- Der Studierende aus Zeile neun ist in allen vier Fächern mittelmäßig: die Werte aus P_B sind in der Nähe von Null.

Unter Benutzung der Abkürzungen "SM" für die Ergebnisse im Bereich Statistik und Mathematik bzw. "VB"' für VWL und BWL, können die Ergebnisse zusammengefasst werden:

	Erster Faktor stark positiv	Erster Faktor in der Nähe von Null	Erster Faktor stark negativ
Zweiter Faktor stark positiv		SM: Gut VB: Gut	
Zweiter Faktor in der Nähe von Null	SM: Gut VB: Schlecht	SM: Mittel VB: Mittel	SM: Schlecht VB: Gut
Zweiter Faktor stark negativ		SM: Schlecht VB: Schlecht	

Falls der erste Faktor einen Wert in der Nähe von Null aufweist, sind die Leistungen in den Bereichen "Statistik/ Mathematik" und "VWL/ BWL" ähn-

9.8. HAUPTKOMPONENTENANAYLSE

lich. Sobald der erste Faktor stark von Null verschieden ist, sind die Ergebnisse der Studierenden in den beiden Bereichen unterschiedlich, wobei hohe positive Werte des ersten Faktors bedeuten: "Gut in Statistik/ Mathematik, schlecht in VWL/BWL". Umgekehrt: stark negative Werte des ersten Faktors implizieren: "Schlecht in Statistik/ Mathematik, gut in VWL/ BWL".

Der zweite Faktor stellt die Abweichung von dieser Regel dar, also den Fall, dass ein Studierender in beiden Bereichen ähnliche Leistungen aufweist. Falls der zweite Faktor stark positiv ist, so ist es eine Abweichung zum Guten und umgekehrt.

9.8.7 Rotation der Faktorladungsmatrix

Wie schon oben erwähnt, werden in vielen Fällen die Werte der Faktorladungsmatrix A noch rotiert. Dadurch werden die Faktoren deutlicher unterscheidbar.

Eine Drehmatrix oder **Rotationsmatrix** um einen Winkel α in zwei Dimensionen hat den folgenden Aufbau (siehe Kapitel 4.13, Seite 129 und folgende):

$$R_\alpha = \begin{pmatrix} \cos(\alpha) & -\sin(\alpha) \\ \sin(\alpha) & \cos(\alpha) \end{pmatrix} \tag{9.62}$$

In diesem Fall kann die Inverse der Rotationsmatrix einfach berechnet werden:

$$R_\alpha^{-1} = R_{-\alpha} = R_\alpha^T = \begin{pmatrix} \cos(\alpha) & \sin(\alpha) \\ -\sin(\alpha) & \cos(\alpha) \end{pmatrix} \tag{9.63}$$

Startpunkt der Rotation der Faktorladungsmatrix ist Gleichung (9.59)

$$\tilde{R} = A \cdot A^T$$

Wird anstelle der Matrix A eine Matrix $A_\alpha = A \cdot R_\alpha$ genutzt, so ergibt sich:

$$A_\alpha \cdot A_\alpha^T = (A \cdot R_\alpha) \cdot (A \cdot R_\alpha)^T = A \cdot R_\alpha \cdot R_\alpha^T \cdot A^T.$$

9.8.7 ROTATION DER FAKTORLADUNGSMATRIX

Jetzt wird die Eigenschaft $R_\alpha^T = R_\alpha^{-1}$ genutzt:

$$A_\alpha \cdot A_\alpha^T = A \cdot R_\alpha \cdot R_\alpha^T \cdot A^T = A \cdot A^T = \tilde{R}.$$

Also stellt auch jede mit einer Rotationsmatrix R_α von rechts multiplizierte Faktorladungsmatrix A eine Korrelationsmatrix dar.

Neben der hier vorgestellten Rotation gibt es auch Verfahren, die die Orthogonalität der Achsen (d.h. dass diese senkrecht aufeinander stehen) aufgeben. Hier wird das Varimax[12] Verfahren genutzt, das zum Ziel hat, die Achsen so zu drehen, dass die großen Werte der Faktorladungsmatrix A maximiert und die kleinen Werte minimiert werden. Dies geschieht dadurch, dass die Summe der Standardabweichungen der Vektoren der Matrix $A_\alpha = A \cdot R_\alpha$ maximiert wird.

Wird die Maximierung für die Beispieldaten durchgeführt, so ergibt sich ein Winkel von $\alpha = 0,7665$ (dies entspricht einem Gradmaß von $43,92°$) und eine rotierte Matrix

$$A_{B, \alpha=0,7665} = \begin{pmatrix} 0,9502 & -0,2307 \\ 0,9715 & -0,1299 \\ -0,1718 & 0,9401 \\ -0,1590 & 0,9475 \end{pmatrix}.$$

Die Werte sind in Abbildung 9.55 auf Seite 405 bereits abgebildet (große Rauten). Es ist deutlich sichtbar, dass die rotierten Werte durch eine Drehung "zu den Achsen" erreicht wurden. Bei größeren Datenmengen lässt man aus Übersichtlichkeitsgründen häufig Werte unterhalb einer Grenze (z.B. 0,2) weg.

---

[12]Von H. F. Kaiser in [7] vorgestellt

9.8. HAUPTKOMPONENTENANAYLSE

Kapitel 10

Wahrscheinlichkeits-rechnung

10.1 Einführung

Auch in diesem Kapitel werden zu Beginn einige Notationen und Begriffe eingeführt.

Zunächst wird das **Zufallsexperiment** definiert: es handelt sich dabei um einen Versuch bzw. Experiment, bei dem das Ergebnis nicht vorhersagbar, also zufällig ist, obwohl der Versuchsaufbau bzw. die Versuchsdurchführung vorgeschrieben ist. Die möglichen Ergebnisse eines Zufallsexperiments sind bekannt.

Ein einfaches Beispiel ist Roulette: die Durchführung ist definiert und es können als Ergebnisse nur die Zahlen von 0 bis 36 vorkommen. Das Resultat (Ergebnis) ist jedoch zufällig. Andere Beispiele für ein Zufallsexperiment sind das Würfeln mit einem Würfel, die wöchentliche Ziehung der Lottozahlen oder der Kreditausfall eines Unternehmens.

Ein **Elementarereignis** (auch: **atomares Ereignis**) ist das Ergebnis eines Zufallsexperiments, das nicht weiter zerlegt werden kann bzw. Ausgänge des Zufallsexperiments, die sich gegenseitig ausschließen.

Beim Roulette sind die einzelnen Zahlen die Elementarereignisse:

$\{0\}, \{1\}, \{2\}, \ldots, \{36\}$. Beim Würfeln mit einem Würfel gibt es die Elementarereignisse $\{1\}, \{2\}, \{3\}, \{4\}, \{5\}, \{6\}$.

Aus den Elementarereignissen können **Ereignisse** definiert werden, z.b. die "geraden Zahlen" beim Roulette, die sich aus den Elementarereignissen $\{2\}, \{4\}, \{6\}, \ldots, \{36\}$ zusammensetzen oder das letzte Drittel, das aus den Elementarereignissen $\{25\}, \{26\}, \{27\}, \ldots, \{36\}$ besteht. Ereignisse werden häufig mit den Buchstaben A, B, C bezeichnet.

Im Folgenden wird mit $P(A)$ die **Wahrscheinlichkeit ("Probability")** eines Ereignisses A bezeichnet. In vielen deutschsprachigen Büchern ist auch die Bezeichnung $W(A)$ zu finden.

Beispiel:

Bei einem Würfel sind alle sechs Seiten gleich wahrscheinlich. Wie groß ist die Wahrscheinlichkeit eine Eins zu würfeln?

Das gesuchte Ereignis lautet dann $A =$"Einmaliges Würfeln mit dem Ergebnis Eins" und es ergibt sich die Wahrscheinlichkeit $P(A) = \frac{1}{6}$ (siehe auch Kapitel 10.3).

10.2 Mengenlehre

Für die folgenden Überlegungen werden einige Begriffe aus der Mengenlehre benötigt. Diese werden in diesem Kapitel kurz eingeführt.

Es werden zwei Ereignisse A und B vorausgesetzt. Ω ist der Ereignisraum, der sich aus allen Ereignissen zusammensetzt, die betrachtet werden können. Der allgemeinste Fall zweier Ereignisse A und B lässt sich graphisch folgendermaßen darstellen:

10.2.1 VEREINIGUNG ZWEIER MENGEN/ EREIGNISSE

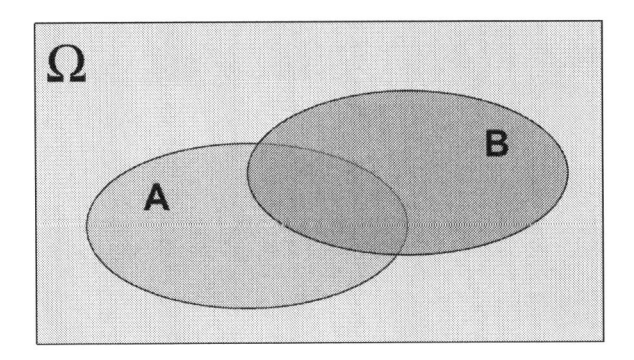

10.2.1 Vereinigung zweier Mengen/ Ereignisse

Als erstes wird die **Vereinigung** zweier Ereignisse betrachtet, diese wird durch das Symbol "∪" bezeichnet.

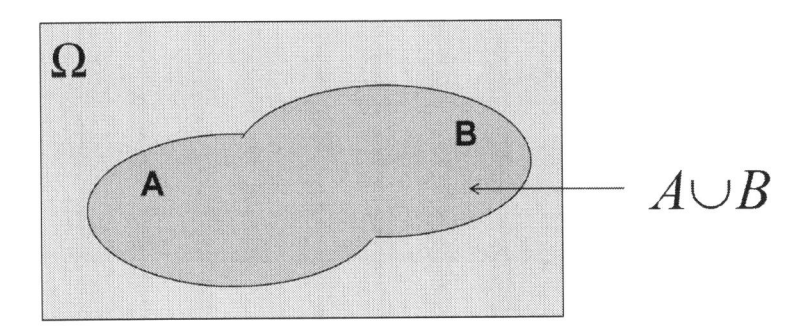

$$A \cup B$$

Abbildung 10.1: Vereinigung zweier Mengen/ Ereignisse

Die Vereinigung stellt das logische "oder" dar.

Beispiel:
Wie groß ist die Wahrscheinlichkeit mit einem Würfel eine Eins oder eine gerade Zahl zu würfeln?

In diesem Fall sind zwei Ereignisse (und die jeweiligen Elementarereignisse) gegeben:

- $A =$ "Beim Würfeln mit einem Würfel wird eine Eins gewürfelt" $= \{1\}$

10.2. MENGENLEHRE

- B = "Beim Würfeln mit einem Würfel wird eine gerade Zahl gewürfelt"
  = $\{2; 4; 6\}$

Für den Ausgang des Zufallsexperiments spielt es keine Rolle, ob das Ereignis A oder das Ereignis B (oder beide) eintritt. In beiden Fällen ist das Zufallsexperiment erfolgreich. Dies wird durch das "oder" bzw. "$\cup$" (Vereinigung) dargestellt.

In diesem Fall ist also $P(A \cup B)$ gesucht.

Die Berechnung der Wahrscheinlichkeit von Vereinigungen zweier Ereignisse wird erst in Kapitel 10.3.2 gezeigt.

10.2.2 Schnittmenge zweier Mengen / Ereignisse

Als nächstes wird die Schnittmenge zweier Ereignisse betrachtet, diese wird durch das Symbol "$\cap$" bezeichnet.

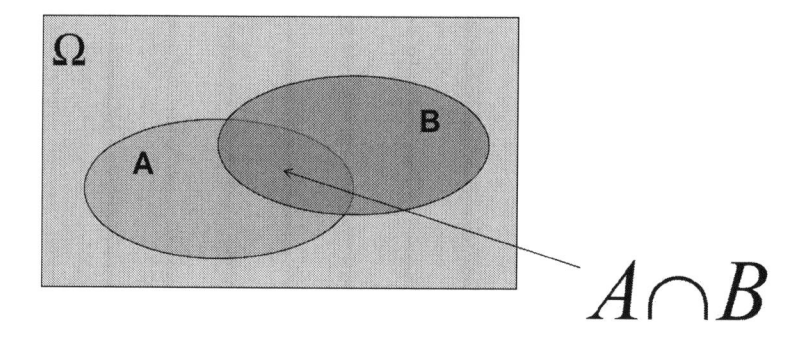

Abbildung 10.2: Schnittmenge zweier Mengen/ Ereignisse

Die Schnittmenge stellt das logische "und" dar.

Beispiel:

Wie groß ist die Wahrscheinlichkeit eine Zahl größer als Vier und (gleichzeitig) eine gerade Zahl zu würfeln?

In diesem Fall sind wieder zwei Ereignisse (und jeweils Elementarereignisse) gegeben:

10.2.3 KOMPLEMENT

- A = "Beim Würfeln mit einem Würfel wird eine Zahl größer Vier gewürfelt" = $\{5; 6\}$

- B = "Beim Würfeln mit einem Würfel wird eine gerade Zahl gewürfelt" = $\{2; 4; 6\}$

Für den Ausgang des Zufallsexperiments müssen beide Ereignisse (A und B) gleichzeitig eintreten. Dies wird durch das "und" bzw. "$\cap$" (Schnittmenge) dargestellt.

In diesem Fall ist also $P(A \cap B)$ gesucht.

Die Berechnung der Wahrscheinlichkeit von Schnittmengen zweier Ereignisse wird erst in Kapitel 10.3.2 und Kapitel 10.8 gezeigt.

10.2.3 Komplement

Das **Komplement** eines Ereignisses wird mit einem Querstrich über dem Ereignis bezeichnet. Das Komplement zu A lautet also $\bar{A}$ und beschreibt "alles außer A".

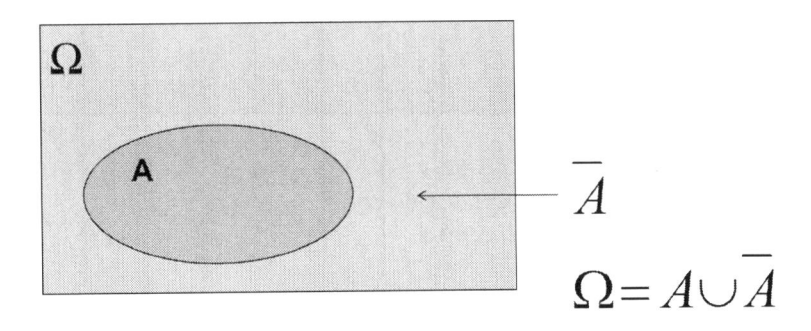

$$\bar{A}$$
$$\Omega = A \cup \bar{A}$$

Abbildung 10.3: Komplement/ Verneinung eines Ereignisses

Das Komplement stellt die Verneinung eines Ereignisses dar.

Beispiel:
Wie groß ist die Wahrscheinlichkeit keine Vier zu würfeln?
In diesem Fall ist nur ein Ereignis gegeben:

10.3. WAHRSCHEINLICHKEITSDEFINITION NACH LAPLACE

- A = "Beim Würfeln mit einem Würfel wird keine Vier gewürfelt" = $\{1; 2; 3; 5; 6\}$.

- Daraus ergibt sich das Komplement von A als:
$\bar{A}$ = "Beim Würfeln mit einem Würfel wird eine Vier gewürfelt" = $\{4\}$.

Warum ist das Komplement in diesem Fall hilfreich? Dies liegt an der Beobachtung, daß immer folgender Zusammenhang gilt:

$$P(A) + P(\bar{A}) = 1 \quad \text{bzw.} \quad P(\bar{A}) = 1 - P(A) \quad (10.1)$$

Das heißt, die Wahrscheinlichkeit eines Ereignisses plus die Wahrscheinlichkeit des Komplements ergibt immer 1 = 100%, da immer entweder A oder $\bar{A}$ eintritt.

10.3 Wahrscheinlichkeitsdefinition nach Laplace

Auf den französischen Mathematiker Laplace[1] geht die folgende Definition für die Wahrscheinlichkeit eines Ereignisses A zurück:

$$P(A) = \frac{\text{Anzahl der für das Ereignis günstigen Fälle}}{\text{Anzahl aller gleich möglichen Fälle}} \quad (10.2)$$

10.3.1 Wahrscheinlichkeit nach Laplace: Beispiel 1

Wie groß ist die Wahrscheinlichkeit beim Würfeln mit einem Würfel eine ungerade Augenzahl zu würfeln?

Lösung:

Das gesuchte Ereignis bzw. die zugehörigen Elementarereignisse lauten:
A = "Würfeln einer ungeraden Augenzahl mit einem Würfel" = $\{1; 3; 5\}$
Die Anzahl der für das Ereignis günstigen Fälle beträgt also Drei. Dies wird auch die "Mächtigkeit" genannt. Bei einem (ungezinkten) Würfel sind alle sechs Seiten gleich möglich. Nach Formel (10.2) (Wahrscheinlichkeitsdefinition nach

---
[1] Pierre-Simon Laplace, 1749 - 1827

Laplace) ergibt sich:

$$P(A) = \frac{\text{Anzahl der für das Ereignis günstigen Fälle}}{\text{Anzahl aller gleich möglichen Fälle}} = \frac{3}{6} = 0,5 = 50\%.$$

Bemerkung:
Aus Formel (10.1) (Wahrscheinlichkeit des Komplements) folgt unmittelbar, daß die Wahrscheinlichkeit dafür eine gerade Augenzahl zu würfeln über das Komplement berechnet werden kann. Es ist $\bar{A}$ = "Würfeln einer geraden Augenzahl mit einem Würfel", also gilt auch:

$$P(\bar{A}) = 1 - P(A) = 1 - 50\% = 50\%.$$

10.3.2 Wahrscheinlichkeit nach Laplace: Beispiel 2

Wie groß ist die Wahrscheinlichkeit beim Würfeln mit einem Würfel eine ungerade Augenzahl und die Augenzahl Zwei zu würfeln?

Lösung:
Die gesuchten Ereignisse bzw. die zugehörigen Elementarereignisse lauten:

- A = "Würfeln einer ungeraden Augenzahl mit einem Würfel" = $\{1; 3; 5\}$
- B = "Würfeln einer Augenzahl von 2 mit einem Würfel" = $\{2\}$

Da nach der "und"-Verknüpfung gesucht wird, muss die Anzahl der günstigen Fälle betrachtet werden, bei denen beide Ereignisse gleichzeitig eintreten. Da es unmöglich ist, gleichzeitig eine Zwei und eine ungerade Augenzahl zu würfeln, ist die Anzahl der günstigen Fälle gleich Null. Bei einem (ungezinkten) Würfel sind alle sechs Seiten gleich möglich. Nach Formel (10.2) (Wahrscheinlichkeitsdefinition nach Laplace) ergibt sich:

$$P(A \cap B) = \frac{\text{Anzahl der für das Ereignis günstigen Fälle}}{\text{Anzahl aller gleich möglichen Fälle}} = \frac{0}{6} = 0 = 0\%.$$

Bemerkung:

10.3. WAHRSCHEINLICHKEITSDEFINITION NACH LAPLACE

Sollte anstelle von "ungerade Augenzahl *und* die Augenzahl Zwei" nach "ungerade Augenzahl *oder* die Augenzahl Zwei" gesucht werden, so gibt es offensichtlich vier Fälle (Elementarereignisse), die für das Ereignis günstig sind: $\{1; 2; 3; 5\}$ und es ergibt sich

$$P(A \cup B) = \frac{\text{Anzahl der für das Ereignis günstigen Fälle}}{\text{Anzahl aller gleich möglichen Fälle}} =$$
$$= \frac{4}{6} = 0,6667 = 66,67\%.$$

10.3.3 Bemerkung

Bei Formel (10.2) (Wahrscheinlichkeitsdefinition nach Laplace) ist die Formulierung "aller gleich möglichen Fälle" sehr wichtig. Die Definition darf nur bei Zufallsexperimenten angewandt werden, bei denen die Elementarereignisse gleichmöglich und endlich viele sind.

Es gibt die Möglichkeit aus "endlich viele" ein "abzählbar unendlich" zu machen, aber das wird hier nicht vertieft.

Als einfaches Beispiel, warum die Einschränkungen "endlich viele" und "gleichmöglich" so wichtig sind, dient folgende Fragestellung "Wie groß ist die Wahrscheinlichkeit, daß das Unternehmen XY morgen insolvent ist?"

Die Menge der Elementarereignisse ist in diesem Falle $\Omega = \{\text{insolvent; nicht insolvent}\}$. Diese beiden Fälle sind (im Allgemeinen) nicht gleich möglich. Würde Formel (10.2) (Wahrscheinlichkeitsdefinition nach Laplace) (fälschlicherweise) angewandt, ergäbe sich

$$P(A) = P(\text{"Unternehmen XY ist morgen insolvent"}) =$$
$$= \frac{\text{Anzahl der für das Ereignis günstigen Fälle}}{\text{Anzahl aller gleich möglichen Fälle}} = \frac{1}{2} = 50\%.$$

Die Anwendung der Formel ist jedoch nicht erlaubt, da die Voraussetzung "gleich möglich" nicht gegeben ist.

10.4 Binomialkoeffizient

Eine Größe, die im Folgenden regelmäßig benötigt wird, ist der **Binomialkoeffizient**. Dieser ist definiert als

$$\binom{n}{k} = \frac{n!}{k!(n-k)!} \tag{10.3}$$

Ausgesprochen wird der Binomialkoeffizient "n über k". Der Binomialkoeffizient stellt die Anzahl der Möglichkeiten dar, k Elemente aus n auszuwählen, wobei die Reihenfolge nicht berücksichtigt wird und nach dem Ziehen nicht zurückgelegt wird.

$k!$ bedeutet dabei die Fakultät der natürlichen Zahl k, die definiert ist als das Produkt der ersten k Zahlen (siehe Formel (2.1) (Definition: Fakultät), Seite 5):

$$k! = 1 \cdot 2 \cdot 3 \cdot \ldots \cdot k = \prod_{i=1}^{k} i.$$

Die Fakultät von Null ist als Eins definiert: $0! = 1$.

10.4.1 Binomialkoeffizient: Beispiel Lotto

Das Lottospiel in Deutschland beruht auf einer Auswahl von 6 aus 49 verfügbaren Kugeln. Die Reihenfolge, in der die Kugeln gezogen werden, beeinflusst das Ergebnis nicht und die gezogenen Kugeln werden nicht zurückgelegt (Ziehen ohne Zurücklegen, ohne Berücksichtigung der Reihenfolge).

Beim Ziehen der ersten Kugel, existieren 49 Möglichkeiten. Da die gezogene Kugel nicht zurückgelegt wird, sind beim zweiten Zug nur noch 48 Kugeln in der Urne. Das heißt, es existieren $49 \cdot 48 \cdot 47 \cdot 46 \cdot 45 \cdot 44$ Möglichkeiten sechs Kugeln ohne Zurücklegen aus einer Urne mit anfänglich 49 Kugeln zu ziehen.

In diesen Möglichkeiten wird aber noch die Reihenfolge berücksichtigt. Z.B. sind die folgenden Möglichkeiten der nummerierten Kugeln in der obigen Anzahl enthalten:

1, 2, 3, 4, 5, 6

10.4. BINOMIALKOEFFIZIENT

$$2, 3, 4, 5, 6, 1$$
$$3, 4, 5, 6, 1, 2$$
$$\vdots$$

Diese Möglichkeiten stellen jedoch alle das gleiche Lottoergebnis dar, da die Reihenfolge, in der gezogen wird, nicht berücksichtigt wird.

Wie viele Möglichkeiten gibt es, sechs unterschiedliche Kugeln auf sechs Plätze zu verteilen? Die Antwort lautet $6! = 6 \cdot 5 \cdot 4 \cdot 3 \cdot 2 \cdot 1$. Dies ergibt sich, weil für die erste Kugel noch sechs freie Plätze existieren, für die zweite Kugel nur noch fünf (da ein Platz durch die erste Kugel belegt ist) und so weiter.

Um diesen Faktor ist die obige Zahl zu hoch. Also ist die Anzahl der Möglichkeiten 6 aus 49 Kugeln zu ziehen: $\frac{49 \cdot 48 \cdot 47 \cdot 46 \cdot 45 \cdot 44}{6!}$. Um diese Größe zu berechnen, kann geschickt erweitert werden:

$$\frac{49 \cdot 48 \cdot 47 \cdot 46 \cdot 45 \cdot 44}{6!} =$$
$$= \frac{49 \cdot 48 \cdot 47 \cdot 46 \cdot 45 \cdot 44}{6!} \cdot \frac{43 \cdot 42 \cdot \ldots \cdot 2 \cdot 1}{43 \cdot 42 \cdot \ldots \cdot 2 \cdot 1} =$$
$$= \frac{49 \cdot 48 \cdot 47 \cdot 46 \cdot 45 \cdot 44}{6!} \cdot \frac{43 \cdot 42 \cdot \ldots \cdot 2 \cdot 1}{43!} =$$
$$= \frac{49!}{6! \cdot 43!} = \frac{49!}{6! \cdot (49-6)!} = \binom{49}{6}.$$

Das heißt, die Anzahl der Möglichkeiten sechs Kugeln ohne Zurücklegen und ohne Berücksichtigung der Reihenfolge aus 49 Kugeln zu ziehen, beträgt

$$\binom{49}{6} = 13.983.816.$$

Nach Formel (10.2) ergibt sich also die Wahrscheinlichkeit für sechs Richtige im Lotto als:
$$\frac{1}{13.983.816} = 0,000007151\%.$$

10.4.2 Binomialkoeffizient: alternative Berechnung

Im letzten Unterkapitel wurde geschickt erweitert, um den Binomialkoeffizienten zu erhalten. Die Umkehrung (kürzen) ist ebenfalls häufig hilfreich: es soll $\binom{80}{3}$ berechnet werden.

Wird Formel (10.3) (Definition: Binomialkoeffizient) genutzt, so ergibt sich $\binom{80}{3} = \frac{80!}{3! \cdot (80-3)!}$. Da $80! = 7,16563 \cdot 10^{118}$, stoßen die meisten Taschenrechner an ihre Grenzen. Es ist jedoch möglich, zu kürzen:

$$\binom{80}{3} = \frac{80!}{3! \cdot (80-3)!} = \frac{80!}{3! \cdot 77!} = \frac{80 \cdot 79 \cdot 78}{1 \cdot 2 \cdot 3},$$

da 77! sowohl im Zähler als auch im Nenner auftaucht.

Diese Zahl ist einfach zu berechnen und es ergibt sich:

$$\binom{80}{3} = \frac{80!}{3! \cdot (80-3)!} = \frac{80 \cdot 79 \cdot 78}{1 \cdot 2 \cdot 3} = 82.160.$$

Es ist zu sehen, daß der gekürzte Binomialkoeffizient immer aus k Faktoren (jeweils im Nenner und im Zähler) besteht, wobei k die "untenstehende Zahl" im Binomialkoeffizienten ist: $\binom{n}{k} = \frac{n \cdot (n-1) \cdot (n-2) \cdot \ldots \cdot (n-k+1)}{1 \cdot 2 \cdot 3 \cdot \ldots \cdot k}$.

10.4.3 Binomialkoeffizient in der binomischen Formel

Die Binomialkoeffizienten werden auch in der allgemeinen binomischen Formel genutzt. Diese lautet:

$$(x+y)^n = \sum_{i=0}^{n} \binom{n}{i} x^i y^{n-i} \qquad (10.4)$$

10.5. AXIOME VON KOLMOGOROV

Der Spezialfall $n = 2$ ergibt die bekannte binomische Formel:

$$(x+y)^2 = \sum_{i=0}^{2} \binom{2}{i} x^i y^{n-i} =$$

$$= \binom{2}{0} x^0 y^{2-0} + \binom{2}{1} x^1 y^{2-1} + \binom{2}{2} x^2 y^{2-2} =$$

$$= y^2 + 2xy + x^2.$$

10.5 Axiome von Kolmogorov

Andrej Kolmogorov[2] stellte 1933 ein System von drei Axiomen auf, die das Fundament der Wahrscheinlichkeitsrechnung bilden. Die Axiome lauten:

1. Axiom:

   Wahrscheinlichkeiten haben für jedes Ereignis A immer einen Wert zwischen 0 und 1: $0 \leq P(A) \leq 1$.
   D.h. ein Rechenergebnis "Die Wahrscheinlichkeit beträgt 140%" muss auf einem Rechenfehler beruhen.

2. Axiom:

   Die Wahrscheinlichkeit des "sicheren Ereignisses" beträgt 100%:
   $P(\Omega) = 1$.
   D.h. das sichere Ereignis tritt immer ein. Eine Aussage wie "Ich hatte eine 100%-ige Torchance und habe dann daneben geschossen." ist mathematisch unsinnig.

3. Axiom:

   Die Wahrscheinlichkeit der Vereinigung zweier sich gegenseitig ausschließender Ereignisse A und B entspricht der Summe der Einzelwahrscheinlichkeiten: $P(A \cup B) = P(A) + P(B)$, falls $A \cap B = \emptyset$. Dabei ist $\emptyset$ die leere Menge. Solche sich ausschließenden Ereignisse werden auch **disjunkt** genannt.

---
[2] Andrej Kolmogorov, 1903 - 1987

Diese Formel wird auch *spezieller Additionssatz* genannt (siehe Formel (10.6) (Spezieller Additionssatz), Seite 426).

Auf diesen Axiomen baut die Wahrscheinlichkeitsrechnung auf.

10.6 Additionssatz

Als Illustration zu den folgenden Sätzen wird ein Kartenspiel mit 52 Karten gewählt. Im Kartenspiel sind die Werte 2, 3, 4, ..., 9, 10, B, D, K, As vorhanden. Dabei steht B für "Bube", D für "Dame" und K für "König". Da jeder der Werte in den Farben Pik (P), Herz (H), Karo (K) und Kreuz (Kr) auftaucht, sind insgesamt 13 Werte mal 4 Farben = 52 Karten im Stapel.

Im Folgenden wird nur der Wert einer Karte von Interesse sein und nicht die Farbe, deshalb ist in den Abbildungen die Farbe entfernt. Es sind z.B. nur die vier vorhandenen "7" zu sehen.

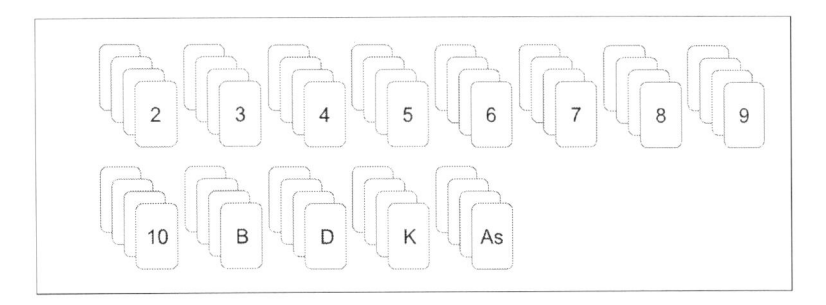

In vielen Kartenspielen haben die Karten den folgenden Zahlenwert:

- Die Karten von 2 bis 9: den jeweils aufgedruckten Wert.

- Die Karten Bube, Dame und König jeweils Zehn.

- Das As hat den Wert Elf.

Es werden zwei Ereignisse definiert:

- $A =$ "Ziehen einer Karte mit einem geraden Wert bei einmaligen Ziehen aus dem Kartenstapel"

10.6. ADDITIONSSATZ

- B = "Ziehen einer Karte mit einem Bild bei einmaligen Ziehen aus dem Kartenstapel"

Die Darstellung mittels Elementarereignissen ergibt sich als:

- A = "Ziehen einer Karte mit einem geraden Wert bei einmaligen Ziehen aus dem Kartenstapel" = $\{2; 4; 6; 8; 10; B; D; K\}$ jeweils in den Farben Herz, Pik, Karo und Kreuz.

- B = "Ziehen einer Karte mit einem Bild bei einmaligen Ziehen aus dem Kartenstapel" = $\{B; D; K\}$ jeweils in den Farben Herz, Pik, Karo und Kreuz.

Also ist mit Formel (10.2) (Wahrscheinlichkeitsdefinition nach Laplace) sofort berechenbar:

$$P(A) = \frac{8 \cdot 4}{52} = \frac{32}{52} = \frac{8}{13} \quad \text{und} \quad P(B) = \frac{3 \cdot 4}{52} = \frac{12}{52} = \frac{3}{13}.$$

Graphisch sind die günstigen Fälle für A bzw. B in den folgenden Abbildungen zu sehen:

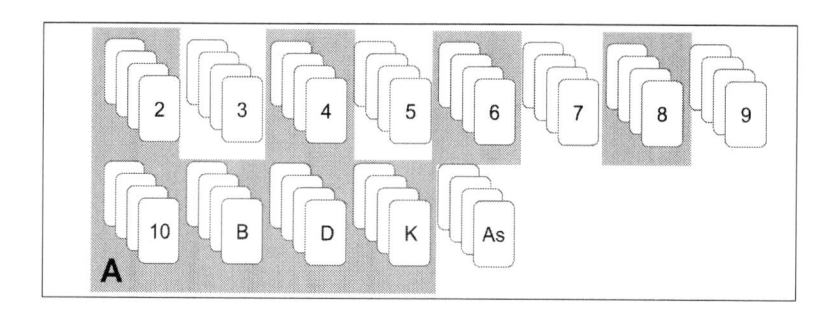

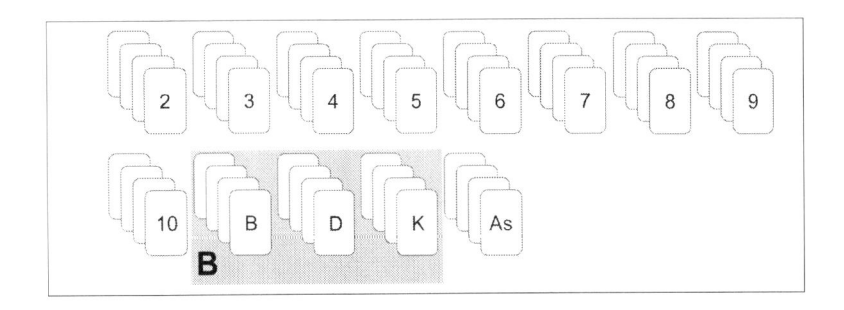

Abbildung 10.4: Beispiel Additionssatz

Jetzt soll die Wahrscheinlichkeit für "Ziehen einer Karte mit einem geraden Wert bei einmaligen Ziehen aus dem Kartenstapel" *oder* "Ziehen einer Karte mit einem Bild bei einmaligen Ziehen aus dem Kartenstapel" berechnet werden.

Nach Kapitel 10.2.1 wird bei oder-Fragestellungen die Vereinigung zweier Mengen bzw. Ereignisse benötigt: $P(A \cup B)$. Graphisch sind die "günstigen Fälle" leicht zu identifizieren. In der folgenden Abbildung sind die günstigen Fälle (alle Fälle, in denen entweder ein gerader Zahlenwert oder ein Bild gezogen wird (oder beides!)) farblich markiert.

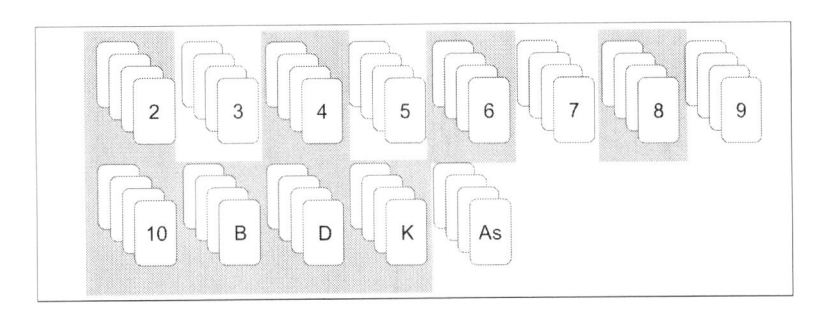

Abbildung 10.5: Beispiel Additionssatz 2

Die Lösung der Aufgabe kann also durch Abzählen (es gibt acht Möglichkeiten in jeweils vier Farben) und Benutzung der Formel 126 (Wahrscheinlichkeitsdefinition nach Laplace), geschrieben werden:

$$P(A \cup B) = \frac{8 \cdot 4}{52} = \frac{32}{52} = \frac{8}{13}.$$

10.6. ADDITIONSSATZ

Addition der Wahrscheinlichkeiten P(A) und P(B) ergibt:

$$P(A) + P(B) = \frac{8 \cdot 4}{52} + \frac{3 \cdot 4}{52} = \frac{8}{13} + \frac{3}{13} = \frac{11}{13}.$$

Ganz offensichtlich gilt, daß die beiden Wahrscheinlichkeiten ungleich sind:

$$P(A \cup B) = \frac{8}{13} \neq \frac{11}{13} = P(A) + P(B).$$

Der Grund für diese Ungleichheit liegt darin begründet, daß die drei Bildkarten (Bube, Dame und König) sowohl bei der Berechnung von $P(A)$ als auch $P(B)$ gezählt werden, so daß diese Karten in der Berechnung von $P(A) + P(B)$ doppelt auftauchen.

Aus diesen Überlegungen ergibt sich der **allgemeine Additionssatz**:

$$P(A \cup B) = P(A) + P(B) - P(A \cap B) \tag{10.5}$$

Der letzte Term in der Formel ($P(A \cap B)$) stellt die doppelt gezählten günstigen Fälle (sowohl in A als auch in B enthalten) dar, die einmal abgezogen werden müssen. Im obigen Beispiel ergibt sich

$$P(A \cap B) = \frac{3 \cdot 4}{52} = \frac{3}{13},$$

da bei der Schnittmenge nach den Karten gefragt ist, die sowohl "einen geraden Wert" als auch (und) "ein Bild" vorweisen. Dann folgt mit Formel (10.5) (Allgemeiner Additionssatz):

$$P(A \cup B) = P(A) + P(B) - P(A \cap B) = \frac{8}{13} + \frac{3}{13} - \frac{3}{13} = \frac{8}{13}.$$

Falls die Mengen/ Ereignisse A und B sich nicht schneiden (solche Mengen werden disjunkt genannt), so vereinfacht sich der allgemeine Additionssatz zum **speziellen Additionssatz** (der schon im dritten Axiom von Kolmogorov (siehe Kapitel 10.5) erwähnt wurde):

$$P(A \cup B) = P(A) + P(B) \tag{10.6}$$

10.7 Bedingte Wahrscheinlichkeit

Wie der Name *bedingte Wahrscheinlichkeit* sagt, ist bei dieser Wahrscheinlichkeit vorher eine Bedingung eingetreten. Dies soll an einem Beispiel erläutert werden.

10.7.1 Bedingte Wahrscheinlichkeit: Beispiel

Es gibt 100 Studierende an einer Hochschule, die im ersten Semester Mathematik gehört haben und im zweiten Statistik. Die Durchfallquote in Mathematik betrug 30%, die Durchfallquote in Statistik 40%. Außerdem sind 20% der Studierenden durch beide Klausuren gefallen.

Wie groß ist die Wahrscheinlichkeit, daß ein zufällig ausgewählter Studierender, der durch Mathematik gefallen ist, auch durch Statistik gefallen ist?

Lösung:

Definition der beiden Ereignisse:

- A = "Studierender ist durch die Mathematikklausur gefallen"

- B = "Studierender ist durch die Statistikklausur gefallen"

Die gegebenen Prozentwerte aus der Aufgabenstellung transformieren sich in $P(A) = 30\%$, $P(B) = 40\%$ und $P(A \cap B) = 20\%$.

Die gesuchte Wahrscheinlichkeit ist folgendermaßen zu verstehen: es wird zufällig ein Studierender ausgewählt und gefragt: "Sind Sie in Mathematik durchgefallen?". Falls die Antwort "Nein" lautet, wird so lange ein neuer Studierender zufällig ausgewählt, bis die Antwort "Ja" lautet. Für diesen Studierenden soll nun die Wahrscheinlichkeit dafür bestimmt werden, daß er auch in Statistik durchgefallen ist.

Dies wird *"bedingte Wahrscheinlichkeit"* genannt. Die Schreibweise lautet $P(B|A)$, gesprochen "B gegeben A" bzw. "B unter der Bedingung A". Es handelt sich also um die Wahrscheinlichkeit dafür, daß B eintritt, wenn A bereits eingetreten ist.

10.9. UNABHÄNGIGKEIT ZWEIER EREIGNISSE

In der Aufgabenstellung gibt es 100 Studierende. 30 sind durch die Mathematikklausur gefallen, 40 durch die Statistikklausur und 20 durch beide.

Wenn also $P(B|A)$ gesucht wird, so ist A bereits eingetreten, es wurde also einer der 30 Studierenden ausgewählt für die A gilt. Von diesen 30 Studierenden sind 20 auch durch die Statistikklausur gefallen, d.h. die gesuchte Wahrscheinlichkeit ist:

$$P(B|A) = \frac{20}{30} = 66,67\% = \frac{20\%}{30\%} = \frac{P(A \cap B)}{P(A)}.$$

Die allgemeine Formel für die bedingte Wahrscheinlichkeit lautet dementsprechend:

$$P(B|A) = \frac{P(A \cap B)}{P(A)} \tag{10.7}$$

Diese Wahrscheinlichkeit kann nur berechnet werden, wenn $P(A) > 0$ gilt.

10.8 Allgemeiner Multiplikationssatz

Der allgemeine Multiplikationssatz ist eine Umformung von Formel (10.7) (Bedingte Wahrscheinlichkeit) und lautet für zwei beliebige Ereignisse A und B

$$P(A \cap B) = P(A) \cdot P(B|A) \tag{10.8}$$

Der allgemeine Multiplikationssatz ergibt sich durch Multiplikation mit $P(A)$ aus Formel (10.7) (Bedingte Wahrscheinlichkeit). Die Formel besagt nichts anderes als das die Wahrscheinlichkeit dafür, daß A und B (gleichzeitig) eintreten ($P(A \cap B)$), gleich der Wahrscheinlichkeit ist, daß A eintritt ($P(A)$) und B eintritt unter der Voraussetzung, daß A eingetreten ist ($P(B|A)$).

10.9 Unabhängigkeit zweier Ereignisse

Für die bedingte Wahrscheinlichkeit hing die Wahrscheinlichkeit für ein Ereignis vom Eintreten eines anderen Ereignisses ab. Dies ist häufig der Fall, wenn bei Zufallsexperimenten nicht zurückgelegt wird:

es wird wieder ein Kartenspiel analog zu Kapitel 10.6 betrachtet. Es werden zwei Ereignisse definiert:

- $A = $ "Die im ersten Zug gezogene Karte ist ein As"

- $B = $ "Die im zweiten Zug gezogene Karte ist ein As"

Es ist unmittelbar klar, daß $P(A) = \frac{4}{52}$, da vier Asse im gesamten Spiel aus 52 Karten vorhanden sind. Für das Ereignis B sind zwei Fälle zu unterscheiden:

1. Falls die erste gezogene Karte vor dem zweiten Zug wieder zurückgelegt wird, so ist die Wahrscheinlichkeit $P(B) = \frac{4}{52}$, da das Kartenspiel vor dem zweiten Zug wieder in den Urzustand gebracht wurde. In diesem Fall werden die beiden Ereignisse A und B **voneinander unabhängig** genannt.

2. Falls die erste gezogene Karte nicht wieder zurückgelegt wird, so sind nur noch drei Asse im Spiel vorhanden und insgesamt 51 Karten. Dann ergibt sich also $P(B) = \frac{3}{51}$. In diesem Fall sind die beiden Ereignisse A und B **voneinander abhängig**, da der Ausgang von A die Wahrscheinlichkeit für das Ereignis B beeinflusst.

Allgemein kann die Eigenschaft der Unabhängigkeit von zwei Ereignissen A und B durch die bedingte Wahrscheinlichkeit ausgedrückt werden:

zwei Ereignisse A und B werden **voneinander unabhängig** genannt, falls

$$P(B) = P(B|A) \qquad (10.9)$$

In diesem Spezialfall kann Formel (10.8) (Allgemeiner Multiplikationssatz) vereinfacht werden und wird dann **spezieller Multiplikationssatz** genannt:

$$P(A \cap B) = P(A) \cdot P(B|A) = P(A) \cdot P(B) \qquad (10.10)$$

10.10 Totale Wahrscheinlichkeit

Falls die Ereignisse $A_1, A_2, \ldots, A_n$ ein vollständiges System bilden, dann folgt für ein beliebiges Ereignis B:

$$P(B) = \sum_{i=1}^{n} P(A_i) \cdot P(B|A_i) \qquad (10.11)$$

Von einem vollständigen System wird gesprochen, wenn die zufälligen Ereignisse $A_1, A_2, \ldots, A_n$ sich einander paarweise ausschließen und die Menge der Elementarereignisse komplett ausschöpfen:

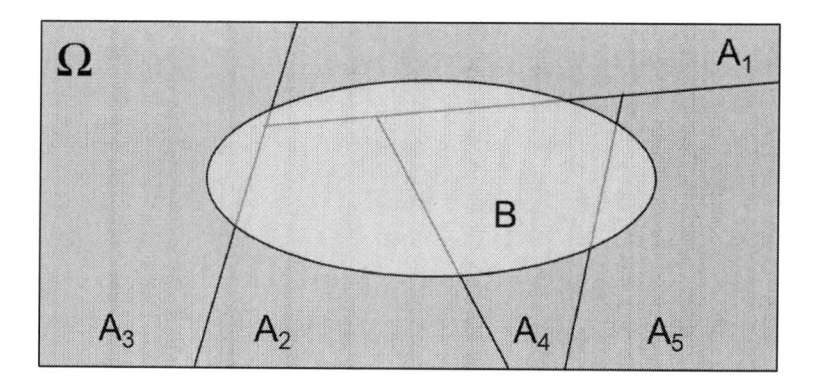

Abbildung 10.6: Vollständiges System

10.10.1 Totale Wahrscheinlichkeit: Beispiel

In einem Unternehmen gibt es zwei Datenbanken: in einer sind die Privatkunden erfasst (in dieser sind 1.000 Datensätze vorhanden, davon 500 Frauen), in der anderen Datenbank sind sämtliche Großkunden erfasst (mit 100 Datensätzen, davon 60 Frauen). Es gibt keinen Datensatz, der in beiden Datenbanken auftaucht.

Es soll ein Gewinnspiel durchgeführt werden. Dabei wählt ein Programm zufällig eine der Datenbanken aus (mit einer Wahrscheinlichkeit von jeweils 50%) und dann innerhalb der Datenbank einen Datensatz.

10.10.1 TOTALE WAHRSCHEINLICHKEIT: BEISPIEL

Wie groß ist die Wahrscheinlichkeit, daß eine Frau ausgewählt wird?

Lösung:

Als erstes werden die verschiedenen gegebenen Daten in Ereignisse transformiert:

- $A_1 =$ "es wird die erste Datenbank (Privatkunden) ausgewählt"

- $A_2 =$ "es wird die zweite Datenbank (Großkunden) ausgewählt"

- $B =$ "es wird eine Frau ausgewählt"

Die folgenden Wahrscheinlichkeiten sind gegeben: $P(A_1) = 50\%$, $P(A_2) = 50\%$, $P(B|A_1) = \frac{500}{1.000} = 50\%$ und $P(B|A_2) = \frac{60}{100} = 60\%$.

A_1 und A_2 stellen ein vollständiges System dar, da beide Datenbanken sich gegenseitig ausschließen und es keine Datensätze außerhalb der beiden Datenbanken gibt, die am Gewinnspiel teilnehmen. Also ist Formel (10.11) (Totale Wahrscheinlichkeit) nutzbar:

$$P(B) = \sum_{i=1}^{n} P(A_i) \cdot P(B|A_i) = \sum_{i=1}^{2} P(A_i) \cdot P(B|A_i) =$$
$$= P(A_1) \cdot P(B|A_1) + P(A_2) \cdot P(B|A_2) =$$
$$= 50\% \cdot \frac{500}{1.000} + 50\% \cdot \frac{60}{100} = 50\% \cdot \frac{500}{1.000} + 50\% \cdot \frac{600}{1.000} =$$
$$= 50\% \cdot \frac{1.100}{1.000} = \frac{550}{1.000} = 55\%.$$

Die Wahrscheinlichkeit, daß beim präsentierten Gewinnspiel eine Frau gezogen wird, beträgt also 55%. Dies entspricht dem gewogenen arithmetischen Mittel der beiden bedingten Wahrscheinlichkeiten (siehe Formel (9.5) (Gewogenes arithmetisches Mittel), Seite 277).

10.11 Formel von Bayes

Die **Formel von Bayes**[3] lautet

$$P(A_j|B) = \frac{P(A_j) \cdot P(B|A_j)}{\sum_{i=1}^{n} P(A_i) \cdot P(B|A_i)} \text{ für } j = 1, \ldots, n \qquad (10.12)$$

Sie ist eine Anwendung der totalen Wahrscheinlichkeit und der Definition der bedingten Wahrscheinlichkeit. Die bedingte Wahrscheinlichkeit aus Formel (10.7) kann geschrieben werden als:

$$P(A_j|B) = \frac{P(A_j \cap B)}{P(B)}.$$

Unter den gleichen Voraussetzungen wie in Kapitel 10.10 kann nun das $P(B)$ im Nenner durch die totale Wahrscheinlichkeit ersetzt werden und dann im Zähler der Multiplikationssatz genutzt werden:

$$P(A_j|B) = \frac{P(A_j \cap B)}{P(B)} =$$

$$= \frac{P(A_j \cap B)}{\sum_{i=1}^{n} P(A_i) \cdot P(B|A_i)} = \frac{P(A_j) \cdot P(B|A_j)}{\sum_{i=1}^{n} P(A_i) \cdot P(B|A_i)}$$

Dies ergibt Formel (10.12) (Formel von Bayes).

Genaue Betrachtung der Formel von Bayes liefert die Beobachtung, daß auf der linken Seite eine bedingte Wahrscheinlichkeit ("A_j gegeben B") zu finden ist und auf der rechten Seite bedingte Wahrscheinlichkeiten der Form "B gegeben A_i".

10.11.1 Formel von Bayes: Beispiel 1

Als Beispiel werden die Daten aus Kapitel 10.10.1 genutzt:

In einem Unternehmen gibt es zwei Datenbanken: in einer sind die Privatkunden erfasst (in dieser sind 1.000 Datensätze vorhanden, davon 500 Frauen),

---

[3]Thomas Bayes, 1701 - 1761, 1763 posthum veroffentlicht, vgl. [1, Seite 370-418]

10.11.1 FORMEL VON BAYES: BEISPIEL 1

in der anderen Datenbank sind sämtliche Großkunden erfasst (mit 100 Datensätzen, davon 60 Frauen). Es gibt keinen Datensatz, der in beiden Datenbanken auftaucht.

Es soll ein Gewinnspiel durchgeführt werden. Dabei wählt ein Programm zufällig eine der Datenbanken aus (mit einer Wahrscheinlichkeit von jeweils 50%) und dann innerhalb der Datenbank einen Datensatz.

Bei der totalen Wahrscheinlichkeit wurde nach der Wahrscheinlichkeit gefragt "Wie groß ist die Wahrscheinlichkeit, daß eine Frau ausgewählt wird?". Die Formel von Bayes vertauscht jedoch die bedingten Wahrscheinlichkeiten und ist deshalb für die umgekehrte Fragestellung nutzbar:

Wie groß ist die Wahrscheinlichkeit, daß die Datenbank für Privatkunden genutzt wurde, wenn eine Frau gezogen wurde?

Lösung:

Als erstes werden die verschiedenen, gegebenen Daten in Ereignisse transformiert (identisch zu Kapitel 10.10.1):

- A_1 = "es wird die erste Datenbank (Privatkunden) ausgewählt"
- A_2 = "es wird die zweite Datenbank (Großkunden) ausgewählt"
- B = "es wird eine Frau ausgewählt"

Die folgenden Wahrscheinlichkeiten sind wieder gegeben: $P(A_1) = 50\%$, $P(A_2) = 50\%$, $P(B|A_1) = \frac{500}{1.000} = 50\%$ und $P(B|A_2) = \frac{60}{100} = 60\%$.

Diesmal gesucht ist: $P(A_1|B)$!

Es wird Formel (10.12) (Formel von Bayes) genutzt:

$$P(A_1|B) = \frac{P(A_1) \cdot P(B|A_1)}{\sum_{i=1}^{n} P(A_i) \cdot P(B|A_i)} =$$

$$= \frac{P(A_1) \cdot P(B|A_1)}{P(A_1) \cdot P(B|A_1) + P(A_2) \cdot P(B|A_2)} =$$

$$= \frac{50\% \cdot 50\%}{50\% \cdot 50\% + 50\% \cdot 60\%} = \frac{0,25}{0,25 + 0,3} =$$

$$= \frac{0,25}{0,55} = 0,4545 = 45,45\%.$$

10.11. FORMEL VON BAYES

Die Wahrscheinlichkeit, daß das Programm die Datenbank der Privatkunden ausgewählt hat, falls eine Frau gezogen wurde, beträgt also 45, 45%. Dementsprechend beträgt die Wahrscheinlichkeit, daß aus der Datenbank für Großkunden gezogen wurde: $1 - 45,45\% = 54,55\%$.

10.11.2 Formel von Bayes: Beispiel 2

Angenommen eine Krankheit hat 1% der Bevölkerung infiziert. Es gibt einen Bluttest, der bei Infizierten mit einer Wahrscheinlichkeit von 97% die Krankheit erkennt. Leider schlägt der Test auch bei 1% der Gesunden an und deutet irrtümlich auf die Krankheit hin.

Wie groß ist die Wahrscheinlichkeit, daß ein positiv getesteter Patient tatsächlich krank ist?

Lösung:

Zuerst werden die Ereignisse definiert.

- $A_1 = $ "Patient ist krank"

- $A_2 = $ "Patient ist gesund", dies ist die Verneinung (das Komplement) von A_1 und könnte auch als $A_2 = \bar{A}_1$ geschrieben werden

- $B = $ "Der Bluttest ist positiv"

Bekannt sind die folgenden Wahrscheinlichkeiten: $P(A_1) = 1\%$, $P(A_2) = 100\% - 1\% = 99\%$, $P(B|A_1) = 97\%$ und $P(B|A_2) = 1\%$.

Gesucht wird $P(A_1|B)$. Dies ist offensichtlich wieder ein Beispiel für Formel (10.12) (Formel von Bayes):

$$P(A_1|B) = \frac{P(A_1) \cdot P(B|A_1)}{\sum_{i=1}^{n} P(A_i) \cdot P(B|A_i)} =$$

$$= \frac{P(A_1) \cdot P(B|A_1)}{P(A_1) \cdot P(B|A_1) + P(A_2) \cdot P(B|A_2)} =$$

$$= \frac{1\% \cdot 97\%}{1\% \cdot 97\% + 99\% \cdot 1\%} = 49,49\%.$$

Das heißt, in $100\% - 49,49\% = 50,51\%$ aller positiv Getesteten handelt es sich um falschen Alarm, da derjenige nicht infiziert ist.

10.12 Darstellung

Anhand des vorigen Beispiels werden zwei Darstellungen demonstriert, die häufig im Bereich der Wahrscheinlichkeitsrechnung genutzt werden.

Die erste Art der Darstellung ist das **Baumdiagramm**. Dabei werden Ereignisse in Kreisen geschrieben und Verzweigungen stellen sich gegenseitig ausschliessende Möglichkeiten dar. An die Verzweigungen werden die jeweiligen Wahrscheinlichkeiten geschrieben.

Für das Beispiel aus dem letzten Kapitel, soll zuerst das Baumdiagramm gezeichnet werden. Ein Mensch ist entweder krank (Ereignis A_1) oder gesund (Ereignis $A_2 = \overline{A_1}$, nicht krank). Diese beiden Möglichkeiten stellen die erste Ebene des Baumdiagramms (Abbildung 10.7) dar.

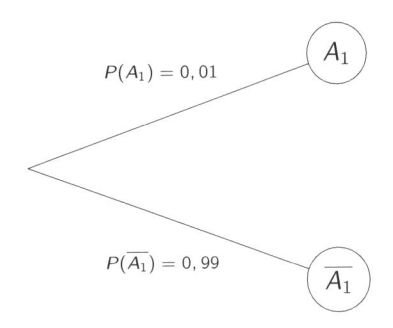

Abbildung 10.7: Baumdiagramm, erste Ebene

Für jede der zwei Möglichkeiten (A_1 Person ist infiziert, $\overline{A_1}$ Person ist gesund), gibt es für das Testergebnis wieder zwei Möglichkeiten: B Test ist positiv bzw. $\overline{B}$ Test ist negativ. Diese werden in Abbildung 10.8 dargestellt.

Die jeweiligen Wahrscheinlichkeiten müssen noch eingetragen werden. Auf der Verbindung A_1 nach B (oberste noch nicht beschriftete Verbindung in Abbildung 10.8) steht nicht die Wahrscheinlichkeit dafür, dass B eintritt, sondern

10.12. DARSTELLUNG

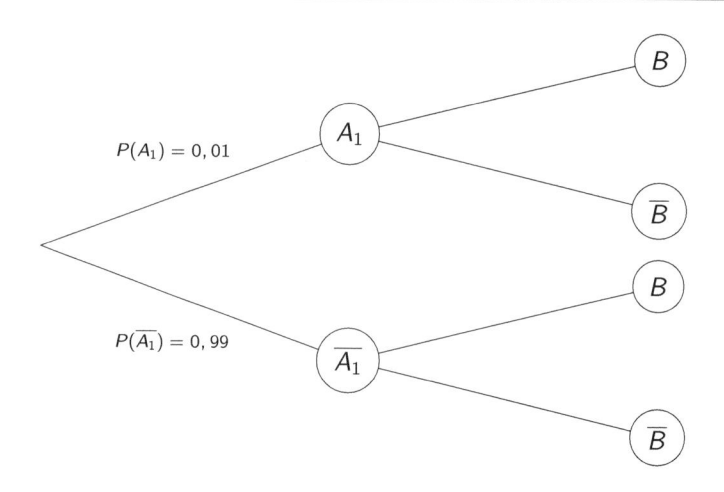

Abbildung 10.8: Baumdiagramm, zweite Ebene

dafür dass B eintritt **unter der Bedingung**, dass A_1 bereits eingetreten ist: $P(B|A_1)$. Also: dass eine Patientin positiv getestet wird unter der Bedingung, dass sie infiziert ist, siehe Definition der bedingten Wahrscheinlchkeit in Formel (10.7) von Seite 428. Analog handelt es sich bei den anderen Wahrscheinlichkeiten auf der zweiten Ebene ebenfalls um bedingte Wahrscheinlichkeiten. Ausgefüllt ergibt sich Abbildung 10.9.

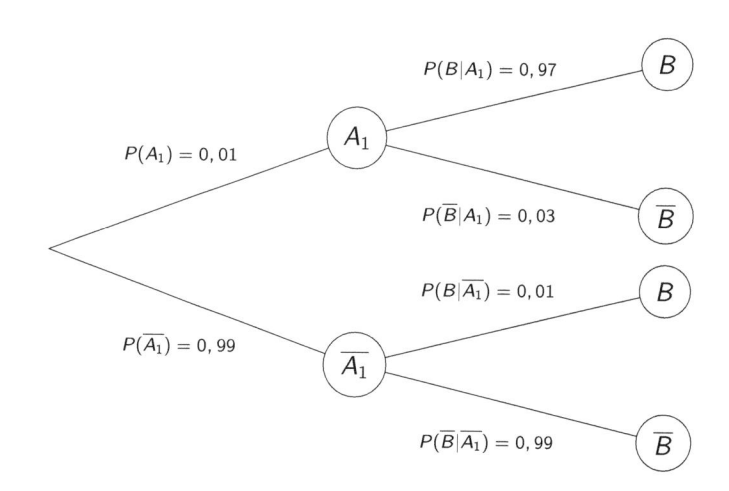

Abbildung 10.9: Baumdiagramm, zweite Ebene ausgefüllt

Im Allgemeinen wird am rechten Rand (an der Blattebene des Baumdiagramms) noch die Wahrscheinlichkeit des jeweiligen Knotens notiert. Auf jedem Pfad von der Wurzel (linker Rand) zum Blatt (rechter Rand) handelt es sich um Verknüpfungen mit "und". Beispielsweise bedeutet der oberste Pfad, dass jemand "krank" (Ereignis A_1) **und** "Testergebnis positiv" (Ereignis B) ist. Also ist die Wahrscheinlichkeit nach dem Multiplikationssatz (10.8) von Seite 428 gegeben durch $P(A_1 \cap B) = P(A_1) \cdot P(B|A_1) = 0,01 \cdot 0,097 = 0,0097$.

Die Summe der vier angezeigten Wahrscheinlichkeiten beträgt natürlich Eins.

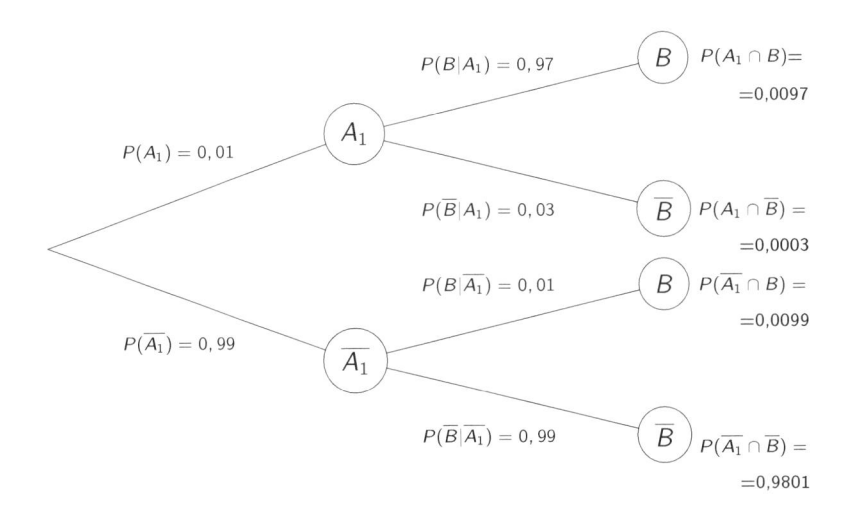

```
                    P(B|A₁) = 0,97        B    P(A₁ ∩ B) =
                                               = 0,0097
P(A₁) = 0,01    A₁
                    P(B̄|A₁) = 0,03        B̄    P(A₁ ∩ B̄) =
                                               = 0,0003
                    P(B|Ā₁) = 0,01        B    P(Ā₁ ∩ B) =
                                               = 0,0099
P(Ā₁) = 0,99    Ā₁
                    P(B̄|Ā₁) = 0,99        B̄    P(Ā₁ ∩ B̄) =
                                               = 0,9801
```

Abbildung 10.10: Baumdiagramm, zweite Ebene mit Gesamtwahrscheinlichkeiten

Die in der Aufgabe genannten Wahrscheinlichkeiten sollen ausserdem in einer **Vierfeldertafel** aufgeschrieben werden, die im Folgenden erklärt wird.

Dabei stehen in den Spalten und Zeilen jeweils ein Ereignis und das jeweilige Gegenereignis (beim gewählten Beispiel: "krank" und "gesund" (="nicht krank")). Die inneren Felder der Vierfeldertafel stellen dann die Wahrscheinlichkeiten für das Eintreten des jeweiligen Werts aus der Spalte und Zeile dar. Es handelt sich also um eine "und"-Verknüpfung ("$\cap$"). Aussen werden zusätzlich noch die Summen der Zeile/ Spalte angezeigt.

10.12. DARSTELLUNG

	A_1 (krank)	$A_2 = \overline{A_1}$ (gesund)	Summe
B (positiver Test)	$P(A_1 \cap B)$	$P(A_2 \cap B)$	$P(A_1 \cap B) +$ $+P(A_2 \cap B) =$ $= P(B)$
$\overline{B}$ (negativer Test)	$P(A_1 \cap \overline{B})$	$P(A_2 \cap \overline{B})$	$P(A_1 \cap \overline{B})+$ $+P(A_2 \cap \overline{B}) =$ $= P(\overline{B})$
Summe	$P(A_1 \cap B)+$ $+P(A_1 \cap \overline{B}) =$ $= P(A_1)$	$P(A_2 \cap B)+$ $+P(A_2 \cap \overline{B}) =$ $= P(A_2)$	$P(B) + P(\overline{B}) =$ $=P(A_1) + P(A_2) =$ $= 1$

Tabelle 10.1: Vierfeldertafel, Wahrscheinlichkeiten

Die Werte im Inneren der Vierfeldertafel entsprechen also den Gesamtwahrscheinlichkeiten aus Abbildung 10.10 am rechten Rand und können analog mittels des Multiplikationssatzes (10.8) von Seite 428 berechnet werden. Es ergibt sich also Tabelle 10.2.

In der unteren Summenzeile finden sich die (gegebenen) Wahrscheinlichkeiten für die Erkrankung (0,01) bzw. Gesundheit (0,99) wieder. Die Vierfeldertafel zeigt im Gegensatz zum Baumdiagramm aber nicht die bedingten Wahrscheinlichkeiten.

	A_1 (krank)	$A_2 = \overline{A_1}$ (gesund)	Summe
B (positiver Test)	0,0097	0,0099	0,0196
$\overline{B}$ (negativer Test)	0,0003	0,9801	0,9804
Summe	0,01	0,99	1

Tabelle 10.2: Vierfeldertafel mit Werten

10.13 Kelly-Kriterium

In Kapitel 9.3.7.2 wurden bereits Wetten erwähnt. Das in diesem Kapitel beschriebene Kelly-Kriterium, legt zu einer gegebenen Wette den optimalen Einsatz fest.

Als Einführung wird von einem Spiel ausgegangen, bei dem ein echter Würfel geworfen wird und auf das Auftreten einer Zahl (z.B. die "1") gesetzt wird. Es besteht also eine Gewinnchance von $p = \frac{1}{6}$. Falls die gewählte Zahl auftritt, erhält der Spielende in diesem Beispiel den siebenfachen Einsatz zurück. Diese Zahl (hier: $Q = 7$) wird **Rückzahlungsquote** genannt. Also entspricht $Q - 1 = 6$ dem möglichen Gewinn beim Einsatz von einer Geldeinheit.

Angenommen, das Spiel wird 6.000 Mal gespielt, so kann näherungsweise erwartet werden, dass in einem Sechstel der Fälle (also: 1.000 Mal) gewonnen und in fünf Sechstel der Fälle (also: 5.000 Mal) verloren wird. Würde jedes Mal ein Euro eingesetzt, so betrüge der Einsatz $6.000 \cdot 1 \text{ €} = 6.000 \text{ €}$ und der Gewinn $1.000 \cdot 7 \text{ €} + 5.000 \cdot 0 \text{ €} = 7.000 \text{ €}$. Also hat der Spielende nach 6.000 Spielen ca. einen Gewinn von 1.000 €. In der Realität wird dies natürlich abweichen. Der Spielende hat 6.000 € Spieleinsatz aufgebracht und einen Gewinn von 1.000 € erreicht.

Allgemein lässt sich der Erwartungswert für den Gewinn durch $Q \cdot p - 1$ ausdrücken. Im obigen Beispiel ergibt sich: $Q \cdot p - 1 = 7 \cdot \frac{1}{6} - 1 = \frac{7-6}{6} = \frac{1}{6}$, es kann mit einem Gewinn von einem Sechstel des Einsatzes gerechnet werden.

Würde der Spielende jedoch sein komplettes Spielkapital im ersten Spiel einsetzen, bestünde eine Chance von $\frac{5}{6}$, dass das Kapitel im ersten Spiel verloren geht und das weitere Spielen nicht mehr möglich ist. Würde andererseits mit einem sehr kleinen Einsatz gespielt, so würde das Spielkapital nur sehr langsam wachsen. Es scheint also einen optimalen Einsatz (Anteil am Spielkapital) zu geben, bei dem ein maximales Wachstum möglich ist.

Angenommen, im i-ten Spiel ist ein Kapital von K_i vorhanden. Es soll der Anteil x des Kapitals bestimmt werden, der zum höchsten Gewinn führt. Werden $x \cdot K_i$ im i-ten Spiel eingesetzt, so

- wird mit einer Wahrscheinlichkeit von p das Spiel gewonnen und die

10.13. KELLY-KRITERIUM

Auszahlung beträgt $x \cdot K_i \cdot Q$, so dass sich abzüglich des Einsatzes ein Gewinn von $x \cdot K_i \cdot Q - x \cdot K_i = x \cdot K_i \cdot (Q - 1)$ ergibt. Für das nächste Spiel ergibt sich also ein Spielkapital von

$$K_{i+1} = K_i + x \cdot K_i \cdot (Q - 1) = K_i \cdot (1 + x \cdot (Q - 1)).$$

- wird mit einer Wahrscheinlichkeit von $1 - p$ das Spiel verloren und es werden $x \cdot K_i$ Geldeinheiten verloren. Für das nächste Spiel ergibt sich also ein Spielkapital von

$$K_{i+1} = K_i - x \cdot K_i = K_i \cdot (1 - x).$$

Wird das Spiel n Mal gespielt, so ist bei großen n damit zu rechnen, dass näherungsweise $n \cdot p$ Mal gewonnen und $n \cdot (1 - p)$ Mal verloren wird. Also ergibt sich nach n Spielen ein Kapital von

$$K_n = K_0 \cdot (1 + x \cdot (Q - 1))^{n \cdot p} \cdot (1 - x)^{n \cdot (1-p)} \qquad (10.13)$$

Die Reihenfolge der Gewinne und Verluste ist dabei egal, das Ergebnis bleibt gleich. In Abbildung 10.11 ist das erwartete Kapital gemäß Formel (10.13) nach 2.400 Spielen für verschiedene Werte von x zu sehen. Es ist zu sehen, dass ein Einsatz von ca. $x = 0,03$ des Kapitals (bei jedem Spiel werden ca. drei Prozent des momentanen Spielkapitals eingesetzt) den höchsten zu erwartenden Gewinn versprechen. Der genaue Wert für x wird im folgenden über eine Maximierung berechnet (siehe Kapitel 5.16, Seite 156).

Das Kapital K_n aus Formel (10.13) soll maximiert werden. Also muss die erste Ableitung gebildet und diese Null gesetzt werden. Da x die Unbekannte

Gewinn in Abhängigkeit von x bzw. K

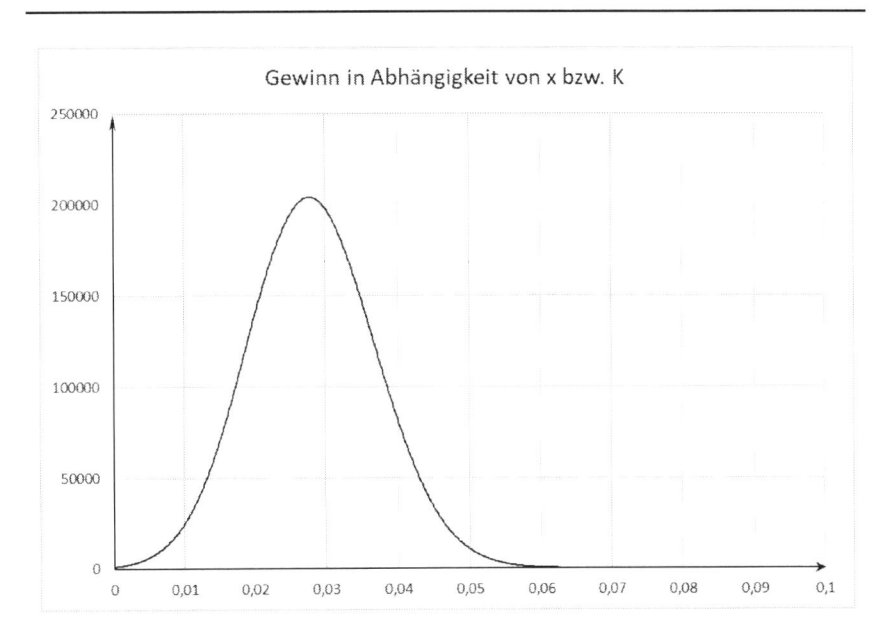

Abbildung 10.11: Spielkapital K_n aus Formel (10.13) für $p = \frac{1}{6}$, $Q = 7$, $n = 2.400$ und $K_0 = 1.000$

ist, muss nach dieser Variable abgeleitet werden (Produktregel):

$$\frac{d}{dx}K_n = \frac{d}{dx}K_0 \cdot (1 + x \cdot (Q-1))^{n \cdot p} \cdot (1-x)^{n \cdot (1-p)} =$$
$$= K_0 \cdot \left[np \cdot (1 + x \cdot (Q-1))^{n \cdot p - 1} \cdot (Q-1) \cdot (1-x)^{n \cdot (1-p)} + \right.$$
$$\left. + (1 + x \cdot (Q-1))^{n \cdot p} \cdot n \cdot (1-p) \cdot (1-x)^{n \cdot (1-p)-1} \cdot (-1) \right] =$$
$$= K_0 \cdot \left[np \cdot (Q-1) \cdot (1-x) + (1 + x \cdot (Q-1)) \cdot n \cdot (1-p) \cdot (-1) \right] \cdot$$
$$\cdot (1 + x \cdot (Q-1))^{n \cdot p - 1} \cdot (1-x)^{n \cdot (1-p)-1}.$$

Nun wird die eckige Klammer ausmultipliziert:

$$\frac{d}{dx}K_n = K_0 \cdot \left[npQ - np - npQx + npx - (1 + x \cdot (Q-1)) \cdot (n - np) \right] \cdot$$
$$\cdot (1 + x \cdot (Q-1))^{n \cdot p - 1} \cdot (1-x)^{n \cdot (1-p)-1} =$$

10.13. KELLY-KRITERIUM

$$= K_0 \cdot \Big[npQ - np - npQx + npx - (n - np + x \cdot (Q-1) \cdot (n - np)\Big] \cdot$$
$$\cdot (1 + x \cdot (Q-1))^{n \cdot p - 1} \cdot (1-x)^{n \cdot (1-p) - 1} =$$
$$= K_0 \cdot \Big[npQ - np - npQx + npx - (n - np + xQn - xQnp - xn + xnp)\Big] \cdot$$
$$\cdot (1 + x \cdot (Q-1))^{n \cdot p - 1} \cdot (1-x)^{n \cdot (1-p) - 1}.$$

In der eckigen Klammer werden die Terme zusammengefasst:

$$\frac{d}{dx} K_n =$$
$$= K_0 \cdot \Big[npQ - np - npQx + npx - (n - np + xQn - xQnp - xn + xnp)\Big] \cdot$$
$$\cdot (1 + x \cdot (Q-1))^{n \cdot p - 1} \cdot (1-x)^{n \cdot (1-p) - 1} =$$
$$= K_0 \cdot \Big[npQ - npQx - (n + xQn - xQnp - xn)\Big] \cdot$$
$$\cdot (1 + x \cdot (Q-1))^{n \cdot p - 1} \cdot (1-x)^{n \cdot (1-p) - 1} =$$
$$= K_0 \cdot n \cdot \Big[(pQ - 1) + x \cdot (-pQ - Q + Qp + 1)\Big] \cdot$$
$$\cdot (1 + x \cdot (Q-1))^{n \cdot p - 1} \cdot (1-x)^{n \cdot (1-p) - 1}$$

Da das Spielkapital nach n Spielen maximiert werden soll, wird diese Abteilung Null gesetzt. Die Terme ausserhalb der eckigen Klammer können nicht Null werden, deshalb wird nur diese betrachtet:

$$0 = (pQ - 1) + x \cdot (-pQ - Q + Qp + 1).$$

In der zweiten Klammer fällt noch ein Term weg:

$$0 = (pQ - 1) + x \cdot (-Q + 1)$$

Es ergibt sich für x:

$$x = \frac{pQ - 1}{Q - 1}.$$

Dieses x wird **Kelly-Anteil** K genannt. Das Kelly-Kriterium[4] lautet:

$$K = \frac{Q \cdot p - 1}{Q - 1} \qquad (10.14)$$

Dabei ist K der sogenannte Kelly-Anteil, Q die Rückzahlquote (im Falle eines Gewinnes erhält der Spielende das Q-fache des Einsatzes zurück) und p ist die Wahrscheinlichkeit zu gewinnen.

Wird dieses Kriterium auf das einführende Würfel-Beispiel angewandt, so ergeben sich die folgenden Parameter: $Q = 7$ und $p = \frac{1}{6}$. Also berechnet sich der Kelly-Anteil nach Formel (10.14) als:

$$K = \frac{Q \cdot p - 1}{Q - 1} = \frac{7 \cdot \frac{1}{6} - 1}{7 - 1} = \frac{\frac{1}{6}}{6} = \frac{1}{36} = 0,02778.$$

Dieser Wert ist auch in Abbildung 10.11 auf Seite 441 zu sehen. Beim vorliegenden Spiel ist es also optimal $2,778\%$ des jeweils vorhandenen Spielkapitals einzusetzen. Wird dieses x bzw. K in Formel (10.13) genutzt, so ergibt sich mit den genutzten Parametern nach 2.400 Spielen ein Gewinn von

$$K_{2.400} = K_0 \cdot (1 + x \cdot (Q - 1))^{n \cdot p} \cdot (1 - x)^{n \cdot (1-p)} =$$
$$= 1.000 \cdot (1 + 0,02778 \cdot (7 - 1))^{2.400 \cdot \frac{1}{6}} \cdot (1 - 0,02778)^{2.400 \cdot (1 - \frac{1}{6})} =$$
$$= 204.081,2089.$$

Der mögliche Gewinn K_n ist allerdings sehr stark von p abhängig. Wird p nur ein wenig variiert, so ergeben sich starke Abweichungen: siehe Abbildung 10.12 auf Seite 444. In der Abbildung ist zu sehen, wie stark sich K_n bei minimalen Irrtümern der Wahrscheinlichkeit p ändert.

Im Asset Management wird das Kelly-Kriterium stellenweise genutzt, um die Anteile des Kapitals zu bestimmen, die in ein bestimmtes Anlageobjekt investiert werden. Dabei muss p als Wahrscheinlichkeit angenommen werden, dass ein bestimmtes Kursziel erreicht wird. Da diese Wahrscheinlichkeit nur sehr grob geschätzt werden kann, sind die Ergebnisse sehr mit Vorsicht zu genießen, da eben gesehen wurde, wie stark die Werte von kleinen Änderungen

---
[4] John Larry Kelly, 1923 - 1965, Vgl. [8]

10.13. KELLY-KRITERIUM

von p abhängen.

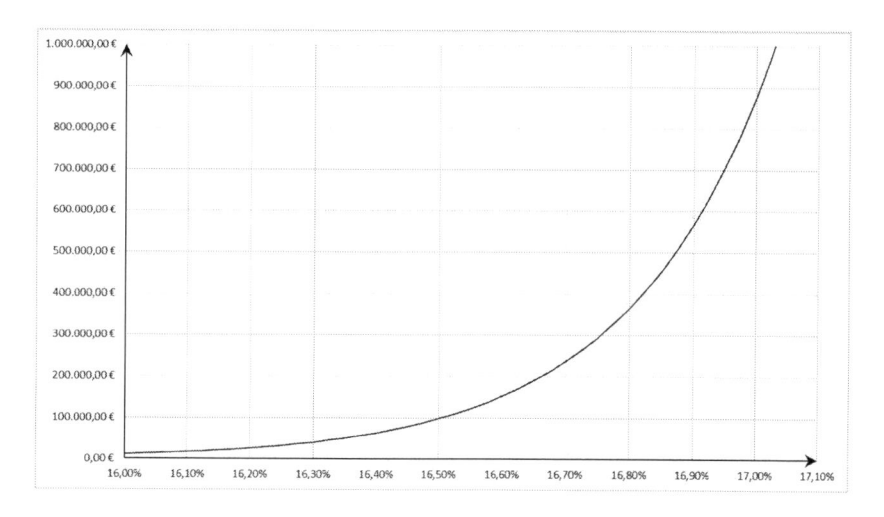

Abbildung 10.12: Spielkapital K_n aus Formel (10.13) für verschiedene Werte von p, wie oben: $Q = 7$, $n = 2.400$ und $K_0 = 1.000$

Kapitel 11

Schließende Statistik

11.1 Einführung

Die **schließende Statistik** (auch: **induktive Statistik**) zieht im Allgemeinen auf der Basis einer Stichprobe Rückschlüsse auf die Grundgesamtheit. Beispielsweise werden einige Wahlberechtigte (Stichprobe) im Anschluss an die Stimmabgabe nach der gewählten Partei befragt und aufgrund der Antworten eine Prognose für alle Wahlberechtigten (Grundgesamtheit) abgegeben.

Ein zentraler Begriff in der schließenden Statistik ist die **Zufallsvariable** (oder auch **Zufallsgröße**). Dabei handelt es sich um einen Wert bzw. eine Größe, die vom Zufall abhängt. Es handelt sich also um eine Funktion, die jedem Elementarereignis einen Wert, im Speziellen die zugehörige Wahrscheinlichkeit, zuordnet. Zufallsvariablen werden häufig (ähnlich zu den Merkmalen in der beschreibenden Statistik) mit X oder Y bezeichnet.

11.2 Diskrete Zufallsvariablen

Diskrete Zufallsvariablen sind dadurch charakterisiert, daß es nur endlich viele, voneinander unterscheidbare Werte gibt, die angenommen werden können. Ein Beispiel ist die Anzahl der Kinder pro Haushalt. Diese Zufallsvariable kann

11.2. DISKRETE ZUFALLSVARIABLEN

nur die Werte 0, 1, 2, 3, ... annehmen und keinen "dazwischen liegenden" Wert (siehe auch Kapitel 9.1.1).

Die Wahrscheinlichkeit dafür, daß eine diskrete Zufallsvariable X einen einzelnen Wert x_i annimmt, wird mit der sogenannten **Wahrscheinlichkeitsfunktion** f dargestellt:

$$P(X = x_1) = f(x_1) \tag{11.1}$$

Die Summe der Wahrscheinlichkeiten für alle Elementarereignisse ergibt (siehe Kapitel 10.5) natürlich Eins. Häufig ist nicht nur die Wahrscheinlichkeit dafür gesucht, daß ein einzelner Wert angenommen wird, sondern die Wahrscheinlichkeit, daß ein Wert in einem Intervall zwischen gegebenen Grenzen a und b angenommen wird. Im Allgemeinen zählt die untere Grenze dabei nicht zum Intervall, während die obere Grenze eingeschlossen ist:

$$P(a < X \leq b) = \sum_{a < x_i \leq b} f(x_i) \tag{11.2}$$

Die **Verteilungsfunktion** $F(x)$ beantwortet die Frage "Wie groß ist die Wahrscheinlichkeit einen Wert von x oder weniger zu erhalten?". D.h. es werden alle Einzelwahrscheinlichkeiten für Elementarereignisse, die kleiner oder gleich dem vorgegebenen x sind, addiert:

$$F(x) = P(X \leq x) = \sum_{x_i \leq x} f(x_i) \tag{11.3}$$

Die Verteilungsfunktion der schließenden Statistik ähnelt der Summenhäufigkeitsfunktion (siehe Kapitel 9.2.3) der beschreibenden Statistik.

Mithilfe der beiden Formeln Formel (11.2) (Wahrscheinlichkeit einer diskreten Zufallsvariablen 2) und Formel (11.3) (Definition: Verteilungsfunktion einer diskreten Zufallsvariablen) ist es möglich folgendes zu berechnen:

$$P(a < X \leq b) = F(b) - F(a) \tag{11.4}$$

D.h. wenn die Verteilungsfunktion $F(x)$ bekannt ist, so kann die Wahrscheinlichkeit dafür, daß ein Wert zwischen a und b angenommen wird, durch eine

Differenz aus zwei Zahlen berechnet werden. Dies wird im weiteren Verlauf häufig genutzt.

In Kapitel 11.4.1 wird eine diskrete Zufallsvariable untersucht.

11.3 Stetige Zufallsvariablen

Stetige Zufallsvariablen sind dadurch gekennzeichnet, daß zumindest in einem Intervall jeder beliebige Wert angenommen werden kann. Dadurch liegen unendlich viele Werte vor und es ergibt sich die Besonderheit, daß für stetige Zufallsvariablen (im Gegensatz zu diskreten Zufallsvariablen!) die Wahrscheinlichkeit dafür, daß genau ein Wert angenommen wird, immer Null ist. In der Praxis wird häufig jede Zufallsvariable, die beliebig genau messbar ist, als stetig angenommen (Längen, Zeiten, Volumina, ...). Da es sich um unendlich viele Werte handelt, die auftreten können, wird die Summe der Einzelwahrscheinlichkeiten zu einem Integral über das betrachtete Intervall $[a, b]$, analog zur Einführung der Integration in Kapitel 7.2, Seite 238:

$$P(a < x \leq b) = \int_a^b f(x)dx \qquad (11.5)$$

Die Funktion f wird im stetigen Fall als **Dichtefunktion** bezeichnet, die die folgenden Eigenschaften aufweisen muss:

$$\int_{-\infty}^{\infty} f(x)dx = 1 \text{ und } f(x) \geq 0 \text{ für alle } x \in \mathbb{R} \qquad (11.6)$$

Die erste Bedingung besagt: die Wahrscheinlichkeit dafür, daß eine stetige Zufallsvariable X einen Wert zwischen $-\infty$ und ∞ annimmt, ist Eins also 100%. Die zweite Eigenschaft besagt, daß Wahrscheinlichkeiten immer größer oder gleich Null sind (siehe Axiome von Kolmogorov in Kapitel 10.5).

Analog zu diskreten Zufallsvariablen wird eine **Verteilungsfunktion** defi-

11.4. ERWARTUNGSWERT

niert:
$$F(x) = P(X \leq x) = \int_{-\infty}^{x} f(s)ds \qquad (11.7)$$

Dabei wird als Integrationsvariable das s genutzt, da x als Intervallgrenze beim Integral auftaucht. Analog zu Formel (11.4) (Wahrscheinlichkeit einer diskreten Zufallsvariablen mittels Verteilungsfunktion) kann auch in diesem Fall die Wahrscheinlichkeit durch eine Differenz von Verteilungsfunktionswerten berechnet werden:
$$P(a < x \leq b) = F(b) - F(a) \qquad (11.8)$$

In Kapitel 11.4.3 wird eine stetige Zufallsvariable untersucht.

11.4 Erwartungswert

Um Zufallsvariablen zu charakterisieren, gibt es verschiedene Kennzahlen, analog zur beschreibenden Statistik. In der beschreibenden Statistik wurden insbesondere der Mittelwert (siehe Kapitel 9.3) und die Streuung (siehe Kapitel 9.4) vorgestellt. Der **Erwartungswert** (geschrieben: $E(X)$ oder μ) einer Zufallsvariablen X ist das Äquivalent zum Mittelwert und hängt davon ab, ob es sich um eine diskrete Zufallsvariable:

$$\mu = E(X) = \sum_{i} x_i f(x_i) \qquad (11.9)$$

oder eine stetige Zufallsvariable handelt:

$$\mu = E(X) = \int_{-\infty}^{\infty} x f(x) dx \qquad (11.10)$$

Die Bedeutung des Erwartungswerts wird in den folgenden Beispielen erläutert.

11.4.1 Erwartungswert, diskrete Zufallsvariable: 1

Eine diskrete Zufallsvariable ist gegeben, wenn nur bestimmte Werte angenommen werden können (siehe oben). Beispielsweise können beim Würfeln nur die Zahlen {1}; {2}; {3}; {4}; {5}; {6} als Elementarereignisse erzielt werden, keine Zahl zwischen {1} und {2}. Beim Werfen einer Münze können nur die beiden Seiten {Kopf} bzw. {Zahl} auftreten.

Es wird folgendes Spiel gespielt: eine Münze wird drei Mal geworfen und die Anzahl der Kopfseiten gezählt. Die Münze hat zwei Seiten: Kopf (K) oder Zahl (Z). Insgesamt ergeben sich die folgenden acht Möglichkeiten, eine echte Münze drei Mal zu werfen. In der letzten Spalte von Tabelle 11.1 ist die Anzahl der jeweiligen Kopfwürfe pro Möglichkeit angegeben.

1.Münze	2.Münze	3.Münze	Anzahl Kopf
K	K	K	3
K	K	Z	2
K	Z	K	2
Z	K	K	2
K	Z	Z	1
Z	K	Z	1
Z	Z	K	1
Z	Z	Z	0

Tabelle 11.1: Beispiel, Münzwurf

Bei jedem Wurf gibt es zwei Möglichkeiten (Kopf oder Zahl) und damit ergeben sich bei drei Würfen $2^3 = 8$ Fälle. Die Wahrscheinlichkeitsverteilung für die Anzahl der geworfenen Kopfseiten ist in Tabelle 11.2 dargestellt.

Anzahl Kopf	Anzahl Möglichkeiten	Wahrscheinlichkeit
0	1	12,5%
1	3	37,5%
2	3	37,5%
3	1	12,5%

Tabelle 11.2: Beispiel, Münzwurf, Wahrscheinlichkeiten

11.4. ERWARTUNGSWERT

Die Anzahl der Möglichkeiten in obiger Tabelle bei drei Münzwürfen nur ein Mal einen Kopf zu werfen, beträgt Drei und die Wahrscheinlichkeit dementsprechend $\frac{3}{8} = 37,5\%$. Die Wahrscheinlichkeiten sind in der folgenden Graphik (Abbildung 11.1) zu sehen. Was ist der Erwartungswert für die Anzahl gewor-

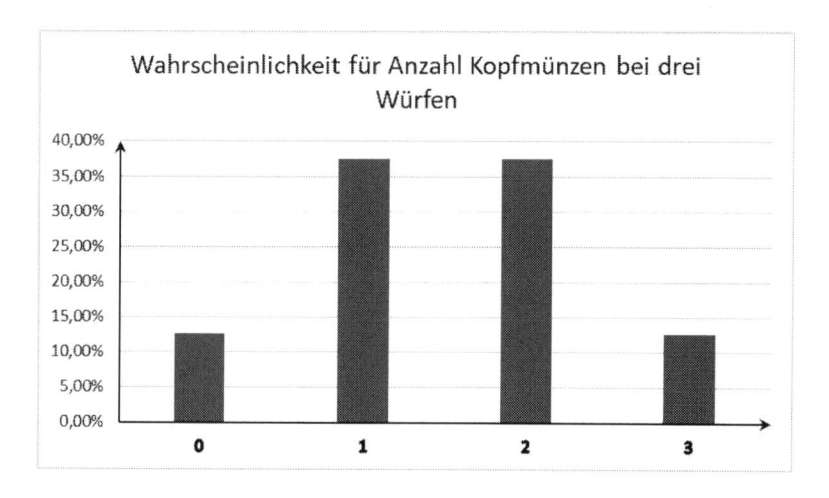

Abbildung 11.1: Wahrscheinlichkeiten bei dreimaligem Münzwurf

fener Kopfseiten?

Lösung:

Da es sich um eine diskrete Zufallsvariable handelt, muss Formel (11.9) (Erwartungswert einer diskreten Zufallsvariablen) gewählt werden:

$$\mu = E(X) = \sum_i x_i f(x_i) = 0 \cdot \frac{1}{8} + 1 \cdot \frac{3}{8} + 2 \cdot \frac{3}{8} + 3 \cdot \frac{1}{8} =$$

$$= \frac{0 + 3 + 6 + 3}{8} = \frac{12}{8} = 1,5$$

Also wird im Durchschnitt 1,5 Mal eine Kopfseite geworfen. Da es sich beim Erwartungswert genau genommen um eine Grenzwertaussage handelt, ist die 1,5 so zu verstehen, daß bei unendlich vielen Experimenten (drei Münzen werfen und die Kopfseiten zählen), durchschnittlich 1,5 Kopfseiten auftreten werden. Auch für große Anzahlen an Stichproben wird sich dieser Wert herausbilden.

11.4.2 ERWARTUNGSWERT, DISKRETE ZUFALLSVARIABLE: 2

Falls z.B. 1.000 Mal drei Münzen geworfen werden, so werden ungefähr 1.500 Kopfseiten fallen. Bei einem realen Experiment wird natürlich nicht genau 1.500 herauskommen.

Analog zur Schwerpunkteigenschaft aus Kapitel 9.3.2.2 (Seite 275) kann der Erwartungswert von 1,5 auch in Abbildung 11.1 (Wahrscheinlichkeiten bei dreimaligem Münzwurf) als der Schwerpunkt der vier Säulen abgelesen werden.

11.4.2 Erwartungswert, diskrete Zufallsvariable: 2

Wird aus dem obigen Experiment ein Glücksspiel gemacht, so muss jedem Ereignis eine Auszahlung (Gewinn/ Verlust) zugeordnet werden. Exemplarisch werden die folgenden Werte (rechte Spalte) angenommen:

Anzahl Kopf	Anzahl Möglichkeiten	Wahrscheinlichkeit	Auszahlung
0	1	12,5%	−2,00 €
1	3	37,5%	−1,00 €
2	3	37,5%	0,00 €
3	1	12,5%	5,00 €

Falls bei drei Münzwürfen nur eine Kopfseite erreicht wird, so hat der Spieler z.B. einen Euro zu zahlen. Falls der Spieler mit drei Münzwürfen drei Kopfseiten erzielt, so erhält er fünf Euro.

Auch hier kann der Erwartungswert für die diskrete Zufallsvariable "Auszahlung beim Werfen von drei Münzen" berechnet werden, indem die Auszahlung mit der jeweiligen Auftrittswahrscheinlichkeit gewichtet und addiert wird:

$$\mu = E(X) = \sum_i x_i f(x_i) =$$
$$= (-2\,€) \cdot \frac{1}{8} + (-1\,€) \cdot \frac{3}{8} + (0\,€) \cdot \frac{3}{8} + (5\,€) \cdot \frac{1}{8} =$$
$$= \frac{(-2\,€) + (-3\,€) + 0\,€ + 5\,€}{8} = 0\,€.$$

Es handelt sich also um ein gerechtes (faires, ausgeglichenes) Spiel, bei dem im Durchschnitt weder Spieler noch Veranstalter gewinnt.

11.4. ERWARTUNGSWERT

11.4.3 Erwartungswert, stetige Zufallsvariable

Gewichte sind beliebig genau messbar. Also ist das Brotgewicht bestimmter Art in einer Bäckerei eine stetige Zufallsvariable. Angenommen die Dichtefunktion für das Brotgewicht ist folgendermaßen definiert:

$$f(x) = \begin{cases} 0 & \text{für } x \leq 750 \\ \frac{x-750}{1.250} & \text{für } 750 < x \leq 800 \\ 0 & \text{für } 800 < x \end{cases}$$

x ist dabei die Grammzahl des Brots. Brote über 800g und unter 750g kommen wieder in den Produktionsprozess, deshalb ist die Wahrscheinlichkeit Null, daß solch ein Brot produziert wird. Die Dichtefunktion hat folgenden Graphen:

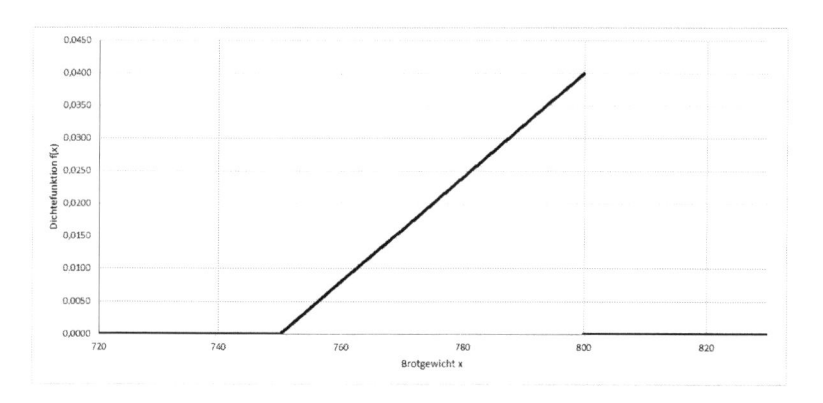

Abbildung 11.2: Dichtefunktion einer stetigen Zufallsvariable

Als erstes wird überprüft, ob es sich um eine Dichtefunktion (Formel (11.6) (Eigenschaften einer Dichtefunktion)) handelt. Offensichtlich ist $f(x) \geq 0$ für alle x-Werte. Die zweite Bedingung (die Fläche zwischen Dichtefunktion und x-Achse muss Eins sein) ist auch erfüllt, da es sich bei der Fläche um ein Dreieck handelt, dessen Fläche durch Breite mal Höhe dividiert durch Zwei gegeben ist: Fläche $= \frac{50 \cdot 0,04}{2} = \frac{2}{2} = 1$. Die Höhe des Dreiecks ist der Funktionswert der Dichtefunktion an der Stelle $x = 800$, der sich aus $f(800) = \frac{800-750}{1.250} = 0,04$ ergibt.

452

Wie lautet der Erwartungswert für das Brotgewicht?

Lösung:

Aus Formel (11.10) (Erwartungswert einer stetigen Zufallsvariablen) ergibt sich:

$$\mu = E(X) = \int_{-\infty}^{\infty} x f(x) dx = \int_{750}^{800} x f(x) dx,$$

da die Funktionswerte der Dichtefunktion $f(x)$ außerhalb von $[750, 800]$ Null sind und deshalb die Integration auf dieses Intervall eingeschränkt werden kann. Auf diesem Intervall wird die gegebene Dichtefunktion $f(x)$ eingesetzt:

$$\mu = E(X) = \int_{750}^{800} x f(x) dx = \int_{750}^{800} x \frac{x - 750}{1.250} dx =$$

$$= \frac{1}{1.250} \int_{750}^{800} x^2 - 750 x \, dx = \frac{1}{1.250} \left[\frac{x^3}{3} - 750 \frac{x^2}{2} \right]_{x=750}^{x=800} =$$

$$= \frac{1}{1.250} \left(\left[\frac{800^3}{3} - 750 \frac{800^2}{2} \right] - \left[\frac{750^3}{3} - 750 \frac{750^2}{2} \right] \right) =$$

$$= \frac{1}{1.250} ([-69.333.333, 33] - [-70.312.500]) =$$

$$= \frac{1}{1.250} (979.166, 67) = 783, 33.$$

Der Erwartungswert für das Gewicht der Brote des untersuchten Typs beträgt also $783, 33 g$. Er liegt nicht in der Mitte des Intervalls, weil die Dichtefunktion nicht symmetrisch zur Mitte ($775 g$) ist. Auch dies entspricht der Schwerpunkteigenschaft.

11.5 Streuung/ Varianz/ Standardabweichung

Die Streuung einer Zufallsvariablen X ist analog zur Streuung aus der beschreibenden Statistik definiert (siehe Kapitel 9.4.4).

Die genaue Formel für die Varianz hängt (wie beim Erwartungswert einer

11.5. STREUUNG/ VARIANZ/ STANDARDABWEICHUNG

Zufallsvariable) davon ab, ob es sich um eine diskrete Zufallsvariable:

$$\sigma^2 = V(X) = \sum_i (x_i - E(X))^2 f(x_i) \qquad (11.11)$$

oder eine stetige Zufallsvariable handelt:

$$\sigma^2 = V(X) = \int_{-\infty}^{\infty} (x - E(X))^2 f(x) dx \qquad (11.12)$$

Bei Betrachtung der Formeln wird die Ähnlichkeit zu Formel (9.14) (Seite 298) (Definition: Varianz Grundgesamtheit) deutlich: $\sigma^2 = \frac{1}{N} \sum_{i=1}^{N} (x_i - \bar{x})^2$.

In beiden Fällen wird die Abweichung der x-Werte zum Erwartungswert $E(X) = \mu$ (schließende Statistik) bzw. zum Mittelwert $\bar{x}$ (beschreibende Statistik) gemessen und dann quadriert, um das Vorzeichen zu beseitigen. Wird in Formel (9.14) (Definition: Varianz Grundgesamtheit) noch $\frac{1}{N}$ in die Summe gezogen, so ergibt sich $\sigma^2 = \sum_{i=1}^{N} (x_i - \bar{x})^2 \frac{1}{N}$ und das $\frac{1}{N}$ entspricht dem $f(x_i)$ in Formel (11.11) (Varianz einer diskreten Zufallsvariablen).

Allgemein lässt sich die Varianz (sowohl im stetigen als auch im diskreten Fall) schreiben als

$$\sigma^2 = V(X) = E((X - E(X))^2) \qquad (11.13)$$

bzw. in einer anderen Version (die aber zum gleichen Ergebnis führt):

$$\sigma^2 = V(X) = E(X^2) - (E(X))^2 \qquad (11.14)$$

Analog zur beschreibenden Statistik ist die **Standardabweichung** ein gebräuchliches Streumaß, das als positive Wurzel aus der Varianz definiert ist:

$$\sigma = +\sqrt{\sigma^2} \qquad (11.15)$$

11.5.1 Varianz, diskrete Zufallsvariable: Beispiel 1

Für dieses Beispiel werden die Daten aus Kapitel 11.4.1 zugrunde gelegt. Um die Varianz zu bestimmen, werden die Abweichungen vom Erwartungswert $\mu = 1,5$ und deren Quadrate benötigt:

Anzahl Kopf	Abweichung vom Erwartungswert	(Abweichung vom Erwartungswert)^2	Wahrscheinlichkeit
0	$(0 - 1,5) = -1,5$	$(-1,5)^2 = 2,25$	12,5%
1	$(1 - 1,5) = -0,5$	$(-0,5)^2 = 0,25$	37,5%
2	$(2 - 1,5) = 0,5$	$(0,5)^2 = 0,25$	37,5%
3	$(3 - 1,5) = 1,5$	$(1,5)^2 = 2,25$	12,5%

Die Varianz ergibt sich dann aus Formel (11.11) (Varianz einer diskreten Zufallsvariablen)

$$\sigma^2 = V(X) = \sum_i (x_i - E(X))^2 f(x_i) =$$
$$= 2,25 \cdot 0,125 + 0,25 \cdot 0,375 + 0,25 \cdot 0,375 + 2,25 \cdot 0,125 = 0,75.$$

Die Varianz beträgt also $0,75$ Kopfmünzen^2. Dementsprechend ist die Standardabweichung $\sigma = +\sqrt{\sigma^2} = +\sqrt{0,75} = 0,866$ Kopfmünzen.

11.5.2 Varianz, diskrete Zufallsvariable: Beispiel 2

Für dieses Beispiel werden die Daten aus Kapitel 11.4.2 zugrunde gelegt. Das Spiel war folgendermaßen definiert:

Anzahl Kopf	Anzahl Möglichkeiten	Wahrscheinlichkeit	Auszahlung
0	1	12,5%	$-2,00$ €
1	3	37,5%	$-1,00$ €
2	3	37,5%	$0,00$ €
3	1	12,5%	$5,00$ €

Dabei wurde drei Mal eine Münze geworfen und die Anzahl der gefallenen Kopfseiten gezählt. Die Auszahlung in Abhängigkeit von der Anzahl der Kopfmünzen ist in der letzten Spalte definiert.

11.5. STREUUNG/ VARIANZ/ STANDARDABWEICHUNG

Die Varianz wird in diesem Beispiel mithilfe von Formel (11.14) (Varianz, allgemeine Schreibweise, Version 2) berechnet: $\sigma^2 = V(X) = E(X^2) - (E(X))^2$. Der Erwartungswert war in Kapitel 11.4.2 berechnet worden: $E(X) = 0$. Das heißt, es muss nunmehr $E(X^2)$ berechnet werden:

$$E(X^2) = \sum_i x_i^2 f(x_i).$$

Dieser Term ergibt sich als:

$$E(X^2) = \sum_i x_i^2 f(x_i) =$$
$$= (-2)^2 \cdot 12,5\% + (-1)^2 \cdot 37,5\% + (0)^2 \cdot 37,5\% + (5)^2 \cdot 12,5\% =$$
$$= 4\frac{1}{8} + 1\frac{3}{8} + 0 + 25\frac{1}{8} = \frac{30}{8} = 3,75.$$

Damit kann die Varianz gemäß Formel (11.14) (Varianz, allgemeine Schreibweise, Version 2) berechnet werden

$$\sigma^2 = V(X) = E(X^2) - (E(X))^2 = 3,75 - 0^2 = 3,75 \text{ €}^2.$$

Und die Standardabweichung ergibt sich als

$$\sigma = +\sqrt{\sigma^2} = +\sqrt{3,75} = 1,9365 \text{ €}.$$

11.5.3 Varianz, stetige Zufallsvariable: Beispiel

Für dieses Beispiel werden die Daten aus Kapitel 11.4.3 zugrunde gelegt. Dort war die Dichtefunktion des Gewichts eines Brots bestimmten Typs in einer Bäckerei definiert als:

$$f(x) = \begin{cases} 0 & \text{für } x \leq 750 \\ \frac{x-750}{1.250} & \text{für } 750 < x \leq 800 \\ 0 & \text{für } 800 < x \end{cases}$$

und der berechnete Erwartungswert ergab sich als $783,33 g$.

11.5.3 VARIANZ, STETIGE ZUFALLSVARIABLE: BEISPIEL

Wie hoch ist die Varianz bzw. Standardabweichung?

Lösung:

Es kann Formel (11.12) (Varianz einer stetigen Zufallsvariablen) genutzt werden:

$$\sigma^2 = V(X) = \int_{-\infty}^{\infty} (x - E(X))^2 f(x) dx = \int_{-\infty}^{\infty} (x - 783,33)^2 f(x) dx.$$

Da die Dichtefunktion außerhalb des Intervalls [750, 800] gleich Null ist, kann auf dieses Intervall eingeschränkt und die binomische Formel genutzt werden.

Einfacher ist jedoch die Benutzung von Formel (11.14) (Varianz, allgemeine Schreibweise, Version 2): $\sigma^2 = V(X) = E(X^2) - (E(X))^2$. Dabei ist $(E(X))^2 = (783,33g)^2 = 613.605,8899g^2$.

Es muss also noch $E(X^2)$ berechnet werden:

$$E(X^2) = \int_{-\infty}^{\infty} x^2 f(x) dx.$$

Da die Dichtefunktion außerhalb des Intervalls [750, 800] gleich Null ist, kann wieder auf dieses Intervall eingeschränkt werden:

$$E(X^2) = \int_{-\infty}^{\infty} x^2 f(x) dx = \int_{750}^{800} x^2 f(x) dx = \int_{750}^{800} x^2 \frac{x - 750}{1.250} dx =$$

$$= \frac{1}{1.250} \int_{750}^{800} x^2 (x - 750) dx = \frac{1}{1.250} \int_{750}^{800} x^3 - 750 x^2 dx =$$

$$= \frac{1}{1.250} \left[\frac{x^4}{4} - 750 \frac{x^3}{3} \right]_{x=750}^{x=800} =$$

$$= \frac{1}{1.250} \left[\frac{800^4}{4} - 750 \frac{800^3}{3} \right] - \frac{1}{1.250} \left[\frac{750^4}{4} - 750 \frac{750^3}{3} \right] =$$

$$= -20.480.000 - (-21.093.750) = 613.750.$$

Also beträgt die Varianz des Brotgewichts

$$\sigma^2 = V(X) = E(X^2) - (E(X))^2 = 613.750 - 613.605,8889 = 144,1111 g^2.$$

Daraus ergibt sich eine Standardabweichung von

$$\sigma = +\sqrt{\sigma^2} = +\sqrt{144,1111} = 12,0046 g.$$

11.6 Ausgewählte Verteilungen

Einige Verteilungen werden so häufig genutzt, daß sie einen eigenen Namen bzw. eine eigene Bezeichnung haben. Einige der wichtigsten Verteilungen werden in diesem Kapitel vorgestellt, es gibt noch zahlreiche weitere, die hier nicht angesprochen werden.

11.6.1 Binomialverteilung

Die **Binomialverteilung** betrachtet den Spezialfall voneinander unabhängiger Ereignisse, wobei nur zwei Elementarereignisse auftreten können.

11.6.1.1 Binomialverteilung: Beispiel, Asset Management

Ein einfaches Modell für die Kursentwicklung von Aktien geht davon aus, daß der Kurs entweder mit Faktor u (für "up" (aufwärts)) wächst oder mit Faktor d (für "down" (abwärts)) fällt. Dies wird im Rahmen der Optionsscheinbewertung als Binomialbaum bezeichnet[1]. Wenn der Schlusskurs an einem Handelstag also bei 100 € liegt, so ist der Kurs am Ende des nächsten Handelstages entweder 100 € · u oder 100 € · d.

Es macht Sinn von unabhängigen Kursen auszugehen: die Kursentwicklung des einen Handelstages determiniert nicht die Kursentwicklung am Folgetag. Natürlich kann anstelle von kompletten Handelstagen das Zeitintervall verkürzt werden: Stunden, Minuten, Sekunden, ...

---
[1]Vgl. [4, S. 229-263]

11.6.1 BINOMIALVERTEILUNG

Untersucht werden soll die Frage: "Wie hoch ist die Wahrscheinlichkeit, daß der Aktienkurs an drei aufeinanderfolgenden Handelstagen insgesamt zwei Mal steigt und ein Mal fällt, wenn die Wahrscheinlichkeit für steigende Kurse p_U und für fallende Kurse p_D beträgt?

Die Frage wird in zwei Schritten beantwortet. Zuerst wird der Spezialfall betrachtet, daß der Kurs zwei Mal steigt und anschließend ein Mal fällt. U_i bzw. D_i soll bedeuten, daß der Kurs am i-ten Tag steigt bzw. fällt. Es muss also die folgende Wahrscheinlichkeit berechnet werden:

$$P(U_1 \cap U_2 \cap D_3).$$

Es handelt sich um Schnittmengen, da jedes Ereignis eintreten soll.

Da die einzelnen Kursentwicklungen voneinander unabhängig sind, kann Formel (10.10) (Spezieller Multiplikationssatz bei unabhängigen Ereignissen) in einer Form für drei Ereignisse genutzt werden und es ergibt sich:

$$P(U_1 \cap U_2 \cap D_3) = P(U_1) \cdot P(U_2) \cdot P(D_3).$$

Die Wahrscheinlichkeiten für ein Ansteigen bzw. Abfallen des Kurses wurden oben definiert und es ergibt sich:

$$P(U_1 \cap U_2 \cap D_3) = P(U_1) \cdot P(U_2) \cdot P(D_3) = p_U \cdot p_U \cdot p_D = p_U^2 p_D.$$

Der zweite Schritt zur Lösung der obigen Fragestellung besteht in der Berechnung der Anzahl der Möglichkeiten an drei Tagen insgesamt zwei Mal zu steigen und ein Mal zu fallen. Dies wird durch den Binomialkoeffizienten $\binom{3}{2}$ beschrieben.

In Abbildung 11.3 sind alle Kursentwicklungsmöglichkeiten, die bei einem Anfangskurs von 100 € existieren aufgelistet.

Wie viele Möglichkeiten existieren, um zwei Mal zu steigen und ein Mal zu fallen? Alle Möglichkeiten können in diesem einfachen Fall aufgezeigt werden: die ersten beiden Wege sind in Abbildung 11.4 und die dritte Möglichkeit, daß der Aktienkurs zwei Mal steigt und ein Mal fällt, ist in Abbildung 11.5 zu sehen.

11.6. AUSGEWÄHLTE VERTEILUNGEN

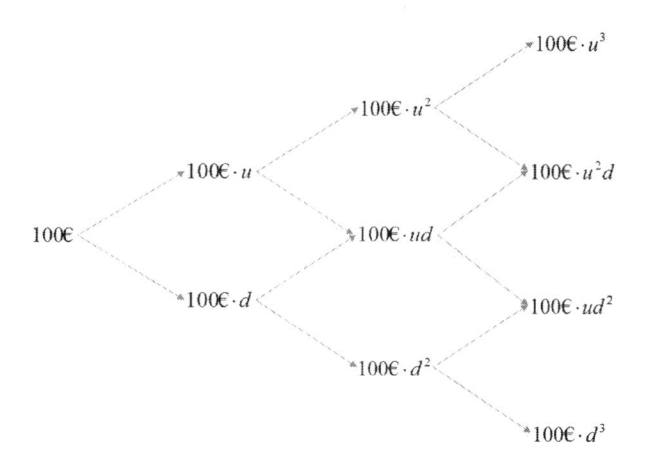

Abbildung 11.3: Aktienkursentwicklung, Binomialbaum

Da die unterschiedlichen Reihenfolgen immer zur obigen Lösung führen, ergibt

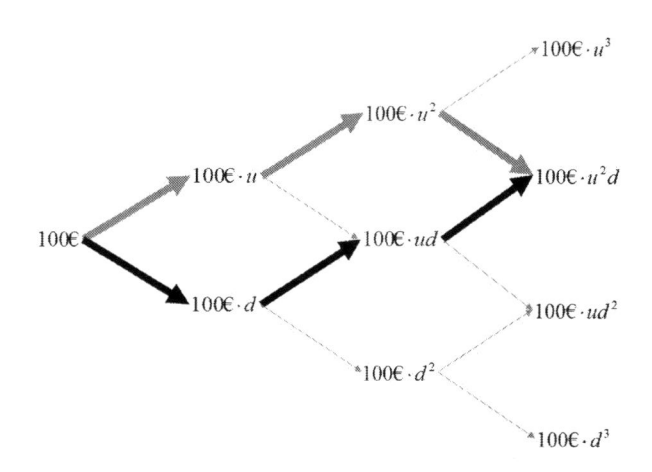

Abbildung 11.4: Aktienkursentwicklung, Binomialbaum 1

sich als gesuchte Wahrscheinlichkeit dafür, daß der Aktienkurs zwei Mal steigt und ein Mal fällt (in drei Handelstagen):

$$\binom{3}{2} p_U^2 p_D = 3 p_U^2 p_D.$$

11.6.1 BINOMIALVERTEILUNG

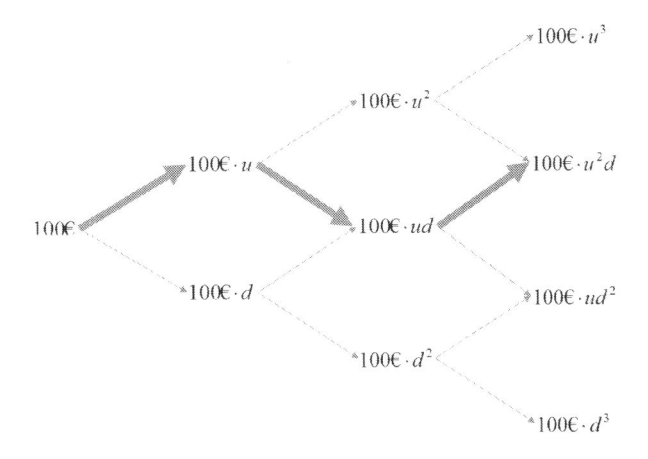

Abbildung 11.5: Aktienkursentwicklung, Binomialbaum 2

Da der Aktienkurs (in diesem Modell) entweder steigt oder fällt, muss gelten: $p_D = 1 - p_U$ (siehe Formel (10.1)) (Wahrscheinlichkeit des Komplements), Seite 416). Also ergibt sich für die gesuchte Wahrscheinlichkeit:

$$\binom{3}{2} p_U^2 (1 - p_U).$$

Die allgemeine Formel für die **Binomialverteilung** lautet:

$$f(x; n; p) = \binom{n}{x} p^x (1 - p)^{n-x} \text{ für } x = 0, 1, \ldots, n \quad (11.16)$$

Dabei ist

- n der Umfang der Stichprobe (im obigen Beispiel: 3)
- x die Anzahl der Erfolge (im obigen Beispiel: 2)
- p die Wahrscheinlichkeit für Erfolg (im obigen Beispiel: p_U)

Wichtige Voraussetzungen für die Nutzung der Binomialverteilung sind

- die Unabhängigkeit der Ereignisse und

11.6. AUSGEWÄHLTE VERTEILUNGEN

- die Existenz von nur zwei Elementarereignissen (Schwarz/ Weiss, Null/ Eins, Mann/ Frau, Up/ Down etc.).

Für die Binomialverteilung können der Erwartungswert und die Varianz sofort angegeben werden, ohne Berechnung mit den Formeln (11.9) (Erwartungswert einer diskreten Zufallsvariablen) bzw. (11.11) (Varianz einer diskreten Zufallsvariablen). Sie ergeben sich als (Erwartungswert einer binomialverteilten Zufallsvariable X)

$$\mu = E(X) = np \qquad (11.17)$$

und (Varianz einer binomialverteilten Zufallsvariable X)

$$\sigma^2 = V(X) = np(1-p) \qquad (11.18)$$

11.6.2 Hypergeometrische Verteilung

Die Voraussetzung aus der Binomialverteilung "unabhängige Ereignisse" (dies ist häufig gleichzusetzen mit "Ziehen mit Zurücklegen") ist in der Praxis häufig störend, da unter Umständen die gleiche Person mehrfach befragt wird. Die **hypergeometrische Verteilung** geht ebenfalls von zwei Elementarereignissen aus, die jedoch als abhängig angenommen werden ("Ziehen ohne Zurücklegen").

Die Wahrscheinlichkeit für x Erfolge bei einer hypergeometrisch verteilten Zufallsvariable beträgt:

$$f(x; n; N; p) = \frac{\binom{Np}{x}\binom{N(1-p)}{n-x}}{\binom{N}{n}} \qquad (11.19)$$

Die anderen Variablen sind analog zur Binomialverteilung definiert, N ist wie immer die Anzahl der Elemente der Grundgesamtheit. Auch für diese Verteilung können Erwartungswert und Varianz sofort berechnet werden: (Erwartungswert einer hypergeometrisch verteilten Zufallsvariable X)

$$\mu = E(X) = np \qquad (11.20)$$

11.6.2 HYPERGEOMETRISCHE VERTEILUNG

bzw. (Varianz einer hypergeometrisch verteilten Zufallsvariable X)

$$\sigma^2 = V(X) = np(1-p)\frac{N-n}{N-1} \qquad (11.21)$$

Der Erwartungswert einer binomialverteilten Zufallsvariable X ist durch Formel (11.17) (Erwartungswert einer binomialverteilten Zufallsvariable X) gegeben. Offensichtlich ist der Erwartungswert einer binomialverteilten Zufallsvariable identisch mit dem Erwartungswert einer hypergeometrisch verteilten Zufallsvariable. D.h. ob zurückgelegt wird oder nicht, hat keinen Einfluss auf den Erwartungswert.

Ob zurückgelegt wird oder nicht, macht sich nur im sogenannten **Korrekturfaktor** $\frac{N-n}{N-1}$ bei der Varianz bemerkbar, der Formel (11.18) (Varianz einer binomialverteilten Zufallsvariable X) und Formel (11.21) (Varianz einer hypergeometrisch verteilten Zufallsvariable X) unterscheidet. Da N immer größer (oder gleich) n ist, ist dieser Faktor immer kleiner oder gleich Eins. D.h. die Varianz ohne Zurücklegen ist kleiner als die Varianz beim Ziehen mit Zurücklegen.

11.6.2.1 Faustregel Korrekturfaktor

Falls $\frac{n}{N} \leq 0,05 = 5\%$ (dies bedeutet, daß der Umfang der Stichprobe kleiner oder gleich 5% der Grundgesamtheit ist), so ist der Korrekturfaktor $\frac{N-n}{N-1}$ nah bei Eins und die Varianzen (mit/ ohne Zurücklegen) unterscheiden sich kaum noch. In diesem Fall kann der Korrekturfaktor vernachlässigt werden und die hypergeometrische Verteilung kann mit einem akzeptabel kleinen Fehler durch die Binomialverteilung angenähert bzw. approximiert werden (siehe Beispiel in Kapitel 11.6.8.1).

11.6.2.2 Hypergeometrische Veteilung: Beispiel

Die hypergeometrische Verteilung wird im Allgemeinen genutzt bei Experimenten "ohne Zurücklegen". Beispielhaft wird hier angenommen, daß eine Firma Smartphones produziert. 2% der Smartphones haben ein beschädigtes Display. In einer Grundgesamtheit von 1.000 Exemplaren sind also 20 fehlerhaft. Es wer-

11.6. AUSGEWÄHLTE VERTEILUNGEN

den fünf Smartphones zur Qualitätskontrolle ("ohne Zurücklegen") entnommen. Wie groß ist die Wahrscheinlichkeit, daß in der Stichprobe zwei kaputte Smartphones enthalten sind?

Lösung:

Die gegebenen Parameter lauten also: $N = 1.000$, $n = 5$, $p = 2\% = 0,02$ und die Anzahl der Erfolge ("beschädigtes Smartphone") soll $x = 2$ betragen.
Die gesuchte Wahrscheinlichkeit beträgt also:

$$f(x = 2; n = 5; N = 1.000; p = 0,02) = \frac{\binom{Np}{x}\binom{N(1-p)}{n-x}}{\binom{N}{n}} =$$

$$= \frac{\binom{1.000 \cdot 0,02}{2}\binom{1.000 \cdot (1-0,02)}{5-2}}{\binom{1.000}{5}} = \frac{\binom{20}{2}\binom{980}{3}}{\binom{1.000}{5}} =$$

$$= 0,003601 = 0,3601\%.$$

Die Binomialkoeffizienten aus der Gleichung sind verständlich:

- $\binom{20}{2}$ stellt die Anzahl der Möglichkeiten dar, zwei fehlerhafte (in der Stichprobe) aus 20 fehlerhaften (in der Grundgesamtheit) zu ziehen, wenn nicht zurückgelegt wird und die Reihenfolge unerheblich ist (siehe Kapitel 10.3).

- $\binom{980}{3}$ entspricht analog der Anzahl der Möglichkeiten drei nicht fehlerhafte aus insgesamt 980 nicht fehlerhaften zu ziehen.

- $\binom{1.000}{5}$ ist die Anzahl der Möglichkeiten fünf aus 1.000 Smartphones zu ziehen (ohne Zurücklegen und ohne Berücksichtigung der Reihenfolge).

11.6.3 Poisson-Verteilung

11.6.3.1 Herleitung

Eine Versicherung hat analysiert, dass es in einer Stadt pro Jahr zu fünf Hausbränden infolge von Blitzeinschlag kommt. Wie groß ist die Wahrscheinlichkeit, dass es zu zehn Bränden durch Blitzeinschlag kommt?

Die Binomialverteilung ist in diesem Fall die zu wählende Verteilung: die Ereignisse sind voneinander unabhängig und es gibt nur zwei Elementarereignisse: ein Blitz schlägt in ein Haus ein oder nicht.

Das Jahr wird in n gleichgroße Teile zerlegt (z.B. $n = 365$ Tage). Wie groß ist die Wahrscheinlichkeit, dass ein Blitz an einem Tag in ein Haus einschlägt? Der Erwartungswert der Binomialverteilung (siehe Formel (11.17)) lautet: $\mu = E(X) = np$. Der Erwartungswert im obigen Beispiel lautet $\mu = E(X) = 5$ (Brände pro Jahr). Also ergibt sich $\mu = 5 = np = 365p$ und damit: $p = \frac{5}{365}$ (bzw. im allgemeinen Fall $p = \frac{5}{n}$) als Wahrscheinlichkeit für einen Brand durch Blitzeinschlag pro Tag.

Nach Formel (11.16) ist dann die Wahrscheinlichkeit für zehn ($x = 10$) Blitzeinschläge in einem Jahr (oder in $n = 365$ Tagen):

$$f(x; n; p) = \binom{n}{x} p^x (1-p)^{n-x} = \binom{365}{10} \left(\frac{5}{365}\right)^{10} \left(1 - \left(\frac{5}{365}\right)\right)^{365-10}.$$

Als Rechenergebnis ergibt sich eine Wahrscheinlichkeit von $0,01776 = 1,776\%$.

Um die Poisson-Verteilung herzuleiten, wird die obige Gleichung in allgemeiner Form aufgeschrieben. Dabei wird für p die Form $p = \frac{\mu}{n} = \frac{E(X)}{n}$ genutzt, die sich aus $\mu = E(X) = np$ ergibt:

$$f(x; n; p) = \binom{n}{x} p^x (1-p)^{n-x} = \binom{n}{x} \left(\frac{\mu}{n}\right)^x \left(1 - \left(\frac{\mu}{n}\right)\right)^{n-x}.$$

Für den Binomialkoeffizienten wird die Berechnungsform aus Kapitel 10.4.2

11.6. AUSGEWÄHLTE VERTEILUNGEN

von Seite 421 angewandt.

$$f(x; n; p) = \frac{n \cdot (n-1) \cdot \ldots \cdot (n-x+1)}{x!} \left(\frac{\mu}{n}\right)^x \left(1 - \left(\frac{\mu}{n}\right)\right)^{n-x}.$$

Diese Formel wird nun etwas umgeschrieben, dabei werden nur die verschiedenen Terme anders angeordnet:

$$f(x; n; p) = \frac{n \cdot (n-1) \cdot \ldots \cdot (n-x+1)}{x!} \left(\frac{\mu}{n}\right)^x \left(1 - \left(\frac{\mu}{n}\right)\right)^{n-x} =$$
$$= \frac{n \cdot (n-1) \cdot \ldots \cdot (n-x+1)}{n^x} \frac{\mu^x}{x!} \left(1 - \left(\frac{\mu}{n}\right)\right)^{n-x} =$$
$$= \frac{n \cdot (n-1) \cdot \ldots \cdot (n-x+1)}{n^x} \frac{\mu^x}{x!} \left(1 - \left(\frac{\mu}{n}\right)\right)^n \left(1 - \left(\frac{\mu}{n}\right)\right)^{-x}.$$

Für diesen Term soll nun der Grenzwert für $n \to \infty$ berechnet werden. Das bedeutet, dass das betrachtete Zeitintervall gegen Null geht, im obigen Beispiel war $n = 365$ eine Tagessicht, $n = 365 \cdot 24$ wäre eine Stundensicht etc. Nach Formel (2.8) von Seite 12 ist der Grenzwert eines Produkts das Produkt der Grenzwerte, sofern jeder Grenzwert existiert. Es kann also der Grenzwert jedes einzelnen Terms berechnet und diese dann multipliziert werden.

- $\lim\limits_{n \to \infty} \frac{n \cdot (n-1) \cdot \ldots \cdot (n-x+1)}{n^x}$
  Die verschiedenen Faktoren müssen ausmultipliziert werden. Wird dies durchgeführt, ergibt sich im Zähler ein Polynom x-ten Grades der Form $\lim\limits_{n \to \infty} \frac{n \cdot (n-1) \cdot \ldots \cdot (n-x+1)}{n^x} = \lim\limits_{n \to \infty} \frac{n^x + a_{x-1} n^{x-1} + a_{x-2} n^{x-2} + \ldots + a_1 n}{n^x}$. Da hier nur der Grenzwert berechnet werden soll, sind die Werte der a_i nicht von Interesse.
  Also: $\lim\limits_{n \to \infty} \frac{n \cdot (n-1) \cdot \ldots \cdot (n-x+1)}{n^x} = \lim\limits_{n \to \infty} \left(1 + a_{x-1} \frac{1}{n} + a_{x-2} \frac{1}{n^2} + \ldots + a_1 \frac{1}{n^{x-1}}\right)$.
  Da alle Terme nach 1 gegen Null gehen, wenn $n \to \infty$, ergibt sich:
  $\lim\limits_{n \to \infty} \frac{n \cdot (n-1) \cdot \ldots \cdot (n-x+1)}{n^x} = 1$.

- $\lim\limits_{n \to \infty} \frac{\mu^x}{x!}$
  Da in diesem Term kein n auftaucht, gilt: $\lim\limits_{n \to \infty} \frac{\mu^x}{x!} = \frac{\mu^x}{x!}$.

- $\lim\limits_{n \to \infty} \left(1 - \left(\frac{\mu}{n}\right)\right)^n$
  Der Grenzwert beträgt nach Kapitel 2.1.4.4 auf Seite 13:

$$\lim_{n\to\infty}\left(1-\left(\frac{\mu}{n}\right)\right)^n = \lim_{n\to\infty}\left(1+\frac{-\mu}{n}\right)^n = e^{-\mu}.$$

- $\lim_{n\to\infty}\left(1-\left(\frac{\mu}{n}\right)\right)^{-x}$
  Wenn $n \to \infty$, so geht dieser Term gegen Eins: $\lim_{n\to\infty}\left(1-\left(\frac{\mu}{n}\right)\right)^{-x} = 1$.

Insgesamt ergibt sich:

$$\lim_{n\to\infty} f(x; n; p) =$$
$$= \lim_{n\to\infty} \frac{n\cdot(n-1)\cdot\ldots\cdot(n-x+1)}{n^x}\frac{\mu^x}{x!}\left(1-\left(\frac{\mu}{n}\right)\right)^n\left(1-\left(\frac{\mu}{n}\right)\right)^{-x} =$$
$$= 1\cdot\frac{\mu^x}{x!}\cdot e^{-\mu}\cdot 1 = \frac{\mu^x}{x!}e^{-\mu}.$$

Im nächsten Kapitel wird diese Verteilung (die Poisson-Verteilung) genauer vorgestellt.

11.6.3.2 Die Poisson-Verteilung

Die **Poisson-Verteilung**[2] wird beispielsweise in folgenden Fällen genutzt:

- Anzahl der Telefonanrufe, die pro Zeiteinheit bei der Hotline eingehen

- Anzahl Blitzeinschläge pro Zeiteinheit in einer Region

- Anzahl der Kunden an einer Supermarktkasse pro Zeiteinheit

- Anzahl der Zerfälle von Atomen in einer radioaktiven Probe pro Zeiteinheit

Sie stellt (wie eben hergeleitet) eine Approximation der Binomialverteilung dar. Das heißt, sie berechnet in einfacher Art und Weise eine Lösung, die "in der Nähe" der Lösung der Binomialverteilung liegt.

Voraussetzung für die Nutzung der Poisson-Verteilung ist, daß der Stichprobenumfang mindestens 100 beträgt ($n \geq 100$) und zusätzlich der Erfolg selten eintritt (häufiges Kritierium: $p \leq 0,05 = 5\%$). Dies entspricht als Faustregel dem im vorigen Kapitel durchgeführten Grenzübergang $n \to \infty$.

---
[2]Siméon Denis Poisson, 1781 - 1840, Vgl. [11]

11.6. AUSGEWÄHLTE VERTEILUNGEN

Sind diese beiden Voraussetzungen gegeben, so berechnet sich die Wahrscheinlichkeit gemäß der Poisson-Verteilung durch folgende Formel:

$$f(x; \mu) = \frac{\mu^x}{x!} e^{-\mu} \text{ für } x = 0, 1, \ldots \qquad (11.22)$$

Das μ, das in der Formel auftaucht, ist der Erwartungswert, der sich gemäß der Formel $\mu = E(X) = np$ berechnen lässt. Der Erwartungswert darf nicht Null sein.

In den Abbildungen 11.6 bis 11.8 sind die Wahrscheinlichkeitsfunktionen

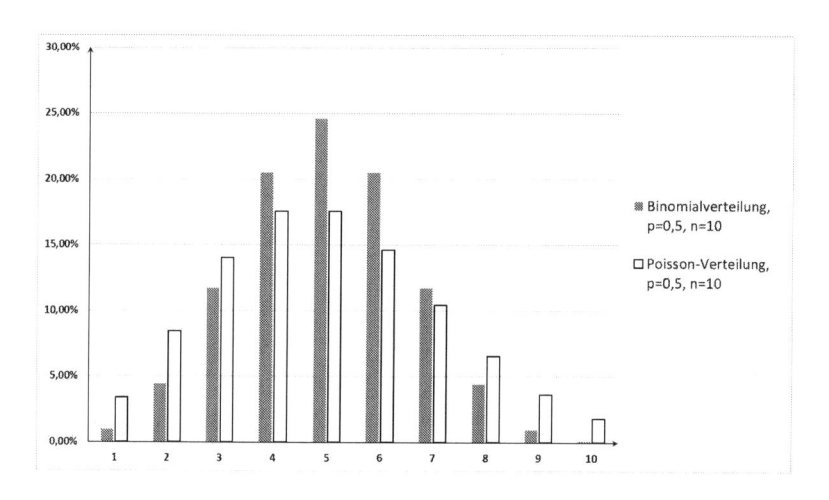

Abbildung 11.6: Wahrscheinlichkeitsfunktion, Binomialverteilung und Poisson-Verteilung, $p = 0,5$, $n = 10$

jeweils einer binomialverteilten und einer Poisson-verteilten Zufallsvariable zu sehen. Der Erwartungswert wird dabei konstant auf fünf ($\mu = E(X) = 5$) gehalten und n durchläuft die Werte von $n = 10$ (Abbildung 11.6), $n = 100$ (Abbildung 11.7) bis $n = 500$ (Abbildung 11.8). Dabei ist deutlich, die Annäherung der Poisson-Verteilung an die Binomialverteilung zu sehen, die mit der oben erwähnten Faustregel ($n \geq 100$ und $p \leq 0,05$) einhergeht.

11.6.3 POISSON-VERTEILUNG

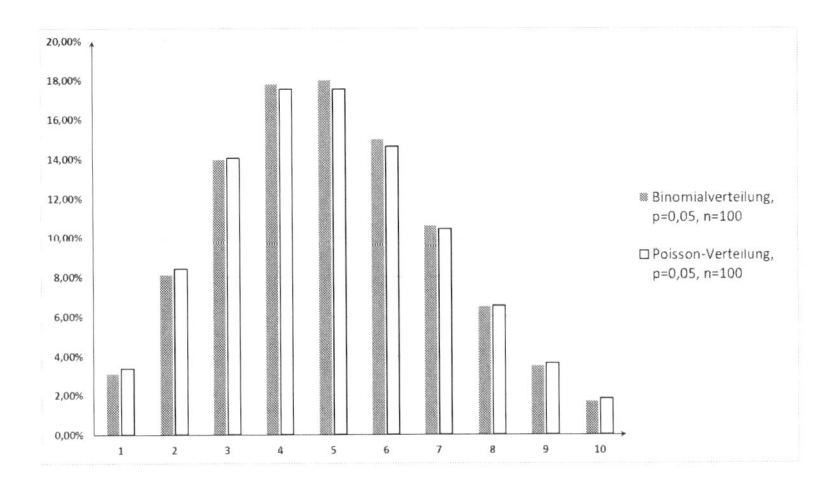

Abbildung 11.7: Wahrscheinlichkeitsfunktion, Binomialverteilung und Poisson-Verteilung, $p = 0,05$, $n = 100$

11.6.3.3 Poisson-Verteilung: Beispiel, Asset Management

Es wird wieder der Binomialbaum eines Aktienkurses betrachtet (siehe Kapitel 11.6.1.1). Diesmal wird von 120 Handelstagen ausgegangen und die Wahrscheinlichkeit, daß die Aktie steigt, liegt bei 4%. Wie schon oben sind die Kursentwicklungen von einem Handelstag zum nächsten voneinander unabhängig.

Wie groß ist die Wahrscheinlichkeit, daß die Aktie in den betrachteten 120 Handelstagen genau zehn Mal steigt?

Lösung:

Die gesuchte Wahrscheinlichkeit kann auf zwei Arten berechnet werden:

1. Binomialverteilung
   Es gibt zwei Elementarereignisse ("Aktie fällt" und "Aktie steigt") und die Ereignisse (Kursveränderungen von einem Handelstag zum nächsten) sind voneinander unabhängig. Wenn "steigender Kurs" als Erfolg bezeichnet wird, so ergibt sich aus Formel (11.16) (Wahrscheinlichkeit

11.6. AUSGEWÄHLTE VERTEILUNGEN

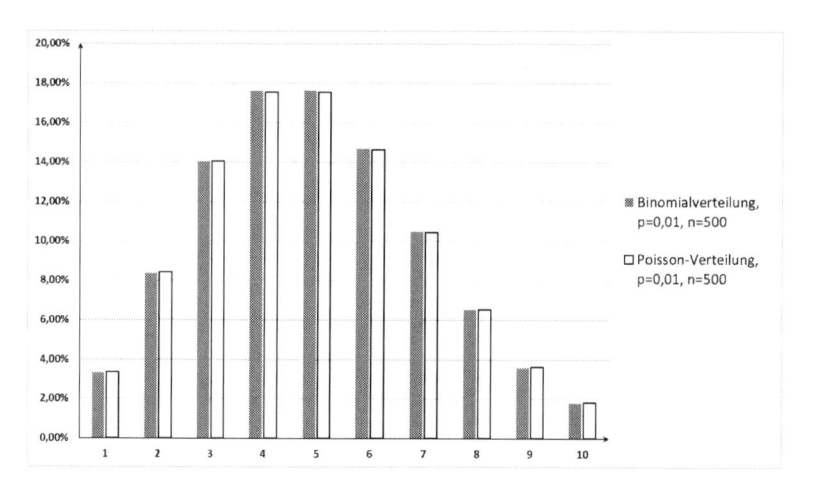

Abbildung 11.8: Wahrscheinlichkeitsfunktion, Binomialverteilung und Poisson-Verteilung, $p = 0,01$, $n = 500$

Binomialverteilung):

$$f(x = 10; n = 120; p = 0,04) = \binom{n}{x} p^x (1-p)^{n-x} =$$

$$= \binom{120}{10} 0,04^{10} (1 - 0,04)^{120-10} = 1,365\%.$$

2. Poisson-Verteilung

Die Poisson-Verteilung ist nutzbar, da zusätzlich zu den Voraussetzungen der Binomialverteilung $n \geq 100$ und $p = 0,04 = 4\% \leq 5\%$ gilt.

Es wird zuerst der Erwartungswert

$$\mu = E(X) = np = 120 \cdot 0,04 = 4,8$$

berechnet. Dieser Wert wird in Formel (11.22) eingesetzt:

$$f(x = 10; \mu = 4,8) = \frac{\mu^x}{x!} e^{-\mu} = \frac{4,8^{10}}{10!} e^{-4,8} = 1,472\%.$$

Es ist deutlich zu sehen, daß die Näherung durch die Poisson-Verteilung ein anderes (ungenaueres) Ergebnis ergibt, aber die Rechnung ist deutlich einfacher.

Für sehr große Zahlen n und x kann der Binomialkoeffizient $\binom{n}{x}$ aus Formel (11.16) (Wahrscheinlichkeit Binomialverteilung) unter Umständen zu groß sein, um berechnet zu werden. In diesem Fall ist die Poisson-Verteilung sehr nützlich.

11.6.4 Normalverteilung

Die **Normalverteilung** ist nach dem deutschen Mathematiker, Physiker und Astronomen Gauß benannt. Sie wird auch Gaußverteilung oder Gauß'sche Glockenkurve genannt.

Die Normalverteilung $N(\mu; \sigma)$ besitzt eine zum Erwartungswert μ symmetrische Dichtefunktion, die sich asymptotisch der x-Achse schnell nähert. Die Dichtefunktion genügt folgender Gleichung:

$$f(x; \mu; \sigma) = \frac{1}{\sigma\sqrt{2\pi}} e^{-\frac{1}{2}\left(\frac{x-\mu}{\sigma}\right)^2} \qquad (11.23)$$

Dabei ist μ der Erwartungswert und σ die Standardabweichung. Die Dichtefunktion verläuft umso flacher, je größer der Streuungsparameter σ ist.

Die Wendepunkte der Dichtefunktion liegen bei $x = \mu - \sigma$ und bei $x = \mu + \sigma$ (siehe auch Abbildung 11.9 (Verschiedene Dichtefunktionen der Normalverteilung)). Dies wurde in Kapitel 5.16.2 (ab Seite 164) bereits berechnet.

Weitere Eigenschaften der Normalverteilung sind:

- Die Normalverteilung ist achsensymmetrisch zur senkrechten Achse durch den Erwartungswert μ. Das Maximum der Dichtefunktion der Normalverteilung liegt bei $x = \mu$.

- Die Wahrscheinlichkeit, daß eine normalverteilte Zufallsvariable X einen Wert im Bereich $[\mu - \sigma, \mu + \sigma]$ annimmt, beträgt $68,27\%$.

- Die Wahrscheinlichkeit, daß eine normalverteilte Zufallsvariable X einen Wert im Bereich $[\mu - 2\sigma, \mu + 2\sigma]$ annimmt, beträgt $95,45\%$.

11.6. AUSGEWÄHLTE VERTEILUNGEN

- Die Wahrscheinlichkeit, daß eine normalverteilte Zufallsvariable X einen Wert im Bereich $[\mu - 3\sigma, \mu + 3\sigma]$ annimmt, beträgt $99,73\%$.

Die Gesamtfläche zwischen der Dichtefunktion und der x-Achse ist (natürlich) gleich Eins. In der folgenden Abbildung ist die Dichtefunktion von $N(\mu; \sigma)$ für verschiedene Werte des Erwartungswerts μ und der Standardabweichung σ abgebildet.

Die Dichtefunktion ist stetig, nur aus Gründen der besseren Unterscheidbarkeit sind die verschiedenen Graphen gestrichelt bzw. gepunktet.

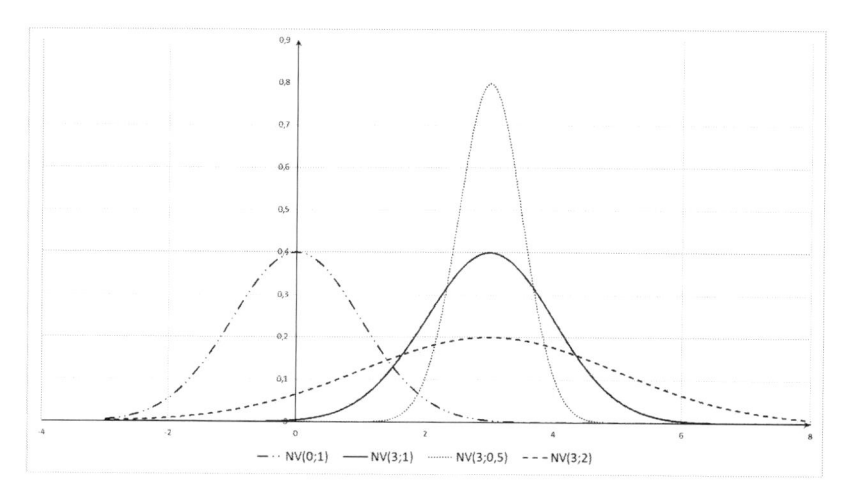

Abbildung 11.9: Verschiedene Dichtefunktionen der Normalverteilung

Es ist deutlich zu erkennen, daß das Maximum der symmetrischen Normalverteilung beim Erwartungswert μ liegt. Durch Veränderung von μ wird die Dichtefunktion der Normalverteilung also auf der x-Achse verschoben.

Eine Verkleinerung der Standardabweichung bewirkt (erwartungsgemäß) eine schmalere Dichtefunktion (die Streuung der Daten ist kleiner), die jedoch höhere Werte annimmt, da die Gesamtfläche unter dem Graphen der Dichtefunktion Eins bleiben muss.

11.6.5 Integration der Normalverteilung

Die Dichtefunktion der Normalverteilung ist nicht geschlossen integrierbar, d.h. es kann keine Stammfunktion angegeben werden. Um dennoch Wahrscheinlichkeiten bzw. Flächen (gemäß Formel (11.5) (Wahrscheinlichkeit einer stetigen Zufallsvariablen), Seite 447) ausrechnen zu können, wird die *z-Transformation* genutzt.

Falls die Fläche unter einer beliebigen Normalverteilung mit Erwartungswert μ und Standardabweichung σ von $-\infty$ bis zu einem gegebenen x-Wert berechnet werden soll, so ist die gesuchte Fläche identisch mit der Fläche von $-\infty$ bis zum z-Wert unter der **Standardnormalverteilung** (diejenige Normalverteilung mit $\mu = 0$ und $\sigma = 1$), wobei z nach folgender Formel berechnet wird:

$$z = \frac{x - \mu}{\sigma} \quad (11.24)$$

Zu den z-Werten sind die jeweiligen Werte der Verteilungsfunktion der Standardnormalverteilung im Anhang (Kapitel 13.1.1 und Kapitel 13.1.2, ab Seite 584) tabelliert und können abgelesen werden.

11.6.5.1 Ablesen der Standardnormalverteilung: Beispiel, Asset Management

In vielen Modellen der Finanzwirtschaft wird davon ausgegangen, daß die stetigen Renditen einer Anlagenklasse normalverteilt sind.

Hier wird jetzt angenommen, daß eine Aktie eine durchschnittliche, stetige Rendite von 4% pro Jahr und eine Volatilität (dies entspricht der Standardabweichung) von 10% hat. Es sollen die folgenden Werte berechnet werden:

1. Wie groß ist die Wahrscheinlichkeit, daß die Aktie in einem Jahr um weniger als 0% steigt?

2. Wie groß ist die Wahrscheinlichkeit, daß die Aktie in einem Jahr um mehr als 14% steigt?

3. Wie groß ist die Wahrscheinlichkeit, daß die Aktie in einem Jahr um mehr als 2% und weniger als 10% steigt?

11.6. AUSGEWÄHLTE VERTEILUNGEN

4. Wie groß ist die Wahrscheinlichkeit, daß die Aktie in einem Jahr um mehr als -16% und weniger als 24% steigt?

Lösung:

X ist die normalverteilte Zufallsvariable, die die stetige Rendite in einem Jahr darstellt.

1. "weniger als 0%"

   In diesem Fall ist die Wahrscheinlichkeit für Werte kleiner als 0% gesucht, also die Fläche unter der Dichtefunktion, die links von 0% liegt. Nach Formel (11.7) (Verteilungsfunktion einer stetigen Zufallsvariablen) müsste

   $$F(0) = P(X \leq 0) = \int_{-\infty}^{0} f(s)ds = \int_{-\infty}^{0} \frac{1}{\sigma\sqrt{2\pi}} e^{-\frac{1}{2}\left(\frac{s-\mu}{\sigma}\right)^2} ds$$

   integriert werden. Da keine Stammfunktion existiert, wird die Formel (11.24) (z-Transformation, Normalverteilung) genutzt.

   Dies liefert $z = \frac{x-\mu}{\sigma} = \frac{0\%-4\%}{10\%} = -0,4$. Zu diesem z-Wert wird nun die Standardnormalverteilung $F_{SN}(z)$ im Kapitel 13.1.1 abgelesen. Dies liefert $F_{SN}(z) = 0,3446 = 34,46\%$.

   Also lautet die Antwort:

   $$P(X \leq 0\%) = F_{SN}(-0,4) = 0,3446 = 34,46\%.$$

2. "mehr als 14%"

   In diesem Fall ist die Wahrscheinlichkeit für Werte größer als 14% gesucht, also die Fläche unter der Dichtefunktion die rechts von 14% liegt. Es wird wieder Formel (11.24) (z-Transformation, Normalverteilung) genutzt.

   Dies liefert $z = \frac{x-\mu}{\sigma} = \frac{14\%-4\%}{10\%} = 1$. Zu diesem z-Wert wird nun in Kapitel 13.1.1 abgelesen. Dies liefert $F_{SN}(1) = 0,8413$. Allerdings entspricht die Verteilungsfunktion der Fläche *links* von $z = 1$. Diese Fläche

11.6.5 INTEGRATION DER NORMALVERTEILUNG

muss von Eins subtrahiert werden, um die Fläche *rechts* von $z = 1$ zu erhalten. Also lautet die Antwort:

$$P(X > 14\%) = 1 - P(X \leq 14\%) = 1 - F_{SN}(1) =$$
$$= 1 - 0,8413 = 0,1587 = 15,87\%.$$

3. "mehr als 2% und weniger als 10%"
   In diesem Fall ist die Wahrscheinlichkeit für Werte zwischen 2% und 10% gesucht, also die Fläche unter der Dichtefunktion die zwischen 2% und 10% liegt. Da

   $$P(2\% < X \leq 10\%) = P(X \leq 10\%) - P(X \leq 2\%)$$

   gilt, wird die Formel (11.24) (z-Transformation, Normalverteilung) zwei Mal genutzt.

   Dies liefert:

   - $z_{x=2\%} = \frac{x-\mu}{\sigma} = \frac{2\% - 4\%}{10\%} = -0,2$ bzw.

   - $z_{x=10\%} = \frac{x-\mu}{\sigma} = \frac{10\% - 4\%}{10\%} = 0,6.$

   Zu diesen z-Werten werden nun die beiden Werte $F_{SN}(z)$ in Kapitel 13.1.1 abgelesen. Dies liefert $F_{SN}(z_{x=2\%}) = F_{SN}(-0,2) = 0,4207$ bzw. $F_{SN}(z_{x=10\%}) = F_{SN}(0,6) = 0,7257$.

   Dies entspricht jeweils der Fläche *links* von z. Die gesuchte Fläche ergibt sich durch Subtraktion der Fläche bis $-0,2$ von der Fläche bis $0,6$. Also lautet die Antwort:

   $$P(2\% < X \leq 10\%) = P(X \leq 10\%) - P(X \leq 2\%) =$$
   $$= F_{SN}(0,6) - F_{SN}(-0,2) =$$
   $$= 0,7257 - 0,4207 = 0,305 = 30,5\%.$$

4. "mehr als -16% und weniger als 24%"
   In diesem Fall ist die Wahrscheinlichkeit für Werte zwischen -16% und

11.6. AUSGEWÄHLTE VERTEILUNGEN

24% gesucht, also die Fläche unter der Dichtefunktion die zwischen −16% und 24% liegt. Es wird Formel (11.24) (z-Transformation, Normalverteilung) zwei Mal genutzt.

Dies liefert

- $z_{x=-16\%} = \frac{x-\mu}{\sigma} = \frac{-16\% - 4\%}{10\%} = -2$ bzw.

- $z_{x=24\%} = \frac{x-\mu}{\sigma} = \frac{24\% - 4\%}{10\%} = 2.$

Die Aufgabe lässt sich analog zum obigen Weg rechnen oder es wird der zweite Anhang zur Standardnormalverteilung (Kapitel 13.1.2) genutzt. Dies ist möglich, weil die beiden z-Wert bis auf das Vorzeichen identisch sind (im Unterschied zur obigen Aufgabe). Zu diesem z-Wert (Zwei) wird nun $D_{SN}(z)$ im Anhang abgelesen. Es ergibt sich

$$D_{SN}(z) = D_{SN}(2) = 0,9545.$$

Also lautet die Antwort:

$$P(-16\% < X \leq 24\%) = P(X \leq 24\%) - P(X \leq -16\%) =$$
$$= F_{SN}(2) - F_{SN}(-2) = D_{SN}(2) = 0,9545 = 95,45\%.$$

11.6.6 t-Verteilung

Die **t-Verteilung** wird häufig auch **Student-Verteilung**[3] genannt. Sie wird im weiteren Verlauf benötigt, falls Aussagen zu Konfidenzintervallen (siehe Kapitel 11.8) bzw. Hypothesentests (siehe Kapitel 11.9) gemacht werden und der Stichprobenumfang n kleiner oder gleich 30 bei unbekannter Standardabweichung der Grundgesamtheit (σ) ist.

Die t-Verteilung hat zusätzlich zum t-Wert (waagerechte Achse) noch einen Parameter, der sich Freiheitsgrad df nennt ("degrees of freedom"). Für die Fälle,

---

[3] William Sealy Gosset, 1876 - 1937, durfte nicht unter seinem eigenen Namen veröffentlichen und nutzte das Pseudonym "Student"

11.6.6 T-VERTEILUNG

die in diesem Buch behandelt werden, gilt

$$df = n - 1 \tag{11.25}$$

Also ist die Anzahl der Freiheitsgrade hier immer gleich dem Umfang der Stichprobe n minus Eins. In der folgenden Abbildung sind t-Verteilungen für verschiedene Anzahlen von Freiheitsgraden gezeigt. Die Funktion ist immer stetig, die gepunkteten bzw. gestrichelten Linien dienen nur der Unterscheidung. Für wachsende n nähert sich die t-Verteilung der Normalverteilung an. Die Werte

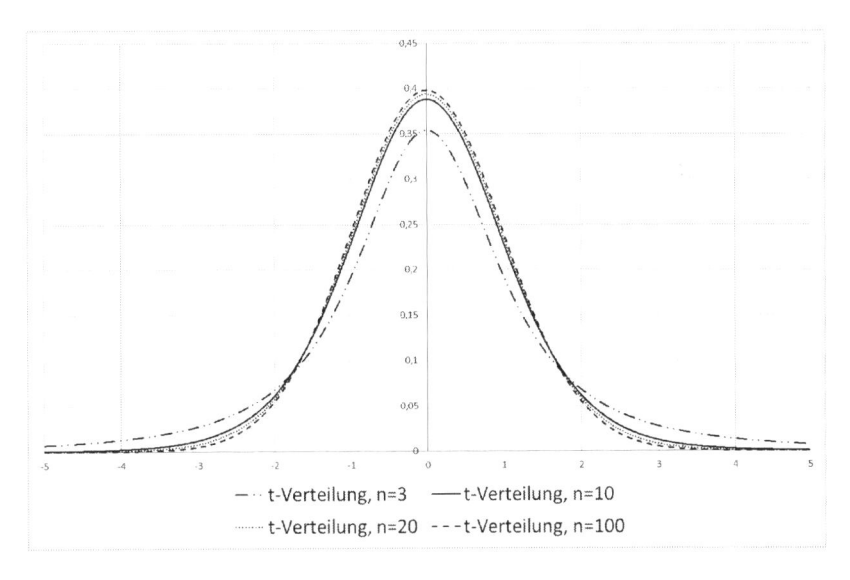

Abbildung 11.10: t-Verteilung für verschiedene Anzahlen von Freiheitsgraden

der t-Verteilung sind in Kapitel 13.2 tabelliert.

Der Erwartungswert und die Varianz einer t-verteilten Zufallsvariable X, sind durch die folgenden Formeln gegeben:

$$E(X) = 0 \tag{11.26}$$

und

$$\sigma^2 = V(X) = \frac{df}{df - 2} = \frac{n-1}{n-3} \tag{11.27}$$

477

11.6. AUSGEWÄHLTE VERTEILUNGEN

Als Faustregel wird häufig genutzt, daß für $n > 30$ die t-Verteilung durch die Normalverteilung akzeptabel angenähert bzw. approximiert wird.

11.6.7 Exponentialverteilung

Die **Exponentialverteilung** ist nur für positive $x \geq 0$ definiert. Die Dichtefunktion (siehe Abbildung 11.11) lautet ($\lambda > 0$):

$$f(x; \lambda) = \lambda e^{-\lambda \cdot x} \tag{11.28}$$

Falls $x < 0$, so ist $f(x; \lambda) = 0$.

λ wird **Ereignisrate** genannt und $\frac{1}{\lambda}$ ist der **Ereignisabstand**.

Der Erwartungswert und die Varianz einer exponentialverteilten Zufallsvariable X, sind durch die folgenden Formeln gegeben:

$$\mu = E(X) = \frac{1}{\lambda} \quad \text{und} \quad \sigma^2 = V(X) = \frac{1}{\lambda^2} \tag{11.29}$$

Die Schiefe (siehe Kapitel 9.4.7) der Exponentialverteilung beträgt immer 2 und die Kurtosis (siehe Kapitel 9.4.8) besitzt immer einen Wert von 9. Die

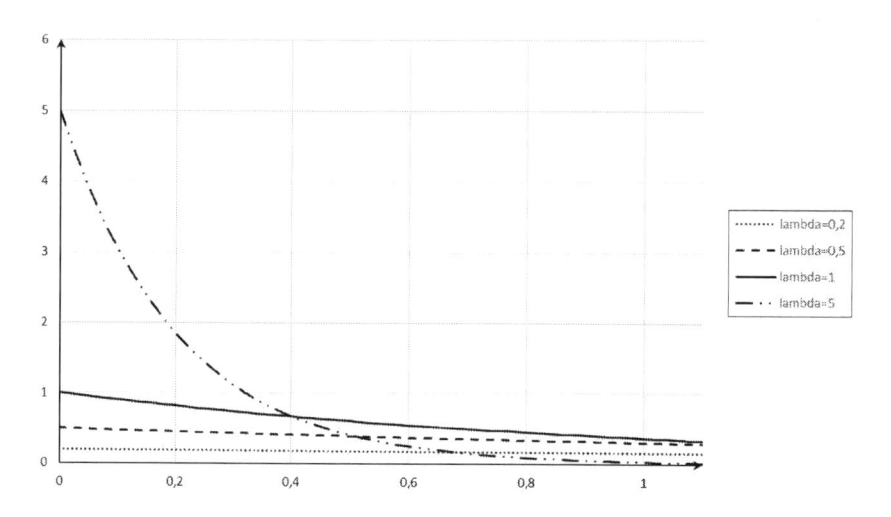

Abbildung 11.11: Dichtefunktion der Exponentialverteilung für verschiedene Werte von λ

11.6.7 EXPONENTIALVERTEILUNG

zugehörige Verteilungsfunktion lautet (siehe Abbildung 11.12):

$$F(x) = 1 - e^{-\lambda \cdot x} \quad (11.30)$$

für $x \geq 0$ und $F(x) = 0$ für $x < 0$.

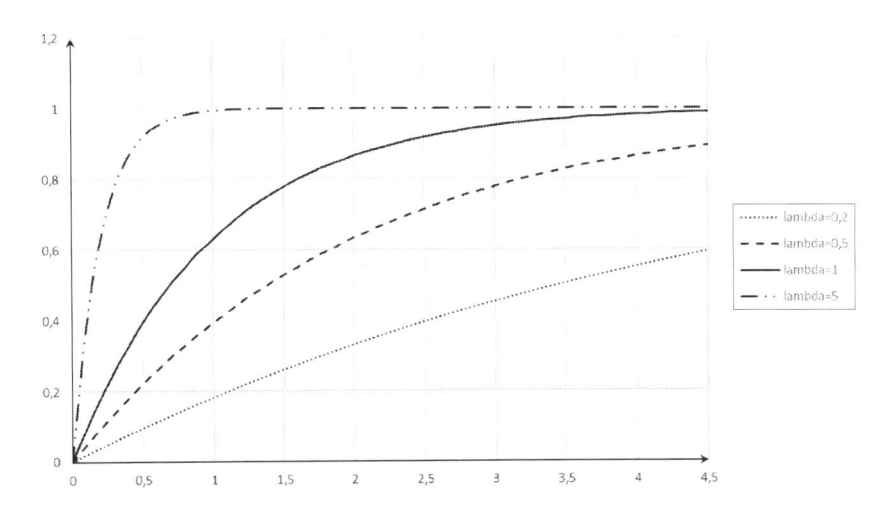

Abbildung 11.12: Verteilungsfunktion der Exponentialverteilung für verschiedene Werte von λ

Die Exponentialverteilung wird beispielsweise genutzt, um Abstände zwischen zufälligen Ereignissen abzubilden. Typische Anwendungsbereiche sind:

- Zeit zwischen dem Zerfall von radioaktiven Atomen
- Zeit zwischen zwei Telefonanrufen in einem Call Center
- Lebensdauer von technischen Bauteilen bzw. Geräten bei denen keine Alterungseffekte ("ermüdungsfreie Systeme") auftreten (siehe Anmerkung im Kapitel 11.6.7.3)
- Schadenseintrittswahrscheinlichkeit für kleine und mittlere Schäden

Wird beispielsweise davon ausgegangen, dass ein Smartphone nach durchschnittlich drei Jahren aufgrund eines technischen Defekts ausfällt, so entspricht dieser Wert dem Erwartungswert für die Zufallsvariable X "Lebensdauer

11.6. AUSGEWÄHLTE VERTEILUNGEN

eines Smartphones bestimmten Typs". Wird angenommen, dass die Zufallsvariable exponentialverteilt ist, so gilt nach Formel (11.29) also:

$$\mu = E(X) = \frac{1}{\lambda} = 3 \text{ [Jahre]}.$$

Der Ereignisabstand $\frac{1}{\lambda}$ beträgt also drei Jahre. Die Ereignisrate λ beträgt dementsprechend $\frac{1}{3 \text{ [Jahre]}} = 0,3333 \frac{1}{\text{[Jahre]}}$.

Es soll nun berechnet werden, wie groß die Wahrscheinlichkeit ist, dass das Smartphone innerhalb des nächsten Jahres ausfällt. Also wird $P(X \leq 1)$ gesucht. Nach Formel (11.30) ergibt sich

$$P(X \leq 1) = F(x = 1) = 1 - e^{-\frac{1}{3} \cdot 1} = 0,2835.$$

Die gesuchte Wahrscheinlichkeit beträgt also 28,35%.

Falls mit den gleichen Beispieldaten die Wahrscheinlichkeit gesucht wird, dass das Smartphone länger als zwei Jahre funktioniert, so ist $P(X > 2)$ zu berechnen. Dies ergibt sich als

$$P(X > 2) = 1 - P(X \leq 2) = 1 - F(x = 2) =$$
$$= 1 - \left(1 - e^{-\frac{1}{3} \cdot 2}\right) = e^{-\frac{1}{3} \cdot 2} = 0,5134.$$

Das Smartphone wird also mit einer Wahrscheinlichkeit von 51,34% länger als zwei Jahre funktionieren.

11.6.7.1 Zusammenhang zwischen Exponentialverteilung und Poisson-Verteilung

In Kapitel 11.6.3.2 wurde dargestellt, dass die Poisson-Verteilung beispielsweise die Anzahl von Ereignissen pro Zeiteinheit in einer Region darstellt. Wie eben gezeigt, wird die Exponentialverteilung für die Darstellung von Lebensdauern bzw. Zeiten zwischen zwei Ereignissen genutzt.

Der Zusammenhang zwischen den beiden Verteilungen ist einfach herzuleiten: angenommen, die Anzahl des Eintretens eines Ereignisses gehorcht einer Poisson-Verteilung mit Erwartungswert μ.

11.6.7 EXPONENTIALVERTEILUNG

X sei nun die Zufallsvariable, die den Abstand von zwei Ereignissen beschreibt. Dann gilt für die Wahrscheinlichkeit, dass der Abstand höchstens t beträgt:

$$P(X \leq t) = 1 - P(\text{"es trat kein Ereignis vor dem Zeitpunkt } t \text{ auf"}).$$

Da die Ereignisse Poisson-verteilt sind und kein Ereignis (d.h. die Anzahl der Ereignisse x ist gleich Null) vor dem Zeitpunkt t aufgetreten sein soll, gilt nach Gleichung (11.22) von Seite 468

$$P(\text{"es trat kein Ereignis vor dem Zeitpunkt } t \text{ auf"}) =$$
$$= f(x = 0; \mu \cdot t) = \frac{(\mu \cdot t)^0}{0!} e^{-\mu \cdot t} = e^{-\mu \cdot t}.$$

Bis zu einem Zeitpunkt t werden $\mu \cdot t$ Ereignisse erwartet und dementsprechend wird der Erwartungswert angepasst. Damit gilt also für die Wahrscheinlichkeit, dass der Abstand zwischen zwei Ereignissen höchstens t beträgt:

$$P(X \leq t) = 1 - P(\text{"es trat kein Ereignis vor dem Zeitpunkt } t \text{ auf"}) =$$
$$= 1 - e^{-\mu \cdot t}.$$

Dies ist nach Gleichung (11.30) die Verteilungsfunktion der Exponentialverteilung mit Ereignisrate μ, also sind die Abstände zwischen den Ereignissen exponentialverteilt.

11.6.7.2 Zusammenhang zwischen Exponentialverteilung und Poisson-Verteilung, Beispiel

In diesem Beispiel wird davon ausgegangen, dass die Anzahl der Einbrüche in einer ausgewählten Region Poisson-verteilt ist. Es wird angenommen, dass im Durchschnitt jeden Tag drei Einbrüche verübt werden. Damit ist also der Erwartungswert der Poisson-Verteilung $\mu = 3 \frac{[\text{Einbrüche}]}{[\text{Tag}]}$.

11.6. AUSGEWÄHLTE VERTEILUNGEN

Beispiel 1

Als erstes soll berechnet werden, wie groß die Wahrscheinlichkeit dafür ist, dass an einem Tag in der Region kein Einbruch durchgeführt wird. Die Zufallsvariable X stellt die Anzahl der Einbrüche in der Region pro Tag dar.

Nach Gleichung (11.22) gilt für die Wahrscheinlichkeitsfunktion der Poisson-Verteilung:

$$f(x;\mu) = \frac{\mu^x}{x!}e^{-\mu} \text{ für } x = 0, 1, \ldots$$

Hier wird $P(X = 0)$ (ein Tag ohne Einbruch) gesucht. Nach Gleichung (11.3) von Seite 446 gilt:

$$F(x) = P(X \leq x) = \sum_{x_i \leq x} f(x_i; \mu = 3).$$

Also:

$$P(X = 0) = f(0; \mu = 3) = \frac{3^0}{0!}e^{-3} = 0,04979 = 4,979\%.$$

Beispiel 2

Wie groß ist die Wahrscheinlichkeit, dass an zwei aufeinanderfolgenden Tagen kein Einbruch durchgeführt wird?

Die Anzahl der gesuchten Ereignisse ist immer noch $X = 0$ (kein Einbruch). An zwei Tagen würden $2 \cdot \mu = 2 \cdot 3 = 6$ Einbrüche erwartet werden. Also wird

$$P(X = 0) = f(0; 2 \cdot \mu = 6) = \frac{6^0}{0!}e^{-6} = 0,002479 = 0,2479\%$$

berechnet.

Beispiel 3

Nun wird der Abstand zwischen zwei Einbrüchen berechnet. Wie zu Beginn des Unterkapitels erwähnt, wird dafür die Exponentialverteilung genutzt. Es soll berechnet werden, wie groß die Wahrscheinlichkeit ist, dass mehr als zwei

11.6.7 EXPONENTIALVERTEILUNG

Tage zwischen zwei Einbrüchen vergehen. Für die Exponentialverteilung wird zunächst der Ereignisabstand $\frac{1}{\lambda}$ benötigt (siehe Gleichung (11.28) und folgende Anmerkungen). Dieser beträgt bei der vorliegenden Aufgabe $\frac{1}{3}$, da drei Einbrüche pro Tag vorgenommen werden und der durchschnittliche Abstand zwischen zwei Einbrüchen damit dem Kehrwert entspricht. Da $\frac{1}{\lambda} = \frac{1}{3}$, gilt: $\lambda = 3$.

Also ist $P(X \geq 2)$ gesucht. Nach Gleichung (11.7) von Seite 448 gilt: $F(x) = P(X \leq x)$, wobei nach Gleichung (11.30):

$$F(x) = 1 - e^{-\lambda \cdot x}.$$

Da $P(X \geq 2)$ gesucht ist, wird mit Gleichung (10.1) von Seite 416

$$P(X \geq 2) = 1 - P(X < 2) = 1 - F(x = 2) =$$
$$= 1 - \left(1 - e^{-3 \cdot 2}\right) = e^{-3 \cdot 2} = 0,002479 = 0,2479\%$$

berechnet.

Das Ergebnis ist natürlich identisch mit dem aus dem vorigen Beispiel. Die Wahrscheinlichkeit, dass keine Einbrüche an zwei Tagen verübt werden (voriges Beispiel, Poisson-Verteilung) ist identisch mit der Wahrscheinlichkeit, dass der Abstand zwischen zwei Einbrüchen größer als zwei Tage ist (dieses Beispiel, Exponentialverteilung).

11.6.7.3 Gedächtnislosigkeit

Eine Zufallsvariable X wird **gedächtnislos** genannt, wenn

$$P(X \geq s + t | X \geq s) = P(X \geq t) \qquad (11.31)$$

für $s, t > 0$ gilt.

Geht man beispielsweise von der Lebensdauer einer Beamerlampe aus und setzt $s = 30$ Tage und $t = 60$ Tage, dann bedeutet Formel (11.31): die Wahrscheinlichkeit, dass die Lebensdauer größer (oder gleich) $30 + 60 = 90$ Tage ist, unter der Bedingung, dass die Beamerlampe bisher $s = 30$ Tage gehalten hat, genauso groß ist wie die Wahrscheinlichkeit, dass die Lampe

11.6. AUSGEWÄHLTE VERTEILUNGEN

länger als 60 Tage hält.

Mit anderen Worten: zu jedem Zeitpunkt ist die "Vorgeschichte" vergessen. Die Wahrscheinlichkeit, dass die Beamerlampe mehr als die nächsten 60 Tage hält, ist unabhängig von der bisherigen Laufzeit.

Die Exponentialverteilung (siehe Unterkapitel 11.6.7) ist gedächtnislos. Die ist einfach einzusehen: gemäß Formel (10.7) von Seite 428 ist die bedingte Wahrscheinlichkeit definiert als:

$$P(B|A) = \frac{P(A \cap B)}{P(A)}.$$

Die Anwendung auf Formel (11.31) liefert:

$$P(X \geq s+t | X \geq s) = \frac{P(\{X \geq s\} \cap \{X \geq s+t\})}{P(X \geq s)}.$$

Im Zähler steht die Wahrscheinlichkeit dafür, dass die Lebensdauer länger als *s* und gleichzeitig länger als *s + t* ist. Also ergibt sich:

$$P(X \geq s+t | X \geq s) = \frac{P(\{X \geq s\} \cap \{X \geq s+t\})}{P(X \geq s)} = \frac{P(X \geq s+t)}{P(X \geq s)}.$$

Nun kann die Verteilungsfunktion der Exponentialfunktion aus Formel (11.30) genutzt werden:

$$P(X \geq s+t | X \geq s) = \frac{P(X \geq s+t)}{P(X \geq s)} = \frac{1 - F(s+t)}{1 - F(s)} = \frac{1 - (1 - e^{-\lambda \cdot (s+t)})}{1 - (1 - e^{-\lambda \cdot s})}.$$

Dies liefert:

$$P(X \geq s+t | X \geq s) = \frac{1 - (1 - e^{-\lambda \cdot (s+t)})}{1 - (1 - e^{-\lambda \cdot s})} = \frac{e^{-\lambda \cdot (s+t)}}{e^{-\lambda \cdot s}}.$$

Mit den Rechenregeln für die Exponentialfunktion ergibt sich:

$$P(X \geq s+t | X \geq s) = \frac{e^{-\lambda \cdot (s+t)}}{e^{-\lambda \cdot s}} = e^{-\lambda \cdot (s+t-s)} = e^{-\lambda \cdot t}.$$

Die rechte Seite wird geschickt umgeschrieben und wieder Formel (11.30) genutzt:

$$P(X \geq s+t | X \geq s) = e^{-\lambda \cdot t} = 1 - (1 - e^{-\lambda \cdot t}) = 1 - F(t) = P(X \geq t).$$

Also ist die Exponentialverteilung gedächtnislos.

Anmerkung: diese Gedächtnislosigkeit bedeutet beispielsweise, dass die Exponentialverteilung nur bei Lebensdauern genutzt werden sollte, bei denen keine Alterungseffekte auftreten ("ermüdungsfreie Systeme"). Bei der Lebensdauer von Lebewesen ist dies im Allgemeinen nicht gegeben: die Wahrscheinlichkeit, dass ein 70-jähriger Mensch noch 30 Jahre lebt, ist deutlich geringer als die Wahrscheinlichkeit, dass ein fünfjähriger Mensch noch 30 Jahre lebt. Falls es Alterungseffekte gibt, so kann beispielsweise die Weibull-Verteilung genutzt werden.

11.6.8 Approximation von Verteilungen

Die verschiedenen, vorgestellten Verteilungen können unter bestimmten Bedingungen genutzt werden, um eine Verteilung durch eine andere zu approximieren. Dies kann dann nützlich sein, falls die Werte nicht mehr berechenbar sind, weil beispielsweise Binomialkoeffizienten zu groß sind.

Wenn eine Verteilung durch eine andere approximiert (angenähert) wird, so ist das Ergebnis nicht mehr das Gleiche und damit fehlerhaft. Die in der Abbildung angegebenen Faustregeln bzw. Approximationsbedingungen garantieren, daß der Fehler akzeptabel klein bleibt.

11.6. AUSGEWÄHLTE VERTEILUNGEN

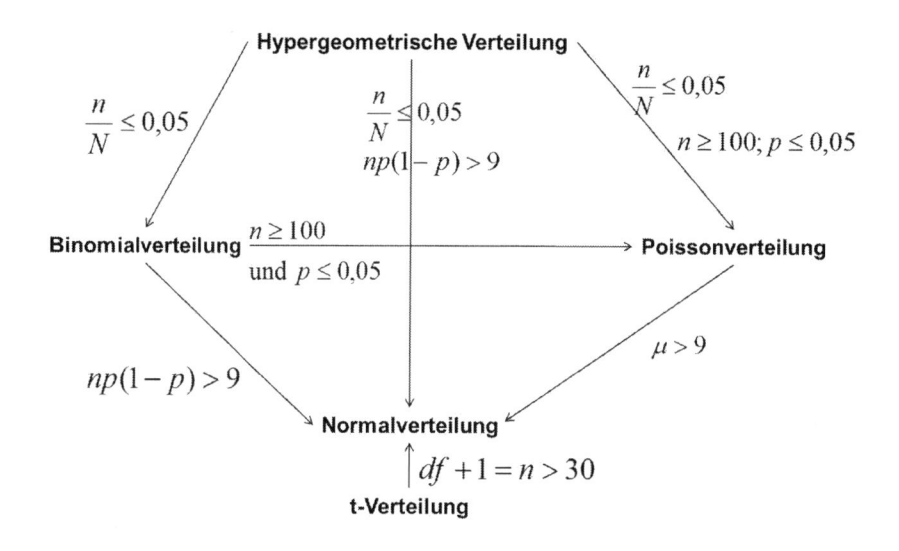

Abbildung 11.13: Übersicht Approximationsbedingungen

11.6.8.1 Approximation von Verteilungen: Beispiel

Um den Nutzen von Approximationen zu zeigen, soll folgendes Beispiel betrachtet werden:

In einer Bank werden Immobilienkredite vergeben. Bisher wurden 5.000 Kredite vergeben. Bei 7% der Kredite sind die Kreditnehmer zahlungsunfähig. Es werden 200 Kredite zufällig (ohne Zurücklegen) aus allen Krediten ausgewählt und untersucht.

Wie groß ist die Wahrscheinlichkeit, daß von den 200 untersuchten Kreditnehmern mehr als 17 zahlungsunfähig sind?

Lösung:

Zuerst werden die gegebenen Daten den Variablen zugeordnet: $N = 5.000$; $n = 200$; $p = 7\%$.

Bei dieser Aufgabe gibt es zwei Elementarereignisse (zahlungsfähig/ zahlungsunfähig). Die Ereignisse sind abhängig, da ohne Zurücklegen gezogen wird. Volkswirtschaftliche Bedingungen, die unter Umständen zu einer ursächlichen Abhängigkeit führen könnten, werden hier vernachlässigt. Also ist von einer

11.6.8 APPROXIMATION VON VERTEILUNGEN

hypergeometrischen Verteilung auszugehen. Damit muss Formel (11.19) (Definition: Wahrscheinlichkeit einer hypergeometrisch verteilten Zufallsvariable) von Seite 462 genutzt werden. Bei genauerer Betrachtung dieser Formel fällt schnell auf, daß der Nenner für die gegebenen Werte nicht berechenbar ist, da $\binom{N}{n} = \binom{5.000}{200}$ zu groß ist.

Also kann die (eigentlich richtige) hypergeometrische Verteilung nicht genutzt werden. Aufgrund der Approximationsbedingungen kann zur Binomialverteilung übergegangen werden, falls $\frac{n}{N} = \frac{200}{5.000} = 4\% \leq 5\%$ erfüllt ist, da dann der Korrekturfaktor sehr nahe bei Eins liegt und der Unterschied zwischen der hypergeometrischen Verteilung und der Binomialverteilung akzeptabel klein ist.

Da die Bedingung in diesem Beispiel erfüllt ist, kann also Formel (11.16) (Wahrscheinlichkeit Binomialverteilung) genutzt werden:

$$f(x; n; p) = \binom{n}{x} p^x (1-p)^{n-x}.$$

Da die Fragestellung "mehr als 17 zahlungsunfähige" lautet, müssen für x die Werte 18, 19, ..., 200 eingesetzt werden. Damit ergibt sich die gesuchte Wahrscheinlichkeit (unter Nutzung der Formel (10.10) (Spezieller Additionssatz)), daß sich in der Stichprobe mehr als 17 zahlungsunfähige Kunden befinden als

$$P(X > 17) = P(X \geq 18) = \sum_{i=18}^{200} \binom{200}{i} 0,07^i (1-0,07)^{200-i}.$$

Diese Zahl ist mit Computerunterstützung berechenbar, mit Taschenrechner oder Stift jedoch langwierig bzw. unmöglich zu berechnen, da es sich um mehr als 180 Summanden handelt. Mit Softwareunterstützung ergibt sich eine Lösung von 16,4944%.

Eine Approximation mit der Poisson-Verteilung ist nicht möglich, da die Bedingung $p \leq 5\%$ nicht erfüllt ist.

Es kann jedoch eine Approximation mit der Normalverteilung versucht werden. Dazu muss die Bedingung $np(1-p) > 9$ erfüllt sein (siehe Abbildung 11.13

11.6. AUSGEWÄHLTE VERTEILUNGEN

(Übersicht Approximationsbedingungen)). Im obigen Fall liefert eine Überprüfung $np(1 - p) = 200 \cdot 0,07 \cdot (1 - 0,07) = 13,02 > 9$. Also kann die vorliegende Binomialverteilung gut durch die Normalverteilung approximiert werden.

Es werden Erwartungswert und Standardabweichung benötigt:
$\mu = E(X) = np = 200 \cdot 0,07 = 14$ (siehe Formel (11.17) (Erwartungswert einer binomialverteilten Zufallsvariable X)) und
$\sigma = \sqrt{V(X)} = \sqrt{np(1-p)} = \sqrt{13,02} = 3,6083$ (siehe Formel (11.18) (Varianz einer binomialverteilten Zufallsvariable X)).

Also lässt sich die gesuchte Binomialverteilung durch die Normalverteilung $N(14; 3,6083)$ mit guter Qualität approximieren. Die Normalverteilung stellt eine stetige Zufallsvariable dar (jeder x-Wert ist möglich), während die Binomialverteilung eine diskrete Zufallsvariable ist, die nur die Wahrscheinlichkeiten für die x-Werte $0, 1, 2, 3, \ldots, 200$ darstellt.

"Mehr als 17 zahlungsunfähige Kunden" bedeutet also für die Binomialverteilung: gesucht ist die Fläche (Summe) der Säulen, die rechts der Säule über dem Wert 17 liegen. In der folgenden Abbildung ist zu sehen, daß die Fläche unter der Normalverteilungsdichtefunktion näherungsweise der Fläche der Säulen, die rechts von 17 liegen, entspricht, wenn mit der Integration bei $17,5$ (an der Stelle, an der die Säule über 17 an die Säule über 18 grenzt) begonnen wird. Dieser Vorgang wird **Stetigkeitskorrektur** genannt.

Gesucht ist also die Fläche unter der Normalverteilung rechts von $x = 17,5$. Um diese Fläche zu berechnen, wird die z-Transformation aus Formel (11.24) (z-Transformation, Normalverteilung) genutzt:

$$z = \frac{x - \mu}{\sigma} = \frac{17,5 - 14}{3,6083} = 0,96998.$$

Damit ist die gesuchte Wahrscheinlichkeit

$$P(X > 17\%) = 1 - P(X \leq 17) = 1 - F_{SN}(0,97) =$$
$$= 1 - 0,8340 = 0,166 = 16,6\%.$$

Es ist deutlich zu sehen, daß der Wert, der sich aus der Normalverteilung

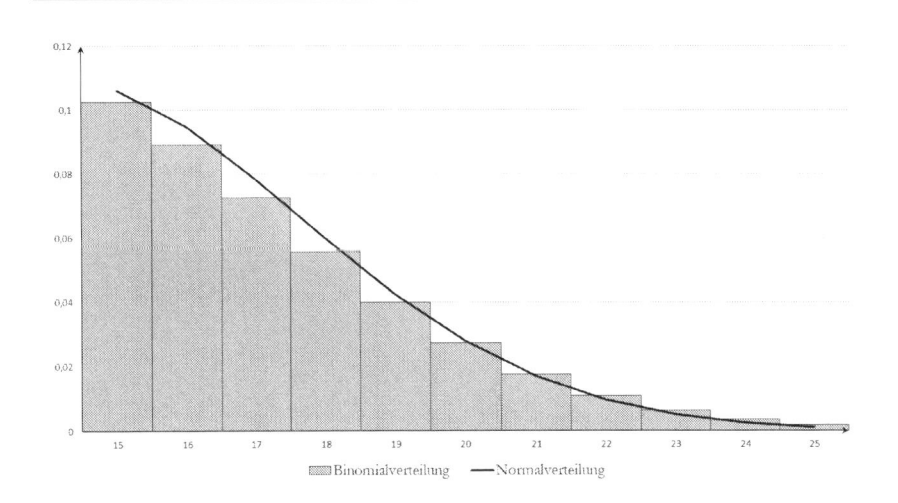

Abbildung 11.14: Binomialverteilung mit approximierender Normalverteilung

ableitet (16, 6%) leichter zu berechnen ist und sehr nah an der Lösung der Binomialverteilung liegt (16, 4944%). Dabei ist zu bedenken, daß für große Werte von n die Binomialverteilung aufgrund der Binomialkoeffizienten unter Umständen nicht mehr berechenbar ist.

11.7 Anwendung, Warteschlangentheorie

11.7.1 Einleitung

Die Warteschlangentheorie wird in vielen Bereichen der angewandten Mathematik genutzt. Dabei gibt es unterschiedlich komplexe Modelle. Hier wird nur ein einfaches Beispiel demonstriert bzw. hergeleitet.

Dabei wird davon ausgegangen, dass

- Kunden mit unterschiedlichen Zeitabständen an einer Kasse ankommen und sich in eine Warteschlange einreihen. Die Wahrscheinlichkeit, dass ein Kunde in einem vorgegebenen Zeitintervall an der Warteschlange eintrifft, wird hier mit λ bezeichnet. Häufig wird davon ausgegangen, dass die Abstände zwischen den eintreffenden Kunden Poisson-verteilt

11.7. ANWENDUNG, WARTESCHLANGENTHEORIE

sind (siehe Kapitel 11.6.3, Seite 465).

- Andererseits werden die Kunden in der Warteschlange "abkassiert". Auch dies geschieht mit einer gegebenen Wahrscheinlichkeit. Dabei soll μ die Bezeichnung für die Wahrscheinlichkeit sein, dass im gegebenen Zeitintervall ein Kunde abkassiert wird.

- Die Kunden können in diesem Modell Menschen sein, aber auch Produkte, die sich vor einer Maschine (entspricht dann der Kasse) einreihen und auf einen Produktionsschritt warten oder Aufgaben, die von einem Computer-Prozessor nacheinander verarbeitet werden sollen etc.

Natürlich ist es möglich auch mehrere Kassen abzubilden und auch verschiedene Bedienstrategien. Beispielsweise wären als Bedienstrategie LIFO (Last in, First out) und FIFO (First in, First out) zu nennen, aber auch eine Strategie, bei der jeder zu Bedienende für eine gewisse Zeit bedient wird und dann (falls noch nicht zuende bedient) wieder in die Warteschlange zurückgestellt wird.

Von Interesse ist im Allgemeinen die Länge der Warteschlange. Diese wird im Folgenden durch die Zufallsvariable X repräsentiert.

11.7.2 Zustandsdiagramm, Warteschlangentheorie

Die Darstellung der Warteschlangenlänge mit einem Baumdiagramm (siehe Kapitel 10.12, Seite 435) ist schwer möglich. Hier wird ein **Zustandsdiagramm** mit Übergangswahrscheinlichkeiten genutzt. Dabei wird beispielhaft mit den Übergangswahrscheinlichkeiten $\lambda = 10\%$ (die Warteschlange wird länger) und $\mu = 15\%$ (die Warteschlange wird kürzer) gearbeitet. Die kreisförmigen Zahlenwerte stellen die Zufallsvariable mit ihren Ausprägungen dar, also die Länge der Warteschlange.

Als erste Überlegung wird mit einer Warteschlangenlänge von $X = 1$ begonnen. Mit den gewählten Werten wird die Warteschlange mit einer Wahrscheinlichkeit von 10% länger (Pfeil von 1 nach 2) und mit einer Wahrscheinlichkeit von 15% kürzer (Pfeil von 1 nach 0).

11.7.2 ZUSTANDSDIAGRAMM, WARTESCHLANGENTHEORIE

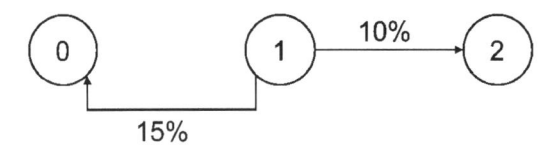

Abbildung 11.15: Zustandsdiagramm mit den Übergangswahrscheinlichkeiten $\lambda = 10\%$ (die Warteschlange wird länger) und $\mu = 15\%$ (die Warteschlange wird kürzer) für den Zustand $X = 1$, (1)

Aus der Darstellung folgt auch die Wahrscheinlichkeit dafür, dass eine Warteschlange mit der Länge Eins sich nicht ändert: $100\% - 10\% - 15\% = 75\%$. Mit 75%-iger Wahrscheinlichkeit wird im betrachteten Zeitintervall also weder die eine Person fertig abkassiert, noch kommt eine neue Person dazu.

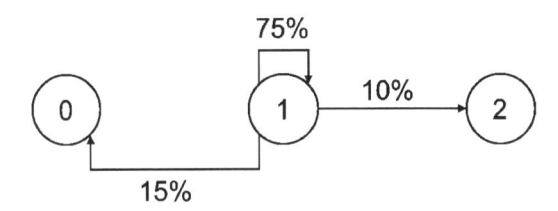

Abbildung 11.16: Zustandsdiagramm mit den Übergangswahrscheinlichkeiten $\lambda = 10\%$ (die Warteschlange wird länger) und $\mu = 15\%$ (die Warteschlange wird kürzer) für den Zustand $X = 1$, (2)

Die Überlegungen für Warteschlangen der Länge $2, 3, \ldots$ verlaufen analog:

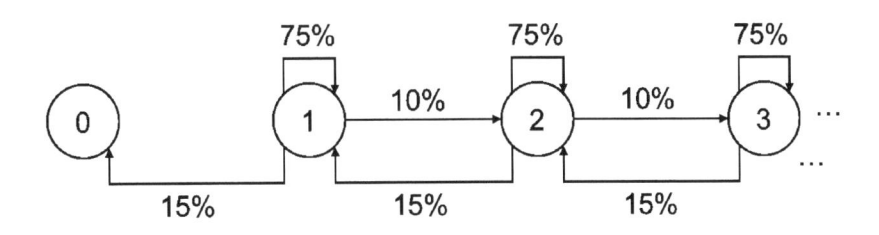

Abbildung 11.17: Zustandsdiagramm mit den Übergangswahrscheinlichkeiten $\lambda = 10\%$ und $\mu = 15\%$ für den Zustand $X = 1, 2, 3, \ldots$

11.7. ANWENDUNG, WARTESCHLANGENTHEORIE

Nur der Zustand der Warteschlange mit der Länge Null unterscheidet sich, da es nur zwei Möglichkeiten gibt: entweder die Warteschlangenlänge ändert sich nicht oder sie wird länger (mit einer Wahrscheinlichkeit von 10%). Daraus ergibt sich eine Wahrscheinlichkeit von 90% dafür, dass der Zustand $X = 0$ sich nicht ändert:

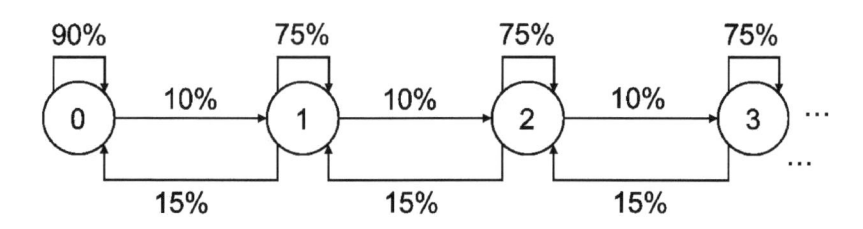

Abbildung 11.18: Zustandsdiagramm mit den Übergangswahrscheinlichkeiten $\lambda = 10\%$ und $\mu = 15\%$

11.7.3 Erwartungswert, Warteschlangentheorie

Nun soll der Erwartungswert der Warteschlangenlänge berechnet werden. Dazu werden verschiedene Voraussetzungen und Notationen benötigt.

- Es soll kein Wechsel zwischen den Warteschlangen möglich sein, d.h. die Kunden können, nachdem sie sich in eine Warteschlange eingereiht haben, diese nicht verlassen und sich an einer (kürzeren) anstellen.

- Der Anteil der Warteschlangen, die zu einem bestimmten Zeitpunkt eine Länge von i Wartenden enthalten, sei p_i.

- Es soll sich ein Gleichgewicht einstellen. Das bedeutet, dass sich zwar in jeder Schlange in jedem Zeitintervall etwas ändern kann, aber die Zahl der Warteschlangen mit einer bestimmten Anzahl von Wartenden bleibt gleich. Es müsste eigentlich erst bewiesen werden, dass so ein stationärer Zustand überhaupt existiert. Hier wird angenommen, dass dem so ist.

  Diese Anforderung wird an einem Beispiel verdeutlicht:

  – Angenommen, es gibt ein Auslieferungslager, in dem 100 Roboter

11.7.3 ERWARTUNGSWERT, WARTESCHLANGENTHEORIE

Waren einsammeln und für den Versand vorbereiten. Jeder der Roboter hat eine Warteliste mit Kundenaufträgen, die nacheinander abgearbeitet werden.

— Zu einem bestimmten Zeitpunkt gibt es 30 Roboter, die keine Aufträge bearbeiten (also eine Warteschlangenlänge von Null haben) und 20 Roboter, die genau einen Auftrag in ihrer Warteschlange haben. Mit der Notation von oben bedeutet dies: $p_0 = \frac{30}{100} = 0,3$ und $p_1 = \frac{20}{100} = 0,2$.

— Innerhalb des nächsten Zeitschritts werden neue Kundenaufträge angenommen, so dass einige Roboter ihren Zustand von Warteschlangenlänge Null auf Eins erhöhen. Im gleichen Zeitraum gibt es aber auch Roboter, die Ihre Warteschlange verkürzen (beispielsweise von Eins auf Null).

— Nach der betrachteten Zeiteinheit sollen bei einem stationären Zustand wieder 30 Roboter mit einer Warteschlangenlänge von Null und 20 Roboter mit einer Warteschlangenlänge von Eins vorhanden sein. Also immer noch $p_0 = 0,3$ und $p_1 = 0,2$.

Mithilfe dieser letzten Eigenschaft ist eine Lösung für den Erwartungswert berechenbar. Dabei nimmt die Warteschlange mit der Länge Null wieder eine Sonderstellung ein und wird zuerst betrachtet. Unter Nutzung von Abbildung 11.18 ergibt sich: die Wahrscheinlichkeit dafür, dass die Warteschlange mit der Länge Null sich verlängert auf Eins, beträgt $\lambda = 10\%$. Also werden $\lambda = 10\%$ der Warteschlangen im Zustand Null diesen Zustand verlassen.

Andererseits werden auch $\mu = 15\%$ der Warteschlangen im Zustand Eins kürzer und werden zu Warteschlangen im Zustand Null. Da es sich um einen Gleichgewichtszustand handeln soll, müssen sich die beiden Änderungen genau ausgleichen:

$$p_0 \cdot \lambda = p_1 \cdot \mu \qquad (11.32)$$

Auf der linken Seite der Gleichung (11.32) steht der Anteil der Warteschlangen, die den Zustand Null verlassen und zu Warteschlangen im Zustand Eins werden.

11.7. ANWENDUNG, WARTESCHLANGENTHEORIE

Auf der rechten Seite steht der Anteil der Warteschlangen, die sich vom Zustand Eins in den Zustand Null begeben.

Umgeformt ergibt sich:

$$p_1 = p_0 \cdot \frac{\lambda}{\mu} \qquad (11.33)$$

Die analogen Überlegungen werden nun für die Warteschlangen im Zustand Eins angestellt. Diese vermehren sich durch Warteschlangen aus dem Zustand Null (die sich verlängern mit Wahrscheinlichkeit $\lambda = 10\%$) und durch Warteschlangen im Zustand Zwei (die sich verkürzen mit Wahrscheinlichkeit $\mu = 15\%$). Dies ergibt einen Zuwachs von Warteschlangen im Zustand Eins pro Zeitintervall von

$$p_0 \cdot \lambda + p_2 \cdot \mu.$$

Gleichzeitig verringert sich der Anteil von Warteschlangen im Zustand Eins um $\mu = 15\%$ (Übergang in den Zustand Null) und um Warteschlangen, die sich auf eine Länge von Zwei verlängern (mit einer Wahrscheinlichkeit von $\lambda = 10\%$):

$$p_1 \cdot \mu + p_1 \cdot \lambda.$$

Diese beiden Gleichungen müssen wieder im Gleichgewicht sein:

$$p_0 \cdot \lambda + p_2 \cdot \mu = p_1 \cdot \mu + p_1 \cdot \lambda.$$

Da in Gleichung (11.33) bereits p_1 (in Abhängigkeit von p_0) dargestellt wurde, ist hier also noch p_2 zu berechnen. Es ergibt sich:

$$p_2 \cdot \mu = p_1 \cdot \mu + p_1 \cdot \lambda - p_0 \cdot \lambda.$$

Division durch μ ergibt:

$$p_2 = p_1 + p_1 \cdot \frac{\lambda}{\mu} - p_0 \cdot \frac{\lambda}{\mu}.$$

11.7.3 ERWARTUNGSWERT, WARTESCHLANGENTHEORIE

Nun wird p_1 aus Gleichung (11.33) eingesetzt:

$$p_2 = p_0 \cdot \frac{\lambda}{\mu} + p_0 \cdot \frac{\lambda}{\mu} \cdot \frac{\lambda}{\mu} - p_0 \cdot \frac{\lambda}{\mu}.$$

Der erste und der dritte Term auf der rechten Seite der Gleichung heben sich auf und es bleibt übrig:

$$p_2 = p_0 \cdot \frac{\lambda}{\mu} \cdot \frac{\lambda}{\mu} = p_0 \cdot \left(\frac{\lambda}{\mu}\right)^2 \tag{11.34}$$

Werden die analogen Überlegungen für die Warteschlangen mit Längen über Eins durchgeführt, so ergibt sich analog zu Gleichung (11.34), im Allgemeinen

$$p_i = p_0 \cdot \left(\frac{\lambda}{\mu}\right)^i \quad \text{für } i = 0, 1, 2, \ldots \tag{11.35}$$

In jedem Anteilswert p_i taucht nach Formel (11.34) jedoch das (unbekannte) p_0 auf. Da es sich um Anteilswerte handelt und es keine Warteschlangen geben kann, die in einem Zustand ausser 0, 1, 2, ... sind, muss gelten, dass die Summe der p_i Eins (gleich hundert Prozent) ergibt:

$$\sum_{i=0}^{\infty} p_i = \sum_{i=0}^{\infty} p_0 \cdot \left(\frac{\lambda}{\mu}\right)^i = p_0 \cdot \sum_{i=0}^{\infty} \left(\frac{\lambda}{\mu}\right)^i = 1 \tag{11.36}$$

Da p_0 berechnet werden soll, wird noch durch die Summe (unter der Voraussetzung, dass diese nicht gleich Null ist) geteilt:

$$p_0 = \frac{1}{\sum_{i=0}^{\infty} \left(\frac{\lambda}{\mu}\right)^i} \tag{11.37}$$

Formel 2.5 von Seite 9 (geometrische Reihe) lautete:

$$\sum_{i=1}^{n} a_1 \cdot q^{i-1} = a_1 \cdot \frac{q^n - 1}{q - 1}.$$

Wird in dieser Formel der Grenzübergang $n \to \infty$ betrachtet, so ergibt sich

11.7. ANWENDUNG, WARTESCHLANGENTHEORIE

für Werte von q, die $|q| < 1$ erfüllen (analog zu Kapitel 3.4.6, Seite 53 (Ewige Rente))

$$\sum_{i=1}^{\infty} a_1 \cdot q^{i-1} = a_1 \cdot \frac{-1}{q-1}.$$

Nun wird $a_1 = 1$ angenommen und der Laufindex i wird um Eins verschoben, um eine Form analog zu Gleichung (11.37) zu erhalten:

$$\sum_{i=0}^{\infty} q^i = \frac{-1}{q-1}.$$

Als erstes Resultat ist festzuhalten, dass sich nur dann ein Gleichgewicht herausbilden kann, wenn $q = \frac{\lambda}{\mu} < 1$ ist!

Nun kann p_0 aus Gleichung (11.37) berechnet werden:

$$p_0 = \frac{1}{\sum_{i=0}^{\infty}\left(\frac{\lambda}{\mu}\right)^i} = \frac{1}{\frac{-1}{\frac{\lambda}{\mu}-1}} = \frac{1}{\frac{-1}{\frac{\lambda-\mu}{\mu}}} = \frac{1}{\frac{-\mu}{\lambda-\mu}} = \frac{\lambda-\mu}{-\mu} = -\frac{\lambda}{\mu}+1 = 1-\frac{\lambda}{\mu} \quad (11.38)$$

Insgesamt ergeben sich also die folgenden Gleichungen:

$$p_0 = 1 - \frac{\lambda}{\mu} \text{ und}$$
$$p_i = p_0 \cdot \left(\frac{\lambda}{\mu}\right)^i \text{ für } i = 1, 2, \ldots \quad (11.39)$$

Mit den Werten von oben ($\lambda = 10\%$ und $\mu = 15\%$) ergeben sich die folgenden Anteilswerte (bis zu einer Warteschlangenlänge von Acht):

p_0	p_1	p_2	p_3	p_4	p_5	p_6	p_7	p_8
33,3%	22,2%	14,8%	9,9%	6,6%	4,4%	2,9%	2,0%	1,3%

oder graphisch in Abbildung 11.19 dargestellt.

11.7.3 ERWARTUNGSWERT, WARTESCHLANGENTHEORIE

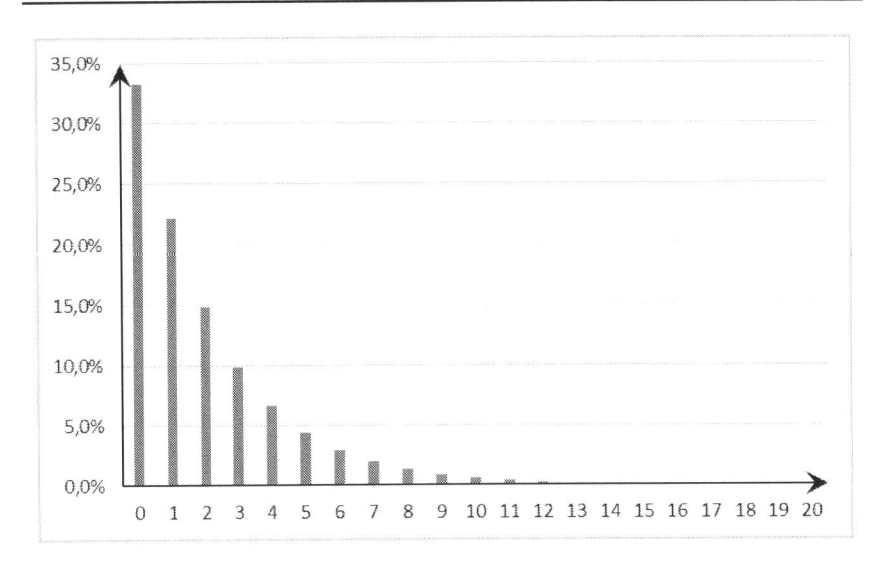

Abbildung 11.19: Anteilswerte $p_0, p_1, \ldots, p_{20}$ der Warteschlangenlängen für $\lambda = 10\%$ und $\mu = 15\%$

Wird λ erhöht (z.B. auf 14%), so ergibt sich Abbildung 11.20.

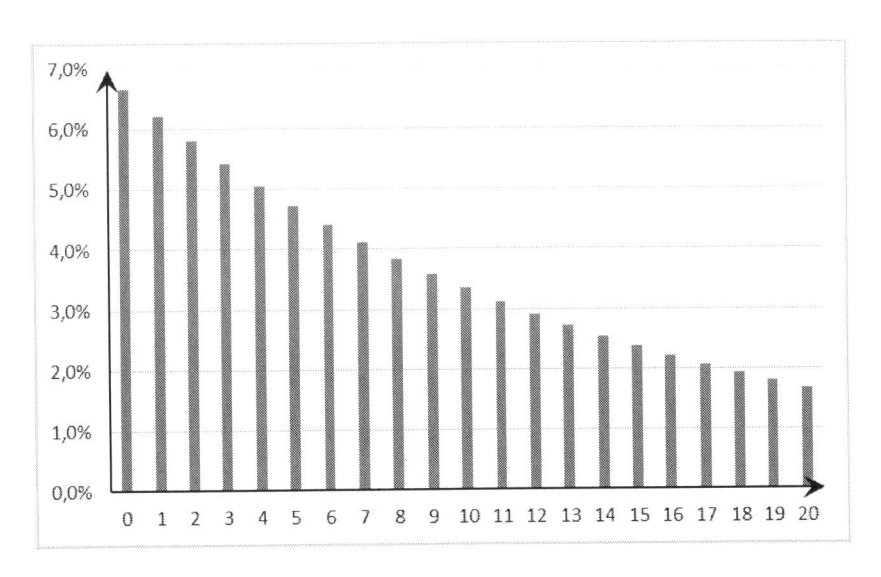

Abbildung 11.20: Anteilswerte $p_0, p_1, \ldots, p_{20}$ der Warteschlangenlängen für $\lambda = 14\%$ und $\mu = 15\%$

11.7. ANWENDUNG, WARTESCHLANGENTHEORIE

Nach Gleichung (11.9) von Seite 448 ergibt sich für den Erwartungswert einer diskreten Zufallsvariable

$$E(X) = \sum_i x_i f(x_i) = \sum_i i \cdot p_i,$$

da die angenommen Werte für die Warteschlangenlänge i betragen mit den zugehörigen Wahrscheinlichkeiten p_i. Eingesetzt (siehe Gleichung (11.39)) ergibt sich also:

$$E(X) = \sum_i i \cdot p_i = \sum_{i=0}^{\infty} i \cdot p_0 \cdot \left(\frac{\lambda}{\mu}\right)^i.$$

Wird noch p_0 eingesetzt, so lautet das Resultat:

$$\begin{aligned} E(X) &= \sum_{i=0}^{\infty} i \cdot p_0 \cdot \left(\frac{\lambda}{\mu}\right)^i = \sum_{i=0}^{\infty} i \cdot \left(1 - \frac{\lambda}{\mu}\right) \cdot \left(\frac{\lambda}{\mu}\right)^i = \\ &= \left(1 - \frac{\lambda}{\mu}\right) \cdot \sum_{i=0}^{\infty} i \cdot \left(\frac{\lambda}{\mu}\right)^i \end{aligned} \quad (11.40)$$

11.7.4 Grenzwert einer Reihe

Um den Wert der Reihe aus Gleichung (11.40) zu berechnen, wird ein kurzer Einschub durchgeführt. Der Grenzwert der Reihe

$$\sum_{i=0}^{n} i \cdot \left(\frac{\lambda}{\mu}\right)^i$$

für $n \to \infty$ kann mit einigen Methoden/ Formeln berechnet werden, die in vorigen Kapiteln gezeigt wurden. Wie schon zuvor, muss $\left|\frac{\lambda}{\mu}\right| < 1$ vorausgesetzt werden.

Diese Gleichung kann folgendermaßen umgeschrieben werden:

$$\sum_{i=0}^{n} i \cdot \left(\frac{\lambda}{\mu}\right)^i = \sum_{i=0}^{n} i \cdot \left(\frac{\lambda}{\mu}\right)^{i-1} \cdot \frac{\lambda}{\mu},$$

indem $\frac{\lambda}{\mu}$ ausgeklammert wird. Der Term $i \cdot \left(\frac{\lambda}{\mu}\right)^{i-1}$ erinnert an eine Ableitung:

11.7.4 GRENZWERT EINER REIHE

$\frac{d}{dx}x^i = i \cdot x^{i-1}$. Um die Ähnlichkeit besser in der obigen Gleichung zu sehen, wird $\frac{\lambda}{\mu}$ durch x ersetzt. Es ergibt sich also:

$$\sum_{i=0}^{n} i \cdot \left(\frac{\lambda}{\mu}\right)^{i-1} \cdot \left(\frac{\lambda}{\mu}\right) = \sum_{i=0}^{n} i \cdot x^{i-1} \cdot x = \sum_{i=0}^{n} \left(\frac{d}{dx}x^i\right) \cdot x$$

Zunächst wird das x, das nicht vom Laufindex i abhängt, ausgeklammert:

$$\sum_{i=0}^{n} \left(\frac{d}{dx}x^i\right) \cdot x = x \cdot \sum_{i=0}^{n} \frac{d}{dx}x^i$$

und dann wird die Ableitung vor die Summe geschrieben, da die (endliche) Summe von Ableitungen gleich der Ableitung der Summe ist:

$$x \cdot \sum_{i=0}^{n} \frac{d}{dx}x^i = x \cdot \frac{d}{dx}\left(\sum_{i=0}^{n} x^i\right) \qquad (11.41)$$

Die Summe entspricht wieder der geometrischen Reihe aus Gleichung (2.5) von Seite 9, wobei hier $a_1 = 1$ gesetzt wurde:

$$\sum_{i=1}^{n} q^{i-1} = \frac{q^n - 1}{q - 1}.$$

Wird wieder eine Verschiebung des Laufindices vorgenommen und q durch x ersetzt, so ergibt sich:

$$\sum_{i=0}^{n-1} x^i = \frac{x^n - 1}{x - 1}.$$

Damit ergibt sich in Gleichung (11.41):

$$x \cdot \sum_{i=0}^{n} \frac{d}{dx}x^i = x \cdot \frac{d}{dx}\left(\sum_{i=0}^{n} x^i\right) = x \cdot \frac{d}{dx}\left(\frac{x^n - 1}{x - 1}\right).$$

Um die Ableitung des Bruchs in der Klammer zu berechnen, muss die Quoti-

11.7. ANWENDUNG, WARTESCHLANGENTHEORIE

entenregel aus Kapitel 5.14 (Seite 153) genutzt werden. Damit ergibt sich:

$$x \cdot \frac{d}{dx}\left(\frac{x^n - 1}{x - 1}\right) = x \cdot \left(\frac{nx^{n-1} \cdot (x-1) - (x^n - 1) \cdot 1}{(x-1)^2}\right) =$$
$$= x \cdot \left(\frac{nx^n - nx^{n-1} - x^n + 1}{(x-1)^2}\right) = x \cdot \left(\frac{x^n \cdot (n-1) - nx^{n-1} + 1}{(x-1)^2}\right)$$

Wird nun der Grenzwert für $n \to \infty$ untersucht, so muss die Regel von de l'Hospital (Formel (5.9) von Seite 146) genutzt werden. Diese wird hier nicht ausführlich gezeigt, es sei nur angemerkt, dass $|x| < 1$ vorausgesetzt war und beispielsweise $x^n \cdot (n-1)$ in $x^n \cdot (n-1) = \frac{n-1}{\frac{1}{x^n}}$ umgeschrieben werden muss, um die Regel von de l'Hospital nutzen zu können. Das Ergebnis lautet:

$$\lim_{n\to\infty}\left(x \cdot \frac{d}{dx}\left(\frac{x^n - 1}{x - 1}\right)\right) = \lim_{n\to\infty}\left(x \cdot \left(\frac{x^n \cdot (n-1) - nx^{n-1} + 1}{(x-1)^2}\right)\right) =$$
$$= \left(x \cdot \left(\frac{0 - 0 + 1}{(x-1)^2}\right)\right) = \frac{x}{(x-1)^2}.$$

Also insgesamt:

$$\sum_{i=0}^{\infty} i \cdot x^i = \frac{x}{(x-1)^2}.$$

Wird nun die Ersetzung $x = \frac{\lambda}{\mu}$ rückgängig gemacht, so ergibt sich als Grenzwert:

$$\sum_{i=0}^{\infty} i \cdot \left(\frac{\lambda}{\mu}\right)^i = \frac{\left(\frac{\lambda}{\mu}\right)}{\left(\left(\frac{\lambda}{\mu}\right) - 1\right)^2} \qquad (11.42)$$

11.7.5 Erwartungswert, Warteschlangentheorie (2)

Nach diesem kurzen Einschub, kann Gleichung (11.40) von Seite 498 weitergerechnet werden. Diese lautete für den Erwartungswert der Warteschlangenlänge:

$$E(X) = \left(1 - \frac{\lambda}{\mu}\right) \cdot \sum_{i=0}^{\infty} i \cdot \left(\frac{\lambda}{\mu}\right)^i.$$

Also ergibt sich mit Gleichung (11.42) für den Erwartungswert der Länge der Warteschlange, nachdem gekürzt wurde:

$$E(X) = \left(1 - \frac{\lambda}{\mu}\right) \cdot \sum_{i=0}^{\infty} i \cdot \left(\frac{\lambda}{\mu}\right)^i =$$

$$= \left(1 - \frac{\lambda}{\mu}\right) \cdot \frac{\left(\frac{\lambda}{\mu}\right)}{\left(\left(\frac{\lambda}{\mu}\right) - 1\right)^2} = \frac{\frac{\lambda}{\mu}}{1 - \frac{\lambda}{\mu}}.$$

Der Nenner kann noch umgeschrieben werden durch Benutzung von Gleichung (11.39): $p_0 = 1 - \frac{\lambda}{\mu}$

$$E(X) = \frac{\frac{\lambda}{\mu}}{1 - \frac{\lambda}{\mu}} = \frac{\frac{\lambda}{\mu}}{p_0} \qquad (11.43)$$

Für die oben gewählten Werte $\lambda = 10\%$ und $\mu = 15\%$, ergibt sich ein Erwartungswert von

$$E(X) = \frac{\frac{\lambda}{\mu}}{1 - \frac{\lambda}{\mu}} = \frac{\frac{10\%}{15\%}}{1 - \frac{10\%}{15\%}} = \frac{\frac{2}{3}}{1 - \frac{2}{3}} = \frac{\frac{2}{3}}{\frac{1}{3}} = 2.$$

Dieser kann auch näherungsweise in Abbildung 11.19 von Seite 497 erkannt werden.

In Gleichung (11.43) ist zu erkennen, dass der Erwartungswert nur vom Verhältnis von λ zu μ abhängt, nicht von den Werten selbst. In Abbildung 11.21 auf Seite 502 ist zu sehen, wie der Erwartungswert der Warteschlangenlänge sich für verschiedene Verhältnisse von $\frac{\lambda}{\mu}$ verhält.

11.8 Konfidenzintervalle

11.8.1 Einführung

Konfidenzintervalle sind Intervalle in denen mit einer gegebenen Wahrscheinlichkeit ein gesuchter Parameter der Grundgesamtheit zu finden ist. Der gesuch-

11.8. KONFIDENZINTERVALLE

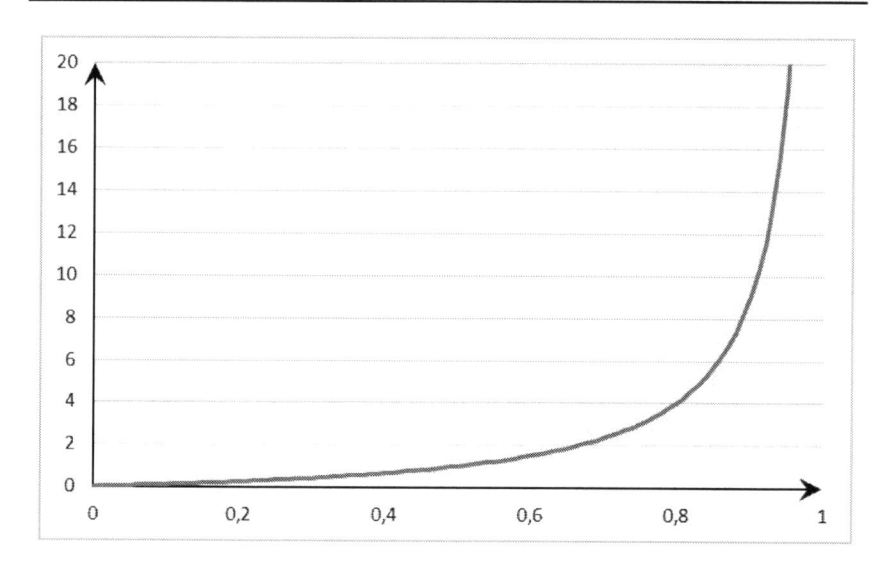

Abbildung 11.21: Erwartungswert für die Warteschlangenlänge in Abhängigkeit von $\frac{\lambda}{\mu}$

te Parameter ist häufig der Mittelwert μ oder der Anteilswert p. Bei beiden Werten handelt es sich um Parameter aus der Grundgesamtheit, die im Allgemeinen unbekannt sind und durch eine Stichprobe näherungsweise bestimmt werden sollen.

Die Breite des Konfidenzintervalls hängt von einer (meistens durch den Auftraggeber) vorgegebenen Wahrscheinlichkeit ab.

11.8.1.1 Konfidenzintervall bei 100%-iger Sicherheit: Beispiel

Es wurde eine Wählerbefragung in einem Wahlbezirk mit $N = 1.000$ Wahlberechtigten durchgeführt. Dabei sagten 30 Befragte aus einer Stichprobe von $n = 100$ Wahlberechtigten, daß sie die "ABC-Partei" gewählt haben. Der Anteil der "ABC-Partei" Wähler in der Stichprobe beträgt also 30%.

Natürlich wird der Anteilswert p der "ABC-Partei" Wähler in der Grundgesamtheit (1.000 Wahlberechtigte) im Allgemeinen nicht 30% betragen. Bei einer Prognose könnte ein Intervall angegeben werden, in dem mit einer vorgegebenen Wahrscheinlichkeit der Anteilswert p liegen wird. Je mehr Sicherheit bzw. Konfidenz gewünscht ist, umso größer wird das gesuchte Intervall.

Wäre vom Auftraggeber 100%-ige Sicherheit vorgegeben, so ergeben sich in diesem Fall die beiden Intervallgrenzen:

- Untere Grenze:
  Es könnte sein, daß von den restlichen 900 Wahlberechtigten niemand die "ABC-Partei" wählen würde, so daß sich zufällig alle 30 Wähler in der Stichprobe befunden haben. In diesem Falle wäre der Anteil der "ABC-Partei" Wähler in der Grundgesamtheit 30 von 1.000, also 3%.

- Obere Grenze:
  Es könnte sein, daß von den restlichen 900 Wahlberechtigten alle die "ABC-Partei" wählen würden, so daß sich zufällig alle 70 Nichtwähler in der Stichprobe befunden haben. In diesem Falle wäre der Anteil der "ABC-Partei" Wähler in der Grundgesamtheit 930 von 1.000, also 93%.

Insgesamt ergibt sich in diesem Fall also, daß der Anteil der "ABC-Partei" Wähler in der Grundgesamtheit mit 100%-iger Sicherheit zwischen 3% und 93% liegt.

Daran ist zu erkennen, daß Intervallschätzungen mit 100%-iger Sicherheit/Konfidenz im Allgemeinen zu unscharf sind und eine gewünschte Wahrscheinlichkeit bzw. Sicherheit von weniger als 100% (häufig: 95% oder 99%) vorgegeben werden sollte, die aber natürlich die Möglichkeit eines Irrtums einschließt.

11.8.2 Stichprobenfunktion

Eine **Stichprobenfunktion** ist eine Funktion, die einer zufälligen Stichprobe einen Wert zuordnet. Da die Stichprobenfunktion von der tatsächlich gezogenen Stichprobe abhängt, ist die Stichprobenfunktion eine Zufallsvariable, da die Realisation der Stichprobe nicht vorhersagbar ist.

Angenommen, in einer Urne befinden sich drei Kugeln. Diese tragen die Nummern 1, 2 und 3. Es wird zwei Mal eine Kugel gezogen (ohne Zurücklegen). Insgesamt sind in diesem Falle sechs mögliche Ausgänge des Zufallsexperiments "Ziehen von zwei Kugeln ohne Zurücklegen" möglich. Diese sind in der untenstehenden Tabelle zu sehen.

11.8. KONFIDENZINTERVALLE

	1. Zug: 1	1. Zug: 2	1. Zug: 3
2. Zug: 1		(2,1)	(3,1)
2. Zug: 2	(1,2)		(3,2)
2. Zug: 3	(1,3)	(2,3)	

Da ohne Zurücklegen gezogen wird, ist beispielsweise ein Resultat (1, 1) nicht möglich, da die Kugel 1 nach dem ersten Zug nicht zurückgelegt wird.

Das heißt, jeder Ausgang des Experiments hat eine Wahrscheinlichkeit von $\frac{1}{6}$. Eine Stichprobenfunktion kann z.B. definiert werden als Mittelwert (im Sinne des arithmetischen Mittels) der Zahlen auf den gezogenen Kugeln.

Dies entspricht im Weiteren der Stichprobenfunktion $\bar{X}$ (Stichprobenfunktion für den Mittelwert). Wird der Mittelwert der beiden gezogen Werte für jede Kombination berechnet, so ergeben sich untenstehende Werte. Wird zum Beispiel zuerst eine 2 gezogen und dann eine 1, so ergibt sich als Mittelwert der beiden Werte: $\frac{2+1}{2} = 1,5$.

	1. Zug: 1	1. Zug: 2	1. Zug: 3
2. Zug: 1		1, 5	2, 0
2. Zug: 2	1, 5		2, 5
2. Zug: 3	2, 0	2, 5	

Die Stichprobenfunktion $\bar{X}$ ist die Zufallsvariable, die die Wahrscheinlichkeiten des Auftretens der möglichen Mittelwerte darstellt. Im obigen Beispiel betragen die Wahrscheinlichkeiten jeweils 33, 33%, da jeder mögliche Mittelwert in zwei von sechs Fällen auftritt:

Mittelwert	Häufigkeit	Wahrscheinlichkeit
1, 5	2	33, 33%
2, 0	2	33, 33%
2, 5	2	33, 33%

Die Stichprobenfunktion in diesem Beispiel wird mit $\bar{X}$ ("groß X quer") beschrieben. Sie stellt eine Zufallsvariable dar und ist nicht zu verwechseln mit $\bar{x}$ ("klein X quer", dem arithmetischen Mittel der beschreibenden Statistik). Dieser Unterschied wird im Folgenden noch herausgearbeitet.

11.8.3 Erwartungstreue

Eine Stichprobenfunktion wird **erwartungstreu** genannt, wenn der Erwartungswert der Stichprobenfunktion gleich dem (in der Praxis meistens unbekannten) entsprechendem Parameter der Grundgesamtheit ist. Dies ist der Fall für die Stichprobenfunktion $\bar{X}$, denn es gilt:

$$E(\bar{X}) = \mu \tag{11.44}$$

Außerdem ist auch die Stichprobenfunktion $\hat{P}$ des Anteilswerts erwartungstreu für den Anteil in der Grundgesamtheit p:

$$E(\hat{P}) = p \tag{11.45}$$

Diese Aussagen können bewiesen werden, in den nächsten Kapiteln werden nur Beispiele für den Sachverhalt vorgestellt.

11.8.3.1 Erwartungstreue (Mittelwert): Beispiel

Da die Anzahl der Möglichkeiten Stichproben zu ziehen sehr schnell mit dem Umfang der Grundgesamtheit wächst, wird hier ein Beispiel mit relativ kleinem Umfang gewählt.

Angenommen, es wird eine Grundgesamtheit von acht Personen betrachtet. Es soll durch Stichprobenzüge herausgefunden werden, wieviel Geld die Personen durchschnittlich im Portemonnaie haben. In der Grundgesamtheit (für die Person, die die Stichproben zieht, unbekannt) sind folgende Werte vorhanden.

11.8. KONFIDENZINTERVALLE

Person	Geld
1	12, 16 €
2	26, 01 €
3	22, 22 €
4	20, 24 €
5	15, 79 €
6	21, 51 €
7	17, 43 €
8	22, 00 €

Der (in der Praxis unbekannte) Mittelwert μ der Grundgesamtheit beträgt in Euro also

$$\mu = \frac{12,16 + 26,01 + 22,22 + 20,24 + 15,79 + 21,51 + 17,43 + 22,00}{8} = 19,67 [\text{€}].$$

Die Varianz der Grundgesamtheit in Euro^2 ergibt sich als

$$\sigma^2 = \frac{1}{8}\left[(12,16 - 19,67)^2 + \ldots + (22,00 - 19,67)^2\right] = 16,5387 [\text{€}^2].$$

Diese Daten sind für die Person, die die Stichprobe zieht, unbekannt.

Es werden zunächst Stichproben vom Umfang $n = 2$ mit Zurücklegen gezogen. Im späteren Verlauf wird der Stichprobenumfang auf $n = 5$ erhöht.

Stichprobenumfang $n = 2$:

Es gibt insgesamt 64 Möglichkeiten (Ziehen mit Zurücklegen) zwei aus acht auszuwählen: acht Möglichkeiten für die erste Person und acht Möglichkeiten für die zweite Person. Hier werden nicht alle 64 aufgelistet, sondern nur die ersten zwölf. Die letzte Zeile in der untenstehenden Tabelle bedeutet also, daß zuerst die zweite Person befragt wird (Antwort: 26, 01 €) und dann die vierte Person (Antwort: 20, 24 €).

Daraus ergibt sich der Wert der Stichprobenfunktion $\bar{X}$ als Mittelwert dieser

11.8.3 ERWARTUNGSTREUE

beiden Werte: $\frac{26,01+20,24}{2} = 23,125[$ €]. Dies ist eine der 64 Möglichkeiten, die bei einem tatsächlichen Stichprobenzug auftreten können und stellt eine Abschätzung des mittleren Portemonnaieinhalts in der Grundgesamtheit dar.

Zug 1	Zug 2	Betrag 1	Betrag 2	Mittelwert der Stichprobe
1	1	12, 16 €	12, 16 €	12, 16 €
1	2	12, 16 €	26, 01 €	19, 085 €
1	3	12, 16 €	22, 22 €	17, 19 €
1	4	12, 16 €	20, 24 €	16, 20 €
1	5	12, 16 €	15, 79 €	13, 975 €
1	6	12, 16 €	21, 51 €	16, 835 €
1	7	12, 16 €	17, 43 €	14, 795 €
1	8	12, 16 €	22, 00 €	17, 08 €
2	1	26, 01 €	12, 16 €	19, 085 €
2	2	26, 01 €	26, 01 €	26, 01 €
2	3	26, 01 €	22, 22 €	24, 115 €
2	4	26, 01 €	20, 24 €	23, 125 €
⋮	⋮	⋮	⋮	⋮

Die Summe aller 64 möglichen Mittelwerte (letzte Spalte in der Tabelle) ergibt 1.258, 88 €. Bei einer wirklichen Stichprobe wird nur eine dieser 64 Möglichkeiten auftreten.

Wird nun der Erwartungswert der Stichprobenfunktion (siehe Formel (11.9)) (Erwartungswert einer diskreten Zufallsvariablen)) berechnet, so ergibt sich (da die Wahrscheinlichkeit für jede Zeile der obigen Tabelle $\frac{1}{64}$ beträgt):

$$E(\bar{X}) = \sum_i x_i f(x_i) = 12,16\frac{1}{64} + 19,085\frac{1}{64} + 17,19\frac{1}{64} + \ldots =$$
$$= (12,16 + 19,085 + 17,19 + \ldots)\frac{1}{64} = 1.258,88\frac{1}{64} = 19,67 = \mu.$$

Dies ist die Definition der Erwartungstreue (siehe Formel (11.44)).

Stichprobenumfang $n = 4$:

11.8. KONFIDENZINTERVALLE

Es gibt insgesamt 4.096 Möglichkeiten (Ziehen mit Zurücklegen) vier aus acht auszuwählen: acht Möglichkeiten für die erste Person, jeweils acht Möglichkeiten für die zweite, dritte und vierte Person. Also: $8^4 = 4.096$.

Die Summe aller möglichen Mittelwerte, die auftreten können, ergibt 80.568, 32 € (analog zu oben, mittels Excel berechnet). Wird jetzt der Erwartungswert der Stichprobenfunktion berechnet, so ergibt sich (da die Wahrscheinlichkeit für jede der 4.096 Möglichkeiten $\frac{1}{4.096}$ beträgt):

$$E(\bar{X}) = \sum_i x_i f(x_i) = 80.568,32 \frac{1}{4.096} = 19,67 = \mu.$$

Stichprobenumfang $n = 5$:

Es gibt insgesamt 32.768 Möglichkeiten (Ziehen mit Zurücklegen) fünf aus acht auszuwählen: acht Möglichkeiten für die erste Person, acht Möglichkeiten für die zweite, dritte, vierte und fünfte Person. Also: $8^5 = 32.768$.

Die Summe aller Mittelwerte ergibt 644.546, 56 €. Wird jetzt der Erwartungswert der Stichprobenfunktion berechnet, so ergibt sich (da die Wahrscheinlichkeit für jede der 32.768 Möglichkeiten $\frac{1}{32.768}$ beträgt):

$$E(\bar{X}) = \sum_i x_i f(x_i) = 644.546,56 \frac{1}{32.768} = 19,67 = \mu.$$

Das bedeutet, daß die Stichprobenfunktion $\bar{X}$ erwartungstreu ist, unabhängig vom Umfang der Stichprobe, da der Erwartungswert der Stichprobenfunktion immer gleich dem (unbekannten) Mittelwert der Grundgesamtheit ist.

Dabei ist es wichtig, zwischen zwei Zeiträumen zu unterscheiden: vor bzw. nach dem Stichprobenzug.

- Vor dem Stichprobenzug ist das Ergebnis eine Zufallsvariable, da noch nicht entschieden ist, in welcher "Zeile" der jeweiligen Tabelle der Ziehende "landet". Das Ergebnis ist durch den Zufall bestimmt, der Erwartungswert ist jedoch gleich dem gesuchten Mittelwert der Grundgesamtheit μ (den der Ziehende nicht kennt).

11.8.3 ERWARTUNGSTREUE

- Nach dem Stichprobenzug wurde eine Auswahl getroffen und die Lösung berechnet sich durch die Werkzeuge der beschreibenden Statistik. Der Ziehende erhält ein Ergebnis, weiß jedoch nicht, wie gut das Ergebnis ist, da μ unbekannt ist.

Um die Qualität des Stichprobenzuges einschätzen zu können, wird die Varianz bzw. Standardabweichung $\sigma_{\bar{X}}$ der Stichprobenfunktion $\bar{X}$ betrachtet. Die folgende Formel ist das Ergebnis des **zentralen Grenzwertsatzes**, der hier ohne Beweis und genaue Voraussetzungen genutzt wird. Danach ist die Varianz der Stichprobenfunktion (Ziehen mit Zurücklegen) gegeben durch:

$$\sigma_{\bar{X}} = \sqrt{V(\bar{X})} = \frac{\sigma}{\sqrt{n}} \qquad (11.46)$$

Analog ergibt sich für die Standardabweichung der Stichprobenfunktion des Mittelwerts ohne Zurücklegen eine Formel, die den Korrekturfaktor enthält:

$$\sigma_{\bar{X}} = \sqrt{V(\bar{X})} = \frac{\sigma}{\sqrt{n}} \sqrt{\frac{N-n}{N-1}} \qquad (11.47)$$

Die Ergebnisse für das obige Beispiel sind in der folgenden Übersicht zusammengefasst. Dabei ist in Abhängigkeit von n die Standardabweichung der Stichprobenfunktion ($\sigma_{\bar{X}}$) berechnet. In der letzten Spalte ist die Standardabweichung der Grundgesamtheit σ (dieser Wert ist in der Praxis im Allgemeinen unbekannt) geteilt durch die Wurzel aus n berechnet.

Es ist deutlich, daß die Standardabweichung der Stichprobe gleich $\frac{\sigma}{\sqrt{n}}$ ist (siehe Formel (11.46) (Standardabweichung der Stichprobenfunktion des Mittelwerts mit Zurücklegen)), wobei $\sigma = 4,0668$ aus den Werten der Grundgesamtheit berechnet wurde und normalerweise unbekannt ist.

	Standardabweichung der Stichprobenfunktion ($\sigma_{\bar{X}}$)	$\frac{\sigma}{\sqrt{n}} = \frac{4,0668}{\sqrt{n}}$
$n = 2$	2,8756	2,8756
$n = 4$	2,0334	2,0334
$n = 5$	1,8187	1,8187

11.8. KONFIDENZINTERVALLE

In den folgenden Abbildungen sind die Wahrscheinlichkeitsfunktionen der Stichprobenfunktion des Mittelwerts für $n = 4$ bzw. $n = 5$ abgebildet. Dabei wurden die Daten klassiert und jeweils die Klassenmitte auf der x-Achse gelistet.

Der Zentrale Grenzwertsatz sagt zusätzlich zu Formel (11.44) (Erwartungstreue der Stichprobenfunktion für den Mittelwert) und Formel (11.46) (Standardabweichung der Stichprobenfunktion des Mittelwerts mit Zurücklegen) aus, daß sich $\bar{X}$ für große Werte von n einer Normalverteilung annähert. Als Faustregel/ Bedingung für die hinreichende Annäherung der Stichprobenfunktion des Mittelwerts an die Normalverteilung wird häufig $n > 50$ genannt. Dieses Verhalten ist in den beiden Abbildungen schon deutlich zu sehen, obwohl n nur Vier bzw. Fünf beträgt.

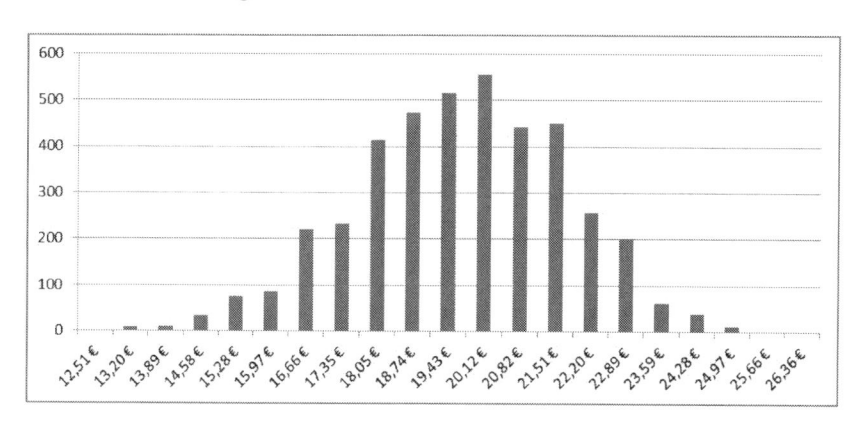

Abbildung 11.22: Stichprobenfunktion des Mittelwerts für $n = 4$

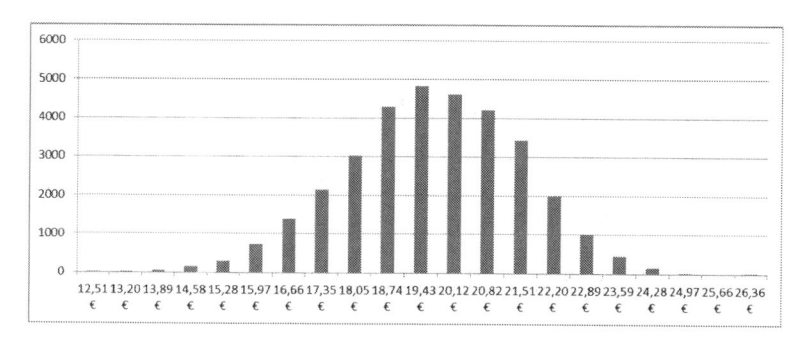

Abbildung 11.23: Stichprobenfunktion des Mittelwerts für $n = 5$

11.8.3.2 Erwartungstreue (Anteilswert): Beispiel

Angenommen in einer Urne befinden sich vier Kugeln. Drei davon sind rot und eine ist weiß. Durch zwei Stichprobenzüge ohne Zurücklegen soll der Anteil der roten Kugeln bestimmt werden. Der Anteil in der Grundgesamtheit beträgt offensichtlich $p = 0,75$ (drei von vier Kugeln sind rot), aber dies ist der Person, die die Stichproben zieht, nicht bekannt.

Wenn nach dem Ziehen nicht zurückgelegt wird, so gibt es zwölf Möglichkeiten zwei Kugeln zu ziehen: vier für den ersten Zug und drei für den zweiten.

1.Zug	2.Zug	Anteil roter Kugeln in Stichprobe
R1	R2	1,0
R1	R3	1,0
R1	W	0,5
R2	R1	1,0
R2	R3	1,0
R2	W	0,5
R3	R1	1,0
R3	R2	1,0
R3	W	0,5
W	R1	0,5
W	R2	0,5
W	R3	0,5

Dabei bedeutet z.B. "R1", daß die erste rote Kugel gezogen wird. Die Stichprobenfunktion

$$\hat{P} = \frac{\text{Anzahl roter Kugeln in der Stichprobe}}{\text{Umfang der Stichprobe } (n = 2)}$$

ist in der Spalte "Anteil roter Kugeln in der Stichprobe" aufgelistet.

Exemplarisch wird hier die letzte Zeile erklärt: im ersten Zug wurde die weiße Kugel gezogen, im zweiten die dritte rote Kugel. Also ist der Anteil der roten Kugeln in dieser Stichprobe eine von zweien: $\frac{1}{2} = 0,5 = 50\%$.

Jede der zwölf Zeilen hat die gleiche Eintrittswahrscheinlichkeit, wenn tat-

11.8. KONFIDENZINTERVALLE

sächlich eine Stichprobe gezogen wird. Die Wahrscheinlichkeit jedes einzelnen Werts in der jeweiligen Zeile beträgt also $\frac{1}{12}$. Der Erwartungswert ist nach Formel (11.9) (Erwartungswert einer diskreten Zufallsvariablen) definiert als:

$$E(\hat{P}) = \sum_i x_i f(x_i) = 1\frac{1}{12} + 1\frac{1}{12} + 0,5\frac{1}{12} + 1\frac{1}{12} + 1\frac{1}{12} +$$
$$+ 0,5\frac{1}{12} + 1\frac{1}{12} + 1\frac{1}{12} + 0,5\frac{1}{12} + 0,5\frac{1}{12} + 0,5\frac{1}{12} + 0,5\frac{1}{12} =$$
$$= 9\frac{1}{12} = \frac{3}{4} = p.$$

Also ist die Stichprobenfunktion $\hat{P}$ in diesem Beispiel erwartungstreu, da der Erwartungswert von $\hat{P}$ gleich dem (unbekannten) Anteil p in der Grundgesamtheit ist.

Analog zu den Aussagen für den Mittelwert kann die Standardabweichung der Stichprobenfunktion des Anteilswerts angegeben werden (mit Zurücklegen):

$$\sigma_{\hat{P}} = \sqrt{V(\hat{P})} = \sqrt{\frac{p(1-p)}{n}} \qquad (11.48)$$

Werden die gezogenen Kugeln nicht zurückgelegt, so ergibt sich eine ähnliche Formel, die jedoch noch den Korrekturfaktor aus Formel (11.21) (Varianz einer hypergeometrisch verteilten Zufallsvariable X, Seite 463) enthält:

$$\sigma_{\hat{P}} = \sqrt{V(\hat{P})} = \sqrt{\frac{p(1-p)}{n}} \sqrt{\frac{N-n}{N-1}} \qquad (11.49)$$

11.8.3.3 Erwartungstreue (Varianz): Beispiel

In Formel (9.14) (Definition: Varianz Stichprobe) auf Seite 298 wurde die Varianz einer Stichprobe als $s^2 = \frac{1}{n-1}\sum_{i=1}^{n}(x_i - \bar{x})^2$ definiert. Nur auf diese Art ist die Varianz erwartungstreu.

Dies wird anhand eines Beispiels illustriert:

Von vier Personen wurde das monatliche Bruttoeinkommen erfragt, dabei ergab sich:

11.8.3 ERWARTUNGSTREUE

Person	Monatseinkommen
1	1.800 €
2	2.100 €
3	2.100 €
4	4.000 €

Wieder muss zwischen der Person, die die Grundgesamtheit kennt und demjenigen, der eine Stichprobe zieht, unterschieden werden. Für die Person, die den Versuchsaufbau kennt, ist klar, daß das mittlere Einkommen in der Grundgesamtheit

$$\mu = \frac{1.800 + 2.100 + 2.100 + 4.000}{4} = \frac{10.000}{4} = 2.500[\ €]$$

beträgt. Analog ist die Varianz der Grundgesamtheit:

$$\sigma^2 = \frac{1}{4}[(1.800 - 2.500)^2 + (2.100 - 2.500)^2 +$$
$$+ (2.100 - 2.500)^2 + (4.000 - 2.500)^2] =$$
$$= 765.000[\ €^2].$$

Dies ergibt eine Standardabweichung in der Grundgesamtheit von

$$\sigma = \sqrt{765.000} = 874,6428[\ €].$$

Nun wird die Erwartungstreue an diesem Beispiel überprüft: eine zweite Person wird zwei Personen (mit Zurücklegen) befragen und in der folgenden Tabelle 11.3 werden die jeweiligen Mittelwerte bzw. Varianzen der Stichprobe zu den möglichen Kombinationen aufgelistet.

Exemplarisch werden die Werte der vorletzten Zeile berechnet: im Rahmen der Stichprobe werden die vierte (Antwort: 4.000 €) und dann die dritte Person (Antwort: 2.100 €) befragt.

Als Mittelwert dieser Stichprobe ergibt sich: $\bar{x} = \frac{4.000 + 2.100}{2} = 3.050$.

11.8. KONFIDENZINTERVALLE

1. Person	2. Person	Einkommen 1. Person	Einkommen 2. Person	Mittelwert	Varianz in [€²]
1	1	1.800 €	1.800 €	1.800 €	0
1	2	1.800 €	2.100 €	1.950 €	45.000
1	3	1.800 €	2.100 €	1.950 €	45.000
1	4	1.800 €	4.000 €	2.900 €	2.420.000
2	1	2.100 €	1.800 €	1.950 €	45.000
2	2	2.100 €	2.100 €	2.100 €	0
2	3	2.100 €	2.100 €	2.100 €	0
2	4	2.100 €	4.000 €	3.050 €	1.805.000
3	1	2.100 €	1.800 €	1.950 €	45.000
3	2	2.100 €	2.100 €	2.100 €	0
3	3	2.100 €	2.100 €	2.100 €	0
3	4	2.100 €	4.000 €	1.950 €	1.805.000
4	1	4.000 €	1.800 €	2.900 €	2.420.000
4	2	4.000 €	2.100 €	3.050 €	1.805.000
4	3	4.000 €	2.100 €	3.050 €	1.805.000
4	4	4.000 €	4.000 €	4.000 €	0

Tabelle 11.3: Erwartungstreue Varianz, Beispiel

Daraus ergibt sich eine Stichprobenvarianz von

$$s^2 = \frac{1}{n-1} \sum_{i=1}^{n} (x_i - \bar{x})^2 =$$
$$= \frac{1}{2-1} \left[(4.000 - 3.050)^2 + (2.100 - 3.050)^2 \right] = 1.805.000.$$

Jede der 16 Zeilen der obigen Tabelle hat die gleiche Eintrittswahrscheinlichkeit, also ist die Wahrscheinlichkeit, daß eine bestimmte Zeile auftritt jeweils $\frac{1}{16}$.

Nun wird der Erwartungswert der Stichprobenfunktion des Mittelwerts berechnet:

$$E(\bar{X}) = \sum_{i=1}^{16} \bar{x}_i f(\bar{x}_i) =$$
$$= 1.800 \frac{1}{16} + 1.950 \frac{1}{16} + 1.950 \frac{1}{16} + \ldots + 4.000 \frac{1}{16} =$$
$$= 40.000 \frac{1}{16} = 2.500 = \mu$$

Also ist die Stichprobenfunktion des Mittelwerts (wie schon oben gesehen) erwartungstreu. Dasselbe wird nun für die Varianz aus Formel (9.14) (Definition: Varianz Stichprobe) getestet (letzte Spalte in obiger Tabelle):

$$E(S^2) = \sum_{i=1}^{16} s_i^2 f(s_i^2) =$$
$$= 0 \frac{1}{16} + 45.000 \frac{1}{16} + 45.000 \frac{1}{16} + \ldots + 0 \frac{1}{16} =$$
$$= 12.240.000 \frac{1}{16} = 765.000 = \sigma^2$$

Da damit die Varianz aus Formel (9.14) (Definition: Varianz Stichprobe) erwartungstreu ist, ist unmittelbar klar, daß dies für eine Stichprobenvarianz, die anstelle von $n-1$ im Nenner ein n nutzt, nicht der Fall wäre.

11.8.4 Konfidenzintervalle für Mittelwerte

Falls die Stichprobenfunktion des Mittelwerts $\bar{X}$ (näherungsweise) normalverteilt mit Erwartungswert μ und Standardabweichung der Stichprobenfunktion $\sigma_{\bar{X}}$ ist, so kann durch die z-Transformation (Formel (11.24) (z-Transformation, Normalverteilung)) zu einer standardnormalverteilten Zufallsvariable übergegangen werden:

$\frac{\bar{X}-\mu}{\sigma_{\bar{X}}}$ ist also standardnormalverteilt. Die Wahrscheinlichkeit, daß ein Wert im Intervall $[-z_C, z_C]$ angenommen wird, beträgt dann

$$P\left(-z_C \leq \frac{\bar{X}-\mu}{\sigma_{\bar{X}}} \leq z_C\right) = 1 - \alpha.$$

11.8. KONFIDENZINTERVALLE

Dabei ist z_C der "kritische z-Wert" ("critical value") und $1 - \alpha$ ist der sogenannte **Sicherheitsgrad** oder die **Konfidenzzahl**. Diese Gleichung kann nun umgeformt werden zu

$$P\left(\mu - z_C \sigma_{\bar{X}} \leq \bar{X} \leq \mu + z_C \sigma_{\bar{X}}\right) = 1 - \alpha.$$

In der folgenden Abbildung ist das unbekannte μ als Erwartungswert der normalverteilten Stichprobenfunktion $\bar{X}$ zu sehen. Die obere horizontale Achse zeigt die Daten ohne z-Transformation ($\bar{x}$-Werte) und die untere die standardisierten z-Werte (nach z-Transformation). Es kann auch eine Umformung nach

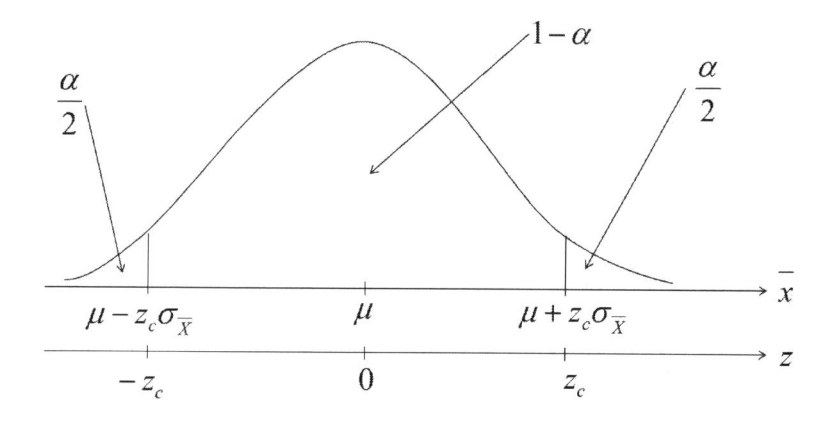

Abbildung 11.24: Konfidenzintervall

μ vorgenommen werden, die dann zum **Konfidenzintervall** führt:

$$P\left(\bar{X} - z_C \sigma_{\bar{X}} \leq \mu \leq \bar{X} + z_C \sigma_{\bar{X}}\right) = 1 - \alpha.$$

Damit sind die untere bzw. obere Grenze des Konfidenzintervalls, in dem mit einer Wahrscheinlichkeit von $1 - \alpha$ der unbekannte Mittelwert der Grundgesamtheit μ zu finden ist, gegeben durch:

$$g_- = \bar{x} - z_C \sigma_{\bar{X}} \quad \text{und} \quad g_+ = \bar{x} + z_C \sigma_{\bar{X}} \qquad (11.50)$$

In der Praxis wird ein Sicherheitsgrad (z.B. $1 - \alpha = 95\%$) vorgegeben, aus

11.8.4 KONFIDENZINTERVALLE FÜR MITTELWERTE

dem sich dann der kritische z-Wert z_C berechnen/ ablesen lässt (siehe folgende Beispiele). In den Formeln taucht $\sigma_{\bar{X}}$ auf (siehe Formel (11.46) (Standardabweichung der Stichprobenfunktion des Mittelwerts mit Zurücklegen) bzw. Formel (11.47) (Standardabweichung der Stichprobenfunktion des Mittelwerts ohne Zurücklegen)).

Dieser Wert enthält (sowohl mit als auch ohne Zurücklegen) jeweils σ, die (üblicherweise) unbekannte Standardabweichung der Grundgesamtheit.

Um dieses Problem zu lösen, gibt es in Abhängigkeit vom Umfang der Stichprobe verschiedene Ansätze:

- Falls $n > 50$, so kann σ durch die Stichprobenstandardabweichung s ersetzt werden.

- Falls $n > 30$ und zusätzlich die Grundgesamtheit normalverteilt ist, so kann σ durch die Stichprobenstandardabweichung s ersetzt werden.

- Falls $n \leq 30$ und zusätzlich die Grundgesamtheit normalverteilt ist, so kann σ durch die Stichprobenstandardabweichung s ersetzt werden, jedoch muss anstelle des kritischen z-Werts z_C aus der Standardnormalverteilung in Formel (11.50) (Grenzen des Konfidenzintervalls für den Mittelwert) der kritische t-Wert aus der t-Verteilung (siehe Kapitel 11.6.6) genutzt werden.

Dieses Vorgehen wird in den nächsten Beispielen verdeutlicht.

11.8.4.1 Konfidenzintervall für den Mittelwert, $n > 50$: Beispiel 1

In einer Gemeinde leben 10.000 Erwachsene. Bei einer Zufallsstichprobe/ Umfrage (ohne Zurücklegen) wurden 60 Erwachsene nach der Höhe ihres Vermögens befragt. Aus den 60 Antworten ergab sich ein arithmetisches Mittel (siehe Formel (9.3) (Arithmetisches Mittel einer Stichprobe), Seite 274) von 11.000 €.

Innerhalb der Stichprobe errechnete sich eine Standardabweichung (siehe Formel (9.14) (Definition: Varianz Stichprobe), Seite 298) von 550 €.

Wie lautet das Konfidenzintervall für das durchschnittliche Vermögen zu einer Sicherheit von 95%?

11.8. KONFIDENZINTERVALLE

Lösung:

Als erstes werden die gegebenen Werte in Variablen übersetzt: $N = 10.000$, $n = 60, \bar{x} = 11.000$ € und $s = 550$ €.

Da der Stichprobenumfang $n > 50$ ist, kann näherungsweise davon ausgegangen werden, daß die Stichprobenfunktion $\bar{X}$ normalverteilt ist.

Aus Formel (11.47) (Standardabweichung der Stichprobenfunktion des Mittelwerts ohne Zurücklegen) ergibt sich: $\sigma_{\bar{X}} = \sqrt{V(\bar{X})} = \frac{\sigma}{\sqrt{n}}\sqrt{\frac{N-n}{N-1}}$.

Da die Standardabweichung der Grundgesamtheit (σ) unbekannt ist, wird anstelle dessen die Stichprobenstandardabweichung s genutzt. Dies ist erlaubt, da $n > 50$. Damit ergibt sich:

$$\sigma_{\bar{X}} = \sqrt{V(\bar{X})} = \frac{\sigma}{\sqrt{n}}\sqrt{\frac{N-n}{N-1}} \approx \frac{s}{\sqrt{n}}\sqrt{\frac{N-n}{N-1}} =$$
$$= \frac{550}{\sqrt{60}}\sqrt{\frac{10.000 - 60}{10.000 - 1}} = 71,0047 \cdot 0,997 = 70,7949.$$

Als letztes muss der kritische z-Wert bestimmt werden. Da 95% Konfidenz vorgegeben sind, muss der z-Wert gefunden werden, so daß 95% aller Werte der Standardnormalverteilung zwischen $-z_C$ und z_C eingefangen werden. Dies kann in Kapitel 13.1.2 abgelesen werden, es ergibt sich $z_C = 1,96$ (dann ist $D_{SN}(1,96) = 0,95$).

Also lauten die Grenzen des Konfidenzintervalls (siehe Formel (11.50) (Grenzen des Konfidenzintervalls für den Mittelwert)):

$$g_- = \bar{x} - z_C \sigma_{\bar{X}} = 11.000 - 1,96 \cdot 70,7949 = 10.861,24[\text{€}]$$
$$g_+ = \bar{x} + z_C \sigma_{\bar{X}} = 11.000 + 1,96 \cdot 70,7949 = 11.138,76[\text{€}].$$

Also gilt: $P(10.861,24 \leq \mu \leq 11.138,76) = 95\%$. Die Wahrscheinlichkeit, daß sich der unbekannte Mittelwert μ des Vermögens der Grundgesamtheit zwischen $10.861,24$ € und $11.138,76$ € befindet, beträgt 95%.

Da $\frac{n}{N} = \frac{60}{10.000} = 0,006 < 0,05$, könnte der Korrekturfaktor vernachlässigt werden. Dies wäre insbesondere interessant, wenn der Umfang der Grundgesamtheit nicht gegeben wäre bzw. bei Aufgaben der Form "In einer Gemeinde

11.8.4 KONFIDENZINTERVALLE FÜR MITTELWERTE

leben mehr als 10.000 Erwachsene ...", da dann kein Rechenwert für N vorhanden wäre.

Falls der Korrekturfaktor vernachlässigt wird (nach Faustregel erlaubt), so ergibt sich:

$$\sigma_{\bar{X}} = \sqrt{V(\bar{X})} = \frac{\sigma}{\sqrt{n}}\sqrt{\frac{N-n}{N-1}} \approx \frac{s}{\sqrt{n}} = \frac{550}{\sqrt{60}} = 71,0047.$$

Und damit für die Grenzen des Vertrauensbereichs

$$g_- = \bar{x} - z_C \sigma_{\bar{X}} = 11.000 - 1,96 \cdot 71,0047 = 10.860,83[\text{€}]$$
$$g_+ = \bar{x} + z_C \sigma_{\bar{X}} = 11.000 + 1,96 \cdot 71,0047 = 11.139,17[\text{€}]$$

Das Konfidenzintervall wird also etwas größer, das Ergebnis ist damit etwas "unschärfer". Daran ist zu sehen, daß (weil der Korrekturfaktor immer kleiner Eins ist) das Ergebnis mit Korrekturfaktor zu einem kleineren Konfidenzintervall führt als ohne die Benutzung des Korrekturfaktors.

11.8.4.2 Konfidenzintervall für den Mittelwert, $n > 50$, Halbierung des Konfidenzintervalls: Beispiel 1b

Sollte der Auftraggeber der Umfrage mit dem Ergebnis aus dem vorigen Kapitel nicht zufrieden sein, weil das Konfidenzintervall zu groß ist, so gibt es zwei Möglichkeiten es zu verkleinern.

Wie kann die Breite des Konfidenzintervalls halbiert werden?

Lösung:

Bei näherer Betrachtung der Gleichungen

$$g_- = \bar{x} - z_C \sigma_{\bar{X}} = 11.000 - 1,96 \cdot 70,7949 = 10.861,24[\text{€}]$$
$$g_+ = \bar{x} + z_C \sigma_{\bar{X}} = 11.000 + 1,96 \cdot 70,7949 = 11.138,76[\text{€}]$$

ist zu erkennen, daß (um die Breite des Intervalls zu verändern) zwei "Stellschrauben" zur Verfügung stehen:

- Der kritische z-Wert z_C kann halbiert werden. D.h. es wird mit

11.8. KONFIDENZINTERVALLE

$z_C = 0,98$ gerechnet. Nach Kapitel 13.1.2 entspricht dieser Wert einer Wahrscheinlichkeit von $67,29\%$. Also wäre die Aussage:

$$P(11.000 - 0,98 \cdot 70,7949 \leq \mu \leq 11.000 + 0,98 \cdot 70,7949) = 67,29\%$$

$$\Leftrightarrow P(10.930,62 \leq \mu \leq 11.069,38) = 67,29\%.$$

Das Intervall ist halb so groß, aber die Konfidenzzahl ist deutlich niedriger.

- Die zweite Möglichkeit das Intervall zu verkleinern besteht in einer Halbierung von $\sigma_{\bar{X}} = \sqrt{V(\bar{X})} = \frac{\sigma}{\sqrt{n}} \sqrt{\frac{N-n}{N-1}}$.

Bei Vernachlässigung des Korrekturfaktors ergibt sich eine Vervierfachung des Stichprobenumfangs n, um eine Halbierung von $\sigma_{\bar{X}}$ zu erreichen: anstelle von 60 Personen, müssten also 240 befragt werden.

In diesem Fall ergibt sich (im Allgemeinen) ein anderer Stichprobenmittelwert $\bar{x}$ und eine andere Stichprobenstandardabweichung s.

11.8.4.3 Konfidenzintervall für den Mittelwert, $n > 30$ und Grundgesamtheit normalverteilt: Beispiel 2

Falls der Stichprobenumfang größer als 30 ist und bekannt ist, daß die Grundgesamtheit normalverteilt ist, so kann das fehlende σ durch die Stichprobenstandardabweichung s ersetzt werden.

Beispiel:

Whisky wird häufig in Hogshead Fässern gelagert, diese haben ein Fassungsvermögen von 250 Litern.

In einer Destille wird bei der Abfüllung versucht 240 Liter in die Fässer für die zehnjährige Reifung einzufüllen. Bei einer Messung von 36 Fässern wurde festgestellt, daß das arithmetische Mittel 239 Liter betrug. In der Stichprobe betrug die Standardabweichung 2 Liter.

Zusätzlich ist die Information des Herstellers der Abfüllanlage verfügbar, daß die abgefüllten Mengen normalverteilt sind. Die Destille füllt mehr als

11.8.4 KONFIDENZINTERVALLE FÜR MITTELWERTE

1.000 Fässer pro Jahr ab.

Wie groß ist das 99%-ige Konfidenzintervall für die abgefüllte Menge?

Lösung:

Die gegebenen Daten werden in die entsprechenden Parameter transformiert: $n = 36$, $\bar{x} = 239$ (Liter), $s = 2$ (Liter).

Da der Umfang der Stichprobe zwar kleiner als 50, aber größer als 30 ist, darf das fehlende σ durch das gegebene s ersetzt werden, da die Zusatzinformation "normalverteilte Grundgesamtheit" vorhanden ist.

Nach Formel (11.50) (Grenzen des Konfidenzintervalls für den Mittelwert) gilt:

$$g_- = \bar{x} - z_C \sigma_{\bar{x}} \quad \text{und} \quad g_+ = \bar{x} + z_C \sigma_{\bar{x}},$$

wobei $\sigma_{\bar{x}} = \sqrt{V(\bar{X})} = \frac{\sigma}{\sqrt{n}} \sqrt{\frac{N-n}{N-1}}$.

Der Korrekturfaktor kann vernachlässigt werden, da

$$\frac{n}{N} < \frac{36}{1.000} = 0,036 < 0,05$$

erfüllt ist. Also ist

$$\sigma_{\bar{x}} = \sqrt{V(\bar{X})} = \frac{\sigma}{\sqrt{n}} \sqrt{\frac{N-n}{N-1}} \approx \frac{s}{\sqrt{n}} = \frac{2}{\sqrt{36}} = \frac{2}{6} = 0,3333.$$

Bei 99%-iger Sicherheit ist also $D_{SN}(z_C) = 0,99$ gesucht. Ablesen in Kapitel 13.1.2 liefert: $z_C = 2,58$.

Damit sind die Grenzen des Konfidenzintervalls gegeben durch

$$g_- = \bar{x} - z_C \sigma_{\bar{x}} = 239 - 2,58 \cdot 0,3333 = 238,1401$$
$$g_+ = \bar{x} + z_C \sigma_{\bar{x}} = 239 + 2,58 \cdot 0,3333 = 239,8599$$

Also gilt für die unbekannte, durchschnittliche Füllmenge μ:

$$P(238,1401 \leq \mu \leq 239,8599) = 99\%.$$

Sie liegt also mit 99%-iger Wahrscheinlichkeit zwischen 238,1401 Liter und

11.8. KONFIDENZINTERVALLE

239, 8599 Liter.

11.8.4.4 Konfidenzintervall für den Mittelwert, $n \leq 30$ und Grundgesamtheit normalverteilt: Beispiel 3

Falls der Umfang der Stichprobe zu klein ist, so kann σ nicht einfach durch die Stichprobenstandardabweichung s ersetzt werden.
Die Grenze, die häufig als Faustregel angegeben wird, liegt bei $n = 30$.

Eine andere Destille steht vor dem gleichen Problem, wie im letzten Unterkapitel. Es soll die durchschnittliche Füllmenge bestimmt werden, jedoch ist der Umfang der Stichprobe nur $n = 9$ bei einer Fassgröße von 260 Litern. Wieder ist die Grundgesamtheit sehr groß ($N > 1.000$), so daß der Korrekturfaktor vernachlässigt werden kann. Es ist bekannt, daß die Grundgesamtheit normalverteilt ist.

Beim Bilden des arithmetischen Mittels der Füllmengen aus den zufällig ausgewählten $n = 9$ Fässern ergibt sich $\bar{x} = 248$ (Liter) und $s = 5$ (Liter).
Wie lautet das Konfidenzintervall zu einer Sicherheit von 99%?

Lösung:

Da der Umfang der Stichprobe kleiner als 31 ist und die Grundgesamtheit normalverteilt ist, darf σ durch s ersetzt werden. Jedoch ist in diesem Falle anstelle der Normalverteilung die t-Verteilung zur Berechnung des kritischen z-Wertes (bzw. in diesem Falle: t-Wert) zu wählen. Dieser ist größer als der kritische z-Wert, so daß eine "Strafe" für das Ersetzen durch die Stichprobenstandardabweichung in Form eines vergrößerten Konfidenzintervalls "zu zahlen" ist.

Nach Formel (11.50) (Grenzen des Konfidenzintervalls für den Mittelwert) gilt

$$g_- = \bar{x} - t_C \sigma_{\bar{X}} \quad \text{und} \quad g_+ = \bar{x} + t_C \sigma_{\bar{X}},$$

wobei $\sigma_{\bar{X}} = \sqrt{V(\bar{X})} = \frac{\sigma}{\sqrt{n}} \sqrt{\frac{N-n}{N-1}}$.

11.8.5 KONFIDENZINTERVALLE FÜR ANTEILSWERTE

Der Korrekturfaktor kann vernachlässigt werden, da

$$\frac{n}{N} < \frac{9}{1.000} = 0,009 < 0,05$$

erfüllt ist. Also ist

$$\sigma_{\bar{X}} = \sqrt{V(\bar{X})} = \frac{\sigma}{\sqrt{n}}\sqrt{\frac{N-n}{N-1}} \approx \frac{s}{\sqrt{n}} = \frac{5}{\sqrt{9}} = \frac{5}{3} = 1,6667.$$

Bei 99%-iger Sicherheit ist $D_{t-Vert}^{n-1}(t) = 0,99$ für $n = 9$ (also für acht Freiheitsgrade) gesucht (t-Verteilung!). Ablesen in Kapitel 13.2.2 liefert: $t_C = 3,3554$. Verglichen mit $z_C = 2,58$ im letzten Unterkapitel ergibt dies eine deutliche Verbreiterung des Konfidenzintervalls. Damit sind die Grenzen des Konfidenzintervalls gegeben durch

$$g_- = \bar{x} - t_C \sigma_{\bar{X}} = 248 - 3,3554 \cdot 1,6667 = 242,4076$$
$$g_+ = \bar{x} + t_C \sigma_{\bar{X}} = 248 + 3,3554 \cdot 1,6667 = 253,5924.$$

Also gilt für die unbekannte Füllmenge in der Grundgesamtheit μ:

$$P(242,4076 \leq \mu \leq 253,5924) = 99\%.$$

11.8.5 Konfidenzintervalle für Anteilswerte

Falls die Stichprobenfunktion $\hat{P}$ näherungsweise normalverteilt ist (Faustregel: falls $np(1-p) > 9$ erfüllt ist), so können die Grenzen des Konfidenzintervalls für den Anteilswert analog zu Kapitel 11.8.4 durch folgende Formel berechnet werden:

$$g_- = \hat{p} - z_C \sigma_{\hat{P}} \quad \text{und} \quad g_+ = \hat{p} + z_C \sigma_{\hat{P}} \qquad (11.51)$$

Dann gilt wieder, daß sich der unbekannte Anteilswert in der Grundgesamtheit p mit einer Wahrscheinlichkeit von $1 - \alpha$ innerhalb der Grenzen des Konfidenzintervalls befindet:

$$P(\hat{P} - z_C \sigma_{\hat{P}} \leq p \leq \hat{P} + z_C \sigma_{\hat{P}}) = 1 - \alpha.$$

11.8. KONFIDENZINTERVALLE

Dabei wird eine diskrete Zufallsvariable durch eine stetige Zufallsvariable (Normalverteilung) approximiert. Das Ergebnis kann wieder durch eine Stetigkeitskorrektur verbessert werden:

$$g_- = \hat{p} - \frac{1}{2n} - z_C \sigma_{\hat{p}} \quad \text{und} \quad g_+ = \hat{p} + \frac{1}{2n} + z_C \sigma_{\hat{p}} \quad (11.52)$$

Die beiden Formeln für die Standardabweichung des Anteilswerts $\sigma_{\hat{p}}$ enthalten beide (siehe Formel (11.48) (Standardabweichung der Stichprobenfunktion des Anteilswerts mit Zurücklegen) und Formel (11.49) (Standardabweichung der Stichprobenfunktion des Anteilswerts ohne Zurücklegen)) den (gesuchten und unbekannten) Anteilswert p.

Für dieses Problem gibt es zwei Lösungen:

- Anstelle von $p(1-p)$ wird mit $0,25$ gerechnet, da $0,25$ das Maximum von $p(1-p)$ ist, wenn p zwischen Null und Eins liegt. Also wird das Konfidenzintervall durch die Wahl von $0,25$ vergrößert.

- Anstelle von $p(1-p)$ wird mit $\hat{p}(1-\hat{p})$ gerechnet, wobei $\hat{p}$ der gemessene Anteilswert in der Stichprobe ist.

11.8.5.1 Konfidenzintervall für den Anteilswert: Beispiel

An einer Statistik-Klausur nahmen 100 Studierende teil. Es werden zufällig (ohne Zurücklegen) 40 Klausuren ausgewählt. Von diesen 40 haben 16 nicht bestanden. In welchem Bereich liegt mit 99%-iger Sicherheit der unbekannte Anteil p derer, die in der Grundgesamtheit die Klausur nicht bestanden haben?

Lösung:

Als erstes werden die Werte aus der Aufgabenstellung in Variablen "übersetzt": $N = 100, n = 40, \hat{p} = \frac{16}{40} = 0,4 = 40\%$ (Durchfallquote: "16 von 40").

Die Stichprobenfunktion des Anteilswerts $\hat{P}$ ist näherungsweise normalverteilt, da die Faustregel (siehe Abbildung 11.13 (Übersicht Approximationsbe-

11.8.5 KONFIDENZINTERVALLE FÜR ANTEILSWERTE

dingungen), Seite 486) erfüllt ist:

$$np(1-p) \approx \hat{p}(1-\hat{p}) = 40 \cdot 0,4 \cdot (1-0,4) = 9,6 > 9,$$

wobei das unbekannte p durch $\hat{p}$ ersetzt wurde.

Der Wert zu 99%-iger Konfidenz entspricht einem Wert von $z_C = 2,58$ (siehe Kapitel 13.1.2), da $D_{SN}(z_C = 2,58) = 0,99$.

Als erstes wird gemäß Formel (11.49) (Standardabweichung der Stichprobenfunktion des Anteilswerts ohne Zurücklegen) $\sigma_{\hat{P}}$ berechnet:

$$\sigma_{\hat{P}} = \sqrt{V(\hat{P})} = \sqrt{\frac{p(1-p)}{n}} \sqrt{\frac{N-n}{N-1}}.$$

Dabei ist p der Anteil der Durchgefallenen in der Grundgesamtheit und unbekannt. Wie oben erwähnt, kann auf zwei Arten weitergerechnet werden:

- Es darf p durch $\hat{p}$ ersetzt werden.

  Dann ergibt sich

  $$\sigma_{\hat{P}} = \sqrt{V(\hat{P})} \approx \sqrt{\frac{\hat{p}(1-\hat{p})}{n}} \sqrt{\frac{N-n}{N-1}} =$$
  $$= \sqrt{\frac{0,4(1-0,4)}{40}} \sqrt{\frac{100-40}{100-1}} = 6,0302\%.$$

  Nun kann Formel (11.51) (Grenzen des Konfidenzintervalls für den Anteilswert) genutzt werden:

  $$g_- = \hat{p} - z_C \sigma_{\hat{P}} = 0,4 - 2,58 \cdot 0,060302 =$$
  $$= 0,244421 = 24,4421\%$$

  bzw.

  $$g_+ = \hat{p} + z_C \sigma_{\hat{P}} = 0,4 + 2,58 \cdot 0,060302 =$$
  $$= 0,555579 = 55,5579\%.$$

11.8. KONFIDENZINTERVALLE

Also ergibt sich die Aussage:

$$P(24,4421\% \leq p \leq 55,5579\%) = 99\%.$$

Die Wahrscheinlichkeit, daß die Durchfallquote in der Grundgesamtheit zwischen 24,4421% und 55,5579% liegt, beträgt 99%.

- Die zweite Berechnungsweise beruht darauf, daß immer $p(1-p) \leq 0,25$ gilt. Also kann das Intervall vergrößert werden, indem mit 0,25 gerechnet wird. Dann ergibt sich

$$\sigma_{\hat{P}} = \sqrt{V(\hat{P})} = \sqrt{\frac{p(1-p)}{n}}\sqrt{\frac{N-n}{N-1}} \leq$$
$$\leq \sqrt{\frac{0,25}{40}}\sqrt{\frac{100-40}{100-1}} = 6,1546\%.$$

Nun kann Formel (11.51) (Grenzen des Konfidenzintervalls für den Anteilswert) genutzt werden:

$$g_- = \hat{p} - z_C \sigma_{\hat{P}} = 0,4 - 2,58 \cdot 0,061546 =$$
$$= 0,241211 = 24,1211\%$$

bzw.

$$g_+ = \hat{p} + z_C \sigma_{\hat{P}} = 0,4 + 2,58 \cdot 0,061546 =$$
$$= 0,558789 = 55,8789\%.$$

Damit ergibt sich eine "etwas unschärfere Aussage":

$$P(24,1211\% \leq p \leq 55,8789\%) = 99\%.$$

11.8.6 Value at Risk

Der **Value at Risk** ist ein geläufiges Risikomaß, das den Wert des Verlusts eines Depots, Fonds, Portfolios etc. darstellt, der mit einer gegebenen Wahrscheinlichkeit in einem gegebenen Zeitintervall nicht überschritten wird.

11.8.6 VALUE AT RISK

Der Value at Risk stellt nicht (!) den maximalen Verlust dar, der auftreten kann.

Angenommen für eine Aktie oder ein Portfolio war in der Vergangenheit die monatliche Renditeverteilung durch die untenstehende Häufigkeitsverteilung gegeben. Die Daten sind in Klassen der Breite 2% eingeteilt. Beispielsweise traten in 30% aller Fälle Renditen zwischen 0% und 2% innerhalb eines Monats auf.

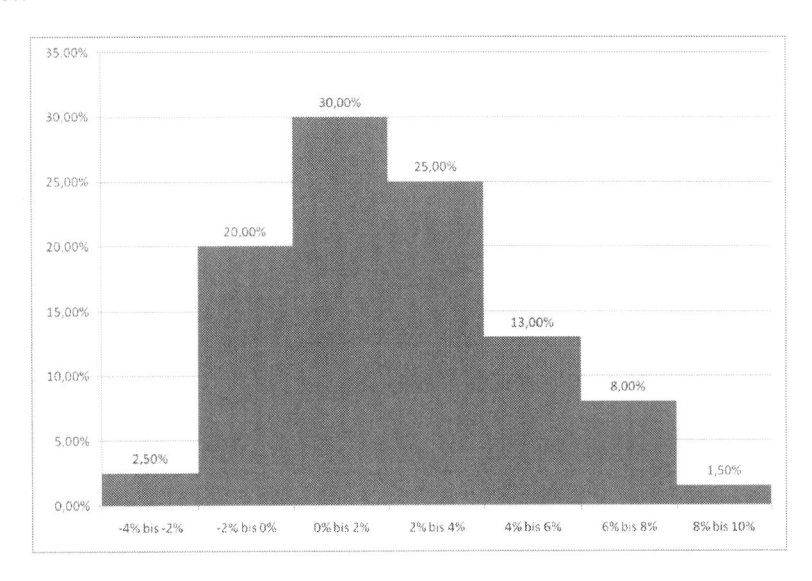

Abbildung 11.25: Konfidenzintervall, Value at Risk

Welcher Wert des Verlusts wird mit einer Wahrscheinlichkeit von $97,5\%$ innerhalb eines Monats nicht überschritten?

Lösung:

Beim Value at Risk muss in diesem Falle der x-Wert (die Rendite) abgelesen werden, bei dem die Summenhäufigkeitsfunktion den Wert $100\% - 97,5\% = 2,5\%$ erreicht. Dies ist im obigen Beispiel bei $x = -2\%$ gegeben. Basierend auf den Vergangenheitsdaten der Renditeverteilung sollte das Portfolio also innerhalb eines Monats mit einer Wahrscheinlichkeit von $97,5\%$ nicht mehr als 2% des Wertes verlieren.

11.9. TESTEN VON HYPOTHESEN

In vielen Anwendungen und Modellen wird angenommen, daß Renditen normalverteilt sind, was in der Realität nur selten der Fall ist (siehe auch Kapitel 12.2). Sollten die Renditen normalverteilt sein, so kann der Value at Risk zu $97,5\%$ einfach aus der z-Transformation (siehe Formel (11.24) (z-Transformation, Normalverteilung)) abgelesen werden:

wenn μ_P die durchschnittliche Rendite des Portfolios und σ_P die Standardabweichung/ Volatilität ist, so ist der Value at Risk (zu $97,5\%$) gegeben durch $\mu_P - 1,96 \cdot \sigma_P$, da $F_{SN}(-1,96) = 0,025$. Es handelt sich sozusagen um ein einseitiges Konfidenzintervall (siehe Tabelle in Kapitel 13.1).

Das Thema Value at Risk wird noch in Kapitel 12.8 vertieft.

11.9 Testen von Hypothesen

11.9.1 Einführung

Bei Hypothesentests wird einer **Ausgangshypothese** (**Nullhypothese**) eine **Alternativhypothese** gegenüber gestellt. Die Alternativhypothese besteht im Allgemeinen aus der Verneinung der Nullhypothese.

Um den Wahrheitsgehalt einer aufgestellten Hypothese zu überprüfen, wird ein Verfahren verwandt, das ähnlich zu einem Gerichtsverfahren verläuft: es werden Beweise für die Schuld des Angeklagten gesammelt und nur, falls genügend Beweise gefunden wurden, wird der Angeklagte schuldig gesprochen.

Bei Hypothesentests wird im Allgemeinen eine Stichprobe gezogen und überprüft, ob die Stichprobe "weit von der Behauptung der Nullhypothese entfernt ist" (in diesem Falle wird die Nullhypothese abgelehnt) oder ob die Stichprobe "nah an der Aussage der Nullhypothese liegt", dann wird die Nullhypothese nicht abgelehnt.

Da eine Hypothese entweder wahr oder falsch sein kann, gibt es in Abhängigkeit von der Abweichung der Stichprobe von der Annahme der Nullhypothese vier Fälle, die auftreten können. Diese sind in der folgenden Tabelle aufgelistet.

11.9.2 HYPOTHESENTEST FÜR MITTELWERTE

	Nullhypothese ist wahr	Nullhypothese ist falsch
Kleine Abweichung des Stichprobenbefunds von der Nullhypothese	Nichthypothese wird nicht abgelehnt	Fehler zweiten Typs
Große Abweichung des Stichprobenbefunds von der Nullhypothese	Fehler ersten Typs	Nullhypothese wird abgelehnt

Der Fehler ersten Typs wird auch **Alpha-Fehler** genannt, der Fehler zweiten Typs dementsprechend **Beta-Fehler**.

Der kontrollierbare Fehler in der Praxis ist der Fehler ersten Typs. Selbst wenn die Nullhypothese wahr ist, können größere Abweichungen des Stichprobenbefunds von der Aussage der Nullhypothese auftreten. Diese großen Abweichungen mögen unwahrscheinlich sein, aber sie sind nicht unmöglich.

Um eine Hypothese zu testen, muss das akzeptierbare **Signifikanzniveau** (auch **Irrtumswahrscheinlichkeit** genannt) festgelegt werden. Häufige Werte sind 1% und 5%.

Im ersten Fall bedeutet dies: wenn die Nullhypothese stimmt, sind trotzdem 1% der möglichen Werte "weit entfernt". Sollte die Messung ein Ergebnis in diesem 1% Bereich ergeben, so kann es zwar sein, daß die Nullhypothese stimmt, jedoch wird sie in diesem Falle abgelehnt, da die Wahrscheinlichkeit dafür einen Irrtum zu begehen, nur bei 1% liegt.

11.9.2 Hypothesentest für Mittelwerte

Im Allgemeinen lautet die Nullhypothese beim Test für Mittelwerte $H_0 : \mu = \mu_0$ und die zugehörige Alternativhypothese $H_1 : \mu \neq \mu_0$. Diese Art von Test wird auch "zweiseitiger Test" genannt, da sowohl eine zu große Abweichung nach oben als auch eine zu große Abweichung nach unten als Grund für die Ablehnung der Nullhypothese gesehen wird.

11.9. TESTEN VON HYPOTHESEN

11.9.2.1 Zweiseitiger Hypothesentest für Mittelwerte: Beispiel 1

In einer Großstadt gibt es mehr als 100.000 Arbeitnehmer. Im Rahmen einer Befragung werden 150 Arbeitnehmer nach ihrem jährlichen Bruttogehalt befragt. Dabei ergibt sich ein Wert von 29.850 €.

Es soll die Hypothese "Das durchschnittliche Jahresbruttogehalt in der Großstadt beträgt 30.000 €" auf einem Signifikanzniveau von 5% getestet werden. Innerhalb der Stichprobe betrug die Standardabweichung 750 €.

Lösung:

Die gegebenen Werte werden in die zugehörigen Parameter übersetzt: $n = 150$, $N > 100.000$, $s = 750[$€$]$, $\bar{x} = 29.850[$€$]$.

Die Nullhypothese lautet: $H_0 : \mu_0 = 30.000[$€$]$. Die zugehörige Alternativhypothese: $H_1 : \mu_0 \neq 30.000[$€$]$.

Da der Umfang der Stichprobe n deutlich über 50 liegt, kann davon ausgegangen werden, daß die Stichprobenfunktion $\bar{X}$ näherungsweise normalverteilt ist. Zusätzlich darf aufgrund der Faustregel σ durch s ersetzt werden (siehe Kapitel 11.8.4). Der Korrekturfaktor kann vernachlässigt werden, da

$$\frac{n}{N} < \frac{150}{100.000} = 0,00150 \leq 0,05$$

erfüllt ist.

Es wird eine Transformation zur Standardnormalverteilung vorgenommen, um den gemessenen Wert bewerten zu können. Die Berechnung des z-Wertes, der dem gemessenen Wert (29.850 €) entspricht, ergibt nach Transformation (siehe Formel (11.24) (z-Transformation, Normalverteilung)):

$$z = \frac{\bar{x} - \mu_0}{\sigma_{\bar{X}}} \approx \frac{\bar{x} - \mu_0}{\frac{s}{\sqrt{n}}} = \frac{29.850 - 30.000}{\frac{750}{\sqrt{150}}} = -2,4495.$$

Der kritische z-Wert ergibt sich durch Ablesen aus der Tabelle in Kapitel 13.1.2: $z_C = 1,96$. Das bedeutet, daß bei normalverteilten Daten 95% aller Werte der Stichprobenfunktion (nach z-Transformation) zwischen $-1,96$ und $+1,96$ liegen: $D_{SN}(z_C = 1,96) = 0,95$ (siehe Abbildung 11.26). Der gegebene Mess-

11.9.2 HYPOTHESENTEST FÜR MITTELWERTE

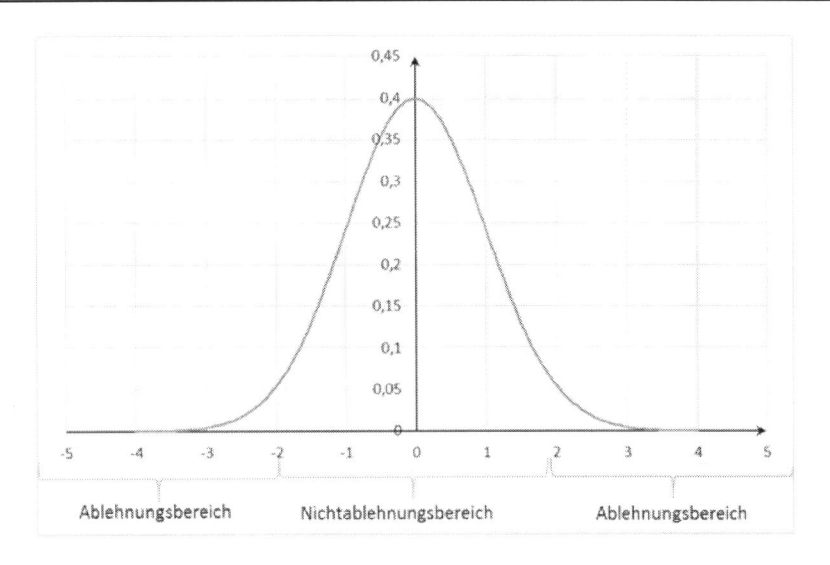

Abbildung 11.26: Zweiseitiger Ablehnungsbereich

wert (29.850 €) liegt transformiert jedoch bei $-2,4495$. Dieses Messergebnis ist zwar möglich, aber mit den gegebenen Daten sehr unwahrscheinlich. Also wird die Nullhypothese abgelehnt, da der gemessene Wert außerdem des akzeptablen Bereichs liegt: das durchschnittliche Jahresbruttogehalt beträgt nicht 30.000 €.

11.9.2.2 Einseitiger Hypothesentest für Mittelwerte: Beispiel 2

Unter Umständen ist die Alternativhypothese nicht die Verneinung der Nullhypothese, sondern eine vorgegebene Aussage.

Angenommen, in der obigen Großstadt wird zu einem anderen Zeitpunkt eine erneute Untersuchung der Durchschnittseinkommen vorgenommen.

Es werden wieder $n = 150$ Arbeitnehmer befragt, die Gesamtzahl der Arbeitnehmer beträgt immer noch mehr als 100.000. Der Mittelwert der Stichprobe ergab sich als 30.250 € und die Standardabweichung innerhalb der Stichprobe als 800 €.

Die Nullhypothese sei wieder, daß das durchschnittliche Jahresbruttoeinkommen 30.000 € beträgt. Die Alternativhypothese soll in diesem Fall lauten,

11.9. TESTEN VON HYPOTHESEN

daß das Durchschnittseinkommen 31.000 € beträgt.

Die Nullhypothese soll bei einem Signifikanzniveau von 5% getestet werden.

Lösung:

Die gegebenen Werte werden in die zugehörigen Parameter übersetzt:
$n = 150, N > 100.000, s = 800[$ €$], \bar{x} = 30.250[$ €$]$.

Die Nullhypothese lautet $H_0 : \mu_0 = 30.000[$ €$]$. Die vorgegebene Alternativhypothese $H_1 : \mu_1 = 31.000[$ €$]$.

Da der Umfang der Stichprobe deutlich über 50 liegt, kann davon ausgegangen werden, daß die Stichprobenfunktion $\bar{X}$ näherungsweise normalverteilt ist. Zusätzlich darf aufgrund der Faustregel σ durch s ersetzt werden (siehe Kapitel 11.8.4). Der Korrekturfaktor kann vernachlässigt werden, da

$$\frac{n}{N} < \frac{150}{100.000} = 0,00150 \leq 0,05.$$

Berechnung des z-Wertes nach Transformation (siehe Formel (11.24) (z-Transformation, Normalverteilung)) liefert:

$$z = \frac{\bar{x} - \mu_0}{\sigma_{\bar{X}}} \approx \frac{\bar{x} - \mu_0}{\frac{s}{\sqrt{n}}} = \frac{30.250 - 30.000}{\frac{800}{\sqrt{150}}} = 3,8273.$$

Da die Alternativhypothese einen größeren Wert annimmt, liegt ein rechtsseitig kritischer Bereich vor. Der kritische z-Wert ergibt sich durch Ablesen aus der Tabelle in Kapitel 13.1.1: $z_C = 1,645$, da dann $F_{SN}(z_C) = 0,95$ (siehe Abbildung 11.27).

Genau genommen ist in der Tabelle der präzise Wert nicht ablesbar, aber durch lineare Interpolation ergibt sich $z_C = 1,645$ (siehe auch Kapitel 11.9.3.2).

11.9.2 HYPOTHESENTEST FÜR MITTELWERTE

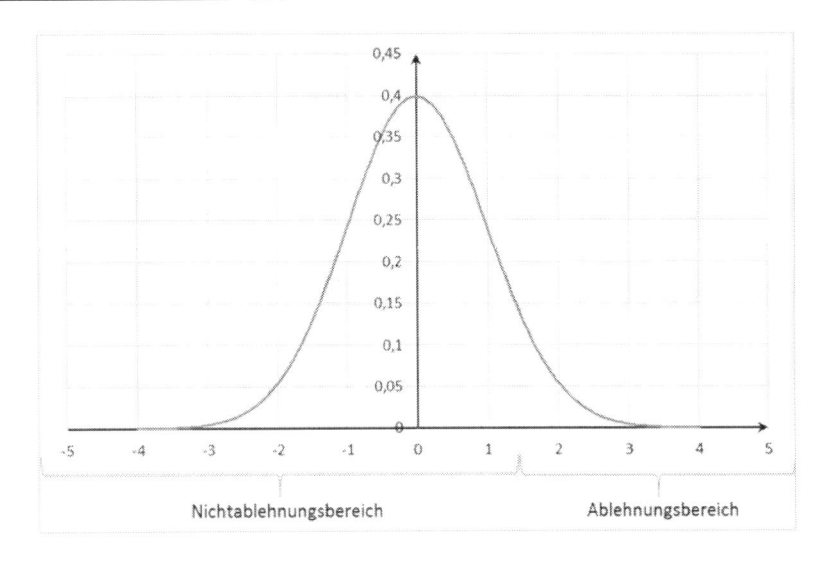

Abbildung 11.27: Einseitiger Ablehnungsbereich

Das bedeutet, daß bei normalverteilten Daten 95% aller Werte der Stichprobenfunktion (nach z-Transformation) links von $1,645$ liegen. Der gegebene Messwert (30.250 €) liegt transformiert jedoch bei $3,8273$. Dieses Messergebnis ist zwar möglich, aber mit den gegebenen Daten sehr unwahrscheinlich. Also wird die Nullhypothese abgelehnt, da der gemessene Wert außerdem des akzeptablen Bereichs (Nichtablehnungsbereich) liegt.

Wird die Alternativhypothese getestet, so ergibt sich als z-Wert:

$$z = \frac{\bar{x} - \mu_1}{\sigma_{\bar{x}}} \approx \frac{\bar{x} - \mu_1}{\frac{s}{\sqrt{n}}} = \frac{30.250 - 31.000}{\frac{800}{\sqrt{150}}} = -11,482.$$

Die Alternativhypothese hat analog zu den obigen Überlegungen einen linksseitig kritischen Bereich und als kritischen z-Wert $z_C = -1,645$. In diesem Fall liegt der Stichprobenwert im Ablehnungsbereich sowohl der Null- als auch der Alternativhypothese. Also ist, basierend auf der Stichprobe, keine Entscheidung möglich.

11.9. TESTEN VON HYPOTHESEN

11.9.2.3 Einseitiger Hypothesentest für Mittelwerte: Beispiel 3

Das Kundengespräch in einer Bank zur Vermögensberatung soll 60 Minuten nicht überschreiten. In der Bankfiliale werden sehr viele Gespräche geführt (mehr als 10.000). In einer Stichprobe von 16 Gesprächen ergab sich ein Mittelwert von 63 Minuten. Innerhalb der Stichprobe war die Standardabweichung 5 Minuten. Es ist bekannt, daß die Gesprächszeit normalverteilt ist.

Es soll auf einem Signifikanzniveau von 1% die Hypothese getestet werden, daß die mittlere Gesprächsdauer aller Gespräche höchstens 60 Minuten beträgt.

Lösung:

Die Nullhypothese lautet: $H_0 : \mu_0 \leq 60$ ("höchstens 60 Minuten") und die zugehörige Alternativhypothese lautet: $H_1 : \mu_0 > 60$. Der kritische Bereich bzw. Ablehnungsbereich liegt also rechts, also liegt ein rechtsseitig kritischer Bereich vor.

Die gegebenen Werte werden in die zugehörigen Parameter übersetzt: $n = 16, N > 10.000, s = 5, \bar{x} = 63$.

Da der Stichprobenumfang kleiner oder gleich 30 ist und zusätzlich nur die Stichprobenstandardabweichung s gegeben ist, muss die t-Verteilung anstelle der Normalverteilung für die Entscheidung über die Hypothese genutzt werden (siehe Kapitel 11.8.4).

Berechnung des z-Wertes nach Transformation (siehe Formel (11.24) (z-Transformation, Normalverteilung)) liefert (da der Korrekturfaktor wieder vernachlässigt werden kann):

$$z = \frac{\bar{x} - \mu_0}{\sigma_{\bar{x}}} \approx \frac{\bar{x} - \mu_0}{\frac{s}{\sqrt{n}}} = \frac{63 - 60}{\frac{5}{\sqrt{16}}} = \frac{3}{\frac{5}{4}} = 3 \cdot \frac{4}{5} = 2,4.$$

Der kritische t-Wert ergibt sich durch Ablesen aus der Tabelle in Kapitel 13.2.1 mit $n - 1 = 16 - 1 = 15 : t_C = 2,6025$, da dann

$$F_{t-Vert}^{15}(2,6025) = 0,99 = 99\%.$$

Also wird die Nullhypothese nicht abgelehnt, da der gemessene Wert (63 Mi-

11.9.3 HYPOTHESENTEST FÜR ANTEILSWERTE

nuten entspricht transformiert $z = 2,4$) noch innerhalb des Nichtablehnungsbereichs liegt. Der Ablehnungsbereich beginnt bei $t_C = 2,6025$ und erstreckt sich nach rechts.

11.9.3 Hypothesentest für Anteilswerte

Analog zu Kapitel 11.9.2 kann (falls die Stichprobenfunktion des Anteilswerts annähernd normalverteilt ist), der Hypothesentest auch für Anteilswerte genutzt werden. Dabei wird ein bestimmter Anteilswert p_0 als Nullhypothese unterstellt und dann anhand einer Stichprobe überprüft.

11.9.3.1 Zweiseitiger Hypothesentest für Anteilswerte: Beispiel 1

Eine Bank vergibt Immobilienkredite. Die Bank hat bisher 2.000 Kredite vergeben. In einer Zufallsstichprobe (ohne Zurücklegen) werden 200 Kredite ausgewählt und auf das Ereignis "Kreditausfall" überprüft. Dabei ergibt sich, daß neun Kredite ausgefallen sind.

Es soll mit einem Signifikanzniveau von 1% die These überprüft werden, daß in der Grundgesamtheit 5% aller Kredite ausfallen.

Lösung:

Als erstes werden die Angaben in die Parameter transformiert: $n = 200$, $N = 2.000$ und $\hat{p} = \frac{9}{200} = 0,045 = 4,5\%$ (Anteil der ausgefallenen Kredite in der Stichprobe, "neun von 200").

Die Nullhypothese lautet: $H_0 : p_0 = 5\% = 0,05$ und die Alternativhypothese dementsprechend $H_1 : p_0 \neq 5\%$.

Laut Nullhypothese ist der Anteil der ausgefallenen Kredite $p_0 = 0,05$. Damit ergibt sich $np_0(1 - p_0) = 200 \cdot 0,05 \cdot (1 - 0,05) = 9,5 > 9$, daß die Stichprobenfunktion des Anteilswerts näherungsweise normalverteilt ist. Nach Formel (11.49) (Standardabweichung der Stichprobenfunktion des Anteilswerts ohne Zurücklegen) gilt:

$$\sigma_{\hat{P}} = \sqrt{V(\hat{P})} = \sqrt{\frac{p(1-p)}{n}} \sqrt{\frac{N-n}{N-1}}.$$

11.9. TESTEN VON HYPOTHESEN

Dabei kann der Korrekturfaktor vernachlässigt werden, falls $\frac{n}{N} \leq 0,05$. In der Aufgabe gilt $\frac{n}{N} = \frac{200}{2.000} = 0,1 > 0,05$. Also darf der Korrekturfaktor nicht vernachlässigt werden und es ergibt sich für die Standardabweichung der Stichprobenfunktion des Anteilswerts (unter Nutzung der Annahme aus der Nullhypothese, daß der Anteilswert $p_0 = 0,05$ beträgt):

$$\sigma_{\hat{P}} = \sqrt{V(\hat{P})} = \sqrt{\frac{p_0(1-p_0)}{n}}\sqrt{\frac{N-n}{N-1}} =$$
$$= \sqrt{\frac{0,05(1-0,05)}{200}}\sqrt{\frac{2.000-200}{2.000-1}} = 0,01462.$$

Mithilfe von Formel (11.24) (z-Transformation, Normalverteilung) kann berechnet werden, welchem z-Wert der gemessene Anteilswert von $\hat{p} = \frac{9}{200} = 0,045$ entspricht:

$$z = \frac{\hat{p}-p_0}{\sigma_{\hat{P}}} = \frac{0,045-0,05}{0,01462} = -0,3419.$$

Nun wird der kritische z-Wert bestimmt. Da der kritische Bereich zu beiden Seiten liegt, handelt es sich um einen zweiseitig kritischen Bereich. In Kapitel 13.1.2 kann abgelesen werden, daß 99% aller Werte der Standardnormalverteilung zwischen $-2,58$ und $2,58$ liegen. Als kritischen z-Wert ergibt sich also $z_C = 2,58$.

Da der gemessene z-Wert zwischen $-2,58$ und $+2,58$ liegt ($-2,58 = -z_C < z = -0,3419 < z_C = 2,58$), wird die Nullhypothese bei einem Signifikanzniveau von 1% nicht abgelehnt.

11.9.3.2 Einseitiger Hypothesentest für Anteilswerte: Beispiel 2

Die Firma "Leckerschoki" stellt ein Schokoladenei in Massenproduktion (mehr als 5.000 Stück) her, in dem Plastikspielzeug enthalten ist. Sie wirbt damit, daß mindestens in jedem sechsten Ei eine Figur enthalten ist.

Um dies zu überprüfen, wird eine Stichprobe vom Umfang 120 gezogen. Dabei ergibt sich eine Anzahl von zehn Figuren.

Es soll bei einem Signifikanzniveau von 5% die Behauptung des Herstellers gegen die Alternativhypothese, daß weniger als die beworbenen Figuren in den

11.9.3 HYPOTHESENTEST FÜR ANTEILSWERTE

Eiern enthalten sind, getestet werden.

Lösung:

Als erstes werden die gegebenen Parameter in die Variablen transformiert: $n = 120$, $N > 5.000$, $\hat{p} = \frac{10}{120} = 0,08333$ (Anteil der Figuren in der Stichprobe: zehn von 120).

Die Nullhypothese lautet: $H_0 : p_0 \geq \frac{1}{6} = 0,1667$ und die Alternativhypothese dementsprechend $H_1 : p_0 < \frac{1}{6} = 0,1667$.

Laut Nullhypothese ist der Anteil der Figuren in den Schokoladeneiern mindestens $p_0 = \frac{1}{6}$. Damit ergibt sich

$$np_0(1-p_0) = 120\frac{1}{6}\left(1-\frac{1}{6}\right) = 20 \cdot \frac{5}{6} = 16,6667 > 9,$$

daß die Stichprobenfunktion des Anteilswerts näherungsweise normalverteilt ist.

Nach Formel (11.49) (Standardabweichung der Stichprobenfunktion des Anteilswerts ohne Zurücklegen) gilt:

$$\sigma_{\hat{P}} = \sqrt{V(\hat{P})} = \sqrt{\frac{p(1-p)}{n}}\sqrt{\frac{N-n}{N-1}}.$$

Dabei kann der Korrekturfaktor vernachlässigt werden, wenn $\frac{n}{N} \leq 0,05$. In dieser Aufgabe gilt $\frac{n}{N} < \frac{120}{5.000} = 0,024 \leq 0,05$. Also vereinfacht sich die Standardabweichung für die Stichprobenfunktion des Anteilswerts:

$$\sigma_{\hat{P}} = \sqrt{V(\hat{P})} \approx \sqrt{\frac{p_0(1-p_0)}{n}} =$$

$$\sqrt{\frac{\frac{1}{6}\left(1-\frac{1}{6}\right)}{120}} = \sqrt{\frac{\frac{5}{36}}{120}} = 0,034021.$$

Mithilfe von Formel (11.24) (z-Transformation, Normalverteilung) kann berechnet werden, welchem z-Wert der gemessene Anteilswert $\hat{p} = \frac{10}{120} = 0,08333$ entspricht:

$$z = \frac{\hat{p} - p_0}{\sigma_{\hat{P}}} = \frac{0,083333 - 0,1667}{0,034021} = -2,4505.$$

11.9. TESTEN VON HYPOTHESEN

Nun wird der kritische z-Wert bestimmt. Da der kritische Bereich ausschließlich links liegt, handelt es sich um einen linksseitig kritischen Bereich. In Kapitel 13.1.1 kann abgelesen werden, daß $4,95\%$ aller Werte der Standardnormalverteilung kleiner als $-1,65$ sind und $5,05\%$ aller Werte kleiner als $-1,64$. Durch lineare Interpolation ergibt sich der kritische z-Wert als $z_C = -1,645$.

Da der gemessene z-Wert deutlich links des kritischen z-Werts liegt $(-2,4505 = z < z_C = -1,645)$, wird die Nullhypothese bei einem Signifikanzniveau von 5% abgelehnt und die Alternativhypothese akzeptiert.

11.9.3.3 Einseitiger Hypothesentest für Anteilswerte: Beispiel 3

Ein spezieller Fall tritt ein, wenn die Stichprobe die Nullhypothese sofort stützt. In diesem Fall muss die Alternativhypothese zur Nullhypothese werden.

Eine Firma stellt einen bekannten Single Malt Scotch Whisky her. Es soll Werbung gemacht werden mit dem Slogan "Mehr als jede(r) zehnte Erwachsene kennt diesen Whisky".

Um die Aussage zu überprüfen, wird eine Stichprobe unter 200 zufällig ausgewählten Erwachsenen ("ohne Zurücklegen") gemacht. Von den Befragten kannten 36 den Whisky. Die Gesamtzahl der Erwachsenen im Land beträgt mehr als 1.000.000.

Die Aussage "Mehr als jede(r) zehnte kennt diesen Whisky" soll bei einem Signifikanzniveau von 1% überprüft werden.

Lösung:

Zuerst werden die gegebenen Werte in Parameter "übersetzt": Stichprobenumfang $n = 200$, Grundgesamtheit $N > 1.000.000$, gemessener Anteilswert $\hat{p} = \frac{36}{200} = 0,18$ (36 von 200 in der Stichprobe kannten den Whisky).

Die Nullhypothese lautet $H_0 : p_0 > 10\%$ und die Alternativhypothese $H_1 : p_0 \leq 10\%$. Die Stichprobenfunktion des Anteilswert ist näherungsweise normalverteilt, wenn $np_0(1 - p_0) > 9$. Hier gilt:

$$np_0(1 - p_0) = 200 \cdot 0,1 \cdot 0,9 = 18 > 9.$$

11.9.3 HYPOTHESENTEST FÜR ANTEILSWERTE

Der Anteilswert der Stichprobe stützt sofort die Nullhypothese (da $\hat{p} = 0,18 > p_0 = 0,1$), deshalb müssen Null- und Alternativhypothese vertauscht werden: die neue Nullhypothese lautet $H_0^{neu} : p_0 \leq 10\%$ bzw. die neue Alternativhypothese $H_1^{neu} : p_0 > 10\%$.

Nach Formel (11.49) (Standardabweichung der Stichprobenfunktion des Anteilswerts ohne Zurücklegen) gilt:

$$\sigma_{\hat{P}} = \sqrt{V(\hat{P})} = \sqrt{\frac{p(1-p)}{n}} \sqrt{\frac{N-n}{N-1}}.$$

Dabei kann der Korrekturfaktor vernachlässigt werden, wenn $\frac{n}{N} \leq 0,05$. In der Aufgabe gilt $\frac{n}{N} < \frac{200}{1.000.000} = 0,0002 < 0,05$. Also vereinfacht sich die Standardabweichung für die Stichprobenfunktion des Anteilswerts:

$$\sigma_{\hat{P}} = \sqrt{V(\hat{P})} \approx \sqrt{\frac{p_0(1-p_0)}{n}} =$$
$$= \sqrt{\frac{0,1(1-0,1)}{200}} = \sqrt{\frac{0,09}{200}} = 0,02121.$$

Der Stichprobenanteilswert $\hat{p} = \frac{36}{200}$ übersetzt sich also in einen z-Wert von

$$z = \frac{\hat{p} - p_0}{\sigma_{\hat{P}}} = \frac{0,18 - 0,1}{0,02121} = 3,7712.$$

Die (neue) Nullhypothese ist rechtsseitig kritisch, das heißt, der Ablehnungsbereich der Nullhypothese liegt rechts von Null. Bei einem Signifikanzniveau von 1% muss z_C gesucht werden, so daß $F_{SN}(z_C) = 0,99 = 100\% - 1\%$. Dies kann abgelesen werden in Kapitel 13.1.1: $z_C = 2,33$.

D.h. der gemessene Wert liegt im Ablehnungsbereich der (neuen) Nullhypothese. Also wird die neue Nullhypothese abgelehnt und zugunsten der neuen Alternativhypothese verworfen.

Da die neue Alternativhypothese die ursprüngliche Nullhypothese ist, wird die Aussage "Mehr als jede(r) zehnte kennt diesen Whisky" nicht abgelehnt.

11.9. TESTEN VON HYPOTHESEN

11.9.4 Tschebyscheff-Ungleichung

Die **Tschebyscheff-Ungleichung**[4] für eine Zufallsvariable X mit Erwartungswert μ und Standardabweichung σ lautet:

$$P(|X - \mu| \geq k) \leq \frac{\sigma^2}{k^2} \qquad (11.53)$$

Dabei ist k eine reelle, positive Zahl. Falls $k \leq \sigma$ gewählt wird, ist Formel (11.53) sinnlos (aber natürlich nicht falsch), da dann auf der rechten Seite eine Zahl größer Eins steht und Wahrscheinlichkeiten immer kleiner oder gleich 100% sind.

Formel (11.53) (Tschebyscheff-Ungleichung) kann umformuliert werden zu folgender Ungleichung:

$$P(|X - \mu| \leq k) \geq 1 - \frac{\sigma^2}{k^2} \qquad (11.54)$$

Die Tschebyscheff-Ungleichung gilt unabhängig von der Verteilung der Zufallsvariable X.

11.9.4.1 Tschebyscheff-Ungleichung: Beispiel, Asset Management

Angenommen in einer Anlagenklasse ist die durchschnittliche Rendite mit 5% und die Volatilität mit 10% auf Jahresebene gegeben.

Dann ergibt sich mit Formel (11.54) (Tschebyscheff-Ungleichung, Version 2):

$$P(|X - \mu| \leq k) = P(|X - 5\%| \leq k) \geq 1 - \frac{\sigma^2}{k^2} = 1 - \frac{(10\%)^2}{k^2}.$$

Jetzt kann z.B. $k = 20\%$ gewählt werden:

$$P(|X - \mu| \leq k) = P(|X - 5\%| \leq 20\%) \geq$$
$$\geq 1 - \frac{\sigma^2}{k^2} = 1 - \frac{(10\%)^2}{(20\%)^2} = 1 - \frac{1}{4} = 0,75 = 75\%.$$

---
[4] Pafnuti Lwowitsch Tschebyscheff, 1821 - 1894

11.9.4 TSCHEBYSCHEFF-UNGLEICHUNG

Also ist die Wahrscheinlichkeit, daß Renditen zwischen -15% und 25% auftreten grösser oder gleich 75%. Diese Abschätzung ist unabhängig von der Verteilung der Renditen!

Falls die Zusatzinformation verfügbar ist, daß die Renditen normalverteilt sind, so kann das Ergebnis mithilfe von Formel (11.24) (z-Transformation, Normalverteilung) verbessert werden:

Wie hoch ist die Wahrscheinlichkeit, daß ein Wert zwischen -15% und 25% bei einer normalverteilten Zufallsvariablen mit $\mu = 5\%$ und $\sigma = 10\%$ auftritt?

Lösung:

Es wird der z-Wert für den unteren Rand berechnet:

$$z_{x=-15\%} = \frac{x-\mu}{\sigma} = \frac{-15\% - 5\%}{10\%} = -2.$$

Für den oberen Rand ergibt sich:

$$z_{x=25\%} = \frac{x-\mu}{\sigma} = \frac{25\% - 5\%}{10\%} = 2.$$

Also ist die Fragestellung äquivalent zur Frage: wie groß ist die Wahrscheinlichkeit, daß bei einer standardnormalverteilten Zufallsvariablen ein Wert zwischen -2 und $+2$ auftritt?

Dies kann in Kapitel 13.1.2 abgelesen werden:

$$P(|X - 5\%| \leq 20\%) = D_{SN}(2) = 95,45\%.$$

Die Zusatzinformation der Normalverteilung, die in der Realität für Renditen selten zutrifft, erhöht die Qualität der Abschätzung deutlich.

11.9. TESTEN VON HYPOTHESEN

Kapitel 12

Risikomaße und Performancemaße

12.1 Einleitung und Capital Asset Pricing Modell

Im Folgenden werden einige Risikomaße definiert und erläutert. Diese werden, wie schon weiter oben, anhand einiger monatlicher, stetiger Aktien- bzw. DAX-Renditen illustriert. Alle Daten wurden als historische Kurse der Finanzseite von Yahoo entnommen[1].

12.1.1 Capital Asset Pricing Modell

Viele Risikomaße basieren auf dem **Capital Asset Pricing Modell** (CAPM, zu Deutsch: Preismodell für Kapitalgüter), das von Treynor[2], Sharpe[3], Lintner[4] und Mossin[5] getrennt voneinander entwickelt wurde. Es baut auf der Portfo-

---

[1] Vgl. [18, abgerufen am 1.9.2016]
[2] Jack Treynor, 1930 - 2016
[3] William Forsyth Sharpe, 1934 -
[4] John Virgil Lintner, 1916 - 1983
[5] Jan Mossin, 1936 - 1987

12.2. JARQUE BERA TEST

liotheorie von Markowitz[67] auf. Hier wird es nicht hergeleitet, sondern nur als Ergebnis vorgestellt (Capital Asset Pricing Modell, CAPM, Wertpapierlinie):

$$\mu_P = r_r + (\mu_M - r_r) \cdot \beta_P \qquad (12.1)$$

Dabei ist μ_P die Durchschnittsrendite des Portfolios, r_r der risikolose Zinssatz, μ_M die Durchschnittsrendite des Marktes und β_P die Marktsensitivität der Portfoliorenditen r_P zu den Marktrenditen r_M (siehe auch Kapitel 9.7.3.6).

Formel (12.1) (Capital Asset Pricing Modell, CAPM, Wertpapierlinie) besagt, daß ein Portfolio den risikolosen Zins erwirtschaftet plus eine Zusatzrendite, die vom eingegangenen Risiko abhängt. Dabei ist $(\mu_M - r_r)$ die Überrendite des Marktes: um wieviel übertrifft der Markt den risikolosen Zins. Je höher das eingegangene Risiko (das durch den Betafaktor β_P gemessen werden kann), umso höher sollte die Portfoliorendite sein. Die genauen Voraussetzungen des Modells werden hier nicht angegeben.

12.2 Jarque Bera Test

In vielen finanzmathematischen Modellen wird davon ausgegangen, daß Renditen (zumindest näherungsweise) normalverteilt sind. Diese Annahme trifft in der Praxis häufig nicht zu. Der Jarque[8]Bera[9]Test[10] ist eine Möglichkeit zu überprüfen, ob eine Normalverteilung vorliegt. Dazu werden die Schiefe S (siehe Kapitel 9.4.7) und die Kurtosis K (siehe Kapitel 9.4.8) der betrachteten Verteilung benötigt.

Hier werden die monatlichen, stetigen DAX-Renditen im Zeitraum vom 1.1.1991 bis 1.7.2015 betrachtet. Es handelt sich um 295 Renditewerte. Dabei ergeben sich die folgenden Momente auf Monatsbasis:

---

[6] Harry Markowitz, 1927 -
[7] Vgl. [9, S. 77-91]
[8] Carlos M. Jarque, 1954 -
[9] Anil K. Bera, 1955 -
[10] Vgl. [2, S. 255-259]

	Parameter	Wert
1. Moment	Durchschnittsrendite	$0,7047\%$
2. Moment	Standardabweichung	$6,0634\%$
3. Moment	Schiefe	$-0,8997$
4. Moment	Kurtosis	$5,9081$

Die Jarque Bera Teststatistik ist definiert als

$$JB = \frac{n}{6}\left(S^2 + \frac{1}{4}(K-3)^2\right) \qquad (12.2)$$

Ohne Beweis wird hier genutzt, daß die Jarque Bera Teststatistik sich näherungsweise χ^2-verteilt mit zwei Freiheitsgraden verhält.

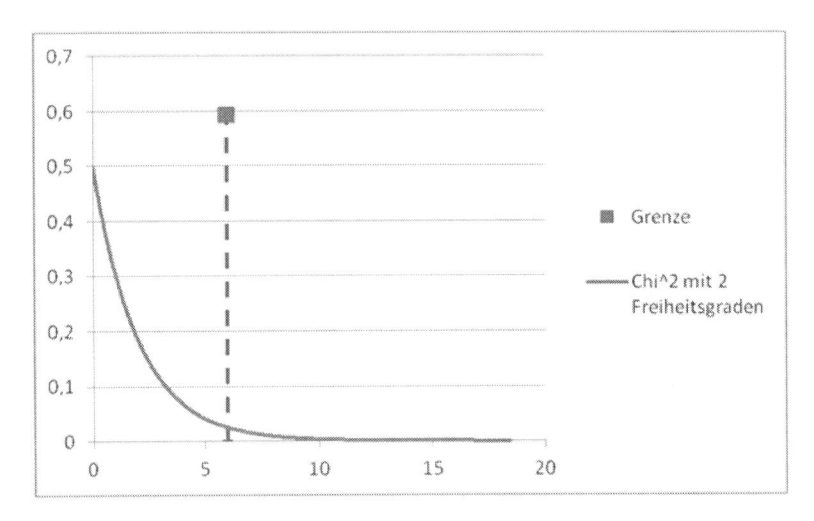

Abbildung 12.1: Chi-Quadrat mit zwei Freiheitsgraden und Grenze 5% Signifikanzniveau

Für eine Normalverteilung gilt: $S = 0$ und $K = 3$. Wird der Jarque Bera Test für eine Normalverteilung durchgeführt, ergibt sich also der Wert $JB = 0$. Deshalb lautet die Nullhypothese ("kleine Werte von JB") H_0: "Die gegebenen Werte sind normalverteilt" und die Alternativhypothese ("große Werte für JB") H_1: "Die gegebenen Werte sind nicht normalverteilt".

Die Grenze bei 5% Signifikanzniveau liegt bei $5,9915$ und die Grenze für

12.3. Q-Q-DIAGRAMM

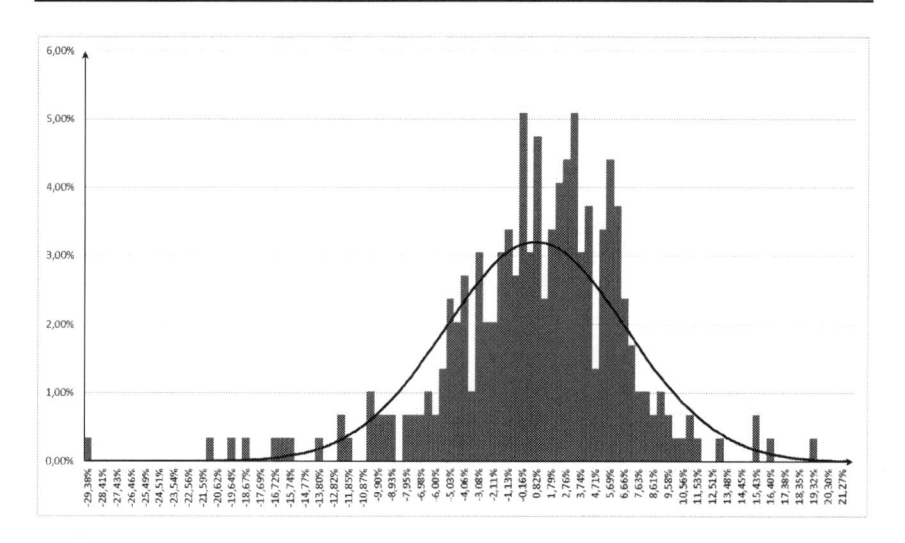

Abbildung 12.2: Häufigkeitsverteilung DAX-Renditen und Normalverteilung

ein Signifikanzniveau von 1% bei 9, 2103 (siehe Kapitel 13.3), da dann

$$F^2_{Chi}(5,9915) = 0,95 \text{ bzw. } F^2_{Chi}(9,2103) = 0,99,$$

siehe Abbildung 12.1.

Für die oben genannten Daten der DAX-Renditen ergibt sich

$$JB = 143,7495,$$

also wird die Nullhypothese deutlich abgelehnt. Die DAX-Renditen sind offensichtlich nicht näherungsweise normalverteilt. In Abbildung 12.2 ist die Häufigkeitsverteilung der monatlichen, stetigen DAX-Renditen (siehe Kapitel 9.2.1) eingezeichnet. Zum Vergleich ist die Normalverteilung mit gleichem Erwartungswert und gleicher Standardabweichung als durchgezogene Linie sichtbar.

12.3 Q-Q-Diagramm

Neben dem Jarque Bera Test gibt es diverse Möglichkeiten, um die Annahme, dass Daten normalverteilt sind, zu überprüfen. Wie im vorherigen Kapitel gesehen, nutzt der Jarque Bera Test ausschließlich Informationen über die Schiefe und die Kurtosis.

Das **Q-Q-Diagramm** (oder auch Quantil-Quantil-Diagramm) ist eine graphische Möglichkeit, um die Normalverteilungsannahme zu kontrollieren. Dabei werden Quantile (siehe Kapitel 9.3.4) der gemessenen Verteilung mit denen der Normalverteilung verglichen. Natürlich ist es auch möglich zu überprüfen, ob die gewählten Daten gemäß einer anderen Verteilung verteilt sind.

Als einleitendes Beispiel wird hier eine Urliste vorgestellt, in der die Körpergröße von zwölf Personen erfasst wurde. Die Grundlage für ein Q-Q-Diagramm ist eine Sortierung der gegebenen Daten von klein nach groß.

Rang i	Körpergröße in Meter x_i
1	1,60
2	1,62
3	1,63
4	1,66
5	1,68
6	1,73
7	1,77
8	1,78
9	1,80
10	1,81
11	1,82
12	1,85

Nun werden die Quantile der gegebenen Daten berechnet. Dazu werden folgende Wahrscheinlichkeiten berechnet:

$$p_i = \frac{i - 0,5}{n}.$$

Beispielsweise ist das Quantil zu $p_1 = \frac{1-0,5}{12} = 0,04167$ dann die Körpergröße $1,6$ (Meter), da $4,167\%$ aller Werte in der Urliste kleiner oder gleich als $1,6$ Meter sind.

12.3. Q-Q-DIAGRAMM

Aus folgendem Grund werden vom Rang des Werts $0,5$ abgezogen:

- Angenommen, es gibt drei (oder eine ungerade Anzahl) von sortierten Werten: x_1, x_2, x_3. Bei einer ungeraden Anzahl von Werten gibt es eine definierte Mitte (in diesem Beispiel x_2). Wird nun $p_2 = \frac{2-0,5}{3} = \frac{1,5}{3} = 0,5 = 50\%$ berechnet, so ergibt sich das korrekte Ergebnis: das 50%-Quantil ist der Wert x_2.

- Angenommen, es gibt vier (oder eine gerade Anzahl) von sortierten Werten: x_1, x_2, x_3, x_4. Wie schon bei der Vorstellung des Medians (siehe Kapitel 9.3.3) ausgeführt, gibt es bei einer geraden Anzahl von Werte keine Mitte. Werden mit obiger Formel p_2 und p_3 berechnet, so ergeben sich $p_2 = \frac{2-0,5}{4} = \frac{1,5}{4} = 0,375 = 37,5\%$ bzw. $p_3 = \frac{3-0,5}{4} = \frac{2,5}{4} = 0,625 = 62,5\%$. Beide Werte sind von 50% gleich weit entfernt, stellen die jeweiligen Quantile also korrekt dar.

- Ein weiterer Grund für die Subtraktion von $0,5$ ist der Wert der größten Merkmalsausprägung: $p_n = \frac{n-0,5}{n} = 1 - \frac{0,5}{n}$. Würde auf die Subtraktion verzichtet, so wäre $p_n = 1 = 100\%$. Da mit den Quantilen der Normalverteilung verglichen wird, ist das Problem augenscheinlich: die Normalverteilung besitzt kein 100% Quantil, da die Dichtefunktion der Normalverteilung (siehe Formel (11.23) von Seite 471) für große x-Werte niemals Null erreicht.

In der folgenden Tabelle sind die Werte p_i aufgenommen (gerundet auf vier Nachkommastellen):

Rang i	Körpergröße in Meter x_i	p_i
1	1,60	0,0417
2	1,62	0,1250
3	1,63	0,2083
4	1,66	0,2917
5	1,68	0,3750
6	1,73	0,4583
7	1,77	0,5417
8	1,78	0,6250
9	1,80	0,7083
10	1,81	0,7917
11	1,82	0,8750
12	1,85	0,9583

Zu diesen Wahrscheinlichkeiten werden nun die entsprechenden Quantile der Normalverteilung berechnet. Die Normalverteilung benötigt den Mittelwert und die Standardabweichung der Daten. Diese werden mit Formel (9.3) (arithmetisches Mittel, Seite 274) bzw. Formel (9.14) (Standardabweichung einer Stichprobe, Seite 298) berechnet und ergeben sich als

$$\bar{x} = 1,7292 \,[\text{m}] \text{ bzw. } s = 0,08754 \,[\text{m}].$$

Zu jedem p_i wird nun der z_i-Wert in Kapitel 13.1.1 nachgeschlagen (in der Praxis wird in Excel beispielsweise der Befehl "NORM.INV" genutzt), so daß $F_{SN}(z_i) = p_i$. Für $p_1 = 0,0417$ ergibt sich mit $F_{SN}(z_1 = -1,73) = 0,0418$ näherungsweise ein z-Wert von $z_1 = -1,73$.

Mit Hilfe der z-Transformation (siehe Formel (11.24)) wird nun zu jedem z_i der Wert y_i berechnet: $y_i = z_i \cdot s + \bar{x}$. Dieser entspricht unter der Normalverteilungsannahme (und dem berechneten Mittelwert bzw. Standardabweichung) dem Quantil zu p_i. Es ergibt sich bei einer Berechnung mittels Excel:

12.3. Q-Q-DIAGRAMM

Rang i	Körpergröße in Meter x_i	p_i	z_i	y_i
1	1,60	0,0417	−1,7317	1,5776
2	1,62	0,1250	−1,1503	1,6285
3	1,63	0,2083	−0,8122	1,6581
4	1,66	0,2917	−0,5485	1,6812
5	1,68	0,3750	−0,3186	1,7013
6	1,73	0,4583	−0,1046	1,7200
7	1,77	0,5417	0,1046	1,7383
8	1,78	0,6250	0,3186	1,7571
9	1,80	0,7083	0,5485	1,7772
10	1,81	0,7917	0,8122	1,8003
11	1,82	0,8750	1,1503	1,8299
12	1,85	0,9583	1,7317	1,8808

Die letzte Zeile sagt beispielsweise aus, daß bei den gemessenen Werten (x_i) die maximale Körpergröße 1,85m betrug. Dieser Wert ist das Quantil zu einer Wahrscheinlichkeit von $p_i = 0,9583 = 95,83\%$. Wären die Körpergrößen normalverteilt mit dem Mittelwert $\bar{x} = 1,7292$ und der Standardabweichung $s = 0,08754$, so läge das Quantil dieser Wahrscheinlichkeit bei $y_i = 1,8808$.

Um nun die Annahme der Normalverteilung zu überprüfen, werden die berechneten Werte x_i und y_i als Streudiagramm eingezeichnet (siehe Abbildung 12.3). Zu Vergleichszwecken wird die Winkelhalbierende als Gerade eingezeichnet: wären die erfassten Werte normalverteilt, so müssten die Werte (x_i, y_i) auf der Geraden liegen. Je größer die Abweichung von der Geraden, um so stärker ist die Normalverteilungsannahme verletzt.

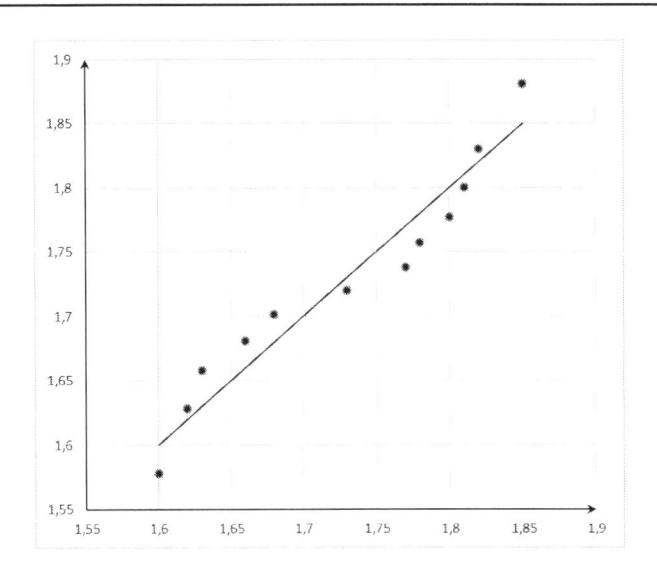

Abbildung 12.3: Q-Q-Diagramm für Beispieldaten

Häufig wird zusätzlich zum Q-Q-Diagramm noch das **trendbereinigte Q-Q-Diagramm** gezeigt. Dieses zeigt die Abweichung der Werte von der Geraden, es wird also $(x_i, x_i - y_i)$ angezeigt (siehe Abbildung 12.4).

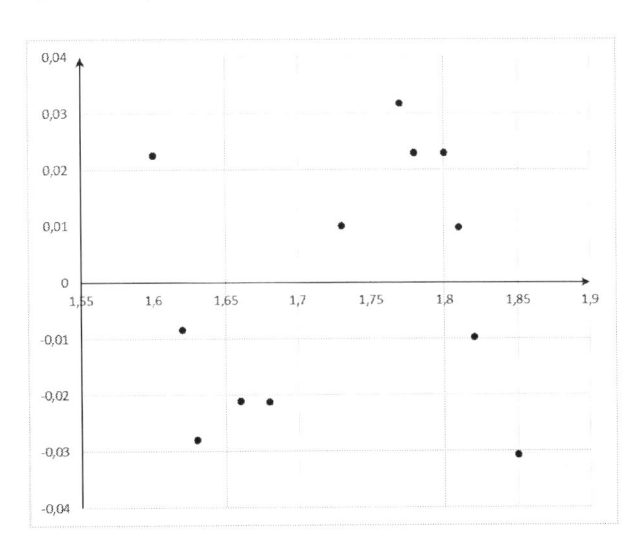

Abbildung 12.4: Trendbereinigtes Q-Q-Diagramm für Beispieldaten

12.4. PERFORMANCE

Um die Normalverteilungsannahme zu bewerten, kann das Bestimmtheitsmaß genutzt werden (siehe Formel (9.38) von Seite 353).

Zum Vergleich mit dem Jarque Bera Test werden hier die gleichen Daten, die in Kapitel 12.2 genutzt wurden (stetige DAX Renditen), hier in einem Q-Q-Diagramm dargestellt (siehe Abbildung 12.5). Dabei ist deutlich zu sehen, daß der Unterschied zur Normalverteilung besonders am linken Rand sehr groß ist. Dies wird auch in Abbildung 12.2 deutlich.

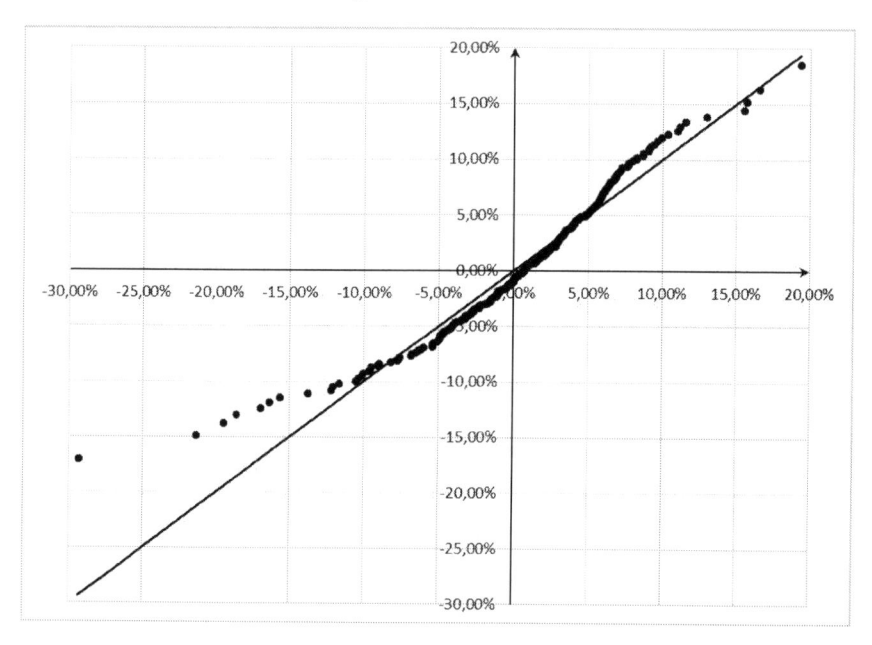

Abbildung 12.5: Q-Q-Diagramm für stetige DAX-Renditen

12.4 Performance

Bei einer ausschließlichen Messung der Rendite eines Portfolios werden das eingegangene Risiko und das Marktumfeld nicht in die Betrachtung miteinbezogen. Um dieses Problem zu lösen, existiert der Begriff der **Performance**. Generell werden zwei Überlegungen angestellt:

- Die Portfoliorendite sollte mit einem Benchmark verglichen werden, da es einen Unterschied macht, ob 5% Rendite in einem Marktumfeld erzielt werden, das eine Durchschnittsrendite von 1% oder von 20% hatte.

- 5% Rendite zu erzielen, wenn "der Markt" nur um 1% wächst, ist eine gute Leistung.

- 5% Rendite, falls "der Markt" um 20% gewachsen ist, ist eine schlechte Leistung.

- Falls zwei Portfolios die gleiche Rendite erreichen, ist die Leistung höher einzuschätzen, bei der das eingegangene Risiko kleiner war. Der Grund liegt in der Eigenschaft von Anlegern für ein höheres eingegangenes Risiko auch eine höhere Entlohnung (Rendite) zu erwarten.

Diese beiden Überlegungen führen zur Definition der Performance:

$$\text{Performance} = \frac{\text{Portfoliorendite} - \text{Benchmarkrendite}}{\text{Risiko}} \qquad (12.3)$$

Der Benchmark ist z.B. ein Aktienindex (DAX, Dow Jones etc.), der risikolose Zins oder eine gewünschte Zielrendite. Insbesondere im Bereich des Private Banking ist die Definition eines Benchmarks oft schwierig, da beispielsweise eine Kunstsammlung, eine eigene Firma, Whisky, ... im Portfolio vorhanden sind.

12.5 Beispieldaten für Risikokennzahlen

In den folgenden Kapiteln wird der DAX häufig als Benchmark genutzt. Zusätzlich werden die folgenden Aktien im Zeitraum 3.1.2000 bis 1.7.2015 analysiert: SAP, Bayer und BASF.

Es werden jeweils stetige Renditen auf Monatsbasis (Schlusskurs am ersten Handelstag des Monats) für die Berechnungen genutzt. Das **Minimum-Varianz-Portfolio** (siehe Kapitel 9.4.5 und Kapitel 12.7) für diese drei Aktien setzt sich aus $10,15\%$ SAP-, $23,62\%$ Bayer- und $66,23\%$ BASF-Aktien zusammen.

12.5. BEISPIELDATEN FÜR RISIKOKENNZAHLEN

Um die Zahlenwerte einfacher zu halten, wird bei Risikokennzahlen, die ein Portfolio betrachten, von einem Portfolio mit diesen Daten ausgegangen:

- SAP: 10%

- Bayer: 24%

- BASF: 66%

Dieses Portfolio hat im Zeitraum 3.1.2000 bis 1.7.2015 folgende Kennzahlen (siehe Tabelle). Alle Kennzahlen sind auf Monatsebene angegeben.

Parameter	Wert
Durchschnittsrendite	0,7656%
Standardabweichung	6,8499%
Schiefe	−0,8297
Kurtosis	4,9407
Anzahl Werte	186

Zum Vergleich: in diesem Zeitraum hatte der DAX eine durchschnittliche, monatliche, stetige Rendite von 0,2645% und eine Volatilität von 6,3621%. Also ist die Performance des Portfolios deutlich höher: die Volatilität (als Maß für das eingegangene Risiko) ist ähnlich, aber die Rendite des Portfolios ist ca. drei Mal so hoch.

Anmerkung:
weiter oben (z.B. in Kapitel 12.2) wurde ein längerer Zeitraum für die DAX-Renditen betrachtet.

Die prozentualen Häufigkeiten für die monatlichen, stetigen Renditen des Portfolios sind in Abbildung 12.6 aufgetragen. Zu Vergleichszwecken ist die Normalverteilung mit gleichem Mittelwert (0,7656%) und gleicher Standardabweichung (6,8499%) eingezeichnet.

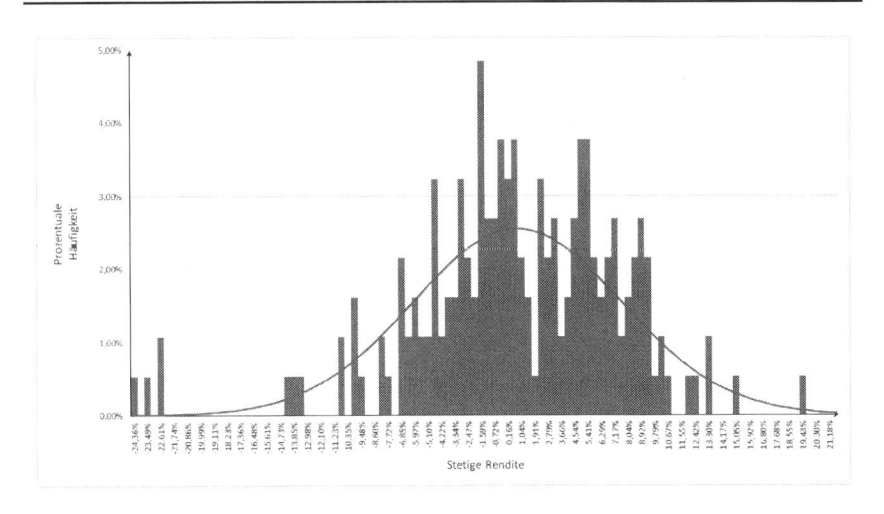

Abbildung 12.6: Häufigkeitsverteilung der monatlichen, stetigen Renditen des Beispielportfolios

12.6 Semivarianz

Die **Semivarianz** ist ein sogenanntes "Downside Risikomaß", da nur Renditen, die die Zielrendite unterschreiten, in die Rechnung aufgenommen werden. Die Formel zur Berechnung ähnelt der Formel (9.13) (Definition: Varianz Grundgesamtheit, Seite 297):

$$\text{SVar}(\tau) = \frac{1}{n} \sum_{r_i < \tau} (r_i - \tau)^2 \qquad (12.4)$$

Dabei ist n die Anzahl aller betrachteten Renditen und τ ist entweder der Erwartungswert der Renditen oder eine Zielrendite (häufig wird für τ Null gesetzt). Die Semivarianz ist ein Maß für den durchschnittlichen zu erwartenden Verlust eines Portfolios. Bei symmetrischen (z.B. normalverteilten) Renditen ist die Semivarianz die Hälfte der Varianz (aber nur dann!), falls als Zielrendite der Erwartungswert genutzt wird.

12.6. SEMIVARIANZ

12.6.1 Semivarianz: Beispiel 1, Asset Management

Um verschiedene Semivarianzen berechnen zu können, werden die monatlichen, stetigen Renditen im Zeitraum 3.1.2000 bis 1.7.2015 der folgenden Aktien betrachtet: SAP, Bayer, BASF und zusätzlich der DAX (siehe Kapitel 12.5).

Gemäß Formel (12.4) können verschiedene Zielrenditen zur Berechnung der Semivarianz genutzt werden. Häufig wird $\tau = 0\%$ gewählt, der risikolose Zinssatz bzw. die jeweilige Durchschnittsrendite des Anlageobjekts.

Da die Semivarianz die Volatilität unterhalb der Zielrendite misst, ist beim Vergleich verschiedener Anlageobjekte eine niedrige Semivarianz vorzuziehen.

Zielrendite:	Semivarianz bei 0%	Semivarianz bei Durchschnittsrendite
SAP	0,006478	0,006732
Bayer	0,003940	0,004406
BASF	0,002515	0,002952
DAX	0,002344	0,002463

Wie in der Tabelle zu sehen ist, schneidet die SAP Aktie im betrachteten Zeitraum am schlechtesten ab, der DAX am besten.

Der Vorteil der Semivarianz sind insbesondere die leichte Berechenbarkeit und die Tatsache, daß keinerlei Modelannahmen an die Renditeverteilung getroffen werden.

12.6.2 Semivarianz: Beispiel 2, Asset Management

In diesem Kapitel wird das Portfolio aus Kapitel 12.5 genutzt. Es ergibt sich

Zielrendite:	0%	Durchschnittsrendite
Semivarianz Portfolio	0,002382	0,002751

Die Semivarianz des Portfolios ist kleiner als die Semivarianz der Einzelwerte aus denen das Portfolio zusammengesetzt ist (siehe voriges Kapitel).

12.7 Systematisches Risiko vs. Unsystematisches Risiko

Bei der Betrachtung des Risikos wird zwischen dem systematischen und dem unsystematischen Risiko unterschieden. Dabei gilt:

- Systematisches Risiko

    - Ist auf allgemeine volkswirtschaftliche Faktoren zurückzuführen und berührt deshalb alle Unternehmen in gleicher oder ähnlicher Weise (z.B. Naturkatastrophen, extreme politische Situationen, Änderungen des Marktzinses, etc.).

    - Kann nicht durch weitere Diversifikation innerhalb eines Portfolios reduziert werden.

    - Wird mittels des Betafaktors (Marktsensitivität) β bewertet, wobei risikolose Kapitalanlagen $\beta = 0$ aufweisen (siehe auch Kapitel 9.7.3.6).

- Unsystematisches Risiko

    - Betrifft nur ein einzelnes Unternehmen (z.B. aufgrund von Management- oder Produktentscheidungen).

    - Kann durch eine Diversifikation innerhalb eines Portfolios reduziert bzw. weitgehend eliminiert werden (siehe unten).

Als Beispiel wird jeweils ein Minimum-Varianz-Portfolio aus einer wachsenden Anzahl von Aktien aufgebaut: siehe Tabelle 12.1.

Als Risikomaß wird einfachheitshalber die Volatilität (Standardabweichung) des jeweiligen Portfolios genutzt. In diesem Beispiel wird von täglichen Schlusskursen ausgegangen auf deren Basis die täglichen, stetigen Renditen berechnet werden.

In der obenstehenden Tabelle ist jeweils in der letzten Spalte zu sehen, welche Aktie dem Portfolio hinzugefügt wird, z.B. bei "Anzahl Aktien = 4" sind

12.7. SYSTEMATISCHES RISIKO VS. UNSYSTEMATISCHES RISIKO

Anzahl Aktien	Standardabweichung des Minimum-Varianz-Portfolios über Anzahl verschiedener Aktien im Portfolio (1.1.2014 - 23.2.2015)	Aktie, die zum Portfolio zugefügt wird
1	5,82749%	Fielmann
2	1,26772%	SAP
3	1,16770%	Airbus
4	0,90031%	Wüstenrot
5	0,81133%	Fresenius
6	0,79592%	Hochtief
7	0,79346%	Südzucker
8	0,76129%	Symrise
9	0,74640%	Allianz
10	0,74446%	Lanxess
11	0,68699%	MVV
12	0,68491%	Adidas
13	0,67067%	Munich Re

Tabelle 12.1: Minimum-Varianz-Portfolio, Beispiel

die Aktien "Fielmann, SAP, Airbus, Wüstenrot" im Portfolio enthalten. In der zweiten Spalte ist die jeweilige Volatilität im Zeitraum 1.1.2014 bis 23.2.2015 zu sehen. Um das Minimum-Varianz-Portfolio aufzubauen, ergeben sich in Abhängigkeit von der Anzahl der Aktien (x-Achse) die folgenden Gewichte (siehe Abbildung 12.7).

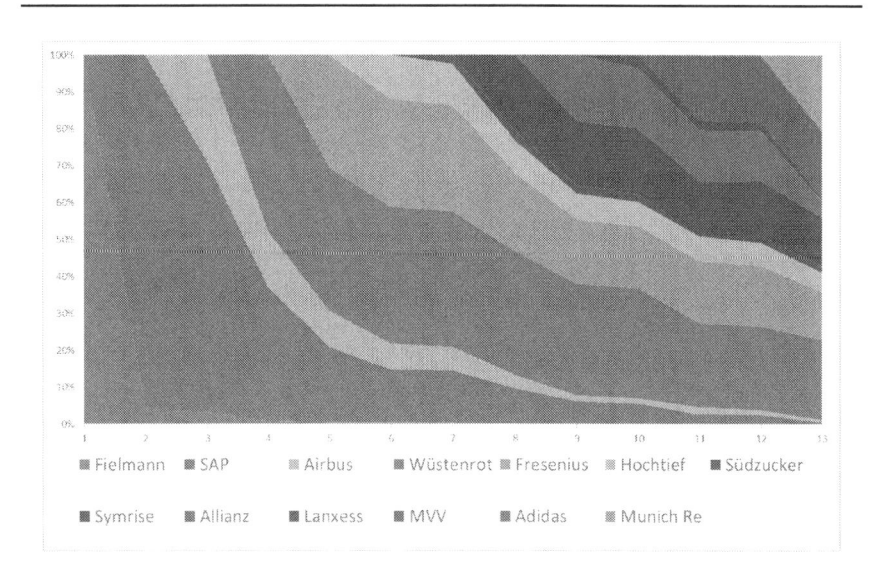

Abbildung 12.7: Gewichte der Minimum-Varianz-Portfolios bei verschiedenen Aktienanzahlen

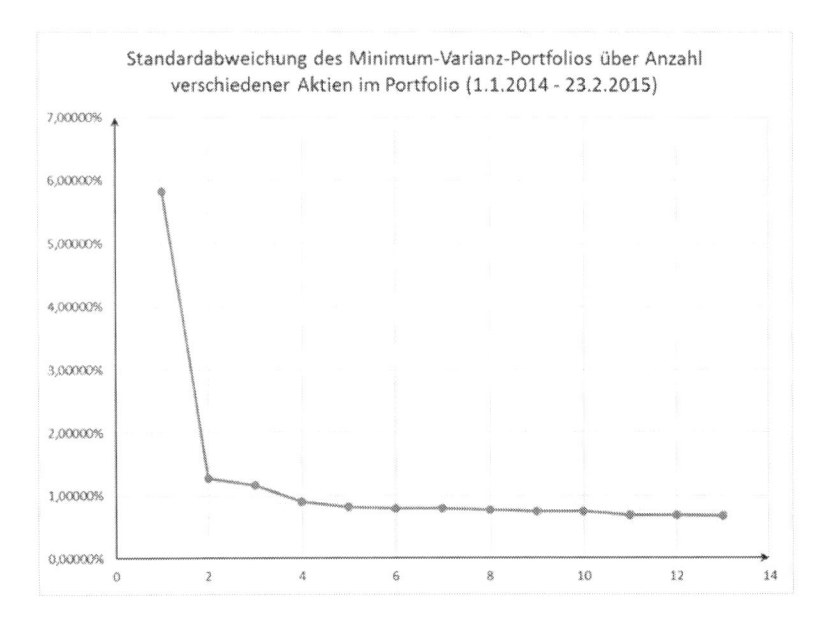

Abbildung 12.8: Volatilität des Minimum-Varianz-Portfolios über Anzahl Aktien im Portfolio

12.7. SYSTEMATISCHES RISIKO VS. UNSYSTEMATISCHES RISIKO

Wird die Volatilität des Minimum-Varianz-Portfolios (MVP) über die Anzahl der enthaltenen Aktien gezeichnet, so ergibt sich Abbildung 12.8. Es ist deutlich zu sehen, daß die Volatilität mit zunehmender Diversifikation (steigende Anzahl an Aktien im Portfolio) sinkt, sich jedoch scheinbar asymptotisch einem Wert annähert. Dieser Wert ist der Teil des Gesamtrisikos, der nicht durch Diversifikation verringert werden kann: das systematische Risiko.

Anmerkung:
der Diversifikationseffekt ist im Allgemeinen weniger deutlich bzw. langsamer, wenn Portfolios betrachtet werden, die z.B. durch Gleichgewichtung entstehen. Im obigen Beispiel für "Anzahl Aktien = 4" bedeutet dies ein Portfolio gemäß der Regel

- Anteil Fielmann im Portfolio: 25%
- Anteil SAP im Portfolio: 25%
- Anteil Airbus im Portfolio: 25%
- Anteil Wüstenrot im Portfolio: 25%

Bei solchen gleichgewichteten Portfolios ergibt sich Abbildung 12.9.

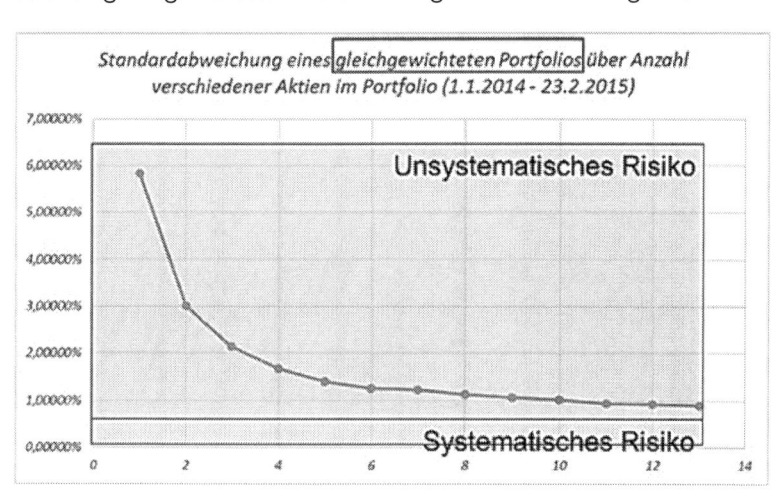

Abbildung 12.9: Volatilität gleichgewichteter Portfolios über Anzahl Aktien im Portfolio

Es ist deutlich sichtbar, daß die Annäherung an das systematische Risiko deutlich langsamer vonstattengeht als bei den Minimum-Varianz-Portfolios. So wird z.B. im Falle der Minimum-Varianz-Portfolios eine Volatilität von unter 1% bereits nach vier Aktien erreicht, während bei gleichgewichteten Portfolios elf Aktien notwendig sind.

12.8 Value at Risk

Der **Value at Risk** (deutsch: Wert im Risiko) stellt ein sehr bekanntes Risikomaß dar (siehe auch Kapitel 11.8.6), das in der ersten Hälfte der 1990er Jahre bei J. P. Morgan entwickelt wurde. Für die Berechnung des Value at Risk gibt es unterschiedliche Methoden.

Der Value at Risk stellt den Verlust dar, der innerhalb eines gegebenen Zeitintervalls mit einer vorgegebenen Wahrscheinlichkeit nicht überschritten wird, beispielsweise: "das Portfolio verliert mit 99%-iger Wahrscheinlichkeit nicht mehr als 7% seines Werts innerhalb eines Monats".

Anmerkung:

Der Value at Risk stellt nicht den maximalen Verlust dar, da keine Aussage darüber gemacht wird, wie hoch der Verlust in den verbleibenden 1% der Fälle sein kann.

Wird davon ausgegangen, daß Renditen normalverteilt sind, so kann mit der z-Transformation (siehe Formel (11.24) (z-Transformation, Normalverteilung) aus Kapitel 11.6.4) gerechnet werden. Mithilfe dieser Formel kann jede beliebige Normalverteilung in die Standardnormalverteilung transformiert werden. Für die Standardnormalverteilung sind die Werte der Verteilungsfunktion tabelliert (siehe Kapitel 13.1.1).

Wird folgender Value at Risk gesucht: "Welcher Verlust wird mit einer Wahrscheinlichkeit von $2,5\%$ innerhalb eines Monats nicht überschritten?", so ist dies über den z-Wert zu berechnen, der $2,5\%$ der Renditen links abtrennt (die $2,5\%$ kleinsten Renditen). Oder anders gesagt:

wie groß ist z, damit $F_{SN}(z) = 0,025 = 2,5\%$ gilt? Ablesen in der Tabelle

12.8. VALUE AT RISK

in Kapitel 13.1.1 liefert einen kritischen z-Wert von $z = -1,96$. Also mit Formel (11.24) (z-Transformation, Normalverteilung): $z = -1,96 = \frac{x-\mu}{\sigma}$. Diese Gleichung wird nach x aufgelöst und liefert $x = \mu - 1,96 \cdot \sigma$.

Also: falls die monatlichen, stetigen Renditen normalverteilt sind (mit Erwartungswert μ und Standardabweichung bzw. Volatilität σ), gilt: in 2,5% der Fälle tauchen Renditen unter $x = \mu - 1,96 \cdot \sigma$ auf. Dieser x-Wert ist damit der Value at Risk (bei 97,5% Wahrscheinlichkeit auf Monatsbasis).

12.8.1 Value at Risk: Beispiel, Asset Management

Es wird das Portfolio aus Kapitel 12.5 genutzt: 10% SAP-, 24% Bayer- und 66% BASF-Aktien. Wird davon ausgegangen, daß die Renditen des Portfolios normalverteilt sind, so kann der Value at Risk (VaR) aus der monatlichen, stetigen Rendite (0,7656%) und der Volatilität/ Standardabweichung (6,8499%) berechnet werden.

- Wie groß ist der Value at Risk auf Monatsebene zu einer Wahrscheinlichkeit von 97,5%?

Lösung:

Wie oben gezeigt, liegen bei normalverteilten Daten 2,5% aller Werte unterhalb des Mittelwerts minus 1,96 Standardabweichungen. Anders gesagt: die Wahrscheinlichkeit mehr als diesen Wert zu verlieren, liegt bei 2,5%. Für das Beispielportfolio ergibt sich:

$$x_{VaR, 97,5\%} = \mu - 1,96 \cdot \sigma =$$
$$= 0,7656\% - 1,96 \cdot 6,8499\% = -12,66\%.$$

Die Wahrscheinlichkeit, daß das Beispielportfolio mehr als 12,66% seines Werts innerhalb eines Monats verliert, liegt bei 2,5%.

Anmerkung:

Dieser Rechenansatz geht davon aus, daß die Renditen normalverteilt sind. Wie in Abbildung 12.6 (Häufigkeitsverteilung der monatlichen, ste-

12.8.1 VALUE AT RISK: BEISPIEL, ASSET MANAGEMENT

tigen Renditen des Beispielportfolios) zu sehen, ist die Normalverteilungsannahme bei den gegebenen Daten sehr unrealistisch.

Wird die Summenhäufigkeitsfunktion (siehe Kapitel 9.2.3) der monatlichen, stetigen Renditen untersucht, so ergibt sich für die kleinsten Renditen folgendes Bild:

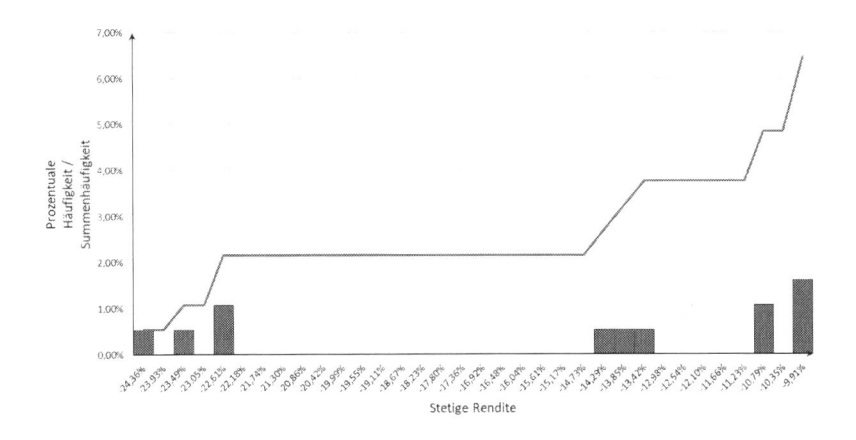

Abbildung 12.10: Summenhäufigkeitsfunktion Beispielportfolio, kleine Renditen

D.h. der tatsächliche Value at Risk für das gegebene Beispielportfolio liegt bei ca. minus 14,5%, da an dieser Stelle die Verteilungsunktion (durchgezogene Linie) den Wert 2,5% erreicht (2,5% aller Renditen liegen unterhalb $-14,5\%$) im Unterschied zu den berechneten $-12,66\%$ unter der Annahme der Normalverteilung für die Renditen.

- Wie groß ist der Value at Risk auf Monatsebene zu einer Wahrscheinlichkeit von 99%?

Lösung:

Bei normalverteilten Daten liegen 1% aller Werte unterhalb des Mittelwerts minus 2,32 Standardabweichungen (siehe Kapitel 13.1.1). Anders gesagt: die Wahrscheinlichkeit mehr als diesen Wert zu verlieren, liegt bei 1%.

12.9. MODIFIED VALUE AT RISK

Für das Beispielportfolio ergibt sich:

$$x_{VaR,99\%} = \mu - 2,32 \cdot \sigma =$$
$$= 0,7656\% - 2,32 \cdot 6,8499\% = -15,17\%.$$

Die Wahrscheinlichkeit, daß das Beispielportfolio mehr als $15,17\%$ innerhalb eines Monats verliert, liegt bei 1%. Dies gilt wieder unter der Annahme von normalverteilten Renditedaten. Wie in Abbildung 12.10 (Summenhäufigkeitsfunktion Beispielportfolio, kleine Renditen) zu sehen, liegt der tatsächliche Value at Risk bei ca. $-23,49\%$.

Im Allgemeinen wird beim Value at Risk das Vorzeichen nicht mit angegeben und die Prozentzahl noch mit dem Portfoliowert multipliziert, um einen absoluten Wert in der jeweiligen Portfoliowährung zu erhalten.

12.9 Modified Value at Risk

Der **modified Value at Risk** beinhaltet neben Erwartungswert und Standardabweichung zusätzlich die Schiefe und die Kurtosis.

Wie im obigen Beispiel zu sehen, ist die Normalverteilungsannahme für Renditen bei vielen Anlagenklassen nicht realistisch. Daher ist eine Einbeziehung höherer Momente (mindestens Schiefe und Kurtosis) nützlich. Der modified Value at Risk (mVaR) wird wieder mittels der z-Transformation (siehe Formel (11.24) (z-Transformation, Normalverteilung)) berechnet, jedoch wird der kritische z-Wert z_C aus der Standardnormalverteilung angepasst:

$$\text{mVaR}(z) = \mu + z \cdot \sigma,$$

wobei

$$z = z_C + \frac{1}{6}(z_C^2 - 1) \cdot S + \frac{1}{24}(z_C^3 - 3z_C) \cdot (K - 3) - \frac{1}{36}(2z_C^3 - 5z_C) \cdot S^2 \quad (12.5)$$

Formel (12.5) (Cornish-Fisher-Expansion, modified Value at Risk)[11] beinhaltet

---
[11]Vgl. [3, S. 307-320]

sowohl die Schiefe S als auch die Kurtosis K (siehe Kapitel 9.4.7 und Kapitel 9.4.8). Es ist deutlich zu sehen, daß eine Verteilung, die symmetrisch ist ($S = 0$) und die eine Kurtosis von Drei besitzt (z.B. die Normalverteilung) dazu führt, daß $z = z_C$, weil alle anderen Terme in der Gleichung wegfallen.

In Abbildung 12.11 ist der modified Value at Risk zu einer Wahrscheinlichkeit von $97,5\%$ zu sehen. Dabei ist die erwartete Rendite mit 1% angenommen worden und die Volatilität/ Standardabweichung mit 5%. Auf der x-Achse sind

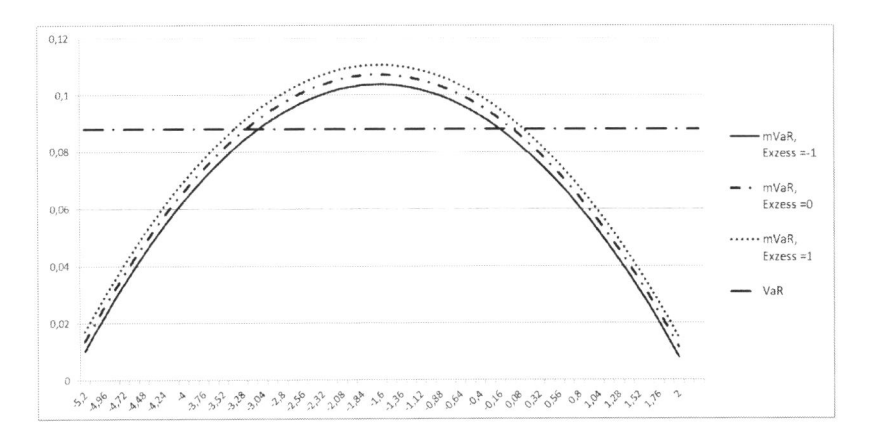

Abbildung 12.11: Modified Value at Risk ($2,5\%$) in Abhängigkeit von der Schiefe für verschiedene Wölbungen

verschiedene Werte für die Schiefe aufgetragen. Die waagerechte Linie bei ca. $8,8\%$ stellt den (klassischen) Value at Risk dar, der nicht von Schiefe und Kurtosis abhängt.

Es ist deutlich zu sehen, daß sich für verschiedene Werte der Schiefe der modified Value at Risk stark ändert. Die Abhängigkeit vom Exzess ist nicht so stark, wie an den drei unterschiedlichen Kurven zu sehen ist. Wie schon oben dienen die gepunkteten/ gestrichelten Linien nur zur Unterscheidung und bedeuten keine Unstetigkeitsstellen.

Dies ist auch in Abbildung 12.12 zu sehen, die den modified Value at Risk mit den gleichen Daten in Abhängigkeit von Schiefe und Exzess zeigt.

12.9. MODIFIED VALUE AT RISK

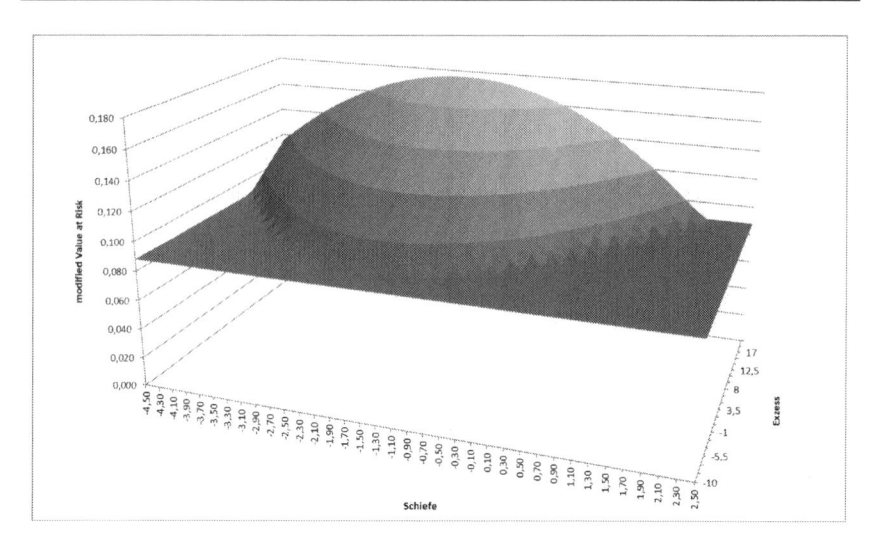

Abbildung 12.12: Modified Value at Risk (2,5%) in Abhängigkeit von Schiefe und Exzess

12.9.1 Modified Value at Risk: Beispiel, Asset Management

Um den Unterschied zum "klassischen" Value at Risk zu zeigen, werden erneut die Daten aus Kapitel 12.8.1 ausgewertet.

Wie in Kapitel 12.5 vorgestellt, haben die monatlichen, stetigen Renditen des Beispielportfolios die folgenden Daten:

Parameter	Wert
Durchschnittsrendite	0,7656%
Standardabweichung	6,8499%
Schiefe	−0,8297
Kurtosis	4,9407
Anzahl Werte	186

Exemplarisch wird hier der modified Value at Risk für eine Wahrscheinlichkeit von 97,5% auf Monatsbasis berechnet. Mit Formel (12.5) (Cornish-Fisher-Expansion, modified Value at Risk) ergibt sich der korrigierte z-Wert für

$z_C = -1,96$, $K = 4,9407$ und $S = -0,8297$ durch Einsetzen in obige Gleichung als $z = -2,3857$. Dann ist also der modified Value at Risk (mVaR)

$$x_{mVaR,2,5\%} = \mu - 2,3857 \cdot \sigma =$$
$$= 0,7656\% - 2,3857 \cdot 6,8499\% = -15,58\%$$

im Unterschied zum "klassischen" Value at Risk

$$x_{VaR,2,5\%} = \mu - 1,96 \cdot \sigma =$$
$$= 0,7656\% - 1,96 \cdot 6,8499\% = -12,66\%$$

in Kapitel 12.8.1. Von den insgesamt 186 betrachteten Renditen sind vier kleiner als $-15,58\%$ (siehe auch Abbildung 12.10 (Summenhäufigkeitsfunktion Beispielportfolio, kleine Renditen)), also traten solche Renditen in $\frac{4}{186} = 2,1505\%$ der Fälle auf. Dies ergibt eine deutlich bessere Vorhersage des Value at Risk zu 97,5% als in Kapitel 12.8.1, da dort $\frac{7}{186} = 3,7634\%$ der Renditen kleiner als $-12,66\%$ waren.

12.10 Tracking Error

Der **Tracking Error** berechnet die Qualität der Nachbildung eines Benchmarks. Der Benchmark ist z.B. ein Index, der den Markt repräsentiert (DAX, MSCI World, ...):

$$TE = \sqrt{V(r_P - r_B)} = \sigma(r_P - r_B) \qquad (12.6)$$

Dabei ist r_P die Rendite des Portfolios und r_B die Rendite des Benchmarks.

Ein kleiner Tracking Error bedeutet nicht, daß die beiden Renditen gleich sind, sondern nur, daß die Standardabweichung der Differenz klein ist. Dies ist z.B. auch der Fall, wenn beide Anlagen parallel laufen: siehe Abbildung 12.13.

12.11. TREYNOR RATIO (TR), REWARD-TO-VOLATILITY-RATIO

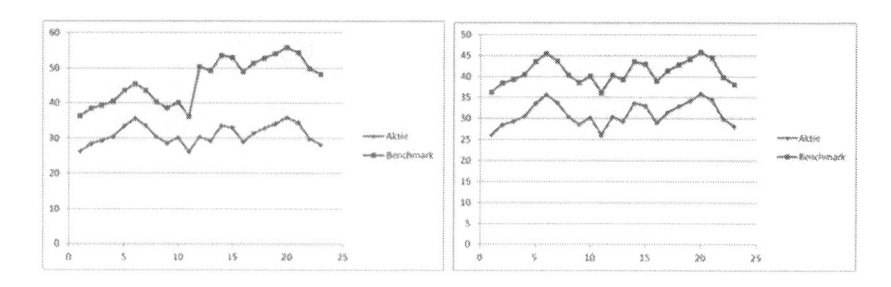

Abbildung 12.13: Tracking Error größer Null bzw. gleich Null

12.10.1 Tracking Error: Beispiel, Asset Management

Wie in Kapitel 12.6.1 werden die monatlichen, stetigen Renditen eines Portfolios im Zeitraum 3.1.2000 bis 1.7.2015 und als Benchmark der DAX genutzt (siehe auch Kapitel 12.5).

Das Portfolio besteht aus 10% SAP, 24% Bayer und 66% BASF Aktien. Die Berechnung des Tracking Error ist einfach: an jedem Stichtag wird die Differenz aus Portfolio- und Benchmarkrendite gebildet. Von diesen Werten wird die Volatilität/ Standardabweichung berechnet (siehe Kapitel 9.4.4).

Als Tracking Error ergibt sich dann:

- Vergleich Portfolio mit Benchmark DAX: 3,0744%

- SAP Aktie mit Benchmark DAX: 8,0831%

Also folgt das Portfolio dem DAX deutlich stärker als die SAP Aktie. Der Tracking Error sagt nichts darüber aus, ob die Abweichung nach oben oder nach unten vorliegt.

12.11 Treynor Ratio (TR), Reward-to-Volatility-Ratio

Die **Treynor Ratio**[12] misst die Performance, indem die Überrendite (Portfoliorendite abzüglich des risikolosen Zinses) ins Verhältnis zum Betafaktor gesetzt

---
[12]Vgl. [16, S. 63-75]

wird.

$$TR_P = \frac{\mu_P - r_r}{\beta_P} \approx \mu_M - r_r \qquad (12.7)$$

Die Treynor Ratio ist eine Umformung der Formel (12.1) (Capital Asset Pricing Modell, CAPM, Wertpapierlinie), wobei der risikolose Zins r_r auf die linke Seite gebracht und anschließend durch β_P dividiert wurde.

Die linke Seite (Treynor Ratio) zeigt also an, wieviel mehr Rendite als im CAPM erwartet, erreicht werden konnte.

Da als Risikomaß die Marktsensitivität β_P genutzt wird, sollten nur Portfolios aus dem gleichen Markt verglichen werden.

12.11.1 Treynor Ratio: Beispiel, Asset Management

Es wird das Portfolio aus Kapitel 12.5 weiterhin genutzt.

Die Treynor Ratio benötigt einen risikolosen Zinssatz r_r und die Marktsensitivität β_P. Der risikolose Zinssatz kann auf unterschiedliche Arten festgelegt werden. Hier wird der EONIA (Euro OverNight Index Average) genutzt, da dieser im Allgemeinen (aufgrund seiner kurzen Laufzeit) risikolos und täglich verfügbar ist.

Der durchschnittliche, stetige EONIA-Zinssatz im betrachteten Zeitraum betrug $1,9872\%$ pro Jahr. Also ist der monatliche, risikolose, stetige Zinssatz

$$r_r = \frac{1,9872\%}{12} = 0,1656\%.$$

In diesem Beispiel wird die Treynor Ratio des Portfolios aus Kapitel 12.5 mit dem der SAP Aktie verglichen.

Die Berechnung ergibt

$$TR_{Portfolio} = \frac{\mu_P - r_r}{\beta_P} = \frac{0,7656\% - 0,1656\%}{0,9655} = 0,0062$$

bzw.

$$TR_{SAP} = \frac{\mu_{SAP} - r_r}{\beta_{SAP}} = \frac{0,3698\% - 0,1656\%}{1,1984} = 0,0017.$$

Also besitzt das Portfolio eine deutlich höhere Treynor Ratio als die SAP Aktie.

12.12. SHARPE RATIO (REWARD-TO-VARIABILITY)

Aus Sicht dieses Performancemaßes würde das Portfolio bevorzugt werden.

12.12 Sharpe Ratio (Reward-to-Variability)

Die **Sharpe Ratio**[13] misst die Performance, indem die Überrendite (Portfoliorendite abzüglich des risikolosen Zinses) ins Verhältnis zur Portfoliovolatilität bzw. Portfoliostandardabweichung gesetzt wird. Der Zähler ist also identisch mit dem Zähler der Treynor Ratio.

$$SR_P = \frac{\mu_P - r_r}{\sigma_P} \qquad (12.8)$$

Da als Risikomaß die Volatilität genutzt wird, sollte die Sharpe Ratio bei Anlagen genutzt werden, die schlecht diversifiziert sind, da systematisches und unsystematisches Risiko in die Berechnung eingehen (im Unterschied zur Treynor Ratio).

12.12.1 Sharpe Ratio: Beispiel, Asset Management

Analog zu Kapitel 12.11.1 wird auch hier das Portfolio aus Kapitel 12.5 mit der SAP Aktie verglichen:

$$SR_{Portfolio} = \frac{\mu_P - r_r}{\sigma_P} = \frac{0,7656\% - 0,1656\%}{6,8499\%} = 0,0876$$

bzw. (siehe Daten in Kapitel 12.15.1):

$$SR_{SAP} = \frac{\mu_{SAP} - r_r}{\sigma_{SAP}} = \frac{0,3698\% - 0,1656\%}{11,1026\%} = 0,0185.$$

Auch bezüglich dieses Risikomaßes würde das Portfolio besser abschneiden als die SAP Aktie. Die SAP Aktie hat eine niedrigere Durchschnittsrendite bei höherer Volatilität.

---

[13]Vgl. [12, S. 119-138]

12.13 Information Ratio

Die **Information Ratio** setzt folgende Größen ins Verhältnis: Jensen's Alpha (siehe Kapitel 9.7.3.6) und den Tracking Error (siehe Kapitel 12.10):

$$IR_P = \frac{\alpha_P}{\sigma(r_P - r_B)} \qquad (12.9)$$

12.13.1 Information Ratio: Beispiel, Asset Management

Es wird wieder das oben definierte Portfolio (siehe Kapitel 12.5) aus SAP, Bayer und BASF genutzt. Benchmark ist der DAX.

Wie in Kapitel 12.10.1 berechnet, beträgt der Tracking Error für das Portfolio 3,0744%. Das Jensen's Alpha ergibt sich als Achsenabschnitt aus einer linearen Regression zwischen den DAX- und Portfoliorenditen: 0,5095%. Dies ist in Abbildung 12.14 sichtbar. Also lautet die Information Ratio für das Bei-

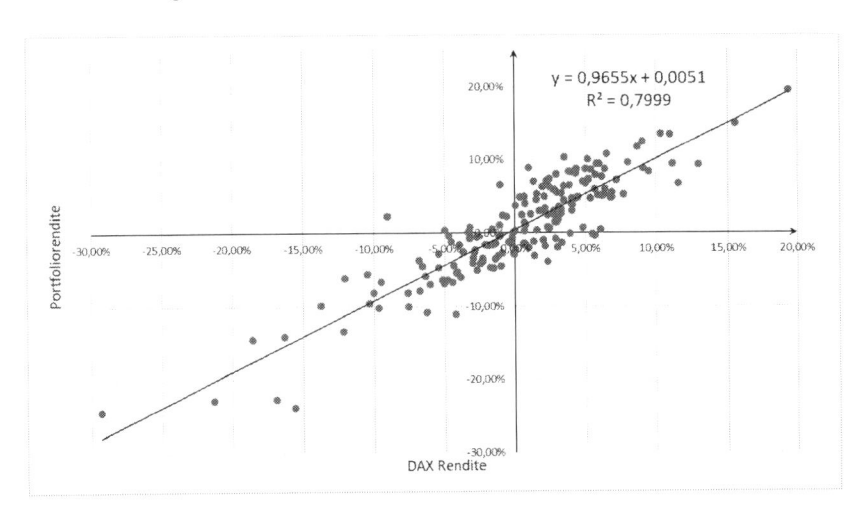

Abbildung 12.14: Lineare Regression, DAX und Beispielportfolio

spielportfolio:

$$IR_{Portfolio} = \frac{\alpha_P}{\sigma(r_P - r_B)} = \frac{0,5095\%}{3,0744\%} = 0,1657.$$

Zum Vergleich: für ein Portfolio, das nur aus SAP Aktien besteht, ergibt sich mit

$$IR_{SAP} = \frac{\alpha_{SAP}}{\sigma(r_{SAP} - r_B)} = \frac{0,0528\%}{8,0831\%} = 0,006535$$

ein deutlich kleinerer Wert, so daß im Vergleich wieder das Portfolio zu bevorzugen ist.

12.14 Risk Adjusted Performance

Die **Risk Adjusted Performance** lässt sich durch die Sharpe Ratio ausdrücken. D.h. die Bewertung von verschiedenen Portfolios anhand der Risk Adjusted Performance ist äquivalent zur Reihenfolge, die sich aus der Sharpe Ratio ergibt.

$$RAP_P = SR_P \cdot \sigma_M + r_r \qquad (12.10)$$

Dabei ist σ_M die Volatilität des Marktes.

12.14.1 Risk Adjusted Performance: Asset Management

Wie oben (siehe Kapitel 12.5) werden die Daten im Zeitraum 3.1.2000 bis 1.7.2015 betrachtet. In diesem Zeitraum hatte der DAX eine monatliche, stetige Durchschnittsrendite von $\mu_{DAX} = 0,2645\%$ bei einer Volatilität von $\sigma_{DAX} = 6,3621\%$ (jeweils pro Monat).

Das betrachtete Portfolio hat eine monatliche, stetige Durchschnittsrendite von $\mu_P = 0,7656\%$ bei einer Volatilität von $\sigma_P = 6,8499\%$.

Um die Risk Adjusted Performance zu berechnen, wird ein fiktives Portfolio P_{neu} angelegt, das aus der risikolosen Anlage R und der betrachteten Anlage (in diesem Falle: Portfolio P) zusammengesetzt wird:

$$P_{neu} = (1-d)P + dR.$$

d ist eine Zahl, die noch zu bestimmen ist und die die Gewichtung der beiden Bestandteile (Portfolio P und risikolose Anlage R) repräsentiert. Wird die

12.14.1 RISK ADJUSTED PERFORMANCE: ASSET MANAGEMENT

Rendite des neuen Portfolios berechnet, so ergibt sich:

$$\mu_{neu} = (1-d)\mu_P + dr_r.$$

Da die risikolose Anlage eine Volatilität von Null hat, ergibt sich für die Standardabweichung (bzw. Volatilität) des neuen Portfolios:

$$\sigma_{neu} = (1-d)\sigma_P.$$

Die Idee der Risk Adjusted Performance lautet nun: es wird d so bestimmt, daß die Volatilität des neuen Portfolios gleich der Volatilität des Marktes ist

$$\sigma_{neu} = (1-d)\sigma_P = \sigma_{DAX}.$$

Mit den gegebenen Werten ergibt sich:

$$(1-d)\sigma_P = (1-d) \cdot 6,8499\% = 6,3621\% = \sigma_{DAX}.$$

Damit kann d berechnet werden: $(1-d) = \frac{6,3621\%}{6,8499\%} = 0,9288$ und damit: $d = 1 - 0,9288 = 0,0712$.

Was wäre die Durchschnittsrendite eines solchermaßen veränderten Portfolios?

$$RAP_{neu} = \mu_{neu} = (1-d)\mu_P + dr_r =$$
$$= (1 - 0,0712) \cdot 0,7656\% + 0,0712 \cdot 0,1656\% = 0,7229\%$$

Normiert auf das Marktrisiko σ_{DAX} hätte das neue Portfolio also eine Rendite von $0,7229\%$, während das betrachtete Portfolio es auf $\mu_P = 0,7656\%$ gebracht hat. Somit ist die risikoadjustierte Performance des Portfolios höher als die des Marktes.

Wie oben berechnet (siehe Kapitel 12.12), betrug die Sharpe Ratio des Portfolios $SR_P = 0,0876$. Gemäß der alternativen Form

$$RAP_P = SR_P \cdot \sigma_{DAX} + r_r,$$

12.15. MODIFIED SHARPE RATIO

ergibt sich das gleiche Ergebnis:

$$RAP_P = 0,0876 \cdot 6,3621\% + 0,1656\% = 0,7229\%.$$

12.15 Modified Sharpe Ratio

Die **modified Sharpe Ratio** nutzt zur Risikomessung anstelle der Portfoliovolatilität bzw. Portfoliostandardabweichung (siehe Kapitel 12.12) den modified Value at Risk (siehe Kapitel 12.9) und erreicht dadurch eine Einbeziehung der höheren Momente Schiefe und Kurtosis:

$$mSR_P = \frac{\mu_P - r_r}{mVaR_P} \qquad (12.11)$$

12.15.1 Modified Sharpe Ratio: Beispiel, Asset Management

Wie schon in den vorherigen Beispielen wird das Portfolio aus Kapitel 12.5 mit der SAP Aktie verglichen. Der modified Value at Risk (zu 97,5%) des betrachteten Portfolios wurde schon in Kapitel 12.9.1 berechnet (15,58%).

Für die SAP Aktie ergibt sich mit den folgenden Werten ein z-Wert von $-2,56$ und damit ein modified Value at Risk von $-27,86\%$. Die Werte für die SAP Aktie lauten:

Parameter	Wert
Durchschnittsrendite	0,3698%
Standardabweichung	11,0261%
Schiefe	$-0,4193$
Kurtosis	9,2167

Analog zur Sharpe Ratio wird der EONIA Zinssatz als risikoloser Zins definiert und es ergeben sich die folgenden modified Sharpe Ratios. Dabei wurde der modified Value at Risk als positiver Prozentsatz festgelegt.

$$mSR_P = \frac{\mu_P - r_r}{mVaR_P} = \frac{0,7656\% - 0,1656\%}{15,58\%} = 0,0385$$

und
$$\text{mSR}_{SAP} = \frac{\mu_{SAP} - r_r}{\text{mVaR}_{SAP}} = \frac{0,3698\% - 0,1656\%}{27,86\%} = 0,0073.$$

Auch hier schneidet das Portfolio besser ab als die SAP Aktie:

	Portfolio	SAP
Sharpe Ratio	0,0876	0,0185
Modified Sharpe Ratio	0,0385	0,0073

Bei einem Vergleich von Sharpe Ratio und modified Sharpe Ratio ergibt sich:

- Die Sharpe Ratio des Portfolios ist $\frac{0,0876}{0,0185} = 4,7284$-mal höher als die Sharpe Ratio der SAP Aktie.

- Die modified Sharpe Ratio für das Portfolio ist sogar $\frac{0,0385}{0,0073} = 5,2364$-mal höher.

Die Einbeziehung der Momente Schiefe und Kurtosis (in Form des modified Value at Risk) verbessert die Kennzahl also weiter zugunsten des Portfolios.

12.16 Omega

Omega ist eine einfach zu berechnende Größe, die alle Momente der Häufigkeitsverteilung in die Berechnung aufnimmt, da keinerlei Verteilungsannahmen getroffen werden. Dabei wird entweder eine Zielrendite τ (tau) vorgegeben (z.B. 0%) oder als τ wird die mittlere Rendite genutzt.

$$\Omega_P = \frac{\frac{1}{n} \sum_{i=1}^{n} \max(0, r_i - \tau)}{\frac{1}{n} \sum_{i=1}^{n} \max(0, \tau - r_i)} \qquad (12.12)$$

Im Zähler werden alle Renditen addiert, die das τ überschreiten und im Nenner alle Renditen, die kleiner als τ sind. Das heißt, das Omega stellt das Verhältnis der Renditen, die die Zielrendite überschreiten, zu den Renditen, die die Zielrendite unterschreiten, dar.

12.16.1 Omega: Beispiel, Asset Management

Für die monatlichen, stetigen DAX-Renditen ergeben sich (in Abhängigkeit von der vorgegebenen Zielrendite τ) die folgenden Werte für Omega:

- Zielrendite $\tau = 0\%$: $\Omega_{DAX} = 1,3661$.

- Zielrendite $\tau = 0,7047\%$ (durchschnittliche monatliche, stetige Rendite im Betrachtungszeitraum): $\Omega_{DAX} = 0,9989$.

Beim Vergleich zweier Portfolios ist dasjenige zu bevorzugen, bei dem Ω bei gleicher Zielrendite höher ist, da dann die Überrenditen stärker überwiegen.

Werden wieder das oben definierte Portfolio und die SAP Aktie betrachtet, so ergibt sich bei einer Zielrendite von $\tau = 0\%$:

$$\Omega_{Portfolio} = 1,3424 \text{ und } \Omega_{SAP} = 1,1096.$$

12.17 Sortino Ratio

Die **Sortino Ratio**[14] setzt die Portfolioüberrendite (bezogen auf eine vorgegebene Zielrendite τ) ins Verhältnis zur Wurzel der Semivarianz (dies entspricht einer "Semi-Standardabweichung") aus Kapitel 12.4:

$$SoR_P = \frac{\mu_P - \tau}{\sqrt{SVar_P(\tau)}} \qquad (12.13)$$

12.17.1 Sortino Ratio: Beispiel, Asset Management

Wieder wird das Portfolio aus Kapitel 12.5 genutzt. Die Semivarianz des Portfolios wurde bereits in Kapitel 12.6.1 berechnet. Für Formel (12.13) sind somit alle Daten vorhanden und es ergibt sich bei einer Zielrendite von $\tau = 0\%$:

$$SoR_{P,\tau=0\%} = \frac{\mu_P - \tau}{\sqrt{SVar_P(\tau)}} = \frac{0,7656\% - 0\%}{\sqrt{0,002382}} = 0,1569.$$

---

[14] Vgl. [15, S. 27-32]

Zum Vergleich: die Sortino Ratio für die SAP Aktie beträgt (siehe Werte aus Kapitel 12.6.1)

$$SoR_{SAP,\tau=0\%} = \frac{\mu_{SAP} - \tau}{\sqrt{\text{SVar}_{SAP}(\tau)}} = \frac{0,3698\% - 0\%}{\sqrt{0,006478}} = 0,04595.$$

12.18 Style Analyse

Die **Style Analyse**[15] erstellt einen "eigenen Benchmark" aus verschiedenen Anlagenklassenrenditen (die in der Formel mit F_i bezeichnet werden), indem die Varianz zwischen der betrachteten Portfoliorendite r_P und dem Benchmark minimiert wird. Der Benchmark wird dabei durch Addition der mit Faktoren (b_i) gewichteten Anlagenklassenrenditen konstruiert. Die Minimierung erfolgt über die Anlagenklassengewichte b_i:

$$\min_{b_i} V(\varepsilon_P) = \min_{b_i} V\left(r_P - \sum_{i=1}^{n} b_i F_i\right) \qquad (12.14)$$

Die Summe der Anlagenklassengewichte b_i muss Eins betragen.

12.18.1 Style Analyse: Beispiel, Asset Management

Es wird wieder das übliche Portfolio betrachtet (siehe Kapitel 12.5). Wie in Formel (12.18) (Style Analyse, Asset-Class-Faktormodell) zu sehen ist, müssen die Gewichte b_i durch die Minimierung der Varianz einer Differenz von Renditen berechnet werden.

Als erste Anlagenklasse (F_1) wird der Goldpreis genutzt. Wird die Differenz aus Portfolio- und Goldrendite gebildet, so ergibt sich folgendes Bild (siehe Abbildung 12.15). Wird die Varianz der Differenzrendite berechnet, ergibt sich ein Wert von $0,00817\%^2$.

Als zweite Anlagenklasse wird der S&P500 Index genutzt. Die minimale Varianz ergibt sich für 100% S&P500 und 0% Gold. Die Varianz der Differenzrendite zum Portfolio ist dann $0,00236\%^2$. Die Differenzrendite, deren Varianz mi-

---
[15]Vgl. [13, S. 7-19]

12.18. STYLE ANALYSE

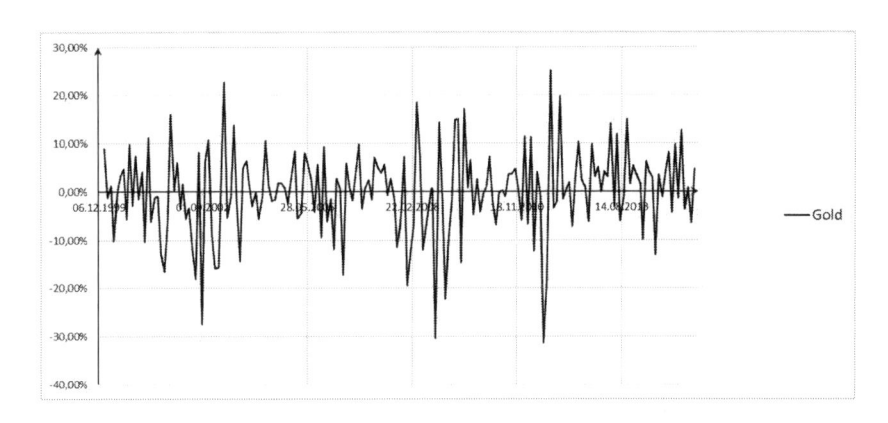

Abbildung 12.15: Style Analyse, Gold

nimiert wird (Formel (12.18) (Style Analyse, Asset-Class-Faktormodell)), weist eine deutlich niedrigere Streuung auf als die Differenz zur Goldrendite (gleiche y-Achsenskalierung wie oben): siehe Abbildung 12.16.

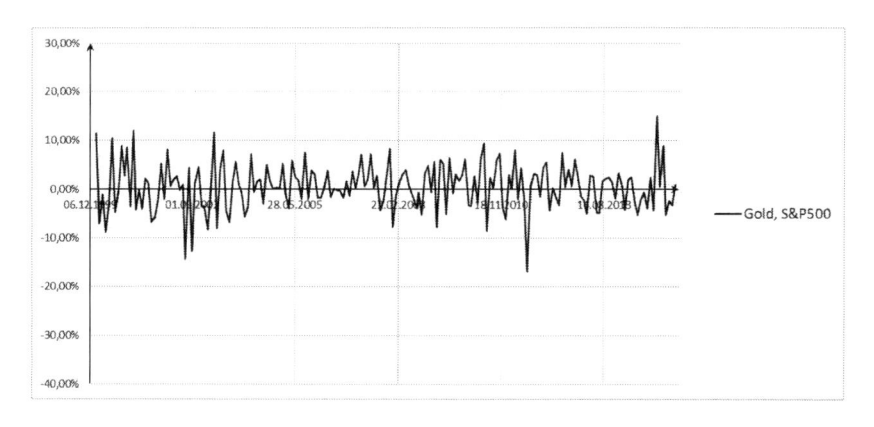

Abbildung 12.16: Style Analyse, Gold und S&P500

Beispielhaft werden nun der DAX, der MDAX und die Aktie der Beiersdorf AG hinzugefügt. Die Differenzrendite wird graphisch in Abbildung 12.17 dargestellt.

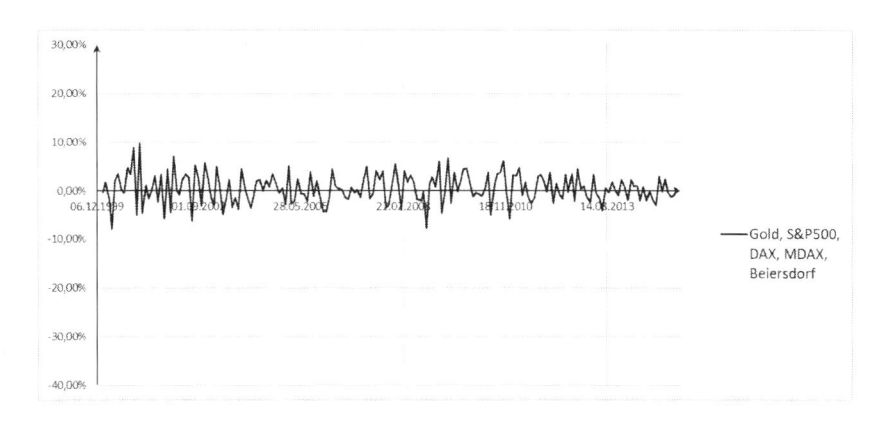

12.18.1 STYLE ANALYSE: BEISPIEL, ASSET MANAGEMENT

Abbildung 12.17: Style Analyse, Beispielportfolio

Die Varianz aus obiger Gleichung ist in Abhängigkeit von der Anzahl der Anlagen(-klassen) in Abbildung 12.18 zu sehen.

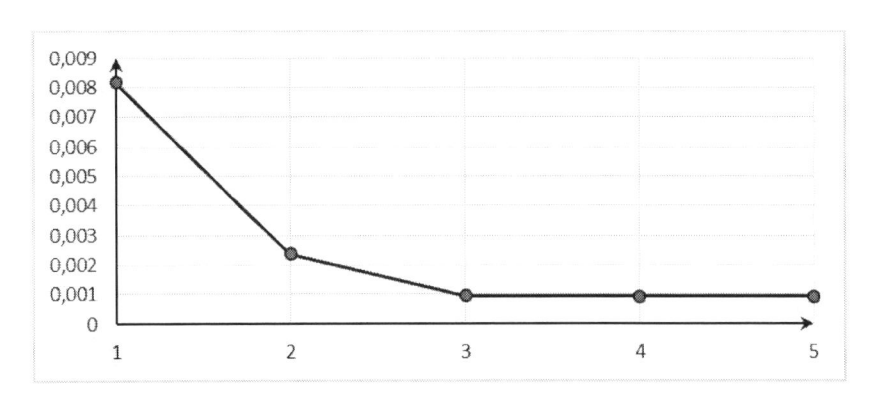

Abbildung 12.18: Varianz Style Analyse

Die zugehörigen Anlagenklassengewichte, die mithilfe des Excel Solvers berechnet wurden, lauten:

12.18. STYLE ANALYSE

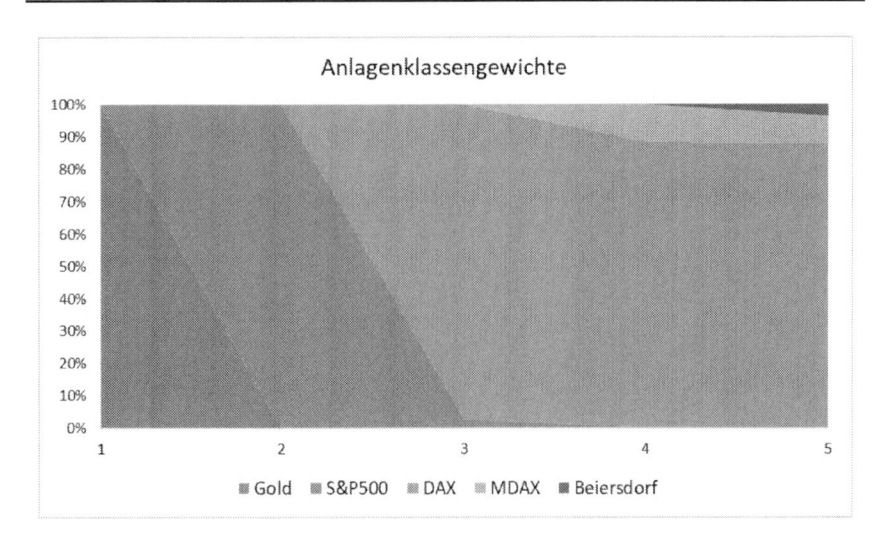

Abbildung 12.19: Style Analyse Anlagenklassengewichte

Bei den gewählten fünf Anlageklassen ergeben sich als minimierende Lösung folgende Gewichte:

Gold	S&P500	DAX	MDAX	Beiersdorf
0,0000%	0,0000%	87,9167%	8,4354%	3,6479%

Für diesen "konstruierten Benchmark" kann nun z.B. Jensen's Alpha oder eine andere Kennzahl zwischen dem betrachteten Portfolio und dem berechneten Benchmark ausgewertet werden. Im obigen Beispiel ergibt sich ein Jensen's Alpha von 0, 004289 (siehe Abbildung 12.20).

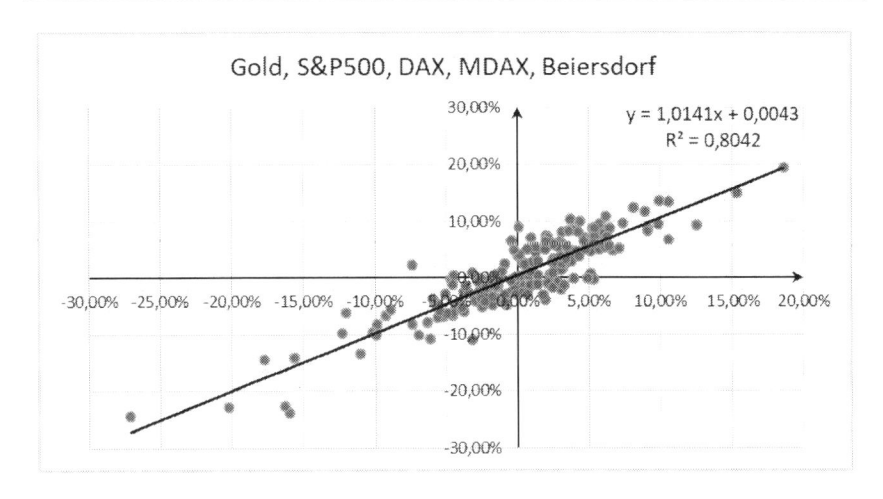

12.18.1 STYLE ANALYSE: BEISPIEL, ASSET MANAGEMENT

Abbildung 12.20: Style Analyse, Jensen's Alpha

Die Abhängigkeit von Jensen's Alpha von der Anzahl der Anlagenklassen ist in Abbildung 12.21 dargestellt.

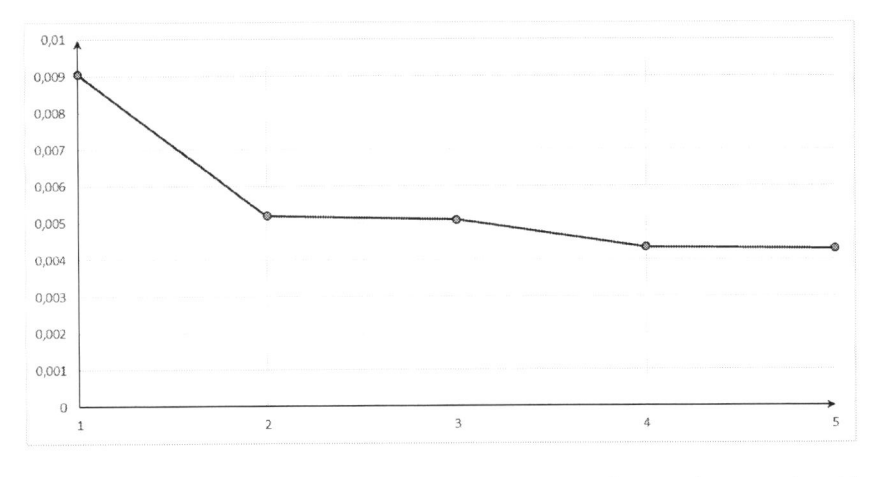

Abbildung 12.21: Jensen's Alpha aus Style Analyse in Abhängigkeit von Anzahl Anlagenklassen

12.18. STYLE ANALYSE

Kapitel 13

Anhang

13.1 Standardnormalverteilung

13.1.1 Verteilungsfunktion

$F_{SN}(z)$ ist die Verteilungsfunktion der Standardnormalverteilung, d.h. die Fläche unter der Dichte der Standardnormalverteilung von minus unendlich bis zu einem gegebenen z-Wert:

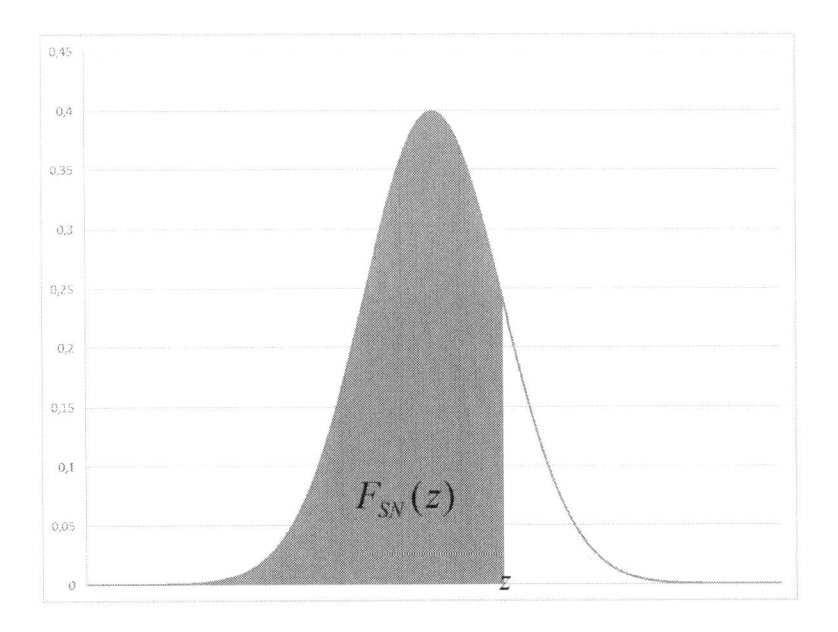

13.1. STANDARDNORMALVERTEILUNG

z	$F_{SN}(z)$	z	$F_{SN}(z)$	z	$F_{SN}(z)$	z	$F_{SN}(z)$	z	$F_{SN}(z)$	z	$F_{SN}(z)$
-3,00	0,0013	-2,50	0,0062	-2,00	0,0228	-1,50	0,0668	-1,00	0,1587	-0,50	0,3085
-2,99	0,0014	-2,49	0,0064	-1,99	0,0233	-1,49	0,0681	-0,99	0,1611	-0,49	0,3121
-2,98	0,0014	-2,48	0,0066	-1,98	0,0239	-1,48	0,0694	-0,98	0,1635	-0,48	0,3156
-2,97	0,0015	-2,47	0,0068	-1,97	0,0244	-1,47	0,0708	-0,97	0,1660	-0,47	0,3192
-2,96	0,0015	-2,46	0,0069	-1,96	0,0250	-1,46	0,0721	-0,96	0,1685	-0,46	0,3228
-2,95	0,0016	-2,45	0,0071	-1,95	0,0256	-1,45	0,0735	-0,95	0,1711	-0,45	0,3264
-2,94	0,0016	-2,44	0,0073	-1,94	0,0262	-1,44	0,0749	-0,94	0,1736	-0,44	0,3300
-2,93	0,0017	-2,43	0,0075	-1,93	0,0268	-1,43	0,0764	-0,93	0,1762	-0,43	0,3336
-2,92	0,0018	-2,42	0,0078	-1,92	0,0274	-1,42	0,0778	-0,92	0,1788	-0,42	0,3372
-2,91	0,0018	-2,41	0,0080	-1,91	0,0281	-1,41	0,0793	-0,91	0,1814	-0,41	0,3409
-2,90	0,0019	-2,40	0,0082	-1,90	0,0287	-1,40	0,0808	-0,90	0,1841	-0,40	0,3446
-2,89	0,0019	-2,39	0,0084	-1,89	0,0294	-1,39	0,0823	-0,89	0,1867	-0,39	0,3483
-2,88	0,0020	-2,38	0,0087	-1,88	0,0301	-1,38	0,0838	-0,88	0,1894	-0,38	0,3520
-2,87	0,0021	-2,37	0,0089	-1,87	0,0307	-1,37	0,0853	-0,87	0,1922	-0,37	0,3557
-2,86	0,0021	-2,36	0,0091	-1,86	0,0314	-1,36	0,0869	-0,86	0,1949	-0,36	0,3594
-2,85	0,0022	-2,35	0,0094	-1,85	0,0322	-1,35	0,0885	-0,85	0,1977	-0,35	0,3632
-2,84	0,0023	-2,34	0,0096	-1,84	0,0329	-1,34	0,0901	-0,84	0,2005	-0,34	0,3669
-2,83	0,0023	-2,33	0,0099	-1,83	0,0336	-1,33	0,0918	-0,83	0,2033	-0,33	0,3707
-2,82	0,0024	-2,32	0,0102	-1,82	0,0344	-1,32	0,0934	-0,82	0,2061	-0,32	0,3745
-2,81	0,0025	-2,31	0,0104	-1,81	0,0351	-1,31	0,0951	-0,81	0,2090	-0,31	0,3783
-2,80	0,0026	-2,30	0,0107	-1,80	0,0359	-1,30	0,0968	-0,80	0,2119	-0,30	0,3821
-2,79	0,0026	-2,29	0,0110	-1,79	0,0367	-1,29	0,0985	-0,79	0,2148	-0,29	0,3859
-2,78	0,0027	-2,28	0,0113	-1,78	0,0375	-1,28	0,1003	-0,78	0,2177	-0,28	0,3897
-2,77	0,0028	-2,27	0,0116	-1,77	0,0384	-1,27	0,1020	-0,77	0,2206	-0,27	0,3936
-2,76	0,0029	-2,26	0,0119	-1,76	0,0392	-1,26	0,1038	-0,76	0,2236	-0,26	0,3974
-2,75	0,0030	-2,25	0,0122	-1,75	0,0401	-1,25	0,1056	-0,75	0,2266	-0,25	0,4013
-2,74	0,0031	-2,24	0,0125	-1,74	0,0409	-1,24	0,1075	-0,74	0,2296	-0,24	0,4052
-2,73	0,0032	-2,23	0,0129	-1,73	0,0418	-1,23	0,1093	-0,73	0,2327	-0,23	0,4090
-2,72	0,0033	-2,22	0,0132	-1,72	0,0427	-1,22	0,1112	-0,72	0,2358	-0,22	0,4129
-2,71	0,0034	-2,21	0,0136	-1,71	0,0436	-1,21	0,1131	-0,71	0,2389	-0,21	0,4168
-2,70	0,0035	-2,20	0,0139	-1,70	0,0446	-1,20	0,1151	-0,70	0,2420	-0,20	0,4207
-2,69	0,0036	-2,19	0,0143	-1,69	0,0455	-1,19	0,1170	-0,69	0,2451	-0,19	0,4247
-2,68	0,0037	-2,18	0,0146	-1,68	0,0465	-1,18	0,1190	-0,68	0,2483	-0,18	0,4286
-2,67	0,0038	-2,17	0,0150	-1,67	0,0475	-1,17	0,1210	-0,67	0,2514	-0,17	0,4325
-2,66	0,0039	-2,16	0,0154	-1,66	0,0485	-1,16	0,1230	-0,66	0,2546	-0,16	0,4364
-2,65	0,0040	-2,15	0,0158	-1,65	0,0495	-1,15	0,1251	-0,65	0,2578	-0,15	0,4404
-2,64	0,0041	-2,14	0,0162	-1,64	0,0505	-1,14	0,1271	-0,64	0,2611	-0,14	0,4443
-2,63	0,0043	-2,13	0,0166	-1,63	0,0516	-1,13	0,1292	-0,63	0,2643	-0,13	0,4483
-2,62	0,0044	-2,12	0,0170	-1,62	0,0526	-1,12	0,1314	-0,62	0,2676	-0,12	0,4522
-2,61	0,0045	-2,11	0,0174	-1,61	0,0537	-1,11	0,1335	-0,61	0,2709	-0,11	0,4562
-2,60	0,0047	-2,10	0,0179	-1,60	0,0548	-1,10	0,1357	-0,60	0,2743	-0,10	0,4602
-2,59	0,0048	-2,09	0,0183	-1,59	0,0559	-1,09	0,1379	-0,59	0,2776	-0,09	0,4641
-2,58	0,0049	-2,08	0,0188	-1,58	0,0571	-1,08	0,1401	-0,58	0,2810	-0,08	0,4681
-2,57	0,0051	-2,07	0,0192	-1,57	0,0582	-1,07	0,1423	-0,57	0,2843	-0,07	0,4721
-2,56	0,0052	-2,06	0,0197	-1,56	0,0594	-1,06	0,1446	-0,56	0,2877	-0,06	0,4761
-2,55	0,0054	-2,05	0,0202	-1,55	0,0606	-1,05	0,1469	-0,55	0,2912	-0,05	0,4801
-2,54	0,0055	-2,04	0,0207	-1,54	0,0618	-1,04	0,1492	-0,54	0,2946	-0,04	0,4840
-2,53	0,0057	-2,03	0,0212	-1,53	0,0630	-1,03	0,1515	-0,53	0,2981	-0,03	0,4880
-2,52	0,0059	-2,02	0,0217	-1,52	0,0643	-1,02	0,1539	-0,52	0,3015	-0,02	0,4920
-2,51	0,0060	-2,01	0,0222	-1,51	0,0655	-1,01	0,1562	-0,51	0,3050	-0,01	0,4960

13.1.1 VERTEILUNGSFUNKTION

z	$F_{SN}(z)$	z	$F_{SN}(z)$	z	$F_{SN}(z)$	z	$F_{SN}(z)$	z	$F_{SN}(z)$	z	$F_{SN}(z)$
0,00	0,5000	0,50	0,6915	1,00	0,8413	1,50	0,9332	2,00	0,9772	2,50	0,9938
0,01	0,5040	0,51	0,6950	1,01	0,8438	1,51	0,9345	2,01	0,9778	2,51	0,9940
0,02	0,5080	0,52	0,6985	1,02	0,8461	1,52	0,9357	2,02	0,9783	2,52	0,9941
0,03	0,5120	0,53	0,7019	1,03	0,8485	1,53	0,9370	2,03	0,9788	2,53	0,9943
0,04	0,5160	0,54	0,7054	1,04	0,8508	1,54	0,9382	2,04	0,9793	2,54	0,9945
0,05	0,5199	0,55	0,7088	1,05	0,8531	1,55	0,9394	2,05	0,9798	2,55	0,9946
0,06	0,5239	0,56	0,7123	1,06	0,8554	1,56	0,9406	2,06	0,9803	2,56	0,9948
0,07	0,5279	0,57	0,7157	1,07	0,8577	1,57	0,9418	2,07	0,9808	2,57	0,9949
0,08	0,5319	0,58	0,7190	1,08	0,8599	1,58	0,9429	2,08	0,9812	2,58	0,9951
0,09	0,5359	0,59	0,7224	1,09	0,8621	1,59	0,9441	2,09	0,9817	2,59	0,9952
0,10	0,5398	0,60	0,7257	1,10	0,8643	1,60	0,9452	2,10	0,9821	2,60	0,9953
0,11	0,5438	0,61	0,7291	1,11	0,8665	1,61	0,9463	2,11	0,9826	2,61	0,9955
0,12	0,5478	0,62	0,7324	1,12	0,8686	1,62	0,9474	2,12	0,9830	2,62	0,9956
0,13	0,5517	0,63	0,7357	1,13	0,8708	1,63	0,9484	2,13	0,9834	2,63	0,9957
0,14	0,5557	0,64	0,7389	1,14	0,8729	1,64	0,9495	2,14	0,9838	2,64	0,9959
0,15	0,5596	0,65	0,7422	1,15	0,8749	1,65	0,9505	2,15	0,9842	2,65	0,9960
0,16	0,5636	0,66	0,7454	1,16	0,8770	1,66	0,9515	2,16	0,9846	2,66	0,9961
0,17	0,5675	0,67	0,7486	1,17	0,8790	1,67	0,9525	2,17	0,9850	2,67	0,9962
0,18	0,5714	0,68	0,7517	1,18	0,8810	1,68	0,9535	2,18	0,9854	2,68	0,9963
0,19	0,5753	0,69	0,7549	1,19	0,8830	1,69	0,9545	2,19	0,9857	2,69	0,9964
0,20	0,5793	0,70	0,7580	1,20	0,8849	1,70	0,9554	2,20	0,9861	2,70	0,9965
0,21	0,5832	0,71	0,7611	1,21	0,8869	1,71	0,9564	2,21	0,9864	2,71	0,9966
0,22	0,5871	0,72	0,7642	1,22	0,8888	1,72	0,9573	2,22	0,9868	2,72	0,9967
0,23	0,5910	0,73	0,7673	1,23	0,8907	1,73	0,9582	2,23	0,9871	2,73	0,9968
0,24	0,5948	0,74	0,7704	1,24	0,8925	1,74	0,9591	2,24	0,9875	2,74	0,9969
0,25	0,5987	0,75	0,7734	1,25	0,8944	1,75	0,9599	2,25	0,9878	2,75	0,9970
0,26	0,6026	0,76	0,7764	1,26	0,8962	1,76	0,9608	2,26	0,9881	2,76	0,9971
0,27	0,6064	0,77	0,7794	1,27	0,8980	1,77	0,9616	2,27	0,9884	2,77	0,9972
0,28	0,6103	0,78	0,7823	1,28	0,8997	1,78	0,9625	2,28	0,9887	2,78	0,9973
0,29	0,6141	0,79	0,7852	1,29	0,9015	1,79	0,9633	2,29	0,9890	2,79	0,9974
0,30	0,6179	0,80	0,7881	1,30	0,9032	1,80	0,9641	2,30	0,9893	2,80	0,9974
0,31	0,6217	0,81	0,7910	1,31	0,9049	1,81	0,9649	2,31	0,9896	2,81	0,9975
0,32	0,6255	0,82	0,7939	1,32	0,9066	1,82	0,9656	2,32	0,9898	2,82	0,9976
0,33	0,6293	0,83	0,7967	1,33	0,9082	1,83	0,9664	2,33	0,9901	2,83	0,9977
0,34	0,6331	0,84	0,7995	1,34	0,9099	1,84	0,9671	2,34	0,9904	2,84	0,9977
0,35	0,6368	0,85	0,8023	1,35	0,9115	1,85	0,9678	2,35	0,9906	2,85	0,9978
0,36	0,6406	0,86	0,8051	1,36	0,9131	1,86	0,9686	2,36	0,9909	2,86	0,9979
0,37	0,6443	0,87	0,8078	1,37	0,9147	1,87	0,9693	2,37	0,9911	2,87	0,9979
0,38	0,6480	0,88	0,8106	1,38	0,9162	1,88	0,9699	2,38	0,9913	2,88	0,9980
0,39	0,6517	0,89	0,8133	1,39	0,9177	1,89	0,9706	2,39	0,9916	2,89	0,9981
0,40	0,6554	0,90	0,8159	1,40	0,9192	1,90	0,9713	2,40	0,9918	2,90	0,9981
0,41	0,6591	0,91	0,8186	1,41	0,9207	1,91	0,9719	2,41	0,9920	2,91	0,9982
0,42	0,6628	0,92	0,8212	1,42	0,9222	1,92	0,9726	2,42	0,9922	2,92	0,9982
0,43	0,6664	0,93	0,8238	1,43	0,9236	1,93	0,9732	2,43	0,9925	2,93	0,9983
0,44	0,6700	0,94	0,8264	1,44	0,9251	1,94	0,9738	2,44	0,9927	2,94	0,9984
0,45	0,6736	0,95	0,8289	1,45	0,9265	1,95	0,9744	2,45	0,9929	2,95	0,9984
0,46	0,6772	0,96	0,8315	1,46	0,9279	1,96	0,9750	2,46	0,9931	2,96	0,9985
0,47	0,6808	0,97	0,8340	1,47	0,9292	1,97	0,9756	2,47	0,9932	2,97	0,9985
0,48	0,6844	0,98	0,8365	1,48	0,9306	1,98	0,9761	2,48	0,9934	2,98	0,9986
0,49	0,6879	0,99	0,8389	1,49	0,9319	1,99	0,9767	2,49	0,9936	2,99	0,9986

13.1. STANDARDNORMALVERTEILUNG

13.1.2 Symmetrische Flächen

$D_{SN}(z)$ entspricht der Fläche, die zwischen $-z$ und z unter der Dichtefunktion der Standardnormalverteilung liegt:

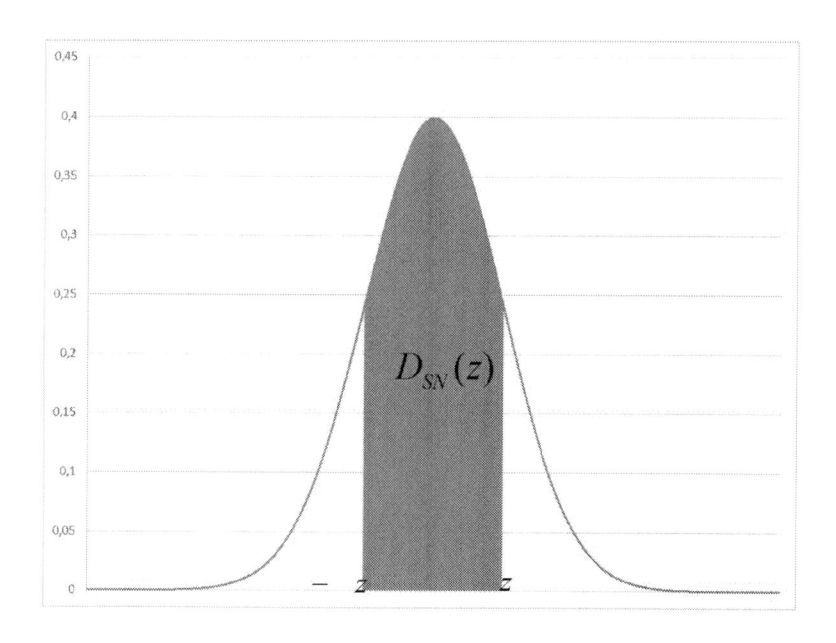

13.1.2 SYMMETRISCHE FLÄCHEN

z	$D_{SY}(z)$	z	$D_{SY}(z)$	z	$D_{SY}(z)$	z	$D_{SY}(z)$	z	$D_{SY}(z)$	z	$D_{SY}(z)$
0,00	0,0000	0,50	0,3829	1,00	0,6827	1,50	0,8664	2,00	0,9545	2,50	0,9876
0,01	0,0080	0,51	0,3899	1,01	0,6875	1,51	0,8690	2,01	0,9556	2,51	0,9879
0,02	0,0160	0,52	0,3969	1,02	0,6923	1,52	0,8715	2,02	0,9566	2,52	0,9883
0,03	0,0239	0,53	0,4039	1,03	0,6970	1,53	0,8740	2,03	0,9576	2,53	0,9886
0,04	0,0319	0,54	0,4108	1,04	0,7017	1,54	0,8764	2,04	0,9586	2,54	0,9889
0,05	0,0399	0,55	0,4177	1,05	0,7063	1,55	0,8789	2,05	0,9596	2,55	0,9892
0,06	0,0478	0,56	0,4245	1,06	0,7109	1,56	0,8812	2,06	0,9606	2,56	0,9895
0,07	0,0558	0,57	0,4313	1,07	0,7154	1,57	0,8836	2,07	0,9615	2,57	0,9898
0,08	0,0638	0,58	0,4381	1,08	0,7199	1,58	0,8859	2,08	0,9625	2,58	0,9901
0,09	0,0717	0,59	0,4448	1,09	0,7243	1,59	0,8882	2,09	0,9634	2,59	0,9904
0,10	0,0797	0,60	0,4515	1,10	0,7287	1,60	0,8904	2,10	0,9643	2,60	0,9907
0,11	0,0876	0,61	0,4581	1,11	0,7330	1,61	0,8926	2,11	0,9651	2,61	0,9909
0,12	0,0955	0,62	0,4647	1,12	0,7373	1,62	0,8948	2,12	0,9660	2,62	0,9912
0,13	0,1034	0,63	0,4713	1,13	0,7415	1,63	0,8969	2,13	0,9668	2,63	0,9915
0,14	0,1113	0,64	0,4778	1,14	0,7457	1,64	0,8990	2,14	0,9676	2,64	0,9917
0,15	0,1192	0,65	0,4843	1,15	0,7499	1,65	0,9011	2,15	0,9684	2,65	0,9920
0,16	0,1271	0,66	0,4907	1,16	0,7540	1,66	0,9031	2,16	0,9692	2,66	0,9922
0,17	0,1350	0,67	0,4971	1,17	0,7580	1,67	0,9051	2,17	0,9700	2,67	0,9924
0,18	0,1428	0,68	0,5035	1,18	0,7620	1,68	0,9070	2,18	0,9707	2,68	0,9926
0,19	0,1507	0,69	0,5098	1,19	0,7660	1,69	0,9090	2,19	0,9715	2,69	0,9929
0,20	0,1585	0,70	0,5161	1,20	0,7699	1,70	0,9109	2,20	0,9722	2,70	0,9931
0,21	0,1663	0,71	0,5223	1,21	0,7737	1,71	0,9127	2,21	0,9729	2,71	0,9933
0,22	0,1741	0,72	0,5285	1,22	0,7775	1,72	0,9146	2,22	0,9736	2,72	0,9935
0,23	0,1819	0,73	0,5346	1,23	0,7813	1,73	0,9164	2,23	0,9743	2,73	0,9937
0,24	0,1897	0,74	0,5407	1,24	0,7850	1,74	0,9181	2,24	0,9749	2,74	0,9939
0,25	0,1974	0,75	0,5467	1,25	0,7887	1,75	0,9199	2,25	0,9756	2,75	0,9940
0,26	0,2051	0,76	0,5527	1,26	0,7923	1,76	0,9216	2,26	0,9762	2,76	0,9942
0,27	0,2128	0,77	0,5587	1,27	0,7959	1,77	0,9233	2,27	0,9768	2,77	0,9944
0,28	0,2205	0,78	0,5646	1,28	0,7995	1,78	0,9249	2,28	0,9774	2,78	0,9946
0,29	0,2282	0,79	0,5705	1,29	0,8029	1,79	0,9265	2,29	0,9780	2,79	0,9947
0,30	0,2358	0,80	0,5763	1,30	0,8064	1,80	0,9281	2,30	0,9786	2,80	0,9949
0,31	0,2434	0,81	0,5821	1,31	0,8098	1,81	0,9297	2,31	0,9791	2,81	0,9950
0,32	0,2510	0,82	0,5878	1,32	0,8132	1,82	0,9312	2,32	0,9797	2,82	0,9952
0,33	0,2586	0,83	0,5935	1,33	0,8165	1,83	0,9328	2,33	0,9802	2,83	0,9953
0,34	0,2661	0,84	0,5991	1,34	0,8198	1,84	0,9342	2,34	0,9807	2,84	0,9955
0,35	0,2737	0,85	0,6047	1,35	0,8230	1,85	0,9357	2,35	0,9812	2,85	0,9956
0,36	0,2812	0,86	0,6102	1,36	0,8262	1,86	0,9371	2,36	0,9817	2,86	0,9958
0,37	0,2886	0,87	0,6157	1,37	0,8293	1,87	0,9385	2,37	0,9822	2,87	0,9959
0,38	0,2961	0,88	0,6211	1,38	0,8324	1,88	0,9399	2,38	0,9827	2,88	0,9960
0,39	0,3035	0,89	0,6265	1,39	0,8355	1,89	0,9412	2,39	0,9832	2,89	0,9961
0,40	0,3108	0,90	0,6319	1,40	0,8385	1,90	0,9426	2,40	0,9836	2,90	0,9963
0,41	0,3182	0,91	0,6372	1,41	0,8415	1,91	0,9439	2,41	0,9840	2,91	0,9964
0,42	0,3255	0,92	0,6424	1,42	0,8444	1,92	0,9451	2,42	0,9845	2,92	0,9965
0,43	0,3328	0,93	0,6476	1,43	0,8473	1,93	0,9464	2,43	0,9849	2,93	0,9966
0,44	0,3401	0,94	0,6528	1,44	0,8501	1,94	0,9476	2,44	0,9853	2,94	0,9967
0,45	0,3473	0,95	0,6579	1,45	0,8529	1,95	0,9488	2,45	0,9857	2,95	0,9968
0,46	0,3545	0,96	0,6629	1,46	0,8557	1,96	0,9500	2,46	0,9861	2,96	0,9969
0,47	0,3616	0,97	0,6680	1,47	0,8584	1,97	0,9512	2,47	0,9865	2,97	0,9970
0,48	0,3688	0,98	0,6729	1,48	0,8611	1,98	0,9523	2,48	0,9869	2,98	0,9971
0,49	0,3759	0,99	0,6778	1,49	0,8638	1,99	0,9534	2,49	0,9872	2,99	0,9972

13.2 t-Verteilung

13.2.1 t-Verteilung, 1-seitig

Die Fläche unter der t-Verteilung hängt von der Anzahl der Freiheitsgrade $n-1$ (Stichprobenumfang minus eins) ab. Das Integral von minus unendlich bis zu einem t-Wert wird mit $F_{t-Vert}^{n-1}(t)$ bezeichnet und ist in der folgenden Tabelle in der ersten Zeile aufgelistet. In der ersten Spalte sind die Freiheitsgrade zu finden.

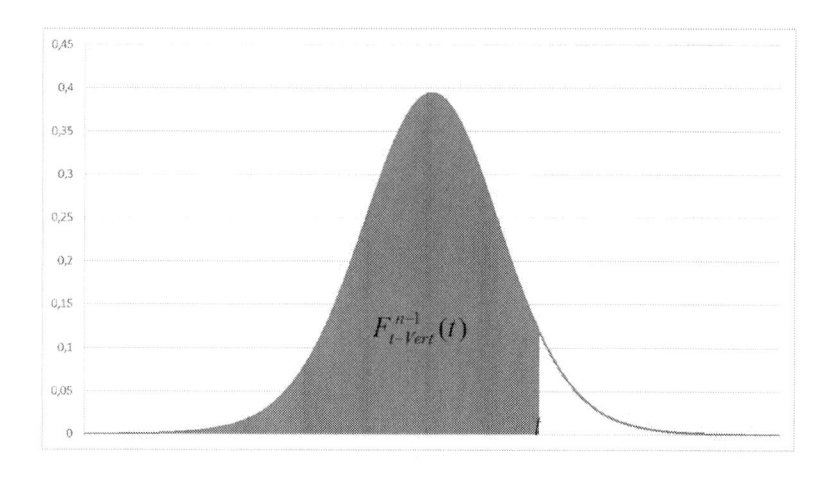

13.2.1 T-VERTEILUNG, 1-SEITIG

n-1	\multicolumn{7}{c}{$F_{t-Vert}^{n-1}(t)$}
	0,7	0,8	0,9	0,95	0,975	0,99	0,995
1	0,7265	1,3764	3,0777	6,3138	12,7062	31,8205	63,6567
2	0,6172	1,0607	1,8856	2,9200	4,3027	6,9646	9,9248
3	0,5844	0,9785	1,6377	2,3534	3,1824	4,5407	5,8409
4	0,5686	0,9410	1,5332	2,1318	2,7764	3,7469	4,6041
5	0,5594	0,9195	1,4759	2,0150	2,5706	3,3649	4,0321
6	0,5534	0,9057	1,4398	1,9432	2,4469	3,1427	3,7074
7	0,5491	0,8960	1,4149	1,8946	2,3646	2,9980	3,4995
8	0,5459	0,8889	1,3968	1,8595	2,3060	2,8965	3,3554
9	0,5435	0,8834	1,3830	1,8331	2,2622	2,8214	3,2498
10	0,5415	0,8791	1,3722	1,8125	2,2281	2,7638	3,1693
11	0,5399	0,8755	1,3634	1,7959	2,2010	2,7181	3,1058
12	0,5386	0,8726	1,3562	1,7823	2,1788	2,6810	3,0545
13	0,5375	0,8702	1,3502	1,7709	2,1604	2,6503	3,0123
14	0,5366	0,8681	1,3450	1,7613	2,1448	2,6245	2,9768
15	0,5357	0,8662	1,3406	1,7531	2,1314	2,6025	2,9467
16	0,5350	0,8647	1,3368	1,7459	2,1199	2,5835	2,9208
17	0,5344	0,8633	1,3334	1,7396	2,1098	2,5669	2,8982
18	0,5338	0,8620	1,3304	1,7341	2,1009	2,5524	2,8784
19	0,5333	0,8610	1,3277	1,7291	2,0930	2,5395	2,8609
20	0,5329	0,8600	1,3253	1,7247	2,0860	2,5280	2,8453
21	0,5325	0,8591	1,3232	1,7207	2,0796	2,5176	2,8314
22	0,5321	0,8583	1,3212	1,7171	2,0739	2,5083	2,8188
23	0,5317	0,8575	1,3195	1,7139	2,0687	2,4999	2,8073
24	0,5314	0,8569	1,3178	1,7109	2,0639	2,4922	2,7969
25	0,5312	0,8562	1,3163	1,7081	2,0595	2,4851	2,7874
26	0,5309	0,8557	1,3150	1,7056	2,0555	2,4786	2,7787
27	0,5306	0,8551	1,3137	1,7033	2,0518	2,4727	2,7707
28	0,5304	0,8546	1,3125	1,7011	2,0484	2,4671	2,7633
29	0,5302	0,8542	1,3114	1,6991	2,0452	2,4620	2,7564
30	0,5300	0,8538	1,3104	1,6973	2,0423	2,4573	2,7500
40	0,5286	0,8507	1,3031	1,6839	2,0211	2,4233	2,7045
50	0,5278	0,8489	1,2987	1,6759	2,0086	2,4033	2,6778
75	0,5266	0,8464	1,2929	1,6654	1,9921	2,3771	2,6430
100	0,5261	0,8452	1,2901	1,6602	1,9840	2,3642	2,6259
1000	0,5246	0,8420	1,2824	1,6464	1,9623	2,3301	2,5808

13.2. T-VERTEILUNG

13.2.2 t-Verteilung, 2-seitig

Die Fläche unter der t-Verteilung hängt von der Anzahl der Freiheitsgrade $n-1$ (Stichprobenumfang minus eins) ab. Das Integral von $-t$ bis t wird mit $D_{t-Vert}^{n-1}(t)$ bezeichnet und ist in der folgenden Tabelle in der ersten Zeile aufgelistet. In der ersten Spalte sind die Freiheitsgrade zu finden.

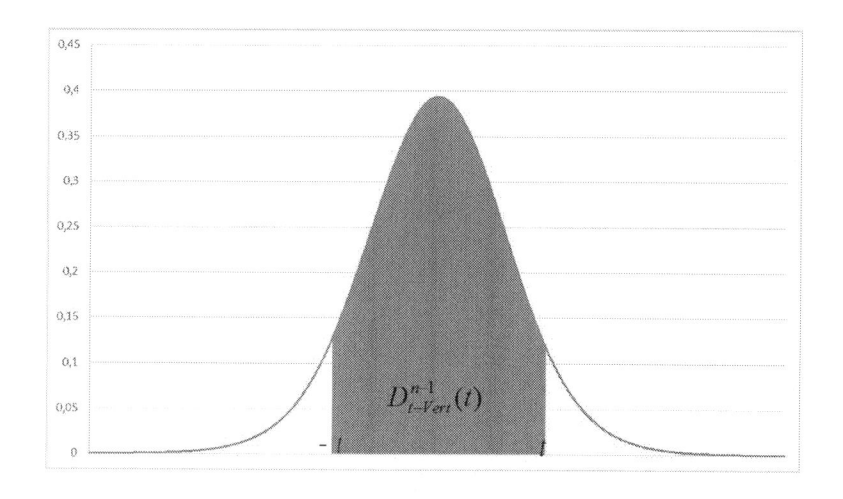

13.2.2 T-VERTEILUNG, 2-SEITIG

n-1	\multicolumn{7}{c}{$D_{t-Vert}^{n-1}(t)$}
	0,7	0,8	0,9	0,95	0,975	0,99	0,995
1	1,9626	3,0777	6,3138	12,7062	25,4517	63,6567	127,3213
2	1,3862	1,8856	2,9200	4,3027	6,2053	9,9248	14,0890
3	1,2498	1,6377	2,3534	3,1824	4,1765	5,8409	7,4533
4	1,1896	1,5332	2,1318	2,7764	3,4954	4,6041	5,5976
5	1,1558	1,4759	2,0150	2,5706	3,1634	4,0321	4,7733
6	1,1342	1,4398	1,9432	2,4469	2,9687	3,7074	4,3168
7	1,1192	1,4149	1,8946	2,3646	2,8412	3,4995	4,0293
8	1,1081	1,3968	1,8595	2,3060	2,7515	3,3554	3,8325
9	1,0997	1,3830	1,8331	2,2622	2,6850	3,2498	3,6897
10	1,0931	1,3722	1,8125	2,2281	2,6338	3,1693	3,5814
11	1,0877	1,3634	1,7959	2,2010	2,5931	3,1058	3,4966
12	1,0832	1,3562	1,7823	2,1788	2,5600	3,0545	3,4284
13	1,0795	1,3502	1,7709	2,1604	2,5326	3,0123	3,3725
14	1,0763	1,3450	1,7613	2,1448	2,5096	2,9768	3,3257
15	1,0735	1,3406	1,7531	2,1314	2,4899	2,9467	3,2860
16	1,0711	1,3368	1,7459	2,1199	2,4729	2,9208	3,2520
17	1,0690	1,3334	1,7396	2,1098	2,4581	2,8982	3,2224
18	1,0672	1,3304	1,7341	2,1009	2,4450	2,8784	3,1966
19	1,0655	1,3277	1,7291	2,0930	2,4334	2,8609	3,1737
20	1,0640	1,3253	1,7247	2,0860	2,4231	2,8453	3,1534
21	1,0627	1,3232	1,7207	2,0796	2,4138	2,8314	3,1352
22	1,0614	1,3212	1,7171	2,0739	2,4055	2,8188	3,1188
23	1,0603	1,3195	1,7139	2,0687	2,3979	2,8073	3,1040
24	1,0593	1,3178	1,7109	2,0639	2,3909	2,7969	3,0905
25	1,0584	1,3163	1,7081	2,0595	2,3846	2,7874	3,0782
26	1,0575	1,3150	1,7056	2,0555	2,3788	2,7787	3,0669
27	1,0567	1,3137	1,7033	2,0518	2,3734	2,7707	3,0565
28	1,0560	1,3125	1,7011	2,0484	2,3685	2,7633	3,0469
29	1,0553	1,3114	1,6991	2,0452	2,3638	2,7564	3,0380
30	1,0547	1,3104	1,6973	2,0423	2,3596	2,7500	3,0298
40	1,0500	1,3031	1,6839	2,0211	2,3289	2,7045	2,9712
50	1,0473	1,2987	1,6759	2,0086	2,3109	2,6778	2,9370
75	1,0436	1,2929	1,6654	1,9921	2,2873	2,6430	2,8924
100	1,0418	1,2901	1,6602	1,9840	2,2757	2,6259	2,8707
1000	1,0370	1,2824	1,6464	1,9623	2,2448	2,5808	2,8133

13.3 χ^2-Verteilung

13.3.1 Verteilungsfunktion

Die Fläche unter der χ^2-Verteilung hängt von der Anzahl der Freiheitsgrade *df* ab. Das Integral von Null bis zu einem x-Wert wird mit $F_{Chi}^{df}(x)$ bezeichnet und ist in der folgenden Tabelle in der ersten Zeile aufgelistet. In der ersten Spalte sind die Freiheitsgrade zu finden.

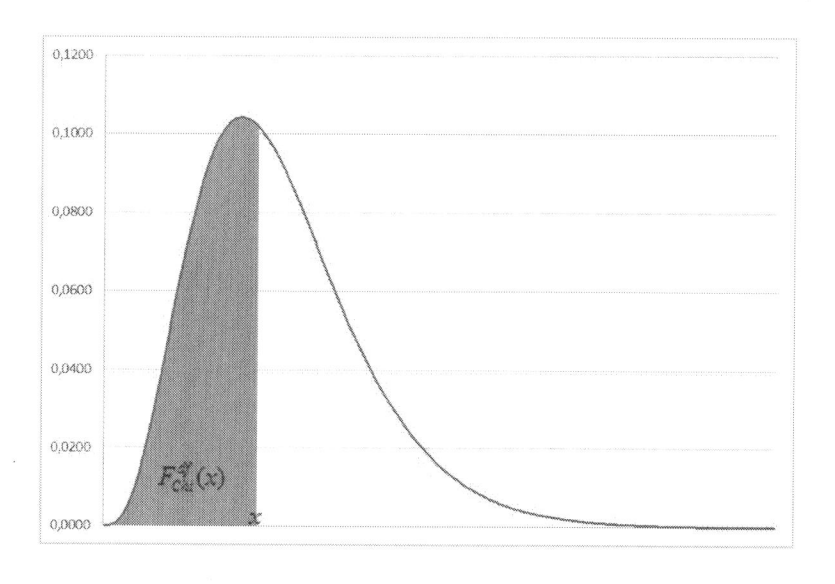

13.3.1 VERTEILUNGSFUNKTION

df	0,5	0,6	0,7	0,8	0,9	0,95	0,99	0,995
					$F_{Chi}^{df}(x)$			
1	0,4549	0,7083	1,0742	1,6424	2,7055	3,8415	6,6349	7,8794
2	1,3863	1,8326	2,4079	3,2189	4,6052	5,9915	9,2103	10,5966
3	2,3660	2,9462	3,6649	4,6416	6,2514	7,8147	11,3449	12,8382
4	3,3567	4,0446	4,8784	5,9886	7,7794	9,4877	13,2767	14,8603
5	4,3515	5,1319	6,0644	7,2893	9,2364	11,0705	15,0863	16,7496
6	5,3481	6,2108	7,2311	8,5581	10,6446	12,5916	16,8119	18,5476
7	6,3458	7,2832	8,3834	9,8032	12,0170	14,0671	18,4753	20,2777
8	7,3441	8,3505	9,5245	11,0301	13,3616	15,5073	20,0902	21,9550
9	8,3428	9,4136	10,6564	12,2421	14,6837	16,9190	21,6660	23,5894
10	9,3418	10,4732	11,7807	13,4420	15,9872	18,3070	23,2093	25,1882
11	10,3410	11,5298	12,8987	14,6314	17,2750	19,6751	24,7250	26,7568
12	11,3403	12,5838	14,0111	15,8120	18,5493	21,0261	26,2170	28,2995
13	12,3398	13,6356	15,1187	16,9848	19,8119	22,3620	27,6882	29,8195
14	13,3393	14,6853	16,2221	18,1508	21,0641	23,6848	29,1412	31,3193
15	14,3389	15,7332	17,3217	19,3107	22,3071	24,9958	30,5779	32,8013
16	15,3385	16,7795	18,4179	20,4651	23,5418	26,2962	31,9999	34,2672
17	16,3382	17,8244	19,5110	21,6146	24,7690	27,5871	33,4087	35,7185
18	17,3379	18,8679	20,6014	22,7595	25,9894	28,8693	34,8053	37,1565
19	18,3377	19,9102	21,6891	23,9004	27,2036	30,1435	36,1909	38,5823
20	19,3374	20,9514	22,7745	25,0375	28,4120	31,4104	37,5662	39,9968
21	20,3372	21,9915	23,8578	26,1711	29,6151	32,6706	38,9322	41,4011
22	21,3370	23,0307	24,9390	27,3015	30,8133	33,9244	40,2894	42,7957
23	22,3369	24,0689	26,0184	28,4288	32,0069	35,1725	41,6384	44,1813
24	23,3367	25,1063	27,0960	29,5533	33,1962	36,4150	42,9798	45,5585
25	24,3366	26,1430	28,1719	30,6752	34,3816	37,6525	44,3141	46,9279
26	25,3365	27,1789	29,2463	31,7946	35,5632	38,8851	45,6417	48,2899
27	26,3363	28,2141	30,3193	32,9117	36,7412	40,1133	46,9629	49,6449
28	27,3362	29,2486	31,3909	34,0266	37,9159	41,3371	48,2782	50,9934
29	28,3361	30,2825	32,4612	35,1394	39,0875	42,5570	49,5879	52,3356
30	29,3360	31,3159	33,5302	36,2502	40,2560	43,7730	50,8922	53,6720
50	49,3349	51,8916	54,7228	58,1638	63,1671	67,5048	76,1539	79,4900
100	99,3341	102,9459	106,9058	111,6667	118,4980	124,3421	135,8067	140,1695
1.000	999,3334	1.010,7019	1.022,9599	1.037,4309	1.057,7239	1.074,6794	1.106,9690	1.118,9481

Stichwortverzeichnis

Abschreibung, 19–27, 124
Abzinsfaktor, 36, 53, 60
Aktie, 42, 43, 261, 262, 274, 283, 285, 288, 300, 313–315, 317, 318, 324, 356, 358, 380–382, 458–461, 469, 473, 474, 527, 543, 553, 556–562, 568–570, 572, 574–578
Amortisationsdauer, 60–62
Anleihe, 43, 44, 46, 50, 51
Asset Management, 283, 290, 296, 300, 309, 311, 355, 443, 458, 469, 473, 540, 556, 562, 566, 568–572, 574, 576, 577
Aufzinsfaktor, 32, 36, 48

Barwert, 35–38, 48, 50–56, 58, 60–63, 65
Baumdiagramm, 2, 435–438, 490
Bestimmtheitsmaß, 349, 353–355, 357, 358, 365, 367, 374, 380
Betafaktor, 355, 356, 358, 544, 557, 568, 569
Binomialbaum, 458, 460, 461, 469
Binomialkoeffizient, 419, 421, 459, 464, 465, 471, 485, 489

Binomialverteilung, 458, 461–463, 465, 467–471, 487–489
Bravais-Pearson'scher Korrelationskoeffizient, 303, 305, 349–354, 356, 364, 367, 380, 381, 397, 398

Capital Asset Pricing Modell, CAPM, 543, 544, 569
Controlling, 19, 124
Corona, 2, 195, 197, 205
Cost Average Effekt, 290–293

DAX, 261, 269, 270, 279, 280, 287, 295, 297, 307–309, 313, 318
Dichtefunktion, 447, 452, 453, 456, 457, 471–476, 478, 488, 548, 588
Diversifikation, 304, 557, 560, 570

Eigenvektor, 119–122, 398, 399, 401
Eigenwert, 119–124, 398–403
Elastizität, 179, 181–183, 198
Elementarereignis, 411–414, 416–418, 424, 430, 445, 446, 449, 458, 462, 469, 486
Ereignis, 411–418, 422, 423, 425–431, 433, 434, 451, 458, 459, 461,

STICHWORTVERZEICHNIS

462, 469, 481, 482, 486, 535
Erwartungstreue, 309, 505, 507, 508, 510–513, 515
Erwartungswert, 439, 448–456, 462, 463, 468, 470–473, 477, 478, 480, 481, 488, 492, 493, 498, 500–502, 505, 507, 508, 512, 514–516, 540, 546, 555, 562, 564
Exponentialfunktion, 48, 142, 154, 168, 169, 204, 287, 361, 484
Exponentialverteilung, 478–481, 483–485

Faktorladungsmatrix, 402, 404, 405, 408, 409
Fakultät, 5, 167, 419
Faustregel, 33, 34, 463, 467, 468, 478, 485, 510, 519, 522–524, 530, 532
Folge, 5–16, 18
Forward Rate, 43–48
Funktion, 33, 43, 48, 69, 70, 133–164, 166, 169–175, 177–180, 183–191, 208–223, 237–242, 244–252, 255, 269–271, 279, 280, 287, 305, 327, 337, 339, 340, 354, 360, 361, 364, 368, 445–448, 452, 453, 456, 457, 471–477, 488, 503–510, 517, 518, 523–525, 527, 530, 532, 533, 535–539, 561, 563, 564, 567, 585, 588, 594

Gauß-Algorithmus, 77, 79, 80, 82, 83, 99, 113, 115, 116, 121, 127, 232, 234, 248
Gedächtnislosigkeit, 483–485
Gleitender Durchschnitt, 327–329
Gold, 358, 359, 577, 578, 580
Grenzwert, 11–14, 16–18, 53, 145–148, 151, 186, 240, 250, 251, 450, 466, 467, 509, 510
Grundgesamtheit, 262, 274, 297–299, 445, 454, 462, 463, 476, 501–503, 505–509, 511–513, 516–518, 520–526, 535, 538, 555

Hauptkomponentenanalyse, 119, 392, 393, 399, 403, 406
Hesse-Matrix, 214, 215
Histogramm, 266–269
Hypergeometrische Verteilung, 462, 463, 487, 512

Information Ratio, 571

Jarque Bera Test, 544–547, 552
Jensens Alpha, 355, 357, 358, 571, 580, 581

Kapitalwert, 38
Kelly-Kriterium, 439, 443
KGV, Kurs-Gewinn-Verhältnis, 288
Konfidenzintervall, 476, 501, 502, 515–528
Korrekturfaktor, 463, 487, 509, 512, 518–523, 530, 532, 534, 536,

STICHWORTVERZEICHNIS

537, 539
Korrelationsmatrix, 396, 397, 402, 403, 409
Kosinus-Satz, 110
Kostenstelle, 124–129
Kovarianz, 303, 352, 353, 355, 397
Kurtosis, 308, 310–313, 478, 544, 545, 547, 554, 564–566, 574, 575

Lagrange-Multiplikator, 215, 216, 218
Laspeyres Index, 314, 316, 318, 319
Lineare Unabhängigkeit, 2, 99, 101, 113, 114, 116–118, 398
Log-Likelihood, 378
Logistische Regression, 373, 375, 376

Marktsensitivität, 355, 358, 544, 557, 569
Matrix, 70–82, 84–87, 89, 91, 93–101, 103, 104, 109, 119–123, 127, 214, 215, 369, 371, 392, 395–399, 401–405, 408, 409
Median, 279–283, 294, 548
Minimum-Varianz-Portfolio, 304, 305, 553, 557–561
Mittelwert, 43, 274, 281, 283, 288, 293–299, 307, 308, 310, 311, 313, 330, 344, 347, 393, 395, 448, 454, 502, 504–510, 512–520, 522, 529–531, 534, 549, 550, 554, 562, 563
Mittlere quadratische Kontingenz, 383, 384, 387

Modified Sharpe Ratio, 574, 575
Modified Value at Risk, 564–567, 574, 575
Modus, 283, 294

Newton-Verfahren, 64, 122, 169–173, 175, 177, 178, 187, 188, 204, 379
Norm, 109–111, 130
Normalverteilung, 166, 308, 309, 311, 471–478, 487–489, 510, 515, 517, 522, 524, 528, 530, 532, 534, 536, 537, 541, 544–550, 552, 554, 561–565
Nullstelle, 120, 134–138, 145, 159, 160, 163, 169, 171, 173–175, 177–179, 187, 188, 247–249

Omega, 575, 576
Option, 458

Paasche Index, 317–319
Partialbruchzerlegung, 243, 246–250
PCA, Principal Component Analysis, 392, 393, 399, 403, 406
Performance, 119, 357, 358, 543, 552–554, 568, 570, 572, 573
Poisson-Verteilung, 467–471, 480–483, 487
Preis-Absatz-Funktion, 179, 184, 185, 255
Prohibitivpreis, 179, 185

Q-Q-Diagramm, 546, 547, 551, 552

STICHWORTVERZEICHNIS

Quantil, 282, 547, 549, 550

Reihe, 6, 8, 9, 33, 34, 48, 52, 57, 58, 166–168, 204, 498, 499

Rendite, 41–43, 261, 262, 269, 270, 279, 280, 283–288, 294, 295, 297, 300–302, 304, 305, 307–313, 355–359, 473, 474, 527, 528, 540, 541, 543–546, 552–557, 561–578

Risiko, 296, 300, 526, 543, 544, 552–555, 557, 560, 561, 569, 570, 573, 574

Risk Adjusted Performance, 572, 573

Rotationsmatrix, 129, 408, 409

Sättigungsmenge, 179, 184

Schiefe, 308–313, 478, 544, 545, 547, 554, 564–566, 574, 575

Scree-Test, 399–401

Semivarianz, 555, 556

Sharpe Ratio, 570, 572–575

Simplex-Verahren, 235

Simplex-Verfahren, 2, 229, 231

Simpson-Paradoxon, 2, 388–392

Skalarprodukt, 109, 112, 131, 401

Sortino Ratio, 576, 577

Spearman'scher Rangkorrelationskoeffizient, 380–382

Stammfunktion, 241, 242, 244–247, 252, 473, 474

Standardabweichung, 166, 297, 299–301, 305–311, 313, 393–395, 399, 409, 453–458, 471–473, 476, 488, 509, 510, 512, 513, 515, 517, 518, 520, 522, 524, 525, 528, 530, 531, 534–537, 539, 540, 545, 546, 549, 550, 554, 557, 558, 562–568, 570, 573, 574, 576

Standardnormalverteilung, 473, 474, 476, 515, 518, 530, 536, 538, 541, 561, 585, 588

Stetigkeitskorrektur, 488, 524

Stichprobe, 262, 266, 267, 274, 277–279, 281, 282, 298–301, 305, 306, 330, 341, 344–346, 352, 381, 388, 393, 394, 445, 450, 461, 463, 467, 476, 477, 487, 502, 503, 505–509, 511–513, 515, 517, 518, 520–522, 524, 528–539, 590, 592

Stichprobenfunktion, 503–512, 514–518, 523–525, 530, 532, 533, 535–539

Style Analyse, 577–581

Substitionsmethode, 207, 208, 218

Summenhäufigkeitsfunktion, 269–271, 279, 280, 446, 527, 563, 564, 567

Swap, 43

t-Verteilung, 476–478, 517, 523, 534, 590, 592

Taylorreihe, 33, 34, 166–168, 204

Tracking Error, 567, 568, 571

599

STICHWORTVERZEICHNIS

Trennung der Variablen, 198
Treynor Ratio, 568–570
Tschebyscheff-Ungleichung, 540

Value at Risk, 526–528, 561–567, 574, 575
Varianz, 297–299, 301, 303, 306, 353, 400, 453–458, 462, 463, 477, 478, 488, 506, 509, 512–515, 517, 553, 555–561, 576, 577, 579
Vektor, 67, 71, 75–77, 81, 84, 85, 89, 97, 98, 104–122, 126, 129–131, 211, 212, 214, 369, 371, 372, 398, 399, 401, 409
Verteilungsfunktion, 446–448, 473, 474, 479, 484, 561, 563, 585, 594
Vierfeldertafel, 2, 437, 438
Vierfeldertafel , 438
Volatilität, 300, 301, 303–305, 309, 311, 313, 473, 528, 540, 554, 556–562, 565, 568, 570, 572–574

Wahrscheinlichkeit, 237, 289, 290, 373–377, 411–418, 422, 424–434, 437, 439, 440, 445–452, 455, 459, 461, 462, 468, 469, 471–475, 480–494, 498, 501–504, 507, 508, 510–512, 514–516, 518, 520, 521, 523, 526, 527, 529, 540, 541, 547, 549, 550, 561–566
Warteschlange, 2, 489–498, 500–502

Weibull-Verteilung, 485
Wertindex, 315
Whisky, 32, 220, 520, 538, 539, 553

Zeitreihe, 144, 324–328, 331, 333, 335
Zufallsexperiment, 411, 414, 415, 418, 428, 503
Zufallsvariable, 445–457, 462, 463, 471–474, 477–483, 487, 488, 490, 503, 504, 507, 508, 512, 515, 524, 540, 541
Zustandsdiagramm, 490–492

Literaturverzeichnis

[1] T. Bayes. *An Essay Towards Solving a Problem in the Doctrine of Chances*. Philosophical Transactions of the Royal Society of London 53, 1763. S. 370-418.

[2] A. Bera and C. Jarque. *Efficient tests for normality, homoscedasticity and serial independence of regression residuals*. Economics Letters. 6, Nr. 3,, 1980. S. 255-259.

[3] E. Cornish and R. Fisher. *Moments and Cumulants in the Specification of Distributions*. Revue de l'Institut International de Statistique, 1937. S. 307-320.

[4] J. Cox, S. Ross, and M. Rubinsstein. *Option Pricing: A Simplified Approach*. Journal of Financial Economics Nr.7, 1979. S. 229-263.

[5] Destatis. *Von https://www-genesis.destatis.de/genesis/online*. 2016. abgerufen am 13.9.2016.

[6] S. Gerschgorin. *Ueber die Abgrenzung der Eigenwerte einer Matrix*. Izvestija Akademii nauk SSSR, Reihe 7, Otdelenie matematiceskich i estestvennych nauk, Band 6, 1931. S. 749-754.

[7] H. F. Kaiser. *The varimax criterion for analytic rotation in factor analysis*. Psychometrika, 1958. S. 187-200.

[8] J. L. Kelly. *A New Interpretation of Information Rate*. Bell System Technical Journal, vol. 35, Issue 4, 1956. S. 917-926.

LITERATURVERZEICHNIS

[9] H. Markowitz. *Portfolio Selection*. Journal of Finance, Nr. 7, 1952. S. 77-91.

[10] United Nations. *https://esa.un.org/unpd/wpp/*. United Nations Department of Economic and Social Affairs, 2016. abgerufen am 15.2.2016.

[11] S. D. Poisson. *Recherches sur la probabilité des jugements en matières criminelles et en matière civile.* 1837.

[12] W. F. Sharpe. *Mutual Fund Performance*. Journal of Business 39, 1966. S. 119-138.

[13] W. F. Sharpe. *Asset Allocation: Management Style and Performance Meausrement.* Journal of Portfolio Management (18), 1992. S. 7-19.

[14] E. H. Simpson. *The Interpretation of Interaction in Contingency Tables.* Journal of the Royal Statistical Society, Ser. B. Band 13, 1951. S. 238–241.

[15] F. Sortino and R. Van der Meer. *Downside Risk.* Journal of Portfolio Management, 1992. S. 27-32.

[16] J. L. Treynor. *How to Rate Mangement of Investment Funds.* Harvard Business Review (43), 1965. S. 63-75.

[17] P.-F. Verhulst. *Notice sur la loi que la population suit dans son accroissement.* Correspondance Mathématique et Physique. Band 10, 1838. S. 113–121.

[18] Yahoo. *https://finance.yahoo.com/*. Yahoo, 2016. abgerufen am 1.9.2016.

Printed in Germany
by Amazon Distribution
GmbH, Leipzig